KB140552

중국중세 호한체제의

정치적 전개

중국중세 호한체제의
정치적 전개

박한제 지음

일조각

책을 펴내며

필자가 서울대학교 동양사학과에 교수로 임용되었을 때 중국사 전공자는 모두 4명으로 각각 고대, 중세, 근세, 근대로 그 전공이 구분되어 있었다. 필자는 '중국중세사'로 명명된 강의를 담당하게 되었고, 박사 논문이자 첫 저서는 『중국중세호한체제연구』라는 제목을 달고 출판되었다. 이후 필자의 강의와 연구는 '중세'라는 용어 아래 진행되어 왔다. 이 책의 제목에 '중세'를 넣어 『중국중세 호한체제의 정치적 전개』라고 붙인 데에는 이런 사연이 있다.

그러면 '중세(中世)'란 무엇인가? 잘 알다시피 '중세'는 역사학에서 시대를 구분짓는 용어로 고대에 이은 시기를 지칭한다. 이 용어는 마르크스 사관에서 비롯된 것으로 이 사관에 따르면 역사는 원시적 공산주의, 고대 노예제, 중세 봉건제, 근대 자본주의를 거쳐 종국에는 공산주의에 이른다는 것이다. 필자가 연구하는 시대는 중국의 위진남북조─수당시대이다. 이 시대를 중세 봉건제라는 관점에서 일본학계에서는 '귀족제사회'라고 규정짓고 연구를 진행하기도 하였다. 그러나 필자가 연구하는 '중세'는 반드시 이것들과 연관된 것은 아니며, 필자가 강의하고 연구해 온 시대를 '중세'라 규정해도 좋을지 의문이다. 그 내용이 반드시 '중세적(中世的)'이라고 할 수 없기 때문이다. 이런 이유 때문인지 중국학계에서는 '중세'라는 용어를 쓰지 않는다. 필자의 논문이나 책이 중국에서 번역될 때 '중세' 대신 '중세기(中世紀)'라고 쓰기도 하였다. 따라서 이 책의 '중세'란 필자가 봉직했던 서울대학교 동양사학과의 시대 구분에 의거한 명칭임을 밝혀둔다.

위진남북조-수당시대를 강의하고 연구하는 과정에서 필자는 이 시대의 흐름에 대한 보다 중요한 특징을 찾고자 하였다. 그 결과 나온 것이 바로 '호한체제(胡漢體制)'이다. 양한(兩漢)시대에 와서 정점을 이루게 되는 중국의 고대문명은 후한 말 북방 유목민족의 중원(中原) 진입에 의해 붕괴되고 이 고대문명에 유목적 요소가 첨가되어 새로운 사회가 만들어졌다. 이 새로운 시대를 '중세'라고 부를 수 있다고 필자는 본다. 즉 농경민이 중심이 되어 꽃피웠던 고대문명에 유목민이 가진 색다른 문명이 섞이게 되었고 수당세계제국이라는 새로운 시대가 열리게 되었기 때문이다. 이것이 필자가 말하는 중국의 '중세'인 것이고, 그 주된 연구 주제는 유목[胡]과 농경[漢]의 문제였다.

필자는 학문 인생 대부분을 '호한체제'라는 하나의 주제를 연구하는 데 힘썼다. 호한체제란 후한 말 이후 중국 서북방 유목민족(호)이 중원 지역으로 진입한 후 기존에 살고 있던 농경한족(한)과 맺은 관계와 그 관계의 전개 과정을 말한다. 다시 말하면, 호와 한이 서로 갈등·충돌하고 투쟁해 가면서도 종국에는 공존의 길을 찾아간 기나긴 여정을 가리킨다.

후한 말부터 시작된 중국사상 최초의 '민족 이동'은 중국의 역사 전개에 새 국면을 열었다. '중국고전문명'은 그 질적인 면에서 아주 다른 차원의 유목문화와 대면하게 된 것이다. 따라서 위진남북조에서 수당에 이르는 시기는 단순히 중국적 전통왕조의 계승이 아니라 '새로운 중국' 형성의 전개 과정이었다.

이런 필자의 관점은 기존 학계의 연구 경향과는 상당한 차이가 있다. 따라서 국내외 학계에서 필자의 견해에 대한 본격적인 반론이 제기되기에 이르렀다. 특히 중국학계에서 심도 깊은 반론이 제기되기도 하였다. 이 문제와 관련하여 기존의 학계에서 견지해 온 입장, 즉 '흡수론(吸收論)'적인 입장에서 보면, 중국의 모든 문명의 원류는 화하(華夏)에 근원하여 발전한 것으로 호족의 영향은 그다지 크지 않은 것이 된다. 이는 사실 일방적인 관점이다. 이런 잘못된 인식 때문에 생겨난 이론이 이른바 한화론(漢化論)이다. 그러나 최근 유목민족의 중원 진입 이후의 변화상을 '한화'라는 용어 대신 '문명화', '화화(華化)', '호화(互化)'라 지칭하는 것은 연구사에서 그 나름으로 의미가 있는 큰 변화라 할 수 있다.

다시 말하지만, 필자의 연구의 주된 대상은 위진남북조와 수당시대의 역사 가운데 민족(종족) 문제였다. 즉 연구의 주된 단어는 민족이었고, 후한 말 이후 유목민족이 대거 농경한족의 땅인 중원으로 진입한 역사적 사건이 중국 역사 전개에 있어서 큰 전기가 되었다는 입장에 서 있는 것이다. 따라서 위진남북조시대야말로 그때까지 유목(호)과 농경(한) 두 문명 사이를 단절시켜왔던 장성(長城)이 붕괴된 시대라고 파악하고 있다.

호족이 장성을 넘어 중원에 들어와 독자적인 정권을 세운 때는 흉노 유연(劉淵)이 한(漢)을 세운 304년이다. 이후 흉노·저·강·갈·선비 등 5개의 호족(오호)이 독자적으로 나라를 세우는 상황이 전개된다. 이들 호족들이 세운 왕조들이 군림한 시대를 통상 '오호십육국시대'라고 부른다. 오호십육국시대라고 지칭하지만 이 시대에 출현한 정권이 모두 오호족이 세운 것은 아니었다. 그러나 대부분이 오호족이 건립한 국가라는 점에서 이 호칭이 그리 잘못된 것은 아니다.

오호족이 건립한 오호십육국시대를 극복하고 중원(화북) 지역을 통일한 정권이 출현했으니 바로 선비(鮮卑) 탁발족(拓跋族)이 건립한 북위왕조였다. 북위의 등장 이후 북주 때까지를 북조(北朝)시대라 한다. 북위(386~534)는 동위(534~550)와 서위(535~556)로 분열되었고, 이 두 나라는 곧바로 각각 북제(550~577)와 북주(557~581)로 이어졌다. 북주는 북제를 멸망시키고 다시 중원 통일국가로 등장하였다. 북주는 곧 수 문제의 선양혁명의 결과 수(581~618)로 대체되었고, 수에 이어서 당(618~907)이 등장하였다. 이 수당 왕조를 이른바 '세계제국'이라 지칭한다.

유목민족의 중원 진입 이후 호한 두 문명은 오랜 기간 대립·충돌의 과정을 거치면서 서로 공존을 추구하여 종국에는 통합(統合: Synthesis)의 단계에 이르렀다고 본다. 그리고 그 결과로 나타난 것이 바로 세계제국인 수당의 문명이었다.

위진남북조-수당시대의 호와 한의 관계는 다방면에 걸쳐 이루어졌다. 가장 먼저 눈에 띄는 것이 호한체제의 정치적 전개 과정이다. 이전 호와 한이 별개 영역에서 거주하며 한정된 교섭관계를 갖다가 중원이라는 동일한 토지 안에서 긴밀하게 접촉, 교류하게 됨에 따라 옛 제도를 변경하여 호와 한이 동의할 수 있는 체제를 새롭게 구축할 필요가 생겼다. 이러한 절충의 과정은 사실 복잡하고 지난한 것이었다. 이 책은 이러한 호한체제의 전개 과정에서 호한이 투쟁적으로 모색하여 구축한 정치적 타협점을 망라하여 정리하려는 데 목적이 있다. 즉 오호십육국부터 수당세계제국까지의 호족과 한족의 정치적 전개 과정과 그 의미를 분석하고자 한다.

오호족이 건립한 오호십육국부터 세계제국인 수당제국까지의 정치적 전개 과정 중에서 필자가 가장 의미 있다고 생각한 상황들이 몇 가지 있다. 먼저 호족황제의 변신 문제이다. 호와 한이 하나로 합쳐져 불가분의 실체로 탄생하기 위해서는 가장 먼저 당시 정치구조의 정점에 있는 호족 출신 군주의 다민족을 통어하는 보편적인 '중화제왕'으로 변신하는 것이 중요하였다. 즉 호족만을 대표하는 군주가 아니라 호와 한을 두루 대변하는 '중화군주'로의 변신이 선결 문제였다고 본다.

.이 문제는 호족의 중원 진입과 기존에 살던 한족의 강남 이동으로 야기된 '중화'의 분열을 어떻게 극복하고 재정비시키느냐의 문제로 귀결된다. 더구나 호족의 중원 진입으로 원래 하나였던 '중화'가 다수로 분열되었고, 그에 연동하여 인근 각국, 예컨대 유연, 고구려, 왜 등이 각자 독자적인 중화세계를 설정하게 되었다. 이런 상황에 대해 호족 출신 군주는 어떻게 대응하였는가? 그것이 이 책의 첫 번째 관심 주제이다.

다음으로 북방 유목민족(호족)의 중원 진입으로 그들이 원래 사용하였던 가한(可汗)호가 장성 내외의 왕조들에서 보편화된 문제이다. 이것은 급기야 당제국에서는 황제가 '천가한'호를 겸칭하게 되는 상황으로 연결되었다. 아울러 이는 당제국 황제의 통치영역을 황제가 관할하는 농경지역뿐만 아니라 가한이 관할하는 유목지역까지 두루 포괄하려 하였고, 또 실제로 포괄하고 있었다는 것과 연결된다. 이 사실로 한제국과 당제국은 영토 개념에 대한 차이가 있었음을 쉽게 알 수가 있다. 한과 당의 이러한 시각 차이는 어떻게 생기게 되었을까? 이 같은 영토 지배 관념의 형성 과정을 밝히는 문제는 매우 중요하다고 할 수 있으며, 현재 중국의 강역의 다양성(농경지역과 유목지역을 포괄하는)과 연결된다는 점에서 더욱 그러하다. 당 태종의 '호월일가(胡越一家)' 선언은 당제국의 호한체제의 성공을 대변하는 것이며, 서진시대의 '사융론(徙戎論)'적인 대이민족관을 벗어나 "모두가 내 백성이 될 수 있다(悉爲吾民)"는 호한관의 정립이라고 할 수 있다.

북위의 멸망 등 오호십육국 이후의 호한체제의 전개 과정에서 큰 전환점이 된 것은 북위에서 일어난 북진(北鎭)의 난이었다. 북위의 멸망은 북위시대의 호한체제 실행이 결과적으로 순조로이 이루어지지 못했다는 의미였다. 그만큼 호한체제의 성패가 한 왕조의 존망을 결정하는 요소로써 작용하고 있다는 것을 잘 보여준 것이었다. 그 결과 북위는 동위·서위로, 다시 각각 북제·북주로 양분되었다. 그러면 북위시대의 호한체제는 어떠했기에 그런 결과를 가져오게 되었는가? 북위가 성립한 후 호한체제는 서서히 정착되어 갔다. 그러나 효문제(孝文帝) 시기에 들어 그가 채용한 이른바 한화정책은 호한 평형에서 한의 편중으로 기울었고, 이것이 반란의 원인이 되었다. 호와 한이 함께 느낄 수 있는 공평한 호한관계가 아직까지 성립되지 못했다는 의미인 것이다.

북위 멸망 후 출현한 동위-북제와 서위-북주의 경쟁 결과는 호한체제와 관련성이 깊다. 동위-북제는 경쟁 상대국인 서위-북주, 그리고 남조의 양(梁)이나 진(陳)에 비해서 강역·인구·경제력 등 여러 방면에서 국가 역량상 우월한 위치에 있었다. 그럼에도 불구하고 북주에게 병탄된 것은 역시 호한 문제를 순조롭게 해결하지 못한 것이 원인이었다. 서위-북주가 호한융합의 일원체제를 이룬 반면, 동위-북제는 호와 한의 이중체제를 유지함으로써 국가 역량이 분산되어 국가의 흥망이 갈리지 않았나 여겨진다. 그런 이유에서 동위-북제와 서위-북주의 호한체제를 상세하게 분석할 필요가 있는 것이다. 먼저 패배 세력인 동위-북제의 호한체제에 대해서 상밀한 검토가 필요하다고 느꼈다. 당시 동·서 두 정권의 정치적 결정은 실권자인 고씨(高氏)와 우문씨(宇文氏)에게 달려 있었다. 특히 동위-북제는 도성 업(鄴) 외에 패도(覇都) 진양(晋陽)에 권력의 중심을 둠으로써 선비(호)와 한인(한)의 대립을 그대로 방치한 반면, 서위-북주는 도성 장안 한 곳에 권력을 집중시켰는데 이것이 두 왕조의 흥망의 주요 요인이 된 것이다.

특히 서위-북주정권하에서 시행된 두 정책은 호한융합을 재촉하는 발걸

음이었다. 바로 호성재행(胡姓再行)의 실시와 『주례(周禮)』 관제의 채용이었다. 호성재행은 서위-북주의 실권자 내지 황제가 행한 호한체제 구축을 위한 커다란 정치적 선언이었다고 할 수 있다. 그런데 이 양대 정책은 얼핏 보면 각각 호족과 한족, 한쪽만을 위한 정책인 것처럼 보인다. 그러나 호성재행은 호한융합의 새로운 관료집단의 탄생을 위한 성씨정책이었다. 호성재행은 유목민의 일상에서 보이는 계보 조작의 관행과 밀접하게 관련된 것이지만, 그 실시 목적은 관중에 모여든 호·한 인민을 굳게 단결시켜 하나의 불가분의 집단으로 만드는 작업이었다고 할 수 있다. 이 정책에 의해 형성된 관료집단인 '관롱집단(關隴集團)'은 수당 개국의 주체세력이 되었다는 점에서 특히 주목된다. 동위-북제가 호한 간의 극심한 분열상을 보여 국력이 쇠진했다면, 서위-북주는 호와 한이 같은 것을 지향하는 하나의 관료집단을 이룸으로써 국력을 증강시킬 수 있었다.

서위-북주시대의 『주례』 관제 채용은 여러 가지 측면에서 주목받을 만한 정치적 조처였다. 중국 역대 왕조들이 『주례』를 채용하였지만 오로지 서위-북주만이 성공을 거두었다는 평가를 받고 있다. 이 책에서는 서위-북주는 무슨 목적으로 『주례』 관제를 채용하였으며 그 채용의 방법은 다른 시대와 어떤 면에서 다른가도 함께 살펴보았다.

호한체제의 완성은 수당세계제국이라 할 수 있다. 오호십육국 이래 왕조의 황제들이 추구한 '중화제국'이 비로소 출현한 것이다. 그러나 면밀히 검토해 보면 수당제국은 한족적인 요소 못지않게 호족적인 요소도 가지고 있다. 그러면 수당제국의 호한체제 구축에 진력했던 황제들에게서 호족적인 행동이 나타나지 않았을까? 그 점은 황제위의 계위 과정에서 찾아낼 수 있을 것 같다. 수당제국은 대고구려 전쟁을 거의 100년 동안 치렀다. 중국 역대 왕조 가운데 두 왕조에 걸쳐서 주변의 한 나라를 집요하게 침략한 사례는 거의 없다. 그런 면에서 수당 황제들의 대고구려전의 수행과 그 과정은 우리의 관심을 끌기에 충분하다. 그 과정을 살피면 파묻혀 있던 그들의 선조들이 남겨준 호족군주적 행위를 엿볼 수 있을 것이다. 호족이 세운 정권에서 왕권의 획득과 유지는 황제의 개인 능력에 좌우된다. 수당 양 왕조에서 대고구려전을 수행한 황제들은 직접 군대를 이끌고 나가 전쟁에 참여하였다. 이 같은 황제의 행위는 한족왕조에서는 찾아볼 수 없는 모습이다. 수당제국이 외형적으로는 중화제국으로 보이지만 그 안을 들여다보면 그들의 조상들인 호족의 체취가 물씬 풍겨 나오는 것을 알 수 있다. 수당제국은 중화제국임은 틀림없으나 순수 한족국가였던 전·후한왕조와 비교하면 분명히 다른 면이 있다. 아무튼 영역, 인종 등 여러모로 수당제국은 현재 중국의 모습과 많이 닮아 있는데, 수당세계제국이 현재의 중국에게 물려준 유산이라고 할 수 있다.

'영가의 난' 이후 이른바 민족 이동의 시대가 열렸다. 북방 중원이 호족의 영역으로 들어감과 동시에 한족들은 강남으로 피난처를 찾았다. 이후 수에 의해 통일될 때까지 호족의 중원정권과 한족의 강남정권이 남북으로 나뉘어 270여 년 동안(317~589) 대치하였다. 민족 이동의 시대에 북방 고향을 떠난 이주민을 '교민(僑民)'이라 부르는데 이들이 강남에서 거주한 지역이 교주군현이었다. 그렇다면 오호십육국·북조사에서 호한의 관계가 중요한 요소가 되었듯이 동진·남조사의 전개에서도 교민과 구거민(舊居民)의 관계가 가장 중요한 변수가 되지 않았을까? 이에 대해 필자는 오호십육국·북조사를 '호한체제'로 분석할 수 있다면 동진·남조사도 같은 시각에서 '교구체제(僑舊體制)'로 분석할 수 있다고 본다. 즉 동진·남조사에서 북방 교민의 역할이 오호십육국·북조사에서 호족의 역할과 거의 비슷하였을 가능성이 높다. 아울러 교구 간의 상쟁과 타협이 수당세계제국 형성에 어떤 기여를 하였는지도 중요한 논점이라고 생각한다.

이 책은 일조각에서 출판해 주었다. 같이 출간되는 『중국중세 호한체제의 사회적 전개』도 일독해 주시기 바란다. 중국사를 연구하는 후학들은 물론 중국사에 관심 있는 독자들에게도 현재의 중국의 모습을 이해하는 데 이 책들이 도움이 될 수 있지 않을까 조심스럽게 권해 본다. 김시연 일조각 사장님과 번거로운 교정 작업을 맡아 준 강영혜 씨를 비롯한 일조각 편집부 여러분의 노고에 깊이 감사드린다.

2019년 11월
박한제

차례

제1장

위진-수당시대 호족군주의 중화제왕으로의
변신 과정과 그 논리
― '다민족국가' 형성의 한 계기에 대한 탐색 ―

I. 머리말

최근 중국이 정치적 · 경제적 강국으로 대두하고 있는 배경에는 여러 가지 요인이 있겠지만, 이른바 '다민족국가로서의 일체성', 즉 '중화민족다원일체격국(中華民族多元一體格局)'[1]이라는 중국만의 독특한 민족구조를 한 요인이라 본다면, '격국'의 형성에 중요한 전기가 된 시기를 '동아시아사상 민족이동의 시대'라고 할 수 있는 위진남북조시대와[2] 그 결과로 출현한 '세계제

---

1 '中華民族多元一體格局'이란 용어는 費孝通, 『中華民族多元一體格局論』, 北京: 中央民族學院 出版社, 1989에 근거하고 있다.

2 中國 歷史, 특히 漢族 그리고 中國文明史에서 이 시대가 큰 轉機가 되었다는 주장은 이미 民 國時代부터 끊임없이 주장되어 왔다. 각자 약간 관점의 차이가 있기는 하지만, 傅斯年(「中國

국'인 수당시대로 잡아도 큰 무리가 없을 것이다. 물론 진·한의 통일의 의미가 축소되어서는 안 된다. 진한제국의 성립은 영토적 통일을 이룩하였을 뿐만 아니라, 농경의 한인(한족, 한민족)을 형성시켰다는 큰 의미를 가지고 있다.[3] 그러나 위진남북조-수당은 농경민족과 유목민족의 대통합 시대였다. 현재 중국에는 비한족(소수민족)을 주된 구성원으로 하는 자치구가 5개나 있고, 그것은 중국 영토의 50~60%를 차지하고 있다. 뿐만 아니라 '중화민족'의 일부분으로 화교의 존재도 무시할 수 없다.[4] 세계 여러 대도시에 '당인가(唐人街)'라는 패방(牌坊)을 내걸고 '화인경제권'을 형성하고 있는 이들의 원류를 소급하면 바로 호족의 중원 진출이라는 역사적 사건과 연결된다는 점에서[5] 이 시대의 민족 이동은 '중국의 대두'라는 현재의 화두에서 경시할 수 없는 사건이다.

이와 관련하여 반목과 충돌, 투쟁을 계속하던 호족과 한족 양족이 하나의 정체 밑에서 공존·상생하는 무대를 제공한 세계제국의 형성 과정은 당 태

歷史分期研究」, 『北京大學日刊』, 1928. 4), 雷海宗(「斷代問題與中國歷史的分期」, 『社會科學』 2-1, 1936), 그리고 顧頡剛(『中國疆域沿革史』, 長沙: 商務印書館, 1938/1999) 등의 주장이 대표적이라 할 수 있다.

3 사실 중국의 民族學이란 실제적으로는 '少數民族學'이었고, 따라서 소수민족의 識別, 認定, 및 그들의 문화 연구에 주안을 두고 있다. 다수민인 漢族의 윤곽이나 그 조성에 대해서는 최근까지 큰 관심을 갖고 있지 않았다(袁少芬·徐杰舜編, 『漢民族研究』, 南寧: 廣西人民出版社, 1989; 徐杰舜, 『漢民族歷史和文化新探』, 南寧: 廣西人民出版社, 1985).

4 현재 海外에 거주하는 漢族系 사람들, 이른바 '華僑', '華人'의 수는 二千數百萬人으로 추산된다(瀨川昌久, 『客家-華南漢族のエスニシチイ―境界』, 東京: 風響社, 1993, p.13).

5 華僑의 源流가 된 客家의 연구는 1930년대 羅香林에 의해서 시작되었다. 그는 客家가 非漢族, 즉 苗蠻의 자손, 혹은 古代 百越의 末裔라는 '잘못된' 설에 대한 반발에서 시작된 것인데(『客家研究導論』, 臺北: 衆文圖書, 1981, pp.12~14), 客家는 고대 中原에 起源地를 둔 정통 한족의 자손이라는 것이고, 陳運棟도 "客家人의 祖上은 대부분 中原 世家大族이고 … 中華民族의 精華를 대표하고 있다. … 그들은 中華民族의 풍속을 보존해 왔을 뿐만 아니라 중화민족의 전통 언어 특히 당송시대 언어를 보존하고 있어 지금 우리들이 중국 古代言語의 흔적을 연구하는 것이 가능하게 된 것은 실로 행운이다."라고 말하고 있다(『客家人』, 臺北: 東門出版社, 1978, p.11). 이들에 의하면, 西晉 懷帝 永嘉 5년(311) 匈奴族의 洛陽 공략으로 시작된 五胡十六國時代에 漢族의 다수가 戰亂을 피해서 남방으로 이주하였는데, 이들을 '客家先民'이라 부른다는 것이다.

종 시기에 와서 정점에 도달한다. 진한제국 성립 이후 한족이라는 종족적 실체가 형성되기 시작하여 전한과 후한의 약 400여 년 동안 한족 중심의 구도는 더욱 굳어졌다. 그러나 후한 말부터 서서히 중국 서북방으로부터 한제국의 영토 내로 들어와 살기 시작한, 이른바 호족은 서진시대가 되면 도성 지역인 관중 인구의 반을 차지하게 된다.[6] 그 후 그들이 일으킨 '영가(永嘉)의 상란(喪亂)'을 계기로 서진이 강남 지역으로 남천(南遷)함에 따라 중원에는 호족왕조들이, 강남에는 한족왕조가 서로 대치·대립하는 시대가 열리게 되었다. 이런 대립 국면은 호족왕조의 계통을 이은 수당왕조에 의해 통일됨에 따라 종결되지만, 그동안은 중원을 주 무대로 호족과 한족이 반목·충돌에서 점차 타협과 공존을 모색해 가는 다사다난한 역정이었다고 할 수 있다.

호한의 대립 원인은 중원 지역을 정치 중심지로 하는 한족왕조에서 오랫동안 고착화된 화(華)와 이(夷)를 구별하는, 이른바 '중화주의(中華主義)'의 강고성에 있다고 할 수 있다. 진한제국 성립 이후 그것이 더욱 고착화되었음은 재언할 필요가 없는 사실이다. 중원을 차지한 한족은 사이(四夷)를 금수(禽獸)로 취급하였고, '우리 족류가 아니면 그 마음도 반드시 다르다[非我族類, 其心必異]'[7]라는 관념을 굳게 가지고 있었다. 그런데 당의 태종은 (농경) 중국의 천자(황제)인 동시에 유목 지역의 가한사(可汗事)를 행하는 '황제천가한'으로 자임하였으며,[8] "호와 월이 한 집안이 된 것[胡越一家]은 자고로 있어본 적이 없었다"[9]라고 선언할 정도로 이 시기에는 국면이 변하였다. 뿐만 아

---

6 『晉書』[이하 『晉書』를 비롯해 二十五史의 인용은 『標點校勘』本(北京: 中華書局, 1988)에 의거함] 卷56 江統傳, p.1533, "且關中之人百餘萬口, 率其少多, 戎狄居半".

7 이 말은 『左傳』(成公 4年)에 初出하는 것이지만, 이 시대 사서에 자주 등장한다. 江統의 「徙戎論」(『晉書』 卷56 江統傳, p.1531~1532)이 대표적이다.

8 (唐)杜佑撰, 『通典』(北京: 中華書局, 1988 點校本) 卷200 跋言, p.5494, "大唐貞觀中, 戶部奏言, 中國人自塞外來歸及突厥前後降附開四夷爲州縣者, 男女二十餘萬口. 時諸番君長詣闕頓顙, 請太宗爲天可汗. 制曰: '我爲大唐天子, 又下行可汗事乎?' 羣臣及四夷咸稱萬歲. 是後以璽書賜西域北荒之君長, 皆稱'皇帝天可汗'. 諸番渠帥死亡者, 必詔冊立其後嗣焉. 臨統四夷, 自此始也".

9 (宋)司馬光撰, 宋遺民胡三省注, 『資治通鑑』[이하 『資治通鑑』의 인용은 『新校資治通鑑注

니라 당 태종의 칙명으로 찬수된 『진서』 충의전(忠義傳)에 재록된 인사들의 면면을 살펴보면, 그들의 충(忠)의 대상이 호와 한 등 '종족'을 초월하여 오히려 '맡은 바 일[所事]'로 변하고 있음을 볼 수 있다.[10] 즉 서진과 오호왕조에서 모두 벼슬살이를 한 인사도 거기에 포함되어 있다. 특히 당대에는 중국인이 아닌 다양한 종족의 사람들이 활발하게 활약하고 중국과 외국의 인적 교류가 빈번하여 오늘날 세계의 굴뚝이 된 중국의 모습과 별반 차이가 없을 정도였다. 오호족(五胡族)의 중원 진입 이후 당 태종에 이르기까지 400여 년 동안 호한관계는 이토록 크게 변하였다. 호한의 두 세계가 '통합'단계에 거의 도달하였다고 볼 수 있다.

이 시대 정치를 주도해 갔던 호족 출신 군주들이 끊임없이 고뇌하면서 타파하려 한 것이 바로 화(華)와 이(夷)의 구별에서 비롯된 호한 반목이었다. 호족군주 자신이 '중화'제왕으로 인정받고, 호족이 세운 왕조가 정통성을 획득하는 것만이 그 해결 방법이었지만 이것은 호족군주로서는 실로 지난한 과업이었다. 필자가 이 장에서 밝히고자 하는 것은 그들의 끊임없는 노력과 그 과정에서 마련된 통합의 주체인 호한 통일제왕으로의 변신의 논리이다.

II. '중화'제왕의 조건

우리가 상용하는 '정통'이라는 말은 당시 용어로는 '정삭(正朔)'이며, 이것

本』第7版(臺北: 世界書局, 1977)에 의거함] 卷194 唐紀10 太宗 貞觀 7年(633) 12月條, pp.6103~6104, "戊午, 還宮, 從上皇置酒故漢未央宮. 上皇命突厥頡利可汗起舞, 又命南蠻酋長馮智戴詠詩, 旣而笑曰: '胡越一家, 自古未有也!'".

10 『晉書』卷89 忠義 劉敏元傳, pp.2311~2312, "永嘉之亂, 自齊西奔. 同縣管平年七十餘, 隨敏元而西, 行及滎陽, 爲盜所劫. 敏元已免, 乃還謂曰: '此公孤老, 餘年未幾, 敏元誠以身代, 願諸君舍之.' … 而相謂曰: '義士也! 害之犯義.' 乃俱免之. 後仕劉聰, 爲中書侍郎‧太尉長史".

을 지닌 왕조가 정통왕조였다.[11] 정통성을 갖기 위해서는 몇 가지 기준을 갖추어야 하였다. 일찍이 사마광(司馬光)은 이 기준에 대해서, ① 앞 왕조와의 연결성(華夏라는 종족 내지 정통 왕실의 계승), ② 땅의 획득[所得之土], 즉 중원(中原)의 확보 문제, ③ 도덕의 유무 등이 중요하지만, 무엇보다 ④ 통일 과업을 성취한 후, 후손에게 조명(祚命)을 전하는 것[混一九州, 傳祚於後]이 중요하다고 말한 바 있다.[12] 그러나 가장 오랫동안 유력한 기준으로 여겨진 것은 중원의 장악과 종족적으로 화하(華夏)여야 한다는 것이었다. '중화'란 용어는 원래 중국(중원)과 화하의 합성어이고, 이것은 대개 춘추전국시대에 고착된 개념이라 할 수 있다.[13] 진한 통일과 더불어 한족이 형성됨에 따라 중원, 한족에 더하여 통일이라는 세 가지가 중화의 조건으로 거의 확정되었다. 그러나 이러한 지역, 종족, 통일이라는 세 가지 기준을 고루 갖춘 왕조가 사라진 시대가 도래하면서 이 문제는 다시 복잡한 양상으로 전개될 수밖에 없었다.

이런 계기는 후한 말 이후 혼란의 결과인 삼국의 분열에서도 나타나게 되지만, 종래의 정통관념에 가장 큰 타격을 준 것은 오호(五胡)가 중원을 차지하면서부터였다. 위진남북조시대의 왕조들 가운데 서진의 짧은 통일 기간을 제외하고 분열 왕조들이 명멸하는 과정에서 정통의 조건으로 '통일'은

---

11 정통론은 歐陽修의 말처럼 『春秋』에서 보이기 시작하지만("正統之說, 肇於誰乎? 始於春秋之作也", 『原正統論』, 饒宗頤, 『中國史學上之正統論』, 香港: 龍門書店, 1977, p.74), 이 문제가 爭論化된 것은 東晉·十六國 시기이다(趙令揚, 『關於歷代正統問題之爭論』, 香港: 學津出版社, 1976, p.9).

12 『資治通鑑』卷69 魏紀1 文帝 黃初 2年(221) 臣光曰, p.2187, "若以自上相授受者爲正邪, 則陳氏何所受? 拓跋氏何所受? 若以居中夏者爲正邪, 則劉·石·慕容·苻·姚·赫連所得之土, 皆五帝·三王之舊都也. 若以道德者爲正邪, 則蕞爾之國, 必有令主, 三代之季, 豈無僻王! 是以正閏之論, 自古及今, 未有能通其義, 確然使人不可移奪者也. … 周·秦·漢·晉·隋·唐, 皆嘗混一九州, 傳祚於後, 子孫雖微弱播遷, 猶承祖宗之業, 有紹復之望, 四方與之爭衡者, 皆其故臣也, 故全用天子之制以臨之".

13 그래서 孔子는 齊 桓公 시기의 管仲을 높게 평가한 것이다(『論語』卷7 憲問, "子曰: '管仲相桓公, 霸諸侯, 一匡天下, 民到于今, 受其賜. 微管仲, 吾其被髮左衽矣.'". 여기서 一匡天下는 '攘夷狄 尊周室'을 의미한다).

어느 왕조도 내걸 수 없는 상황이 전개되었다. 가장 먼저 정삭 문제가 제기
된 것이 촉한(蜀漢)과 조위(曹魏) 사이에서였다.[14] 양자는 ① 앞 왕조와의 연
결성(정통 왕실의 계승), ② 중원(中原) 확보의 중요성을 각각 유리하게 해석
하기도 하였다. 그러나 중원 지역에 오호십육국(五胡十六國)이 성립되면서
이 문제는 더욱더 복잡해진다. 중화의 두 핵심인 중원과 화하(한족)의 분열
이 확연한 현실로 고착되었기 때문이다. 또한 '획득한 땅', 즉 중원의 장악
을 더 중요시 여기는 주장이 호족 측에서 제기되었다. 중국·중주(中州)·신
주(神州)로 불린 중원은 그동안 문화의 연총(淵叢)이었기 때문이다. 즉 이(夷)
라도 중원을 점거하면 하(夏)로 변하고 중원을 떠나면 하도 이로 변한다는
논리가 그것이다.[15] 그러나 이 논리에 반기를 든 것은 당연히 중원을 빼앗기
고 강남으로 이동한 한족들이었다. 이보다 앞서 서진대에 나온 강통(江統)의
'사융론(徙戎論)'[16]은 한족이 고래의 땅, 중원에 이족(異族, 夷族)이 들어차는
현실에 대해 한족의 자기 보호적 집단의식을 강조하는 심리가 반영된 것이
라고 할 것이다. 이른바 '오호난화(五胡亂華)' 이후 진정(晉鼎)의 남천(南遷)
은 그동안 한족이 가졌던 중원이라는 지역적 의의를 완전히 상실한 것을 의
미하는 것이었다.

'중화'관념에서 가장 중요한 요인의 하나였던 중원의 이탈, 즉 화하와 중
원의 분리 현상은 중화관념에서 가장 중요한 바퀴 가운데 하나가 빠져버린
결과를 낳은 것이다. 여기에 더하여 두 가지 현상이 나타나고 있었다. 첫째,
중화의 다원화이다. 먼저 강남의 중화화를 가져왔다. 이에 따라 중화가 중원
이라는 범위를 넘어 중국 전체라는 뜻으로[17] 변하였을 뿐만 아니라, 동아시

---

14 習鑿齒,「晉承漢統論」,『全晉文』(石家莊: 河北敎育出版社, 1997,『全上古三代秦漢三國六朝
　文』) 卷134, pp.1388~1389;『晉書』卷82 習鑿齒傳, pp.2155~2158.
15 (金)趙秉文,「蜀漢正名論」,『閑閑老人滏水文集』卷14, "春秋諸侯用夷禮, 則夷之; 夷而進于中
　國, 則中國之"(饒宗頤,『中國史學上之正統論』, 자료3, p.315에서 再引함).
16 『晉書』卷56 江統傳, pp.1529~1534.
17 『晉書』卷61 劉喬傳, pp.1674~1675, "東海王越將討喬, (荊州刺史劉)弘又與越書曰: '…' 又

아 각국, 예컨대 고구려·백제·신라·발해 및 왜가 중화화하는 결과를 가져온 것이다.[18] 둘째, 지역보다는 '도덕의 유무'라는 조건이 더 강조되기 시작하였다. 여기서 도덕이란 물론 중원 지역을 중심으로 성장하고 유지되어 온 한족의 예교문화(혹은 그것을 체득한 인사)를 가리키는 것이다.[19] 이것은 당연히 한족정권인 동진·남조 측에서 강하게 제기되었다. 동진시대 이후 남조시대가 되면 중화가 주로 이 의미로 한정되어 쓰인다.[20] 이것은 당연히 앞 왕조와의 연결성(정통 왕실의 계승) + (도)덕(예교문화)의 계승·유지자라는 그들의 자의식에서 비롯된 것이었다. 아무튼 화하와 중원의 분리, 즉 '정삭관념의 동요'라는 상황의 전개는 오호십육국의 군주들에게는 그들이 중화제왕으로 변신할 수 있는 새로운 기회를 제공한 셈이었다.

Ⅲ. 오호십육국의 성립과 중화의 다원화

호족군주들은 이미 중원을 차지하였기 때문에 '중원=중화'라는 관념을 강조하는 것은 당연한 순서였다. 서진의 황제가 무덕하여 중원(중국)을 잃었기 때문에 중원은 주인 없는 땅이 되었고, 자기들은 중원 사람들에 의해 추대된 당당한 제왕이라는 주장을 제기하고 나섰다.[21] 즉 중원의 제왕으로 추

上表曰: '… 骨肉之禍未有如今者也. 臣竊悲之, 痛心疾首. 今邊陲無備豫之儲, 中華有杼軸之困, 而股肱之臣不惟國體, 職競尋常, 自相楚剝, 爲害轉深, 積毀銷骨. …'";『晉書』卷71 陳頵傳, p.1893, "齊王冏起義, … 頵與王導書曰: '中華所以傾弊, 四海所以土崩者, 正以取才失所, … 中興可冀耳.'".

18 酒寄雅志,『古代東アジア諸國の國際意識―"中華思想"を中心として』, 歷史學硏究 別冊特集, 1983.

19 桓元子(桓溫),「薦譙元彥(譙秀)表」,「中華有顧瞻之哀, 幽谷無遷喬之望」[『文選』(上海: 上海古籍出版社, 1986) 卷38, p.1722].

20 王樹民,「中華名號溯源」,『中國歷史地理論叢 第2輯』, 西安: 陝西師範大學中國歷史地理硏究所, 1985, p.15.

21 『晉書』卷110 慕容儁載記, p.2834, "羣臣勸儁稱尊號, 儁答曰: '吾本幽漠射獵之鄉, 被髮左袵

대된 것은 덕(德)이 가장 중요한 관건이라는 것이다.[22] 덕을 갖추지 못하여 자신들을 노예처럼 취급한 서진 제왕 대신 자신들이 천자가 되는 것은 하늘의 뜻이라는 것이다.[23] '중국에 의해 추대되었다[爲中國所推]', '이쪽에 의해 추대되었다[爲此方所推]'[24], 혹은 '사대부에 의해 추대되었다[爲士大夫所推]'[25] 등의 언설은 유덕자라는 논리에 근간을 두고 있지만, 중화제왕의 필수조건은 덕을 갖추는 것이고, 융이(戎夷)와 같은 출신 지역이나 종족은 부차적인 것이라고 보았다. 유연(劉淵)이 한족들의 전통적인 성군인 하의 우(禹)나 주의 문왕(文王)도 서융과 동이 땅에서 태어난 것을 상기시킨 것은 이런 의미에서 나왔다.[26] 사실 이런 주장은 혁련발발(赫連勃勃)이 '하후씨의 먼 자손[夏后氏之苗裔也]'[27]이라 한 것이나, 모용외(慕容廆)가 황제(黃帝)[28]의 후예라 자칭한

之俗, 曆數之籙寧有分也! 卿等苟相襃擧, 以覬非望, 實匪寡德所宜聞也.' … 時朝廷遣使者詣儁, 儁謂使者曰: '汝還白汝天子, 我承人乏, 爲中國所推, 已爲帝矣.'".

22 北魏시대에도 中華는 역시 중원을 가리키지만(『魏書』卷101補 宕昌羌列傳, p.2241, "宕昌羌者, … 其地東接中華, 西通西域, 南北數千里 …"), 제대로 中華라 불리우려면 中華라는 地域만이 아니라 德을 갖추어야만 한다는 인식이 있다(『魏書』卷108-1 禮志1, pp.2746~2747, "(太和)十五年正月, 侍中·司空·長樂王穆亮, … 中書侍郞賈元壽等言: '… 臣等謹共參論, 伏惟皇魏世王玄朔, 下迄魏·晉, 趙·秦·二燕雖地據中華, 德祚微淺, 並獲推敍, 於理未愜. 又國家積德修長, 道光萬載 …'.").

23 『晉書』卷101 劉元海載記, pp.2648~2649, "劉宣等固諫曰: '晉爲無道, 奴隷御我, 是以右賢王猛不勝其忿. 屬晉綱未弛, 大事不遂, 右賢塗地, 單于之恥也. 今司馬氏父子兄弟自相魚肉, 此天厭晉德, 授之於我. 單于積德在躬, 爲晉人所服, 方當興我邦族, 復呼韓邪之業, 鮮卑烏丸可以爲援, 奈何距之而拯仇敵! 今天假手於我, 不可違也. 違天不祥, 逆衆不濟; 天與不取, 反受其咎. 願單于勿疑.' 元海曰: '善. 當爲崇岡峻阜, 何能爲培塿乎! 夫帝王豈有常哉, 大禹出於西戎, 文王生於東夷, 顧惟德所授耳. 今見衆十餘萬, 皆一當晉十, 鼓行而摧亂晉, 猶拉枯耳. 上可成漢高之業, 下不失爲魏氏. 雖然, 晉人未必同我. 漢有天下世長, 恩德結於人心, 是以昭烈崎嶇於一州之地, 而能抗衡於天下. 吾又漢氏之甥, 約爲兄弟, 兄亡弟紹, 不亦可乎? 且可稱漢, 追尊後主, 以懷人望.' 乃遷于左國城, 遠人歸附者數萬".

24 『晉書』卷87 涼昭武王 李玄盛傳, p.2267.

25 『晉書』卷121 李雄載記, p.3039.

26 孟子도 거의 같은 주장을 하고 있다. 즉 舜도 文王도 東夷와 西夷였다는 것이다(『孟子』卷8 離婁章句 下1, "舜生於諸馮, 遷於負夏, 卒於鳴條, 東夷之人也, 文王生於岐周, 卒於畢郢, 西夷之人也.").

27 『晉書』卷130 赫連勃勃載記, p.3202, "(赫連勃勃)自以匈奴夏后氏之苗裔也, 國稱大夏". 사실 이전 漢代의 匈奴도 그러하였다(『史記』卷110 匈奴列傳, p.2879, "匈奴, 其先祖夏后氏之苗

데서도[29] 보인다. 그러나 이러한 한족과의 동조 의식 강조는 중원의 인심을 획득하기 위한, 즉 '태고를 살펴봄으로써 지금을 추측한다[推當今以覽太古]'[30]라는 현실적 '수요'에 따른 책략이었다. 또 후에 북위 태조 도무제가 호한 간의 차이를 '민속이 비록 다르지만[民俗雖殊]'이라 하여 습속의 차이 문제로 단순화시키고 있는 것도[31] 이런 수요에 따른 것이었다. 여기서 덕이란 중원 예교문화이며, 이것의 습득을 통하여 이 차이를 극복할 수 있다는 논리이다. 오호십육국의 호족군주들이 이 습득에 열을 올렸고, 그 성과 역시 무시할 수 없었음은 잘 알려진 사실이다.[32]

덕을 갖추지 못한 군주가 다스리는 지역은 그 군주가 어떤 선조를 가졌든 간에 왕화(王化)의 대상이 된다는 것이다. 전진(前秦)의 부견(苻堅)이 통일을 위해 동진을 침략할 때 내건 명분이 바로 '오직 동남 한 귀퉁이만 왕화를 받지 못하고[惟東南一隅 未賓王化]',[33] '오직 동남 한 귀퉁이만이 왕명을 감히 거스르는[惟東南一隅, 敢違王命]'[34] 상태라는 것이었다. 오호가 건립한 왕조 중에는 서진이 자국 군대를 '왕사(王師)'[35]라 불렀던 것처럼 자국의 군대를 칭하

裔也.").

28 『晉書』卷108 慕容廆載記, p.2802, "其先有熊氏(黃帝)之苗裔, 世居北夷".

29 이외에도 氐族인 前秦이 有扈氏의 苗裔로, 鮮卑族의 南涼이 黃帝의 後裔로, 鮮卑系의 代國과 北周는 炎帝神農氏의 後裔라고 말하고 있다. 이 가운데 北魏와 代國이 黃帝와 炎帝로 각각 주장하고 있는 것이 특징이다. 최근에는 이른바 '中華民族'(漢族과 滿·蒙·回·藏 등 55개 소수민족)의 文化를 '炎黃文化'라 하여 共通文化로 취급하고 있다(馮征, 「弘揚民族優秀文化貴在開拓創新」, 『炎黃文化與中華民族』, 北京: 中國人民大學出版社, 1996, p.1).

30 (後漢)應劭撰, 『風俗通義』(天津: 天津古籍出版社, 1980年版 『校釋』本) 第1 皇覇, p.9.

31 『魏書』卷2 太祖道武帝珪本紀, pp.32~33, "(天興元年, 398)六月丙子, 詔有司議定國號. … 詔曰: 昔朕遠祖, 總御幽都, 控制遐國, 雖踐王位, 未定九州. 逮于朕躬, 處百代之季, 天下分裂, 諸華乏主. 民俗雖殊, 撫之在德, 故躬率六軍, 掃平中土, 凶逆蕩除, 遐邇率服. 宜仍先號, 以爲魏焉. 布告天下, 咸知朕意.'".

32 (淸)趙翼撰, 王樹民校證, 『廿二史箚記』(北京: 中華書局, 1984) 卷8 「僭僞諸君有文學」條.

33 『晉書』卷114 苻堅載記下, p.2911.

34 『晉書』卷123 慕容垂載記, p.3084, "(苻)堅報曰: '朕以不德, 忝承靈命, 君臨萬邦, 三十年矣. 遐方幽裔, 莫不來庭, 惟東南一隅, 敢違王命. 朕爰奮六師, 恭行天罰, 而玄機不弔, 王師敗績'".

35 『晉書』卷4 孝惠帝紀, p.94, "(永平) 七年春正月癸丑, 周處及齊萬年戰於六陌, 王師敗績, 處死

는 사례를 쉽게 발견할 수 있다.³⁶ 대신 중원을 자신들에게 빼앗긴 동진의 군대를 '오구(吳寇)' 혹은 '오병(吳兵)'으로 불렀고, 동진이 근거하고 있는 땅을 '문신(文身)'의 땅으로 지칭하기도 하였다.³⁷ 그리고 자신들의 수도를 '경사(京師)'라고 불렀는데 이는 동진의 정통성에 대한 명백한 부정이었다. 이런 변화는 이미 오호십육국시대에 흔히 나타나고 있는 현상이었다.

호족군주들은 중원 확보에 이어 '중화'를 구성하는 여러 조건들을 보완하는 데 힘을 쏟기 시작하였다. 먼저 그들은 중국인의 조상과 줄대기를 시도하였다. 이런 점은 유연(劉淵)에서 보인다. 그가 처음 '한(漢)'이라는 국호를 사용한 것도 바로 앞 왕조와의 연결성(정통 왕실의 계승)을 보완하려는 목적에서였다. 그는 자신의 조상이 한 고조와 형제의 의를 맺었던 것을 상기시키면서 한 고조 동생의 후손으로서 한왕조를 계승하겠다는 점을 명백히 하였다.³⁸ 정삭은 '융예(戎裔)'에게가 아니고 '한족[漢裔]'에게만 주어진다는 논

之.";『晉書』卷4 孝惠帝紀, p.100, "(大安) 二年六月, 遣荊州刺史劉弘等討張昌于方城, 王師敗績.".

36 慕容暐가 공격해 오는 苻堅의 군대에 대해 자신의 군대를 '王師'라 하였고(『晉書』卷111 慕容暐載記, p.2857, "暐憂懼不知所爲, 乃召其使而問曰: '秦重如何, 今大師卒出, 猛等能戰不.' 或對曰: '秦國小兵弱, 豈王師之敵. …'"), 苻堅이 慕容暐를 책하면서 자신의 군대를 '王師'(『晉書』卷114 苻堅載記下, p.2920, "(苻)堅大怒, 召見慕容暐責之曰: '… 奈何因王師小敗, 便猖悖若此! …'")라 하였다. 慕容垂가 後趙를 責하면서 前燕의 군대를 '王師'(『晉書』卷123 慕容垂載記, pp.3077~3078, "石季龍死也, 趙魏亂 … 垂諫曰: '弔伐之義, 先代常典, 今方平中原, 宜綏懷以德. 坑戮之刑, 不可爲王師之先聲. …'")라 하였다. 물론 『晉書』에서는 東晉을 정통왕조로 기술한 것이지만, 이런 대화체를 添削 없이 인용한 결과인데 본문은 東晉軍을 '王師'로 인용된 대화에서는 '吳寇'라 표현하고 있다(『晉書』卷119 姚泓載記, p.3011, "王師至成皐. 征南姚洸時鎭洛陽, 馳使請救. …. 洸部將趙玄說洸曰: '… 宜擁諸戍兵士, 固守金趙, 以待京師之援 … 吳寇終不敢越金墉而西. …'"). 川本芳昭는 『晉書』載記 부분이 崔鴻이 『十六國春秋』를 편집할 당시에 『隋書』經籍志에 나오는 『燕書』, 『秦書』 등 五胡 여러 나라의 國史와 起居注를 참조한 것으로 고찰하고 있다(「五胡における中華意識の形成と『部』の制の傳播」, 『古代文化』 50-9, 1998, p.500).

37 『晉書』卷128 慕容超載記, pp.3181~3182, "劉裕率師將討之. (慕容)超引見羣臣於東陽殿, 議距王師. 公孫五樓曰: '吳兵輕果, 所利在戰 ….' 超不從. (慕容)鎭出, 謂韓諱曰: '主上旣不能芟苗守嶮, 又不肯徙人逃寇, 酷似劉璋矣. 今年國滅, 吾必死之, 卿等中華之士, 復爲文身矣.' 超聞而大怒, 收鎭下獄".

38 그들의 선조 匈奴 單于가 前漢의 고조 劉邦과 兄弟로 약속했던 것에서 그들이 '劉'씨 성을

리에 대응하기 위해서였다. 그리고 조상 대대로의 축덕(蓄德)에 의해 천수(天授)를 받았다는 것이다.

오호십육국시대 호족군주들에 의해 제기된 이러한 논리는 당시 어느 정도 효력을 발휘한 것은 사실이었다. 주군이 불러도 불응하였고 서진의 충신인 유곤(劉琨)의 초빙에도 거절하면서 은둔생활을 계속하던 안문(雁門)의 호족(豪族) 범륭(范隆)은 유연의 부름에 응하여 고관을 지냈고, 석륵의 신뢰를 받았던 장빈(張賓)도 "내 여러 장군들을 두루 살펴본 적이 많았는데 오직 호장군만이 더불어 대사를 같이 이룰 수 있을 것 같다[吾歷觀諸將多矣, 獨胡將軍可與共成大事]"라 말하고 스스로 석륵에 알현하였다.[39] 전진의 부견과 한인 출신 재상 왕맹(王猛)의 깊은 신뢰관계도 이런 인식에서 비롯된 것이었다. 이와 같은 종족을 초월한 군신관계가 생긴 이유는 호족의 군주가 무엇보다 중국의 예교문화에 깊은 이해를 갖고 '문경지치(文景之治)'를 방불케 하는 정치를 행하였기 때문이다.[40]

그러나 오호십육국시대 호족군주들의 중화군주로의 변신은 그리 쉽지는 않았다. 한족 출신 관료뿐만 아니라 호족 출신의 측근, 간혹은 호족군주 자신들마저도 동진 등 강남 왕조의 정통을 부정하지 못하는 경우가 많았기 때문이다. 이러한 사례는 여기서 다 열거할 필요가 없지만,[41] 그 논리를 요약하면 호족 출신 인사는 '명신'은 될 수 있을지라도 '제왕'은 될 수 없다는 것이다.[42] 오호십육국의 여러 왕조들의 조명(祚命)이 그렇게 단축(短促)했던 것은

얻게 되었음을 강조하고 그 법통을 잇겠다는 것(『晉書』卷101 劉元海載記, p.2649, "吾又漢氏之甥, 約爲兄弟, 兄亡弟紹, 不亦可乎?")을 강조하고 있는 것이다.

39 『晉書』卷105 石勒載記下, 張賓傳, p.2756.

40 徐揚杰, 「淝水之戰的性質和前秦失敗的原因」, 『華中師院學報』 1980-1, p.28.

41 이 사례는 朴漢濟, 『中國中世胡漢體制研究』, 서울: 一潮閣, 1988, 제1-2장 참조.

42 『晉書』卷 104 石勒載記上, p.2721, "(石勒)乃遣其舍人王子春. … 奉表推崇浚爲天子曰: '勒本小胡, 出於戎裔, 値晉綱弛御. … 今晉祚淪夷, 遠播吳會, 中原無主, 蒼生無繫. … 爲帝王者, 非公復誰? …' … 子春對曰: '… 且自古誠胡人而爲名臣者實有之, 帝王則未之有也. 石將軍非所以惡帝王而讓明公也, 顧取之不爲天人之所許耳. 願公勿疑.'".

그 군주들이 중화제왕으로 널리 인정받는 데 성공하지 못하였음을 의미한다. 호족군주들은 중원을 차지하였으나 호한융합을 위한 보편적인 기제(機制)는 커녕 왕조의 정통성마저 아직 백성들에게 인정받지 못하였다는 뜻이다.

Ⅳ. 북위의 '한화'와 그 과제

북위의 성립 후 호한융합에 상당한 진전이 있었음은 부정할 수 없다. 그것은 크게 보아 1대 도무제, 3대 태무제, 6대 효문제의 여러 조처들이 가져온 결과라 할 수 있다. 이 세 황제에 의해 단행된 조처들은 오호십육국의 그것과 다른 점이 많았다. 가장 먼저 들 수 있는 것은 도무제가 단행한 '부락 해산' 조치이다. 이 조치는 단적으로 말해서 탈유 목적, 즉 정주를 위한 큰 걸음이었다.

태무제가 단행한 것은 두 가지였다. 첫째, 폐불과 신도교의 국교화였다. 이 조치의 특징은 바로 오호(십육국)와의 차별화를 시도한 점이었다. 후조(後趙)의 석호(石虎)가 불교를 호족의 종교로써 친근감을 갖고 그 홍통에 힘썼던 것과는 판이한 입장 변화이다. 그것은 태무제가 단행한 폐불 조처에 잘 나타나고 있다.[43] 그러나 북위가 이렇게 오호와의 차별화를 분명히 했다고 하

---

43 石勒·石虎 등이 胡族의 종교로써 佛教에 대한 호감을 가지고 믿고 홍통시킨 것과는 다른 차원이다. 한편 신도교는 단순히 중국 고유의 '老莊의 教'가 아니었다. 태무제는 佛教(胡之誕言)와 道家(老莊之虛假)를 동일시하고 있다는 것이다(『魏書』 卷114 釋老志, pp.3034~3035, "乃下詔曰: '昔後漢荒君, 信惑邪僞, 妄假睡夢, 事胡妖鬼, 以亂天常, 自古九州之中無此也. 夸誕大言, 不本人情. … 欲除僞定眞, 復羲農之治. 其一切盪除胡神, 滅其蹤迹. … 自今以後, 敢有事胡神及造形像泥人·銅人者, 門誅. 雖言胡神, 問今胡人, 共云無有. 皆是前世漢人無賴子弟劉元眞·呂伯强之徒, 接乞胡之誕言, 用老莊之虛假, 附而益之, 皆非眞實. 至使王法廢而不行, 皆大姦之魁也. 有非常之人, 然後能行非常之事. 非朕孰能去此歷代之僞物! 有司宣告征鎭諸軍·刺史, 諸有佛圖形像及胡經, 盡皆擊破焚燒, 沙門無少長悉坑之.' 是歲, 眞君七年三月也.").

여 그것을 곧바로 '한화'로 규정해서는 안 된다. 태무제가 불교를 배격하고 '신도교'를 국교로 하였지만, 이런 조치를 통해 그가 구상하는 세계가 종래 '한족 중심의 중화세계' 그 자체로 해석되지는 않는다.[44] 그가 단행한 이른 바 '국사사건'의 결과가 이를 보여준다.

북위 군주들이 한족들에게 준 메시지는 단순하지 않았다. 그들은 황제(黃帝)의 후손이라는 점을 강조하면서 '(복)희(신)농의 정치'를 회복하는 것을 목표로 삼았다.[45] 이것은 융적의 원류를 변방에 유배된 동족으로 간주하는 한족의 전통적인 관념을 분명히 의식한 조치라고 할 수 있다. 그렇다고 그들이 '선비'라는 것 자체를 부정한 것은 더욱 아니었다.[46] 다만 삼대[하(夏)·상(商)·주(周)]에서 진한까지 중주(中州)에 잔혹하게 해를 입힌 유목민족, 특히 흉노 등과는 다르다는 점을 분명히 한 것뿐이었다. 진(晉)의 제왕을 무도한 자로 폄하하고, 또 한족을 대량 학살한[47] 오호 군주와의 차별화를 선언한 것이었다.[48] 그것은 영가의 난에 참여한 당사자가 아니었기 때문에 세울 수 있는 논리였다.

둘째, 한족 사인(士人)을 대규모로 영입하였다. 특히 국호[魏]의 결정에 중

---

44 川本芳昭, 『魏晋南北朝時代の民族問題』, 東京, 汲古書院, 1998, p.47.

45 『魏書』卷1 帝紀 序紀, p.1, "昔黃帝有子二十五人, 或內列諸華, 或外分荒服, 昌意少子, 受封北土, 國有大鮮卑山, 因以爲. … 黃帝以土德王, 北俗謂土爲托, 謂后爲跋, 故以爲氏. … 爰歷三代, 以及秦漢, 獯鬻·獫狁·山戎·匈奴之屬, 累世殘暴, 作害中州. …"; 『魏書』卷114 釋老志, p.3034, "乃下詔曰: '… 欲除僞定眞, 復羲農之治 …'.".

46 太武帝가 南朝에 보낸 서신 가운데 스스로를 '我鮮卑'라고 한 표현이 있다(『宋書』卷95 索虜傳, pp.2347~2348, "此後復求通和, 聞太祖有北伐意, 又與書曰: '彼此和好 … 復何知我鮮卑常馬背中領上生活. …'").

47 西晉 말기 劉曜의 洛陽 함락 시에 '百官士庶死者, 三萬餘人'(『晉書』卷5 懷帝紀, 永嘉 5년 6月條, p.123)나 石勒이 東海王 越를 격파하였을 때, '王公士庶死者十餘萬'(『晉書』卷59 東海王 越傳, p.1625)이라는 대량 살육이 행해졌다.

48 동진·남조에서 北魏를 오호와 구별했느냐는 별개의 문제인 것 같다. 梁代에도 여전히 북위를 五胡라고 부르고 있기 때문이다(北齊)楊衒之撰, 『洛陽伽藍記』(이하 『洛陽伽藍記』의 인용은 范祥雍校注, 『洛陽伽藍記校注』, 上海, 上海古籍出版社, 1958·1978에 의거함) 城東景寧寺 出靑陽門外三里, pp.117~118, "(陳)慶之因醉謂蕭(彪)·張(景仁)等曰: '魏朝甚盛, 猶曰五胡, 正朔相承, 當在江左. 秦皇玉璽, 今在梁朝.'".

심적인 역할을 수행한 최굉(崔宏), 그리고 이른바 '징사(徵士)'로 지칭되는
산동귀족들을 북위정권에 대거 참여하도록 유도한 최호(崔浩)가 대표적이
다.[49] 북위시대에 들어서 간혹 탁발 왕조에 벼슬살이하는 것을 꺼리거나 부
끄러워하는 사람도 있었지만[50] 대부분은 북위정권에 정착하였다. 이런 현상
은 물론 시간이 경과함에 따라 나타난 지역적 자부심과도 연관이 있지만, 북
위의 정책들이 한족 사인들로 하여금 북위왕조에 참여할 명분을 제공하는
동시에 한족 중심의 문벌정치를 재현할 수 있을 것이라는 기대를 갖게 하였
기 때문이다.

특히 효문제는 '한화정책'을 추진한 결과 일부 한족 사인들로부터 '삼황
을 이은 사황이 되고 오제를 이어 육제가 된[四三皇而六五帝]' 성주(聖主)[51]로
인정받을 정도로[52] 그들의 기대를 한 몸에 받았다. 효문제는 태무제의 단계
에서 더 나아가 오호정권들과 달리 서진을 부정하지 않고 오히려 그 계승 왕
조임을 분명히 하였다. 북위는 국초에 오행 가운데 토덕(土德)을 채용하였지
만[53] 구체적으로 어느 왕조를 계승한 것인지는 명확하게 밝히지 않았다. 그

---

49 431년(신가 4년)에는 조칙을 내려서 화북 각지의 名士 수백 명을 초빙하여 관에 임명하였
　　다. 주요 인물들을 보면, 范陽 盧氏, 博陵崔氏, 趙郡李氏, 河間邢氏, 勃海高氏, 廣平游氏, 太
　　原張氏 등으로, 그중 한 사람이었던 高允은 당시를 회상해서 「徵士頌」이라는 문장을 지었
　　는데, 이른바 山東貴族의 각 가를 망라하고 있다. 이들의 각 가가 당대에 이르러서도 사회
　　적으로 큰 聲望을 계속 갖고 있다.
50 高允의 實弟인 高燮의 華夷論的 비판이 그것이다(『魏書』, 高允傳 附高燮傳, p.1091, "世祖每
　　詔徵, 辭疾不應, 恒譏笑允屈折久宦.").
51 『魏書』 卷62 李彪傳, pp.1394~1396, "彪乃表曰: '… 唯我皇魏之奄有中華也. … 先皇有大
　　功二十, 加以兼尊而光, 爲而弗有, 可謂四三皇而六五帝矣, 誠宜功書於竹素, 聲播於金石. …'".
52 『南齊書』 卷57 魏虜傳, pp.991~992, "每使至, (拓跋)宏親相應接, 申以言義. 其重齊人, 常謂
　　其臣下曰: '江南多好臣.' 僞侍臣李元凱對曰: '江南多好臣, 歲一易主, 江北無好臣, 而百年一主.'
　　宏大慙. 出元凱爲雍州長史, 俄召復職'. 이원개의 이 발언은 孝文帝의 말에 시비를 건 것으
　　로 소개된 것이지만, 당시 북위 한족 사대부들의 왕조에 대한 자부심을 느끼게 한다.
53 黃帝의 자손이라든가, 건국 초기 黃星이 天上에 빛났다든가, 拓跋의 胡語로 土를 의미한
　　다는 등의 설이 있다(『魏書』 卷1 序紀, p.1, "昔黃帝有子二十五人, 或內列諸華, 或外分荒服,
　　… 黃帝以土德王, 北俗謂土爲托, 謂后爲跋, 故以爲氏.";『魏書』 卷2 太祖道武帝珪本紀, p.34,
　　"(天興元年, 398)十有二月己丑, 帝臨天文殿, … 詔百司議定行次, 尙書崔玄伯等奏從土德, 服

러나 효문제는 목화토금수(木火土金水)의 오덕에서 수덕을 채용하여 북위가 서진의 금덕을 계승하였음을 확실히 하였다.[54] 서진의 '통일제국' 이미지를 이용해서 야망을 성취하기 위해서였다. 효문제가 평성으로부터 천도를 단행하면서 당시 여러 가지 조건에서 유리한 업(鄴) 대신 낙양을 고집한 것도 통일전 수행과 밀접한 관련이 있지만, 오호시대의 편패지주(偏覇之主)였던 석호(石虎)와 모용씨의 수도였던 업과는 달리 원래 통일 중국의 수도였고, '중국'의 진정한 의미를 갖춘 지점이 바로 낙양이기 때문이었다.[55] 이것은 북위가 서(동)진에 이은 중원 정통왕조임을 스스로 선언한 것이다.[56] 효문제의 야망과 결부된 한족 편향의 여러 정책들은 그 결과에 상관없이 한족 사인에게 화이의식을 완화시키는 데 기여했던 것은 분명하다.

이 결과 발해(渤海)의 명문 고려(高閭)는 효문제에게 천명을 받은 황제만이 행하게 되어 있는 봉선(封禪)을 행할 것을 권하면서 강남은 '중국'이 아니라고 말하고 있다.[57] 이것은 북위 초까지 뿌리 깊이 박혀 있던 한족 사인들의

色尙黃, 數用五, 未祖辰臘.";『魏書』卷108-1 禮志1, p.2734, "天興元年, 定都平城, 卽皇帝位, 立壇兆告祭天地. … 事畢, 詔有司定行次, 正服色. 羣臣奏以國家繼黃帝之後, 宜爲土德, 故神獸如牛, 牛土畜, 又黃星顯曜, 其符也. 於是始從土德, 數用五, 服尙黃, 犧牲用白. 祀天之禮用周典, 以夏四月親祀于西郊, 徽幟有加焉.").

54 『魏書』卷108-1 禮志1, pp.2744~2747, "中書監高閭議以爲: '帝王之作, 百代可知, 運代相承, 書傳可驗. … 自玆厥後, 乃以爲常. 魏承漢, 火生土, 故魏爲土德. 晉承魏, 土生金, 故晉爲金德. 趙承晉, 金生水, 故趙爲水德. 燕承趙, 水生木, 故燕爲木德. 秦承燕, 木生火, 故秦爲火德. 秦之未滅, 皇魏未克神州, 秦氏旣亡, 大魏稱制玄朔. 故平文之廟, 始稱'太祖', 以明受命之證, 如周在岐之陽. 若繼晉, 晉亡已久; 若棄秦, 則中原有寄. 推此而言, 承秦之理, 事爲明驗. 故以魏承秦, 魏爲土德, 又五緯表驗, 黃星曜彩, 考氏定實, 合德軒轅, 承土祖未, 事爲著矣. ….' … 秘書丞李彪. … 以爲: '…' (太和)十五年 … 詔曰: '… 便可依爲水德. ….'". 孝文帝가 취한 이 조처의 意味에 대해서는 呂思勉, 『兩晉南北朝史』, 臺北: 開明書店, 1969, pp.1470~1472에 상세히 나와 있다.

55 逯耀東, 「北魏孝文帝遷都與其家庭悲劇」(『從平城到洛陽』, 臺北: 聯經出版事業公司, 1979, pp.104~105; W. J. F. Jenner, "Northern Wei Loyang An Unnecessary Capital?", *Paper on Far Eastern History* 23, 1981, pp.164~165.

56 따라서 『魏書』에 東晉을 '島夷' 대신 '僭僞'라고 하였던 이유가 여기에 있다.

57 『魏書』卷54 高閭傳, p.1208, "(高)閭曰: '司馬相如臨終恨不見封禪, 今雖江介不賓, 小賊未盡, 然中州之地, 略亦盡平, 豈可於聖明之辰, 而闕盛禮. 齊桓公霸諸侯, 猶欲封禪, 而況萬乘.' 高祖

화이의식과 동진에 대한 호의적인 감정이[58] 옅어지고 있음을 반영한다. 이런 인식은 북위 말까지의 북위조정에서의 한족 사인들의 대체적인 인식이라고 해도 크게 틀리지는 않을 것이다.

특히 효문제에 의한 여러 정책들은, 남조 출신 사인으로 낙양에 와서 북위 관료들과 정삭 문제를 두고 토론하면서 북위를 '오호'라고 멸시함과 동시에 정삭과 옥새가 강남에 있음을 주장하던 진경지(陳慶之)로 하여금 '이른바 제경이 성대하여 사방의 본받을 바가 되다[所謂帝京翼翼, 四方之則]'[59]라 감탄해 마지않게 하였다. 또 그가 수도 건강(建康)으로 돌아가서 소개한 낙양의 '품이 넓은 옷과 폭이 넓은 띠[褒衣博帶]'를 한 복식이 강남의 사서들에게 크게 유행하였다고 한다.[60] 북위의 전장·문물이 남조에 뒤지지 않고, 오히려 더 우월한 면도 있었음을 진경지의 표현을 통해 증명되고 있는 것이다.[61]

日: '由此桓公屈於管仲. 荊揚未一, 豈得如卿言也.' 閶曰: '漢之名臣, 皆不以江南爲中國. 且三代之境, 亦不能遠.' 高祖曰: '淮海惟揚州, 荊及衡陽惟荊州, 此非近中國乎?'".

58 『魏書』卷60 韓麒麟傳 附 子 顯宗傳, p.1341, "又曰: '自南僞相承, 竊有淮北, 欲擅中華之稱, 且以招誘邊民. …';『魏書』卷62 李彪傳, pp.1393~1394, "高祖崩, 世宗踐祚, … (李)彪乃表曰: '唯我皇魏之奄有中華也, 歲越百齡, 年幾十紀. 太祖以弗違開基, 武皇以奉時拓業, 虎嘯域中, 龍飛宇外, 小往大來, 品物咸亨, 自茲以降, 世澤其光. 史官敍錄, 未允其盛. …';『北齊書』卷2 神武帝紀下, (北魏 永熙三年, 534)六月 辛未條, pp.14~15, "(溫)子昇爲(孝武帝)勅曰: '… 東南未賓, 爲日已久, 先朝已來, 置之度外. …'".

59 원래 이 원문은『後漢書』에 인용된『韓詩』의 '京師翼翼, 四方之則'에 근거한 것이다(『後漢書』卷 32 樊宏傳 附 樊準傳, p.1127, "臣聞傳曰: '…' … 故詩曰: '京師翼翼, 四方是則.'").

60 『洛陽伽藍記』卷2 城東 景寧寺 出靑陽門外三里, pp.117~118, "永安二年, 蕭衍遣主書陳慶之送北海入洛陽曆帝位. 慶之爲侍中. (張)景仁在南之日, 與慶之有舊, 遂設酒引邀慶之過宅, 司農卿蕭彪·尙書右丞張嵩並在其坐. 彪亦是南人, 唯有中大夫楊元愼 … 是中原士族. 慶之因醉謂蕭·張等曰: '魏朝甚盛, 猶曰五胡, 正朔相承, 當在江左. 秦皇玉璽, 今在梁朝.' 元愼正色曰: '江左假息, 僻居一隅, 地多濕蟄, 攢育蟲蟻, 疆土瘴癘, 蛙黽共穴, 人鳥同群. 短髮之君, 無杼首之貌: 文身之民, 稟叢(藂)陋之質. 浮於三江, 棹於五湖, … 我魏膺籙受圖, 定鼎嵩洛, 五山爲鎭, 四海爲家. 移風易俗之典, 與五常(帝)而並跡, 禮樂憲章之盛, 百王而獨高. 卿魚鱉之徒, 慕義來朝, 飮我池水, 啄我稻粱: 何爲不遜, 以至於此?' 慶之等見元愼淸詞雅句, 縱橫奔發, 杜口流汗, 含聲不言".

61 『洛陽伽藍記』卷2 城東 景寧寺 出靑陽門外三里條, p.119, "北海尋爲伏誅, 其慶之還奔蕭衍, 衍用其爲司州刺史, 欽重北人, 特異於常. 朱异怪復問之曰: '自晉·宋以來, 號洛陽爲荒土, 此中謂長江以北, 盡是夷狄. 昨至洛陽, 始知衣冠士族, 並在中原, 禮儀富盛, 人物殷阜, 目所不識, 口不

북위시대 후반기에 들어 남북의 한족 사인들 간에 정삭 논쟁이 더욱 격렬해졌다.[62] 남북은 서로를 '삭로' 혹은 '도이'라고 지칭하면서 상대방을 이적시하였다. 특히 북위 낙양에는 금릉(金陵), 연연(燕然), 부상(扶桑), 엄자(崦嵫) 등 '사이관(四夷館)'이 있었고, 귀정(歸正), 귀덕(歸德), 모화(慕化), 모의(慕義) 등 '사이리(四夷里)'가 있었으며, 오인(吳人: 강남인)의 투항자는 금릉관에 먼저 거주하도록 했던 것은,[63] 북위야말로 중화임을 남조 측에 명백하게 공포한 것이었다.

여기서 주목해야 할 것은 효문제가 통합하려는 것은 한족뿐만이 아니었다는 점이다. 그는 입버릇처럼 "진실로 정성을 균일하게 베풀 수만 있다면 호와 월 사람들도 형제처럼 친해질 수가 있다"[64]라고 말하곤 하였다. 이것은 당 태종 시기 조정에서 나온 '호와 월이 한 집안[胡越一家]'이라는 발언과[65] 외형상 크게 다르지 않다. 그러나 효문제의 이른바 '호월 … 형제'의 실현은 필수적으로 남조(월) 병합을 전제로 유연 등 새외 유목민족[胡]도 포괄하는 통일세계제국을 구상하고 있다는 점에서 주목되는 것이지만 당시의 상황은 당 태종 시기와는 많이 달랐다.

무엇보다도 북위 군주들이 추구하는 길과 한족 사인들이 지향하는 것이

能傳. 所謂帝京翼翼, 四方之則, 如登泰山者卑培塿, 涉江海者小湘·沅. 北人安可不重?'慶之因此羽儀服式, 悉如魏法. 江表士庶, 競相模楷, 褒衣博帶, 被及秫陵".

62 『宋書』卷59 張暢傳, p.1602, "(李)孝伯曰: '隣國之君, 何爲不稱詔於隣國之臣?'(張)暢曰: '君之此稱, 尚不可聞於中華, 況在諸王之貴, 而猶曰隣國之君邪.'". 이 논쟁은 北魏 太武帝가 宋 彭城을 공격할 당시, 魏使 李孝伯과 宋使 張暢 사이에 벌어진 것이다. 즉 장창은, 송인들은 남조인들이 전통문화를 가졌다고 믿고 있다는 것이다.

63 『洛陽伽藍記』卷3 城南 龍華寺 宣陽門外四里條, pp.160~161, "永橋以南, 圜丘以北, 伊·洛之間, 夾御道, (東)有四夷館. 一曰金陵, 二曰燕然, 三曰扶桑, 四曰崦嵫. (道)西有四夷里: 一曰歸正, 二曰歸德, 三曰慕化, 四曰慕義. 吳人投國者, 處金陵館, 三年已後, 賜宅歸正里".

64 『魏書』卷7下 高祖紀下, p.186, "苟能均誠, 胡越之人亦可親兄弟".

65 『資治通鑑』卷194 唐紀10 太宗 貞觀 7年(633) 12月條, pp.6103~6104, "戊午, 還宮, 從上皇置酒故漢未央宮. 上皇命突厥頡利可汗起舞, 又命南蠻酋長馮智戴詠詩, 旣而笑曰: '胡越一家, 自古未有也!'帝奉觴上壽曰: '今四夷入臣, 皆陛下教誨, 非臣智力所及. 昔漢高祖亦從太上皇置酒此宮, 妄自矜大, 臣所不取也.'上皇大悅. 殿上皆呼萬歲".

결코 같지 않았다. 태무제 시기 최호가 주도적으로 지향했던 '상하·존비의 인간관계를 고르게 정비하여 성과 족을 분명히 한다[齊整人倫, 分明姓族]'[66]는 것은 효문제의 한화정책의 핵심이라고 할 수 있는 '성과 족을 상세하게 정하는[姓族詳定]' 정책 선언으로 그 결실을 맺는다. 즉 한족이 중심이 된 문벌정치의 재현이다. 이는 한족 사인들이 지향하고자 하는 목표였다. 다소 극단적인 효문제의 입장은 그렇다 하더라도 여타의 북위 군주들뿐만 아니라 전진의 부견의 경우에서도 보이듯이 호족군주들의 덕치라는 것도 통일을 위해 왕조 내의 '힘의 통합'을 위한 것이지, '호족 위주'를 양보한 것은 결코 아니었다.

따라서 반대로 북위왕조에서 벼슬한 한족 사인들의 북위왕조에 대한 '충성'이 과연 마음속에서 우러난 것이었을까 하는 의문이 든다. 최호의 행동에는 여러 의문점이 있다. 즉 그가 총재하여 찬술한 『국사』뿐 아니라, 그의 행동에서도 진심으로 북위에 심복했는지 의문스러운 점들이 적지 않게 발견되고 있다.[67] 또 『십육국춘추』를 찬술하여 각국을 포폄한 최홍(崔鴻)도 동진·유송·남제 등의 역사는 서술하지 않았을 뿐만 아니라[68] 식자가 그 집필 내용에 대해 책망할까 봐 세상에 내놓지 않았다.[69] 선무제가 그 책의 찬

---

66 『魏書』卷47 盧玄傳, p.1045, "(崔浩)大欲齊整人倫, 分明姓族. 玄勸之曰: '夫創制立事, 各有其時, 樂為此者, 詎幾人也? 宜其三思.' 浩當時雖無異言, 竟不納, 浩敗頗由此."

67 南朝에서 온 王慧龍을 진짜 貴種이라 칭찬한 곳에서도 나타난다(『魏書』卷38 王慧龍傳, pp.875~876, "初, 崔浩弟恬聞慧龍王氏子, 以女妻之. 浩旣婚姻, 及見慧龍, 曰: '信王家兒也.' 王氏世齇鼻, 江東謂之齇王. 慧龍鼻大, 浩曰: '眞貴種矣.' 數向諸公稱其美. 司徒長孫嵩聞之, 不悅, 言於世祖, 以其嘆服南人, 則有訕鄙國化之意. 世祖怒, 召浩責之. 浩免冠陳謝得釋.").

68 북조시대 역사 서술에서는 당연히 江東(東晉·南朝)도 僭偽로 취급해야 하는 데도 崔鴻은 그것을 취급하지 않음으로써 모면하려 한 것이고, 이것이 당시 북조 호족 출신 황제를 비롯한 조정에서 크게 문제가 된 것이다(『北史』卷44 崔亮傳 附 崔肇師傳, p.1635, "齊文襄嘗言肇師合誅, 左右問其故, 曰: '崔鴻十六國春秋述諸僭偽而不及江東.' 左右曰: '肇師與鴻別族.' 乃止.").

69 『魏書』卷67 崔鴻傳, pp.1502~1503, "鴻弱冠便有著述之志, 見晉魏前史皆成一家, 無所措意. 以劉淵·石勒·慕容儁·苻健·慕容垂·姚萇·慕容德·赫連屈子·張軌·李雄·呂光·乞伏國仁·禿髮烏孤·李暠·沮渠蒙遜·馮跋等, 並因世故, 跨僭一方, 各有國書, 未有統一, 鴻乃撰為

술 소식을 듣고 보자고 하니 최홍은 그 책이 북위 초의 사건을 취급함에 있어 '말함에 규율을 잃었기[言多失體]'때문에 내놓지 않았다고 하였다.[70] 또 그가 관계한 『과록(科錄)』은 상고부터 유송까지를 다룬 유서(類書)인데 여기에서도 동진·유송을 정통으로 취급하고 있다.[71] 최홍뿐 아니라 그의 아버지 최광(崔光)도 『위사(魏史)』를 찬술하였으나 완성하지 않았는데[72] 이것은 그의 입장과 당시의 정치 현실이 맞지 않았기 때문이다. 북위 말 역도원(酈道元)이 찬술한 『수경주(水經注)』에서는 십육국의 여러 군주는 유연·유요·석륵·석호·부견 등으로 성명을 쓴 반면, 남조의 여러 황제는 송무제·송효무제·송명제 등의 묘호(廟號)를 썼으며 남제의 무제를 소무제(蕭武帝)라고 부르고 있다.[73] 이런 풍조는 북제시대에도 변하지 않았던 것 같다. 북제의 실질적인 건국자 고환(高歡)이 불평하였듯이 중원의 사대부들이 강남을 '정삭의 소재'라고 인식하고 있었던 것이다.[74] 이처럼 북조 한족 사인들의 남조가 정삭을 이어가는 정통왕조라는 관념은 크게 변하지 않았다.

十六國春秋, 勒成百卷, 因其舊記, 時有增損襃貶焉. 鴻二世仕江左, 故不錄僭晉·劉·蕭之書. 又恐識者責之, 未敢出行於外."; 비슷한 내용이 『北史』 卷44 崔光傳 附 崔鴻傳, p.1626에 실려 있다. 물론 崔鴻의 조상이 강남 왕조에서 2대에 걸쳐 벼슬살이한 것도 관련이 있다.

70 『魏書』 卷67 崔鴻傳, p.1503, "世宗聞其撰錄, 遣散騎常侍趙邕詔鴻曰:'聞卿撰定諸史, 甚有條貫, 便可隨成者送呈, 朕當於機事之暇覽之.' 鴻以其書有與國初相涉, 言多失體, 且旣未訖, 迄不奏聞".

71 吉川忠夫, 「島夷と索虜のあいだ-典籍の流傳を中心とした南北文化交流史」, 『東方學報(京都)』 72, 2000, p.149.

72 『北史』 卷44 崔光傳 附 崔鴻傳, p.1626, "光撰魏史, 徒有卷目, 初未考正, 闕略尤多, 每云:'此史會非我世所成, 但須記錄時事, 以待後人.'".

73 周一良, 『魏晉南北朝史札記』(北京: 中華書局, 1985) 魏書札記, 酈道元條, p.382에서 酈道元의 태도는 崔浩 등이 북조에서 벼슬살이를 해도 남조에 대해 친근감을 갖고 있는 증거이며, 高歡의 말(바로 다음 注에 나오는 『北齊書』 卷24 杜弼傳에 재록된 高歡의 불평)을 증명하는 것이라고 하였다.

74 『北齊書』 卷24 杜弼傳, pp.347~348, "弼以文武在位, 罕有廉潔, 言之於高祖. 高祖曰:'弼來, 我語爾. 天下濁亂, 習俗已久. 今督將家屬多在關西, 黑獺常相招誘, 人情去留未定. 江東復有一吳兒老翁蕭衍者, 專事衣冠禮樂, 中原士大夫望之以爲正朔所在. 我若急作法網, 不相饒借, 恐督將盡投黑獺, 士子悉奔蕭衍, 則人物流散, 何以爲國? 爾宜少待, 吾不忘之.'".

V. 서위-북주시대의 '중화화' 시도

북위 효문제가 취한 여러 조처들은 호족 측으로 볼 때는 매우 과도한 양보였다. 북위를 멸망으로 이끈 이른바 '육진의 난'이 그의 정책에 대한 불만에서 비롯된 것임은 주지의 사실이다. 육진의 난 이후 성립된 왕조들에서 효문제식의 편향된 한화정책은 왕조 존속 자체를 불가능하게 하고 오히려 호한의 첨예한 대립을 불러오는 요소가 되었다. 효문제의 한화정책에 가장 불만을 가진 세력은 바로 군대였다. 낙양 궁궐에서 일어난 난(羽林·虎賁의 난)이나 육진의 난 모두가 불만을 가진 군인들에 의해 일어난 것인데 오호십육국에서 북위까지 군대는 오롯이 호족이 담당하고 있었다. 오호십육국시대부터 시작된 호한 간의 정벌과 농경의 분업 구조는 여전히 지속되고 있었던 것이다.

북위가 분열된 이후 탄생한 서위와 동위에게 주어진 과제는 호한의 통합이었다. 이 통합은 이상과 같은 분업 구조를 타파하는 것이 될 수밖에 없었다. 당연히 효문제와 다른 정책들이 나올 수밖에 없었고, 특히 서위-북주에서 단행한 조처들이 대체로 세계제국인 수당의 기초가 된 것으로 이해되고 있다.

서위-북주시대를 열었던 우문태(宇文泰)는 효문제가 단행한 한성(漢姓)제도를 고쳐 호성(胡姓)을 재행하면서 관제는 오히려 삼대의 제도인 『주례』를 택하였다.[75] 우문태가 취한 이런 정책은 호한의 절묘한 절충이었고, 남조 왕조들의 정삭 계승 논리에 대한 사상적 반격이기도 하였다. 『주례』 채택은

---

75 (宋)鄭樵, 『通志』(臺北: 新興書局, 1963) 卷30 氏族略 氏族6 變於夷條, p.484-中, "臣謹按後周宇文氏以起於夷虜, 故欲變夏爲夷, 以夷爲貴也. 然官制一遵三代以姓氏用夷虜, 何相反如是."

'한위지제'의 부정과 동시에 그 초극(超克)을 전제로 한 것이었다.[76] 이것은 한대 이래 제도 문물을 계승 발전시켜 온, 한 · 위의 정통 계승왕조라고 자처하는 적대세력 양(梁)에 대해서는 문화적 · 정신적 열등감을 불식시키고, 북위 효문제 이래 전장 · 문물을 계승한 동위-북제의 체제를 부정하는 논리이기 때문이다.[77]

관롱호족(關隴豪族)과 북진 무장(北鎭武將)의 연합정권인 서위-북주의 개혁은 북위 계승의 성격이 없는 것은 아니지만, 부정적 측면이 오히려 더 강하다. 먼저 그 근거지를 낙양 중심에서 장안 중심으로 바꿨다. 그들이 실제 근거하고 있는 지역이 관중이었고, 관중에 최초로 자리 잡았던 조대(朝代)는 삼대의 하나인 서주였다. 그런데 서주는 '이하(夷夏)를 분리시키지 않았던 시대'[78]라는 특이점이 있다. 당시 집권자였던 우문씨는 그 조상을[79] 염제신농씨(炎帝神農氏)로 연결시켰다.[80] 여기다 호성재행과 사성정책의 실시를 통해 관중에다 새로운 향리를 창건하여 그곳에 거주해 왔거나 모여든 호한 양족을 '친족화(親族化)'시키는 작업을 진행하였다.[81] 관중이라는 지역을 종족을 초월한 호한 인민의 '향리'로 지정하여 '동향민', '친족'이라는 의식을

---

76 北周 武帝가 즉위할 때 내린 조칙에 의하면, 宇文泰의 『周禮』 채용을 '捨末世之弊風'하고 '蹈隆周之叡典'한 周公의 그것으로 평가하고 있다[『周書』 卷5 武帝紀上 保定元年 春正月 戊辰 詔曰, p.64, "… 故周文公以上聖之智, 翼彼姬周, 爰作六典, 用光七百. … 我太祖文皇帝 稟純和之氣, 挺天縱之英, 德配乾元, 功侔造化, 故能捨末世之弊風, 蹈隆周之叡典, 誕述百官, 厥用允集. … 今可班斯禮於太祖廟庭'己巳, 祠太廟, 班太祖所述六官焉."].

77 물론 隋代에 와서 官制를 다시 漢魏之制로 되돌린다. 따라서 이것은 특정 목적을 수행하기 위한 權宜的인 정책이었다(『隋書』 卷26 百官上/序言, p.720, "有周創據關右, 日不暇給, 洎乎克淸江 · 漢, 爰議憲章. 酌squaring鎬之遺文, 置六官以綜務, 詳其典制, 有可稱焉. 高祖踐極, 百度伊始, 復廢周官, 還依漢 · 魏.").

78 宮崎市定, 『九品官人法の硏究—科擧前史—』, 京都: 同朋舍, 1956, p.490.

79 匈奴 南單于의 遠屬이라는 설이 유력하다(周一良, 「論宇文氏之種族」, 『魏晉南北朝史論集』, 北京: 中華書局, 1963).

80 『周書』 卷1 文帝紀上, p.1, "太祖文皇帝姓宇文氏, … 其先出自炎帝神農氏, 爲皇帝所滅, 子孫遯居朔野. … 鮮卑慕之, 奉以爲主, 遂總十二部落, 世爲大人".

81 林漢濟, 「西魏 · 北周時代 胡漢體制의 展開—胡姓再行의 經過와 그 意味」, 『魏晉隋唐史硏究』 1, 1994, p.68.

갖게 함으로써 양측을 융합시키고 지역적 자부심과 이기심을 불어넣었던 것이다.[82] 여기서 탄생한 것이 부병제이며, 이것은 적어도 군대에서의 호한 분업 체제의 종언을 의미한다. 호한합작 병제인 부병제는 정치집단인 이른바 '관롱집단'을 만들었고, 이들이 수당세계제국을 창건하는 주역이 된 것이다. 부병제 탄생에 호성재행과 사성정책이 크게 작용했던 것은 두말할 필요도 없고, 또 그 원리는 유목민족의 장기라고 할 수 있는 '계보'의 조작술에 있었다.[83] 서위-북주-수-당 왕조를 '부병제국가'라 지칭하는 학자도 있지만,[84] 부병제가 통일에 기여하고 수당세계제국을 유지하는 강력한 국가 역량이 되었음은 분명하다.

북주의 우문옹(宇文邕: 武帝)에게서 또 다른 계보 조작의 일면을 볼 수 있다. 그는 불교를 폐하면서 "… 오호가 중국에 들어와서부터 그 교(불교)를 믿는 자가 증가되어 극히 성하게 되었다. 짐은 오호가 아니다. 그러므로 불교를 숭배할 이유가 없다. 이것이 폐하는 이유다"[85]라고 말하였다. 그가 우문이라는 호성을 가졌고 또 선비어를 말하면서도 스스로 오호가 아니라고 말하는 것은 일견 모순같지만, 이것은 이미 북위 초부터 시작된 오호와의 결별 과정에 이어 당 태종의『진서』편찬을 통한 최후의 '계보 조작' 작업을 연결시키는 중간 단계라는 데 의미가 있다. 그러나 호족군주들이 중화군주로 변하는 데는 동남이 '미빈왕화(未賓王化)'의 상태로는 불가능한 일이었다. 통일이 중화제왕의 가장 중요한 요건임은 후에 당 태종에 의해 증명된다. 당

---

82 朴漢濟,「西魏·北周時代 胡漢體制의 展開─胡姓再行의 經過와 그 意味」, 1994, pp.74~75.
83 朴漢濟,「西魏北周時代的賜姓與鄉兵的府兵化」,『歷史硏究』1993-4(總第224期).
84 谷川道雄,「府兵制國家論」,『增補 隋唐帝國形成史論』, 東京: 筑摩書房, 1998.
85 (唐)釋道宣撰,『廣弘明集(一·二冊)』(臺北: 中華書局, 1970, 四部備要 子部) 卷10 辯惑論 2-6
「敍任道林辨周武帝除佛法詔」, pp.3b~4a, "詔曰: '佛生西域, 寄傳東夏, 原其風教, 殊乖中國,
漢魏晉世, 似有若無, 五胡亂治, 風化方盛, 朕非五胡, 心無敬事, 旣非正敎, 所以廢之.' 奏曰:
'佛敎東傳時過七代, 劉淵簒晉, 元非中夏, 以非正朝, 稱爲五胡. 其漢魏晉世佛化已弘, 宋趙苻
燕久習崇盛, 陛下恥五胡盛修佛法, 請如漢魏不絶其宗.'".

태종 시기 조야에서는 강남을 미개의 땅으로 치부하였고,[86] 또 당 태종이 그 계보를 아무리 조작해도 이제 의심하거나 이의를 다는 자가 거의 없었던 것이다.

우문옹이 단행한 폐불과 함께 칠묘(七廟)의 철폐 문제를 언급할 필요가 있다.[87] 주지하다시피 효문제는 이 칠묘의 제정에 적극적이었다.[88] 그러나 이 것은 종묘에다 자신의 자리를 하나 설치하는 것으로 이른바 겸허지덕(謙虛 之德)에 어긋남과 동시에 『주례』의 정신에도 맞지 않았다.[89] 따라서 칠묘 철 폐는 북주 무제가 북위 효문제와는 다른 제왕임을 표방한 것이다. 무제가 승 려 혜원(慧遠)과의 논쟁 중에 백성을 위해서라면 아비지옥의 고통도 불사하 겠다고 하였는데,[90] 이것은 통일을 위한 국력 통합이 절실하였음을 보여주는 동시에 후술할 수 말의 유학자 왕통(王通: 584~617)의 사상과도 통한다는 점 에서 주목된다.

---

86 唐初에 찬술된 『隋書』에서 南朝는 풍습상 미개지로 표현하고 있다(『隋書』 卷24 食 貨志, p.673, "晉自中原喪亂, 元帝寓居江左, … 而江南之俗, 火耕水耨, 土地卑濕, … 歷 宋·齊·梁·陳, 皆因而不改.").

87 『廣弘明集』 卷10 辯惑論「敍釋慧遠抗周武帝廢敎事」, pp.2a~2b, "乃云: '佛經外國之法, 此 國不須廢而不用. 七廟上代所立, 朕亦不爲是, 將同廢之.'".

88 『魏書』 卷108-1 禮志1, pp.2741~2743, "(太和)十三年正月, 帝以大駕有事於圓丘. … 高祖 臨皇信堂, 引見羣臣. 詔曰: '… 禮門大略, 諸儒之說, 盡具於此. 卿等便可議其是非.' 尙書游明 根. … 等對曰: '鄭氏之義, 褅爲大祭之名. …'. 中書監高閭 … 等十三人對稱: '… 一歲而三褅, 愚以爲過數.' 帝曰: '… 故天子七廟, 諸侯五廟, 大夫三廟, 數盡則毀, 藏主於太祖之廟, 三年而 褅祭之. … 著之於令, 永爲世法.' 高閭… : '…' 帝曰: '… 一祭而六祀備焉. 六祭旣備, 無煩復 別立六宗之位. 便可依此附令, 永爲定法".

89 陳戌國, 『魏晋南北朝禮制硏究』, 長沙: 湖南敎育出版社, 1995, p.391.

90 (唐)道宣撰, 『續高僧傳』(東京: 大正一切經刊行會, 1927年刊 『新修大藏經』本) 卷8 釋慧遠傳, p.170-下, "(慧)遠抗聲曰: '陛下今恃王力自在, 破滅三寶, 是邪見人. 阿鼻地獄不揀貴賤, 陛下何 得不怖.' 帝勃然作色大怒 直視於遠曰: '但令百姓得樂, 朕亦不辭地獄諸苦.'".

VI. 중화제왕의 탄생과 신중화주의

다음으로 사상계의 움직임을 살펴볼 필요가 있다. 이정(李靖)·방현령(房玄齡)·두여회(杜如晦)·위징(魏徵)·설수(薛收) 등 당 초의 많은 명신들을 문하에 두었던 왕통(王通)의 사상은 호족이 군주가 되는 문제와 관련하여 우리의 관심을 끈다. 왕통의 대표작인 『문중자중설(文中子中說)』의 주제는 '백성은 귀하고 군주는 가볍다[民貴君輕]'라는 말로 요약할 수 있는데,[91] 왕통은 '애민'을 극단적으로 강조한 나머지 오랑캐도 중화군주가 될 수 있다고 주장하였다.[92] 선비 탁발족 출신인 북위의 군주가 황제를 칭한 것에 대해서도 "난리가 나서 이처럼 고통스러운데 내가 누구에게 돌아가겠는가? 하늘과 땅을 받들고 민생을 비호하면 그것이 나의 군주이다"라고 하였다.[93] 이하(夷夏)를 구별하는 관념이 없지는 않았지만 '민귀(民貴)'의 뜻에 의거하여 이족정권을 정통으로 승인하는 것도 꺼리지 않았던 것이다.[94] 그의 사상은 한마디로 고대적 한족 중심의 종족사관의 포기라고 할 수 있다. 이런 사상이 그 당시 출현하게 된 것은 호족군주가 중화제왕으로 변신한 결과와 무관하지 않을 것이다.

당 황실의 '번(호)성설'은 이미 당 초부터 제기되고 있었다. 승려 법림(法

---

91 『文中子中說』(臺灣: 中華書局, 1966 四部備要本) 卷1 王道篇, p.3, "子述元經皇始之事歎焉, 門人未達, 叔恬曰: '夫子之歎, 蓋歎命矣, 書云天命不于常, 惟歸乃有德, 戎狄之德 黎民懷之, 三才其捨諸.' 子聞之曰: '凝爾知命哉!'".

92 王通은 晉·宋과는 달리 齊·梁·陳 왕조는 王道에서 멀리 떨어져 있었기 때문에 北魏·西魏·北周 왕조의 제왕정치가 오히려 왕도정치에 가까워 그들 대신 '中國之帝'로 칭해도 된다고 하였다(『文中子中說』 卷5 問易篇, pp.7a-b, "子曰: '元經其正名乎! 皇始之帝, 徵天而授之也. 晉·宋之王近於正體, 於是乎未忘中國, 穆公之志也. 齊·梁·陳之德, 斥之於四夷也, 以名中國之有代, 太和之力也.'").

93 『文中子中說』 卷7 述史篇, p.11-a, "董常曰: '元經之帝 元魏何也.' 子曰: '亂離斯瘼, 吾誰適歸.' 子曰: '天地有奉, 生民有庇, 卽吾君也.'"

94 魏明·尹協理, 『王通論』, 北京: 中國社會科學出版社, 1984, pp.123~124.

琳)이 일찍이 태종의 면전에서 이당의 성씨는 선비 탁발달도(拓跋達闍: 달도
는 한어로 李姓)에서 나왔으며, 곧 '음산귀종(陰山貴種)'이라 풍자하였다.[95] 태
종은 법림을 꾸짖었지만,[96] 법림뿐만 아니라 수 말 반란 시기의 적대세력인
단웅신(單雄信)은 일찍이 태종의 동생 원길(元吉)을 '호아(胡兒)'라고 불렀으
며,[97] 당왕조의 대신 손복가(孫伏伽)는 고조 이연의 젊은 시절 친구들이 '머
리를 땋아 늘인 친구들[編髮友朋]'이었다고 무의식중에 말하기도 하였다.[98]
정관 연간에 조정 중신들이 당 황실의 칠묘를 세우려 하면서 시조를 누구로
할 것인가를 토론할 때, 우지령(于志寧)은 당 황실의 원조인 서량(西涼) 무소
왕(武昭王) 이고(李暠)를 시조로 할 수 없다고 하였다.[99] 만약 이고가 진실로
그들의 조상이라면 당 초기 여러 황제들은 왜 이고의 후손인 농서(隴西) 이
보(李寶) 일가를 종실 속적에 넣는 것을 원하지 않았으며, 고종 때에는 이보
의 문제(門弟)를 왜 내렸던 것일까?[100] 이런 면에서 볼 때, 진인각(陳寅恪)이 일

---

95 (唐)彦悰, 『唐護法沙門法琳別傳』下, "竊以拓拔元魏, 北代神君. 達闍(卽大野)達系, 陰山貴種.
　經云: 以金易鍮石, 以絹易縷褐, 如捨寶女與婢女通, 陛下卽其人也. 棄北代而認隴西, 陛下卽
　其事也"(陳寅恪, 「李唐氏族之推測」, 『金明館叢稿』二編, 上海: 上海古籍出版社, 1980, p.283
　에서 再引함).

96 『全唐文』(北京: 中華書局, 1983) 卷6 太宗皇帝3, pp.77-ab, "詰沙門法琳詔"의 全文("周之
　宗盟, 異姓爲後, 尊祖重親, 實由先古, 何追逐其短, 首鼠兩端! 廣引形似之言, 備陳不遜之喩,
　誹毁我祖禰, 謗讟我先人, 如此要君, 罪有不恕.").

97 (唐)劉餗撰, 『隋唐嘉話』(北京: 中華書局, 1979) 卷上, p.9, "(單)雄信壯勇過人. (李)勣後與海
　陵王元吉圍洛陽, … 雄信攬轡而止, 顧笑曰: '胡兒不緣你, 且了竟.'".

98 『舊唐書』卷75 孫伏伽傳, pp.2636~2637, "及平王世充・竇建德, 大赦天下, 旣而責其黨與,
　並令配遷. 伏伽上表諫曰: … 若欲子細推尋, 逆城之內, 人誰無罪. 故書云: '殲厥渠魁, 脅從
　罔治.' 若論渠魁, 世充等爲首, 渠魁尚免, 脅從何辜? 且古人云: '蹠狗吠堯, 蓋非其主.' 在東都
　城內及建德部下, 乃有與陛下親小故舊, 編髮友朋, 猶尙有人敗後始至者. 此等豈必陛下, 皆云
　被壅故也. 以此言之, 自外疏者, 竊謂無罪. …".

99 『舊唐書』卷78 于志寧傳, pp.2693~2694, "時議者欲立七廟, 以涼武昭王爲始祖, 房玄齡等
　皆以爲然, 志寧獨建議以爲武昭遠祖, 非王業所因, 不可爲始祖" 물론 于志寧은 李暠가 遠祖
　이고 王業을 일으킨 데 작용한 바가 없다고 완곡하게 반대하였지만, 실제로는 태종의 系
　譜 造作을 반대한 것이었다.

100 『新唐書』卷95 高儉傳, p.3842, "高宗時, … 更以孔志約. …, 等十二人刊定之, 裁廣類例, 合
　二百三十五姓, 二千二百八十七家, 帝自敍所以然. 以四后姓・鄆公・介公及三公・太子三師・開
　府儀同三司・尙書僕射爲第一姓, 文武二品及知政事三品爲第二姓, 各以品位高下敍之, 凡九

찍이 "이당의 선세는 조군(趙郡) 이씨의 '몰락한 집안[破落戶]'이 아니면, 조군 이씨로 '모칭한 것[假冒牌]'"이라 하였는데,[101] 이것도 합당한 주장이라 할 수 없다. 고종이 이보를 폄억(貶抑)함과 동시에 조군 이씨를 높여주지 않았기 때문이다.[102] 그렇기 때문에 당 황실의 성씨를 한성(漢姓)으로 보는 것은 실제 혈통과는 다른 것이다.[103]

당왕조는 유라시아 유목민이나 서역인에게는 선비국가로 비쳤다. 당은 '탁발'을 의미하는 'Taugas', 'Tamhaj', 'Tabgač'라 불렸다.[104] 대국(代國)으로부터 북위를 거쳐 당에 이르는 시기(5~9세기)의 왕조들은 중화풍의 왕조 명칭을 띠지만 실은 모두 호족국가였던 것이다.

오호십육국의 하나로 최홍의 『십육국춘추』에 들어 있던 '당조' 이고의 서

等, 取身及昆弟子孫, 餘屬不入, 改爲姓氏錄. 當時軍功入五品者, 皆昇譜限, 搢紳恥焉, 目爲 '勳格'. 義府奏悉索氏族志燒之. 又詔後魏隴西李寶, 太原王瓊, 滎陽鄭溫, 范陽盧子遷·盧渾·盧輔, 淸河崔宗伯·崔元孫, 前燕博陵崔懿, 晉趙郡李楷, 凡七姓十家, 不得自爲昏; 三品以上納幣不得過三百匹, 四品五品二百, 六品七品百, 悉爲歸裝, 夫氏禁受陪門財. 先是, 後魏太和中, 定四海望族, 以寶等爲冠. 其後矜尙門地, 故氏族志一切降之".

101 陳寅恪, 『唐代政治史述論稿』, 上海: 上海古籍出版社, 1982, 上篇, 「統治階級之氏族及其昇降」, p.11.

102 『全唐文』 卷31 元(玄)宗皇帝12, 「命李彦允等入宗正籍詔」, p.353ab, "古之宗盟, 異姓爲後, 王者設敎, 莫有其親. 殿中侍御史李彦允等奏稱. 與朕同承涼武昭王後, 請甄敍者, 源流實同, 譜牒猶著. 雖子孫千億, 各散於一方, 而本枝百代, 何殊於近屬. 況有陳請, 所宜敦敍. 自今已後, 涼武昭王孫寶已下, 絳郡姑藏敦煌武陽等四房子孫, 並宜隷入宗正, 編諸屬籍, 以明尊本之道, 用廣親親之化".

103 당 황제들 가운데 則天武后를 제외하고 거의 모두 이른바 '道先佛後'의 정책을 견지한 것도 이런 이유 때문이다. 唐朝와 道敎의 결합은 隋의 佛敎治國策에 불만이었던 도교도에 의해 획책된 것이었다. 그들은 신정권 唐朝에 기대를 걸고 唐室의 家系가 애매한 점을 이용, 같은 이씨인 老子를 先祖로 적당히 꾸며 노자를 開祖로 하는 도교를 당 황실의 종교로 내세웠다. 家系를 허위로 꾸며 노자와 도교 신앙을 정치권력으로 환원할 수 있다면 당조에게는 더할 나위 없는 일이었다. 太宗은 각지의 老君廟를 수축하거나 새로이 건립하였으며, 高宗은 乾封 원년(666) 2월, 東岳 泰山에 昊天上帝를 제사한 후 亳州(安徽省 亳縣)의 老君廟에 참배하고 老子에 '太上玄元皇帝'의 尊號를 봉헌한 것은 이런 사정에서였다.

104 Henry Yule & Henri Cordier, *Cathay and the Way Thither: being a Collection of Medieval Notices of China*, vols. 4., vol.1, London: Hakluyt Society, 1914, p.29.

량(西涼) 부분이[105] 당대에 들어 찬술된 『진서』의 재기에서 빠진 것은[106] 분명 당 황실에 의해 의도된 것이었다. 이런 조처는 북제의 고환이 조작한 발해 고씨로의 변신과 궤를 같이하는 것이지만, 후세 사람들도 당조 자체를 중국 의 정통왕조라는 데 대해 의심할 사람이 없을 만큼 혈통과 문화적으로 호족 인[107] 당 군주들이 중화제왕으로 변신하는 데 성공한 것이다.

호족 출신 중화제왕의 종족을 초월한 정책에 의해 형성된 것이 바로 수당 세계제국이었다. 이제 '중화'는 편협한 종족주의를 초월한, 이른바 '신중화 주의'[108]로 변한 것이었다. 중화사상에 내재한 배타적인 화이사상이[109] 쇠퇴 하고 보다 보편주의적인 중화사상이 전면으로 나오게 된 것이다.[110] 수와 당

---

105 西涼의 李暠는 崔鴻의 『十六國春秋』에 재록되어 있고(『魏書』卷67 崔鴻傳, pp.1502~ 1503, "鴻弱冠便有著述之志, 見晉魏前史皆成一家, 無所措意. 以劉淵 … 李暠·沮渠蒙遜·馮 跋等, 並因世故, 跨僭一方, 各有國書, 未有統一, 鴻乃撰爲十六國春秋. …"), 湯球가 편찬한 『十六國春秋輯補』西涼錄에 재록되어 있다.

106 '五胡'에도 이른바 '次序'가 있었다는 것은 苻堅의 말을 통해 알 수 있고(『晉書』卷114 苻 堅載記下, p.2928, "五胡次序, 無汝羌名"), '十六國'도 '能建邦命氏, 成爲戰國者'(『魏書』卷 67 崔鴻傳, p.1503)라는 崔鴻 나름의 자격 기준이 있었다. 물론 五胡와 十六國은 바로 연 결 관계를 갖는 것은 아니지만 十六國의 대부분이 五胡族이 세운 왕조임은 사실이고, 그 속에 드는 것이 결코 명예로운 일은 아니었다.

107 朱子學을 대성한 南宋의 朱熹는 당 황실 내에 보이는 파렴치한 혼인관계를 두고 "唐源流 出於夷狄, 故閨門失禮之事不以爲異."[(宋)黎靖德編·王星賢點校, 『朱子語類』(北京: 中華書 局, 1994) 卷136 歷代類3, p.3245]라고 하였다.

108 川本芳昭, 「漢唐間における'新'中華意識の形成-古代日本·朝鮮と中國との關聯をめぐつて」, 『九州大學東洋史論集』30, 福岡: 九州大學, 2002.

109 中華思想의 일부에 華夷思想이 내재하고 있어 양자는 불가분의 관계이지만 他者 意識 면 에서는 區別이 있다. 즉 德化 王化에 의한 華人의 文化의 普遍性을 강조하는 中華思想은 華夷를 포괄하는 包括性, 普遍性이 특징이어서, 타자 인식 자체가 稀薄한 데 비해, 華夷思 想은 華人과 夷狄의 文化의 高低 차이를 강조하여 對外關係에 있어서 排他性을 특징으로 한다(妹尾達彦, 「都市の文化と生活」, 『魏晉南北朝隋唐時代史の基本問題』, 東京: 汲古書院, 1997, pp.407~409).

110 中華와 夷狄을 區別하는 華夷意識은 秦漢統一과 더불어 出現하는 것이지만, 그것이 강하 게 나타나게 되는 것은 南北朝時代이고 漢人亡命政權의 南朝知識人에 의한 非漢人政權의 北朝에 대한 對抗意識이 華夷意識을 양성시켰다고 한다(川合安, 「沈約『宋書』の華夷意識」, 『中國における歷史意識と歷史意識の展開についての總合的研究』, 平成4·5年度科學研究費 補助金總合研究(A)報告書, 1994).

의 장안성은 세계 각처에서 온 사람들이[111] 자기가 가진 기술과 학문을 가지고 경쟁하는 활기찬 세계제국의 수도로써 그 모습을 갖추었다. 당 황제들의 표현을 빌리자면, '만국 사람들이 조정 안으로 찾아오고[萬國來庭]'[112] 혹은 '화이가 대동세계를 이루는[華夷大同]'[113] 형국이 되었던 것이다. 당시 세계의 모든 길은 장안으로 통하고 있었다 해도 터무니없는 과장은 아니었던 것이다.

---

111 당나라에 사신을 파견한 나라를 『唐會要』[(宋)王溥撰, 上海: 上海古籍出版社, 1991] 卷49 僧尼所隷條, p.1007에서 '主客掌朝貢之國七十餘蕃'이라 하였고, 天寶年間에 歸附한 국가와 지역을 '七十二國'(『新唐書』 卷135 高仙芝傳, p.4577, "八月, 仙芝以小勃律王及妻自赤佛道還連雲堡, 與令誠俱班師. 於是拂菻·大食諸胡七十二國皆震慴降附.";『新唐書』 卷221下 西域下/大勃律/小勃律, pp.6251~6252, "仙芝至, 斬爲吐蕃者, 斷娑夷橋. 是暮, 吐蕃至, 不能救. 仙芝約王降, 遂平其國. 於是拂菻·大食諸胡七十二國皆震恐, 咸歸附.")이라 표현하고 있다.

112 (宋)宋敏求編, 『唐大詔令集』(上海: 學林出版社, 1992) 卷3「改元貞觀詔」, p.13.

113 (宋)宋敏求編, 『唐大詔令集』 卷10 帝王「會昌二年册尊號赦」, p.56.

제 2 장

중화의 분열과 인근 각국의 대응
— '다중적' 중화세계의 성립 —

I. 머리말

한왕조 붕괴 이후 중국적 세계는 재편의 길로 접어들었다. 이 재편은 중국 내부의 움직임과 더불어 외부세력의 중국 진입이라는 상황과도 연관되어 있다. 이후 중국과 그 인접 국가로 이루어진 이른바 '동아시아세계'[1]의 변화는 그 세계를 구성하는 각국이 서로 밀접하게 연동하면서 전개되었다는 것은 학계의 상식이다.[2] 그러면 중국적 세계는 어떻게 재편되었으며, 이런 재편은

---

1 이 책에서 지칭하는 '東아시아世界'는 中國을 포함하여 중국을 東西南北으로 둘러싸고 있는 여러 나라를 포괄하는 개념이다.
2 妹尾達彦, 「中華の分裂と再生」, 『岩波講座世界歷史 9—中華の分裂と再生』, 東京: 岩波書店, 1999, p.4.

동아시아세계를 구성하는 다른 여러 나라들에게 어떤 영향을 주었을까?

동아시아문화권의 핵심 정치사상의 하나인 '화이사상'이 실제 국제관계에서는 어떻게 작용하며, 또 주변 나라에 어떤 식으로 유입되어 동아시아세계의 공통 정치이념으로써 기능하게 되었는가? 화이사상의 요체는 스스로를 '중화'[3]라 하고 주변 지역을 '이적'으로 취급하는 차별의식인 동시에 주변의 수장이나 제족, 그리고 제국가를 '중화'왕권 아래 서열화시키는 독특한 문화체계로 고대 중국에서 만들어졌다. 그 기능과 그 함의는 다양하지만 구체적인 내용은 다음과 같이 요약될 수 있다. 첫째, 시대에 따라 다르기도 하지만,[4] 한족의 민족적 이기심을 정형화했다는 것이다. 둘째, 수천 년 역사를 통해서 볼 때, 중화국으로 자처해 온 중국왕조가 설정한 '천하'라는 것도 '세계=천하'라기보다 '중국=천하'에 더 가까웠다는[5] 점이다. 따라서 '중화'라 자칭했다 하더라도 고유한 의미에서의 완벽성은 확보하지 못했던 것이었다.

화이사상은 동아시아 여러 나라에 수용되었다. 동아시아 여러 나라는 내

---

3 中華라는 말을 쓰기 시작한 것은 魏晉시대부터이며, 처음에는 天文 방면의 용어로 사용되었다. 中國과 華夏에서 한 자씩 취하여 합성한 것이다(王樹民, 「中華名號溯源」, 『中國歷史地理論叢』 第2輯, 西安: 陝西師範大學中國歷史地理研究所, 1985). 중국이란 명칭은 西周 初期에 비로소 나타났는데, '土中', '中土', 즉 京師(天子所居之城)와 같은 뜻으로 東·南·西·北에 있는 四方(四國: 諸侯之國)의 대칭어이다. 華夏의 華는 토템의 명칭으로 뜻은 花族이고, 夏는 자칭으로 人을 가리킨다(林惠祥, 『中國民族史』, 臺北: 臺灣商務印書館, 1978 臺五版). 따라서 중화는 '種花(農業)之人'으로(付永聚, 「華夏族形成發展新論」, 『齊魯學刊』 1995-3) 夏·商·周 삼족이 융합하여 일체된 민족을 뜻하는 말이라는 것이다(陳連開, 「中國·華夷·蕃漢·中華·中華民族——一個內在聯系發展被認識的過程—」, 『中華民族多元一體格局』, 北京: 中央民族學院出版社, 1989, pp.77~79).

4 예컨대 漢이나 唐初처럼 주변 왕조에 비해 중원 왕조의 무력이 압도적으로 우세할 때는 唐太宗의 사례처럼 '華夷一家'를 내걸지만, 宋·明처럼 약세인 시기에는 '華夷殊別'을 보다 강하게 나타내려고 하였다(安部健夫, 『淸朝と華夷思想』, 『京都大學人文科學研究所報』1-3, 1951, p.4).

5 安部健夫도 지적하였듯이(「中國人の天下觀念」, 『元代史の研究』, 東京: 創文社, 1972, pp.517~520), 魏晋南北朝를 거친 후 '一統天下'한 隋에서도 실제 통치 영역만을 天下라고 하였다("隋文帝受周禪, 至開皇三年 罷天下郡, 其縣但隷州而已. 九年平陳已後, 四海一家. 大業三年, 罷州爲郡, 四年大簿, 凡郡國一百八十三, 唐貞觀十三年大簿, 凡州府三百五十八, 依敍之爲十道也.", 徐堅, 『初學記』(北京, 京華出版社, 2000) 卷8 州郡, pp.260~261].

적으로 국가를 형성하는 과정에서, 혹은 국내 지배를 보다 철저히 하기 위해
왕권의 정당성을 확보하고 왕이 지배층 내에서 초월적인 위치를 확인할 필
요가 있을 때 이것을 내세웠다. 또 외적으로 주변 지역으로 그 지배권을 확
대하려는 때에 빠질 수 없는 정치사상으로 기능하였다. 중화를 표방함으로
써 자신의 위상을 항상 '중국과 대등하게' 두고, 한정된 지역을 독자적인 소
세계로 설정하여 그 패자임을 스스로 나타내었다.

　3~13세기 중국은 '중화의 분열과 재생' 시기였고, 특히 3~5세기는 '다
양성의 출현' 시기라고[6] 한다. 다양성이란 '일원'이 아닌 '다원'을 의미한
다. 문화의 다원(다양)뿐 아니라 정치(권력)의 분산으로 다중심시대가 열린
것을 뜻한다. 위진남북조시대, 동아시아세계 국제질서의 특징으로 보이는
중화의 '다중화'[7]는 중국에서의 중화의 분열 결과로 나타난 것이라고 해도
과언이 아니다.[8] 중국에서 중화의 분열이 이른바 '주변' 민족에게 독자적인
'세계'를 설정하도록 만든 것은 분명하다. 그러나 중국에서의 중화의 분열
이 어떤 과정을 거쳤으며. 어떤 논리구조를 가지고 있는지, 그 논리구조가
동아시아 여러 나라에게 어떤 영향을 주었는지는 명확하게 밝혀지지 않고
있다. 그리고 동아시아 여러 나라가 중화를 자칭하는 형식도 다양했다 할 수
있는데, 이 점의 해명도 분명하지 않다. 따라서 위진남북조부터 수 초에 걸
쳐 중국 내에서의 중화의 분열 과정을 살피고 그 분열의 결과에 따라 연동되
어 일어난 인근 각국의 중화화의 다양한 양상과 그에 따른 논리구조를 살펴
보고자 한다.

6　妹尾達彦,『岩波講座世界歷史 9-中華の分裂と再生』, 1999.
7　여기서 多重化는 단순히 複數의 세계가 나타났다는 '多衆化'의 뜻이 아니라 複數이면서도
　中華를 표방하는 국가들 사이에도 累層的인 秩序가 어느 정도 존재하고 있는 상황을 뜻한
　다. 예컨대 高句麗·新羅·百濟·倭 등이 중국왕조가 설정한 이른바 冊封秩序에 참여하면서
　도 中華를 표방한 것과 같은 현상이다.
8　朴漢濟,「魏晉-隋唐時代 胡族君主의 中華帝王으로의 變身過程과 그 論理-'多民族國家'形
　成의 一 契機에 대한 探索」,『中央아시아硏究』9, 2004.

Ⅱ. '도이(島夷)·삭로(索虜)'에서 '피차(彼此)'의 관계로

1. 중화의 '도이'·'삭로'로의 분열과 '각제일방(各帝一方)'

중화를 구성하는 요소는 그 말의 어원에서부터 암시되고 있다. 잘 알다시피 중화는 중국(=중원)과 화하의 합성어이다. 어원상으로 보면 중원의 확보와 앞 왕조와의 연결성(정통 왕실의 계승)이 그 요체인 것이다. 그러나 위진남북조시대에 들어 이 두 가지 요소를 겸전(兼全)한 왕조는 사라졌다. 이것이 다름 아닌 '중화의 분열'인 것이다. 중화는 '하늘에는 2개의 해가 없고[天無二日]', '땅에는 두 사람의 왕(황제)이 없다[土無兩王(帝)]'란 말처럼 복수가 병존할 수 없는 개념이다.[9] '중화'로서 완벽하게 자처하려면 '사해가 섞여 하나가 된[四海混一]' 정통 황제라는 존재가 전제되어야 한다. 또 정통이란 중심 자체가 분열되어서도 안 될 뿐만 아니라 그 중심을 둘러싼 주변도 동의해야만 비로소 확보되는 것이다. 정통임을 표방하는 가장 중요한 표지는 제호(帝號)와 연호(年號)의 사용 여부일 것이다. 이 두 가지는 서로 표리관계에 있는 것으로 하나를 칭하면 다른 것은 그에 부수되는 것이다. 즉 '자칭존호, 호년(왈)□□'[10]처럼 연칭되는 것이 원칙이다. 중국 역사상 복수의 중화 자칭자가 출현한 것은 삼국시대이다. 위·촉·오 모두 정통을 내걸고, 독자의 연호와[11]

---

9 『魏書』卷43 房伯玉傳, p.973, "伯玉, 坐弟叔玉南奔, 徙於北邊. 後亦南叛, 為蕭鸞南陽太守. 高祖南伐, 克宛外城, 命舍人公孫延景宣詔於伯玉曰: '天無二日, 土無兩王, 是以躬總六師, 蕩一四海. 宛城小戍, 豈足以禦抗王威? 深可三思, 封侯胙土, 事在俯仰.'".

10 『宋書』卷95 索虜傳, p.2322, "明年四月, 炤之, 遂王有中州, 自稱曰魏, 號年天賜.";『宋書』卷95 索虜傳, p.2331, "(赫連氏)佛佛遺子昌破之靑泥, 俘囚諸將帥, 遂有關中, 自稱尊號, 號年曰眞興元年.".

11 魏(黃初·太和·靑龍·景初·正始·嘉平·正元·甘露·景元·咸熙); 蜀(章武·建興·延熙·景耀); 吳(黃武·黃龍·嘉禾·赤烏·太元·神鳳·建興·五鳳·太平·永安·元興·甘露·寶鼎·建衡·鳳凰·天冊·天璽·天紀) 등이다.

제호를[12] 사용하였다. 통일제국 후한의 멸망과 삼국의 성립은 중화 정통에 문제를 야기하기 시작했지만, 더 큰 문제를 발생시킨 것은 한족이 아닌 오랑캐 호족, 즉 유목민족의 중원 침입과 왕조 건설이었다. 이 문제가 어느 정도 수습된 것은 수왕조가 남북조를 통일한 이후였다.[13] 오호십육국 가운데 제호를 칭하지 않은 유일한 왕조와 왕이 서량(西涼)의 이고(李暠) 정도였다.[14] 북조의 여러 왕조도 모두 제호를 칭하였다. 이것은 동아시아세계에 진정한 의미를 가진 정통왕조가 부재하게 되었거나 단절되었음을 의미한다.

혼히 연호와 같은 의미로 쓰이는 말로 '정삭'이 있다. 사전적인 의미는 연시[正旦]와 월초[朔望]이다.[15] 왕자(王者)가 정치를 시작하는 시점을 알림과 동시에 그 시작의 신중함을 보이는 선언의 표지이다.[16] 따라서 "정삭을 고치고 복색을 바꾸는[改正朔, 易服色]" 것은 왕(자)만이 할 수 있는 행위로[17] 새로운 시대가 시작됨을 천하에 공포하는 것이다. 그러나 연호는 정통 왕자만 사

---

12 魏(文帝·明帝·廢帝·元帝); 蜀(昭烈帝); 吳(大帝·景帝·末帝) 등이다.

13 『隋書』卷2 高祖紀下, p.52, "(仁壽)四年, … 遺詔曰: '嗟乎! 自昔晉室播遷, 天下喪亂, 四海不一, 以至周·齊, 戰爭相尋, 年將三百. 故割疆土者非一所, 稱帝王者非一人, 書軌不同, 生人塗炭. 上天降鑒, 爰命於朕, 用登大位, 豈關人力! 故得撥亂反正, 偃武修文, 天下大同, 聲敎遠被, 此又是天意欲寧區夏.'"; (淸)王夫之, 『讀通鑑論』(船山全書 10)(長沙: 岳麓書社, 1988) 卷16, 「魏羣臣議五德之次」, p.611, "於是而有正閏之辨, 但以混一者爲主".

14 西涼은 帝號를 칭하지 않았지만, 독자적인 年號를 사용하였다. 예컨대 "李暠私署涼州牧·涼公"[『魏書』太祖紀 天興 3年(400) 是歲條, p.38]이라 하고 '庚子' 혹은 '建初'라는 연호를 썼다(『魏書』卷99 私署涼王李暠傳, p.2202, "天興中, 暠私署大都督·大將軍·護羌校尉·秦涼二州牧·涼公, 年號庚子, 居敦煌, 遣使朝貢. 天賜中, 改年建初, 遷於酒泉, 歲修職貢.").

15 『禮記』(臺北: 藝文印書館 1976刊行, 『十三經註疏』本) 卷34 大傳, p.617-下, 「改正朔 易服色」 p. 618-上, 孔穎達疏: "改正朔者, 正 謂年始; 朔, 謂月初".

16 帝王이 반포하는 曆法으로 古代帝王이 易姓受命할 때 반드시 正朔을 고친다. 고로 夏·殷·周·秦·漢이 모두 正朔이 다르다(『史記』卷26 曆4, p.1256, "王者易姓受命, 必愼始初, 改正朔, 易服色, 推本天元, 順承厥意."; 『史記』卷4 周本紀4, p.119, "正義易緯云 '文王受命, 改正朔, 布王號於天下.' 鄭玄信而用之, 言文王稱王, 已改正朔布王號矣. 按:天無二日, 土無二王, 豈殷紂尚存而周稱王哉? 若文王自稱王改正朔, 則是功業成矣, 武王何復得云大勳未集, 欲卒父業也? 禮記大傳云 '牧之野武王成大事而退, 追王太王亶父王季歷文王昌.' 據此文乃是追王爲王, 何得文王自稱王改正朔也?").

17 『史記』卷23 禮書1, pp.1160~1161, "今上即位, 招致儒術之士, 令共定儀, … 乃以太初之元改正朔, 易服色, 封太山, 定宗廟百官之儀, 以爲典常, 垂之於後云".

용한 것은 아니었다. 제후국이 독자의 연호를 사용한 사례가 이미 『춘추』에
서 나타나고 있기 때문이다.[18] 그러나 '노은공 원년(魯隱公元年)'과 '태화 원
년(太和元年)'은 차이가 있다.[19] 이런 점에서 제호가 연호보다 중요하다는 점
은 분명하다. 진실(晉室)이 남도(南渡)한 후에 동진·남조와 북조의 여러 왕
조는 모두 독자적인 연호와 제호를 사용하였다. 즉 모든 제왕이 정통을 표방
한 것이다. 그러나 이민족 출신 황제의 경우, 제호를 칭한다고 해서 다른 나
라는 물론 자신이 다스리는 인민들로부터 정통성을 인정받는 것이 아니기
때문에 그로 인한 곤혹스러움은 '정삭이 서로 이어지는 것[正朔相承]'으로 치
부되는 동진·남조의 황제들보다 더욱 심하였다. 이민족으로서는 동진·남
조를 멸망시키는 것 외에는 이 문제를 해결할 방법이 없다고 생각한 것 같
다.[20] 그렇다고 동진·남조의 경우도 마냥 떳떳한 것만은 아니었다. 동진 성
립 시기 일련의 '중흥의 조짐[中興之兆]'을 조작한 것도 이런 연유에서이다.[21]
그리고 『송서』나 『남제서』에 전사에 없던 상부지(祥符志)와 부서지(符瑞志)
가 나타난 것도 북방 호족왕조와 달리 천명을 받았다[膺受天命]는 사실을 보
여주기 위한 노력이라고 볼 수 있다. 이 점은 전국새(傳國璽)를 획득하려는

---

18 (淸)顧炎武, 『日知錄集釋』(石家莊: 花山文藝出版社, 1990) 卷20 「年號當從實書」條, pp.890~
892, "正統之論, 始于習鑿齒, 不過帝漢而僞魏·吳二國耳. 自編年之書出, 而疑于年號之無所
從, 而其論乃紛壇矣. 夫年號與正朔自不相關, 故周平王四十九年, 而孔子則書之爲魯隱公之元
年也, 何也? 『春秋』, 魯史也, 據其國之人稱而書之, 故元年也. … 故如『三國志』, 則漢人傳中自
用漢年號, 魏人傳中自用魏年號, 吳人傳中自用吳年號. 推之南北朝·五代·遼·金, 幷各自用其
年號, 此之謂從實. … 漢時諸侯王自稱元年. … 又考漢時不獨也, 卽列侯于其國中, 亦得自稱元
年".

19 (淸)顧炎武, 『日知錄集釋』卷20 「年號當從實書」條, pp.890~892, '續補正', "改元編年, 在漢
後爲正朔之巨典, 尊卑正僞, 于此攸分. 倘雜各國年號, 其所以大居正定一尊乎? … 愚以爲南北
朝諸君, 唐末之十國, 不妨分注幷號, 以明列土相敵, 非爲君臣. 若三國魏·吳, 晉之十六國, 宋之
遼·金, 自當統于所屬, 尊無二上, 又烏得紛紜雜出漫無綱紀乎?".

20 『朱子語類』(北京: 中華書局, 1994) 卷136 歷代3, p.3233, "曰: '他是急要做正統, 恐後世以其
非正統, 故急欲亡笑. …'".

21 『晉書』卷6 中宗元帝紀, p.144, "于是有玉册見于臨安, 白玉麒麟·神璽出於江寧, 其文曰'長壽
萬年', 日有重暈, 皆以爲中興之象焉."; p.157, "秦時望氣者云: '五百年後金陵有天子氣' … 元
帝之渡江也, 乃五百二十六年, 眞人之應於此矣".

노력에서도 단적으로 보이고 있다. 전량의 장식(張寔),[22] 전조의 유요(劉曜)[23] 등의 등극 과정에서도 신새 혹은 전국육새(傳國六璽)가 등장했지만, 정통성 문제에서 당시 가장 우위를 점하고 있던 동진에서도 그러하였다. 동진 성립 시기에 강녕(江寧) 지역에서 '장수만년(長壽萬年)'이 쓰인 백옥기린신새(白玉 麒麟神璽)를 얻고는 이것이야말로 '중흥의 상징[中興之象]'으로 여겼다는 기사[24]가 그 증거이다. 이는 당시 어떤 왕조도 이 정통성 문제에서 자유롭지 못했다는 사실을 말해준다.

따라서 각 왕조의 외교의 주된 관심이 정통성 확보에 집중되고 있다 해도 과언이 아니었다. 정통성 확립 노력은 두 가지 형태로 나타났다. 첫 번째, 자신을 정통의 조건에 합치시키려고 노력하였다. 두 번째, 상대를 야만시하면서 비하하였다. 첫 번째 노력을 먼저 살펴보자. 중화의 조건은 여러 가지가 있었지만, 일찍이 양계초(梁啓超)가 '고인'들의 정통 판정 기준으로 제시했던 강역(疆域), 조명(祚命), 혈통(血統), 도읍(都邑), 계승왕조(繼承王朝), 종족(種族) 등 여섯 가지로[25] 요약될 수 있다. 화북의 왕조는 중화의 제일 조건으로 중원 지역과의 연관성을 가장 먼저 강조한다. 특히 북위는 일찍이 '신주지

---

22 『晉書』卷86 張寔傳, p.2230, "初, 寔寢室梁間有人像, 無頭, 久而乃滅, 寔甚惡之. 京兆人劉弘者, 挾左道, 客居天梯第五山, 然燈懸鏡於山穴中為光明, 以惑百姓, 受道者千餘人, 寔左右皆事之. 帳下閻沙‧牙門趙仰皆弘鄉人, 弘謂之曰: '天與我神璽, 應王涼州.' 沙‧仰信之, 密與寔左右十餘人謀殺寔, 奉弘為主".

23 『晉書』卷103 劉曜載記, p.2684, "靳準遣侍中卜泰降于勒, 勒囚泰, 送之曜. … 泰還平陽, 具宣曜旨. 準自以殺曜母兄, 沈吟未從. 尋而喬泰‧王騰‧靳康‧馬忠等殺準, 推尚書令靳明為盟主, 遣卜泰奉傳國六璽降于曜. 曜大悅, 謂泰曰: '使朕獲此神璽而成帝王者, 子也.' 石勒聞之, 怒甚, 增兵攻之".

24 『晉書』卷6 中宗元帝紀, p.144, "永嘉初, 用王導計, 始鎮建鄴, 以顧榮為軍司馬, 賀循為參佐, 王敦‧王導‧周顗‧刁協並為腹心股肱, 賓禮名賢, 存問風俗, 江東歸心焉. … 愍帝即位, 加左丞相. 歲餘, 進位丞相, 大都督中外諸軍事. 遣諸將分定江東, 斬叛者孫弼于宣城, 平杜弢于湘州, 承制赦荊揚. 及西都不守, 帝出師露次, 躬擐甲冑, 移檄四方, 徵天下之兵, 剋日進討. 于時有玉册見於臨安, 白玉麒麟神璽出於江寧, 其文曰: '長壽萬年', 日有重暈, 皆以為中興之象焉".

25 梁啓超, 「論正統」(『飲冰室文集(下)』, 上海: 廣智書局, 1907), 歷史, p.18, "一曰, 以得地之多寡而定其正不正也. … 二曰, 以據位之久暫而其正不正也. … 三曰, 以前代之血胤爲正. … 四曰, 以前代之舊都所在爲正 … 五曰, 以後代之所承者所自出者爲正. … 六曰, 以中國種族爲正. …".

상국(神州之上國)'[26]이라 표방했듯이, 넓게는 '중원', 좁게는 '신주', 더 좁게는 '신경(神京)'의 점유가 큰 무기였다. 한인 출신으로 북위왕조의 중신으로 활약했던 고려(高閭)는 "진실로 밝은 천명을 거두어 가진 자[允應明命者]는 중원을 정통으로 하고, 신주를 제택하지 않는 자가 없었다"라고 하였다. 또 유비·손권뿐만 아니라 유유·소도성도 "'하는 일이 만이와 연결되고 중화와 관련이 없기[事繫蠻夷, 非關中夏]' 때문에 '참의에 속하는 것[僭擬之屬]'이고, 반대로 '중화의 토지에 바로 위치하고 만방을 덮는[正位中境, 奄有萬方]' 북위야말로 정통왕조"라고 말한 것은[27] 바로 정통 여부의 판정에서 중원이 갖는 중요성을 말한 것이다. 특히 구도(舊都) 낙양의 점유는 신주의 핵심이었다. 이것은 편패지국(偏覇之國)이었던 오호 여러 왕조뿐만 아니라 화북을 통일한 북위에 있어서도 예외가 아니었다.[28] '토중'인 낙양만이 아니고 낙양과 함께 '주한(周漢)'의 도읍이었던 장안, 즉 이도(二都)[29]를 점유한 북위는 그 왕조

---

26 『魏書』卷24 崔玄伯傳, pp.620~621, "太祖. … 詔有司博議國號. 玄伯議曰: '三皇五帝之立號也, 或因所生之土, 或即封國之名. 故虞夏商周始皆諸侯, 及聖德既隆, 萬國宗戴, 稱號隨本, 不復更立. 唯商人屢徙, 改號曰殷, 然猶兼行, 不廢始基之稱. 故詩云 '殷商之旅', 又云 '天命玄鳥, 降而生商, 宅殷土茫茫'. 此其義也. 昔漢高祖以漢王定三秦, 滅強楚, 故遂以漢為號. 國家雖統北方廣漠之土, 逮于陛下, 應運龍飛, 雖祚舊邦, 受命惟新, 是以登國之初, 改代曰魏. 又慕容永亦奉進魏土. 夫 '魏'者大名, 神州之上國, 斯乃革命之徵驗, 利見之玄符也. 臣愚以為宜號為魏.' 太祖從之. 於是四方賓王之貢, 咸稱大魏矣".

27 『魏書』卷108-1 禮志1, pp.2744~2745, "中書監高閭議以為: '帝王之作, 百代可知, 運代相承, 書傳可驗. 雖祚命有長短, 德政有優劣, 至於受終嚴祖, 殷薦上帝, 其致一也. 故敢述其前載, 舉其大略. 臣聞居尊據極, 允應明命者, 莫不以中原為正統, 神州為帝宅. … 僭擬之屬, 遠如孫權·劉備, 近若劉裕·道成, 事繫蠻夷, 非關中夏. 伏惟聖朝, 德配天地, 道被四海, 承乾統曆, 功侔百王. 光格同於唐虞, 享祚流於周漢, 正位中境, 奄有萬方. …'".

28 『晉書』卷107 載記7, p.2798, "石勒. … 戮彭祖于襄國, 數以無君之罪. 於是跨蹋燕趙, 并吞韓魏, 杖奇材而竊徽號, 擁舊都而抗王室. …";『魏書』卷8 世宗宣武帝紀, p.195, "十有一月己卯, 詔: '京洛兵蕪, 歲踰十紀. 先皇定鼎舊都, 惟新魏曆, 翦掃榛荒. 既禮盛周宣斯干之制, 事高漢祖壯麗之儀. …'".

29 『魏書』卷9 肅宗孝明帝紀, p.226, "(熙平二年)八月. … 己亥 詔庶族子弟年未十五不聽入仕. 詔曰: '皇魏開基, 道邁周漢, 蟬連二都, 德盛百祀, 雖帝胤蕃衍, 親賢並茂, 而猶沉屈素履, 巾褐衡門, 非所謂廣命戚族, 翼屏王室者也. 今可依世近遠, 敍之列位.'".

의 정통성을 보장하는 중요한 근거로 이것을 내세웠다.[30] 이처럼 이도는 점유하고 있는 왕조에는 유력한 정통의 근거가 되지만,[31] 잃었거나 확보하지 못한 왕조에는 '이도 신경이 끝내 무성한 잡초로 덮어버렸다[二都神京鞠爲茂草]'[32]라거나 '이도가 모두 융적의 구멍이 되어버렸다[二都盡爲戎穴]'[33]는 등 비방의 대상이 되면서 황폐화된 중화의 옛 도읍을 하루빨리 수복하여 제대로 경영해야 하는 것이 당위처럼 표현되었다.[34]

남북 양측의 정통화 노력은 다방면에 걸쳐 경주되었다. 특히 오호십육국·북조 제왕들의 중화화는 실로 어렵고도 긴 여정이었다. 중주의 일부 혹은 전부를 확보했던 오호 제왕들이 중주 다음으로 중화의 조건으로 내걸었던 것이 바로 덕의 소재였다. 그들은 남측 한족 왕조들로부터 출자(出自)상 시조가 야만으로 매도되었기 때문이다. 한족 왕조들은 한족=문화소지자=덕치자라는 등식을 내걸었다. 북측 이민족들은 출자 자체를 부정하기 위해 한족과

---

30 梁啓超는 北魏와 五代 여러 왕조가 正統을 주장하는 근거는 舊都의 중요성 때문임을 지적하였다("以前代之舊都所在爲正, 而其餘爲僞也. 如因漢而正魏, 因唐而正後梁·後唐·後晉·後漢·後周等是", 前揭, 「論正統」, p.18).

31 『晉書』卷105 石勒載記下, p.2753, "勒曰: '吳蜀未平, 書軌不一, 司馬家猶不絶於丹楊, 恐後之人將以吾爲不應符籙. 每一思之, 不覺見於神色.' (徐)光曰: '臣以陛下爲憂腹心之患, 而何暇更憂四支乎! 何則? 魏承漢運, 爲正朔帝王, 劉備雖紹興巴蜀, 亦不可謂漢不滅也. 吳雖跨江東, 豈有虧魏美? 陛下既苞括二都, 爲中國帝王, 彼司馬家兒復何異玄德, 李氏亦猶孫權. 符籙不在陛下, 竟欲安歸? 此四支之輕患耳. …'".

32 『晉書』卷130 赫連勃勃載記, p.3207, "遣其御史中丞烏洛孤盟于沮渠蒙遜曰: '自金晉數終, 禍纏九服, 趙魏爲長蛇之墟, 秦隴爲豺狼之穴, 二都神京, 鞠爲茂草, 蠢爾羣生, 罔知憑賴. …'".

33 『晉書』卷94 隱逸/郭瑀傳, pp.2454~2455, "張天錫遣使者孟公明持節, 以蒲輪玄纁備禮徵之, 遺瑀書曰: '先生潛光九皐, 懷真獨遠, 心與至境冥符, 志與四時消息, 豈如蒼生倒懸, 四海待拯者乎! 孤忝承時運, 負荷大業, 思與賢明同贊帝道. 昔博說龍翔殷朝, 尚父鷹揚周室, 孔聖車不停軌, 墨子駕不俟旦, 皆以黔首之禍不可以不救, 君不獨立, 道由人弘故也. 況今九服分爲狄場, 二都盡爲戎穴, 天子僻陋江東, 名教淪於左衽, 創毒之甚, 開闢未聞. 先生懷濟世之才, 坐觀而不救, 其於仁智, 孤竊惑焉. 故遣使者虛左授綬, 鶴企先生, 乃眷下國.'".

34 『晉書』卷28 五行志中 言不從/詩妖, p.845, "建興中, 江南謠歌曰: '訇如白坑破, 合集持作甀. 揚州破換敗, 吳興覆顚甀.' 案白者, 晉行. 坑器有口屬甕. 瓦甕質剛, 亦金之類也. '訇如白坑破'者, 言二都傾覆, 王室大壞也. '合集持作甀'者, 元帝鳩集遺餘, 以主社稷, 未能克復中原, 但偏王江南, 故其喩也. …".

의 연관성를 주창하기도 했지만,[35] 효력을 크게 발휘하지 못하였다. 그래서 출자 자체를 부정하기보다 정면 돌파가 낫다고 생각한 것 같다. 즉 제왕의 조건은 출신 종족이 아니라 덕치 여부에 있다는 것이다. 이는 통치자의 문화 (예의)의 소지 여부로 연결되기 때문에 그들이 문화를 습득하여 예의지국의 군주로서 행세하기 위해 매진한 것은 당연한 일이었다. 오호십육국 여러 군주들이 유학을 습득한 것은[36] 바로 그런 노력의 결과였다. 또한 의관, 인물의 등용, 한족 관제의 채용 등이 그 다음 단계이다. 이러한 노력들은 북위의 효문제에 이르러 그 정점에 도달한다. 그가 추진한 한화정책은 당시 정치상황으로 볼 때, 다소 과도한 면이 있다고 할 정도로 급진적이고 적극적이었다. 춘추시대 송의 양공에 비유될 정도로 예의를 차렸고, 출신 권력기반을 무너뜨리면서도 한족국가체제로의 변신을 시도하였다.[37] 그것은 결국 가정적 비극과[38] 함께 북위 멸망으로까지 이어졌다.

다음으로 동진·남조 왕조의 중화화 노력을 살펴보자. 이들은 동진시대에 몇 차례 중주 구토 회복을 위해 이른바 '북벌'을 감행하였다. 일시적으로 탈환하기도 했지만 오래 지키지는 못하였다. 필자가 중화 문제와 관련하여 주목한 것은 교주군현의 설치 문제이다. 이는 중화가 갖추어야 할 가장 중요한 요소인 중주 확보 문제와 연결되어 있다고 보기 때문이다. 이 점을 이해하는 데 한현종(韓顯宗)의 상서는 중요한 시사점을 준다.

이미 천도가 결정되자 현종이 상서하였는데 … 또 말하기를 "남쪽 가짜 정권이 서로 이어지면서 몰래 도적질하여 회수 이북 지역을 차지하고는 중화라는 칭호

---

35 漢의 창업자 匈奴 劉淵 등이 그러하였다.

36 (淸)趙翼撰, 王樹民校證, 『卄二史箚記』(北京: 中華書局, 1984) 卷8 「僭僞諸君有文學」條 참조.

37 朴漢濟, 「北魏의 對外政策과 胡漢體制」, 『中國中世胡漢體制硏究』, 서울: 一潮閣, 1988, p.231.

38 逯耀東, 「北魏孝文帝遷都與家庭悲劇」, 『從平城到洛陽―拓跋魏文化轉變的歷程―』, 臺北: 聯經出版事業公司, 1979.

를 마음대로 부르려고 했습니다. 아울러 변민들을 초유하여 중주의 군현을 교치하였던 것입니다. 황풍(皇風)이 남방을 덮은 이후에도 여전히 고치지 않고 중복된 이름을 가진 주군의 수가 매우 많습니다. 이것은 서기(기록)를 의혹스럽게 만들고, 구역의 방위를 교란시키는 것입니다. 강역과 물토(物土)를 부합하게 하는 것이 아니므로 반드시 바른 이름으로 불러야 할 것입니다. 어리석은 신하는 지리적 옛 이름에 의거하여 중복된 이름을 다시 일률적으로 고치고 바로잡아야 할 것이라 생각합니다. 작은 것은 합치고 큰 것은 나누어야 합니다. 중주의 군현의 경우 이전에 호구가 적어서 합병했지만 현재의 인구가 이미 많아졌기 때문에 역시 구제로 회복해야 할 것입니다.[39]

한현종의 말은 두 가지로 해석된다. 첫째, 남방의 위정권(僞政權: 동진·남조 왕조)이 이어지면서부터 회수 이북의 땅을 절거(竊居)한 후 중화의 칭호를 마음대로 쓰기 위해 초유한 변민(邊民)으로 중원의 군현을 교치하였다는 것이다. 둘째, 남방정권에 의해 교군현이 교치되었던 회수 이북 지역이 북위의 관할로 들어온 후 이 명칭이 바뀌지 않고 그대로 사용됨에 따라 북방에 있는 주·군·현명과 지명이 겹치게 된 경우가 많았다는 것이다. 따라서 이전의 군현명으로 명실상부하게 바로잡아야 한다는 것이다. 이런 필자의 이해가 틀리지 않다면, 먼저 동진·남조 왕조가 교주군현을 설치한 것은 '중화의 천칭(擅稱)'을 위한 포석이었다는 것이다. 사실 교주군현의 설치 목적에 대해 종래 다양한 견해가 있었지만, 동진·남조 귀족들의 지연성 유지를 통한 독점적 권력의 확보라는 시각으로 해석하려는 의견이 주류였다.[40] 그러나 군

---

39 『魏書』卷60 韓麒麟 附 顯宗傳, p.1341, "(旣定遷都, 顯宗上書 …) 又曰: '自南僞相承, 竊有淮北, 欲擅中華之稱, 且以招誘邊民, 故僑置中州郡縣. 自皇風南被, 仍而不改, 凡有重名, 其數甚衆. 疑惑書記, 錯亂區宇, 非所以疆域物土, 必也正名之謂也. 愚以爲可依地理舊名, 一皆釐革. 小者幷合, 大者分置. 及中州郡縣, 昔以戶少倂者, 今人口旣多, 亦可復舊. …'".

40 越智重明,「東晉の貴族制と南北の「地緣」性」,『史學雜誌』67-8, 1958; 越智重明,「東晉南朝の地緣性」,『九州大學東洋史論集』13, 1984; 中村圭爾,「南朝貴族の地緣性に關する一考察ーい

현의 설치는 귀족의 권력 유지 측면뿐만 아니라 국가적인 정통성 확보 차원
이라는 점도 감안해야 한다. 이것은 중화의 가장 중요한 요소의 하나인 '중
원'의 상실이라는 현실을 동진·남조정권으로서는 어느 정도 보완할 수 있
는 정책이었던 것이다. 다음으로 북위 측에서는 중원의 구 군현의 명칭을 회
복하여 명실상부하게 중원의 실질적인 지배자로 군림하겠다는 의미가 표방
된 것이다.

남북 양측의 정통화 노력의 두 번째 방식은 상대방을 비방하고 하나의 독
립된 정체로 인정하지 않는 것이었다. 오호의 여러 왕조나 북위왕조가 동진
혹은 남조왕조에 대해 "멸망한 진의 잔여[亡晉之餘]이지만 강회 지방으로 멀
리 도망하였기[遠逃江會] 때문에 천명이 떠났다[天命去之]"[41]라고 비방하였다.
즉 이전에 중원의 주인 노릇을 했던 사마진(司馬晉)의 여서(餘緒)라 하더라도
중원을 떠났기 때문에 천명 자체를 이미 잃었다는 것이다. '궁벽한 한 귀퉁
이에 떨어져 있어[僻遠一隅] 중화 땅의 소식을 듣지 못하는[不聞華土]' 처지에
빠졌기 때문에 '맥자(貉子)'[42]에 불과하다는 논리이다. 특히 북위는 동진을
'강 옆에 참람하게 서있다[僭立江表]'[43]거나 '괴수의 이름을 훔치고 있으니[竊

わゆる僑郡縣の檢討を中心に」,『東洋學報』64-1·2, 1983.

41 『晉書』卷112 苻生載記, pp.2873~2874, "(苻)生聞張祚見殺, 玄靚幼沖, 命其征東苻柳參軍閻
負·梁殊使涼州, 以書喩之. … 其涼州牧張瓘謂負·殊曰: '孤之本朝, 世執忠節, 遠宗大晉, 臣
無境外之交, 君等何為而至?' … 負·殊曰: '昔微子去殷, 項伯歸漢, 雖背君違親, 前史美其先
覺. 亡晉之餘, 遠逃江會, 天命去之, 淪絕已久, 故尊先王翻然改圖, 北面二趙, 蓋神算無方, 鑒機
而作. 君公若欲稱制河西, 衆旅非秦之敵, 如欲宗歸遺晉, 深乖先君雅旨, 執若遠蹤竇融附漢之
規, 近述先王歸趙之事, 垂祚無窮, 永享遐祉乎?' 瓘曰: '中州無信, 好食誓言. 往與石氏通好, 旋
見寇襲. 中國之風, 誠在昔日. 不足復論通和之事也.'".

42 『魏書』卷96 僭晉司馬叡傳, pp.2092~2093, "平文帝初, 叡自稱晉王. … 叡僭即大位, 改為大
興元年. 其朝廷之儀, 都邑之制, 皆準模王者, 擬議中國. 遂都於丹陽, 因孫權之舊所, 即禹貢揚
州之地, 去洛二千七百里. 地多山水, 陽鳥攸居, 厥土惟塗泥, 厥田惟下下, 所謂'島夷卉服'者也.
… 春秋時為吳越之地. 吳越僭號稱王, 僻遠一隅, 不聞華土. … 叡因擾亂, 跨而有之. 中原冠
帶呼江東之人, 皆為貉子. …".

43 『魏書』卷96 僭晉司馬叡傳, p.2093, "遣使韓暢浮海來請通和. 平文皇帝以其僭立江表, 拒不納
之".

魁帥之名], 군장으로서의 실질이 없다는[無君長之實]'[44] 식으로 완전한 정체로서 대접하지 않았다. 이런 관계 속에서 북조에서는 남조를 '도이'[45]라 하고, 남조의 여러 왕조는 북조를 향하여 '삭로'[46]라 하였다. 이 같은 정통론에 입각하여 상대방을 인정하지 않는 태도를 견지하는 한 정상적인 교빙관계는 성립될 수가 없다. 그래서 동진은 초기에 북방 이민족 정권의 통호를 거절한 것이다.[47] 서로가 상대를 인정하지 않고 유아독존으로 '각자 한 귀퉁이에서 황제를 칭하는[各帝一方]' 상태가 한동안 지속되었다. 그러나 적대국의 실체가 장기간 존속되는 한 이러한 관계가 계속 유지될 수는 없었다.

2. '피차'관계로의 변화와 복수 중화의 성립

북방에 '신주지상국'을 표방한 북위가 들어선 후,[48] 남조와 북조 관계에도 변화가 일어나기 시작하였다. 동진 성립 후 80년이 지난 태원(太元) 21년 (396) 안제(安帝)가 즉위하고서 '건사가 위에 이르게 된' 것은[49] 이러한 변화의 결과였다. 물론 통교가 성립되었다고 해서 상대의 실체를 전적으로 인정한 것은 아니었다. 이후 남북을 오간 사신 사이에 이른바 '정통 논쟁'[50]이 격렬하게 벌어졌다.

또 세월이 지나자 정통 문제는 동진·남조에게 불리하게 움직여 갔다. 북

---

44 『魏書』卷96, 僭晉司馬叡傳, p.2113, "史臣曰: 馬叡之竄江表, 竊魁帥之名, 無君長之實, 跼天蹐地, 畏首畏尾, 對之李雄, 各一方小盜, 其孫皓之不若矣".

45 島夷는 『書經』 禹貢에 '島夷卉服'에서 유래된 것으로 '南海島夷'와 '草服葛越'(錦衣가 아닌 草服을 입는 종족)이란 卑下·輕蔑하는 의미이다.

46 南朝(宋)는 北魏를 '逆虜', '黠虜', '索虜' 등으로 불렀다.

47 『資治通鑑』卷95 晉紀17 成帝 咸和 8年(333) 春正月條, p.2985, "丙子, 趙主勒遣使來修好; 詔焚其幣, '胡注曰: 晉雖未能復君父之讎, 而焚幣一事, 猶足舒忠臣義士之氣.'".

48 何德章,「北魏國號與正統問題」,『歷史研究』1992-3.

49 『魏書』卷24 崔玄伯傳, p.620, "時司馬德宗遣使來朝, 太祖將報之, 詔有司博議國號".

50 朴漢濟,「南北朝時代의 南北關係―交易과 交聘을 中心으로―」,『韓國學論叢(國民大)』4, 1982, pp.197~202; 秦永洲,「東晉南北朝時期中華正統之爭與正統再造」,『文史哲』1998-1, pp.70~73.

위가 중원을 포괄하는 화북 전체를 통일하고, 중원을 차지한 시간이 점차 길어진 것이다. 동진·남조 통치자들을 더욱 초조하게 만든 것은 북위가 통일하고 건국한 지도 '그 햇수가 백 년을 넘어서게[歲越百齡]' 됨에 따라 그동안 북위의 중화 자격에 의심을 가져왔던 한인문벌귀족들의 태도도 변하였다는 것이다. 이들은 점차 북위를 조국으로 여기게 되고 북위왕조의 역사 찬술을 권고하는 상주를 하기에 이르렀다.[51] 한인문벌귀족들이 찬술하기를 상주한 것은 '호족왕조' 북위의 역사가 아니라 당연히 '우리나라' 북위의 역사였다.

사실 호족 출신 통치자에게는 중원을 차지하였다는 사실로만 중화를 자칭하는 데는 부족한 면이 있었다. 오호십육국시대 전·후 양조(兩趙)가 중원을 차지하였지만 조명은 그리 길지 않았다. 한족사족들의 마음을 잡는 데 실패했기 때문이었다. 북위가 한족 중원 왕조의 마지막인 서진의 계승자로 자리매김해야 한다는 논설이 나온 것은 이 때문이었다.[52] 즉 오호십육국과의 결별이다. 이런 노력은 어느 정도 결실을 거두었다. 북위 말 이주영(尒朱

---

51 『魏書』卷62 李彪傳, pp.1394~1395, "彪乃表曰: … 唯我皇魏之奄有中華也, 歲越百齡, 年幾十紀. 太祖以弗違開基, 武皇以奉時拓業, 虎嘯域中, 龍飛宇外, 小往大來, 品物咸亨, 自茲以降. 世濟其光. 史官敍錄, 未充其盛. 加以東觀中圮, 册勳有闕, 美隨日落, 善因月稀. 故諺曰: '一日不書, 百事荒蕪'. 至于太和之十一年, 先帝·先后遠惟景業, 綿綿休烈, 若不恢史闡錄, 懼上業茂功, 始有缺矣. 於是召名儒博達之士, 充麟閣之選. 于時忘臣衆短, 采臣片志, 令臣出納, 授臣丞職, 猥屬斯事, 無所與讓. 高祖時詔臣曰: 平爾雅志, 正爾筆端, 書而不法, 後世何觀? 臣奉以周旋, 不敢失墜, 與著作等鳩集遺文, 并取前記, 撰為國書. 假有新進時賢制作於此者, 恐闈門既異, 出入生疑, 弦柱既易, 善者或謬. 自十五年以來, 臣使國遷, 頻有南輈之事, 故載筆遂寢, 簡牘弗張, 其於書功錄美, 不其闕歟?"
52 『魏書』卷108-1 禮志1, p.2746~2747, "(太和)十五年正月, 侍中·司空·長樂王穆亮 … 等言: '臣等受敕共議中書監高閭·秘書丞李彪二人所議皇魏行次. 尚書高閭以石承晉為水德, 以燕承石為木德, 以秦承燕為火德, 大魏次秦為土德, 皆以地據中夏, 以為得統之徵. 皇魏建號, 事接秦末, 晉既滅亡, 天命在我. 故因中原有寄, 即而承之. 彪等據神元皇帝與晉武並時, 桓·穆二帝, 仍修舊好. 始自平文, 逮于太祖, 抗衡秦·趙, 終平慕容. 晉祚終於秦方, 大魏興於雲朔. 據漢棄秦承周之義, 以皇魏承晉為水德. 二家之論, 大略如此. 臣等謹共參論, 伏惟皇魏世王玄朔, 下迄魏·晉, 趙·秦·二燕雖地據中華, 德祚微淺, 並獲推敍, 於理未愜, 又國家積德修長, 道光萬載. 彪等職主東觀, 詳究圖史, 所據之理, 其致難奪. 今欲從彪等所議, 宜承晉為水德.' 詔曰: '… 朝賢所議, 豈朕能有違奪. 便可依為水德, 祖申臘辰.'".

榮)·고환·우문태가 조정을 손아귀에 넣은 후에도 북위의 제실(帝室)을 광보(匡輔)한다는 기치를 내걸었으며, 북제·북주·수도 모두 '선대'의 형식을 통해 선조의 제통을 잇겠다는 명분을 내걸었던 것은 북위가 정통성을 어느 정도 확립했음을 의미한다.

더하여 국력, 특히 경제사정으로[53] '남약북강'의 형세가 고착된 것도[54] 남방 왕조에게는 불리하게 작용하였다. 특히 이런 국력의 차이는 동진 성립 초기에 가졌던 중원 회복에 대한 기대를 점점 옅어지게 만들었다. 이리하여 유송(劉宋) 문제(文帝) 원가 연간(元嘉年間) 이후에는 전쟁이 있어도 중원의 '회복'보다는 '보경(保境)' 자체에 급급해 한 것이 현실이었다.[55] 국력의 차이로 "남제는 스스로 이름하여 천자라 칭하나 당시 사람들은 양주자사 정도로 여겼던" 것이다.[56]

이런 상황이 되자 남북은 정통 문제에서 어느 정도 균형을 이루게 되었다. 이런 변화는 사절이 지참한 국서 등에 나타났다. 즉 상대방을 '피(彼)'로, 스스로를 '차(此)'로 지칭하게 된 것이다.[57] 상대를 '피'로 지칭하는 것은 적대적으로 대하면서도, 상대방의 실체를 인정하는 것이다.[58] '피차'의 지칭으로

---

53 『南齊書』卷54 高逸/顧歡傳, p.929, "是時員外郎劉思效表陳讜言曰: '宋自大明以來, 漸見凋弊, 徵賦有增於往, 天府尤貧於昔. 兼軍警屢興, 傷夷不復, 戍役殘丁, 儲無半菽, 小民嗷嗷, 無樂生之色. …'".

54 朴漢濟, 「南北朝時代의 南北關係—交易과 交聘을 中心으로—」, 1982, pp.163~170.

55 『南齊書』卷47 王融傳, p.828, "史臣曰: '晉世遷宅江表, 人無北歸之計, 英霸作輔, 芟定中原, 彌見金德之不競也. 元嘉再略河南, 師旅傾覆, 自此以來, 攻伐寢議. 雖有戰爭, 事存保境.'".

56 (淸)王夫之, 『讀通鑑論』卷16 齊高帝 1「竟陵王子良表停臺使」, p.600, "江左之有天下, 名爲天子, 而其時之人已曰: '適如平世之揚州刺史而已.'".

57 『宋書』卷95 索虜傳, pp.2347~2348, "此後復求通和, 聞太祖有北伐意, 又與書曰: '彼此和好, 居民連接, 為日已久, 而彼無厭, 誘我邊民, 其有往者, 復之七年. 去春南巡, 因省我民, 即使驅還. 自天地啟闢已來, 爭天下者, 非唯我二人而已. 今聞彼自來, 設能至中山及桑乾川, 隨意而行, 來亦不迎, 去亦不送. 若厭其區宇者, 可來平城居, 我往揚州住, 且可博其土地. 偏人謂換易為博. 彼年已五十, 未嘗出戶, 雖自力而來, 如三歲嬰兒, 復何知我鮮卑常馬背中領上生活. 更無餘物可以相與, 今送獵白鹿馬十二匹并氈藥等物. 彼來馬力不足, 可乘之. 道里來遠, 或不服水土, 藥自可療.'".

58 필자는 남북조 사이의 이러한 정통문제에 대하여 '날카로운 政治的 平衡關係'라고 규정한

남조는 이미 북조를 자기 정권과 동등한 것으로 본 것이다.[59] 물론 남북이 통일이 되거나, 혹은 하나의 나라처럼 양국이 통호하면 '피차'를 따질 필요가 없게 된다.[60] 남북조의 관계는 '차'만 있고 '피'는 없는, 피를 완전히 무시하는 경지[61]와는 다른 차원의 관계, 즉 병렬적 관계가 성립된 것이다.[62] 중국에서 '중화의 양분'인 것이다.

이런 '피차'의 관계가 지속됨에 따라 양측 인사들의 인식이 달라지게 되었다. 특히 남조 측의 태도 변화는 눈에 띈다. 양 무제(梁武帝) 시기 진경지(陳慶之)는 낙양을 방문한 후 사주자사(司州刺史)에 임명되어 '북인을 공경하고 무겁게 여겼는데[欽重北人]', 이를 괴이하게 여긴 주이(朱异)가 자신을 힐난하자 그가 답변하는 광경이 『낙양가람기』에 다음과 같이 나온다.

바 있다(朴漢濟, 「南北朝時代의 南北關係─交易과 交聘을 中心으로─」, 1982, p.197).

59 『魏書』 卷53 李孝伯傳, p.1170, "世祖又遣賜義恭, 駿等氈各一領, 鹽各九種, 并胡豉. 孝伯曰: 有後詔: '凡此諸鹽, 各有所宜. 白鹽食鹽, 主上自食; 黑鹽治腹脹氣滿, 末之六銖, 以酒而服; 胡鹽治目痛; 戎鹽治諸瘡; 赤鹽·駁鹽·臭鹽·馬齒鹽四種, 並非食鹽. 太尉·安北何不遣人來至朕間? 彼此之情, 雖不可盡, 要復見朕小大, 知朕老少, 觀朕為人.' 暢曰: '魏帝久為往來所具, 李尚書親自銜命, 不患彼此不盡, 故不復遣信.' 義恭獻蠟燭十梃, 駿献錦一匹."

60 羊侃이 원래 北魏의 將領이었는데 梁에 귀부하여 尙書가 되어 있었다. 陽斐가 梁에 사행하여 그를 만나려 하지 않자 梁 武帝는 二國이 이미 通好하였는데 彼此를 따지려 하느냐고 하였다(『北史』 卷47 陽尼 附 陽斐傳, p.1729, "斐. … 魏孝莊時, … 兼通直散騎常侍, 聘梁. 梁尚書羊侃, 魏之叛人也, 與斐舊故, 欲召斐至宅, 三致書, 斐不答. 梁人曰: '羊來已久, 經貴朝遷革, 李·盧亦詣宅相見, 卿何致難?' 斐曰: '柳下惠則可, 吾不可.' 梁武帝又親謂斐曰: '侃極願相見, 今二國和好, 安得復論彼此.' 斐終辭焉").

61 『魏書』 卷104補 自序, p.2325, "自南北和好, 書下紙每云 '想彼境內寧靜, 此率土安和.' 蕭衍後使, 其書乃去 '彼'字, 自稱猶著 '此'欲示無外之意. 收定報書云: '想境內清晏, 今萬國安和.' 南人復書, 依以為體".

62 『陳書』 卷30 傅縡傳, p.404, "無諍論言:無諍之道, 通於內外. 子所言須諍者, 此用末而救本, 失本而營末者也. 今為子言之. 何則? 若依外典, 尋書契之前, 至淳之世, 朴質其心, 行不言之教, 當于此時, 民至老死不相往來, 而各得其所, 復有何諍乎? 固知本末不諍, 是物之真矣. 答曰: 諍與無諍, 不可偏執. 本之與末, 又安可知? 由來不諍, 寧知非末? 於今而諍, 何驗示本? 夫居後而望前, 則為前; 居前而望後, 則為後. 而前後之事猶如彼此, 彼呼此為彼, 此呼彼為彼, 彼此之名, 的居誰處? 以此言之, 萬事可知矣. 本末前後, 是非善惡, 可恆守邪? 何得自信聰明, 廢他耳目?".

'(동)진·송 이래 낙양은 황토(荒土)라 불렸고, 이곳에서는 장강 이북 사람들을 모두 오랑캐라 불렸습니다. 앞서 낙양에 이르러보니 비로소 의관을 차린 사족이 모두 중원에 살고 있다는 것을 알았습니다. 예의가 모두 갖춰지고 인물이 풍성한 것을 눈으로 다 알 수 없고, 입으로 다 전할 수 없습니다. 이른바 황제의 수도[帝京]는 번성하여 사방의 본보기가 되고 있습니다. … 그러니 어찌 북쪽 사람들을 중히 여기지 않을 수 있겠습니까!'(진)경지는 이로 인하여 수레의 장식이나 복식을 모두 (북)위의 법식대로 하였다. 강남의 사인들은 너도나도 그것을 모범으로 삼아 넓고 큰 옷을 입고 커다란 허리띠를 하였는데 수도 말릉(秣陵: 建康)에까지 퍼지게 되었다.[63]

뿐만 아니라 남조 측의 변화는 여러 곳에서 감지된다. 이해(李諧)와 노원명(盧元明)이 양에 사신으로 오자 두 사람의 재기(才器)가 높이 평가되었고, 위수와 왕흔(王昕)이 사신으로 오자 그들의 행동거지에 무제와 군신이 모두 놀랐으며, 이에 양 무제는 후에 어떤 사람이 사신으로 올까 기대하며 칭찬을 아끼지 않았다고 한다.[64] 북방에는 최고 문벌로 조군 이씨(趙李),[65] 박릉 최씨(博崔), 이들과 우열을 다투는 청하 최씨, 범양 노씨[66] 등 남조 사인에 뒤처지지 않는 쟁쟁한 문벌가문이 있었다. 진경지의 말처럼 '황제의 수도를 번성하게[帝京翼翼]' 만드는 데 이들 북조 문벌귀족들이 한몫한 것이다. 북위 효

---

63 『洛陽伽藍記』卷2 城東 景寧寺, p.119, "朱异問之. (陳)慶之曰: '自晉·宋以來, 號洛陽爲荒土, 此中謂長江以北, 盡是夷狄. 昨至洛陽, 始知衣冠士族, 並在中原. 禮儀富盛, 人物殷阜, 目所不識, 口不能傳. 所謂帝京翼翼, 四方之則. … 北人安可不重?'慶之因此羽儀服式, 悉如魏法. 江表士庶, 競相模楷, 褒衣博帶, 被及秣陵'.

64 『北齊書』卷37補 魏收傳, pp.484~485, "收兼通直散騎常侍, 副王昕使梁, 昕風流文辯, 收辭藻富逸, 梁主及其羣臣咸加敬異. 先是南北初和, 李諧·盧元明首通使命, 二人才器, 並爲鄰國所重. 至此, 梁主稱曰: '盧·李命世, 王魏中興, 未知後來復何如耳?'".

65 『北齊書』卷29補 李渾傳, p.394, "後除光祿大夫, 兼常侍, 聘使至梁. 梁武謂之曰: '伯陽之後, 久而彌盛, 趙李人物, 今實居多. 常侍曾經將領, 今復充使, 文武不墜, 良屬斯人.'".

66 『北齊書』卷23 崔悛傳, p.334, "悛每以籍地自矜, 謂盧元明曰: '天下盛門, 唯我與爾, 博崔·趙李, 何事者哉!'崔暹聞而銜之".

문제가 남조에는 '훌륭한 신하가 많다[多好臣]'고 하자, 이를 논리적으로 반박한[67] 북조 사족의 언사는 단순한 말장난이 아니라 최고 문벌로서의 위의를 갖추고 있다는 자부심을 드러낸 것이었다. 남북의 상호 실체 인정은 결국 서로 '해마다 교빙사를 주고받는[歲有交聘]'[68] 형태로 나아가게 되었던 것이다. 이것이야말로 남북이 모두 중화의 분열을 현실로 수용하였다는 증거이다.

원래 중화를 지칭하려면 최소한 종족적으로 한족이어야 하고 중원을 지배해야 하고 천하를 통일해야 하였다. 그러나 그 조건을 구비한 왕조가 소멸함과 동시에 중화군주가 한족의 전유물이라는 생각도 변하게 되었고, 남북이 상대의 중화 지칭에 대해 어느 정도 양해한 상태가 되었다. 오호십육국 이후 중화의 분열이 점차 고착되어 감에 따라 '융적의 중화군주불가론'은 그 근거를 잃게 되었다. 남북은 도이와 삭로의 관계에서 종족 여하에 관계없이 '피차'라는 평등관계를 인정하게 된 것이다.

이렇게 중국 내에서 중화의 분열이 고착됨에 따라 중국을 둘러싸고 있는 동아시아 각국에게도 중화군주란 한족만의 전유물이 아니고, 주변 민족의 수장도 중화의 군주가 될 수 있다는 논거가 확보된 것이다. 그러면 중국 인근 나라들이 어떤 논리로 중화를 선언하고 '중화제국'에 합당한 후속 조처를 취하고 있는가를 살펴보자.

---

67 『南齊書』卷57 魏虜傳, pp.991~992, "每使至, 宏親相應接, 申以言義. 甚重齊人, 常謂其臣下曰: '江南多好臣.' 偽侍臣李元凱對曰: '江南多好臣, 歲一易主; 江北無好臣, 而百年一主.' 宏大慙, 出元凱為雍州長史, 俄召復職".

68 『北齊書』卷35補 陸卬傳, p.469, "自梁·魏通和, 歲有交聘. …".

Ⅲ. '황예(皇芮)' 유연(柔然)의 '광복중화(光復中華)'와 '오막(吳漠)' 양 세계의 선언

중화 문제와 관련하여 재미있는 변화를 보인 것은 북방의 유연이었다. 유송 순제(順帝) 승명(昇明) 2년(478) 소도성은 유송정권을 찬탈할 준비를 하는 도중 효기장군(驍騎將軍) 왕홍범(王洪範)을 유연에 파견한다. 이에 유연은 국상인 형기기라회(邢基祇羅迴)을 파견하여 소도성에게 이른바 '상표'를 올렸다. 그 문장이『남제서』예예노전(芮芮虜傳)에 실려 있다. 상표는 두 부분으로 나눌 수 있는데, 앞부분은 소도성의 공업을 칭송하고 그가 '대송(代宋)'하는 것이 순리임을 주장하며, 권진하는 내용이다.[69] 뒷부분은 병사를 일으켜 북위를 없애고 병(幷)·대(代)·진(秦)·조(趙) 지역을 점유한 후에 황여(皇輿)로 천행(遷幸)하여 '중화를 광복하고' 남제와 '이웃나라와의 우호를 영원히 돈독히 하겠다[永敦隣好]'는 내용이다.[70]

앞부분이 일반적인 내용이라 한다면 뒷부분은 특히 주목을 끈다. 이 부분이야말로 유연이 당시 국제관계와 중화 문제에 있어서 어떤 태도를 취했는가를 여실히 보여준다고 생각한다. 먼저 유연은 스스로 '황예'라고 칭하고 '중원세력을 이겨[剋期中原]', '중화를 광복한다'를 내걸고 있다.

---

[69]『南齊書』卷59 芮芮虜傳, pp.1023~1024, "(昇明)二年·三年, 芮芮主頻遣使貢獻貂皮雜物. 與上書欲伐魏虜, 謂上'足下', 自稱'吾'. 獻師子皮袴褶 … 國相邢基祇羅迴奉表曰: '夫四象粲政, 二儀改度, 而萬物生焉. 斯蓋虧盈迭襲, 曆數自然也. 昔晉室畔終, 楚桓竊命, 寔賴宋武匡濟之功, 故能扶衰定傾, 休否以泰. 祚流九葉, 而國嗣不繼. 今皇天降禍於上, 宋室猜亂于下. 臣雖荒遠, 粗閱圖書, 數難以來, 星文改度, 房心受變, 虛危納祉, 宋滅齊昌, 此其驗也. … 京房讖云'卯金十六, 草蕭應王.' 歷觀圖緯, 休徵非一, 皆云慶鍾蕭氏, 代宋者齊. …'".

[70]『南齊書』卷59 芮芮虜傳, pp.1024~1025, "皇芮承緒, 肇自二儀, 拓土載民, 地越滄海, 百代一族, 大業天固. 雖吳漠殊域, 義以脣齒, 方欲剋期中原, 龔行天罰. 治兵繕甲, 俟時大舉. 振霜戈於幷·代, 鳴和鈴於秦·趙, 掃殄凶醜, 梟剪元惡. 然後皇輿遷幸, 光復中華, 永敦隣好, 侔蹤齊·魯. 使四海有奉, 蒼生咸賴, 荒餘歸仰, 豈不盛哉!".

병·대·진·조 지역이란 다름 아닌 북위가 차지하고 있는 중원 지역이다.

두 번째로, 유연은 남제와 상하관계가 아니라는 점을 주장하고 있다. 당시 북위는 '황위'[71]라 하였고, 유송도 '황송'[72]이라 자칭하였다. 여기에 유연도 '황예'라 한 것이다. 유연은 "황통은 천지가 처음 열릴 때부터 시작하여 계 승되어 왔으며, 그때부터 토지를 개척하고 백성을 양육하여 그 땅이 창해를 넘어서고 있으며, 백대 동안 일가족을 이루어 대업이 하늘과 같이 단단하다 [皇芮承緒, 肇自二儀, 拓土載民, 地越滄海, 百代一族, 大業天固]"라며, '황예'를 자 칭하였다. 이 때문에 유연은 중화의 주인으로서 손색이 없다는 점을 강조하 였다. 북위가 송을 침략할 때도 이와 유사한 문구를 내걸었다.[73]

그러나 남제에게 유연은 전략적인 파트너일 뿐 오랑캐임은 분명하였다. 『남제서』 권59에서는 유연을 '예예노'라는 명칭으로 재록하고 있기 때문이 다. 반면 유연의 입장과 주장은 전혀 달랐다. 남제나 유연이나 모두 중원을 떠나 "오와 막이라는 다른 지역에 위치하고 있지만 순치의 관계[吳漢殊域, 義 同脣齒]"라는 것이다. 즉 '광복중화'의 전쟁에 유연도 참여하겠다는 뜻을 분 명히 한 것이다.[74] 그러면 '광복중화' 후에는 어떻게 하겠다는 것일까? 유연 은 남제와 춘추시대 제와 노의 관계처럼 '인호(隣好)'의 관계를 유지함으로

---

71 『魏書』卷19中 景穆十二王中/任城王雲傳, p.461, "延興中. … 雲進曰: '陛下方隆太平, … 皇魏 之興, 未之有革. 皇儲正統, 聖德夙章 …'."

72 『宋書』卷14 禮志1, p.346, "宋孝武大明三年九月, 尚書右丞徐爰議: '郊祀之位, …' … 皇宋受 命, 因而弗改".

73 『宋書』卷95 索虜傳, p.2334, "虜鑱東將軍武昌王. … 而移書越詣徐州曰: '我大魏之興, 德配 二儀, 與造化並立. 夏·殷以前, 功業尚矣, 周·秦以來, 赫赫堂堂, 垂耀先代. 逮我烈祖, 重之聖 明, 應運龍飛, 廓淸燕·趙. 聖朝承王業之資, 奮神武之略, 遠定三秦, 西及蔥嶺, 東平遼碣, 海隅 服從, 北暨鍾山, 萬國納貢, 威風所扇, 想彼朝野, 備聞威德. 往者劉·石·苻·姚, 遞據三郡, 司 馬琅邪, 保守揚·越, 綿綿連連, 綿歷年紀. 數窮運改, 宋氏受終, 仍晉之舊, 遠通聘享. 故我朝 庭解甲, 息心東南之略, 是爲不欲違先故之大信也'."

74 蕭道成이 王洪範을 柔然에 파견한 목적은 '剋期共伐魏虜'(『南齊書』卷59 芮芮虜傳, p.1023, "昇明二年, 太祖輔政, 遺驍騎將軍王洪範使芮芮, 剋期共伐魏虜.")이었다. 그에 대한 柔然의 답변은 그 전쟁에 기꺼이 참여하겠다는 것이었다.

써 "사해가 추대하고 창생이 의지하도록 하고, 황원한 지역에서까지 우러러 귀복하게[使四海有奉, 蒼生咸賴, 荒餘歸仰]"할 수 있다고 주장하고 있다. 여기서 양국 관계를 제·노라고 했기 때문에 유연이 중화(중원)의 당당한 일원이 되겠다는 뜻을 분명히 한 것이다. 중화를 전점하지는 않더라도 분점에는 참여하겠다는 뜻으로 읽혀진다. 이런 유연의 태도는 큰 의미를 가진다고 생각한다.

이른바 '새외'의 역사는 흉노에서 선비로 다시 유연으로 그 주인공이 바뀌었다.[75] 당시 이미 중원국가로 변한 북위에서는 유연과 북위의 관계를 흉노와 한의 관계처럼 이해하였다.[76] 당시 유연이 북위와 서로 접경하면서 시종 적대관계에 있었기 때문에 더 그렇게 생각했을지도 모른다.

여기에서 우리는 중국 북방민족과 중원왕조와의 관계를 일별해 볼 필요가 있다. 흉노와 양한과의 관계는 북·남 흉노 간에 약간의 차이는 있지만[77] 대체로 적국으로,[78] 이주(二主)로서 동등한 관계였다. 흉노는 '활을 당기는 백

---

75 '塞外'와 '塞內'는 유목 지역과 농경 지역을 구별하여 가리키는 것으로 그 중심은 匈奴故庭이 있던 지역으로 그 주인이 흉노에서 선비[拓跋部]로 다시 柔然으로 바뀌고 있다(『南齊書』卷59 芮芮虜傳, p.1023, "芮芮虜, 塞外雜胡也. 編髮左衽. 晉世什翼圭入塞內後, 芮芮逐水草, 盡有匈奴故庭, 威服西域. 土氣早寒, 所居為穹廬氈帳. 刻木記事, 不識文書. 馬畜丁肥, 種衆殷盛. 常與魏虜為讎敵.").

76 『魏書』卷24 張袞傳 附 張倫傳, p.617, "熙平中, 蠕蠕主醜奴遣使來朝, 抗敵國之書, 不修臣敬. 朝議將依漢答匈奴故事, 遣使報之".

77 前漢 元帝 시기 南匈奴 呼韓邪單于는 漢의 이른바 '客臣'이 되었기 때문에 그 위치는 다르다(『漢書』卷94下 匈奴傳, pp.3800~3801, "元帝初即位, 呼韓邪單于復上書, 言民衆困乏. 漢詔雲中·五原郡轉穀二萬斛以給焉. 邪支單于自以道遠, 又怨漢擁護呼韓邪, 遣使上書求侍子. 漢遣谷吉送之, 邪支殺吉. 漢不知吉音問, 而匈奴降者言聞甌脫皆殺之. 呼韓邪單于使來, 漢輒薄責之甚急. 明年, 漢遣車騎都尉韓昌光祿大夫張猛送呼韓邪單于侍子, 求聞吉等, 因赦其罪, 勿令自疑. 昌猛見單于民衆益盛, 塞下禽獸盡, 單于足以自衛, 不畏邪支. 聞其大臣多勸單于北歸者, 恐北去後難約束, 昌猛即與為盟約曰: '自今以來, 漢與匈奴合為一家, 世世毋得相詐相攻. 有竊盜者, 相報, 行其誅, 償其物; 有寇, 發兵相助. 漢與匈奴敢先背約者, 受天不祥. 令其世世子孫盡如盟.'").

78 『史記』卷110 匈奴列傳, p.2890, "自淳維以至頭曼千有餘歲, 時大時小, 別散分離, 尚矣, 其世傳不可得而次云. 然至冒頓而匈奴最彊大, 盡服從北夷, 而南與中國為敵國, 其世傳國官號乃可得而記云".

성[引弓之民]'으로 일가를 이루어 북주(北州)에서 남국과 대립하고 있었다.[79] 중원은 그들의 약탈 대상 지역이었지 점유의 땅은 아니었다. 그것이 유연과 북위의 관계에서는 돌변하였다. 즉 유연은 중원을 그들의 잠재적인 강역으로 상정하고 있는 것이다.

유연은 왜 흉노와는 달리 새내에 대해 관심을 갖게 되었을까? 새내는 실제적으로 유목민족의 활동무대는 아니었다. 그런데도 남하(南下)한 데는 이유가 있을 것이다. 첫째, 기후가 남하 원인일 수 있다. 동아시아의 2~8세기는 한랭기였다.[80] 몽골고원에 적설로 목초가 덮이게 됨에 따라 많은 가축이 폐사(斃死)하는 사태가 벌어졌다. 이에 따라 북방 유목민족의 남하가 불가피하였다는 것이다. 둘째, 북위의 대(對)유연정책이다. 같은 유목민 출신인 북위는 한이 흉노에게 제공하듯 세폐로 평화를 사는 것은 그들에게 '급유'하는 의미가 있을 뿐이라는 것을 잘 알고 있었기 때문에 전쟁을 계속함으로써 유목제국으로 성장할 기회를 주지 않았다.[81] 셋째, 북위와 유연 모두 최고 통치자의 칭호로 '가한'을 사용하고 있었기 때문에 그들 간의 적대관계는 더 격렬하였던 것이다. 몽골 유목민 수장의 존호인 '가한'이란 호칭은 선비족에서 발원하였고, 특히 북위 황실의 원조(元祖)들이 사용한 칭호로, 북위시대 황제들이 그들의 선조를 '선가한'·'선가돈'으로 불렀다. 그리고 북위 당시 선비족 출신의 민중이 북위의 황제를 '가한'으로 불렀으며, 더 나아가 황제들이 자기가 '가한'이라는 의식을 가지고 있었다.[82] 이런 요인들이 순수한 유목국가 유연을 새내로 진입하게 만든 요인이 아니었을까 한다. 유연의 이

---

79 『史記』卷110 匈奴列傳, p.2896, "單于遺漢書曰: '天所立匈奴大單于敬問皇帝無恙. … 二主之約, 離兄弟之親. … 諸引弓之民, 并為一家. 北州已定 …'"; 同書, p.2897, "孝文皇帝前六年, 漢遺匈奴書曰: '皇帝敬問匈奴大單于無恙 …'".

80 竺可禎, 「中國近五千年來氣候變遷之初步研究」, 『考古學報』 1972-1; 『竺可禎文集』, 北京: 科學出版社, 1979, pp.481~482.

81 朴漢濟, 「北魏의 對外政策과 胡漢體制」, 『中國中世胡漢體制研究』, 1988, pp.180~189.

82 朴漢濟, 「北魏王權과 胡漢體制」, 『中國中世胡漢體制研究』, 1988, pp.172~176.

와 같은 중원에 대한 관심 표명은 다분히 남제에 의해서 촉발된 점도 있겠으나, 그 의미는 적지 않다고 여겨진다. 북방 유목민족 왕조로는 최초이기 때문이다.

뒷날 서북 유목군장들이 당 태종에게 '천가한'의 칭호를 준 것은 남방의 중원왕조의 수장을 '오(한)막'을 아우르는 지배자로 인정한 것이었다. 물론 이런 변화는 당 황실이 호족(유목민족)에 그 원류를 두고 있었기 때문에 새외에 특별한 관심이 있었던 점도 있지만, 순수한 유목왕조로 일관했던 흉노와는 달리 유연이 가졌던 중원관, 중화관과도 연관이 있다고 보아야 할 것이다.

Ⅳ. '새표(塞表)'의 강부국 토욕혼(吐谷渾)의 '가한' 자칭과 양조견사(兩朝遣使)

위진남북조시대 중국의 주변을 독립된 지역단위로 나눈다면 기본적으로 동서남북이 될 것이다. 그 가운데 몇 개의 정치체로 분열되어 있던 곳은 동방과 서방이었다. 북방의 경우는 유연이 장기간 독존하고 있었고, 남방의 경우 월남이 오랫동안 이른바 '북속'시기를 보내고 있었기 때문이다. 이에 따라 이 절에서는 동서 양방에서 표현된 중화의 문제를 살펴보려 한다. 그 가운데 서방의 토욕혼부터 고찰하겠다.

동·서방의 각국은 각 지역단위에서 수장이 되기 위해 노력하였다. 그들은 그 목표를 위해 두 방향으로 노력하였다. 첫째는 그 스스로가 '중화'임을 표방하는 일이고, 둘째는 동아시아의 중심 국가인 중국왕조로부터 그 지역의 수장이라는 것을 인정받는 것이었다.

먼저 중화를 표방하기 위해서는 무엇보다 그 지역단위에서의 압도적인 국력 증강이 우선이었다. 다음으로 중국으로부터 각 지역의 수장임을 인정받기 위해서는 대중 외교가 가장 중요한 변수가 되었다. '칭웅(稱雄)'은 '여우가 호랑이의 위세를 빌리는[狐假虎威]'것과 다름없었다. 주지하다시피 중국과 주변 각국 관계는 상하 등급으로 매겨진 '책봉'의 형태로 규정되었다. 이 문제를 두고 한반도 혹은 일본열도에 소재한 여러 나라들 간에 격렬한 경쟁이 벌어졌다. 책봉국인 중국왕조 입장에서는 그 조정이 필요하였다. 그러나 중국마저 분할된 상태였기 때문에 처한 상황에 따라 복잡성이 더해질 수밖에 없었다. 중국도 자국의 안위를 비롯한 이해관계와도 직결되는 문제였기 때문이었다. 주변국들도 책봉에 의한 서열화에 매우 민감하게 대응할 수밖에 없었다. 여기에서 '자칭'과 '조제(詔除)'와의 사이에 커다란 간극이 생겼다.[83] 사실 중국왕조 측은 남북 대치 상황에서 주변국의 동향을 면밀히 지켜보아야 하였다. 강력한 통일제국이었던 전한도 '재갈과 고삐로써 조종하되 관계를 끊지 않는 것[羈縻不絶]'을 표방할 정도였다면 위진남북조의 왕조들은 더욱 그러하였다. 특히 독자적으로 연호나 가한호를 사용하고 있는 왕조에게 책봉을 할 수밖에 없는 상황이[84] 현실로 나타났다.

토욕혼과 북위와의 관계에서도 마찬가지였다. 북위와 토욕혼의 관계는 431년 당시 북위와 적대관계에 있던 하(夏)를 토욕혼이 멸망시키고 그 군주 혁련정(赫連定)을 북위에 압송함에 따라 시작되었다. 이때 화하정통으로 자거하는 북위에게 토욕혼왕 모궤(慕瓌)가 '사신을 파견하여 표를 올리는[遣使上表]' 대신 여러 가지 무리한 요구를 하였다. 장손숭(長孫嵩) 등이 '멀리 떨어져 있으나 중요한 지역의 군장[要荒之君]'은 아무리 인사가 중광(衆廣)하더

---

83 『宋書』 卷97 夷蠻/東夷/倭國傳, pp.2394~2395, "太祖元嘉二年, (倭國王)讚又遣司馬曹達奉表獻方物. 讚死, 弟珍立, 遣使貢獻. 自稱使持節·都督倭百濟新羅任那秦韓慕韓六國諸軍事·安東大將軍·倭國王, 表求除正. 詔除安東將軍·倭國王. … 興死, 弟武立. 自稱使持節·都督倭百濟新羅任那加羅秦韓慕韓七國諸軍事·安東大將軍·倭國王".

84 예컨대 417년 西涼의 李暠가 죽자 그의 아들 歆이 繼位하고 嘉興이라 개원하였다. 東晉은 그를 책봉하였다(『晉書』 卷87 涼後主 李士業傳, p.2268, "涼後主諱歆, 字士業. … 改年為嘉興. 尊母尹氏為太后. … 明年, …, 是歲, 朝廷以士業為持節·都督七郡諸軍事·鎮西大將軍·護羌校尉·酒泉公."). 이는 당시가 多重的 世界였음을 보여주는 사례이다.

라도 작은 화하와 견줄 수 없는 것이므로 그 기준을 넘어서는 안 된다고 못
박으면서, 대신 회사[繪絮]의 다소는 구전에 기록이 없고, 시기에 따라 적고
많고를 결정할 수 있다는 결론을 내렸다.[85] 장손숭이 제시한 이 가이드라인
에 의하면, 가한은 북위 황실의 선조들의 호칭으로 가한의식을 여전히 견지
하고 있는 북위로서는[86] 어느 누구도 '가한'호를 자칭하는 것을 허용할 수
없는 것이다.

그런데 '가한'호는 토욕혼(r.?~317)이나 수락간(樹洛干: r.452~481) 시기에
사용하다가[87] 북위에 신사하면서부터 그 사용이 중단되었다. 그러다 북위
최말기인 효명제 정광(正光) 연간(520~525)에 공로(貢路)가 두절되고 난 뒤에
야 '가한'호를 다시 사용하기 시작한 것을 보면, 북위와 토욕혼의 외교관계
가 지속될 때에는 분명히 '가한'호를 사용하지 못한 것이다. 이 '가한'호와
중화 자칭 문제는 특히 토욕혼의 복련주(伏連籌: r.490~529) 시기에 두드러
진다. 복련주는 북위의 신속국의 수장이면서도 그렇게 행동하지 않았던 것
이다. "복련주는 안으로는 직공(職貢)을 닦으면서도 밖으로는 융적을 병합
하여 '새상의 나라 중[塞表之中]'에서는 강부한 나라로 불리고, 거의 천조(북
위)에 준하는 관사를 두고 여러 나라에 칭제하여 스스로 대국임을 자랑하였
다"[88]라는 『위서』의 기록을 보면 천하만방에 중화를 자칭하는 북위 입장에
서는 자신과 다를 바 없이 행동한다고 느낀 것이다. 또 복련주 사후에는 과

85 『魏書』卷101補 吐谷渾傳, p.2236, "世祖詔公卿朝會議答施行. 太尉長孫嵩及議郎·博士
二百七十九人議曰: '前者有司處以為秦王荒外之君, 本非政教所及, 來則受之, 去則不禁. 皇威
遠被, 西秦王慕義畏威, 稱臣納貢, 求受爵號. 議者以為古者要荒之君, 雖人土衆廣, 而爵不擬華
夏. 陛下加寵王官, 及越常分, 容飾車旗, 班同上國. 至於繪絮多少, 舊典所無, 皆當臨時以制豐
寡. …'".
86 朴漢濟, 「北魏의 對外政策과 胡漢體制」, 1988, pp.170~176.
87 『魏書』卷101補 吐谷渾傳, p.2233.
88 『魏書』卷101補 吐谷渾傳, p.2239, "伏連籌內修職貢, 外并戎狄, 塞表之中, 號為強富. 準擬天
朝, 樹置官司, 稱制諸國, 以自誇大".

려(夸呂: r.535~591)가 가한을 자칭하였고, 왕후를 각존(恪尊)[89]이라 불렀다.[90] '가한'의 자칭과 '각존' 칭호 사용은 곧 토욕혼이 '새표지중(서방세계)'의 중화임을 표방한 것이었고, 북위도 그렇게 파악한 것이다. 다시 말하면 토욕혼은 한편으로 북위의 번국임을 인정하면서도, 스스로 서방의 대국으로 자임하고 행동하였던 것이다. 북위는 관작과 장군호를 내려 책봉함으로써 토욕혼을 충실한 '번병'으로 잡아 두려 애썼지만 실상은 그와는 전혀 달랐던 것이다. 이것이야말로 당시 북위가 구축한 번병체제의 한계였던 것이다. 후술할 동방의 고구려가 그러했던 것처럼 토욕혼도 이와 같이 서방에서 소중화를 형성하였고, 북위는 그것을 묵인하지 않을 수 없었던 것이다. 그런 점에서 토욕혼이 구축한 '중화'는 병렬적인 유연의 그것과는 달리 '다중적'이었다고 하겠다.

토욕혼과 관련하여 '양조견사' 문제를 살펴보자. 초기 북위와 통호관계를 유지하던 토욕혼은 곧 양국 사이의 영토 분쟁을 계기로 유송에 접근하기 시작하였다.[91] 이것이 토욕혼의 '양조견사'의 시작이며 견사 방식의 전형적인 모습이었다. 이후 439년 북량이 망할 때까지 북위와 유송은 토욕혼을 자기 편으로 끌어들이기 위해 여러 차례 외교전을 전개한다.[92] 북량을 멸망시킨 북위는 토욕혼을 보다 확실한 우군인 번병국으로 끌어들이기 위하여 토욕혼의 권력 투쟁에 개입하기도 하였다[93](444년 6월). 그러나 그것마저 실패하자

---

89 周偉洲, 『吐谷渾資料輯錄』, 西寧, 青海人民出版社, 1992, p.28, "按母尊·恪尊·可孫·可敦·可賀敦, 皆北方民族可汗之正室, 相當于內地之皇后".

90 『魏書』 卷101補 吐谷渾傳, p.2240, "自爾以後, 貢獻路絶. 伏連籌死, 子夸呂立, 始自號為可汗, 居伏俟城, 在青海西十五里, 雖有城郭而不居, 恒處穹廬, 隨水草畜牧. 其地東西三千里, 南北千餘里. 官有王公·僕射·尚書及郎將·將軍之號. 夸呂椎髻毦珠, 以皀為帽, 坐金師子牀. 號其妻為'恪尊', 衣織成裙, 披錦大袍, 辮髮於後, 首戴金花冠".

91 『魏書』 卷101補 吐谷渾傳, p.2236~2237, "世祖詔公卿朝會議答施行. … 制曰: '公卿之議, 未為失體. 西秦王所收金城·枹罕·隴西之地, 彼自取之, 朕即與之, 便是裂土, 何須復廓. 西秦款至, 綿絹隨使疏數增益之, 非一匹而已' 自是慕瑣貢獻頗數, 又通于劉義隆, 義隆封為隴西王".

92 『魏書』 卷101補 吐谷渾傳, pp.2236~2237; 『宋書』 卷96 鮮卑 吐谷渾傳, p.2372.

93 『資治通鑑』 卷124 文帝 元嘉 21年(444) 6月條, p.3906. "吐谷渾王慕利延兄子緯世與魏使者

북위는 토욕혼 토벌에 나섰다(446년 8월). 이 토벌로 토욕혼은 우전국(于闐國)으로 쫓겨갔고,[94] 북위는 440년대 후반의 대유연, 대송 공세를 위한 포석을 깔 수 있게 되었다.

그 후 토욕혼왕 모리연(慕利延)이 죽고 그의 손자 십인(拾寅)이 정권을 잡은 후(450) 북위와 유송에 동시에 사신을 파견하여 명을 청하는 양단외교를 편다. 이에 따라 북위와 유송 사이에 토욕혼을 두고 외교전이 전개되었다.[95] 450년대 양국의 외교전은 대체로 유송이 승리하였다.[96] 460년 4월 북위의 토욕혼 토벌은 이런 사정을 말해준다. 북위는 토벌과 수호(授號)를 번갈아가면서 외교전을 시도하였으나 460년대 말까지 토욕혼을 서방의 번병국으로 만드는 데 실패하고 말았다. 북위는 대국 토욕혼에게 서방 번병국의 책무를 맡기는 것이 대서방 외교의 귀결점이었으나 토욕혼은 그 역할을 기꺼이 수락하지 않았고, 그를 책하는 북위가 침략해 올 때마다 '부락사람을 이끌고 서쪽 사막으로 숨어버리고[遂率其部人西遁沙漠]', '멀리 숨어버리고[遠遁]', '밤에 숨어버리는[宵遁]'[97] 행동을 거듭함으로써 북위의 뜻대로 움직이지 않았다.

그러나 470년대에 들어오면서부터 국면은 달라지기 시작하였다. 북위는 토욕혼을 두고 유송과 지리한 외교전을 펴기보다 무력행사를 택하였다.[98] 연이은 북위의 무력행사에 유송이 준 작호가 토욕혼에게는 아무런 도움이 되지 못하였다. 여기에 더하여 470년 토욕혼에 밀어닥친 대기근과[99] 그것을

謀降魏, 慕利延殺之. 是月緯世弟叱力延等八人奔魏, 魏以叱力延爲歸義王".

94 『魏書』卷101補 吐谷渾傳, p.2237; 『宋書』卷96 鮮卑 吐谷渾傳, p.2372.

95 『資治通鑑』卷126, 文帝 元嘉 29年(452) 8月條, p.3979. "吐谷渾王慕利延卒, 樹洛干之子拾寅立, … 遣使來請命, 亦請命于魏. 丁亥, 以拾寅爲安西將軍·西秦·河·沙三州刺史·河南王; 魏以拾寅爲鎮西大將軍·沙洲刺史·西平王".

96 『宋書』卷96 鮮卑 吐谷渾傳, p.2373, "拾寅東破索虜".

97 『魏書』卷101補 吐谷渾傳, pp.2237~2238.

98 『魏書』卷101補 吐谷渾傳; 『魏書』卷5 顯祖紀 皇興 4年(470) 2月條, p.130.

99 『魏書』卷101補 吐谷渾傳, p.2238.

알아차린 북위군이 감행한 토욕혼 경내에서의 '가을걷이를 베어버리는 것 [芻其秋稼]'으로 표현되는 초토화 작전[100]으로 결국 토욕혼왕 십인이 북위에 항복하였다(473년 8월). "이로부터 해마다 직공을 다하였다[是歲修職貢]"[101]라 고 표현되듯 토욕혼은 태자(太子) 입시(入侍)를 포함하여 조공사를 계속 북 위에 파견하였고, 어떤 경우는 1년에 3회 이상 보내기도[102]하였다. 431년 이 후 『위서』에 기록된 토욕혼의 조공 횟수는 64회[103]로, 북위와 관계를 맺었던 나라들 가운데 가장 많았다. 대부분 470년대 이후에 행해진 것이었다. 결국 491년에는 효문제가 토욕혼왕 복련주(伏連籌)의 입조까지 요구할 정도로[104] 양국 관계는 북위가 일방적인 우위를 점하였다. 그렇다고 해서 토욕혼이 북 위에게 완전히 복속된 것은 아니었다. 토욕혼은 '새표(塞表)의 강부국(强富 國)'으로 상당 기간 존속하였다.

예컨대 입조 요구를 칭병하면서 거절하였다든지,[105] 북위조정에서 토욕혼 이 '삼가 명령을 받음에 공손하지 않다[拜命不恭]'는 이유로 토벌이 논의되기 도 하였다.[106] 그러나 전반적으로 보아서 토욕혼은 점차 북위의 번병국으로 정착되어 갔으며, 492년 7월 효문제가 복련주를 '사지절·도독·서수제군 사·정서장군·영호서융중랑장·서해군개국공·토욕혼왕(使持節·都督·西 垂諸軍事·征西將軍·領護西戎中郎將·西海郡開國公·吐谷渾王)'[107]으로 책봉함 으로써 북위의 서방의 번병체제 구축은 일단락되었다고 할 수 있다. 토욕혼 왕이 '영호서융중랑장(領護西戎中郎將)'호를 북량에 이어 처음으로 받았다는 것은 이 점을 확인시켜 준다.

100 『魏書』卷101補 吐谷渾傳, p.2238.
101 『魏書』卷101補 吐谷渾傳, p.2238.
102 池培善, 「吐谷渾과 北朝와의 交涉에 대하여」, 『歷史學報』98, 1983, pp.162~163.
103 松田壽男, 「吐谷渾遣使考」(上), 『史學雜誌』48-11, 1937, p.1373.
104 『資治通鑑』卷137 武帝 永明 9年(491) 正月條, p.4306.
105 『資治通鑑』卷137 武帝 永明 9年(491) 正月條, p.4306.
106 『資治通鑑』卷137 武帝 永明 10年(492) 5月條, p.4321.
107 『魏書』卷101補 吐谷渾傳, p.2239;『資治通鑑』卷137 武帝 永明 10年(492) 7月條, p.4321.

서방 토욕혼의 '가한' 자칭과 '양조견사'는 그들의 의지와 상황에 따라 행해졌다는 점은 서위 폐제(廢帝) 2년(553) 토욕혼주 과려(夸呂)의 행위에서 두드러지게 보인다.[108] 중국이 통일되어 화하정통이 확정되었다고 한다면 이루어지기 힘든 상황이 전개되었던 것이다. 토욕혼도 중원왕조의 순종적인 신속국으로 만족하지 않았으며, 새표의 '중화'로서 자임하려는 움직임은 포기하지 않았다.

V. 동방 각국의 '중화' 자칭과 '다중적' 세계관

동방 각국, 즉 고구려, 백제, 신라, 왜가 '중화'를 자칭하였다는 사실은 이미 선학들에 의해 소상히 밝혀진 바 있기 때문에[109] 여기서 재론할 필요는 없다. 다만 중화의 다중성 내지 병렬성을 이해하는 데 보다 분명한 모습을 보여주었던 고구려와 왜의 경우를 분석해 보기로 하자. 고구려가 중화제국적 모습을 명백히 보여주는 사료는 「광개토대왕릉비」, 「충주고구려비(忠州高句麗碑)」, 「모두루묘지(牟頭婁墓誌)」 등이다. 즉 천손국으로 독자적인 천하관을 구축하고 있었다. 먼저 「모두루묘지」에서 "해와 달의 아들, 하백의 손자인 추모성왕 … 천하사방에서 가장 성스러운 자이다[日月之子, 河伯之孫 鄒牟聖王 … 天下四方最聖]"라 하였는데, 여기에서 '천하사방'은 고구려가 자기를 중

---

108 『北史』卷9 周本紀 9 太祖文帝宇文泰, p.328, "(廢帝二年)四月, 帝勒銳騎三萬, 西踰隴, 度金城河, 至姑臧. 吐谷渾震懼, 遣使獻其方物. 七月, 帝至自姑臧.";『北史』卷96 吐谷渾傳, p.3187, "西魏大統初, 周文遺儀同潘潽喻以逆順之理, 於是夸呂再遣使獻能舞馬及羊·牛等. 然寇抄不已, 緣邊多被其害. 廢帝二年, 周文勒大兵至姑臧, 夸呂震懼, 使貢方物. 是歲, 夸呂又通使於齊."

109 노태돈, 「금석문에 보이는 고구려인의 천하관」, 『고구려사 연구』, 서울: 사계절출판사, 1999; 酒寄雅志, 「華夷思想の諸相」, 『渤海と古代の日本』, 東京: 校倉書房, 2001; 川本芳昭, 「中華世界の擴大と'新'世界秩序」, 『中華の崩壞と擴大─魏晋南北朝(中國の歷史05)』, 東京: 講談社, 2005 등이다.

심으로 하는 독자적인 천하를 상정하고 있음을 말해주는 것이다.[110] 「광개토
대왕릉비」에서도 "천제의 아들로 어머니는 화백의 여식이다[天帝之子 母河
伯女郞]"라 하였으며, 백제·신라·숙신·동부여를 속민=조공국으로 상정하
고 있다.[111] 또 「충주고구려비」에서는 신라를 '동이'라 표현하고 왕의 칭호
는 고구려왕뿐이고, 신라왕은 '매금(寐錦)'이라는 고유의 칭호로 부르고 있
다.[112] 속국으로 상정된 나라가 이런 호칭에 대해 어떻게 대응했느냐 하는 것
은 확실하지 않기 때문에 고구려만의 일방적인 주장일 수도 있지만 그것은 중
국왕조의 경우도 마찬가지이기 때문에 크게 문제 될 것이 없다. 한편 북위가
고구려에 보낸 국서에서 고구려를 5방위 가운데 중앙을 나타내는[113] '황룡국
(黃龍國)'이라 불렀다는 주장도 있다.[114] 그것이 사실이라면 북위도 고구려를
중화국으로 어느 정도 인정했다는 논리가 된다.

고구려의 이러한 '중화' 자칭과 그에 수반한 행위의 진실 여부에도 불구
하고 고구려가 당시 어떤 세계관을 가졌느냐 하는 점이 이 장의 논지 전개상
중요하다. 고구려인의 천하관이 표현된 「광개토대왕릉비」나 「충주고구려
비」에 보이는 천제·황천·조공·연호·화이 등의 개념은 중국에서 비롯된

---

110 武田幸男, 「牟頭婁一族と高句麗王權」, 『高句麗と東アジア』, 東京: 岩波書店, 1989.

111 『廣開土王碑』(韓國古代史研究所 편, 『譯註 韓國古代金石文』, 서울: 財團法人 駕洛國事蹟開
發研究院, 1992)에, "百殘新羅, 舊是屬民 由來朝貢"; "帛愼(肅愼) … 自此以來 朝貢論事";
"昔新羅寐錦. … 廣開土境好太王. 寐錦. … 朝貢"; "東夫餘舊是鄒牟王屬民, 中叛不貢 王
躬率往討, 軍到餘城. … 王恩普覆. 於是旋還"등이 그것이다.

112 『中原高句麗碑』(『譯註 韓國古代金石文』, 1992)에 '新羅寐錦', '東夷寐錦'등이 그것이다.

113 東: 靑龍, 日象, 東雙三星(심방육성, 전갈자리), 西: 白虎, 月象, 西雙三星(參伐六星, 오리온
자리), 南: 朱雀, 南斗七星(궁수자리), 北: 玄武, 北斗七星(큰곰자리), 中: 黃龍, 北斗三星(작
은곰자리)을 가리킨다.

114 「後魏孝文帝與高句麗王雲詔一首」[(唐)許敬宗編, 羅國成整理, 『日藏弘仁本文館詞林校證』,
北京: 中華書局, 2001, p.241]에 나오는 '得黃龍表'의 황룡을 고구려, 즉 文咨王으로 보
기고 하고(朱甫暾, 「文館詞林에 보이는 韓國古代史 관련 外交文書」, 『慶北史學』 15, 1992
pp.171~172), 그렇게 볼 수 없다는 주장도 있다(篠原啓方, 「高句麗的 國際秩序認識의 成
立과 展開—4~5世紀를 中心으로」, 高麗大學校 史學科 博士學位論文, 2005, p.139). 사실
黃龍國은 馮弘의 北燕을 가리키는 것[『宋書』 卷5 文帝紀, p.83, "(元嘉)十二年春正月. … 癸
酉, 封黃龍國主馮弘爲燕王."]으로 볼 수도 있다.

것이었다. 당시 한반도의 삼국이나 왜가 중국의 제도 등 정치문화를 제대로 수용할 수 있는 능력이나 단계에 이르렀느냐 하는 것도 문제이긴 하지만, 이 런 것을 사용하였다는 것은 스스로 소세계를 상정하였다는 것을 객관적 사 실로 받아들이는 데 지장이 없어 보인다.

이와 관련하여 고구려도 중화 자칭의 가장 중요한 행위인 연호와 제호를 사용했던 것일까? 고구려가 영락(永樂), 연수(延壽), 연가(延嘉), 건흥(建興) 등 독자적인 연호를 사용한 것은 확실해 보인다.[115] 문제는 제호이다. 제호로 '동명성제(東明聖帝)'(『三國遺事』 紀異篇)나 '소열제(昭列帝)(『隋書』 高麗傳)'[116] 등을 사용한 흔적이 보이나 후자의 경우 『위서』 등의 문헌을[117] 잘못 옮긴 데 서 비롯된 것이라는 주장도 있어 유보적이다.[118] 『삼국유사』가 고려시대의 저작이고 다분히 민족주의적 색채가 강한 서적이라는 점을 감안하면 제호는 사용하지 않았을 가능성이 높아 보인다. 그러면 고구려는 왜 제호를 사용하 지 않았던 것일까? 고구려가 중화사상을 받아들인 시기, 고조선 이래 왕호를 최상의 '군주' 칭호로 사용한 역사적 배경, 그리고 중국의 천하(한토) 지배 여부 등 여러 측면에서 해석하기도 한다.[119] 그러나 다른 것은 받아들이면서 도 제호만 사용하지 않은 것은 잘 납득이 가지 않는다. 중국은 왕호에서 제 호로 변했는데 고구려만은 그대로 고제를 유지했다는 것은 이해가 되지 않 는다.

---

115 酒寄雅志, 『渤海と古代の日本』, 東京: 校倉書房, 2001, p.439.

116 『隋書』 卷81 東夷/高麗傳, pp.1813~1814, "至裔孫位宮, 以魏正始中入寇西安平, 毌丘儉拒 破之. 位宮玄孫之子曰昭列帝, 為慕容氏所破, 遂入丸都, 焚其宮室, 大掠而還."

117 즉 『魏書』의 乙弗利(미천왕)의 아들 釗(고국원왕)가 烈帝 時期에 慕容氏와 서로 공격한 기 사를 다룬 문장[『魏書』 卷100 高句麗傳, p.2214, "位宮(太祖王)亦有勇力, 便弓馬. 魏正始中, 入寇遼西安平, 為幽州刺史毌丘儉所破. 其玄孫乙弗利, 利子釗, 烈帝時與慕容氏相攻擊."]을 잘못 끊어서 釗烈帝(昭列帝)로 읽었다는 것이다.

118 林性鳳, 『東夷傳 高句麗 關係資料』, 서울: 경희대학교 전통문화연구소, 1982, p.34; 노태 돈, 『고구려사 연구』, 1999, pp.376~377.

119 노태돈, 『고구려사 연구』, 1999, pp.382~385.

그런데 고구려가 구상한 세계관이 다중성을 띤 때문이라고 보면 어떨까? 고구려는 연(燕)이나 동진에 조공하고 책봉을 받아서 중화세계의 일원으로 참여하였다. 그러면서도 중화군주를 자칭하고 또 그에 수반된 행위를 하였던 것이다. 5세기에 들어 고구려는 관복 사여와 배수 의식을 통해 주변의 여러 나라를 고구려의 천하질서체계에 귀속시켜 조공국임을 확인하고 있다. 이런 모순적 행위를 하는 데에는 고구려 나름의 논리적 이유가 있었을 것이다. 이상의 행위는 중화가 유일한 것이라는 사고에서는 가능한 일이 아니다. 따라서 고구려는 고구려왕의 권위가 미치는 또는 미쳐야 한다고 여기는 별도의 지역공간을 상정한 것이 아닐까? 즉 중국 황제를 중심으로 하는 중화세계와는 다른 독자적인 세계를 구상하고 있었다는 이야기가 된다. 이것이 가능한 것은 이미 중국에서 중화가 분열되어 있었고, 2개의 중화가 공존하고 있었기 때문이다. 고구려가 상정한 독자적인 천하는, 황제를 상징으로 하는 중국이나 가한을 상징하는 북방 유목민족 사회가 존재하고 있다는 것을 뚜렷하게 의식하면서 몇 개의 천하가 병렬적으로 존재하고 있으며 고구려가 그중 하나의 중심이라는 '천하의 다중성'의 인식에 바탕을 두지 않으면[120] 불가능한 것이었다. 즉 고구려가 상정한 독자적인 천하란 다른 국가, 예컨대 중국 중원왕조의 중화를 부정한 것이 아니었다. 그 점은 신라, 백제 등 동방의 다른 왕조도 마찬가지였을 것이다. 이처럼 위진남북조시대 북방 유목민족의 중원 진입 이후 중화관념은 변화했고 그 영향은 동방에까지 미쳤다. 따라서 중화세계도 다양화되었다.

중화의 다중성과 관련하여 관심을 끄는 것이 바로 607년 오노노 이모코 (小野妹子)가 지참한 "해가 뜨는 곳의 천자가 해가 지는 곳의 천자에게 글을 보내노니 안녕하신가[日出處天子 致書日沒處天子 無恙]"[121]로 시작되는 왜국의

120 노태돈, 『고구려사 연구』, 1999, pp.386~390.
121 『隋書』 卷81 東夷/倭國傳, pp.1827~1828, "大業三年, 其王多利思比孤遣使朝貢. 使者曰: '聞海西菩薩天子重興佛法, 故遣朝拜, 兼沙門數十人來學佛法.' 其國書曰: '日出處天子致書日

국서이다. 이 국서가 인대국(隣對國)의 국서 형식이냐 아니면 상국에서 하국으로 보내는 국서이냐를 두고 일본학계에서 논란이 있었고,[122] 또 이 국서의 주체가 왜냐 아니면 그 배후에 고구려가 있느냐[123] 하는 논란도 있었다. 그러나 '일출처(日出處)', '일몰처(日沒處)', 그리고 '치서(致書)' 등은 인대 등을 표현하는 것이지, 상하관계를 표현하는 것이라고 보기는 힘들다. 천자호는 천명사상에 기초하여 본래 중국 황제만이 칭할 수 있는 것으로 주변 여러 나라의 왕이 참칭하는 경우는 있어도, 중국의 천자 앞에서 이를 칭할 수 있는 것은 아니었다. 그런데 이 국서는 중국 수의 천과 왜의 천이 병존하는 형태를 보이고 있다. 이 국서는 흉노와 한이 주고받았던 것을 연상시킨다.[124] 아무튼 이런 국서는 중화의 분열이라는 역사적 전개가 전제되지 않았다면 나올 수 없는 것이었다. 특히 중화의 분열 시기의 여파라는 점은 이 국서를 받은 통일제국 수나라의 단호하지 않은 태도에서도 나타나고 있다.[125] 왜 역시 중국과는 다른 독자적 세계를 상정하고 있었던 것은 확실하다.

沒處天子無恙'云云. 帝覽之不悅, 謂鴻臚卿曰: '蠻夷書有無禮者, 勿復以聞.' 明年, 上遣文林郎裴清使於倭國".

122 이 국서의 형식에 대해 1. 왜와 수의 對等關係(增村宏 등 대다수의 일본학자), 2. 倭의 優位, 隋의 次位라는 이른바 '傾斜'설(특히 栗原朋信)이 있다. 일본학계의 연구 경향에 대해서는 李成市의 논문(「高句麗と日隋外交—いわゆる國書問題に關する一試論」, 『古代東アジア民族と國家』, 東京: 岩波書店, 1998, pp.297~303)을 참조.

123 이 국서는 聖德太子를 20년간 근시했던 고구려 승려 慧慈가 작성했을 것이며, 이런 국서를 보낸 것은 고구려가 왜를 통해 隋의 관심을 倭로 돌려놓고 그 동향을 떠보려는 고구려의 外交戰略이었다는 주장이 있다(李成市, 「高句麗と日隋外交—いわゆる國書問題に關する一試論」, 1998, p.303).

124 『史記』 卷110 匈奴列傳, p.2896, "其明年, 單于遣漢書曰: '天所立匈奴大單于敬問皇帝無恙. …'"; 『史記』 卷110 匈奴列傳, p.2899, "漢遺單于書, 牘以尺一寸, 辭曰: '皇帝敬問匈奴大單于無恙', 所遺物及言語云云. 中行說令單于遺漢書以尺二寸牘, 及印封皆令廣大長, 倨傲其辭曰: '天地所生日月所置匈奴大單于敬問漢皇帝無恙', 所以遺物言語亦云云".

125 隋도 이 국서를 받고 불쾌하게 여겼지만, 그것을 지참한 사신을 살해하지 않았을 뿐만 아니라 그 사신에 대한 답사인 裴世淸을 왜에 보낸다. 물론 이것은 당시 급박하게 돌아가는 고구려와 수의 관계에서 그 이유를 찾을 수도 있지만, 수의 태도가 너무 유화적이었다고 할 수 있다.

천하의 다중성 문제와 관련하여 흥미를 끄는 것은 고구려와 왜의 도성 명
칭이다. 주지하다시피 고구려는 도성을 장안성이라 하였다. 고구려는 427
년 평양성으로 천도한 이후 120년 만에 장안성을 축조하였다. 『삼국사기』
기록에 의하면, 552년에 장안성을 축조하여 586년에 그곳으로 천도하였으
며 평양성이라고 부르기도 한다고 되어 있다.[126] 축조 개시에서 천도까지 35
년이란 오랜 기간이 걸린 이유는 확실하지 않으며,[127] 552년 축조된 시기부
터 새로운 도읍지로 '장안성'이란 명칭을 갖게 되었는지도 확실하지 않다.
장안성은 83년 동안 수도였는데,[128] 이 기간 동안 이 명칭을 사용한 함의는
가볍지 않아 보인다.

일본의 경우도 마찬가지이다. 가마쿠라시대(鎌倉時代)에 찬술된 『십개초
(拾芥抄)』에는 "경도 … 동의 경은 낙양성이라 호하고, 서의 경은 장안성이라
호한다"라고 되어 있다. 또한 당시 경도에 가는 것을 '상낙(上洛)'이라 하였
으며, 「낙중낙외도병풍(洛中洛外圖屛風)」(狩野永德 筆)이라는 그림도 있다.[129]

장안성과 낙양은 고대 중화제국의 도성의 대명사였다. 고구려가 장안성이
라는 명칭을 쓰고, 일본이 수도를 낙양이라 부른 데에는 그 이유가 있을 것이
다. 그 이유는 무엇일까? 장안은 중국 통일왕조 전한의 수도였고, 낙양은 후
한의 수도였을 뿐만 아니라, 중국의 토중·세계의 중심을 의미했기 때문이
다. 북위 효문제가 천도를 단행하면서 오호의 편패지도였던 업도를 포기하

---

126 『三國史記』卷19 高句麗本紀7, 陽原王 8년(552)조, "築長安城"; 『三國史記』卷19 高句麗本
紀7, 平原王 28년(586)조, "移都長安城"; 『三國史記』卷37 雜志6 地理4 高句麗조, "平原王
二十八年 移都長安城, 歷八十三年, 寶藏王二十七年而滅".

127 金昌錫은 552년 축성 개시, 586년 천도, 593년 北城 축성으로 장안성이 완공되는 데 42
년(552~593)이 걸렸다고 보았다. 그리고 이렇게 지지부진한 원인을 왕권 강화를 위한 천
도 단행과 이를 저지하려는 귀족세력과의 갈등 때문이라 해석하였다(「長安城의 축성배
경과 공간구성」, 『고고자료에서 찾은 고구려인의 삶과 문화』, 고구려재단 연구총서 14,
2006, pp.179~183).

128 최희림, 『고구려 평양성』, 평양, 과학·백과사전출판사, 1978, p.13.

129 川本芳昭, 『中華の崩壊と擴大―魏晉南北朝(中國の歷史 05)』, 2005, p.20에서 再引.

고 낙양을 선택한 것도 중원왕조로서 그 위용을 과시하기 위한 조처였다.[130] 도읍의 명칭을 장안성이라 하거나 낙양을 수도의 별칭으로 쓰는 것은 중국적인 세계를 부정하는 사고에서는 나올 수 없으며, 중화세계의 다중성이 전제된 것이었다. 이것은 또 중국에서의 중화 분열과 중화의 주변 세계로의 확대로 주변국들이 중화를 자칭하는 과정에서 일어날 수 있는 현상이었다.

---

130 『魏書』卷54 高閭傳, p.1206, "遷都洛陽, 閭表諫, 言遷有十損, 必不獲已, 請遷於鄴. 高祖頗嫌之."; 『魏書』卷39 李韶傳, p.886, "高祖將創遷都之計, 詔引侍臣訪以古事. 詔對: '洛陽九鼎舊所, 七百攸基, 地則土中, 實均朝貢, 惟王建國, 莫尚於此.' 高祖稱善".

제 3 장

이적에서 중화로
― '황제천가한'의 출현 과정과 그 의미 ―

Ⅰ. 머리말

흉노를 필두로 하는 '오호'의 중원 진입은 동방에서의 '민족 이동'이라 할 만한 역사적 사건이다. 이후 이들은 오호십육국·북조를 거쳐 수당제국으로 이어지는 시대에 여러 왕조를 건설하는 주역이 되었다. 그러나 그들은 시대가 흐름에 따라 습속 등 고유의 문화를 잃어갔고 상당수는 그들의 족명(族名)까지 망실하게 되었다. 이를 지칭하여 '한화'되었다고 한다. 다른 한편으로는 이들이 중원에 살던 한족을 '호화'시켜 중국 문화의 진폭을 넓혔다고도 한다. '한화' 혹은 '호화'란 과연 그 실상을 표현하는 용어로 적당한 것일까? '한화' 혹은 '호화'라는 면을 떠나 오호가 중국 역사 전개에서 무슨 역할을 했던 것일까? 그들은 문화가 없던 종족이라 높은 문화를 가진 중국에 진입해서 아무런 영향을 주지 못했던[1] 것일까?

흔히 한왕조와 당제국을 '한당'으로 연칭하며 동일한 성격의 제국으로 치부한다. 과연 그렇게 정의해도 좋은가? 중국 역사에서 '대당제국'의 출현 의미는 가볍게 볼 수 없다. 이 장은 한과 당 두 제국의 차이를 최고 통치자의 호칭인 '황제'와 '황제천가한'의 의미를 통해서 살펴보려 한다. 물론 당제국의 황제가 '천가한'을 칭한 시기는 짧았고, 따라서 '대당제국'이라 칭할 만한 시기도 짧았다. 그러나 그것이 중국 역사에 남긴 여운은 길었다.

대당제국의 출현에는 당연히 유목민족의 민족 이동이라는 사건이 개재되었음은 재언을 요하지 않는다. 그러나 유목민족의 중원 진입이 구체적으로 어떤 과정을 거쳐 어떤 논리에 의해, '중화민족'의 자존심이라고 할 수 있는 대당제국을 건설하게 되었는가에 대해서는 규명해야 할 문제가 여전히 남아 있다. 특히 유목민족 출신이었거나 그에 다름없는 종족적 배경을 가진 당실이 왜 한인으로 변신하게 되었는가에 대해서도 아직 분석해야 할 문제가 남아 있다.

잘 알다시피 한왕조는 흉노를 멸망시키기 위해서 모든 국력을 다 쏟아 부었다. 한 무제가 염철 전매와 균수평준법 등 대형 경제정책을 시행한 것은 '활(시위)을 당기는 병사가 30여만[控弦之士三十餘萬]'[2]이라는 흉노를 정복하기 위한 군자금을 조달하기 위해서였다. 그러나 '그(흉노) 인구는 한나라의 1군에도 미치지 못하는[(匈奴)人衆不能當漢之一郡]'[3] 데도 흉노에 대한 한왕조

---

1 중국의 전통적인 관점은 孟子에 잘 나타난다(『孟子』 藤文公章句下4, "吾聞用夏變夷者, 未聞變於夷者也").

2 『史記』 卷99 劉敬傳, p.2719, "高帝罷平城歸, 韓王信亡入胡. 當是時, 冒頓爲單于, 兵彊, 控弦三萬, 數苦北邊";『史記』 卷110 匈奴列傳, p.2890, "是時漢兵與項羽相距, 中國罷於兵革, 以故冒頓得自彊, 控弦之士三十餘萬". 물론 이 병력은 漢武帝 시기의 것은 아니다.

3 『史記』 卷110 匈奴列傳, p.2899, "初, … 中行說曰: '匈奴人衆不能當漢之一郡, 然所以彊者, 以衣食異, 無仰於漢也 …'".

의 정책은 그리 성공적이지 못하였다. 그러나 당왕조는 '활을 당기는 병사가 100여만으로 북적의 강성함이 그와 같은 적이 없어, … 중하를 가볍게 여기는 마음을 가졌던[控弦百餘萬, 北狄之盛, 未之有也, … 有輕中夏之志]'[4] 대유목제국인 돌궐을 멸망시킴으로써 중원왕조가 유목국가를 멸망시킨 전무후무한 사례가 되었다.

한왕조와 흉노, 그리고 당왕조와 돌궐의 국력을 일률적으로 비교할 수는 없다. 다만 흉노와 돌궐의 군사력을 포함한 국력이 비슷하다고 본다면 한왕조와 당왕조는 다른 것 같다. 전통시대 가장 중요한 국력의 기준이 되는 것이 바로 파악된 인구수일 것이다. 중국에서 제일 처음 인구 파악의 결과가 기록된 것은 기원후 2년이었다. 당시 인구가 1,200만여 호인 데[5] 비해 수말 당초의 반란 이후 당조가 파악한 인구는 고작 300만 호에 불과하였고[6] 고종 초의 인구는 380만 호였다.[7] 이런 인구수를 가지고 막강한 유목세력을 제압하고 이른바 '세계제국'으로 군림했다는 것은 쉽게 이해가 되지 않는다. 이런 일이 가능했던 이유는 무엇인가? 이 의문의 해답의 하나가 될 수 있는 것이 당나라 초에 사용된 '천가한'이란 칭호이다.

---

4 『舊唐書』卷194上 突厥上/始畢可汗, p.5153, "始畢可汗 … 隋大業中嗣位, 值天下大亂, 中國人奔之者衆. 其族强盛, 東自契丹·室韋, 西盡吐谷渾·高昌諸國, 皆臣屬焉, 控弦百餘萬, 北狄之盛, 未之有也, 高視陰山, 有輕中夏之志. 可汗者, 猶古之單于, 妻號可賀敦, 猶古之閼氏也";『新唐書』卷215上 突厥上/始畢可汗, p.6028, "隋大業之亂, … 華人多往依之, 契丹·室韋·吐谷渾·高昌皆役屬, … 梁師都·李軌·王世充等倔起虎視, 悉臣尊之. 控弦且百萬, 戎狄熾彊, 古未有也".

5 (唐)杜佑撰, 『通典』(北京: 中華書局, 1988 點校本) 卷7 食貨典7, p.144, "至孝平元始二年, 人戶千二百二十三萬三千, 口五千九百五十九萬四千九百七十八, 此漢之極盛也".

6 『新唐書』卷50 食貨志1, p.1344, "貞觀初, 戶不及三百萬, 絹一匹易米一斗. 至四年, 米斗四五錢, 外戶不閉者數月, 馬牛被野, 人行數千里不齎糧, 民物蕃息, 四夷降附者百二十萬人. … 號稱太平, 此高祖·太宗致治之大略, 及其成効如此".

7 『舊唐書』卷4 高宗本紀 永徽 3年條, p.70, "上問戶部尚書高履行: '去年進戶多少?' 履行奏稱: '進戶總一十五萬.' 又問曰: '隋日有幾戶? 今見有幾戶?' 履行奏: '隋開皇中有戶八百七十萬, 即今見有戶三百八十萬.'".

Ⅱ. '황제'와 '황제천가한'

1. 황제의 '관대지실(冠帶之室)'과 선우의 '인궁지국(引弓之國)'

진시황이 전국을 통일한 이후 출현한 이른바 '황제'칭호는 대외 인식에 있어서도 큰 변화를 가져왔다. "사람의 흔적이 미친 곳에 신하 아닌 자가 없다"[8]고 하듯이 중국인의 세계관도 최대한으로 팽창되었다. 천하를 모두 진나라의 군현으로 편입시키고, 모든 인민을 일원적·개별적으로 지배하는 체제의 출현이 황제이념의 실현이다. 이민족 지역에까지 군현지배체제 방식으로 지배 공간을 확대시키려 하였다. 즉 진은 흉노와 백월(百越) 등 주변 민족의 주거지를 군현으로 편입시켜 이민족의 영토와 인민을 '중국화'하여 비중국적 존재를 불허하였다.[9]

그러나 한대에 들어서면 달라진다. 상황과 사상이 변화한 것이다. 먼저 중외를 엄격하게 분별하는 '화이분별론'적인 주장의 출현이다. 즉 화이는 사는 지역에 따라서 인성과 문화가 상반된 특질을 가지므로 정치적으로 분별하여야 한다는 것이다. 이런 인식은 당시 한이 흉노-남월-조선 등과 평면적 다원화를 이루고 있는 현실을 인정한 것에서 나온 것이었다.

둘째, 이념의 변화이다. 한 초 공신집단과 이(利)를 나누어야 했던[10] 한 고조 유방은 군현과 봉건이 결합된 군국제를 선택할 수밖에 없었다. 또한 무리한 균질적 지배를 거부하고,[11] 내외를 구별하는 이원적인 세계관을 견지하려는[12] 유가들에게는 진시황이 전국적으로 실시한 군현제는 '천하를 사사로이

---

8 『史記』卷6 秦始皇本紀, p.245, "人迹所至, 無不臣者".

9 김한규, 『天下國家』, 서울: 소나무, 2005, pp.81~83.

10 『史記』卷97 酈生傳, p.2695, "與天下同其利".

11 吉本道雅, 「中國古代における華夷思想の成立」, 『中國東アジア外交交流史の研究』, 京都: 京都大, 2007, p.19.

12 『春秋繁露校釋』(濟南: 山東友誼出版社, 1994) 卷1 「楚莊王」p.14, "此其別內外·差賢不肖·而

하는 마음'[13]으로 여겨 천자의 제도로 인정될 수가 없었다.

문제 시기의 가의(賈誼)[14]나, 무제 시기 사마상여(司馬相如)[15]와 동방삭(東方朔)[16] 등은 황제의 덕과 정교를 외이(外夷)에까지 입혀야 한다고 주장하기도 하였다. 그러나 이런 무제 시기의 천하관은 무제의 죽음, 이광리(李廣利)의 흉노에게로 투항, 그리고 염철 논쟁[17] 등의 사건을 겪은 후 포기되고 말았다. 특히 흉노 호한야선우(呼韓邪單于)의 '내조(來朝)'에 대한 논쟁의 결말은 '불신지례(不臣之禮)',[18] 즉 객례(客禮), 구체적으로 말하면 '인적관계(隣敵關係)'를 채용해야 한다는 소망지(蕭望之)의 주장에 따라 이후 중국과 이적의 관계는 '주객관계'로 제도화되었다. 이것은 진시황에 의해 정립된 '황제'이념이 사실상 포기된 것을 의미한다.

이 점과 관련하여 『사기』 흉노열전의 다음과 같은 구절을 주목할 필요가 있다.

선제께서 다음과 같이 말씀하셨소. 장성 이북은 활을 당기는 나라로 선우의 명령을 받으며, 장성의 이내는 관을 쓰고 띠를 두르는 나라로 짐이 또한 다스린

等尊卑也".

13 『讀統鑑論』(北京: 中華書局, 1998) 卷1「秦始皇」, p.2, "秦以私天下之心而罷侯置守".

14 『漢書』卷48 賈誼傳, p.2240, "凡天子者, 天下之首, 何也? 上也. 蠻夷者, 天下之足, 何也?下也".

15 『史記』卷117 司馬相如列傳, p.3051.

16 『史記』卷126 滑稽列傳, p.3206.

17 단순히 鹽과 鐵의 專賣정책에 관한 논쟁만이 아니라 중국의 平和와 왕조의 安定이라는 현실을 택할 것인가, 中外를 포괄하는 天下의 궁극적인 평화라는 이상을 추구할 것인가에 대한 논쟁이었다.

18 『漢書』卷78 蕭望之傳, p.3282, "初, 匈奴呼韓邪單于來朝, 詔公卿議其儀, 丞相霸, 御史大夫定國議曰: '聖王之制, 施德行禮, 先京師而後諸夏, 先諸夏而後夷狄. 詩云: 奉禮不越, 遂視既發; 相土烈烈, 海外有截. 陛下聖德充塞天地, 光被四表, 匈奴單于鄉風慕化, 奉珍朝賀, 自古未之有也. 其禮儀宜如諸侯王, 位次在下.' 望之以為 '單于非正朔所加, 故稱敵國, 宜待以不臣之禮, 位在諸侯王上. 外夷稽首稱藩, 中國讓而不臣, 此則羈縻之誼, 謙亨之福也. … 萬世之長策也.' 天子采之".

다.[19]

즉 장성을 기준으로 그 이북을 선우가 통치하는(『漢書』에는 '受令單于'라 표현됨) '인궁지국'과 한조의 황제(짐)가 통치하는 그 이남의 '관대지실'을 분명하게 구별한다는 것이다. 선우와 황제뿐 아니라 그 부속민들도 양자의 문화·습속 간의 차이를 분명하게 인정하게 된 것이다. 더하여 쌍방의 토지에 대해서도 한나라 측은 흉노의 땅을 "토지가 딱딱하고 소금기가 많아 오곡이 자라지 않는 곳[地固鹽鹵, 不生五穀]"[20]이라 하였고, 흉노도 한나라 땅에 대해 "지금 한나라 땅을 얻는다 해도 선우가 끝까지 살 수 있는 것도 아니다[今得漢地, 而單于終非能居之也]"[21]라고 하였다.

이와 함께 조공도 진제국의 형식이 그대로 유지될 수가 없었다. 국제관계를 나타내는 가장 상징적인 표현이 바로 수장들이 서로 주고받는 국서의 형식일 것이다. 먼저 한왕조와 흉노가 주고받은 국서를 보자. 한 문제는 흉노 3대 노상선우(老上單于)에게 보낸 국서에서 "황제는 삼가 흉노대선우에게 무고하신가 안부를 묻소[皇帝敬問匈奴大單于無恙]"[22]라 시작하고 있다. 한편 노상선우가 문제에게 보낸 국서에는 "하늘과 땅이 낳고 해와 달이 둔 흉노 대선우가 삼가 한의 황제에게 무고하신가 안부를 묻소[天地所生日月所置匈奴大單于敬問漢皇帝無恙]"[23]라 하였다. 이는 한조와 흉노가 '인대국'임을 나

---

19 『史記』卷110 匈奴列傳, p.2902, "先帝制: 長城以北, 引弓之國, 受命單于; 長城以內, 冠帶之室, 朕亦制之".

20 『漢書』卷64上 主父偃傳, p.2800, "地固鹽鹵, 不生五穀".

21 『史記』卷110 匈奴列傳, p.2894, "高帝先至平城, 步兵未盡到, 冒頓縱精兵四十萬騎圍高帝於白登, 七日, 漢兵中外不得相救餉. 匈奴騎, 其西方盡白馬, 東方盡青駹馬, 北方盡烏驪馬, 南方盡騂馬. 高帝乃使使間厚遺閼氏, 閼氏乃謂冒頓曰: '兩主不相困. 今得漢地, 而單于終非能居之也. 且漢王亦有神, 單于察之.'"; 『史記』卷93 韓王信傳, p.2634, "閼氏乃說冒頓曰: '今得漢地, 猶不能居. …'".

22 『史記』卷110 匈奴列傳, p.2902, "孝文帝後二年, 使使遺匈奴書曰 '皇帝敬問匈奴大單于無恙.'"; 『漢書』卷94上 匈奴傳, p.3758, "孝文前六年, 遺匈奴書曰 '皇帝敬問匈奴大單于無恙.'".

23 『史記』卷110 匈奴列傳, p.2899, "漢遺單于書, 牘以尺一寸, 辭曰 '皇帝敬問匈奴大單于無恙',

타낸다. 여기서 주의할 것은 흉노의 선우가 '천지소생', 즉 '천자'를 자칭함
으로써 한의 군주는 흉노에게는 '황제'일 뿐 '천자'가 아닌 것이다. 한의 군
주가 외신에게 '천자'를 자칭하고, 그에게 보내는 서를 '조(詔)'라 하는 것은
주지의 사실이다. 이런 면에서 한의 황제도 흉노의 선우도 서로를 '천자'로
승인하지 않고, 인대국의 군주로 인정한 것이다.[24] 이상에서 보았듯이, 한제
국 황제가 스스로 인식하고 있는 통치 영역은 인대하고 있는 유목제국 흉노
의 것과는 별개로 명백히 다른 세계로 인식하고 있었음을 알 수 있다.

뿐만 아니라 한과 당은 국경 개념에 있어서도 분명한 차이가 있었다. 진한
제국의 국경은 외경과 내경의 구별이 있으며, 당시 이민족은 외경의 바깥에
거주하는 자들(예컨대 흉노·선비)과, 내경 바깥에 거주하는 자들(서남이·남
만), 그리고 제국의 영역 내에 군현지배질서에 편입된 자(내이)로 크게 세 부
류로 나누었다는 것이다.[25] 이에 따라 외경 내외는 엄격하게 구별되며, 외
경 밖은 실질적으로 제국의 지배 권역으로 취급되지 않았다. 즉『한서』지
리지와『후한서』군국지에는 전·후 양한제국의 전체 영역이 상세하게 규
정되어 있다.『한서』지리지에는 전한 말 당시의 한제국의 동서·남북 길이
를 서술하되 경작할 수 있는 땅과 경작할 수 없는 땅, 경작할 수 있는데 아
직 개간되지 않은 땅 등의 면적을 제시하고 있다.『한서』에는 군·국 103개,
현·읍 1,314개, 도 32개, 후국 241개가 명기되어 있는데,[26] 이것들이 전한
제국 영토 내의 행정단위인 것이다. 한편『후한서』군국지에는 군국 105개,

所遺物及言語云云. 中行說令單于遺漢書以尺二寸牘, 及印封皆令廣大長, 倨傲其辭曰 '天地所
生日月所置匈奴大單于敬問漢皇帝無恙', 所以遺物言語亦云云'.

24 栗原朋信,「漢帝國と周邊民族」,『上代日本對外關係の研究』, 東京: 吉川弘文館, 1978, pp.34~35.
25 李成珪,「中華帝國의 팽창과 축소: 그 이념과 실제」,『歷史學報』186, 2005.
26『漢書』卷28下 地理志8下 長沙國, p.1640, "凡郡國一百三, 縣邑千三百一十四, 道三十二, 侯
國二百四十一. 地東西九千三百二里, 南北萬三千三百六十八里. 提封田一萬萬四千五百一十三
萬六千四百五頃, 其一萬萬二百五十二萬八千八百八十九頃, 邑居道路, 山川林澤, 羣不可墾,
其三千二百二十九萬九百四十七頃, 可墾不可墾, 定墾田八百二十七萬五百三十六頃. 民戶
千二百二十三萬三千六十二, 口五千九百五十九萬四千九百七十八. 漢極盛矣".

현·읍·도·후국이 1,180개였다고 명기되어 있다.[27] 그러나 여기에는 서역
도호부가 호령한 이른바 서역이라든가, 사흉노중랑장(使匈奴中郎將)이나 장
호강교위(將護羌校尉), 호오환교위(護烏桓校尉)가 관장하는 것으로 되어 있는
남흉노, 서강, 오환 지역 등은 군국 내에 포함되어 있지 않다. 즉 실제 국경을
경계로 하여 그 바깥에 존재하는 독립적인 이민족 국가와 그 안에 존재하는
이민족을 통치 영역으로 보지 않고 있는 것이다.

반면 당왕조는 변경을 정복한 후 그 땅을 바로 새로운 주(기미주羈縻州), 즉
영역으로 편입시켰다. 이 기미주를 『신당서』에서는 856개,[28] 『구당서』에
서는 800개에 이른다고 하였고,[29] 개원 27년(739)에 찬성(撰成)된 『당육전』
에는 천하의 주·부가 315개, 그 외 기미부·주가 800개 정도였다고 하였
고,[30] 혹자는 849부·주라고 하였다.[31] 아무튼 이 수는 개원 말년 내지에 둔
부·주 328개의 2.6배나 되는 수다.[32] 그 면적에 대해서는 자세한 기록이 없

---

27 『後漢書』 郡國志5 交州, p.3533, "漢書地理志承秦三十六郡, 縣邑數百, 後稍分析, 至于孝
平, 凡郡·國百三·縣·邑·道·侯國千五百八十七. 世祖中興, 惟官多役煩, 乃命幷省, 省郡·國
十, 縣·邑·道·侯國四百餘所. 至明帝置郡一, 章帝置郡·國二, 和帝置三, 安帝又命屬國別
領比郡者六, 又所省縣漸復分置, 至于孝順, 凡郡·國百五, 縣·邑·道·侯國千一百八十, 民戶
九百六十九萬八千六百三十, 口四千九百一十五萬二百二十".

28 『新唐書』 卷43下 地理志下, 「羈縻州」, pp.1119~1120, "突厥·回紇·党項·吐谷渾隸關內
道者, 爲府二十九, 州九十. 突厥之別部及奚·契丹·靺鞨·降胡·高麗隸河北者, 爲府十四, 州
四十六. 突厥·回紇·党項·吐谷渾之別部及龜茲·于闐·焉耆·疏勒·河西內屬諸胡·西域十六
國隸隴右者, 爲府五十一, 州百九十八. 羌·蠻隸劍南者, 爲州二百六十一. 蠻隸江南者, 爲州
五十一, 隸嶺南者, 爲州九十二. 又有党項州二十四, 不知其隸屬. 大凡府州八百五十六, 號爲羈
縻云".

29 『舊唐書』 卷43 職官志2 上書都省 戶部, p.1825, "凡天下之州府, 三百一十有五, 而羈縻之州,
迨八百焉".

30 (唐)李林甫等撰·陳仲夫點校, 『唐六典』(北京: 中華書局, 1992) 卷3 「戶部郎中, 員外郎」條,
pp.73~74, "凡天下之州·府三百一十有五, 而羈縻府州蓋八百焉. 京兆·河南·太原爲'三都'.
潞·楊 … 爲大都督府, 單于·安西·安北爲大都護府, 安南·安東·北庭爲上都護府, 涼·秦 …
爲中都督府. 夏·原 … 爲下都督府. 同·華·岐·蒲爲四輔州, 陝·懷 … 爲六雄州, 虢·汝 …
爲十望州. 安東·平·營·檀 … 安北·單于·代 … 北庭·安西·河 … 驩·容爲邊州".

31 『新唐書』 地理志에 수록된 것을 계산하면 849府州라고 한다(程志·韓濱娜, 『唐代的州和
道』, 西安: 三秦出版社, 1987, p.69, 주1).

32 程志·韓濱娜, 『唐代的州和道』, 1987, p.68.

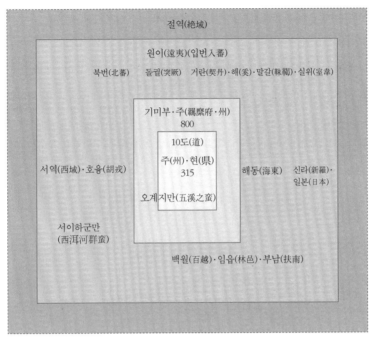

그림 3-1 대당제국 개념도(출처: 渡邊信一郎, 『天空の玉座―中國古代帝國の朝廷と儀禮―』, 東京: 柏書房, 1996, p.246, 圖11「大唐帝國概念圖」).

지만, 내지(내중국)보다 작지는 않았을 것이다. 이러한 대당제국의 모습은 대체로 정관 연간에서 개원 시기까지 이르고 있다(그림 3-1 참조). 그런데 가장 중요한 점은 대당제국의 기미부·주(羈縻府·州)는 한대의 서역도호부 등이 관할하는 기미 지배 지역과는 달리 그 인구를 나름으로 파악하고 있다는 것이다. 이상이 한·당의 분명한 차이인 것이다.

2. '황제천가한'과 소릉(昭陵)·건릉(乾陵)의 번신상

(1) '천가한(天可汗)' 칭호와 그 구체적인 행위

당 초는 한 무제 이후 시대와는 분명한 차이를 보인다. 『통전』에 기술된 두우(杜佑)의 견해를 보자.

대당 정관 연간 호부에서 상주하기를 새외에서 와서 귀부한 중국인과 돌궐에서
앞뒤로 항부하고 사이를 열어 주와 현의 민이 된 자는 남녀 20여만 구나 되었다.
그때 여러 번의 군장들이 대궐에 와서 이마를 조아리고, 태종이 천가한이 되기
를 청하였다. 분부하여 이르기를, '나는 대당의 천자인데, 또한 아래로 가한의
일을 행할 수 있겠는가?' 군신들과 사이가 모두 만세를 부르니, 이후 서역, 북황
의 군장들에게 새서를 내릴 때, 모두 '황제천가한'이라 칭하였다. 여러 번의 거
수가 사망한 경우에는, 반드시 조를 내려 그 후사를 책립하였다. 사이를 임통(臨
統)한 것은, 이로부터 시작되었다.[33]

물론 이 기록은 당조의 입장에서 쓴 것이기 때문에 서술 그대로 신빙할 수
없는 점도 있다. 그러나 이 인용문에서 필자가 주목하고자 하는 것은 두 가
지이다. 첫째, 정관 4년(630)에[34] 태종이 '대당천자'와 '천가한'이라는 두 가
지 칭호를 겸칭하게 되었다는 사실이고, 둘째, '황제(천)가한'은 제번의 거수
(渠帥)가 사망했을 때 반드시 조칙을 통해 그 후사를 책립하는 실질적인 통어
를 했다는 사실이다. 두우의 표현을 빌리면, 이처럼 '사이를 임통한 것은 중
국 역사상 최초의 일'이라는 것이다. 이 두 가지 칭호를 칭함으로써 그 지배
범위가 농경과 유목의 양 지역을 포괄하게 되었다는 의미가 된다. 그런 면에
서 한왕조의 그것과는 격단의 차이가 난다.

그렇다면 '천가한'호는 어느 정도 존속하였으며, '임통'이란 의미는 구체
적으로 무엇을 말하는 것인가? 먼저 '천가한'호의 존속 기간은 얼마였을까?

33 『通典』卷200 邊防典16 跋言, p.5494, "大唐貞觀中, 戶部奏言, 中國人自塞外來歸及突厥前後
降附開四夷爲州縣係, 男女二十餘萬口. 時諸蕃君長詣闕頓顙, 請太宗爲天可汗. 制曰: '我爲大
唐天子, 又下行可汗事乎?' 羣臣及四夷咸稱萬歲, 是後以璽書賜西域·北荒之君長, 皆稱'皇帝天
可汗'. 諸蕃渠帥死亡者, 必詔册立其後嗣焉. 臨統四夷, 自此始也".
34 『舊唐書』卷3 太宗本紀下, pp.39~40, "(貞觀四年) 夏四月丁酉, 御順天門, 軍吏執頡利以獻
捷. 自是西北諸蕃咸請上尊號爲 '天可汗', 於是降璽書册命其君長, 則兼稱之";『新唐書』卷2
太宗本紀, p.31, "(貞觀四年)四月戊戌, 西北君長請上號爲 '天可汗'".

정관 4년 '천가한'호를 받았던 이후 정관 20년(646) 설연타(薛延陀)의 멸망으로 북방이 모두 평정됨에 따라 철륵(鐵勒)·회흘(回紇)·발야고(拔野古) 등 11성으로부터 재차 '가한'의 존호를 받게 되었다.[35] 그리고 가장 늦게는 대종(代宗) 영태(永泰) 원년(765) 복고회은(僕固懷恩)이 회흘·토번 등을 유인하여 당을 침략했을 때, 회흘이 당 황제를 '천가한'이라 불렀다.[36] 당조와 유목왕조의 이런 관계는 어느 정도 지속되었을까? "천보 연간 이후 화하 지역이 약해져, 당 조정의 군대가 북으로는 황하를 넘지 못하였고, 서로는 진·빈 지역에 머물렀다[天寶之後, 區夏痍破, 王官之戍, 北不踰河, 西止秦·邠]"는 『신당서』 북적전의 표현을 빌려,[37] 천보 이전, 즉 개원 연간까지는 천가한으로 이른바 '임통'하였다고 보는 듯하다.[38]

다음으로 '임통'의 의미이다.[39] 먼저 '천가한'이 수행하는 일을 앞서 인용한 『신당서』 북적전의 찬왈(贊曰)에서는, "하늘이 덮고 있는 곳 끝까지 모두가 신하로서 속하였고 바다 안팎까지 주현이 아닌 곳이 없었다" 혹은 "황폐

---

35 『舊唐書』 卷3 太宗本紀下 貞觀 20年條, p.59, "秋八月 … 庚午, 次涇陽頓. 鐵勒迴紇·拔野古·同羅·僕骨·多濫葛·思結·阿跌·契苾·跌結·渾·斛薛等十一姓各遣使朝貢, 奏稱: '延陀可汗不事大國, 部落鳥散, 不知所之. 奴等各有分地, 不能逐延陀去, 歸命天子, 乞置漢官'. 詔遣會靈州. 九月甲辰, 鐵勒諸部落俟斤·頡利發等遣使相繼而至靈州者數千人, 來貢方物, 因請置吏, 咸請至尊爲可汗. 於是北荒悉平, 爲五言詩勒石以序其事".

36 『舊唐書』 卷120 郭子儀傳, p.3462, "是時, 急召子儀自河中至, 屯於涇陽, 而虜騎已合. 子儀一軍萬餘人, 而雜虜圍之數重. … 子儀率甲騎二千出沒於左右前後, 虜見而問曰: '此誰也?' 報曰: '郭令公也.' 迴紇曰: '令公存乎? 僕固懷恩言天可汗已棄四海, 令公亦謝世, 中國無主, 故從其來. 今令公存, 天可汗存乎?' 報之曰: '皇帝萬歲無疆.' 迴紇皆曰: '懷恩欺我'".

37 『新唐書』 卷219 北狄傳 贊曰, pp.6183~6184, "贊曰: 唐之德大矣! 際天所覆, 悉臣而屬之, 薄海內外, 無不州縣, 遂尊天子曰 '天可汗'. 三王以來, 未有以過之. 至荒區君長, 待庫璽蘁乃能國, 一爲不賓, 隨輒夷縛, 故蠻夷夷寶, 踵相逮于廷. 極熾而衰, 厥禍內移, 天寶之後, 區夏痍破, 王官之戍, 北不踰河, 西止秦·邠, 凌夷百年, 逮於亡, 顧不痛哉! 故曰: 治己治人, 惟聖人能之".

38 羅香林, 「唐代天可汗制度考」, 『唐代文化史』(臺北: 臺灣商務印書館, 臺四版, 1974), p.56, "唐代天可汗制度, 其設施, 由太宗貞觀時期, 經高宗·武后, 以至玄宗, 歷百餘年, 相沿未替, 至安史亂平, 代宗去世, 始就消歇".

39 『唐會要』(宋)王溥撰, 上海: 上海古籍出版社, 1991에서는 '臨統'을 '統制'라 쓰고 있다(卷100 雜錄, p.2134, "四年二月, 諸蕃君長詣闕, 請太宗爲天可汗, 乃下制令後璽書賜西域北荒之君長, 皆稱 '皇帝天可汗'. 諸蕃渠帥有死亡者, 必下詔冊立其後嗣焉. 統制四夷, 自此始也.").

한 지구의 군장들은 당의 국새를 기다려서 나라를 다스렸고, 하나같이 손님 나라로 여기지 않았다"라고 설명하고 있다. 그 요점은 '주현이 아닌 곳이 없었다[無不州縣]'와 '하나같이 손님 나라로 여기지 않았다[一爲不賓]'라는 표현에 있는데, 이런 변방민족에 대한 통어는 "삼왕 이래로 아직 이런 국면을 겪어 본 적이 없다[三王以來, 未有以過之]"라 하였으니, 한대와는 전혀 다른 정황임을 나타내고 있다.

'황제천가한'은 '임통'했다고 하였는데, 그럼 현실세계에서 구체적으로 어떤 역할을 수행한 것일까?[40] 앞의 인용문에 의하면, 먼저 천가한의 구체적인 역할을 제번의 거수가 사망하였을 때 그 후사를 책립하는 조칙을 내렸던 것이라고 기술하였다. 이는 당조의 제번에 대한 통어 행위 가운데서 가장 상징적인 의미를 지니는 것인 동시에 실질적인 문제이기도 하다. 특히 유목민족의 경우 계승 분쟁이 국가의 운명을 좌우하는 중요한 문제라는 점에서 후사 문제에의 개입은 상징과 실질을 겸하고 있다고 할 수 있다. 이 문제에 대한 개입이 확실하지 않으면 이른바 조공 등 현실적인 관계가 제대로 운용될 수 없고, 적대세력에 대한 공동 대응을 기민하게 추진할 수가 없다.[41]

둘째, 천가한은 대외적으로 제번의 종주였으며, 군사동맹의 맹주였다는 점이다. 태종 정관 4년부터 고종 현경 2년(657) 서돌궐이 평정될 때까지 천가한의 존호를 올렸던 제번의 군장과 천가한은 돌궐의 재기를 막기 위한 일종의 군사연합을 구성하고 있었다. 또 용삭(龍朔) 원년(661) 이후에는 서역

---

40 羅香林은 唐皇帝를 '可汗'으로 칭한 경우(貞觀 20년 鐵勒迴紇·拔野古 등)는 그 토지를 중국 영토의 일부분으로 고치고 置吏設治를 청한 것이고, '天可汗'으로 칭한 것은 순수하게 국제조직의 維繫(연대)로 각국 수령은 置吏를 청한 것이 아니고 그 戶籍도 唐의 戶部에 올리지 않았다(「唐代天可汗制度考」, 1974, p.56).

41 『新唐書』卷221下 西域傳下 箇失蜜, p.6256, "開元初, 遣使者朝. 八年, 詔册其王真陀羅祕利爲王; 間獻胡藥. 天木死, 弟木多筆立, 遣使者物理多來朝, 且言: '有國以來, 並臣天可汗, 受調發. 國有象·馬·步三種兵, 臣身與中天竺王阿吐蕃五大道, 禁出入, 戰輒勝. 有如天可汗兵至勃律者, 雖衆二十萬, 能輸糧以助, 又國有摩訶波多磨龍池, 願爲天可汗營祠.' 因丐王册, 鴻臚譯以聞. 詔內物理多宴中殿, 賜賚優備, 册木多筆爲王, 自是職貢有常".

16국 및 소무(昭武) 9성의 여러 나라에 도독부·주를 설치하여 대식(大食)과
토번의 침략에 공동 대응하였다. 또 천보 11재(載)(752)의 고선지(高仙芝)의
탈라스전투도 그 일환이었다.[42] 당제국의 황제를 '천가한'으로 받드는 경우
상대국은 "천가한을 받들어 당인과 같이 특산품과 징발을 받기를 원하고 천
자를 도와 정토하였다[奉天可汗, 願同唐人受調發, 佐天子征討]"[43]라고 표현하였
으니, 정벌군에의 참여가 그들의 가장 중요한 의무였던 것이다.

　천가한으로서 당 황제가 갖는 정치·군사적 대외관계에서의 위상은 당 전
기까지 동일한 형태로 지속되지 않았다는 비판은[44] 당연히 나올 만하다. 그
런 데다 태종과 현종을 제외하고 천가한의 존호를 받은 사례가 발견되지 않
는다. 그러나 존호를 받은 사례만 없을 뿐, 그들의 행동에는 일면 천가한으
로 자임하는 듯한 언행도 빈출하고 있다. 예컨대 고종이 아사나하로(阿史那
賀魯)의 난을 평정한 이후 태산에서 봉선 의례를 거행할 때에 낭산도독(狼山
都督) 갈라록사리(葛邏祿社利) 등 수령 30여 명을 대동한 일이나,[45] 중종이 당
에 복속한 말갈족장의 후예인 이다조(李多祚)를 태묘(太廟)에 동행할 때 이다
조의 종족을 문제 삼은 감찰어사 왕적(王覿)에게 이다조를 심복으로 삼았다

<hr>

42 羅香林은 100여 년의 天可汗의 역사를 세 시기로 나누고 있다. 제1기는 貞觀 4년부터 西突
　厥을 평정하는 高宗 顯慶 2년(657)까지, 제2기는 西域 16국과 昭武九姓 諸國에 都督府와
　諸州를 설치하는 고종 龍朔 元年(661)부터 玄宗 天寶 11載(752) 安西節度使 高仙芝가 탈
　라스(Talas)전투에서 패하는 시기까지, 제3기는 安史亂이 일어난 天寶 14載(755)에서 代宗
　이 죽고 郭子威가 죽는 德宗 建中 2년(781)까지로 구분하였다(「唐代天可汗制度考」, 1974,
　pp.56~57).
43 『新唐書』 卷221下 西域下/康/西曹, p.6245, "西曹者, 隋時曹也. … 武德中入朝. 天寶元年, 王
　哥邏僕羅遣使者獻方物, 詔封懷德王, 即上言: '祖考以來, 奉天可汗, 願同唐人受調發, 佐天子征
　討.' 十一載, 東曹王設阿忽與安王請擊黑衣大食, 玄宗尉之, 不聽".
44 章羣, 「評天可汗制度說」, 『唐代蕃將研究』, 臺北: 聯經出版事業公司, 1986, p.366.
45 『舊唐書』 卷194上 突厥傳上 單于 瀚海二都護府, p.5166, "車鼻既破之後, 突厥盡爲封疆之臣,
　於是分置單于·瀚海二都護府. 單于都護領狼山雲中桑乾三都督·蘇農等一十四州, 瀚海都護領
　瀚海金微新黎等七都督·仙蕚賀蘭等八州, 各以其首領爲都督·刺史. 高宗東封泰山, 狼山都督
　葛邏祿社利等首領三十餘人, 並扈從至嶽下, 勒名於封禪之碑. 自永徽已後, 殆三十年, 北鄙無
　事".

고 답한 사례는[46] 태종이 정관 13년(639) 알릉의식에 기존에 없던 번이 군장을 참석토록 조치한 것과 비슷하다.[47] 국가의 중요 의례에 제이 군장들을 동석시키는 조치들은 사이의 복속이라는 대외적 상징성[48] 외에도 당제국의 황제가 배타적인 화이사상을 극복하고 종족주의를 초월한 '화이대동'의 면모를 드러내려는 행위였다.

고종은 비록 제번으로부터 천가한의 존호를 받지는 못하였지만 함형(咸亨) 5년(674) 스스로를 '천황(天皇)'이라 칭하였다.[49] 천황의 칭호에 대해 도교의 영향이라는 설도 있지만,[50] 천황의 칭호는 그 무렵 아사나하로의 난을 평정함으로써 돌궐을 재차 평정하고 토번·인면(咽麪)과 연합하여 소륵(疏勒)을 복속시켜 서역을 안정시킨 이후 천가한에 준하는 사이에 대한 복속의 위업을 달성한 자신의 업적을 은연중에 표시한 것이 아닌가 한다.

여기서 잠시 가한호의 유래와 역대 그것을 칭한 자들의 행위를 살펴보자. '선우'호의 권위 하락과 더불어 출현한 것이 바로 '가한'호였다는 것은 주지의 사실이다. 가한호는 선우호가 왕작보다 하위의 칭호로 하락한 이후 새외의 제부를 병합하여 영토를 확장한 유연주인 사륜(社崙)이 '구두벌가한(丘豆伐可汗)'을 칭한 것이 최초였다고 종래 이해해 왔다.[51] 『위서』에는 서기시대부터 북위의 멸망 시기까지 오로지 '황제'호만 사용된 것처럼 기록되어 있다. 그러나 북위 선조 탁발부가 이미 사용했다는 사실은 『자치통감』의 음

---

46 『新唐書』卷110 李多祚傳, p.4125, "帝祠太廟, 特詔多祚與相王登輿夾侍. 監察禦史王覬謂多祚夷人, 雖有功, 不宜共興輦. 帝曰: '朕推以心腹, 卿勿複言.'".

47 『舊唐書』卷25 禮儀志5, p.972, "高祖神堯葬於獻陵, 貞觀十三年正月乙巳, 太宗朝于獻陵. 先是日, 宿衛設黃麾仗周衛陵寢, 至是質明, 七廟子孫及諸侯百僚, 蕃夷君長皆陪列于司馬門內".

48 唐太宗은 '雪恥酬百王, 除兇報千古'라는 五言詩를 지었다고 한다(『全唐詩』(北京: 中華書局, 1960) 第1冊 太宗皇帝, '句', p.20].

49 『資治通鑑』卷202 唐紀18 高宗 上元 元年(674), pp.6372~6373, "皇帝稱天皇, 皇后稱天后, 以避先帝·先后之稱. 改元, 赦天下".

50 栗原朋信, 「東アジア史からみた'天皇'號の成立」, 『上代日本對外關係の研究』, 1978, p.286.

51 白鳥庫吉, 「可汗及可敦稱號考」, 『東洋學報』 11-3, 1921.

주자 호삼성(胡三省)이 이미 선비 탁발부장의 가한호 사용 사실을 지적한 바 있기[52] 때문에 확인되고 있다. 또 탁발부의 원조, 수장을 '가한'이라 부르고, 북위 황제 스스로도 '가한'이라 칭한 증거가 최근 속속 발견되고 있다. 선무제 정시(正始) 4년(507) 3월, 낙양에서 건조된 해지(奚智)의 묘비문(墓碑文)에 서기시대 헌황제(獻皇帝)의 부, 즉 위황제(威皇帝)의 후손인 해지가 그 조상인 위황제를 '복회가한(僕膾可汗)'이라 불렀다고 기록되어 있다.[53] 또 1980년에 선비 탁발족의 구허(舊墟)인 알선동(嘎仙洞)에서 발견된 201자의 축문에도 '황조선가한배(皇祖先可寒配), 황비선가돈배(皇妣先可敦配)'라는 문장이 있다.[54] 또 탁발족의 민가의 하나인 「목란시」에서[55] 동일인을 '천자' 혹은 '가한'이라 부르고 있는데,[56] 이것은 북위의 황제는 '천자'인 동시에 '가한'[57]으로 지칭되었음을 말하는 것이다. 필자는 탁발씨의 대국시대 적어도 사막한(沙漠汗: 文帝) 이후에는 가한호를 사용하여 북위 말까지 사용하지 않았을까 여기고 있다.

먼저 '한'이 들어간 '사막한' 칭호 사용 이후 북위 말까지 지속해서 '한'을 사용했다는 것은, 북위 말까지 토욕혼(吐谷渾)에서의 가한호 사용 문제가 외교적 현안 문제가 되었던 것만 보아도 알 수 있다.[58] 가한호를 중심으로 토욕혼과 북위와의 관계사를 살펴보자. 토욕혼(r.?~317)이나 수락간(樹洛干: r.405~417) 시기에 일시적으로 가한호를 사용하였지만, 복련주(伏連籌:

---

52 『資治通鑑』卷77 魏紀9 元帝 景元 2年(261) 是歲條, p.2459, "至可汗毛, 始強大(可汗, 北方之尊稱, 猶漢時之單于也 …) 統國三十六, 大姓九十九, 後五世至可汗推寅, 南遷大澤, 又七世至可汗鄰. …".

53 趙萬里 撰, 『漢魏南北朝墓誌集釋』, 臺北: 鼎文書局, 1972, 卷5.

54 米文平, 「鮮卑石室의 發現與初步研究」, 『文物』1981-2.

55 林旅芝, 『鮮卑史』, 香港: 波文書局, 1973, 再版, p.367; 朴漢濟, 「木蘭詩의 時代―北魏 孝文帝 時期 對柔然戰爭과 關聯하여―」, 『五松李公範先生停年紀念東洋史論叢』, 서울: 知識産業社, 1993.

56 朴漢濟, 『中國中世胡漢體制研究』, 서울: 一潮閣, 1988, p.175.

57 朴漢濟, 『中國中世胡漢體制研究』, 1988, p.175.

58 朴漢濟, 『中國中世胡漢體制研究』, 1988, pp.192~196.

r.490~529)가 북위에 신사한 시기(孝明帝 正光 연간: 520~525)에는 사용하지 않았다. 그러다가 북위 말기에 복련주의 아들 과려(夸呂: r.535~591)가 '가한'호를 다시 사용하였다.[59]

그런 면에서 '천가한'호의 출현은 특별한 의미가 있다. 가한에다 '천'을 덧붙인 것은 '가한 중의 가한'의 의미로[60] 당조 황제의 지위가 유목민족의 가한보다 높다는 '지존지대(至尊至大)'의 의미가 내포되어 있다는 해석도 가능하다.[61] 만약 흉노가 한제국의 황제를 '선우' 혹은 '천선우'로 불렀다면 받아들였을까? 한은 수용하지 않았을 것이다. 이 점이 한왕조의 황제와 당 제국의 황제의 차이점이 아닐까?

(2) 소릉·건릉의 군장번신상과 그 의미

한과 당의 세계관의 차이를 나타내는 대표적인 상징물이 전한 무제의 능 묘인 무릉(茂陵)의 배장묘인 곽거병(霍去病)의 묘 앞에 세워진 '마답흉노(馬 踏匈奴)상'(그림 3-2)과 당 태종의 소릉(昭陵) 앞에 세워진 '14국 군장(추장) (석각)상', 그리고 고종의 건릉 앞에 서 있는 '61번신상'(그림 3-3)이라 생각 된다. 당조 이전에는 제왕의 능묘 앞에 번인상을 설치한 것은 매우 드문 일 이었으니 한 무제릉 앞의 '마답흉노'와 '야인(野人)'상 이외에는 없었다. 그 런데 두 시대의 석상군을 보면, 한과 당의 조정 및 일반인들의 이민족에 대

---

59 『魏書』卷101 吐谷渾傳, p.2233.

60 肅宗이 天可汗으로 磨延啜을 回鶻의 英武威遠毗伽可汗을 책립하였다는 점에서 '可汗'과 '天可汗'의 위상 차이를 알 수 있다(『新唐書』卷217上 回鶻傳上, pp.6116~6117, "乾元元年, 回紇使者多彦阿波. … 又使請昏, 許之. 帝以幼女寧國公主下嫁, 即冊磨延啜為英武威遠毗伽可 汗, 詔漢中郡王瑀攝御史大夫為冊命使, … 瑀至虜, 而可汗胡帽赭袍坐帳中, 儀衛光嚴, 引瑀立 帳外, 問曰: '王, 天可汗何屬?' 瑀曰: '從昆弟也.' … 於是引瑀入, 瑀不拜, 可汗曰: '見國君, 禮 無不拜.' 瑀曰: '天子顧可汗有功, 以愛女結好. 比中國與夷狄婚, 皆宗室子. 今寧國乃帝玉女, 有 德容, 萬里來降, 可汗天子婿, 當以禮見, 安踞受詔邪?' 可汗慚, 乃起奉詔, 拜受冊. 翌日, 尊主 為可敦.").

61 劉義棠, 「天可汗探原」, 『中國西域研究』, 臺北: 正中書局, 1997, p.96.

그림 3-2 전한 무제릉 곽거병묘의 마답흉노상

그림 3-3 당 고종 건릉 61번신상

한 인식에 상당한 차이가 있음을 알 수 있다. 즉 한왕조에게 유목민족인 흉노는 공존의 대상이 아니라는 것이 그 석상이 보여준다. 그러나 당제국의 유목민족에 대한 입장은 한왕조와는 달랐다. 먼저 소릉의 것을 살펴보자. 소릉 북궐 앞에 열치된 14국 군장상은 태종 사후 고종의 명에 따라 영휘 연간(650~655)에 조각된 것으로, 11개 민족, 14개 국가의 군장의 것인데, 당조에 금복(擒伏)·귀순하였거나 통호 관계에 있는 자들을 형상화한 것이다.[62] 그 대체적인 형상에 대해 "모두 깊은 눈과 큰 코를 가지고 활과 칼을 같이 찼으니 건장하구나. 진실로 보기 드문 모습이로다[皆深目大鼻, 弓刀雜佩. 壯哉, 誠異觀也]"[63]라 하였으니, 서북 유목·오아시스 민족 출신이 대부분임을 알 수 있다. 이 석상들의 대부분이 서북방 유목민족이었던 것은 정관 4년 4월 서북 여러 부족이 태종을 그들의 공동적 수장인 '천가한'으로 칭할 것을 청하였고, 정관 21년 정월 대막 이북 각 부족의 추장들이 회흘 이남, 돌궐 이북(漠北)을 연결하는 일도(一道), 즉 이른바 '참천가한도(參天可汗道)'를 열고 그 연도에 68개의 역참을 설치할 것을 청하였던 사실과[64] 부합한다.

이 석상의 건립과 표현은 당조의 위세를 과장하려는 측면이 분명히 있다. 14국 군장 중에는 송찬간포(松贊干布), 김진덕(金眞德: 신라 진덕여왕), 범두리(范頭利), 이남(夷男: 薛延陀 眞珠毗伽可汗) 등은 평생 장안에 온 적도 없는 사람이었고, 석상을 만들 때까지도 송찬간포, 아사나사이(阿史那社爾), 낙갈발(諾葛鉢), 가려포실필(訶黎布失畢), 복도신(伏闍信), 용돌기지(龍突騎支) 등은 건재

---

62 (宋)王溥撰, 『唐會要』 卷20 陵議, p.458, "上(高宗)欲闡揚先帝徽烈, 乃令匠人琢石, 寫諸蕃君長貞觀中擒伏歸化者形狀, 而刻其官名(突厥頡利可汗·右衛大將軍阿史那咄苾 ⋯ 等十四人, 列于陵司馬北門內, 九嵕山之陰, 以旌武功)".

63 (淸) 林侗, 『唐昭陵石迹考略』, "凡十四人, 拱立于享殿之前, 皆深目大鼻, 弓刀雜佩. 壯哉, 誠異觀也. ⋯ 諸石像高九尺, 逾常形, 座高三尺許, 或兜鍪戎服, 或冠裳紱冕, 極爲偉觀(劉向陽, 『唐代帝王陵墓』, 西安: 三秦出版社, 2003, p.41에서 再引)".

64 『資治通鑑』 卷198 太宗 貞觀 21年(647) 春正月條, p.6245, "諸酋長奏稱: '臣等旣爲唐民, 往來天至尊所, 如詣父母, 請於回紇以南, 突厥以北開一道, 謂之參天可汗道, 置六十八驛, 各有馬及酒肉以供過使, 歲貢貂皮以充租賦, 仍請能屬文人, 使爲表疏.' 像皆許之, 於是北荒悉平, ⋯".

하였으며, 여전히 장안에 살고 있는 사람도 있었다.[65] 그럼에도 불구하고 당 제국의 황제는 주변 왕조의 수장을 거느리려는 의지를 견지하였거나, 실제로 거느린 사실도 있었다.

다음으로 건릉의 61번신상을 보자. 이 상을 '번상(蕃像)', '제번군장상(諸蕃君長像)', '빈왕상(賓王像)' 혹은 '번신증시헌금자상(蕃臣曾侍軒禁者像)' 등으로 지칭하는 것은 그 석상의 의미에 대한 약간의 인식 차가 있기 때문이다. 이 번신상은 신룡(神龍) 원년(705)에 조각된 것으로 알려져 있다. 건릉의 번신상은 현재 건릉의 남문 궐 내 동서 양측에 2조로, 매 조마다 남북으로 4행, 동서로 8배로 정렬·시립되어 있다. 그 석상들도 대부분이 서북방인들의 모습으로 묘사되어 있다.[66] 이는 고종과 무측천 시기 당조의 민족 상황과 관련이 있다.

건릉의 번신상은 최초에는 64존이었으며, 매 석상마다 배부(背部)에 그 주인의 관함과 성명이 명기되어 있었다고 한다. 북송 시기에 그 성명 등의 문자가 마멸된 것을 본 섬서전운사(陝西轉運使) 유사웅(游師雄)이 봉천현(奉天縣) 구가(舊家)가 소장하고 있는 탁본 가운데 완전한 것을 4개의 비에 모각하여[67] 「건릉도(乾陵圖)」를 만들었다고 한다. 태종의 소릉보다 고종의 건릉에 더 많은 군장·번신상이 세워진 것은 당시의 상황으로 볼 때 과도한 면이 있는 것도 사실이다. 그래서 무후가 고종 시기가 태종 시기의 남은 위력과 남겨진 위엄[餘威遺烈]에 불과하였음을 제대로 알지 못하고 오히려 더 많은 석상을 만들어 세웠던 것이란 인식은 송대부터 있었다.[68] 그러니 실제보다 약

---

65 劉向陽, 『唐代帝王陵墓』, 2003, p.55.

66 王雙懷·樊英峰, 「唐乾陵研究」, 『乾陵文化硏究(一)』, 西安: 三秦出版社, 2005, p.21.

67 葉奕苞, 『金石錄補』(서울: 法仁文化社, 1987 影印, 『石刻史料新編』 12) 卷22 唐乾陵石人姓名, p.9098-下右. "元祐中, 游師雄以石人姓名漫滅, 訪奉天縣舊家, 所藏搨本完好者, 摹刻四碑, 每碑十六人, 各寫其衣冠像貌".

68 游師雄의 「乾陵圖」를 위해 宋人 趙楷가 쓴 '記'에는 "乾陵之葬, 諸蕃之來助者何其衆也. 武后曾不知太宗之餘威遺烈, 乃欲張大誇示來世, 于是錄其會長六十一人, 各肖其形, 鐫之琬琰, 庶使後人皆可得而知之"라고 되어 있다[『長安志圖』(宋敏求, 『長安志』 卷上, 『宋元方志叢刊』 1,

간의 과장이 있는 것도 분명하다.[69]

아무튼 번신상의 내용을 보면, 이호문(李好文)의 『장안지도』에 39명의 관함과 성명이 있고, 청나라 초기 섭혁포(葉奕苞)의 『금석록보(金石錄補)』에는 38명의 것이 있다. 현재 번신상 중 후면에 관함이 남아 있는 것은 겨우 6개 상뿐이다. 현재까지 그 석상과 관함·성명을 일치시켜 고찰할 수 있는 것은 36개 상 정도이다. 토욕혼, 토번, 돌궐 수령이 각 2명, 그 나머지는 안북·북정·안서 등 도호부와 소수민족 수령이다. 이 번신상에 나타난 수령들의 관계는 매우 높아 대부분이 3품 이상의 대관들이다.

이 번신상 건립에 과장이 있었다 하더라도 당시의 대세 자체를 부정할 수는 없다. 이 석상의 분석을 두고 다양한 해석이 있다. 건릉 건조 시 조역(助役)한 사람들이라거나,[70] 혹은 고종의 제전(祭奠)을 위해 온 사람[謁陵吊唁客使][71]이라는 해석 등이 그것이다. 그러나 관함에 '고(故)'자가 있는 것이 있는데 고종과 측천무후 사망 전에 이미 죽은 사람이라는 뜻이니 이런 해석은 부당하다. 따라서 고종 혹은 측천무후 시기 당조에 귀부한 후 당조의 고급관료가 된 소수민족 수령이라는 것이 가장 합당한 해석으로 보인다. 확인된 석상 가운데는 당시 사이추장이 당조 조정의 12위의 대장군으로, 혹은 지방관으로 임명된 자가 많았다. '시헌금자(侍軒禁者)'라는 또 다른 지칭에서 알 수 있듯이 당의 조정에 임직하고 있는 자가 절대다수라는 것을 의미하고 있다. 이들 번추 60여 명의 석상을 보면 출신 지역은 북쪽으로는 대막 너머, 서쪽으로는 총령 너머, 즉 중앙아시아의 시르다리야강 지역에 이르고 있으며, 궁궐을 숙위하는 최고위의 번장이거나 아니면 안북·북정·안서 등 도호부의

北京: 中華書局, 1990) 卷中, 高宗乾陵, p.215-左].

69 『陝西通志』(淸, 沈靑崖 編輯, 1975) 卷71 高宗乾陵條, p.43, "高宗之葬, 諸蕃酋來助者甚衆, 武后不知太宗之餘威遺烈, 乃欲張大其事, 刻之以夸耀後世也".

70 足立喜六, 『長安史蹟の硏究』, 東京: 東洋文庫, 1933, p.259.

71 李求是, 「談章懷·懿德兩墓的形制等問題」, 『文物』 1972-7.

대장군으로 활약하였던 자들이었다.

Ⅲ. '화이분별'에서 '화이대동'으로

1. '사융론(徙戎論)'에서 '실위오민론(悉爲吾民論)'으로

앞에서 살펴본 군장상과 번신상이 상징하듯이, 당조에는 많은 외족이 사환을 하고 있었다. 이런 현상은 당조에서 갑자기 나타난 것은 물론 아니었다. 잘 알다시피 북위왕조는 용인에 있어 적극적인 '포용[兼容幷包]'정책을 견지하였다.[72] 북위 탁발씨는 입새(入塞) 이전부터 이미 이런 정책을 써 왔고,[73] 북조가 남조를 멸망시키고 전국을 통일할 수 있었던 힘의 원천도 이런 정황과 유관하다는 논평도 있다.[74]

북위의 이런 정책의 결과, 낙양의 상황을 표현한 『낙양가람기』에서는 총령 이서 지역에서 대진(동로마제국)까지 백국천성의 출신으로 북위에 부화한 사람이 '만유여가'나 되었다고 기록하고 있다.[75] 특히 불교가 성하여 이국사문이 폭주하여 그들을 수용하는 승방이 1,000여 간이나 되었으며, 백국사문이 3,000명이나 되었으니 서역에서 대진까지 서쪽을 망라하였다. 특히 남방가영국(歌營國) 같은 나라의 사람들은 전·후한 및 위 시대에는 오지 않던 자들이었다. 이런 현상을 『낙양가람기』에서는 양한대와 조위 등 한족 중원왕

---

72 周一良, 「北魏用人兼容幷包」, 『魏晉南北朝史札記』[『周一良集』(瀋陽: 遼寧教育出版社, 1998)] 第貳卷 「魏書札記」, pp.555~558.

73 『魏書』卷23 衛操傳, p.599, "衛操, … 有才略, 晉征北將軍衛瓘以操爲牙門將, 數使於國, 頗自結附, 始祖崩後, 與從子雄及其宗室鄕親姬澹等十數人, 同來歸國, 說桓穆二帝招納晉人, 於是晉人附者稍衆".

74 周一良, 「北魏用人兼容幷包」, 1998, p.558.

75 『洛陽伽藍記』卷3 城南 宣陽門, p.161, "自嶺已西, 至於大秦, 百國千城 … 樂中國土風, 因而宅者, 不可勝數. 是以附化之民, 萬有餘家".

조와의 상황과 대비하여 설명하고 있다.[76]

북조시대 외국에서 온 사람은 사문뿐만 아니라 각종 기예를 가진 다양한 부류가 포함되어 있었다. 부화한 이들 가운데 '(서역)상호', 혹은 '부호'[77]로 지칭되는 자가 많은 것으로 보아 상인으로서의 역할이 가장 두드러졌다고 할 수 있다. 중국 사서에 등장하는 '서역상호'는 넓은 의미의 소그드(Sogd) 상인이라 할 수 있다. 이들은 당대 무역에서 크게 활약한 자들이다. 동위-북제시대에는 이른바 '서역상호'가 하나의 정치세력으로 등장하였다.

북제시대에 정치적으로 중요한 역할을 한 세력이 은행(恩倖)이었다. 은행과 서역과는 밀접한 관련이 있다. 북제시대의 서역과 관련된 은행은 두 가지 부류로 구별된다. 첫째, 서역상호, 호인악공, 구자잡기(龜玆雜技) 등으로 불리는 서역의 여러 소수민족 출신들이다. 그 대표적인 인물이 화사개(和士開)와 하공진(何洪珍)이다. 둘째, 환관·관노·창두·가무인·견귀인(見鬼人) 등으로 불리는 부류이다. 이들 가운데 북제의 '삼귀(三貴)'[78]로 호칭되는 자들도 등장하였다.[79] 특히 서역음악은 고징(高澄: 文襄)에서 무성제 시기, 그리고 후주시대로 이어지면서 그 탐닉 강도가 더욱 심해져 결국 북제는 망국으로 치달았다고 한다.[80] 또 북제군의 선봉대를 구성하는 정예 중에 '서역병'의

---

76 『洛陽伽藍記』卷4 城西 永明寺條, pp.235~236에 "時佛法經像, 盛於洛陽, 異國沙門, 咸來
輻輳 … 房廡連亘, 一千餘間. … 百國沙門三千餘人, 西域遠者, 乃至大秦國, 盡天地之西陲.
… 南中有歌營國, 去京師甚遠, 風土隔絶, 世不與中國交通, 雖二漢及魏亦未曾至也".

77 『北齊書』卷34 楊愔傳, p.457, "愔嘗見其(高隆之)門外有富胡數人".

78 『北史』卷92 恩幸 韓鳳傳, p.3052, "(韓鳳)與高阿那肱·穆提婆共處衡軸, 號曰三貴. 損國害政,
日月滋甚".

79 이들 三人 가운데 韓鳳과 高阿那肱 두 사람은 北齊政權 성립기에 크게 공헌한 가문 출신
이므로 이들을 따로이 '北族系恩倖'으로 분류하기도 한다(岩本篤志, 「'齊俗'と'恩倖'—北齊
社會の分析」, 『史滴〈早稻田大學〉』 18, 1996, p.54).

80 『隋書』卷14 音樂志中, p.331, "雜樂有西涼鼙舞·淸樂·龜玆等. 然吹笛·彈琵琶·五絃及歌舞
之伎 自文襄以來 皆所愛好. 至河淸以後 傳習尤甚. 後主唯賞胡戎樂 耽愛無已. 於是繁手淫聲
爭新哀怨. 故曹妙達·安未弱·安馬駒之徒 有至封王開府者 遂服簪纓而爲伶人之事. 後主亦自
能度曲 親執樂器 悅玩無倦 倚絃而歌. 別採新聲 爲無愁曲 音韻窈窕 極於哀思 使胡兒閹官之
輩 齊唱和之 曲終樂闋 莫不殞涕. 雖行幸道路 或使馬上奏之 樂往哀來 竟以亡國".

명궁수가 있었다.[81] 이로 볼 때 북제 군사 중에 서역병이 상당수 있었다는 것도 짐작된다. 이처럼 북위 이후 동위-북제시대의 이민족의 중원 진입 현상은 바로 당대로 이어졌다.

돌궐이 망하자 그 부락은 북쪽으로 설연타 지역으로, 서쪽으로 서역으로 달아났지만 '그 가운데 당에 항복한 자가 10만 구[其降唐者尚十萬口]'나 되었다.[82] 그 항중의 처리를 두고 조사들에게 태종은 '헤아려 안배함이 마땅함[區處之宜]'을 토론하도록 지시하였다. 이에 조사들 사이에 각종 주장이 쏟아졌다. 중서시랑 안사고(顔師古), 예부시랑 이백약(李百藥), 하주도독(夏州都督) 두정(竇靜), 위징 등이 반대하고 나섰다. 그 가운데 위징은 서진시대의 곽흠(郭欽)과 강통(江統)의 '사융론'을 거론하면서 '영가의 난'과 같은 위험이 예상됨을 경고하였다.[83] 위징의 발언을 살펴보자.

지금 항복한 자의 무리가 십만에 가까운데, 수년이 지난 후에는 번식하여 배로 늘어날 것이니, 필시 뱃속의 질환이 되어 돌이킬 수 없을 것입니다. 진 초에 여러 오랑캐가 백성들과 함께 중국에 잡거하여, 곽흠, 강통이 이들을 모두 새외로 몰아 내보내어 환란의 싹을 끊어 없애기를 무제에게 부지런히 간청하였으나 무제가 따르지 않았는데, 20여 년이 지난 후에 이수, 낙수 사이는 마침내 털로 된 갖옷을 입은 이들의 영역이 되었으니, 이는 옛 일로써 현재에 밝은 거울이 되는 것입니다![84]

---

81 『陳書』 卷31 蕭摩訶傳, pp.409~410, "時齊遣大將尉破胡等率衆十餘萬來援, 其前隊有 '蒼頭' '犀角' '大力'之號, 皆身長八尺, 膂力絶倫, 其鋒甚銳. 又有西域胡, 妙於弓矢, 弦無虛發, 衆軍尤憚之".

82 『資治通鑑』 卷193 唐紀9 太宗 貞觀 4年(630) 夏4月條, p.6075.

83 『資治通鑑』 卷193 唐紀9 太宗 貞觀 4年(630) 夏4月條, pp.6075~6577.

84 『資治通鑑』 卷193 唐紀9 太宗 貞觀 4年(630) 夏4月條, p.6076, "今降者衆近十萬, 數年之後, 蕃息倍多, 必爲腹心之疾, 不可悔也. 晉初諸胡與民雜居中國, 郭欽·江統, 皆勸武帝驅出塞外以絶亂階, 武帝不從, 後二十餘年, 伊·洛之間, 遂爲氈裘之域, 此前事之明鑑也!".

즉 위징은 당시의 상황을 영가의 난이 발발하기 직전의 서진의 상황과 비교하고 있다. 그가 거론한 곽흠의 주장이 나온 것은 서진 무제 태강(太康) 원년(280)의 일이고[85], 강통의 주장이 나온 것은 혜제 영강(永康) 9년(299)의 일이었다.[86] 그 밖에 위나라의 등애(鄧艾)와[87] 서진의 부현(傅玄)도[88] 같은 입장이었다. 그들의 주장은 두말할 것도 없이 융적이 관중 인구의 반을 차지하는 현실의 타개책으로 융적을 본래 살던 원주지로 옮겨야 한다는 것이다. 그러나 그런 주장은 일면 타당성이 있지만 현실적으로 불가능한 일이었다. 뿐만아니라 그들의 현실 인식이 너무 안이하였음을 쉽게 알 수 있다.

오호십육국 최초의 왕조인 한(전조)을 열었던 유연에게 그의 종조 유선(劉宣)이 한 발언의 핵심은 "진이 무도하여, 우리를 노예처럼 부렸고, … 호한야 선우의 위업을 되살려"[89]라는 말로 요약할 수 있다. 오호십육국의 출현 동기

---

85 『資治通鑑』 卷81 晉紀3 武帝 太康 元年(280) 是歲條, pp.2575~2576, "漢·魏以來羌·胡·鮮卑降者, 多處之塞內諸部. 其後數因忿恨, 殺害長吏, 漸爲民患. 侍御史西河郭欽上疏曰: '戎狄强獷, 歷古爲患. 魏初民少, 西北諸郡, 皆爲戎居, 內及京兆·魏郡·弘農, 往往有之. 今雖服從, 若百年之後有風塵之警, 胡騎自平陽·上黨不三日而至孟津, 北地·西河·太原·馮翊·安定·上郡盡爲戎庭矣. 宜及平吳之威, 謀臣猛將之略, 漸徙內郡雜胡於邊地, 峻四夷出入之防, 明先王荒服之制, 此萬世之長策也.' 帝不聽".

86 『資治通鑑』 卷83 晉紀5 惠帝 元康 9年(299) 春正月條, pp.2622~2628, "太子洗馬陳留江統, 以爲戎·狄亂華, 宜早絶其原, 乃作「徙戎論」以警朝廷曰: '夫夷蠻戎狄, 地在要荒 …'. 朝廷不能用".

87 『三國志』 卷28 魏書28 鄧艾傳, p.776, "是時并州右賢王劉豹幷爲一部, 艾上言曰: '戎狄獸心, 不以義親, 彊則侵暴, 弱則內附, 故周宣有玁狁之寇, 漢祖有平城之圍. 每匈奴一盛, 爲前代重患. 自單于在外, 莫能牽制長卑. 誘而致之, 使來入侍. 由是羌夷失統, 合散無主. 以單于在內, 萬里順軌. 今單于之尊日疏, 外土之威寖重, 則胡虜不可不深備也. 聞劉豹部有叛胡, 可因叛割爲二國, 以分其勢. … 此御邊長計也.' 又陳: '羌胡與民同處者, 宜以漸出之, 使居民表崇廉恥之教, 塞姦宄之路.' 大將軍司馬景王新輔政, 多納用焉".

88 『晉書』 卷47 傅玄傳, pp.1320~1322, "泰始四年, 以爲御史中丞. 時頗有水旱之災, 玄復上疏曰: '… 其五曰, 臣以爲胡夷獸心, 不與華同, 鮮卑最甚. 本鄧艾苟欲取一時之利, 不慮後患, 使鮮卑數萬散居人間, 此必爲害之勢也. … 然獸心難保, 不必其可久安也. … 宜更置一郡於高平川, 因安定西州都尉募樂徙民, 重其復除以充之, 以通北道, 漸以實邊. …'".

89 『晉書』 卷101 劉元海載記, pp.2648~2649, "劉宣等固諫曰: '晉爲無道, 奴隷御我, 是以右賢王猛不勝其忿. 屬晉綱未弛, 大事不遂, 右賢塗地, 單于之恥也. 今司馬氏父子兄弟自相魚肉, 此天厭晉德, 授之於我. 單于積德在躬, 爲晉人所服, 方當興我邦族, 復呼韓邪之業, 鮮卑·烏丸可

는 그동안 노예처럼 구사(驅使)당한 질곡을 벗어나서, 호한야의 구업을 회복하겠다는 것이었다.[90] 호한야의 구업이란 무엇인가? 호한야로 상징되는 것은 유목 흉노와 농경 한이 서로 친목관계를 영위하던 시대를 대표한다. 즉 유목민족들이 추구하는 바는 노예가 아니라 당당한 이웃이거나 대등한 백성이다. 아무튼 서진 이전 중원왕조와 유목왕조의 관계는 적대관계로 일관해 온 것이 사실이다. 위징의 주장은 이런 인식의 연장선상이었던 것이다.

그러나 양한-서진 당시와 달리 당의 조정의 분위기는 많이 바뀌었다. 돌궐 항당자[降衆] 10만 구의 처리 문제에 대해 조사들 가운데 '호를 농민으로 만드는[化胡爲農民]' 정책을 주장하는 자들이 많았던 것은[91] 이 점을 말해준다. 태종은 위징 등 다른 중신들의 의견을 물리치고 온언박(溫彥博)의 존양(存養)의 계책을 수용하였다.[92] 이렇게 하여 돌궐 항중을 동쪽의 유주(幽州)에서 서쪽의 영주(靈州)까지 안치하였다. 이전 돌리(突利)가 통치하던 지역에다 순(順)·우(祐)·화(化)·장(長) 4주에 도독부를 두고(돌리를 順州都督으로 삼았다), 힐리(頡利)의 땅에 6주를 두어 좌측에 정양도독부(定襄都督府)와 우측에 운중도독부(雲中都督府)를 두어 통치하게 하였다.[93] 한편 아사나소니실(阿史那蘇尼失: 懷德郡王), 아사나사마(阿史那思摩: 懷化郡王) 등을 군왕에 봉하였다.

以爲援, 奈何距之而拯仇敵! 今天假手於我, 不可違也. 違天不祥, 逆衆不濟; 天與不取, 反受其咎, 願單于勿疑.'…".

90 谷川道雄, 『增補 隋唐帝國形成史論』, 東京: 筑摩書房, 1998, pp.30~35.

91 『資治通鑑』卷193 唐紀9 太宗 貞觀 4年(630) 夏4月條, p.6075, "朝士多言: '北狄自古中國患, 今幸而破亡, 宜悉徙之河南兗·豫之間, 分其種落, 散居州縣, 敎之耕織, 可以化胡爲農民, 永空塞北之地.'".

92 『資治通鑑』卷193 唐紀9 太宗 貞觀 4年(630) 夏4月條, pp.6076~6077, "(溫)彥博曰: '王者之於萬物, 天覆地載, 靡有所遺. 今突厥窮來, 奈何棄之而不受乎, 孔子曰 有敎無類, 若救其死亡, 授之生業, 敎之禮義, 數年之後, 悉爲吾民. 選其酋長, 使入宿衛, 畏威懷德, 何後恨之有!' 上卒用彥博策".

93 『舊唐書』卷194上 突厥上 突利可汗, p.5163, "彥博旣口給, 引類百端, 太宗遂用其計, 於朔方之地, 自幽州至靈州置順·祐·化·長四州都督府, 又分頡利之地六州, 左置定襄都督府, 右置雲中都督府, 以統其部衆".

"그 나머지 추장으로서 (장안에) 이른 자들은, 모두 장군중랑장에 제수되었고, 조정에 열을 지어 서니 5품 이상이 100여 명이었으며, 거의 조사들의 반이 되었고 이로 인하여 장안으로 들어와 거주한 자들이 만 가에 가까웠다"[94]라는 사서의 표현이 돌궐 멸망 후의 당조의 조처였던 것이다.

온언박은 공자의 이른바 '유교무류(有教無類)'라는 인식을 바탕으로 '수년 후에는 모두 우리 백성이 될 것이' 가능하다고 본 것이다. 이것은 오호십육국의 전진 부견의 정책과 유사하다.[95] 적국 모용씨를 정벌한 후 그 전후 처리의 면면을 보면 더욱 그렇다. 부견은 그의 포용정책이 빌미가 되어 망국으로 끝났지만 당조는 그렇지 않았다. 아무튼 한과 당은 '사이'에 대해 다른 인식을 가졌음을 여기서 확인할 수 있다.

2. '혼일육합(混一六合)'에서 '호월일가(胡越一家)'로

역대 중국인의 세계관 중에 '육합(六合)'이라는 개념이 있다. 『장자』에서 처음 등장하는 '육합'이란 단어는 '천지사방' 혹은 '사방상하'를 가리킨다.[96] 중국의 최고 통수권자의 지배 범위를 나타내는 표현으로는 '천하'를 비롯하여 '사방', '사해', '구주', '중국' 등이 있었다.[97] 춘추시대까지는 화이의 분별의식이 미숙하여 '사방'의 범주 내에 화와 이[秦·楚·吳·越]가 혼일되어 있었다. 그러나 춘추 말-전국시대에 이르러 화이의식이 발달하여 '(사)이'와 대립하는 화, 즉 '중국'의 개념이 출현함에 따라 사방 등은 '주변국가'를 의미하게 되었다. 따라서 사방 등은 '중국' 범주의 상대적 공간 개념으로 변하였고, 중국은 사방 등의 공간에서는 분리되었다.

---

94 『資治通鑑』卷193 唐紀9 太宗 貞觀 4年(630) 5月條, p.6078, "其餘酋長至者, 皆拜將軍中郎將, 布列朝廷, 五品已上百餘人, 殆與朝士相半, 因而入居長安者近萬家".

95 朴漢濟, 『中國中世胡漢體制研究』, 1988, pp.88~94.

96 『莊子集釋』(北京: 中華書局, 2000) 內篇 齊物論, p.85, "六合者, 謂天地四方也"; 『莊子集釋』外篇 天運, p.496, "六極, 謂六合, 四方上下也".

97 金翰奎, 『古代中國的世界秩序研究』, 서울: 一潮閣, 1982, 제1장 참조.

이런 개념들보다 넓은 공간, 즉 화이를 다 함께 포괄하는 보편적인 공간 개념으로 나타난 것이 '방외(사방지외)', '육합', '육극', '우내' 등이다. 김한규(金翰奎) 선생의 연구에 의하면, 이것은 『장자』에서 처음 출현한 공간 개념이었다.[98] 방은 세속·상식의 세계를 의미하여, 따라서 '방내'는 형이하적 범주로 『공자』의 세계(유가 계열의 문장에 보이는 사방과 일치)인 데 반해, '방외'는 형이상적 범주로 『장자』의 세계(유가의 사방 바깥의 전 공간)이며, 절대 도가 구현되는 관념의 공간이라는 것이다. 따라서 이와 같은 『장자』의 방외의 설정은 세계(사방)의 이원화가 아니라, 세계의 확대를 의미한다. 『장자』에서는 자신이 발견한 새로운 세계를 보다 적절하게 표현하기 위해 방외와 더불어 '육합', '육극', '우내' 등과 같은 개념을 창출하였다. 이들은 수평적인 공간인 사방에다 수직적인 공간인 상하, 곧 천지를 통합한 입체적인 공간 개념이었다.[99]

절대 도가 구현되는 관념적인 공간 개념인 '육합'을 실제 중국의 통치 권역을 의미하는 개념으로 사용한 것은 진시황이 처음이었다. 진시황이 통일한 이후 황제제도가 출현함으로써 그 지배 범위는 관념상 '육합지내'로 확대되었다.[100] 또 "땅에는 사방이 없었고, 백성에게는 다른 나라가 없었다[地無四方, 民無異國]"[101]고 한 이사(李斯)의 언사에서 알 수 있듯이, 외정(外征)을 통해 그 영역을 확대하고 '이풍역속(移風易俗)'을 통해 그 영역을 직접 지배

---

98 『莊子』內篇 大宗師, p.267, "孔子曰: '彼遊方之外者也, 而丘遊方之內者也. …'"; 『莊子』雜篇 則陽, p.914, "少知曰: '四方之內, 六合之裏, 萬物之所生惡起?'…".

99 金翰奎, 『古代中國的世界秩序研究』, 1982, pp.19~20.

100 『史記』卷6 秦始皇本紀, p.245, "維二十八年, 皇帝作始. … 皇帝之德, 存定四極. … 六合之內, 皇帝之土. 西涉流沙, 南盡北戶. 東有東海, 北過大夏. 人迹所至, 無不臣者. 功蓋五帝, 澤及牛馬, 莫不受德, 各安其宇".

101 『史記』卷87 李斯列傳, p.2545, "臣聞地廣者粟多, 國大者人衆, 兵彊則士勇. 是以太山不讓土壤, 故能成其大; 河海不擇細流, 故能就其深; 王者不卻衆庶, 故能明其德. 是以地無四方, 民無異國, 四時充美, 鬼神降福, 此五帝·三王之所以無敵也".

할 뿐만 아니라 풍속도 통일시키겠다는 의지를[102] 가졌다.

그러나 '육합'이란 용어는 수사에 불과하다는 점을 금방 알아차릴 수가 있다. 천지와 상하 가운데 천이나 상은 같은 대상일 것이지만 이것을 지배영역에 넣는다는 것은 현실적으로 불가능하기 때문이다. 또 이사의 언사가 실제 이행되었다 하더라도 새로 병합된 전국 육국의 범위를 벗어나지는 않았을 것이다.[103] 또 현실적으로 진시황이 확대한 영역도 그러하였다. 즉 서쪽으로 확대한 유사(流沙)란 곳은 장액(張掖) 거연현(居延縣)이었고,[104] 북의 대하(大夏)도 태원(太原) 정도에 그쳤다.[105] 그런 데다 진시황은 북방 유목민족의 중원 진입을 막기 위해 장성을 축조하였다. 이 장성이야말로 진제국의 지배영역이 장성 내로 한정되었음을 자인한 표징이다.

이후 황제의 지배 권역을 '육합'으로 표현하는 구절은 자주 등장하지 않을 뿐더러 이적을 통치의 대상이 아닌 중국에서 분리되어야 하는 대상으로 파악하는 경우가 많아졌다. 특히 유가들은 중국 군주의 지배 권역을 사이를 제외한 '사해지내(四海之內)'에 국한시켰다. 한대 이후 『춘추』 공양전과 곡량전은 무리한 균질적인 지배를 반대하는 차등의 세계관을 표방하였다. 이른바 '황제'지배체제를 표방하였으나 이적을 제대로 제어할 능력을 갖추지

102 『史記』 卷87 李斯列傳, pp.2541~2542, "臣聞吏議逐客, 竊以為過矣. 昔繆公求士, 西取由余於戎, 東得百里奚於宛, 迎蹇叔於宋, 來丕豹·公孫支於晉. 此五子者, 不產於秦, 而繆公用之, 并國二十, 遂霸西戎. 孝公用商鞅之法, 移風易俗, 民以殷盛, 國以富彊, 百姓樂用, 諸侯親服, 獲楚·魏之師, 舉地千里, 至今治彊. 惠王用張儀之計, 拔三川之地, 西并巴·蜀, 北收上郡, 南取漢中, 包九夷, 制鄢·郢, 東據成皋之險, 割膏腴之壤, 遂散六國之從, 使之西面事秦, 功施到今".
103 秦帝國의 실제 영토도 "分天下以為三十六郡, … 地東至海暨朝鮮, 西至臨洮羌中, 南至北嚮戶, 北據河為塞, 並陰山至遼東(『史記』 卷6 秦始皇本紀, p.239)" 정도였다.
104 『史記』 卷1 五帝本紀 帝顓頊, pp.11~12. "'西至于流沙'에 대한 『集解』 '地理志曰: 流沙在張掖居延縣 …'『正義』 …. 括地志云 居延海南, 甘州張掖縣東北千六十四里也".
105 『史記』 卷6 秦始皇本紀, pp.245~246, '北過大夏'에 대한 주. "『正義』 杜預云: '大夏, 太原晉陽縣' 按; 在今并州 …".

못한 현실의 반영이라고 할 것이다.[106]

이리하여 한 문제가 말한 "육합은 같은 풍습을 이루고, 천하가 한 집안이 되었다[六合同風, 天下一家]"는 이후 '중국의 통일'을 의미하는 관용어처럼 사용되었다.[107] '육합을 맑게 화합시켰다[淸和六合]',[108] '육합을 편안하게 구제하였다[寧濟六合]' 등의 용어도 역시 그 의미였다. 이후 분열왕조 시기인 위진남북조시대에도 '육합'이라는 용어는 중국 내의 통일을 의미하는 '혼일육합' 혹은 '혼청육합'이라는 관용어로 변하고 모두 중원의 통일이나 현실적인 변경의 안전 확보 정도를 의미하고 있다.[109] 혹자에 의하면, 삼국시대에 '육합'은 이적을 제외하였지만 부견 시기에 이르면 중국과 이적을 아우르는 '육합' 개념이 천명되고 있다고 한다.[110] 그러나 이는 자구를 잘못 해석한 데

---

106 홍승현, 「苻堅의 '六合'개념과 귀속민통치」, 『漢城史學』 24, 2009, p.137.

107 『晉書』 卷48 段灼傳, pp.1340~1342, "表曰: '… 昔漢文帝據已成之業, 六合同風, 天下一家. …'"; 『漢書』 卷72 王吉傳, pp.3063~3064, "春秋所以大一統者, 六合同風, 九州共貫也. 今俗吏所以牧民者, 非有禮義科指可世世通行者也, 獨設刑法以守之. …".

108 『漢書』 卷22 禮樂志2 郊祀歌/帝臨二, p.1054, "帝臨中壇, 四方承宇, 繩繩意變, 備得其所. 淸和六合, 制數以五. 海內安寧, 興文匽武. 后土富媼, 昭明三光. 穆穆優游, 嘉服上黃. 帝臨二".

109 『晉書』 卷10 恭帝德文紀, p.268, "十四年十二月戊寅, 安帝崩. 劉裕矯稱遺詔曰: '唯我有晉, 誕膺明命, 業隆九有, 光宅四海. 朕以不德, 屬當多難, 幸賴宰輔, 拯厥顚覆. 仍恃保祐, 克黜禍亂, 遂冕旒辰極, 混一六合. 方憑阿衡, 惟新洪業, 而遘疾大漸, 將遂弗興. …' 是日, 即帝位"; 『晉書』 卷21 禮志下, pp.656~657, "王公有司又奏: '自古聖明, 光宅四海, 封禪名山, 著於史籍, 作者七十四君矣. … 太祖文皇帝受命造晉, 盪定蜀漢; 陛下應期龍興, 混一六合, 澤被羣生, 威震無外. …'"; 『晉書』 卷34 羊祜傳, pp.1020~1021, "祜寢疾, … 祜曰: '今主上有禪代之美, 而功德未著. 吳人虐政已甚, 可不戰而克, 混一六合, 以興文教, 則主齊堯舜, 臣同稷契, 為百代之盛軌. …'"; 『晉書』 卷35 裴秀傳, p.1040, "大晉龍興, 混一六合, 以清宇宙, 始於庸蜀, 采入其阻. 文皇帝乃命有司, 撰訪吳蜀地圖. 蜀土既定, 六軍所經, 地域遠近, 山川險易, 征路迂直, 校驗圖記, 罔或有差. 今上考禹貢山海川流, 原隰陂澤, 古之九州, 及今之十六州"; 『晉書』 卷114 苻堅載記下, p.2914, "(苻)堅曰: '非為地不廣·人不足也, 但思混一六合, 以濟蒼生. …'"; 『晉書』 卷52 華譚傳, p.1449, "譚至洛陽, 武帝親策之曰: '今四海一統, 萬里同風, 天下有道, 莫斯之盛. 然北有未羈之虜, 西有醜施之氐, 故謀夫未得高枕, 邊人未獲晏然, 將何以長弭斯患, 混清六合?'".

110 홍승현, 「苻堅의 '六合'개념과 귀속민통치」, 2009.

에 따른 오류이다.[111] 예컨대 혁련발발도 이미 입새한 이민족과 연합해서 중
국 통일을 이루겠다는 뜻으로 '육합'을 사용하고 있다.[112] 동진·남조뿐 아
니라 북조에서도 '육합'은 그대로 중국의 통일을 의미하고 있다. 그리고 수
조에 이르러서도 진(陳)을 멸망시키고 통일한 것을 '육합'이라고 말하고 있
기 때문이다.[113]

그런데 농경중국과 유목새외, 그리고 남만족을 포괄하는 의미로 등장한 개
념이 '호월(胡越)'이다. '육합'이 공간 개념이라면 '호월'은 구체적인 종족
개념이라 할 수 있다. '호월'이란 용어가 출현한 것은 오래전이지만 호월이
강조되고 실제로 구체화된 것은 위진남북조-수당시대였다. '호월'이란 용
어는 진한대에는 남방의 오령(五嶺), 북방의 장성을 경계선으로 하여 그 밖의
지역을 가리킨다.[114] 그 외는 중국의 영역 밖이라는 말이다. 오령을 '서쪽으
로는 형산의 남쪽으로부터, 동쪽으로는 바다에서 그친다[西自衡山之南, 東窮於

111 근거로 든 것이 "(苻堅)報曰: '朕方混六合爲一家, 視夷狄爲赤子, 汝宜息慮, 勿懷耿介. …'
[『資治通鑑』卷103 晉紀25 孝武皇帝 寧康 元年(373) 是歲條, p.3267]"라 한 것인데, 당시
부견이 적대국인 慕容氏의 과도한 우대에 대해 걱정하는 것에 대해, '混一六合爲一家'하기
위해 먼저 '視夷狄(慕容氏)爲赤子'가 필요하다고 한 것을 강조한 것이지 원주지에 사는 夷
狄을 六合에 포함시킨 것은 아니다. 그것은 "(王猛)言終而卒. (苻)堅 … 謂太子宏曰: '天不
欲使吾壹平六合邪, 何奪吾景略之速也?'"라 한 문장에서 '平壹六合'은 中國의 統一을 의미
하고 있는 데서도 알 수 있다.
112 『晉書』卷130 赫連勃勃載記, p.3207, "遺其御史中丞烏洛孤盟于沮渠蒙遜曰: '自金晉數終,
禍纏九服, 趙魏爲長蛇之墟, 秦隴爲豺狼之穴, 二都神京, 鞠爲茂草, 蠢爾群生, 罔知憑賴. 上
天悔禍, 運屬二家, 封疆密邇, 道會義親, 宜敦和好, 弘康世難. … 今我二家, … 同克濟之誠,
勠力一心, 共濟六合. … 夷險相赴, 交易有無, 爰及子孫, 永崇斯好.'蒙遜遣其將沮渠漢平來
盟".
113 『隋書』卷4 煬帝紀下 大業 8年, p.79, "春正月辛巳, 大軍集于涿郡, … 壬午, 下詔曰: '… 粵
我有隋, 誕膺靈命, 兼三才而建極, 一六合而為家. … 而高麗小醜, 迷昏不恭, 崇聚勃·碣之間,
荐食遼·獩之境. 雖復漢·魏誅戮, 巢窟暫傾, 亂離多阻, 種落還集. 萃川藪於往代, 播寔繁以
迄今, 眷彼華壤, 翦為夷類. …'".
114 『漢書』卷27下-上 五行志7下-上, p.1472, "史記秦始皇帝二十六年, … 是歲始皇初并六國, …
南戍五嶺, 北築長城以備胡越, …";『漢書』卷32 陳餘傳, p.1831, "(張耳·陳餘)至諸縣, 說其
豪桀曰: '秦為亂政虐刑, 殘滅天下, 北為長城之役. 南有五嶺之戍, …'".

海'[115]라고 하였으니 현재의 호남성-복건성으로 이어지는 동서로 뻗은 5개의 큰 봉우리로 그 선을 넘으면 현재의 광동성이다. 호월의 '호'는 북쪽의 장성을 넘어 여전히 유목생활을 하던 종족집단을 말한다면, '월'은 남쪽의 중국 영내로 이미 편입된 오(吳) 지역을 넘어선 지역을 일컫는 용어이다.

'천가한' 칭호와 관련하여 자주 거론되는 것이 바로 "호와 월이 이렇게 한 집안이 된 것은 자고로 아직 있어 본 적이 없었다[胡越一家, 自古未有也]"는 당 고조 이연의 말이다. 정관 7년(633) 상황인 이연이 술자리에서 항부한 돌궐의 힐리가한에게 춤을 추게 하고 남만의 추장인 풍지대(馮智戴)에게 시를 읊게 한 다음, 웃으면서 이같이 자평하였다.[116] 태종이 상황인 이연을 초치한 것과 그 장소가 하필 한의 미앙궁 자리였다는 사실이 흥미롭다.

이는 사이가 내항하여 당조의 신하가 된 공을 상황에게 돌리며 자신은 한 고조처럼 자만하지 않겠다는 뜻이다. 그런데 상황을 위로하기 위한 자리였지만, 사실상 한 고조와의 대비를 통해 한과 당의 사이(四夷)에 대한 통어의 정도를 은근히 빗대며 태종 자신의 업적을 과시하고 있는 것이다. 한 고조 시기는 '천하가 아직 안정되지 않은[天下方未定]'의 상태였다. 그런 상황에서 한 고조 유방은 과도하게 화려하게 지어진 미앙궁을 보고 그 영건 책임자였던 소하(蕭何)를 책하였으나, 소하는 "무릇 천자는 사해를 집으로 삼는데 장려하지 않으면 중위를 보일 수 없다[且夫天子四海為家, 非壯麗無以重威]"는 말로 설득하였다 한다.[117] 그런 미앙궁이라는 장소에서 주연을 벌였다는 것은

---

115 『漢書』 卷32 陳餘傳, p.1832, "注(四); 服虔曰: '山領有五, 因以為名. 交趾合浦界有此領.' 師古曰: '服說非也, 領者, 西自衡山之南, 東窮於海, 一山之限耳. 而別標名, 則有五焉.' 裴氏廣州記云 '大庾·始安·臨賀·桂陽·揭陽, 是為五領.' 鄧德明南康記曰 '大庾領一也, 桂陽騎田領二也, 九真都龐領三也, 臨賀萌渚領四也, 始安越城領五也.' 裴說是也".

116 『資治通鑑』 卷194 唐紀10 太宗 貞觀 7年(633) 12月條, pp.6103~6104, "戊午, 還宮, 從上皇置酒故漢未央宮. 上皇命突厥頡利可汗起舞, 又命南蠻酋長馮智戴詠詩, 旣而笑曰: '胡越一家, 自古未有也!'帝奉觴上壽曰: '今四夷入臣, 皆陛下教海, 非臣智力所及. 昔漢高祖亦從太上皇置酒此宮, 妄自矜大, 臣所不取也.' 上皇大悅. 殿上皆呼萬歲".

117 『史記』 卷8 高祖本紀, pp.385~386, "蕭丞相營作未央宮, 立東闕·北闕·前殿·武庫·太倉,

이민족, 특히 북방 유목민족에 대한 통어 면에서 한과 당의 차이를 나타내려
는 당 태종의 묘한 의도가 감지되고 있다.

이런 점은 다른 곳에서도 발견된다. 정관 13년(639) 태종이 소륵(疏勒)으로
부터 조공을 받으면서 방현령(房玄齡) 등에게 "예전에 천하를 일통하여 사이
를 극복한 것은 오직 진시황과 한무제뿐이다. 짐이 삼척의 검을 들어 사해를
평정하니 먼 사이들이 스스로 복속한 것은 두 군주에 뒤지지 않는다"고 하
였다.¹¹⁸ '두 군주에 뒤지지 않는다[不減二君者]'라는 태종의 언설은 한과 당
의 사이(四夷)에 대한 지배의 차이를 은근히 표현하고 있는 것이다. 이 방면
만 본다면 실제 두 군주와 당 태종의 성과는 달랐다. 당 태종은 사이, 특히 호
월을 완전 제압했다는 현실적인 성과를 거두었기 때문이다. 이런 당 태종의
성과를『통전』은 "사이를 임통한 것은 이로부터 시작되었다[臨統四夷, 自此始
也]"라고 표현하였다.

전술하였듯이, '호월일가'라는 말은 북조-수당시대에 처음 나오는 말은
아니다.¹¹⁹ 그러나 이전에는 그것이 어디를 지칭하는지 구체성을 띠지 않았
던 데 비해 북조-수당대에는 그 구체성이 확실하다. 당 태종이 '호월일가'
의 형국을 완성시켰다면 그것을 위해 적극적으로 노력한 제왕은 전진의 부
견이었고, 그 다음이 북위의 효문제였다. 특히 효문제는 "호월의 사람들은

高祖還, 見宮闕壯甚, 怒, 謂蕭何曰: '天下匈匈苦戰數歲, 成敗未可知, 是何治宮室過度也?' 蕭
何曰: '天下方未定, 故可因遂就宮室. 且夫天子四海爲家, 非壯麗無以重威, 且無令後世有以
加也.' 高祖乃說".

118『新唐書』卷221上 西域傳上 疎勒, p.6233, "貞觀九年, 遣使者獻名馬, 又四年, 與朱俱波·甘
棠貢方物. 太宗謂房玄齡等曰: '曩之一天下, 克勝四夷, 惟秦皇·漢武耳. 朕提三尺劍定四海,
遠夷率服, 不減二君者. 然彼末路不自保, 公等宜相輔弼, 毋進諛言, 置朕於危亡也.'".

119 '胡越爲兄弟', '胡越爲昆弟' 등의 용어는 秦代에 쓰였다(『史記』卷83 鄒陽列傳, p.2473,
"是以秦用戎人由余而霸中國, 齊用越人蒙而彊威宣. 此二國, 豈拘於俗, 牽於世, 繫阿偏之辭
哉? 公聽並觀, 垂名當世. 故意合則胡越爲昆弟, 由余越人蒙是矣; 不合, 則骨肉出逐不收, 朱
象管蔡是矣";『漢書』卷51 鄒陽列傳, pp.2346~2347, "秦用戎人由余而伯中國, 齊用越人子
臧而彊威·宣. 此二國豈係於俗, 牽於世, 繫奇偏之浮辭哉? 公聽並觀, 垂明當世. 故意合則胡
越爲兄弟, 由余·子臧是矣; 不合則骨肉爲讎敵, 朱·象·管·蔡是矣").

또한 형제와 같이 친해질 수 있다[胡越之人亦可親如兄弟]"[120]라는 인식으로 이른바 용인에 있어서 '포용(包容: 兼容幷包)'정책을 폈던 것이다.

3. 중화의 다중화와 가한권역(可汗圈域)의 서남진(西南進)

중국의 남조와 북조가 서로 중화임을 내세우고, 서로를 '도이' 혹은 '삭로'로 멸시하여 통호 자체도 거부하더니, 결국 '피(彼)'와 '차(此)'라는 인대관계를 정립하기에 이르렀다. 북위는 '황위(皇魏)'[121]라 하였고, 유송도 '황송(皇宋)'[122]이라 자칭하였다. 이에 따라 고구려, 왜 등도 중화를 표방하게 되었다. 이처럼 농경세계에서는 '각제일방(各帝一方)'[123]하는 국세가 전개됨과 동시에 유목세계의 동향도 변화하게 되었다.[124] 유목민의 최고 군장 칭호는 주지하다시피 '가한'이다. 그런데 이 가한의 권역이 중원 지역으로 확대되고 있다는 점이 주목된다(그림 3-4 참조).

먼저 중원 지역의 제왕들이 가한호를 사용한 문제이다. 북위의 제왕이 가한을 칭하였고, 그것을 끝까지 포기하지 않았음은 전술하였다. 그런데 수의 황제와 수 말의 반란의 수괴들이 거의 모두 가한을 자칭하였거나 혹은 타칭되고 있다. 즉 돌궐의 계민가한(啓民可汗)이 수 문제를 '대수성인막연가한 (大隋聖人莫緣可汗)'이라 하였고,[125] 수 말의 반란세력인 설거(薛擧)·두건덕

---

120 『魏書』卷7下 高祖孝文帝宏紀, p.186, "每言: 凡為人君, 患於不均, 不能推誠御物, 苟能均誠, 胡越之人亦可親如兄弟".

121 『魏書』卷19中 景穆十二王中/任城王雲傳, p.461, "延興中. 雲進曰: '陛下方隆太平, … 皇魏之興, 未之有革. 皇儲正統, 聖德夙章.'".

122 『宋書』卷14 禮志1, p.346, "宋孝武大明三年九月, 尚書右丞徐爰議: '郊祀之位, … 皇宋受命, 因而弗改.'".

123 『大越史記全書』[陳荊和 編校, 『(校合本)大越史記全書』中, 東京大學 東洋文化研究所附屬東洋文獻センター, 1985] 本紀10, 明宣德二年(1427) 一二月一七日條, "惟我大越之國, 實爲文獻之邦, 山川之封域旣殊, 南北之風俗亦異, 自肇丁李陳之肇造, 我國與漢唐宋元而各帝一方".

124 林漢濟,「中華의 分裂과 隣近 各國의 對應―'多重的'中華世界의 成立―」,『中國學報』54, 2006.

125 『隋書』卷84 北狄/突厥傳, p.1873, "虜不戰而遁, 追斬首虜二千餘人. 晉王廣出靈州, 達頭遁

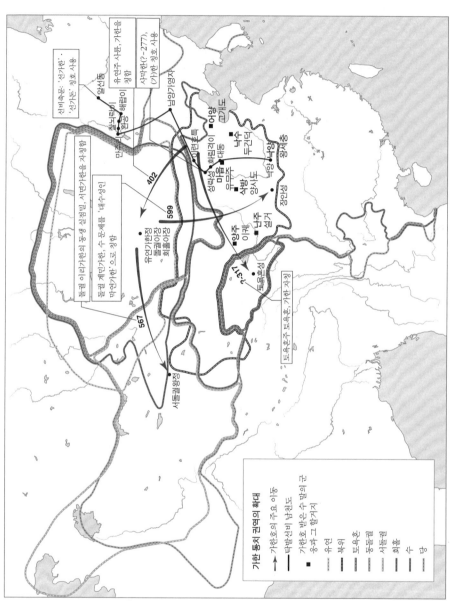

그림 3-4 가한의 통치 영역 확대도(출처: 박한제 편, 『아틀라스 중국사』, 사계절출판사, 2015, p.95)

(竇建德)·왕세충(王世充)·유무주(劉武周)·양사도(梁師都)·이궤(李軌)·고개도(高開道) 등이 '그(돌궐)의 가한의 호칭을 받았다[受其(突厥)可汗之號]'[126]라고 하였다. 이는 가한호가 남발되었다는 의미이기도 하지만 가한의 권역이 중원 지역으로까지 확대되었음을 의미한다. 그런데 수 말 반란의 수괴 가운데 당 고조 이연이 가한호를 칭했다는 기사는 발견되지 않는다. 수 말 반란세력의 수괴들이 모두 가한을 칭한 것은 당시 돌궐과의 연대가 필요했기 때문이다. 그들 대부분이 "비록 존호를 참칭하고 모두 북쪽에 대해 신하를 칭하고 그(돌궐)의 가한의 호를 받았다[雖僭尊號, 皆北面稱臣, 受其可汗之號]"고 했다면, 그 점에서는 돌궐에 칭신한 이연의 처지도 다를 바가 없었을 것이다. 그런 점에서 이연도 가한호를 받았을 가능성이 매우 높다.

다음은 서북방 초원 지역에 세력을 유지하면서 중화세계의 바깥에 있던 순수 유목제국의 경우를 보자. 가장 대표적인 존재가 바로 유목제국 유연(柔然)이었다. 유연은 '황예(皇芮)'라 자칭하며 '광복중화'의 기치를 내걸었다. 즉 유연가한의 권역을 중원까지 확대한 것이다. 유연이 남제 소도성(蕭道成)에게 보낸 국서에서[127] 그들이 발병하여 북위의 병(幷)·대(代)·진(秦)·조(趙) 지역을 점유함으로써 '광복중화'를 이루고 남제와 영돈인호(永敦隣好)하고자 한다는 뜻을 전하였다.[128] 유연과 남제는 '이의(二儀: 兩儀)'로서 '천

逃而去. 尋遺其弟子俟利伐從磧東攻啟民. 上又發兵助啟民守要路, 俟利伐退走入磧. 啟民上表陳謝曰: '大隋聖人莫緣可汗, 憐養百姓, 如天無不覆也, 如地無不載也. 諸姓蒙威恩, 赤心歸服, 並將部落歸投聖人可汗來也. 或南入長城, 或住白道, 人民羊馬. 徧滿山谷. 染干譬如枯木重起枝葉, 枯骨重生皮肉, 千萬世長與大隋典羊馬也.'".

126 『隋書』 卷84 北狄/突厥傳, p.1876, "隋末亂離, 中國人歸之者無數, 遂大強盛, 勢陵中夏. 迎蕭皇后, 置於定襄, 薛擧·竇建德·王世充·劉武周·梁師都·李軌·高開道之徒, 雖僭尊號, 皆北面稱臣, 受其可汗之號. …".

127 『南齊書』 卷59 芮芮虜傳, p.1023, "(昇明)二年·三年, 芮芮主頻遺使貢獻貂皮雜物. 與上書欲伐魏虜, 謂上'足下', 自稱'吾'. … 國相邢基祇羅迴奉表曰: "夫四象棄政, 二儀改度. …".

128 『南齊書』 卷59 芮芮虜傳, pp.1024~1025, "皇芮承緒, 肇自二儀, 拓土載民, 地越滄海, 百代一族, 大業天固. 雖吳漢殊域, 義同脣齒, 方欲剋期中原, 龔行天罰. 治兵繕甲, 俟時大擧. 振霜戈於幷·代, 鳴和鈴於秦·趙, 掃殄凶醜, 梟剪元惡. 然後皇輿遷幸, 光復中華, 永敦隣好, 侔蹤

과 지', '음과 양'[129]의 관계로 '오와 막이라는 서로 다른 지역에 처하고 있지
만 순치의 관계[吳(漢)漠殊域, 義同脣齒]'로 춘추시대의 제·노처럼 화호하겠다
하였다. 한조와 다른 세계를 상정하고 있던 흉노와는 달리[130] 유연은 중화세
계에의 참여를 분명히 했던 것이다. 물론 이런 현상은 중국의 내부가 분열함
으로 중화세계와는 다른 세계에 존재하던 서북방 유목세계도 '중화세계'의
일원으로 등장하였다는 의미이기도 하다.[131]

　　이른바 '새외'의 주역은 흉노에서 선비로 다시 유연으로 바뀌어갔다. 당
시 이미 중원국가로 변한 북위에서는 유연과 북위의 관계를 흉노와 한의 관
계처럼 이해하기도 하였다.[132] 그러나 외형적으로는 그러할지 몰라도 사실
은 전혀 달랐다. 흉노와 양한의 관계는 북·남의 적국으로[133] 이주(二主)로서
동등한 관계였고, 흉노는 인궁지민으로 일가를 이루어 북주(北州)에서 남국
(南國)과 대립하고 있었다.[134] 중원은 그들의 약탈 대상 지역이었지, 점유의
땅은 아니었다. 그런데 유연은 중원을 그들의 잠재적인 강역으로 상정하고
있는 것이다. 또한 선비의 한 계열인 토욕혼의 가한호 자칭도 가한 권역이

齊·魯. 使四海有奉, 蒼生咸賴, 荒餘歸仰, 豈不盛哉!".

129 『晉書』卷92 文苑/成公綏傳, p.2373, "若乃共工赫怒, 天柱摧折, 東南俄其既傾, 西北豁而中
裂, 斷鼇足而續毀, 鍊玉石而補缺. 豈斯事之有徵, 將言者之虛設? 何陰陽之難測, 偉二儀之多
闢!".

130 『史記』卷110 匈奴列傳, p.2896, "單于遺漢書曰: '天所立匈奴大單于敬問皇帝無恙. 前時皇
帝言和親事, 稱書意, 合歡. … 絶二主之約, 離兄弟之親. … 以天之福, 吏卒良, 馬彊力, 以夷
滅月氏, 盡斬殺降下之. 定樓蘭·烏孫·呼揭及其旁二十六國, 皆以爲匈奴. 諸引弓之民, 并爲一
家. … 北州已定. …'".

131 朴漢濟, 「中華의 分裂과 隣近 各國의 對應─'多重的' 中華世界의 成立─」, 2006, p.264.

132 『魏書』卷24 張袞傳 附 張倫傳, p.617, "熙平中, 蠕蠕主醜奴遣使來朝, 抗敵國之書, 不修臣
敬. 朝議將依漢答匈奴故事, 遣使報之".

133 『史記』卷110 匈奴列傳, p.2890, "自淳維以至頭曼千有餘歲, 時大時小, 別散分離, 尚矣, 其
世傳不可得而次云. 然至冒頓而匈奴最彊大, 盡服從北夷, 而南與中國爲敵國, 其世傳國官號乃
可得而記云.

134 『史記』卷110 匈奴列傳, p.2896, "單于遺漢書曰: '天所立匈奴大單于敬問皇帝無恙. … 二主
之約, 離兄弟之親 … 諸引弓之民, 并爲一家. 北州已定. …'"; 同書, p.2897, "孝文皇帝前六
年, 漢遺匈奴書曰: '皇帝敬問匈奴大單于無恙. …'".

서남으로 확장되었음을 의미한다.

후세의 서북 유목군장들이 당 태종에게 '천가한'의 칭호를 준 것은 남방의 중원왕조의 수장을 '오(한)막[吳(漢)漠]' 양 지대를 아우르는 지배자로 인정한 것이었다. 물론 이런 변화는 당왕조 황실 자체가 호족(유목민족)에 그원류를 두고 있었기 때문에, 새외에 특별한 관심이 있었던 점도 있지만 순수한 유목왕조로 일관했던 흉노와는 달리 유연이 가졌던 대(對)중원관, 그리고 중화관과도 연관이 있다고 보아야 할 것이다. 이처럼 유목제국이 장성 내의 문제에 개입하기 시작한 것이다.

한편 당제국에서 재상을 역임한 369명, 총 98족 가운데 그 조상 대부분이 번인한화(蕃人漢化), 혹은 한화번인(漢化蕃人)의 경력을 가졌다고 한다. 그리고 이런 풍조는 만당(晚唐)까지 큰 변화가 없었다. 특히 당 고조의 경우 임용한 재상 16명 가운데 적어도 9명이 번인과 혈연상 인척관계였다. 그리고 선종(宣宗) 대중(大中) 연간에서 의종(懿宗: r.860~874) 시기의 재상을 지낸 최신유(崔愼猷)가 대중~함통(咸通) 연간(847~874)에 임용된 재상은 모두 번인[近日中書, 盡時蕃人][135]이라 하였던 것은 당제국에 얼마나 많은 이민족 원류를 가진 자들이 활약했는가를 말해주는 지적이라 생각한다.

유목세계와 농경세계를 아우르는 당조에서는 세계 각처 각국(72국)에서 온 사람들이[136] 자기가 가진 기술과 학문으로 세계제국의 수도 장안성과 당제국 내 각지에서 경쟁하였다. 이를 두고 좀 과장된 표현이지만 '만국내정(萬國來庭)',[137] '화이대동(華夷大同)'[138]이라 지칭한다.

---

135 (五代)孫光憲撰・賈二强點校, 『北夢瑣言』(北京: 中華書局, 2002) 卷5 中書蕃人事, p.97, "唐自大中至誠通, 白中令入拜相, 次畢相諴・曹相確, 羅相劭, 權使相也, 繼升巖廊. 崔相愼猷曰: '可以歸矣, 近日中書, 盡時蕃人.' 蓋以畢・白・曹, 羅爲蕃姓也".

136 당나라에 사신을 파견한 나라를 72국으로 기록되어 있다(『唐會要』卷49 僧尼所隷條, p.1007; 『新唐書』卷135 高仙芝傳, p.4577).

137 (宋)宋敏求編, 『唐大詔令集』(上海: 學林出版社, 1992) 卷3 「改元貞觀詔」, p.13.

138 (宋)宋敏求編, 『唐大詔令集』卷10 帝王, 「會昌二年冊尊號敕」, p.56.

Ⅳ. 이적에서 중화로의 변신

1. '융적이류(戎狄異類)' 탈피 과정

북위 효문제가 '호월'이란 말을 썼을 때는 그가 속한 선비 탁발족은 이미 호나 월이 아니었다. 그가 낙양으로 천도한 것도 중화가 되기 위한 선택이었다. 오호가 아니고 '중화'라는 것이다. 그러나 그것은 누구에게나 공인된 인식은 아니었다. 오호가 아니라고 부정한다고 해서 부정되는 것은 아니다. 오호십육국 성립 이후 북방 유목민족 출신의 왕조가 종족적으로 오호를 벗어나는 데는 많은 시간이 필요하였다.

부견의 조부 부홍(苻洪)이 공부하려는 부견에게 "너는 융적이류라서, 세상 사람들은 네가 술을 좋아할 것이라 여기는데, 지금 곧 학문을 구하느냐[汝戎狄異類, 世知欲酒, 今乃求學耶]"[139]라 하였다. 이것은 부견이 융적이류에서 벗어나는 방법이 '구학'임과 동시에 그것으로도 융적이류는 쉽게 뛰어넘을 수 없는 장벽이었음을 의미한다.[140] "융인으로 제왕이 된 자는 없었지만 명신(名臣)으로 공업을 이룬 자는 있었다"[141]는 것이 당시 호한 양족의 공통된 인식이었다. 호족마저 그런 인식을 벗어나지 못하였다. 석륵이 그러하였고,[142] 요익중(姚弋仲) 역시 그러하였다.[143] 그럼에도 불구하고 부견처럼 '구학'에

---

139 『晉書』卷113 苻堅載記上, p.2884, "汝戎狄異類, 世知欲酒, 今乃求學耶!".

140 東晉을 치려는 苻堅에 대해 동생 苻融이 "且國家本戎狄也, 正朔會不歸人; 江東雖微弱僅存, 然中華正統, 天意必不絶之!"라 하였다[『資治通鑑』卷104 晉紀26 孝武帝 太元 7년(382), 冬十月條, p.3304].

141 『晉書』卷104 石勒載記上, p.2715, "劉琨遣張儒送于勒, 遺勒書曰; '… 自古以來誠無戎人而爲帝王者, 至於名臣建功業者, 則有之矣".

142 『晉書』卷104 石勒載記上, p.2721, "(石勒)乃遣其舍人王子春. … 奉表推崇浚爲天子曰: '勒本小胡, 出於戎裔, 値晉綱弛御. … 今晉祚淪夷, 遠播吳會, 中原無主, 蒼生無繫. 爲帝王者, 非公復誰? …'. … 子春對曰: '… 且自古誠胡人而爲名臣者實有之, 帝王則未之有也. 石將軍非所以惡帝王而讓明公也, 顧取之不爲天人之所許耳. 願公勿疑.'".

143 『晉書』卷116 姚弋仲載記, p.2961, "弋仲有子四十二人, 常戒諸子曰: '吾本以晉室大亂, 石氏

매달릴 수밖에 없었다. 그것은 통치자가 응당 갖추어야 할 덕을 쌓는 유일한 길이기도 하지만, 중국전통문화의 획득만이 '호'에서 벗어나는 거의 유일한 길이었기 때문이었다. 호족 출신 군주들에게 위안을 주었던 것은 중국고대 전설상의 성인들의 출생지에 대한 『맹자』[144] 등의 평론이었다. 순이나 우, 그리고 문왕 등 성인들의 출생지가 이적의 땅이었다는 『맹자』의 주장은 호족 출신 군주들이 기댈 수 있는 유일한 근거였다.[145]

이른바 '참위'군주들이 오히려 문학(학문)에 뛰어났다는 조익(趙翼)의 지적은[146] 구학을 통해 이들이 화이의 장벽을 넘으려고 시도하였음을 말해준다. 한(漢: 前趙)의 유연[147]·유화(劉和)[148]·유선(劉宣)[149]·유총(劉聰)은 모두 공통된 특징이 있는데, 학문을 좋아하고 경사를 읽는 것을 즐겼다는 것이다. 유연·유선은 일찍이 한인인 최유(崔游)와 손염(孫炎)을 스승으로 모셨다. 유총은 서법에 뛰어났을 뿐 아니라 시문 역시 능하였다. 그가 지은 『술회시(述懷詩)』는 100여 편에 이르고 「부송(賦頌)」 역시 50여 편에 달한다.[150] 선비 모용씨의 삼대에 걸친 인물들도 마찬가지였다. 전연의 기초를 닦은 모용황,[151]

待吾厚, 故欲討其賊臣以報其德. 今石氏已滅, 中原無主, 自古以來未有戎狄作天子者. 我死, 汝便歸晉, 當竭盡臣節, 無為不義之事.'乃遺使請降".

144 『孟子』 離婁下, "孟子曰: 舜生於諸馮, 遷於負夏, 卒於鳴條, 東夷之人也, 文王生於岐周, 卒於畢郢, 西夷之人也. 地之相去也, 千有餘里, 世之相後也, 千有餘歲, 得志行乎中國, 若合符節, 先聖後聖, 其揆一也".

145 『晉書』 卷101 劉元海載記, p.2649, "元海曰: … 夫帝王豈有 常哉, 大禹出於西戎, 文王生於東夷, 顧惟德所授耳".

146 趙翼, 『卄二史箚記』 卷8 晉書 「僭偽諸君有文學」條.

147 『晉書』 卷101 劉元海載記, pp.2645~2646, "幼好學, 師事上黨崔游, 習毛詩·京氏易·馬氏尚書, 尤好春秋左氏傳·孫吳兵法, 略皆誦之, 史·漢·諸子, 無不綜覽".

148 『晉書』 卷101 劉元海(子和)載記, p.2652, "和 … 好學夙成, 習毛詩·左氏春秋·鄭氏易".

149 『晉書』 卷101 劉元海(劉宣)載記, pp.2653~2654, "劉宣 … 好學修潔. 師事樂安孫炎, 沈精積思,不舍晝夜, 好毛詩·左氏傳. 炎每嘆之曰, '宣若遇漢武, 當踰於金日磾也.'".

150 『晉書』 卷102 劉聰載記, p.2657, "劉聰, … 幼而聰悟好學, 博士朱紀大奇之. 年十四, 究通經史, 兼綜百家之言, 孫吳兵法靡不誦之. 工草·隸, 善屬文, 著述懷詩百餘篇·賦頌五十餘篇".

151 『晉書』 卷109 慕容皝載記, p.2815, "慕容皝 … 廆第三子也. … 尙經學, 善天文".

전연의 건립자인 모용준(慕容儁),[152] 남연의 건립자인 모용덕(慕容德),[153] 후연의 건립자인 모용수(慕容垂)의 태자인 모용보(慕容寶)[154] 등은 모두 많은 책을 두루 읽었고, 매우 높은 수준의 한문화를 습득하였다. 학문은 흥미 그 자체에 그치지 않고, 이를 통해 덕과 문화를 획득한 자로 인식되는 목적이 전제된 것이다. 그 구학의 결과로 석륵은 그를 모셨던 모신(謀臣) 장빈(張賓)으로부터 "내가 이제껏 여러 장수들을 많이 보아왔는데, 오직 호장군만이 더불어 대사를 성취시킬 수 있다[吾歷觀諸將多矣, 獨胡將軍可與共成大事]"[155]라는 말을 들었다. 즉 함께 대사를 이룰 수 있는 장군으로 인정받기에 이르렀다. 부견도 왕맹으로부터 전적인 신뢰를 얻을 수 있었다.[156]

2. '오비오호(吾非五胡)'의 언설과 그 논리

위진남북조시대 호족을 통칭해서 '오호'라고 하고 그들이 세운 나라를 '십육국'이라 하여, '오호십육국'이란 용어는 호족에 의해 세워진 나라라는 뜻으로 통용되고 있다. 사실 엄격하게 따지면, '십육국'을 모두 오호가 세운 것은 아니다. 예컨대 성국(成國)은 종인(賨人)이 세웠고, 북연과 서량은 한인이 세웠다. 오호가 세운 국가 가운데 십육국에 포함되지 않는 국가도 있는데, 선비가 세운 서연이 바로 그것이다.

'오호'의 명칭은 가장 먼저 부견의 입에서 나왔다.[157] 그런데 부견의 말을

---

152 『晉書』卷110 慕容儁載記, p.2831, "慕容儁 … 皝之第二子也. … 博觀圖書, 有文武幹略".
153 『晉書』卷127 慕容德載記, p.3161, "慕容德 … 皝之少子也. … 博觀群書, 性淸愼, 多才藝".
154 『晉書』卷124 慕容寶載記, p.3093, "慕容寶 … 垂之第四子也. … 及爲太子, 砥礪自修, 敦崇儒學, 工談論, 善屬文".
155 『晉書』卷105 石勒載記下 張賓傳, p.2756, "及永嘉之亂, 石勒爲劉元海輔漢將軍, 與諸將下山東, 賓謂所親曰:'吾歷觀諸將多矣, 獨胡將軍可與共成大事.'".
156 朴漢濟, 『中國中世胡漢體制硏究』, 1988, pp.69~76.
157 『晉書』卷110 符堅載記下, p.2928, "(姚)萇求傳國璽於堅曰:'萇次膺符曆, 可以爲惠.' 堅瞋目叱之曰:'小羌乃敢干逼天子, 豈以傳國璽授汝羌也. 圖緯符命, 何所依據? 五胡次序, 無汝羌名. 違天不祥, 其能久乎! 璽已送晉, 不可得也.'".

분석하면 부견은 이미 '천자'였다는 것이고, 오호에도 '차서(次序)'가 있다는 것이다. 오호의 차서에도 빠져 있는 강족(羌族) 요장(姚萇)이 자기에게 전국새(傳國璽)를 내놓으라고 강박하니, 강족은 오호의 차서에 들어 있지 않다고 한 것이다. '십육국'의 명칭은 최홍의 『십육국춘추』에서 유래하였다. '십육국'을 선정한 데는 최홍 나름의 기준이 있었다. 최홍은 십육국은 "능히 국가를 세우고 씨(氏)를 명명하여 '전국(戰國)'을 이룬 자"를 취한 것으로 종족적으로 '오호'와 곧바로 연결시킨 것은 아니었다.[158] 그럼에도 불구하고 오호십육국은 이후 역사인식에서 이 시대의 호족과 밀접하게 엮어 온 것은 사실이다.

오호십육국 각 왕조의 호족 출신 황제들은 '호족'이라는 굴레를 벗기 위해 나름으로 노력하였다. 그러나 그것은 용이한 일이 아니었다. 부견 같은 경우는 자기 조부와 동생에게서[159] 그런 노력이 무망하다는 충고를 들어야만 하였다. 오호십육국 가운데서 호족 탈출에 성공한 황제가 크게 눈에 띄지 않는 것은 그 길이 그만큼 어려웠다는 의미이다.

북위에 들어서 오호십육국과의 차별화를 통해 이 문제를 돌파하려는 시도가 나타났다. 특히 3대 태무제가 화북의 통일이라는 과업을 완수하면서 본격적으로 시도되었다. 물론 오호의 하나인 '선비' 출신임을 부정한 것은 아니지만,[160] 삼대에서 진한까지 중주(中州)에 잔혹하게 해를 입힌 오호의 대표인 흉노와의 차별화를 우선 선언하였다. 이것은 부견이 강족 요장에게 한 말과도 통하는 것이었다. 선비 탁발씨는 한족에게 미증유의 상처를 입힌 영가

---

158 『魏書』卷67 崔鴻傳, pp.1503~1504, "自晉永寧以後, 雖所在稱兵, 競自尊樹, 而能建邦命氏成爲戰國者, 十有六家. 善惡興滅之形, 用兵乖會之勢, 亦足以垂之將來, 昭明勸戒. 但諸史殘缺, 體例不全, 編錄紛謬, 繁略失所, 宜審正不同, 定爲一書".

159 朴漢濟, 『中國中世胡漢體制研究』, 1988, pp.78~79.

160 太武帝가 南朝에 보낸 서신에서 스스로를 '我鮮卑'라고 표현하였다(『宋書』卷95 索虜傳, pp.2347~2348, "此後復求通和, 聞太祖有北伐意, 又與書曰: '彼此和好 … 復何知我鮮卑常馬背中領上生活. …'").

의 난에 직접 참여한 당사자가 아니었기 때문에 내세울 수 있는 논리였다. 진(晉)의 제왕을 무도한 자로 폄하하고, 또 한족을 대량 학살한[161] 오호십육국 군주와의 차별화를 선언한 것은[162] 나름으로 논리성을 가졌다. 태무제에 의해 단행된 폐불과 신도교의 국교화는 이와 같은 선상에서 단행된 것이었다. 오호인 후조의 석호가 불교를 호족의 종교라 하여 친근감을 갖고 그 홍통에 힘썼던 것과는 판이한 입장에서 폐불 조처를 단행했던 것이다.[163]

효문제는 태무제의 단계에서 더 나아가 오호정권들이 부정했던 서진의 계승왕조임을 분명히 선언하였다. 북위는 국초에 오행 가운데 토덕(土德)을 채용하였지만[164] 구체적으로 어느 왕조를 계승한 것인지 불명하였다. 효문제는 목화토금수의 오덕에서 수덕(水德)을 채용하여 북위가 서진의 금덕(金德)

---

161 西晉 말기 劉曜의 洛陽 함락 시에 "官士庶死者, 三萬餘人"(『晉書』 卷5 懷帝紀 永嘉 5年 6月 條, p.123)이나 石勒이 東海王 越을 격파했을 때, "王公士庶死者十餘萬"(『晉書』 卷59 東海王越傳, p.1625)이라는 대량 살육이 행해졌다.

162 동진·남조에서 北魏를 오호와 구별했느냐는 별개의 문제인 것 같다. 梁代에도 여전히 북위를 五胡라고 부르고 있기 때문이다[『洛陽伽藍記』 卷2 城東 景寧寺 出靑陽門外三里, pp.117~118, "(陳)慶之因醉謂蕭(彪)·張(景仁)等曰: '魏朝甚盛, 猶曰五胡, 正朔相承, 當在江左. 秦皇玉璽, 今在梁朝.'"].

163 石勒 石虎 등이 胡族의 종교로써 佛敎에 대한 호감을 가지고 믿고 홍통시킨 것과는 다른 차원이다. 한편 신도교는 단순히 중국 고유의 '老莊의 敎'가 아니라는 점이다. 태무제는 佛敎(胡之誕言)와 道家(老莊之虛假)를 동일시하고 있다는 것이다[『魏書』 卷114 釋老志, pp.3034~3035, "乃下詔曰: '昔後漢荒君, 信惑邪僞, 妄假睡夢, 事胡妖鬼, 以亂天常, 自古九州之中無此也. 夸誕大言, 不本人情. … 欲除僞定眞, 復義農之治. 其一切盪除胡神, 滅其蹤迹 … 自今以後, 敢有事胡神及造形像泥人·銅人者, 門誅. 雖言胡神, 問今胡人, 共云無有. 皆是前世漢人無賴子弟劉元眞·呂伯强之徒, 接乞胡之誕言, 用老莊之虛假, 附而益之, 皆非眞實. 至使王法廢而不行, 皆大姦之魁也. 有非常之人, 然後能行非常之事. 非朕孰能去此歷代之僞物! 有司宣告征鎭諸軍·刺史, 諸有佛圖形像及胡經, 盡皆擊破焚燒, 沙門無少長悉坑之.'是歲, 眞君七年三月也.")].

164 黃帝의 자손이라든가, 건국 초기 黃星이 天上에 빛났다든가, 拓跋의 胡語로 土를 의미한다든가 등의 설이 있다[『魏書』 卷1 序紀, p.1, "昔黃"; 『魏書』 卷2 太祖道武帝珪本紀, p.34, "(天興元年, 398)十有二月己丑, 帝臨天文殿, … 詔百司議定行次, 尙書崔玄伯等奏從土德, 服色尙黃, 數用五, 未祖辰臘."; 『魏書』 卷108-1 禮志1, p.2734, "天興元年, 定都平城, 卽皇帝位, 立壇兆告祭天地. … 事畢, 詔有司定行次, 正服色. 羣臣奏以國家繼黃帝之後, 宜爲土德, 故神獸如牛, 牛土畜, 又黃星顯曜, 其符也. 於是始從土德, 數用五, 服尙黃, 犧牲用白. 祀天之禮用周典, 以夏四月親祀于西郊, 徽幟有加焉.".

을 계승했음을 확실히 하였다.[165]

다음으로 그들의 계보에 대한 조작이다. 물론 이것은 오호십육국의 여러 왕조에서 시도된 바 있다. 우선 황제의 후손이라는 점을 강조하면서 '(복)희(신)농지치'를 회복할 것을 선언하였다.[166] 융적의 원류를 변방에 유배된 동족으로 간주하는 한족의 전통적인 관념을 이용한 것으로 한족 사인에 대한 대대적인 영입과 호족으로부터의 탈출을 위한 포석이었다. 이런 시도는 상당한 성공을 거두어 한족 사인들의 마음을 움직였다. 효문제가 '사삼황이며 육오제[四三皇而六五帝]'[167]에 상당하는 성주로 인정되었을 정도였고,[168] 발해의 명문 고려(高閭)는 효문제에게 봉선을 행할 것을 권하면서 강남은 '중국'이 아니라고 말하기도 하였다.[169]

---

165 『魏書』卷108-1 禮志1, pp.2744~2747, "中書監高閭議以爲: '帝王之作, 百代可知, 運代相承, 書傳可驗. … 自茲厥後, 乃以爲常. 魏承漢, 火生土, 故魏爲土德. 晉承魏, 土生金, 故晉爲金德. 趙承晉, 金生水, 故趙爲水德. 燕承趙, 水生木, 故燕爲木德. 秦承燕, 木生火, 故秦爲火德. 秦之未滅, 皇魏未克神州, 秦氏旣亡, 大魏稱制玄朔. 故平文之廟, 始稱'太祖', 以明受命之證, 如周在岐之陽. 若繼晉, 晉亡已久; 若棄秦, 則中原有寄. 推此而言, 承秦之理, 事爲明驗. 故以魏承秦, 魏爲土德, 又五緯表驗, 黃星曜彩, 考氏定實, 合德軒轅, 承土祖未, 事爲著矣. …', 秘書丞李彪. … 以爲: '…'. (太和)十五年 … 詔曰: '… 便可依爲水德. …'". 孝文帝가 취한 이 조처의 意味에 대해서는 呂思勉, 『兩晉南北朝史』(臺北: 開明書店, 1969) pp.1470~1472에 상세히 나온다.

166 『魏書』卷1 序紀, p.1, "昔黃帝有子二十五人, 或內列諸華, 或外分荒服, 昌意少子, 受封北土, 國有大鮮卑山, 因以爲. … 黃帝以土德王, 北俗謂土爲托, 謂后爲跋, 故以爲氏. … 爰歷三代, 以及秦漢, 獫鬻·獯狁·山戎·匈奴之屬, 累代殘暴, 作害中州. …; 『魏書』卷114 釋老志, p.3034, "乃下詔曰: '… 欲除僞定眞, 復羲農之治. …'".

167 『魏書』卷62 李彪傳, pp.1394~1396, "彪乃表曰: '… 唯我皇魏之奄有中華也 … 先皇有大功二十, 加以兼尊而光, 爲而弗有, 可謂四三皇而六五帝矣, 誠宜功書於竹素, 聲播於金石. …'".

168 『南齊書』卷57 魏虜傳, pp.991~992, "每使至, (拓跋)宏親相應接, 申以言義. 其重齊人, 常謂其臣下曰: '江南多好臣.' 僞侍臣李元凱對曰: '江南多好臣, 歲一易主, 江北無好臣, 而百年一主' 宏大慙. 出元凱爲雍州長史, 俄召復職'. 이원개의 이 발언은 孝文帝의 말에 시비를 건 것으로 소개된 것이지만, 당시 북위 한족 사대부들의 왕조에 대한 자부심을 느낄 수 있다.

169 『魏書』卷54 高閭傳, p.1208, "(高)閭曰: '司馬相如臨終恨不見封禪, 今雖江介不賓, 小賊未盡, 然中州之地, 略亦盡平, 豈可於聖明之辰, 而闕盛禮. 齊桓公霸諸侯, 猶欲封禪, 而況萬乘.' 高祖曰: '由此桓公屈於管仲. 荊揚未一, 豈得如卿言也.' 閭曰: '漢之名臣, 皆不以江南爲中國. 且三代之境, 亦不能遠.' 高祖曰: '淮海惟揚州, 荊及衡陽惟荊州, 此非近中國乎?'".

효문제는 낙양 천도를 통해 '신주'의 계승자임을 표방하였다. 그가 여러 가지 조건에서 유리한 업 대신 낙양을 고집한 데에는 오호시대의 편패지주였던 석호와 모용씨의 수도였던 업과는 달리 고래로 통일중국의 수도였고, '중국'의 진정한 의미를 갖춘 지점이 바로 낙양이라는 점 때문이었다.[170] 북위가 서(동)진에 이어 중원 정통왕조임을 스스로 선언한 것이다.[171]

북위의 이런 오호십육국과의 차별화는 서위-북주에서 더 본격화되었다. 관롱호족과 북진 무장의 연합정권인 서위-북주의 중심지는 북위 때의 낙양에서 장안으로 바뀌었다. 그리고 삼대의 제도인 『주례』 관제를 채택하였다.[172] 우문태가 취한 이런 정책은 호한의 절묘한 절충이었고, 남조왕조들이 정삭을 계승하고 있다는 논리에 대한 사상적인 반격이기도 하였다. 『주례』 관제의 채용은 남조 정통성의 기반인 '한위지제'의 초극을 전제로 한 것이었는데,[173] 서주왕조는 바로 '이하를 분리시키지 않았던 시대'[174]라는 점이 그 이유였다. 또한 '호성재행'과 '사성'정책을 실시해 관중에 새로운 향리를 건설하여 그곳에 거주해 왔거나 모여 든 호한 양족을 '친족화'시키는 작업을 진행하였다.[175] 관중이라는 지역을, 종족을 초월한 호한인민의 '향리'로

---

170 逯耀東, 「北魏孝文帝遷都與其家庭悲劇」, 『從平城到洛陽』, 臺北: 聯經出版事業公司, 1979, pp.104~105; W. J. F. Jenner, "Northern Wei Loyang An Unnecessary Capital?", *Paper on Far Eastern History* 23, 1981, pp.164~165.

171 『魏書』에서 東晉을 '島夷' 대신 '僭僞'라고 하였던 이유가 거기에 있다.

172 (宋)鄭樵, 『通志』(臺北: 新興書局, 1963) 卷30 氏族略 氏族6 變於夷條, p.484-中, "臣謹按 後周宇文氏以起於夷虜, 故欲變夏爲夷, 以夷爲貴也. 然官制一遵三代以姓氏用夷虜, 何相反 如是".

173 北周 武帝의 즉위 시에 내린 조칙에 의하면 宇文泰의 『周禮』 채용을 '捨末世之弊風'하고 '蹈隆周之叡典'한 周公의 그것으로 평가하고 있다(『周書』 卷5 武帝紀上 保定 元年 春正月 戊辰 詔曰, p.64, "… 故周文公以上聖之智, 翼彼姬興, 爰作六典, 用光七百. … 我太祖文皇 帝稟純和之氣, 挺天縱之英, 德配乾元, 功侔造化, 故能捨末世之弊風, 蹈隆周之叡典, 誕述百官, 厥用尤集 … 今可班斯禮於太祖廟庭"己巳, 祠太廟, 班太祖所述六官焉").

174 宮崎市定, 『九品官人法の研究—科擧前史一』, 京都: 同朋舍, 1956, p.490.

175 朴漢濟, 「西魏·北周時代 胡漢體制의 展開—胡姓再行의 經過와 그 意味」, 『中國學報』 42, 2000, p.68.

지정하여 '동향민'이요, '친족'이라는 의식을 갖게 함으로써 호한 양측을 융합시키고 지역적 자부심과 이기심을 불어넣었던 것이다.[176] 그 원리는 유목민족의 장기라고 할 수 있는 '계보'의 조작술에 기초한 것이다.[177] 이렇게 탄생한 서위-북주-수-당 왕조를 '부병제국가'라 지칭하는 학자도 있지만,[178] 부병제는 통일에 기여하고 수당세계제국을 유지하는 강력한 국가 역량이 되었다. 부병제의 출현은 군대에서의 호한분업체제의 종언을 의미한다.

북주에서 또 다른 계보 조작의 일면을 만나게 된다. 우문씨는 그 조상을[179] 염제신농씨로 연결하였다.[180] 특히 무제[宇文邕]는 불교를 폐하면서 "… 오호가 중국에 들어와서부터 그 교(불교)를 믿는 자가 증가되어 극히 성하게 되었다. 짐은 오호가 아니다. 그러므로 불교를 숭배할 이유가 없다. 이것이 (불교를) 폐하는 이유다"[181]라고 말하였다. 그가 우문이라는 호성을 가졌고 또 선비어를 말하면서도 스스로 오호가 아니라고 말하는 것은 일견 억지스럽지만, 이것은 이미 북위 초부터 시작된 오호와의 결별 과정에 이어 당 태종의 『진서』 편찬을 통한 최후의 '계보 조작' 작업을 연결시키는 중간 단계로써 그 의미를 가진다.

유목민족이 중원에 진입하는 과정에서 호족 간의 융합이 먼저 이루어지고, 다음으로 호족과 한족의 융합이 이루어졌다. 이 과정에서 지역에 따라

---

176 朴漢濟, 「西魏·北周時代 胡漢體制의 展開─胡姓再行의 經過와 그 意味」, 2000, pp.74~75.

177 朴漢濟, 「西魏北周時代의 賜姓與鄕兵의 府兵化」, 『歷史研究』 1993-4(總第224期).

178 谷川道雄, 「府兵制國家論」, 『增補 隋唐帝國形成史論』, 東京: 筑摩書房, 1998.

179 匈奴 南單于의 遠屬이라는 설이 유력하다(周一良, 「論宇文氏之種族」, 『魏晉南北朝史論集』, 北京: 中華書局, 1963).

180 『周書』 卷1 文帝紀上, p.1, "太祖文皇帝姓宇文氏 … 其先出自炎帝神農氏, 爲皇帝所滅, 子孫遯居朔野. … 鮮卑慕之, 奉以爲主, 遂總十二部落, 世爲大人".

181 (唐)釋道宣撰, 『廣弘明集(一·二册)』(臺北, 中華書局, 1970, 四部備要 子部) 卷10 辯惑論 2-6, 「敍任道林辨周武帝除佛法詔」, pp.3b~4a), "詔曰: '佛生西域, 寄傳東夏, 原其風教, 殊乖中國, 漢魏晉世, 似有若無. 五胡亂治, 風化方盛, 朕非五胡, 心無敬事, 旣非正教, 所以廢之.' 奏曰: '佛教東傳過七代, 劉淵簒晉, 元非中夏, 以非正朔, 稱爲五胡. 其漢魏晉世佛化已弘, 宋趙苻燕久習崇盛, 陛下恥五胡盛修佛法, 請如漢魏不絶其宗.'".

종족을 구분하던 것이 문화로써 구분하는 경향이 뚜렷하게 나타났다.

3. 탁발왕조에서 중화제국으로

(1) 당실 이씨의 혈통 문제

수당시대에 접어들면 혈통보다 어떤 문화를 가졌느냐가 더 중요하게 작용하였다. 당실 이씨뿐만 아니라 수실 양씨가 혈통적으로 어느 계통이냐는 그들이 추진하는 정책과는 그리 큰 관계가 없다. 그들의 원류를 한족 명문이라 내걸더라도 수당왕조의 개창자에서 몇 세대를 소급하면 상당 기간 음산 너머 무천진(武川鎭)에 살아왔던 것은 분명한 사실이다. 수당 종실의 이른바 '변(호)성설'은 이런 사정에서 나온 것이다.

당실 이씨는 호족의 성인 대야씨(大野氏)를 칭한 적이 있기 때문인지[182] 변(호)성설은 이미 건국 초기부터 있었다. 그들의 성씨뿐만 아니라 집안 사람들이 호속(胡俗)에 깊이 침윤되어 있었다.

더구나 그들의 혼족(婚族)도 완전 호족 계통이었다. 이연의 어머니는 대사마 독고신(獨孤信)의 딸로 수 문제 독고황후와 자매이다. 따라서 이연은 양견의 생질(外甥)로, 양제와는 이종사촌형제(姨表兄弟)이다. 이연은 수의 주총관(州總管)으로 선비 출신인 두의(竇毅)의 딸(두황후)과 결혼하였다. 그녀의 모친은 북주 무제의 누나인 양양장공주(襄陽長公主)였다.[183]

태종이나 그의 황태자 승건의 행동은 호인들의 생활과 큰 차이가 없었다. 태종은 현무문의 변 당시 동생인 원길(元吉)을 죽이고 그의 비 양비(楊妃)를 자신의 비로 삼았다. 이런 행동에 대해 주희의 분석이 있었음은 주지의 사실

---

182 布目潮渢, 「隋唐帝國の成立」, 『岩波講座世界歴史』 5, 東京: 岩波書店, 1970, pp.263~264.

183 南匈奴는 4세기 초 西晉을 멸망시킨 이후 지속적으로 華北에 영향력을 행사하였다. 당왕조의 초대 황제 李淵의 처 竇氏도 남흉노 출신일 뿐만 아니라 당왕조는 건국 시에 突厥과 南匈奴의 군사력의 도움을 받았다(石見清裕, 「唐の建國と匈奴の費也頭」, 『唐の北方問題と國際秩序』, 東京: 汲古書院, 1997, pp.17~63).

이다.[184] 또한 승건(承乾)의 행동도 그러하였다. 그는 백성의 우마(牛馬)를 도적질하여 도살한 후 시위(侍衛)들과 함께 먹었으며, 돌궐어와 돌궐복장을 입고, 돌궐가한처럼 행동하였다.[185]

당은 명의상 한족이 통치하였다고 하나 실제로는 여러 족이 참여한 정권이었다.[186] 수당왕조는 유라시아 유목민이나 서역인에게는 여전히 선비국가로 보였다. 그래서 그들은 당을 '탁발(拓跋)'을 의미하는 'Taugas', 'Tamhaj', 'Tabgač'라 불렀던 것이다.[187] 대국(代國)으로부터 북위를 거쳐 당에 이르는 왕조는 중화풍의 왕조 명칭으로 구별되지만 실은 연속적인 국가였다. 그 연속성·공통성을 가지고 말하자면 일괄적으로 '탁발국가'라고 부르는 것이 어울린다. 그 점에서 5세기경부터 9세기까지의 중국에 대해 서방인들이 'Taugas', 'Tamhaj', 'Tabgač'라고 불렀던 것은 진실에 가깝다고 본다.[188] 당 태종은 동돌궐이 망하고 나서 유목민족의 군주들에 의해서 '천가한'이라는 칭호를 얻었다.[189] 뿐만 아니라 수·당 초의 황실과 정부 고관의 대부분이 북족계 무인 출신이었던 사실도 그 예증이다.[190]

---

184 (宋)黎靖德編·王星賢點校, 『朱子語類』(北京: 中華書局, 1994) 卷136 歷代類3, p.3245, "唐源流出於夷狄, 故閨門失禮之事不以爲異".

185 『新唐書』卷80 太宗諸子/常山王承乾傳, pp.3564~3565, "又使戶奴數十百人習音聲, 學胡人椎髻, 翦綵爲舞衣, 尋橦跳劍, 鼓鞞聲通晝夜不絶. 造大銅鑪·六熟鼎, 招亡奴盜取人牛馬, 親視烹燖, 召所幸廝養共食之. 又好突厥言及所服, 選貌類胡者, 被以羊裘, 辮髮, 五人建一落, 張氈舍, 造五狼頭纛, 分戟爲陣, 繫幡旗, 設穹廬自居, 使諸部斂羊以烹, 抽佩刀割肉相啗, 承乾身作可汗死, 使衆號哭剺面, 奔馬環臨之".

186 費孝通, 「中華民族的多元一體格局」, 北京: 中央民族學院出版社, 1989, p.14.

187 Henry Yule & Henri Cordier, *Cathay and the Way Thither: being a Collection of Medieval Notices of China*, vols. 4, vol.1, London, Hakluyt Society, 1914, p.29.

188 杉山正明 저, 이진복 역, 『유목민이 본 세계사―민족과 국경을 넘어』(『遊牧民から見た世界史―民族も國境もこえて』, 東京: 日本經濟新聞社, 1997), 서울: 학민사, 1999, pp.198~199.

189 岡田英弘, 『世界史の誕生』, 東京: 筑摩書房, 1992, p.161.

190 吉岡眞, 「隋·唐前期における支配階層」, 『史學研究』 155, 1982.

(2) 역사 조작과 중화군주

수당 황실은 선비족 등 유목민의 혈통을 이었음에도 불구하고 중국 고대 이래의 정통 한인왕조라고 자각하였다. 그러나 수당 황실이 중국 고대 이래의 정통 한인왕조라 내세워도 수당왕조를 순수한 한인국가로 보는 사람은 그리 많지 않다.

이처럼 당실 이씨가 한족이라 하더라도 한족 '명문'과는 거리가 먼 것이 확실한데 왜 한족 명문으로 그 계보를 조작하려 했을까? 우선 중국 역사에 이민족의 것(사람이든 물질이든 문화든)이 중국에 들어와서 제자리를 확보하기 위해서는 일정 정도 중국화되어야만 하였다. 불교가 그러하였고, 당대에 들어온 크리스트교의 일파인 경교(景敎)가 그러하였다. 그렇다고 그것이 불교나 크리스트교가 아닌 것은 아니다. 마테오리치와 청 말의 '기독교'의 사례를 비교하면 쉽게 알 수 있다. 더군다나 위진남북조시대는 문벌주의시대였다. 진인각은 당 태종이 『진서』를 중수하고 (정관)씨족지를 칙찬한 것에 대해 의문을 제기하면서, 『진서』에 오호십육국 중의 전량과 서량이 재기(載記)에서 빠진 것은 씨족지를 칙찬한 것과 일관된 정책으로 당실 이씨를 존양하고 그 선조 연원의 화려하고 장구함을 증명하기 위한 것이었다고 하였다.[191]

당 태종 시기 찬술된 정사는 많다. 즉 『삼국지』 이후의 정사를 다시 쓴 것으로 당왕조의 정통사관을 반영하여 『진서』 이하 정사를 다시 관찬하였다. 먼저 『진서』 재기의 문제이다. 당 황실은 자신들이 '이족'인 선비족에서 나왔다는 세상의 의혹을 가능한 한 엷게 하려고 노력하였고, 그 의혹과 배려는 크게는 정사 자체의 구상에서부터 작게는 자구의 표현 하나하나에까지 미쳤던 것이다.

『진서』에는 재기 30권이 있다. '재기'라는 명칭은 반고(班固)가 명제의 명

---

191 陳寅恪, 「李唐氏族之推測」, 1980, pp.291~294.

을 받아 찬술한 『동관한기(東觀漢記)』에서 유래하였고,[192] 30권은 『사기』(전
130권) 세가 30권에서 유래한다고 할 수 있다. 「세가」는 봉건제후의 국별 연
대기인 데 비해 「재기」는 중국 영내에 독립하여 중국 황제의 봉건을 받지 못
한 나라의 역사를 기록하였다는 점에서 다르다.[193] 아무튼 태종은 『진서』 재
기를 통해서 오호십육국을 다른 테두리로 묶고 정통왕조인 진의 부록처럼
취급했던 것이다. 이는 한족의 입장에서 이민족 정권을 비하하려는 의도임
에 틀림이 없다.

그런데 이상한 점이 있다. 당 태종의 어찬 『진서』 재기의 사료원이 된 것
은 주지하다시피 북위 최홍의 『십육국춘추』였다. 여기서는 1 '국'마다 1 '녹
(錄)'이 설정되어 있었다.[194] 『십육국춘추』의 '녹'에 수록되었으나 『진서』
재기에서 빠진 것은 2국이다. 즉 하서주랑 지역에 할거했던 안정군(安定郡)
출신 한족 장궤(張軌)가 세운 전량(301~376)과 농서군(隴西郡) 출신 이고가
세운 서량(400~421)이 그것이다. 당 태종에 의해 '당조(唐祖)'로 조작된 이
고의 서량은 『십육국춘추』에서는 오호십육국의 하나로 되어 있으나 『진서』
의 재기에서는 빠졌다. 이것은 분명 당실의 작의에 의한 것이었다.

다른 하나는 『남사』와 『북사』의 찬술이다. 여기서는 두 가지 의도를 엿볼
수 있다. 먼저 남조와 북조를 남북조라는 명칭으로 묶었다는 점이다. 한족의
입장에서라면 당연히 남조의 여러 정권을 정통왕조로 취급해야 할 것이다.

---

192 載記는 王莽 末年 平林·新市의 반란집단 및 公孫述의 사적을 기술한 것이다(『後漢書』 卷
　　40上 班固傳, pp.1333~1334, "父彪卒, 歸鄉里. 固以彪所續前史未詳, 乃潛精研思, 欲就其
　　業. … 召詣校書部, 除蘭臺令史, 與前睢陽令陳宗長陵令尹敏·司隸從事孟異共成世祖本紀.
　　遷為郎, 典校祕書. 固又撰功臣·平林·新市·公孫述事, 作列傳·載記二十八篇, 奏之, 帝乃復
　　使終成前所著書.").
193 『五代史記(新五代史)』에 할거 정권인 10國에 대해서 「世家」10卷과 『十國世家年譜』 1卷을
　　둔 것에서 보듯이 「載記」와 「世家」는 유사한 성격이라 보아도 무방하다.
194 『十六國春秋』는 宋代에 散逸되고 현존하는 『十六國春秋』 100卷은 明 屠喬孫·項琳의 僞
　　作이다. 그 후 淸 湯球가 신빙할 사료를 가지고 輯補한 것이 『十六國春秋輯補』 100卷과
　　「年表」 1卷이다.

그러나 그들의 족적 연원이 북조에 있으므로 북조 여러 정권을 소홀히 취급
할 수도 없었을 것이다. 둘째, 남북조를 나눈 것은 통일왕조인 수조를 북조
의 하나로 취급하여 그 통일 위업을 축소하려는 데 있었다.

당 초에 많은 역사가 만들어졌다. 태종 시기에 먼저『양서(梁書)』,『진서
(陳書)』,『북제서(北齊書)』,『주서(周書)』,『수서(隋書)』등 이른바 '오대사(五
代史)'가,[195] 646년에는『진서(晉書)』가 편찬되고(이상을 '六史'라 총칭한다),
이어 태종의 여풍(餘風)이 강한 고종 시기에『남사(南史)』와『북사(北史)』가
완성되었다. 중국 정사로 간주되는 24사 가운데 1/3에 해당되는 8개 정사가
이때 만들어졌다. 특히 태종은 중국 역사 찬술에서 중요한 전기를 마련하였
다. 먼저 관찬 사서의 전통을 열었을 뿐만 아니라 황제가 그 생존 시에는 열
람이 불가한[196] 기거주(起居注)를 열람하였고, 특히 현무문의 변에 대해 서술
지침까지 내렸다.[197]

태종의 역사에 대한 이런 조처는 북제의 고환(高歡)이 발해 고씨로의 변신
을 조작한 것과 그 궤를 같이하는 것이지만, 후세 사람들도 당조 자체를 중
국의 정통왕조라는 데 대해 의심할 사람이 없을 만큼 혈통적으로나 문화적
으로 호족적인 당 군주들이 중화제왕으로 변신하는 데 성공하였던 것이다.

당 태종이『진서』를 중수할 것을 명하는 조칙에서 "크도다! 무릇 사적의
쓰임이야말로[大矣哉, 蓋史籍之爲用也]"[198]라 했듯이,『진서』를 비롯한 정사 편
찬의 효용이 극히 컸음을 당 태종 스스로도 인정하고 이처럼 흡족해 하였던

---

195 史館은 門下省 북쪽에 있었다. 우선 貞觀 3년에 秘書內省을 두어 '五代史'(貞觀 初年 魏徵
   과 房玄齡이 主持編修한『梁書』,『陳書』,『北齊書』,『周書』와『隋書』등 唐 이전의 5개 왕
   조의 역사를 당시에 습관적으로 '五代史'라 칭함)를 편수하게 하였다. 이후 史館을 두어
   國史를 편찬함으로써 秘書內省은 폐지되었다.
196 『廿二史劄記』卷19「天子不觀起居注」條 참조.
197 『貞觀政要』(上海: 上海古籍出版社, 1978) 卷7 文史, pp.223~224, "六月四日事, 語多微文. …
   史官執筆, 何煩有隱. … 直書"라 하여 자기의 행동을 周公(兄 管叔과 弟 蔡叔을 誅殺하여
   周室을 안정시킴)과 季友(兄 叔牙를 毒殺하여 魯國을 안정시킴)의 행동과 동일시하였다.
198 (宋)宋敏求編,『唐大詔令集』卷81 經史,「修晉書詔」(貞觀二十年閏二月), p.422.

것이다.

(3) '한인' 개념의 정립과 '당인(唐人)'·'화인(華人)'의 출현

현재 중국인들의 대부분을 차지하는 족단(族團)은 '한인' 혹은 '한족'[199]이다. '한족'이라는 용어가 나타난 것은 근대에 이르러서였다.[200] 그러나 '한인'이라는 용어의 역사는 오래되었다. 한인은 간혹 한대에 사용된 적이 있지만[201] '한조인(漢朝人)' 이상의 의미를 가진 것은 아니었다. 한대는 물론, 심지어 남북조시대까지도 '한인' 대신 '진인(秦人)'을 쓰고 있고, 한대에 와서도 중원인이라는 뜻으로 '한인' 대신 '진인'이란 용어가 흉노 등 중앙아시아 사람들에게 더 많이 사용된 것은 진의 통일이 갖는 의미가 크게 작용한 때문일 것이다.

후한시대부터 호와 한이라는 것이 대립적인 의미로 사용되지만,[202] 그렇다

---

199 漢族이란 원래 漢朝라는 朝代名에서 연원하고 있음은 물론이다. 그러나 漢族이라는 명칭이 그대로 사용된 것은 近代에 이르러서이고, 그 대신 '漢人'으로 불리었는데 이것이 北朝의 記載에 이르러 비로소 '民族'적 의미를 갖게 되었다고 한다(杜玉亭, 「中華民族凝聚力論略」, 『中國民族學會第四次學術討論會論文集』, 北京: 中央民族學院出版社, 1993, p.18). 사실 '民族'이란 단어는 古代 漢語에는 없다. 대신 '人', '種人', '族類', '部落', '種落' 등을 써서 표시하였다.

200 漢族이 처음 칭해진 것을 呂思勉은 "漢族之名 起于劉邦稱帝之後"라 하였고(『先秦史』, 上海: 上海古籍出版社, 1983, p.22), 呂振羽는 "華族自前漢的武帝宣帝以後 便開始叫漢族"(『中華民族簡史』, 北京: 三聯書店, 1950, p.19)이라 하였지만 이것은 '漢(朝)人'의 출현을 말하는 것이고 '漢族'이라는 단어는 太平天國 末期 侍王 李世賢의 『致各國領事書』에서 최초로 보인다. 辛亥革命 때 '漢·滿·蒙·回·藏 五族共和說'이 나왔다(徐杰舜, 「漢民族形成三部曲」, 袁少芬·徐杰舜編, 『漢民族研究』 1(南寧: 廣西人民出版社, 1989), p.178). 따라서 胡族이라는 명칭도 이 시기부터 나타난 것 같다.

201 '漢人'이라는 용어가 史料上 初出한 것은 『漢書』 卷61 李廣利傳(p.2701)의 "貳師聞宛城中新得漢人知穿井"에서이다.

202 '胡漢'의 용례는 『後漢書』에서부터 나오기 시작한다(卷73, p.2363, "劉虞從事漁陽鮮于輔等, 合率州兵, 欲共報瓚. 輔以燕國閻柔素有恩信, 推為烏桓司馬. 柔招誘胡漢數萬人, 與瓚所置漁陽太守鄒丹戰于潞北, 斬丹等四千餘級."). 『三國志』에도 나온다(卷30 魏書 東夷 濊傳, p.848, "濊. … 今朝鮮之東皆其地也. 戶二萬. … 陳勝等起, 天下叛秦, 燕齊趙民避地朝鮮數萬口, 燕人衛滿, 魋結夷服, 復來王之. 漢武帝伐滅朝鮮, 分其地為四郡, 自是之後, 胡·漢稍別. 無大君長, 自漢已來, 其官有侯邑君·三老, 統主下戶."). 또 『水經注』(臺北, 臺灣世界書局,

고 '한'이 한인 혹은 후세의 한족을 의미하는 것은 아니었다. '이진(夷晉)'의 진도 '진조인(晉朝人)'이듯이, '한조인'은[203] 특히 주변 민족이 왕왕 '군현지민(郡縣之民)'[204]을 지칭할 때 사용하였기 때문이다. 그러나 '호'는 흉노의 전칭에서 점차 유목민족을 포함한 비중원인의 광의의 의미로 사용되는 것 같이 보인다. 이 점은 '이(夷)'도 마찬가지인 것 같다.

그러나 '한' 혹은 '한인'이라는 명칭이 종족(민족)의 의미로 사용된 것은 이족들의 통치가 시작된 위진남북조시대부터였다.[205] 한조가 없어졌는데도 불구하고 '한'이 그대로 쓰인 것은 이미 '한조인'이라는 의미는 사라진 것이다. 이 시기는 대체로 남북조 중기, 구체적으로는 북위 효문제 시기로 잡을 수 있다. 당시 '한인'이 '흉노'의 대칭으로, '한어'가 '호어', '노어(虜語)'와 병거되고 있기[206] 때문이다.

이런 변화가 왜 나타나게 되었을까? 그것은 종전에 '중원지인'의 의미로 쓰던 '중국(인)'이 변방 민족의 중원 진입으로 그 의미가 모호해졌기 때문이다. 석륵이나 부건 등이 '양경(兩京: 二都)'을 근거로 '중국제왕'으로 자칭하면서 전국 통일을 자기 소임이라 공포하고 있었고,[207] 북위의 도무제도 동진을

1970)에도 나온다(卷3 河水, p.38, "又南過土軍縣西", "吐京郡治故城, 卽土軍縣之故城也. 胡漢譯言, 音爲訛變矣").

203 '夷晉' 등의 용어도 여전히 보이기 때문에[(晉)常據撰·任乃强校注,『華陽國志校補圖注』(上海: 上海古籍出版社, 1987) 卷3 蜀志24「右益州」, p.216, "益州凡新舊郡七, 縣四十八, 戶夷·晉二十四萬."], '胡漢'이라는 용어가 種族的인 의미로 고착된 것은 아니었다.

204 陳連開,「中國·華夷·蕃漢·中華·中華民族——一個內在聯系發展被認識的過程—」,『中華民族多元一體格局』, 北京: 中央民族學院出版社, 1989, p.97.

205 李慈銘,「桃華聖解庵日記」辛集第二集光緖四年二月二十日條,『越縵堂日記』第29册, pp.51下~52上, "中國人別稱漢人起于(北)魏末".

206 『南齊書』卷47 王融傳, p.819, "又虜前後奉使, 不專漢人, 必介以匈奴, 備諸胡獲";『南齊書』卷57 魏虜傳, p.985, "又有俟懃地何, 比尚書, … 諸曹府有倉庫, 悉置比官, 皆使通虜漢語, 以為傳驛".

207 『晉書』卷105 石勒載記下, p.2753, "勒曰: '吳蜀未平, 書軌不一, 司馬家猶不絶於丹楊, 恐後之人將以吾為不應符錄. 每一思之, 不覺見於神色.' (徐)光曰: '… 陛下旣苞括二都, 為中國帝王, …'";『晉書』卷114 苻堅載記下, p.2914, "明年, 呂光發長安, 堅送於建章宮, 謂光曰: '西戎荒俗, 非禮義之邦, 羈縻之道, 服而赦之, 示以中國之威, 導以王化之法, 勿極武窮兵, 過深殘

'오·초참호(吳·楚僭號)'라 폄하하고 '대일통지미(大一統之美)'를 그 정책의 목표로 삼고 있었기 때문이다.[208] 또한 전술했듯이, 이른바 '참위제군'들이 전통문화의 보지자였던 한족 황제 못지않게 학문을 익히고 있었던 것이다.

'한(인)'이 종족의 명칭으로 변한 이후 호한 간의 갈등이 첨예화되는 시기에는 더욱 비칭이 되었다.[209] 영가의 난 이후 호와 한의 갈등이 가장 첨예한 시기가 바로 육진의 난이 일어난 시기일 것이다. 육진선비는 강력한 종족적 자각의식을 갖게 되었다. 그리하여 스스로를 선비 혹은 북인, 언어를 '선비어' 혹은 '국어'라 부르면서 '한', '한인', '한어', '화어'와 구별하였다. 이른바 '한가성질'과 '아(선비 특질)'를 엄격하게 구별하였으며[210] 이전의 열등감에서 벗어났다.[211] 이런 과정에서 호족들이 한족을 '한아(漢兒)' 혹은 '한구(漢狗)'[212]라고 매도하는 용어가 등장했던 것이다.

이와 동시에 호한 간의 갈등이 행동으로 표출되었다. 북위 말 효창(孝昌) 3년(527) 갈영군(葛榮軍)이 기주(冀州)를 공략할 때 거민을 성 밖으로 축출하여 굶고 얼어 죽은 자가 10에 6~7이나 되었다든지,[213] 무태(武泰) 원년(528) 창

掠'".

208 『魏書』卷2 太祖道武帝珪本紀, p.37, "(天興三年, 400)十二月乙未, 詔曰: '世俗謂漢高起於布衣而有天下, 此未達其故也. 夫劉承堯統, 曠世繼德, 有蛇龍之徵, … 天人俱協, 明革命之主, 大運所鍾, 不可以非望求也. … 春秋之義, 大一統之美, 吳·楚僭號, 久加誅絶. …'".

209 한편 '漢人'이 '漢狗', '一錢漢' 혹은 '漢子'처럼 卑稱 내지 욕[惡口]으로 쓰이는 시기도 五胡時代부터라고 한다(桑原騭藏, 「歷史上より觀た南北支那」, 『東洋文明史論叢』, 東京: 弘文堂, 1934, p.5).

210 『北齊書』卷5 廢帝紀, p.73, "文宣每言太子得漢家性質, 不似我".

211 『資治通鑑』卷171 陳紀5 宣帝 太建 5年(573) 夏4月條, 胡三省注曰, p.5319, "諸源本出於鮮卑禿髮, 高氏生長於鮮卑, 自命爲鮮卑, 未嘗以爲諱, 鮮卑遂自謂貴尔, 率謂華人爲漢兒, 率侮詬之. 諸源世仕魏朝, 貴顯習知典禮, 遂有雩祭之請, 冀以取重, 乃以取詬".

212 『北史』卷92 恩幸/韓鳳傳, p.3053, "壽陽陷沒, 鳳與穆提婆聞告敗, 握槊不輟曰: '他家物, 從他去.' 後帝使於黎陽臨河築城戍, 曰: '急時且守此作龜茲國子. 更可憐人生如寄, 唯當行樂, 何用愁爲!'君臣應和若此. 鳳恒帶刀走馬, 未曾安行, 瞋目張拳, 有啖人之勢. 每咤曰: '恨不得到漢狗飼馬!'又曰: '刀止可刈賊漢頭, 不可刈草'. 其弟萬歲".

213 『魏書』卷9 肅宗紀, p.247, "十有一月己丑, 葛榮攻陷冀州, 執刺史元孚, 逐出居民, 凍死者十六七".

주(滄州)를 공함시킬 때 피살된 거민이 10에 8~9나 되었다[214]고 한다. 여기서 '거민'이란 한인들을 지칭하는 것이 분명하다. 고환은 갈영 반란군의 이런 행위를 '기한아(欺漢兒)'라고 표현하였으며, 갈영이 실패한 주요 원인은 이것 때문이라고 여겼다.[215]

이런 갈등관계는 호한합작의 정치집단이 통치하는 서위-북주보다 동위-북제에서 더 노골화되었다. 동위시대 호한 간의 이러한 대립·갈등은 고앙(高昻)과 유귀(劉貴) 간에 벌어진 쟁투에서 잘 드러난다. 유귀는 흉노 출신으로 선비화한 자이지만, 한인을 경시하여 황하에서 일하던 한인 역부들이 익사하는 것을 보고 "그 생명이 일 전의 가치도 안 되는 한아들이니 죽도록 그냥 내버려 두어라[頭錢價漢, 隨之死]"[216]라 말한 것이다. 이 말을 들은 한인 고앙(高昻)이 칼을 빼어 유귀를 치려 하니 유귀가 달아나 자기 병영으로 돌아가자 군사를 풀어 공격하는 장면이 연출되었다.[217]

반면 한족 측의 득세 시기인 북제시대에 한인사족인 고덕정(高德政)이나 두필(杜弼)이 한인을 많이 등용해야 한다고 주장하였다. 그러나 그들의 언사가 다분히 선비인을 경멸하는 내용이 적지 않았다. 즉 고덕정이 '의용한(宜用漢)'을 주장하면서 '제선비(除鮮卑)'를 전제했고 그 결과 주살당하였다.[218] 또 한인 두필이 '선비는 거마객일 뿐이니 마땅히 중국인을 써야 할 것이다[鮮卑車馬客 會須用中國人]'라 한 것이 문선제(文宣帝) 고앙을 화나게 하여 결국

---

214 『魏書』卷9 肅宗紀, p.249, "三月癸未, 葛榮攻陷滄州, 執刺史薛慶之, 居民死者十八九".

215 『北齊書』卷1 神武帝紀上, p.7, "神武曰: '以鄉里難制, 不得見葛榮乎 … 今以吾爲主, 當與前異, 不得欺漢兒, 不得犯軍令. …'".

216 '漢人의 生命은 돈으로 칠 가치가 없으니 그대로 죽도록 내버려 두라'는 뜻인 듯하다.

217 『北史』卷31 高昂傳, pp.1146~1147, "昂還, 復爲軍司·大都督 統七十六都督, 與行臺侯景練兵於武牢. 御史中尉劉貴時亦率衆在焉. … 明日, 貴與昂坐, 外白河役夫多溺死. 貴曰: '頭錢價漢, 隨之死.' 昂怒, 拔刀斫貴. 貴走出還營 昂便鳴鼓會兵攻之. 侯景與冀州刺史万俟受洛解之乃止. 時鮮卑共輕中華朝士, 唯憚昂. 神武每令三軍, 常爲鮮卑語, 昂若在列時, 則爲華言. 昂嘗詣相府, 欲直入, 門者不聽, 昂怒, 引弓射之. 神武知而不責".

218 『北齊書』卷30 高德政傳, p.410, "德政死後 顯祖謂羣臣曰: '德政常言宜用漢, 除鮮卑, 此卽合死. 又教我誅諸元 我今殺之, 爲諸元報讐也.'".

'그 허물과 죄과가 쌓여[積其愆失]' 주살되었다.[219] 북제시대에 호한 간에 순치되지 않는 언사가 이처럼 공개적으로, 그리고 거침없이 표현된다는 것 자체가 호한 간의 갈등이 심각했음을 나타내는 것이다.

그리고 문선제 고양의 동생인 고양왕(高陽王) 식(湜)이 그의 장인이 관직이 없다는 이유로 예를 갖추지 않고 '관직이 없는 한인에게 무슨 예를 표할 필요가 있는가[無官職漢, 何須禮]'[220]라 말한 것처럼 선비인들은 한인에 대해 '두전가한', '무관직한', '한아',[221] '하물한자(何物漢子)'[222] 등 악감정이 섞인 비칭을 거침없이 쓰고 있다. 북주와의 전쟁 때마다 한인을 '육리(肉籬)'로 삼으려고 한 것은[223] 당시 선비인들이 얼마나 한인을 의식적으로 경멸했는가를 알 수 있다. 이처럼 '한인'이라는 용어는 동위-북제사회에서는 좋은 의미로 쓰인 것이 아니었다. '한' 혹은 '한인'이란 한족의 이민족에 대한 비칭인 '호'에 대립하는 개념이었다고 해도 큰 무리가 없을 것이다.

이런 호한갈등관계 속에서 '한(인)'이 비하되었지만 서위-북주 및 수당사회에서는 그렇지 않았다. 특히 수당대에 들면 '호' 대신 '번(蕃)'이 쓰이듯이 '한(인)'도 비하하는 개념이 아니었다. '번'이란 한인 이외의 족속을 가리키는, 즉 한은 번의 대립 개념으로 정착되었다. '번'은 울타리라는 '번(藩)'의 의미로 이전의 '호'와는 다른 개념이었다. 즉 이전의 '만·이·융·적'의 사이로 비하하는 개념과는 다르다. 한과 평등한 상대라는 개념은 아니라 할

219 『北齊書』 卷24 杜弼傳, p.353, "顯祖嘗問弼云: '治國常用何人?' 對曰: '鮮卑車馬客, 會須用中國人.' 顯祖以爲此言譏我. … 十年夏, 上因飮酒, 積其愆失, 遂見就州斬之".

220 『北齊書』 卷10 高陽康穆王湜傳, p.138, "其妃父護軍長史張晏之嘗要道拜湜, 湜不禮焉. 帝問其故, 對曰: '無官職漢 何須禮' 帝於是擢拜晏之爲徐州刺史".

221 『北齊書』 卷22 盧勇傳, p.322, "鎭宜陽, 叛民韓木蘭·陳忻等常爲邊患, 勇大破之. 啓求入朝, 高祖賜勇書曰: '吾委卿陽州, 唯安枕高臥, 無西南之慮矣. 但依朝廷所委, 表啓宜停. 卿之處子任在州住, 當使漢兒之中無在卿前者.'".

222 『北齊書』 卷23 魏愷傳, p.332, "遷靑州長史, 固辭不就. 楊愔以聞. 顯祖(文宣帝高洋)大怒, 謂愔云: '何物漢子, 我與官, 不肯就!'".

223 『通典』 卷200 邊防16 傅奕曰, p.5495, "周·齊每以騎戰, 驅華人爲肉籬, 詫曰: '當剉漢狗飼馬, 刀刈漢狗頭, 不可刈草也.'".

지라도 '대칭', 혹은 '상대'의 의미를 가지고 있는 것은 분명하다.[224] 수당대
에는 '번인'에 대비해서 중원인 스스로를 '한인'으로 지칭하고 있다.[225] 예
컨대 당과 토번과의 관계를 설명하면서 '번과 한이 국경을 마주하고 있다[蕃
漢交境]',[226] '한인은 소가 없으면 밭갈이를 하지 못하고 번인은 말이 없으면
나다니지를 못한다[漢非牛不田, 蕃非馬不行]'[227] 등으로 표현한 것이 그 예이다.
이와 함께 '중국'과 '사이'의 대칭이 '번한'이라는 새로운 지칭으로 쓰이
게 되었다.[228] 이런 과정에서 송대(宋代)가 되면 '호한'이라는 용어는 소멸한
다.[229] 즉 주변 민족과의 관계에서 '한인'이 사용되면서 이후 시대에 '한인'
이라는 용어는 더욱 종족적(혈족적)인 의미를 지니게 되었다.[230] 이후 한(인)
은 중국인을 지칭하는 명칭으로 고정화되었다. 지금의 한인, 한족의 민족(종
족)적 명칭의 정립은 이렇게 된 것이다.

---

224 사실 '蕃'이라는 글자는 '藩'과 통한다(『釋文』,「蕃本又作藩」). 따라서 蕃은 藩屛(『書經』
微子之命, "以蕃王室";『國語』晉語8, "以蕃爲軍")의 뜻이다. 따라서 唐代 少數民族의 총칭
으로 '蕃'이 등장한 것은 唐代皇帝의 胡漢(農牧)地區를 포괄하는 皇帝(天可汗)로서의 변
화와 연관이 있다(陳連開,「中國·華夷·蕃漢·中華·中華民族——個內在聯系發展被認識的
過程一」, 1989, pp.99~100). 이런 변화는 唐朝가 邊疆地區에 이른바 '羈縻州'를 설치한
것과(『新唐書』卷43下 地理志下, p.1120, "大凡府州八百五十六, 號爲羈縻云") 통하는 것이
다(谷川道雄은 羈縻體制야말로 隋唐世界帝國의 제도적 특색이라고 본다. 『增補 隋唐帝國
形成史論』, 1989, p.16). 이전의 對邊疆政策과는 다른 '大中國'정책의 일환이다. '胡漢'에
서 '蕃漢'으로의 용어 변화는 이런 사정과 연관된 것으로 보인다.
225 李勣의 孫 李敬業이 誅殺되면서 吐蕃으로 竄入했던 그 후손 중에 徐舍人(이적의 본성은
徐氏이다.)이라는 자가 스스로 "予本漢人, 司空·英國公五代孫也(『舊唐書』卷67 李勣傳附
孫 敬業傳, p.2492)"라 한 데서 알 수 있다.
226『舊唐書』卷67 李勣傳附 孫 敬業傳, p.2492, "此地蕃漢交境".
227『舊唐書』卷196下 吐蕃傳下, p.5247, "四年正月, 詔張鎰與尙結贊盟于淸水. 將盟, … 初
約漢以牛, 蕃以馬, 鎰恥與之盟, 將殺其禮. 乃謂結贊曰: '漢非牛不田, 蕃非馬不行, 今請以
羊·豕·犬三物代之.'".
228 陳連開,「中國·華夷·蕃漢·中華·中華民族——個內在聯系發展被認識的過程一」1989, p.96.
229 鄧小楠,「五代·宋初 華北지역 '胡化'문제의 해소」,『魏晉隋唐史硏究』10, 2003; 鄧小楠,
「論五代宋初"胡·漢"語境的消解」,『文史哲』2005-5.
230『金史』卷75 盧彦倫傳, p.1715에 '契丹漢人久爲一家'라 하였고, 西夏 編定의『番漢合時掌
中珠』詞典에 '不會漢語, 則豈入漢人之情'이라 하였으며, 元朝에서도 黃河南北의 中原人을
漢人이라 하였다.

한편 '한인' 외에 '당인'이라는 지칭이 나타났다. 물론 '당인'이란 '당조인'이라는 의미에서 발원된 것이지만, 중원인이라는 의미보다는 '국제인'으로 쓰였다.[231] 이런 의미의 '당인'이란 명칭의 출현의 의미를 과소평가할 수 없다. 사실 송인, 원인, 명인, 청인이라는 명칭이 상용화된 것은 아니기 때문이다. 혹자가 당인의 개념을 '비호비한(인)'이라고 규정한 것은[232] 이런 이유 때문이었다. 이런 것은 '호인은 한인의 모자를 쓰고 한인은 호인의 모자를 쓰는[胡着漢帽 漢着胡帽]',[233] 호와 한의 생활상에 차이가 없어졌다는 의미이기도 하다. 당인이란 용어는 당조 문명의 해외 전파와 영향력의 확대로 이전보다 그 명성이 주위 각국에서부터 아랍 지역까지 훨씬 넓게 퍼졌다. 당시 남방의 해상교통이 점차 육상교통에 비해 우세를 점하게 됨에 따라 송대 이후 국외에서 중국을 '당'이라 칭하고, 중국인을 '당인'이라 칭하였다.[234] 따라서 흔히 차이나타운(China Town)을 '당인가(唐人街)'라 하는 것은 여기에서 연유한 것이다.[235]

또 하나 거론해야 하는 것이 '(중)화' 혹은 '(중)화인'이란 용어이다. '중화'라는 단어는 위진시대에 출현하였다.[236] 원래 천문 방면에서 사용되었는데 후에 궁정의 중간문이란 뜻으로 많이 사용되었다.[237] 그리고 지역적으로

---

231 徐杰舜,「漢民族形成三部曲」,『漢民族研究』1, p.178.

232 付永聚,「論唐代胡漢民族之間的混融互補」,『山東大學學報』1992-3.

233 (唐)劉肅撰, 許德楠·李鼎霞點校,『大唐新語』(北京: 中華書局, 1984) 卷9 從善 第20, p.138, "貞觀中 … 亦有胡着漢帽, 漢着胡帽, 亦須漢裏兼求 不得胡中直覓 …".

234 陳連開,「中國·華夷·蕃漢·中華·中華民族——一個內在聯系發展被認識的過程—」, 1989, p.94.

235 村松一彌,「唐人考」,『(東京都立大學)人文學報』98, 1974.

236 王樹民,「中華名號溯源」,『中國歷史地理論叢』第2輯, 西安: 陝西師範大學中國歷史地理研究所, 1985, pp.12~13.

237 『晉書』卷11 天文志上/中宮, p.292, "東蕃四星, 南第一星曰上相, 其北, 東太陽門也; 第二星曰次相, 其北, 中華東門也; 第三星曰次將, 其北, 東太陰門也; 第四星曰上將: 所謂四輔也. 西蕃四星, 南第一星曰上將, 其北, 西太陽門也; 第二星曰次將, 其北, 中華西門也; 第三星曰次相, 其北, 西太陰門也; 第四星曰上相: 亦曰四輔也. …".

는 '중원지구'를 뜻하였다.[238] '중국'과 같은 의미로, 즉 '변수(邊陲)'의 대
립 개념으로 '내지군현', '군현지구' 혹은 '중원'을 가리켜, 통일기에는 전
국을, 분열기에는 '중원'만을 의미하였다. 즉 중화란 원래 '(화)하'에다 중
국(중원, 중간) 등 지역적인 개념이 보태진 것이었다. 그러나 이후 점차 중국
의 진정한 의미인 중원이 강조되고 그곳에 개화한 '문화'와 그것을 보지하
는 '종족(민족)'을 지칭하는 단어가 되었다. 곧 '중원의관(中原衣冠)'이라는
용어처럼 쓰이게 되었다. "진이 스스로 중화를 버렸지 내가 배반한 것이 아
니다(晉自棄中華, 非吾叛也)"라고 한 부견의 언사에서[239] 알 수 있듯이, 지역의
중요성이 강조되었다. '중화지사'가 동진의 소속이 되면 '오월단발문신(吳
越斷髮文身)'이 되어 그 자격이 없어진다 하니,[240] 중원의 거주가 중요한 척도
이며, 거기다 전통문화를 보지하는 자를 의미하였다.[241] 이런 과정에서 중원
으로 진입한 이민족들도 '토중(土中)'을 근거로 하여 전통문화의 보지자로
자임하며 아울러 '중화'임을 과시하며 남조왕조를 '남위(南僞)'라 배척하게
되었다.[242] 북조 말년이 되면 선비를 포괄하여 오환·흉노 출신 인사들도 전
통문화와 전통학술을 획득한 후 '중화조사(中華朝士)'로 인식되기에 이르렀
다.[243] 이제 '중화'라는 것이 한족만의 전유물이 될 수가 없었고, 한인과 공

---

238 『晉書』 卷61 劉喬傳, pp.1674~1675, "海王越將討喬, 弘又與越書曰: '… 今邊陲無備豫之
   儲, 中華有杼軸之困, 而股肱之臣不惟國體, 職競尋常, 自相楚剌, 為害轉深, 積毀銷骨. …'".
239 『資治通鑑』 卷100, 晉紀22 穆帝 升平 2年(358) 冬10月條, p.3172.
240 『資治通鑑』 卷115, 晉紀37 安帝 義熙 5年(409) 5月條, p.3616, "(南燕桂林王慕容鎮)謂韓諱
   曰: '… 今年國滅, 吾必死之. 卿中華人士, 復爲文身矣'".
241 물론 南朝에서 전통문화를 보지하는 자인 張暢의 반박도 있다(『宋書』 卷59 張暢傳,
   p.1602, "孝伯曰: '隣國之君, 何為不稱詔於隣國之臣?' 暢曰: '君之此稱, 尚不可聞於中華,
   況在諸王之貴, 而猶曰隣國之君邪.'").
242 『魏書』 卷60 韓顯宗傳, p.1341, "又曰: '自南僞相承, 竊有淮北, 欲擅中華之稱, 且以招誘邊
   民, 故僑置中州郡縣. 自皇風南被, 仍而不改, 凡有重名, 其數甚衆.'".
243 陳連開, 「中國·華夷·蕃漢·中華·中華民族——一個內在聯系發展被認識的過程—」, 1989,
   p.107.

존하는 각 민족의 공유가 되었다.[244] 그래서 원(元) 왕원량(王元亮)이 중편(重編)한 『당률석문(唐律釋文)』 권22에 "중화란 중국이다. 직접 왕의 교화를 입어 스스로 중국에 복속하니, 의관은 엄숙하고 장중하였으며, 풍속은 효제가 있어, 몸가짐이 예의바르게 되니, 고로 그를 일컬어 '중화'라 하였다. 이적의 습속, 즉 머리를 풀어헤치고 옷섶을 왼쪽으로 여미며, 몸에 문신을 새기는 것과는 매우 다르다[中華者, 中國也. 親被王教, 自屬中國, 衣冠威儀, 習俗孝悌, 居身禮義, 故謂之中華. 非遠同夷狄之俗: 被髮左袵, 雕體文身之俗也]"[245]라는 해석이 나오게 되었다.[246] 중원문화의 획득이 중화의 가장 중요한 요건이 된 것이다.

'화인'이란 용어가 초출한 것은 강통의 '사융론'에서 아닌가 한다.

건무 연간에, 마원을 농서태수로 삼아 반란을 일으킨 강족을 토벌하게 하였다. 그 남은 종족은 관중으로 옮겨져, 풍익·하동의 빈 땅에 거주하게 되니 '화인'들과 뒤섞이게 된 것이다. 몇 년이 지난 후, 그 족류가 번성하게 되니, 그 살찌고 굳셈을 믿고서, 또한 '한인'을 괴롭히고 침탈하였다.[247]

그런데 문장 가운데 '화인'과 '한인'을 구별하여 쓰고 있는 점이 눈에 띤

---

244 杜玉亭, 「中華民族凝聚力論略」, 『中國民族學會第四次學術討論會論文集』, 北京: 中央民族學院出版社, 1993, p.18.

245 (唐)長孫無忌等撰·劉俊文 點校, 『唐律疏議』(北京: 中華書局, 1983) 附錄 王元亮重編, 『釋文』卷3 名例, p.626; 陳連開, 「中國·華夷·蕃漢·中華·中華民族――一個內在聯系發展被認識的過程一」, 1989, p.108에서는 "南宋此山貰冶子作 『唐律釋文』與 『宋刑統』相輔, 他在解釋『唐律疏議』卷三名例" 운운하였다. 또 戴建國은 此山貰冶子撰, 王元亮重編, 『唐律釋文』卷22(日本文化三年東京御書物所刻本)이라 하였다(「宋代籍帳制度探析」, 『歷史研究』 2007-3, p.42, 주7).

246 (宋)洪皓, 『松漠紀聞』(『叢書集成初編』, 北京: 中華書局, 1985)上, p.5, "(大遼)道宗朝有漢人講 『論語』, …. 至'夷狄之有君'疾讀不敢講, 則又曰: '上世獯鬻·獫狁, 蕩無禮法, 故謂之夷. 吾修文物彬彬, 不異中華, 何嫌之有!' 卒令講之".

247 『晉書』卷56 江統傳, p.1531, "… 建武中, 以馬援領隴西太守, 討叛羌, 徙其餘種於關中, 居馮翊·河東空地, 而與華人雜處. 數歲之後, 族類蕃息, 既恃其肥强, 且苦漢人侵之".

다. 그렇다면 '한인'과 '화인'은 다른 대상을 지칭하는 것인가? 북위시대 고창(高昌) 지역에 살던 비이족을 '화인'이라 하였다.[248] 다음으로 '만(蠻)'의 대칭어로 쓰였다.[249] 또 흉노의 별종인 계호(稽胡)와 구별하여 화인을 사용하였다.[250] 다음으로 동위-북제시대의 선비의 대립어로써 '화인'이 쓰였다.[251]

당대의 사용 사례를 보아도 유사한 용례가 발견된다. 토번의 침략으로 함락된 당인을 지칭하여 '화인'이라 하였다.[252] 그리고 돌궐로 입북한 당인을 '화인'이라 하였다.[253] 이처럼 중국 영역 내에 들어온 사람들을 '화인'이라 하였다면 이것 또한 가볍게 취급할 수 없는 문제이다. 이 문제에 대해서는 별고가 필요하지만 필자의 관견으로는 '화'란 문화적인 개념이라 규정할 수 있다는 것이다. 같은 지역에 살더라도 중국의 문화를 흡수하고, 중국의 질서를 유지하는 사람이라는 뜻이다.

이후 '중화'란 정치적 격변기의 지도자, 예컨대 주원장(朱元璋)이나 손문

248 『魏書』卷101 高昌傳, p.2243, "高昌者, … 南北五百里, 四面多大山. … 晉以其地為高昌郡, 張軌·呂光·沮渠蒙遜據河西, 皆置太守以統之. 去敦煌十三日行. 國有八城, 皆有華人".

249 『北史』卷95 獠傳, p.3156, "及周文平梁·益之後, 令在所撫慰, 其與華人雜居者, 亦頗從賦役";『北史』卷95 蠻等傳, p.3164, "論曰: 禮云: '南方曰蠻, 有不火食者矣.' 然其種類非一, 與華人錯居. 其流曰蜑, 曰獽, 曰俚, 曰獠, 曰㐌. 居無君長, 隨山洞而居 …".

250 『北史』卷96 稽胡, p.3194, "稽胡一曰步落稽, 蓋匈奴別種, … 其俗土著, 亦知種田, 地少桑蠶, 多衣麻布. 其丈夫衣服及死亡殯葬, 與中夏略同; 婦人則多貫蜃貝以為耳頸飾. 與華人錯居. 其渠帥頗識文字, 言語類夷狄, 因譯乃通. … 又兄弟死者, 皆納其妻. 雖分統郡縣, 列於編戶, 然輕其徭賦, 有異華人".

251 『隋書』卷24 食貨志, p.676, "及文宣受禪, 多所創革. 六坊之內徙者, 更加簡練, 每一人必當百人, 任其臨陣必死, 然後取之, 謂之百保鮮卑. 又簡華人之勇力絕倫者, 謂之勇士, 以備邊要".

252 『舊唐書』卷13 德宗本紀下 貞元 4年, p.365, "是月, 吐蕃寇涇·邠·寧·慶·鄜等州, 焚彭原縣, 邊將閉城自固. 賊驅人畜三萬計, 凡二旬而退. 吐蕃入寇以秋冬, 今盛暑而來, 華人陷蕃者道之也";『舊唐書』卷196下 吐蕃傳下, p.5256, "四年五月, 吐蕃三萬餘騎犯塞, 分入涇·邠·寧·慶·麟等州, 焚彭原縣廨舍, 所至燒廬舍, 人畜沒者約二三萬, 計凡二旬方退. … 先是吐蕃入寇, 恆以秋冬, 及春則多遇疾疫而退. 是來也, 方盛暑而無患. 蓋華人陷者, 厚其資產, 質其妻子, 為戎虜所將而侵軼焉".

253 『舊唐書』卷68 張公謹傳, p.2507, "貞觀元年, 拜代州都督, … 後遣李靖經略突厥, 以公謹為副, 公謹因言突厥可取之狀, 曰: '頡利縱欲肆情, … 其可取一也. … 其可取二也. … 其可取三也. … 其可取五也. 華人入北, 其類實多, 比聞自相嘯聚, 保據山險, 師出塞垣, 自然有應, 其可取六也.' 太宗深納之".

(孫文) 등에서 '호로(胡虜)', '새외(塞外)'의 대칭으로 사용되기도 하지만, 대체로 문화적 성격을 구별하는 용어가 되었다. 민국 초기 장태염(章太炎)은 "중화라는 말은 화와 이를 가지고 문화의 고하를 구별하는 것이다"라 하였고,[254] 양계초(梁啓超)는 "대저 하나의 타족을 만나서 바로 '우리 중국인'이라는 하나의 관념이 그 머리에서 떠오르면 이 사람은 곧 중화민족이다. … 고로 모든 만주인이 이제 모두 중화민족의 일원이 되었다"라고 하였다.[255] '중화'의 일련의 변화를 살펴볼 때, 현재 중국에서 말하는 '다민족일체격국'적인 초보적 구상은 이미 당대에 형성되었다고 보아도 좋을 것이다.

254 "中國云者, 以中外分地域之遠近也. 中華云者, 以華夷別文化之高下也"(「中華民國解」, 『太炎文錄初編』(『章氏叢書』下, 臺北: 世界書局, 1985) 別錄 卷1, p.781-上右].

255 梁啓超는 "凡遇一他族, 而立刻有'我中國人'之一觀念浮於其腦際者, 此人即中華民族, … 故凡滿洲人今皆爲中華民族之一員也"(「中國歷史上民族之研究」, 『飮冰室文集』, 昆明: 雲南敎育出版社, 2001, p.3211)라 하였다.

제 4 장

동위-북제시대 호한체제의 전개
― 호한갈등과 이중구조 ―

I. 머리말

수당왕조의 제국체제는 미증유의 호한합작의 복합사회에 기초를 둔 정치적 표현이었다고[1] 지적된다. 수당제국 형성기라 할 수 있는 오호십육국·북조시대의 역사적 전개를 호한 간의 갈등과 융합이라는 구조로 설명하는 논리가 거의 정착되어 가고 있다. 그러나 수당제국의 형성 과정은 일직선으로 진행되듯 순탄하거나 단순하지 않았다. 각 시대마다 그 갈등의 정도 차이는 크며, 같은 시대라 하더라도 왕조에 따라 그 양상은 다르게 나타나고 있다. 특

---

1 宇都宮清吉, 「中國古代中世史把握のための一視角」, 『中國中世史研究·六朝隋唐の社會と文化』, 東京: 東海大學出版會, 1970, p.38.

히 북조 말 화북을 동과 서로 양분한 동위-북제와 서위-북주 사이에는 이 갈등구조의 차이가 분명하며,[2] 이 구조의 해소와 융합 정도가 어떠하냐가 바로 그 왕조의 총체적 역량으로 나타났다는 사실은 거의 인정하고 있는 바이다.

고환(高歡) 이하 고씨가 주도했던 동위-북제(534~577)의 경우도 그러하였다. 동위-북제는 당초 우문씨(宇文氏)의 서위-북주보다 국가가 갖추어야 할 강역·인구·경제력 등 여러 가지 면에서 유리한 조건을 구비했음에도 불구하고[3] 선비인(호)과 한인(한)을 조화시켜 하나로 묶으려는 뚜렷한 정책의 추진도, 그 성과도 없었다. 이 때문에 40여 년 동안 호한 간의 충돌이 계속됨에 따라 국가의 역량이 분산될 수밖에 없었다. 이것이 북주에 의해 멸망당하게 되는 주된 원인이라는 것이[4] 학계의 동향이다.

그런데 북제시대 정쟁의 원인이 민족(종족) 문제보다는 개인적인 이해관계가 더 많다고 보아, 호한 문제를 북제 정계의 주된 갈등 요인으로 보지 않으려는 견해도 있다.[5] 또 북제시대에 서역상호 출신의 은행세력을 한인사족과 선비훈귀와 대등한 제3의 정치세력으로 보고[6], 북제의 멸망 원인은 선비인과 한인의 충돌에 있었던 것이 아니라, 은행이 '권력을 마구 휘둘러 정치

---

2 西魏-北周, 東魏-北齊가 六鎭의 亂의 결과 나타난 왕조임에는 틀림이 없다. 六鎭의 亂은 孝文帝의 漢化政策에 대한 극력한 反動運動이었다. 高氏의 齊는 이런 歷史運動에 순응하여 漢族 文官을 배척하고 農耕社會의 지향을 소홀히 하였다면, 같은 시대 宇文泰는 胡化의 형식을 취하면서 孝文帝의 改革運動을 심화시켜 농경사회화에 성공한 것이라고 본다(李培棟, 「高歡族屬家世辨疑」, 『魏晋南北朝史綠』, 上海: 學林出版社, 1996, pp.92~93).

3 陳寅恪, 『唐代政治史述論稿』, 上海: 上海古籍出版社, 1982, p.15.

4 繆鉞, 「東魏北齊政治上漢人與鮮卑之衝突」, 『讀史存稿』, 香港: 三聯書店, 1963, p.78.

5 Jennifer Holmgren, "Politics of the Inner Court under the Hou-Chu(Last Lord) of the Northern Ch'i(ca.565-73)", ed. Albert E. Dien, *State and Society in Early Medieval China*, Stanford: Stanford University Press, 1990, p.327.

6 許福謙, 「從文化與民族關係看東魏北齊的胡漢之爭—學習寅恪先生民族文化學說研究中之偶得—」, 王永興編, 『紀念陳寅恪先生百年誕辰學術論文集』, 南昌: 江西教育出版社, 1994, p.451 에서는 東魏-北齊 시기에 호한 간에 전개된 3차에 걸친 정쟁 가운데, 제2차 충돌 이후 漢人 勢力의 타격이 너무 큰 나머지, 한인세력 단독으로 선비훈귀와 항쟁할 힘을 잃고 西域 出身의 恩倖集團에 의지해야만 정치력을 발휘할 수 있게 됨에 따라 진정한 의미의 선비훈귀와 한인사족이라는 양대 정치세력의 투쟁은 제2차 정쟁에서 종결되었다고 보았다.

를 해친[擅權害政]'데 있었다고 파악하는 견해도 있다.[7] 즉 은행세력이 호한 갈등으로 이미 쇠약해진 한인사족세력과 연합하여 양측의 공동의 적인 훈귀세력을 무너뜨리고, 마지막으로 한인사족세력마저 없애버렸다는 것이다. 이들이 강조하는 은행의 그런 측면을 감안하더라도, 북제 정치사를 살펴보면 호한 문제가 가장 기본적인 것이며, 은행세력은 호한갈등의 전개 추이에 따라 부수적으로 등장한 세력이라는 것이 필자의 입장이다.

여기서 이해를 돕기 위해 잠깐 우문씨의 서위-북주를 살펴볼 필요가 있다. 서위-북주의 경우, 우문태가 이른바 '관중본위정책(關中本位政策)'을 추진함으로써 호한 양 세력을 한 데 녹여[融冶] 결국 '관중인의 친족화'[8]라는 결과를 얻었다. 우문태에 의한 친족화정책 추진의 결과로 서위-북주, 수, 당 초까지 통치(지배)집단으로 군림하면서 시대를 이끌고 간 '관롱집단(關隴集團)'이 등장하였다. 이 학설을 제창한 진인각(陳寅恪)에 의하면, 이 집단은 우문태의 주도 아래 형성된 공통의 문화세계를 갖는 지역집단이다. 즉 지역적으로는 관중[關隴]을 핵심구역으로 하면서, 종족적으로는 호와 한, 능력 면에서는 무력과 재지(才智)가 복합된 집단이다.[9] 이런 관롱에 대비될 수 있는 지역이 관동[산동]이라면, 관동 지역이 속한 동위-북제는 결국 관롱집단 같은 일체화된 '관동[산동]집단' 형성에 실패한 것이다(그림 4-1 참조). 즉 고씨의 동위-북제는 그 영역 내의 호한 양족의 지배층을 불가분의 집단으로 만들어내지 못한 것이다. 지역적으로 산서와 산동이, 종족적으로 호와 한이, 능력적으로 무력과 재지가 각각 분산되어 상극하고 있었던 것이다. 그것이 당시의 세력 경쟁에서 승패를 갈랐다고 한다면, 그 근본 원인은 어디에서 연유한

---

7 許福謙, 「從文化與民族關係看東魏北齊的胡漢之爭―學習寅恪先生民族文化學說研究中之偶得―」, 1994, p.472.

8 朴漢濟, 「西魏·北周時代 胡漢體制의 展開―胡姓再行의 意味」, 『魏晉隋唐史硏究』 1, 1994, p.82.

9 陳寅恪, 『唐代政治史述論稿』, 1982, p.48.

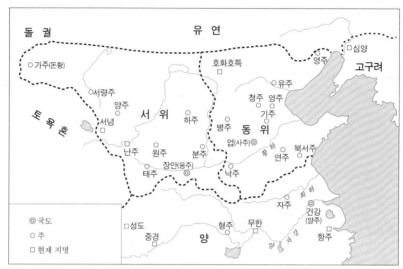

그림 4-1 동위·서위·양 분립도(分立圖) (출처: 程光裕, 『中國歷史地圖(上册)』, 臺北: 中國文化大學出版部, 1980, pp.39~40, 「梁與東西魏」).

것일까?

이 점의 해명이 호한 문제를 부차적으로 간주하려는 시각에 대한 필자의 해답이 될 것이다. 즉 이 점이 이 장에서 해명하고자 하는 과제이다. 이와 같은 해명이 더욱 설득력을 가지려면 이후 전개된 동위-북제사가 호한갈등과 연관되어 있다는 점을 밝혀야 할 것이다. 결론부터 말하자면, 동위-북제사의 전개는 한화세력과 반한화(호화)세력 간의 갈등에서 비롯되었으며, 그 갈등의 해결이 서위-북주만큼 순조롭지 않았다는 점이다. 흔히 북제 멸망의 원인으로 거론되는 황제의 부패와 은행세력의 발호[政出多門, 國無綱紀]도[10] 호한의 갈등구조와 무관하지 않다. 다시 말하자면, 호한 문제가 동위-북제사

---

10 『貞觀政要』(上海: 上海古籍出版社, 1978) 卷8 「辯興亡」 34, p.258, "貞觀九年, 太宗謂魏徵曰: '頃讀周·齊史, 末代亡國之主, 爲惡多相類也. 齊主(齊後主也, 名緯, 世祖之子)深好奢侈, 所有府庫, 用之略盡, 乃至關市無不稅斂. 朕常謂此猶如饞人自食其肉, 肉盡必死. 人君賦斂不已, 百姓旣弊, 其君亦亡, 齊主卽是也. 然天元(後周宣帝, 名贇, 自稱天元皇帝)·齊主, 若爲優劣?' 徵對曰: '二主亡國雖同, 其行則別. 齊主懦弱, 政出多門, 國無綱紀, 遂至亡滅. 天元性兇而强, 威福在己, 亡國之事, 皆在其身. 以此論之 齊主爲劣.'".

를 구성하는 가장 근본적인 요소이고, 그 이해의 요점이라는 점이다. 그 밖에 발생하는 여러 세력의 이합집산 문제는 호와 한의 반목에서 부수적으로 비롯된 것이라고 본다.

II. 호한갈등의 소재

1. '한화'와 '반한화' 세력의 대립

북위 말에 일어난 '육진의 난'은 새상(塞上)에서 주로 활동하던 선비족이 효문제[11]로 대표되는 북위정권이 시행한 이른바 '한화정책'에 대항한 일대 반동으로 고환과 우문태는 '한화'를 반대하고 선비문화를 보존하려는 대조류를 틈타 일어난 영웅들이었다.[12] 북위시대 육진의 거민(즉 鎭民)의 내원을 보면, ① 친현(親賢)과 고문 자제(高門子弟), ② 양가추부(良家酋附), ③ 중원 강종 자제(中原强宗子弟), ④ 범죄배변(犯罪配邊) 및 부로사변자(俘虜徙邊者), ⑤ 부락조직(部落組織)을 유지하고 있는 부락민 등이었다.[13] 종족 성분을 따지자면 선비·한·흉노·오환·유연·칙륵·고려 및 서역 잡호 등으로 복잡한 구성을 보이나, 북진지구에 100여 년을 같이 잡거하다 보니 정치·경제·생활습속 등 여러 방면이 선비인과 동일해졌다.[14] 따라서 '육진선비' 혹은 '북

---

11 道武帝 北魏 건국 이래 拓跋王室의 血統的인 中國化를 검토한 宮崎市定은, 孝文帝의 피 속에 鮮卑人의 피는 1/16을 점할 뿐이라고 하였다(宮崎市定, 『大唐帝國─中國の中世』, 東京: 中央公論社, 1988, p.272).

12 陳寅恪, 『隋唐制度淵源略論稿』, 上海: 上海古籍出版社, 1982, p.42.

13 孔毅, 「六鎭鮮卑的社會心理─兼論'六鎭起義'的原因和性質」, 『北朝研究』 1991-下(總5期), pp.46~47. 谷川道雄는 鎭軍이 ① 鮮卑族을 주체로 하는 北人 貴族子弟, ② 漢人豪族의 子弟, ③ 流罪人, ④ 高車·柔然의 降民으로 구성되어 있다고 보았다(『增補 隋唐帝國形成史論』, 東京: 筑摩書房, 1998, p.209).

14 陳寅恪은 "魏晋南北朝時期的民族往往以文化來劃分, 而非以血統劃分, … 在研究北朝民族問題的時候, 不應過多地考慮血統問題, 而應注意'化'問題"라 하였다(萬繩南整理, 『陳寅恪魏晋南北朝史講演錄』, 合肥: 黃山書社, 1987, p.292).

인'으로 통칭되는 이들과 선비인으로 이미 '하남낙양인'이 된 이른바 '대천호(代遷戶)'와는 문화적으로 엄밀히 구별된다.[15] 육진선비는 그 문화에 기반한 강력한 종족의식을 갖고 있었다. 그리하여 스스로를 '선비' 혹은 '북인', 언어를 '선비어' 혹은 '국어'라 부르면서 '한', '한인', '한아', '한어', '화어'와 구분하고 있다. 이른바 '한가성질(漢家性質)'[16]과 분명히 구별되는 '선비특질(鮮卑特質)'을 지키고 있었던 것이다.

　육진의 난은 한마디로 말해서 낙양 조정의 냉대를 받은 진민의 반발에서 비롯되었다. 그 냉대는 효문제의 한화정책에서 비롯되었다.[17] 효문제의 한화정책 실시 이후 낙양으로 이주한 북족(주로 선비족)귀족들은 한화의 길로 들어섰다. 그들은 중국 경전과 문학을 습득하였고, 의식 면에서도 한인과 다를 바 없게 되었다. 따라서 효문제 천락(遷洛) 이후 30년간 낙양에는 이들을 중심으로 새로운 정치체제가 형성되었다. 점점 문화적으로 육진 진민과는 골이 깊어졌다. 이에 따라 북위는 2개의 계층과 2개의 문화구역이 형성되었다. 선비족 왕조의 통치계층이 분열되면서 육진 진민의 자제들은 통치자의 행렬에서 이탈하였다. 정복자로서의 우월감도 잃었다. 한인관료들이 벼슬길에서 그들을 앞질렀다. 이로써 낙양에 대한 적대화, 한인과 한인집단에 대한 한(恨)이 형성되기 시작하였다. 결국 그들은 통치자와 정복자의 지위를 회복하려고 반란을 일으키게 되었다. 회삭진(懷朔鎭) 서방의 옥야진(沃野鎭)에서 파육한발릉(破六韓拔陵)이 주도한 반란을 계기로 해서 일어난 이른바 '육진(六鎭)의 난'이 바로 그것으로 북중국을 뒤흔들었다. 육진의 난 자체는 실패로 끝났지만, 그 후 육진인 대부분은 먹이를 좇아[就食] 하북으로 계속 남

---

15 孔毅, 「六鎭鮮卑的社會心理-兼論'六鎭起義'的原因和性質」, p.48.
16 『北齊書』 卷5 廢帝紀, p.73, "文宣每言太子得漢家性質, 不似我".
17 六鎭鎭人은 원래 職業은 軍人이고, 社會階級은 貴族이고, 種族文化는 鮮卑라는 세 가지 特性을 갖고 있다. 孝文帝 遷洛 이후 職業(軍人)·文化(鮮卑) 두 가지는 不變했으나 社會階級은 떨어져 이전의 仕宦·復除 權利가 없어지게 되었다(萬繩南整理, 『陳寅恪魏晋南北朝史講演錄』, 1987, p.278).

하하기 시작하였다. 이들은 다시 두락주(杜洛周)·갈영(葛榮)·한루(韓樓) 등
이 영도하는 반란군에 참여하였다.[18] 이때 이들 반란집단 내에서 호한갈등
문제는 싹트고 있었다. 당시 육진인들은 자주 한민을 기압(欺壓)하고 있었는
데, 예컨대 갈영군이 효창(孝昌) 3년(527) 기주(冀州)를 공략할 때 한민을 성
밖으로 축출하여 굶고 얼어 죽은 자가 10에 6~7이나 되었다든지,[19] 무태(武
泰) 원년(528) 창주(滄州)를 공략·함락하였을 때 한민 피살자가 10에 8~9나
되었다는 것이다.[20] 이것이 진인(민) 반란군이 한민의 지지를 얻지 못한 주요
원인이 되었고, 또 고환도 이런 행위('欺漢兒')야말로 갈영이 실패한 근본 원
인이라고 생각했던 것에서도[21] 증명되고 있다. 즉 유민의 유동 과정에서 호
한갈등이 두드러지게 되었으며, 이것이 신정권 창출 과정에 중요한 변수로
부각된 것이다.

　당시 북위 조야에서 호한갈등이 얼마나 심각했는지를 보여주는 것이 바로
이주영(尒朱榮)이 자행한 이른바 '하음(河陰)의 변(變)'이라는 한인 대학살 사
건이다. 이 사건은 528년 이주영이 북위 효명제를 독살한 영태후와 그 이하,
조사 천수 백 명을[22] 낙양 북쪽 황하변[河陰]에서 학살한 것으로,[23] 이는 육진

18　이들은 '葛榮의 餘衆 20餘萬'으로 尒朱氏의 契胡에게 압박을 받아 자주 반란을 일으키고
　　있었다(谷川道雄, 『增補 隋唐帝國形成史論』, 1998, p.265). 이들 '葛榮 20萬' 중 破六韓拔
　　陵의 叛亂 실패 후 항복한 육진 무리들은 冀·定 그리고 瀛 등지로 옮겨진다. 杜洛周·鮮于
　　脩禮가 앞다투어 上谷(현재 河北 懷 東南)과 左人城(현재 河北 唐縣 西北)에서 이들 육진의
　　무리를 이끌고 起義하였으나 나중에 葛榮集團에 합쳐진다.
19　『魏書』 卷9 肅宗紀, p.247, "十有一月己丑, 葛榮攻陷冀州, 執刺史元孚, 逐出居民, 凍死者十六
　　七".
20　『魏書』 卷9 肅宗紀, p.249, "三月癸未, 葛榮攻陷滄州, 執刺史薛慶之, 居民死者十八九".
21　『北齊書』 卷1 神武帝紀上, p.7, "神武曰: '以鄕里難制, 不得見葛榮乎 … 今以吾爲主, 當與前
　　異, 不得欺漢兒, 不得犯軍令. …'".
22　살해당한 자가 2,000여 인, 혹은 1,300여 인이라는 두 기록이 있다[『資治通鑑』 卷152 梁
　　紀8 武帝 大通 2년(528) 夏4月條, p.4742, "因縱兵殺之, 自丞相高陽王雍·司空元欽 … 死者
　　二千餘人(胡注曰: … 即遣胡騎圍之, 妄言丞相高陽王反, 殺王公以下二千餘人, 榮傳一千三百餘
　　人, 今從魏紀)"].
23　『魏書』 卷74 尒朱榮傳, pp.1647~1648, "(武泰元年 四月)十三日, 榮惑武衛將軍費穆之說, 乃
　　引迎駕百官於行宮西北, 云欲祭天. 朝士旣集, 列騎圍遶, 責天下喪亂 明帝卒崩之由 … 因縱兵

진민들의 낙양조정에 대한 반감이 그대로 표현된 일이었다.[24]

한편 육진 진민이 이렇게 하북을 압박해 오는 과정에서 하북 한인대족들이 취한 대응 방식은 저마다 달랐다. 한인세력(특히 무장세력)은 애초에는 북위정부를 유지 보호하는 쪽이었다.[25] 그러나 반란군의 세력이 커짐에 따라 거짓으로 반란군에 투항하는 경우도 있었으니, 고건(高乾) 형제가 갈영으로부터 관작을 받았고,[26] 범양(范陽) 노문위(盧文偉)가 두락주·갈영의 부하가 되었다가, 한루에서 다시 이주영에게 투항했던 예를 들 수 있다.[27] 한편 육진 진민을 기반으로 하는 반란군에 시종 적대적인 사람도 있었으니, 조군(趙郡) 이원충(李元忠)[28]이 대표적이다. 그러나 그들은 고환에게는 대체로 협조적이었는데,[29] 이는 고환이 앞에서 본 바와 같이 호한 문제를 심각하게 보고 있고, 그 자신이 뒷날 하북 명문인 발해 고씨로 자칭한 것에서 보듯이 한인들의 친근감을 사기 위해 노력한 결과라고 생각된다.

그러나 고씨의 노선은 일관된 것이 아니었다. 북진 회삭진에서 떠돌이 생활을 하던 고환이[30] 겨우 7~8년 만에 이주씨를 대신하여 북위왕조의 실권을

亂害, 王公卿士皆斂手就戮, 死者千三百餘人, 皇弟·皇兄並見害, 靈太后, 少主其日暴崩'.

24 '河陰의 變'의 의미에 대하여 吳少珉(「試論北魏'河陰之變」, 『史學月刊』 1983-1)은 漢化한 '鮮卑代北士族'과 北魏에 사환한 '漢人世族地主'로 구성된 이른바 門閥士族을 소탕한 것이라고 보았고, 窪添慶文(「河陰의 變小考」, 『榎博士頌壽記念東洋史論叢』, 東京: 汲古書院, 1988)은 『魏書』 외에 墓誌銘의 분석을 통하여 그 희생자가 주로 ① 高位官(특히 2品 이상), ② 元氏, ③ 漢人 등인 반면, 北魏政權에 참여한 北族의 희생자가 적었던 점을 지적하고 있다. 따라서 河陰의 變은 六鎭의 亂과 마찬가지로 漢化한 洛陽政府에 대한 철저한 反感의 표현이었음을 알 수 있다.

25 馬長壽, 『烏桓與鮮卑』, 上海: 上海人民出版社, 1962, p.86.

26 『北史』 卷31 高允傳 附乾傳, pp.1140~1141, "乾兄弟本有從橫志, 見(葛)榮殺害人士, 謂天下遂亂 乃卒, 河北流人及於河·濟間, 受葛榮官爵'.

27 『北齊書』 卷22 盧文偉傳, p.319, "尋爲杜洛周所虜. 洛周敗, 復入葛榮, 榮敗, 歸家. 時韓樓據薊城, 文偉鄕閭屯守范陽, 與樓相抗. 及文偉行范陽郡事. … 尒朱榮, 除范陽太守'.

28 『北齊書』 卷22 李元忠傳, p.314, "值洛陽傾覆, 莊帝幽崩, 元忠棄官還家, 潛圖義擧'.

29 『北齊書』 卷22 李元忠傳, 史臣曰 pp.324~325, "屬莊帝幽崩, 羣胡矯擅, 士之有志力者皆望勤王之師. 乃高祖東轅, 事與心會, 一遇雄姿, 遂瀝肝膽, 以石投水. 豈徒然哉?'.

30 高歡은 渤海 蓚縣 高氏와는 血緣關係가 전혀 없는 河州 출신으로 祖父 高密 때에 懷朔鎭

장악하게 된 것은 그의 능력과 발빠른 변신 덕분이었지만, 육진에서 남하한 선비 혹은 선비화된 각 종족이 주체가 된 유민집단의 신정권 창출에 대한 열망을 적절하게 이용했기 때문이다. 그 결과 성립한 북제정권에서의 반한감정은 강할 수밖에 없는 것이다.[31] 그 과정을 잠깐 살펴보자.

고환은 먼저 반군에 참가하여 두락주의 휘하에서,[32] 다시 갈영의 휘하로 전전하였다. 그러나 군소세력의 적도(賊徒)로 남아서는 전망이 없다고 느낀 고환은 당시 산서의 최대 군웅 이주영에게 투신하였다. 이후 이주영의 막하에서 충직한 생활을 하면서 이주영의 낙양 진격 이래 여러 차례 전투에 참가하여 훈공을 세운다. '하음의 변', 그리고 이주영이 자신이 옹립한 효장제(孝莊帝)에 의해 살해되는(永安 3년 9월) 등 이어지는 숨가쁜 정정(政情) 속에서, 고환은 이주영의 횡사 직전에 그의 추천에 의해 진주자사(晉州刺史)로 임명되어 이주씨의 유력한 부장으로 성장하였다. 고환은 이주영의 횡사 후에 정국의 변화를 잘 이용하여 큰 세력으로 등장한다. 이주영의 사후, 이주씨의 종주가 된 이주조(尒朱兆)가 이주영을 죽인 효장제를 반격하여 낙양을 함락하고 효장제를 자신의 근거지인 병주(幷州)로 호송하였다. 이에 앞서 이주씨의 반격을 염려한 효장제는 고건 형제에게 산동의 결집을 명함과 동시에, 이주씨의 본거지의 배후를 칠 수 있는 하서 번추(蕃酋)인 비야두(費也頭) 흘두릉보번(紇豆陵步藩)에게 밀지를 내려 비어 있는 병주를 칠 것을 요청해 두었다.[33]

침략해 오는 보번을 이주조와 고환이 수용(秀容)의 석고산(石鼓山)에서 격

으로 移貫했던 자이다(濱口重國, 「高齊出自考—高歡の制覇と河北豪族高乾兄弟の活躍—」, 『秦漢隋唐史の硏究(下卷)』, 東京: 東京大學出版會, 1966, p.716).

31 鮮卑系 武將들은 특히 漢人門閥에 대해 반감을 가지고 있다(『北齊書』 卷20 慕容儼傳 附 庫狄伏連傳, p.283, "及居州任, 專事聚斂. 性又嚴酷, 不識士流. 開府參軍多是衣冠士族, 伏連加以捶撻, 逼遣築牆.").

32 이때 같이 참여했던 동지가 尉景·段榮·蔡儁 등이다(『北齊書』 卷1 神武帝紀 p.2, "孝昌元年 柔玄鎭人杜洛周反於上谷, 神武乃與同志從之. 醜其行事, 私與尉景·段榮·蔡儁圖之 不果而逃, 爲其騎所追.").

33 『魏書』 卷75 尒朱兆傳, p.1663, "初, (尒朱)榮旣死, 莊帝詔河西人紇豆陵步蕃等令襲秀容".

파하였다. 보번을 토벌하는 과정에서, 고환은 병(幷)·사(肆)·분(汾) 3주에 교치(僑置)되어 있던 북진의 유민 대부분을 수중에 넣는다.[34] 고환이 이렇게 북진 유민을 영유하자 모용소종(慕容紹宗)이 우려했던 바와 같이 '교룡(蛟龍) 이 일시에 풍우(風雨)를 얻는 것'과 같은 꼴이 되었다.[35] 이후 고환은 하북에 있는 반이주씨세력의 진압이라는 구실을 내세워[36] 하북으로의 동출에 성공 한다.[37] 보태(普泰) 원년(530) 하북의 남북 지역 호족(豪族)들이 서로 호응해 서 일으켰던 '반이주씨운동'은 거두 유영조(劉靈助)의 패사로 기세가 이미 꺾여 있었다. 대왕산(大王山) 부근에서 이를 지켜보고 있던 고환은 이때야말 로 하북 진출의 적기라고 여겨, 부구(滏口)를 향하여 발진함과 동시에 하북 의 거성인 기주성(冀州城)을 고수하고 있던 고건 형제에 대한 토벌을 선언하 였다. 위협을 느낀 고건은 봉륭지(封隆之)의 차남 자회(子繪)와 같이 몰래 적

---

34 『北齊書』 卷1 神武帝紀, pp.4~5, "葛榮衆流入幷·肆者二十餘萬, 爲契胡陵暴, 皆不聊生, 大 小二十六反, 誅夷者牛, 猶草竊不止. (尒朱)兆患之, 問計於神武. 神武曰: '六鎭反殘, 不可盡殺 …' 兆以神武爲誠, 遂以委焉";『魏書』 卷75 尒朱兆傳, p.1663, "令人頻徵獻武王於晉州, 乃分 三州六鎭之人, 令王統領. 旣分兵別營, 乃引兵南出, 以避步蕃之銳. 步蕃至於樂平郡, 王與兆還 討破之, 斬步蕃於秀容之石鼓山, 其衆退走";『北齊書』 卷20 慕容紹宗傳, p.273, "紇豆陵步藩 逼晉陽, 尒朱兆擊之, 累爲步藩所破, 欲以晉州徵高祖, 共圖步藩. … 遂割鮮卑, 隷高祖, 高祖共 討步藩, 滅之".

35 『北齊書』 卷20 慕容紹宗傳, p.273, "高晉州才雄氣猛, 英略蓋世, 譬諸蛟龍安可借以風雨".

36 高歡은 劉貴를 보내어 幷과 肆에는 連年 서리와 한발로 降戶가 배고파 하니 就食을 위해 山東으로 가게 해달라고 간청하여 허가를 얻는다(『北齊書』 卷1 神武帝紀, p.5, "又使劉貴請 兆 以幷·肆頻歲霜旱, 降戶掘黃鼠而食之, 皆面無穀色, 徒汚人國土, 請令就食山東, 待溫飽而 處分之. 兆從其議.").

37 六鎭의 亂 이후 南下한 北鎭流民을 자기 휘하로 넣으려고 尒朱氏는 노력하였다. 그리하여 尒朱氏의 근거지인 幷·肆·汾 三州에 僑置시켰다. 그 流民의 수는 매우 많고 대부분 鮮卑 系 部民이었다. 流民 抄撫의 목적이 軍兵의 확충에 있었던 것은 물론이다. 그러나 部民에 대한 尒朱氏의 酷使로 生計에 큰 곤란을 느낀 流民들은 尒朱榮의 사후, 자주 반란을 일으 켰다. 원래 尒朱氏와 流民은 異人種이다. 尒朱兆가 高歡의 원조를 구하면서 步藩을 討伐할 때 僑置된 流民 중 상당수를 高歡에 배속시켰고, 討伐 후에는 流民과 같은 北鎭 출신자인 高歡을 그 통솔의 적임자로 여겨 流民 전체의 통치를 위탁하였다. 流民 통치를 위임받은 高歡은 反尒朱氏運動을 탄압한다는 명분으로 이들을 이끌고 河北으로 東出할 것을 尒朱兆 에 청하여 허락받았다(濱口重國, 「高齊出自考—高歡の制覇と河北の豪族高乾兄弟の活躍—」, 1966, pp.726~721).

진 부구에까지 가서 고환과의 회견을 청함으로써 제휴를 맺는다. 이를 계기로 고환은 그동안 반이주씨운동에 앞장섰던 발해군 고건·고앙(高昂) 형제를 비롯한 같은 군의 봉륭지·봉자회(封子繪) 부자와 조군의 이원충(李元忠) 등 쟁쟁한 하북호족(河北豪族)과[38] 밀접하게 제휴하는 솜씨를 보였다.[39] 물론 고건을 위시한 발해 고씨의 협조가 그 제휴에 절대적이었다. 고환은 곧바로 하북 기주 신도(信都)로 근거지를 옮기고 공식적으로 이주씨에 대해 반기를 든다. 고환은 이원충 등에게 이주씨의 하북 지역 근거지인 은주(殷州)의 공격을 명하였다. 이들은 자사 이주우생(尒朱羽生)을 참하고 최초의 승리를 거두었다.[40] 북진의 유민을 획득한 지 겨우 2년만에 고환은 수도 낙양을 장악하고, 다시 이주씨의 폐부(肺府)인 진양성을 점령하여 이주조를 자살하게 함으로써 패업을 성취했던 것이다.

고환의 곡예는 다시 시작된다. 고환의 하북 진출에서부터 낙양 점거에 이르기까지 고건 형제의 눈부신 활약과 헌신적인 제휴를 이끌어 내기 위해서 고환은 고건 형제의 양해로 자기의 계보를 위작해서 발해군의 호족 고씨로 자칭하였다.[41] 당초 고환의 하북 진출에 대해 공포심을 품고 있던 한족들은 고환의 진의가 이주씨로부터 자립하는 데 있음을 알고는 그를 신도성(信

---

38 普泰 6年(535) 殷州 攻略과 동시에 高歡은 反尒朱氏의 태도를 天下에 분명히 하여 打倒尒朱氏軍의 새로운 총수로서 四方에 격문을 보내게 되었다. 이때 魏蘭根(魏收의 族叔으로 定州 鉅鹿郡下 曲陽縣의 豪族)·崔悛(定州 博陵의 右族)·崔暹(定州 博陵의 右族)·李密(殷州 趙郡의 豪族)·李愨(殷州 趙郡의 豪族)과 종전부터 高乾 兄弟와 연락이 있었던 사람들이 高歡진영에 속속 참가하였다. 또 盧文偉도 范陽에서 아들 盧懷道를 파견해서 同盟에 가담하였다.

39 당시 高歡이 所領한 六鎭之衆은 수적으로 많지 않았고, 절대적 領導權도 갖지 못하였기 때문에 高歡이 河北 豪族과 제휴하게 되었다고 본다(何德章,「高乾兄弟的命運-東魏解散豪族私家武裝的過程」,『魏晋南北朝隋唐史資料』16, 武漢: 武漢大學出版社, 1998, p.44 및 p.49의 주 14 참조).

40 『北史』卷31 高乾傳, p.1142.

41 濱口重國,「高齊出自考-高歡の制覇と河北の豪族高乾兄弟の活躍-」, 1966, pp.726~727에 의하면 高乾 兄弟의 高氏 一族의 系譜를 차용하여 자기 曾祖父는 高湖로, 北魏 名臣 高允의 父인 高韜의 弟라고 하였다.

都城)으로 맞아들였다. 그렇다면 고환의 하북 진출 시에 하북의 호족들은 왜
그와 제휴하는 길을 택하였을까? 첫째, 당시 하북 지역에 찾아든 기근 등 천
재에다 육진의 난 이후, 취식을 위해 유입된 유민들의 반란으로 혼란한 상황
에서 북위조정이 수습은커녕 더 이상 그 명맥을 유지할 수 없다고 판단한 호
족들은 고씨와 '공정천하(共定天下)'함으로써[42] 이후의 권력과 이익을 쌍방
이 '공형(共享)'하려는 의도를 가진 때문이었다.[43] 둘째, 공형까지는 아니더
라도 당장 자신의 향리를 보호하기 위해서는 이미 막강한 군벌로 등장한 고
환의 세력과 대적하는 것보다는 제휴하는 것이 유리하다고 판단한 것이다.
셋째, 고환이 한인에게 철저한 적대감을 보인 이주씨세력 타도라는 기치를
내세웠기 때문이다. 그런 데다 고환은 스스로 한족을 자칭할 정도로 한인에
게 우호적이었다. 이로써 고환세력은 육진의 반민에다 한인호족이 이끄는
광범위한 한인 사회층을 포함하게 되었다. 이렇게 되자 동위-북제시대 고
씨정권은 내부적으로 호·한이라는 이질적 두 존재가 그 세력의 양대 축을
형성하게 된 것이다.

즉 고환은 외형적으로 육진의 반민과 낙양의 북위세력, 그리고 산동의 한
인세력을 수하에 둔 것이다. 크게 분류하면 육진의 반민이 '호'라고 한다면
낙양의 북위세력과 산동의 한인세력은 '한'이라 할 수 있다. 모두 분명한 노
선을 보이는 세력들이다. 고씨는 이 세력들을 수하에 넣는 데는 성공하였지
만 이를 하나로 융합하는 것은 차원이 다른 문제였다.

그런데 당시 한인들이 꿈꾸던 국가는 어떤 것인가? 다니가와 미치오(谷川
道雄) 교수의 말을 빌면, 그들이 지향한 것은 문벌주의와 현재주의가 절충된

---

42 『北史』卷31 高乾傳 附 弟 季式傳, p.1148, "芒山之敗, 所親部曲請季式奔梁. 季式曰: '吾兄
　弟受國厚恩, 與高王共定天下, 一旦傾危而亡之, 不義.'".
43 王怡辰, 「北魏末的河北塢堡與高歡信都建義」, 『(臺灣)中國歷史學會史學集刊』28, 1996,
　p.104.

신귀족주의 국가의 재건이었다.[44] 그것은 기본적으로 효문제 이후 추진되어 온 한화 노선을 이어가겠다는 의식이 깔려 있는 것이었다. 그러나 선비인을 중심으로 하는 호족들이 이에 대해 체질적으로 거부반응을 보인 것은 당연하다. 고씨정권 아래 모여든 호·한 양 세력을 '반한화'와 '한화' 세력으로 규정하면 그 갈등구조가 곧 동위-북제시대의 정치사를 좌우하는 주된 요소가 된다.

고씨 휘하로 들어온 한인사족인 고덕정(高德政)이나 두필(杜弼)이 한인을 많이 등용해야 한다고 주장하는 것은 당연하다. 그러나 그들의 언사는 북위 낙양시대 한인사족보다 더 과격하여, 그 언설에는 다분히 선비인을 경멸하는 내용이 적지 않았다. 고씨정권 초기부터 이처럼 호한의 갈등구조는 노정되었다. 즉 고덕정이 "한인을 마땅히 임용해 써야 한다[宜用漢]"라고 주장하였지만, '선비를 없애는[除鮮卑]' 것을 전제함으로써 오히려 주살당한 것이라든지,[45] 또 두필이 "선비는 거마를 끄는 작자들이니 이에 마땅히 중원인을 써야 한다[鮮卑車馬客 會須用中國人]"라고 하여 문선제 고양(高洋)을 화나게 하여 "그의 허물과 죄과가 쌓여[積其愆失]" 주살될 수밖에[46] 없었던 것도 북제가 태생적으로 안고 있는 고민이었다. 이처럼 호와 한 간에 전혀 순화되지 않은 언사가 공개적으로, 그리고 거침없이 표현된다는 것 자체가 당시 북제 정계에서 호와 한의 갈등이 심각했음을 나타낸다. 이보다 앞서 동위시대 호·한의 이러한 대립·갈등 양상은 고앙(高昂)과 유귀(劉貴) 간에 벌어진 쟁투에서 잘 드러났다. 유귀는 흉노 출신으로 선비화된 자이지만, 한인을 경시하여 황하에서 일하던 한인 역부(役夫)들이 익사하는 것을 보고 "그 생명이 일 전의

---

44 谷川道雄,「北齊政治史と漢人貴族」,『增補 隋唐帝國形成史論』, 1998, p.310.
45 『北齊書』卷30 高德政傳, p.410, "德政死後, 顯祖謂羣臣曰: '德政常言宜用漢, 除鮮卑, 此卽合死. 又教我誅諸元, 我今殺之, 爲諸元報讐也.'".
46 『北齊書』卷24 杜弼傳, p.353, "顯祖嘗問弼云: '治國常用何人?' 對曰: '鮮卑車馬客 會須用中國人' 顯祖以爲此言譏我 … 十年夏, 上因飲酒, 積其愆失, 遂見就州斬之".

가치도 안 되는 한아들이니 죽도록 그냥 내버려 두어라[頭錢價漢, 隨之死]"[47]
라 말했다는 것이다. 이 말을 들은 고앙이 칼을 빼어 유귀를 치려 하자 유귀
가 달아나 자신의 군사를 풀어 그를 공격하였던 것이다.[48] 당시 선비인들은
모두 중화조사(中華朝士)들을 가볍게 여겼다. 다만 고앙만은 두렵게 여겼는
데 고환도 군사를 호령할 때 선비어를 사용했지만 고앙이 옆에 있으면 화어
(華語)를 사용했을 정도였다. 또 고앙이 상부(相府)에 바로 들어가려다 문지
기가 제지하자 활로 쏘았는데도 당권자인 고환이 문책하지 않았다고 한다.[49]
이런 장면은 동위조정 내의 호한갈등이 얼마나 심각하였는지, 그 통제가 얼
마나 어려웠는지를 잘 보여주는 것으로, 오호시대 석씨의 후조나 염위(冉魏)
의 호한 상극상을 연상케 한다. 즉 호한관계는 오호십육국시대로 돌아간 듯
하였다. 문선제 고양의 동생인 고양왕(高陽王) 식(湜)이 형 문선제의 장인(황
후의 부친)이 관직이 없다는 이유로 예를 갖추지 않자 문선제가 그 연유를 물
으니 "관직이 없는 한인에게 예를 표할 필요가 있는가[無官職漢, 何須禮]"[50]라
고 대꾸하였다는 일화도 있다. 이렇게 선비인은 한인에 대해 '두전가한(頭
錢價漢)', '무관직한(無官職漢)', '한아(漢兒)',[51] '하물한자(何物漢子)'[52] 등 악
감정 섞인 비칭을 거침없이 내뱉았다. 북주와의 전쟁 때마다 북제는 한인을

---

47 '漢人의 生命은 돈으로 칠 가치가 없으니 그대로 죽도록 내버려 두라'는 뜻인 듯하다.
48 『北史』 卷31 高昂傳, pp.1146~1147.
49 『北史』 卷31 高乾傳 附 弟 高昂傳, pp.1146~1147, "昂還, 復爲軍司·大都督, 統七十六都督,
　 與行臺侯景練兵於武牢. 御史中尉劉貴時亦率衆在焉. … 明日, 貴與昂坐, 外白河役夫多溺死.
　 貴曰: '頭錢價漢, 隨之死.' 昂怒, 拔刀斫貴. 貴走出還營, 昂便鳴鼓會兵攻之. 侯景與冀州刺史
　 万俟受洛解之乃止. 時鮮卑共輕中華朝士, 唯憚昂. 神武每申令三軍, 常爲鮮卑語; 昂若在列時,
　 則爲華言. 昂嘗詣相府, 欲直入, 門者不聽, 昂怒, 引弓射之. 神武知而不責".
50 『北齊書』 卷10 高陽康穆王 湜傳, p.138, "其妃父護軍長史張晏之嘗要道拜(高陽康穆王)湜, 湜
　 不禮焉. 帝問其故, 對曰: '無官職漢, 何須禮.' 帝於是擢拜晏之爲徐州刺史".
51 『北齊書』 卷22 盧文偉傳 附 盧勇傳, p.322, "鎭宜陽, 叛民韓木蘭·陳忻等常爲邊患, 勇大破
　 之. 啓求入朝, 高祖賜勇書曰: '吾委卿陽州, 唯安枕高臥, 無西南之慮矣. 但依朝廷所委, 表啓
　 宜停. 卿之處子任在州佳, 當使漢兒之中無有卿前者.'".
52 『北齊書』 卷 23 魏蘭根 附 魏愷傳, p.332, "(愷)遷青州長史, 固辭不就. 楊愔以聞. 顯祖(文宣
　 帝 高洋)大怒, 謂愔云: '何物漢子, 我與官, 不肯就! …'".

'육리(肉籬)'로 삼으려고 한 것도[53] 당시 선비인이 얼마나 한인을 멸시했는 가를 알 수 있다.

　이런 호한 상극상에서 엄격하게 말하면 권력의 추는 선비 쪽으로 기울었 다고 할 수 있다. 그래서 혹자가 동위-북제는 '대선비주의시대'[54]라 지칭하 듯이 선비인들이 '정복자' 혹은 '통치자'로서의 면모를 다시 되찾아 발휘한 시대였다. 한인에 대한 이런 적대감정은 북제 말까지도 일관되게 보인다. 한 인에 대한 적대감의 이면에는 다름 아닌 '반한화'의 강고한 지향이 도사리 고 있었다. 고환이 한인에 대해 어느 정도 호의를 가지고 있었고, 산동 한족 과 제휴하였지만 그의 세력 기반은 육진 진민에 있었기 때문이다. 그런 데다 북제가 한화의 근거지였던 북위의 도성 낙양을 이어받았고, 선진적 농경지 구이자 동시에 귀족의 연총인 산동이[55] 그 주요 지배 지역이었기 때문에 한 화 지향은 더 노골화될 수밖에 없었던 것이다. 그러나 육진세력은 한화를 적 대시함과 동시에 북위 때 육진 지역에 옮겨 살게 된 한인들처럼 선비화시키 는 이른바 '도퇴(倒退)'가 그들의 주된 지향이었다. 북제 멸망의 원인을 그런 과도한 지향에서 찾는 관점[56]도 나왔다. 사실 지나친 한화도 문제지만 과도 한 선비화도 문제라는 것은, 육진의 난이 발발한 원인이 효문제에 의해 강제 된 한화정책에서 비롯된 것이라는 점에서 증명된다. 대립하는 세력의 적절 한 절충이 무엇보다 긴요한 일이었다.

　그러나 선비인의 한인에 대한 반감은 오로지 선비문화의 묵수(墨守)로 표 현되었다. 오로지 선비어 쓰기를 고집하고, 한문화에 대해서는 의식적으로

---

53 (唐)杜佑撰, 『通典』(北京: 中華書局, 1988 點校本) 卷200 邊防16 跋言, p.5495, "傅奕曰: '… 周·齊每以騎戰, 驅華人爲肉籬.' 詑曰: '當刈漢狗飼馬, 刀刈漢狗頭, 不可刈草也.'"

54 周一良, 「北朝的民族問題與民族政策」, 『魏晋南北朝史論集』, 北京: 中華書局, 1963, p.176.

55 『漢書』卷28下 地理志下 齊地條, p.1660, "故其俗彌侈, 織作冰紈綺繡純麗之物, 號爲冠帶衣 履天下".

56 漆澤邦, 「論東魏—北齊的倒退」, 『魏晋南北朝史研究』, 成都: 四川省社會科學出版社, 1986, p.390.

무관심하였고, 그래서 배우려 하지도 않았다. 이와 같은 동위-북제 조정의 분위기는 건국자인 고환 등 황제들의 행동과 생활방식에서도 엿볼 수 있다. 그들의 혈통이 어떠하든[57] 문화적으로 완전히 선비 구습으로의 복귀를 지향하였다.[58] '반한화', 즉 '선비화' 가운데 가장 두드러진 분야는 언어였다. 동위-북제가 선비어를 강제한 흔적은 보이지 않지만, 당시 조정에서 사용하는 공식어와 특히 군대의 호령은 선비어였다.[59] 고환의 자(字)가 '하육혼(賀六渾)'이었고, 그의 아들 문선제 고양의 소명(小名)이 후니우(侯尼于)[60]이다. 또 무성제 고담의 자(字)는 보락계(步洛稽)[61]이고, 고환의 종조형의 아들[從祖兄子]인 고장필(高長弼)의 소명은 아가(阿伽)[62]였다. 북제의 개국공신인 단소(段韶)의 소명도 철벌(鐵伐)[63]이었고, 북제 최고의 훈귀 중 한 명인 곡율금(斛律金)의

---

57 高氏의 族屬이 胡族이냐 漢族이냐를 두고 논란이 있다. 일찍이 王鳴盛이 高允이 五世親內의 親屬으로 되어 있지만 高歡이 정권을 잡고 나서 推崇한 바가 없다는 점에서 『魏書』및 『北齊書』의 기록에 대해 회의를 가진 『十七史商榷』(臺灣: 大化書局, 1984) 卷68 「高允與神武爲近屬」, pp.706~707) 이래, 繆鉞(「東魏北齊政治上漢人與鮮卑之冲突」, 1963, pp.78~81), 周一良(「領民酋長與六州都督」, 『魏晋南北朝史論集』), 濱口重國(「高齊出自考」) 등이 그 世系의 僞造를 주장하였다. 특히 濱口氏는 渤海 豪族 출신이라고 公稱한 시기는 孝武帝 太昌 改元 後 수개월 뒤 일일 것이라고 하였다(p.729). 周一良은 高氏가 스스로 선비인으로 '自居' 하고 漢人을 적대하였다고 하였으며, 譚其驤(繆鉞: 「東魏北齊政治上漢人與鮮卑之冲突」之 '附記', pp.93~94)은 高歡이 高句麗人일 가능성을 시사하였다. 그러나 최근 李培棟(「高歡族屬家世辨疑」, 『魏晋南北朝史緣』, 1996)은 그가 漢族이었고, 高歡과 高澄 이후 황제들이 鮮卑人으로 自居했을 뿐이라고 하였다.

58 『北齊書』卷1 神武帝紀上, p.1, "齊高祖神武皇帝, 姓高名歡, 字賀六渾, 渤海蓚人也. … 神武旣累世北邊, 故習其俗, 遂同鮮卑".

59 『北齊書』卷21 高昂傳, p.295, "高祖每申令三軍, 常鮮卑語";『北齊書』卷25 張纂傳, p.360, "纂事高祖二十餘歲, 傳通教令, 甚見親賞";『北齊書』卷46 循吏 張華原傳, p.638, "從於信都, 深爲高祖所親待, 高祖每號令三軍, 常令宣論意旨";『北齊書』卷38 元文遙傳, pp.503~504, "齊受禪, 於登壇所受中書舍人, 宣傳文武號令. … 文遙歷事三主, 每臨軒, 多命宣敕, 號令文武, 聲韻高朗, 發吐無滯".

60 『北史』卷7 齊顯祖紀, p.243, "及(太后)産,命之曰侯尼于. 鮮卑言有相子也".

61 『北齊書』卷14 上洛王思宗傳 附 子 元海傳, p.183, "蓋指武成小字步洛稽也".

62 『北齊書』卷14 陽州公永樂傳 附 弟 長弼傳, p.182, "永樂弟長弼, 小名阿伽".

63 『北齊書』卷16 段榮傳 附 弟 韶傳, p.208.

자(字)는 아육돈(阿六敦)[64]이었다. 그들의 일상어는 당연히 선비어였다. 선비인들이 모여 이야기할 때에 한인들은 그들이 무슨 이야기를 하는지 알 수가 없었다.[65] 선비인들은 한어를 안다 하더라도 말하지 않으려 하였다.[66] 호한의 융합에 앞장서야 할 황제들도 그런 것에는 그다지 신경 쓰지 않았다. 한화론자였던 북위 효문제는 낙양 천도 이후 탁발어를 '국어(國語)'라 부르고[67] 중국 고래의 경전도 탁발어[68]로 번역하여 교습시키고 각종 서적을 찬술하였다.[69] 이것은 호한 상호 간의 교류, 즉 융합을 위한 가장 기본적인 조처였다.[70] 그것만으로 부족하다고 느낀 효문제는 결국 조정에서의 '북어(北語)' 사용 금지와 한어의 강제 사용 정책을 시행하였다.[71] 효문제의 이런 조처 이후에도 '국어'와 한어는 여전히 같이 사용되었다. 『춘추외전국어(春秋外傳國語)』를 비롯하여 『국어효경』 등 '국어□□'류의 책이 『수서』 경적지에 여러 종류가[72] 기록되어 있기 때문이다. 다시 말하면 당시 사람들은 '이중 언어 생활'을 하고 있었던 것이다. 특히 북제시대에 선비어가 얼마나 유행했으며 중시되었

---

64 『北齊書』 卷17 斛律金傳, p.219.
65 『北史』 卷24 王憲傳 附 曾孫 王昕傳, p.884, "齊文宣踐阼, 拜七兵尚書, … 嘗有鮮卑聚語, 崔昂戲問昕曰: '頗解此不?' 昕曰: '樓羅·樓羅, 實自難解. 時唱染干 似道我輩.'".
66 『北史』 卷14 后妃下 蠕蠕公主郁久閭氏傳, p.518, "公主性嚴毅, 一生不肯華語".
67 『隋書』 卷32 經籍志1, p.947, "後魏初定中原, 軍容號令, 以夷語. 後染華俗, 多不通, 故錄其本言, 相傳教習, 謂之'國語'".
68 鄭欽仁은 Louis Ligeti의 주장을 받아들여 '國語'는 北魏의 '拓跋語'이고, 鮮卑語는 北周 등 이후 시대에 사용된 鮮卑語를 지칭한다고 보았다(鄭欽仁, 「譯人與官僚機構」, 『北魏官僚機構研究續編』, 臺北: 稻禾出版社, 1995, p.227).
69 『隋書』 卷32 經籍志1, p.935, "又云魏氏遷洛, 未達華語, 孝文帝命侯伏侯可悉陵, 以夷語譯孝經之旨, 教于國人, 謂之國語孝經".
70 『隋書』 經籍志에 나오는 책들은 北人이 漢語를 배우고 漢人이 鮮卑語를 배우기 위한 교재였다고 한다(鄭欽仁, 「譯人與官僚機構」, 1995, p.230).
71 『魏書』 卷7下 高祖紀下, p.177, "(太和十九年)六月己亥, 詔不得以北俗之語言於朝廷, 若有違者, 免所居官";『魏書』 卷21上 咸陽王禧傳, p.536, "今欲斷諸北語, 一從正音".
72 『隋書』 卷32 經籍志1, p.945에 鮮卑語 관련 책명 14종이 나오고 있다[國語(15卷)·國語(10卷)·鮮卑語(5卷)·國語物名(4卷 侯伏侯可悉陵撰)·國語眞歌(10卷)·國語雜物名(3卷 侯伏侯可悉陵撰)·國語十八傳(1卷)·國語御歌(11卷)·鮮卑語(10卷)·鮮卑號令(4卷)·國語雜文(15卷)·鮮卑號令(1卷 周武帝撰)·雜號令(1卷)·國語孝經(1卷)].

는가는 북제에서 장기간 생활한 안지추(顏之推)가 당시 출세하기 위해서는 선비어의 구사와 비파(琵琶)를 탈 수 있는 능력이 필요하다고 한 지적[73]에서 알 수 있다.[74] 즉 북제조정이 선비화로 치달렸다고 할 수 있다.

물론 선비어를 통용시켰던 것은 북제만이 아니었다. 북주의 조정에서도 역시 선비어가 성행했고, 특히 무제는 선비어 사용을 제창하여 『선비호령 (鮮卑號令)』이라는 책을 찬술할[75] 정도로 열성적이었다. 그리고 중앙관리뿐만 아니라 지방관도 선비어로 말해야 하였다.[76] 이런 분위기에서 우경칙(虞慶則) 같은 한인도 선비어를 이해하였다고 한다.[77] 따라서 이것을 가지고 북제만의 문화적 배타성이라 말할 수는 없다. 문제는 호한 간에는 상대 언어에 대한 인식과 이해 정도가 달랐다는 것이다. 서위-북주는 자연스럽게 당시의 현실을 반영하였지만, 동위-북제는 다분히 의도적으로 상대 언어를 무시하고 또 자기 언어 사용을 강제하려는 데 문제가 있었다. 당시의 호한 모두 진정으로 서로의 언어를 인정하려 들지 않았고, 더욱이 선비족은 당시 상황에서 한어를 배우려 들지 않았을 뿐만 아니라 선비어를 사용하는 호인과 한인만 기용하려 하였다. 그것이 잃어버린 정복자 혹은 통치자의 지위를 회복하는 방법이라 생각한 것이다.

북제의 황제를 비롯한 조정의 분위기는 점차 선비족 위주로 변해갔다.

---

73 (北齊)顏之推撰, 『顏氏家訓』(王利器, 『顏氏家訓集解本』, 北京: 中華書局, 1983) 卷1 教子第2, p.21, "齊朝有一士大夫嘗謂吾曰: '我有一兒, 年已十七, 頗曉書疏, 教其鮮卑語及彈琵琶, 稍欲通解以此伏事公卿, 無不寵愛亦要事也.'".

74 顏之推는 아이들에게 鮮卑語를 가르칠 필요가 없다고 했지만 그 자신뿐만 아니라 그 孫子 顏師古 역시 선비어를 알고 있었으므로 家學的 淵源을 가지고 있었을 것이다(繆鉞, 「北朝的鮮卑語」, 『讀史存稿』, 1963, p.63).

75 『隋書』 卷32 經籍志1 小學, p.945, "鮮卑號令一卷 周武帝撰".

76 『周書』 卷26 長孫儉傳, p.428, "又除 … 荊州刺史. 時梁岳陽王蕭詧內附, 初遣使入朝, 至荊州. 儉於廳事列軍儀, 具戎服, 與使人以賓主之禮相見. 客儉容貌魁偉, 音聲如鐘, 大爲鮮卑語, 遣人傳譯以問客".

77 『隋書』 卷40 虞慶則傳, p.1147, "父祥, 周靈武太守, 慶則幼雄毅, 性倜儻, 身長八尺, 有膽氣, 善鮮卑語".

『북사』유림전서에는 북제의 황태자나 제왕들에게 명유(名儒)를 불러 유술을 가르치게 하였으나 제남(濟南) 고은(高殷)을 제외하고는 제대로 익힌 사람이 없고 국학생도 수십 명에 불과했다고 기술되어 있다. 주목할 점은 이런 결과가 상(황제)이 좋아하지 않아 생긴 현상이었다고 평가하고 있는 것이다.[78] 이런 판국이니 고급관료가 한어로 자기 이름도 쓰지 못하는 경우도 있었다. 사적간(厙狄干)과 왕주(王周)라는 무장은 자기 이름도 쓰지 못하였고,[79] 북제 최고의 훈귀(勳貴) 중 한 사람인 곡율금(斛律金)마저도[80] 본명인 '돈(敦)' 자를 쓰지 못해 '금(金)'자로 바꾸고 그것도 겨우 쓸 정도였다.[81] 이 사례들은 당시 북제 조정의 반한화적 분위기를 상징적으로 보여주고 있다.

북제 제왕들의 야만적 잔학성이 자주 지적되고 있다. 고환이 큰아들 고징(高澄)을 훈계하면서 주먹으로 쳐서 다리를 부러뜨리고 갖은 욕설을 다하자, 보다 못한 진원강(陳元康)이 그를 만류하기도 하였다.[82] 문선제 치세 후기의 잔학함은 북제 멸망의 원인으로까지 거론되기도 하는데,[83] 문선제는 도독과 같은 고위직 인사를 마음대로 살해하는 모습을 천연덕스럽게 보여주고 있

---

78 『北史』卷81 儒林傳上 序, pp.2705~2706, "及天保·大寧·武平之朝, 亦引進名儒, 授皇太子·諸王經術. 然爰自始基, 暨於季世, 唯濟南之在儲宮, 性識聰敏, 頗自砥礪, 以成其美. 自餘多驕恣傲狠, 動違禮度, 日myung月將, 無聞焉爾, 鏤冰彫朽, 迄用無成. … 國學博士, 徒有虛名, 唯國子一學, 生徒數十人耳. … 皆由上非所好之所致也".

79 『北齊書』卷15 厙狄干傳, p.198, "干不知書, 署名爲'干'字, 亦上畫之, 時人謂之穿錐. 又有武將王周者, 署名先爲'吉'而後成其外, 二人至子孫始並知書".

80 『北齊書』卷17 斛律金傳, p.222, "又納其孫女爲太子妃. 金長子光大將軍, 次子羨及孫武都並開府儀同三司, 出鎭方岳, 其餘子孫皆以侯貴達".

81 『北史』卷54 斛律金傳, p.1966, "金性質直, 不識文字. 本名敦, 苦其難署, 改名爲金, 從其便易, 猶以爲難. 司馬子如敎爲金字, 作屋況之, 其字乃就. 神武重其古質, 每誡文襄曰:'爾所使多漢, 有讒此人者, 勿信之.'".

82 『北齊書』卷24 陳元康傳, pp.342~343, "高祖嘗怒世宗, 於內親加毆蹋, 極言罵之, 出以告元康. 元康諫曰:'王敎訓世子, 自有禮法, 儀刑式瞻, 豈宜至是.'言辭懇懇, 至于流涕. 高祖從此爲之懲忿. 時或恚撻, 輒曰:'勿使元康知之.'".

83 『北齊書』卷4 文宣帝紀 論曰, p.69, "縱酒肆欲, 事極猖狂, 昏邪殘暴, 近世未有. 饗國不永, 實由斯疾, 胤嗣殄絶, 固亦餘殃者也".

다.[84] 잔학성에서는 북제 황제 중 무성제도 빠지지 않는다. 그의 어머니인 누태후(婁太后)가 죽자, 상을 치르기는커녕 삼대(三臺)에 올라 풍악을 울리고 술을 마시니 화사개(和士開)가 음악을 그칠 것을 청하였으나, 오히려 화를 내며 그를 매질하였다 한다.[85] 뿐만 아니라 그의 형 효소제(孝昭帝)가 목숨만은 살려주라는 간곡한 유조를 내렸음에도 불구하고 제위를 탈취한 후, 황태자였던 백년(百年)을 잔혹하게 죽이기도 하였다.[86] 또 그는 형수인 문선황후 이씨를 협박해서 간음하여 딸을 낳았으나 키우지 않으려 하자, 이씨 소생인 태원왕(太原王) 소덕(紹德)을 이씨 앞에서 살해하였다.[87] 이러한 음란함과 잔학성을 호습의 영향으로 규정하기도 하지만,[88] 남조의 송·제에서도 그런 사건이 없지 않은 것을 볼 때,[89] 북제 황실에서 보이는 음란함과 잔학함의 원인은 다른 데서 찾아야 할 것이다. 따라서 필자는 잔학성이 호습이라 하더라도 그것이 적나라하게 표출된 데는 한적 관습에 대한 혐오가 반작용을 일으켰기 때문은 아닐까라는 생각이 든다.

동위–북제시대 전체를 살펴보면 선비문화가 한문화를 압도하고 있음을

---

84 『北齊書』 卷4 文宣帝紀, pp.67~68, "旣征伐四克, 咸振戎夏, 六七年後, 以功業自矜, 遂留連耽湎 肆行淫暴. … 凡諸殺害, 多令支解, 或焚之於火, 或投之於河. … 嘗在晉陽以稍戲刺都督尉子耀 應手卽殞. 又在三臺大光殿上, 以鏐鏤都督穆嵩, 遂至於死. … 自餘酷濫, 不可勝紀".

85 『北齊書』 卷9 神武明皇后 婁氏傳, p.124, "及后崩, 武成不改服, 緋袍如故. 未幾, 登三臺, 置酒作樂. 帝女進白袍, 帝怒, 投諸臺下. 和士開請止樂, 帝大怒, 撻之".

86 『北齊書』 卷12 孝昭六王 樂陵王 百年傳, p.158, "遣左右亂捶擊之, 又令人曳百年遶堂且走且打 所過處血皆遍地. 氣息將盡, 曰:'乞命 願與阿叔作奴' 遂斬之, 棄諸池, 池水盡赤, 於後園親看埋之. 妃把玦哀號, 不肯食, 月餘亦死".

87 『北齊書』 卷9 文宣皇后 李氏傳, p.125, "成踐祚, 逼后淫亂, 云:'若不許, 我當殺爾兒' 后懼, 從之. 后有娠, 太原王紹德至閣, 不得見, 愠曰:'兒豈不知耶, 姊姊腹大, 故不得見.' 后聞之, 大慚, 由是生女不擧. 帝橫刀詬曰:'爾殺兒女, 我何不殺爾兒!' 對后前築殺紹德. 后大哭, 帝愈怒, 裸后亂撾撻之 號天不已".

88 傅樂成은 北朝는 胡習의 影響으로, 南朝는 老莊思想의 영향으로 설명한다(傅樂成, 「唐型文化與宋型文化」, 『漢唐史論集』, 臺北: 聯經出版事業公司, 1977, p.350).

89 (淸)趙翼撰, 王樹民校證, 『廿二史箚記』(北京: 中華書局, 1984) 卷11 「宋世閨門無禮」條, 「宋子孫屠戮之慘」條, 卷14 「後魏刑殺太過」條, 卷15 「北齊宮閨之醜」條 등이 淫亂과 殘暴性을 다룬 글들이다.

알 수 있다. 고씨가 동위의 황제위를 선위받고, 북제가 성립하면서부터 그런 현상은 더욱 두드러진다. 문선제 고양이 칭제한 후 곧 곡율금·가주혼도원(可朱渾道元)·위찬(尉粲)·후막진상(侯莫陳相)·사적간(厙狄干) 등을 중용한 것은 그렇다 치고, 자신의 황후인 한인사족 조군 이희종(李希宗)의 딸과의 사이에서 낳은 태자 고은(高殷: 뒷날 廢帝)이 자기를 닮지 않고 '한가성질'을 이어받았다고 하여 불만을 품고 있었다.[90] 사실 고은은 학문에 뛰어나 북제의 다른 황제들과는 다른 면이 있었다.[91] 문선제는 항상 그것이 불만이었다. 한때 태자를 폐하고 자신의 동생인 상산왕(常山王)에게 전위하려 했으나 위수(魏收)·양음(楊愔) 등 한인관료들의 설득으로 그만두었다.[92] 대신 태자를 호족군주답게 억지로 바꾸려고 죄수의 목을 손수 치라고 재촉하였으나 그러지 못하자 태자를 때려 결국 정신질환자로 만들어버렸다.[93] 문선제 사망 후 고은이 즉위하려 할 때, 태후가 상산왕을 세우려 한 것도 당시 이러한 황실 상황에서 나온 것이다.[94] 반면 한인관료들이 그를 감싸는 것은 당연하였다.[95] 이처럼 북제 조정에서 일어난 사건들은 바로 한화와 반한화의 대립·갈등 그 자체였다. 대립이라고는 하나 균형적인 것이 아니라 반한화, 즉 선비화에

---

90 『北齊書』卷5 廢帝紀, p.73, "文宣每言太子得漢家性質, 不似我, 欲廢之, 立太原王".

91 『北齊書』卷5 廢帝紀, p.73, "太子雖富有春秋, 而溫裕開朗, 有人君之度, 貫綜經業, 省覽時政, 甚有美名. 七年冬, 文宣召朝臣文學者及禮學官於宮宴會, 令以經義相質, 親自臨聽. 太子手筆措問 在坐莫不歎美. 九年, 文宣在晉陽, 太子監國, 集諸儒講孝經".

92 『北齊書』卷37 魏收傳, p.490, "文宣每以酣宴之次云: '太子性懦, 宗社事重, 終當傳位常山' 收謂楊愔曰: '古人云, 太子國之根本, 不可動搖. 至尊三爵後, 每言傳位常山, 令臣下疑貳. 若實, 便須決行. 此言非戲. 魏收旣忝師傅, 正當守之以死, 但恐國家不安' 愔以收言, 白於帝, 自此便止".

93 『北齊書』卷5 廢帝紀, p.74, "後文宣登金鳳臺, 召太子使手刃囚. 太子惻然難色, 再三不斷其首. 文宣怒, 親以馬鞭撞太子三下, 由是氣悸語吃, 精神時復昏擾".

94 『北齊書』卷5 廢帝紀, p.76, "以常山王地親望重, 內外畏服, 加以文宣初崩之日, 太后本欲立之, 故愔等並懷猜忌. 常山王, 乃白太后誅其黨, 時平秦王歸彥亦預謀焉. 皇建二年秋, 天文告變, 歸彥懼有後害, 仍白孝昭, 以王當咎. 乃遣歸彥馳驛至晉陽宮殺之".

95 『北齊書』卷5 廢帝紀, p.76, "帝聰慧夙成, 寬厚仁智, 天保間雅有令名. 及承大位, 楊愔·燕子獻·宋欽道等同輔".

크게 경도된 일방적인 대립이었던 것이다.

고환이 동위 절민제(節閔帝)를 폐하고 효무제를 세우려 했을 때 전사(田舍)에 숨어 있던 그를 찾아내어 맞이하는 방법[96]과 즉위의례에서 선비의 구례를 부활하였던 것은[97] 돌궐가한의 즉위의례와 매우 유사하다. 또 고양(高洋)이 동위를 탈취하고 스스로 즉위했을 때에도 호족이 항상 행하던 주금조상법(鑄金造像法)으로 성패를 점치는 방법을 취하고 있다.[98] 문선제가 한인 이씨를[99] 중궁으로 세우려 하자 고륭지(高隆之)·고덕정(高德政) 등의 고씨들은 '한족 부인이 천하의 어머니가 되는 것은 불가하다'라며 반대하고 선비 육진 출신 훈귀 단소(段韶)의 누이인 단소의(段昭儀)를[100] 황후로 승격시킬 것을 청하였다.[101] 북제 조정에서는 누태후(婁太后)나[102] 호태후(胡太后)처럼 황실

---

96 『資治通鑑』卷155 梁紀11 武帝 中大通 4年(532) 4月條, p.4823, "(高)歡遣四百騎迎脩(孝武帝)入氈帳(胡注曰: 氈帳, 胡夷酋帥所居, 漢人謂之穹廬)".

97 『北史』卷5 魏本紀 孝武帝紀, p.170, "於是, 假廢帝安定王詔策而禪位焉. 用代都舊制, 以黑氈蒙七人, (高)歡居其一, 帝於氈上西向拜天訖, 自東陽·雲龍門入"; 『資治通鑑』卷155 梁紀11 武帝 中大通 4年(532) 4月條, p.4824, "戊子, 孝武帝卽位於東郭之外, 用代都舊制, 以黑氈蒙七人, 歡居其一, 帝於氈上西向拜天畢, 入於太極殿(胡注曰: 魏自孝文帝用夏變夷, 宣武·孝明卽位皆用漢·魏之制, 今復用夷禮)".

98 『洛陽伽藍記』卷1 城内 永寧寺條, p.6, "於是密議長君諸王之中不知誰應當璧, 遂於晉陽, 人名鑄像不成, 唯長樂王子攸像光相具足, 端嚴特妙. 是以(爾朱)榮意在長樂"; 『北齊書』卷1 神武帝紀上 p.3, "及(明)帝暴崩, (爾朱)榮遂入洛, 因將纂位. 神武諫, 恐不聽, 請鑄像卜之, 鑄不成, 乃止". 北族民과 鑄像 習俗에 대해서는 『廿二史箚記』卷14「後魏以鑄像卜休咎」條 참조.

99 『北齊書』卷9 文宣皇后 李氏傳, p.125, "諱祖娥, 趙郡李希宗女也". 그녀는 武定 5年(547) 高歡이 山東 名族의 힘을 빌릴 시기에 高歡의 차남 高洋과 결혼한다.

100 『北史』卷14 后妃下 文宣皇后 李氏傳 附 段昭儀傳, p.521에 의하면, 高洋이 그녀를 멀리한 것은 北方胡俗의 하나인 '弄女壻法'에 대해 심한 불쾌감을 가졌기 때문이라고 한다("段昭儀 韶妹也. 婚夕, 韶妻元氏爲俗弄女壻打法戲文宣, 文宣衔之. 後因發怒, 謂韶曰: '我會殺爾婦!'元氏懼, 匿婁太后家, 終文宣世不敢出.").

101 胡人인 高隆之가 반대하는 것은 당연하지만 漢人인 高德政이 반대한 것은 '結勳貴之援', 즉 胡人들의 원조를 얻기 위한 것이었다(『北齊書』卷9 文宣皇后 李氏列傳, p.125, "及帝將建中宮 高隆之·高德正言漢婦人不可爲天下母, 宜更擇美配. 楊愔固請依漢·魏故事, 不改元配. 而德正猶固請廢后而立段昭儀, 欲以結勳舊之援, 帝竟不從而立后焉.").

102 특히 婁(鮮卑匹婁氏)太后가 長男(高澄)·次男(高洋)·六男(高演)·九男(高湛) 등 四代 권력자에 대해 강한 견제력을 가졌던 것은 유명하다.

내에서 황태후, 태황태후들의 권력이 막강했는데, 이와 같이 여성들의 활약
이 활발한 것은 업도에 유행한 조야 분위기의 한 단면이었던 것이다. 이것은
안지추의 말처럼 항대(恒代: 선비)의 유풍인 것은 분명하다.[103] 북제 관직의
명칭도 선비용어를 그대로 사용한 것이 많다. 『북사』 권92 은행전 한봉전
(韓鳳傳)에 나오는 오하진(烏賀眞)·대현진정도독(大賢眞正都督)[104]과 고아나
굉전(高阿那肱傳)에 나오는 사직도독(庫直都督)[105] 등 숙위도독(宿衛都督)의 명
칭이 그것이다. 이렇게 제실 및 조정 내에 선비문화가 일방적으로 팽배해 있
는 분위기에서 호한의 절충과 융합은 기대하기 어려운 것이었다.

호족이기 때문에 무식하고, 그렇기 때문에 무례하고 잔학하다는 식의 단
정은 경계해야 한다. 그들의 행동방식이 한인의 입장에서 보면 무례하고 무
식한 것처럼 보이지만, 그것이 그들의 평소 생활방식에 기초하고 있다는 점
을 감안한다면, 문명과 야만으로 구분지으면 안 된다. 그러나 동위-북제시
대 선비세력은 상대인 한인을 제대로 국정의 동반자로 인정하려 들지 않았
고, 또 역대 황제들도 호한을 융합시키려는 자세를 갖고 있지 않았다. 이 점
이 바로 서위-북주와 달랐다. 그 이유는 동위-북제가 북위 낙양 시기의 한
화 경향을 계승하는 한편으로 육진선비의 반한화적 역량을 계승하고 있었기
때문이다.

2. 문·무세력의 분화

동위-북제 정치의 가장 큰 특징은 호인과 한인을 문과 무의 직분으로 완
전히 구별한 점일 것이다. 이런 방침은 고씨정권이 안정되어 감에 따라 더욱

---

103 『顔氏家訓』 卷1 治家第五, p.48, "鄴下風俗專以婦持門戶, 爭訟曲直, 造請逢迎, 車乘塡街衢
綺羅盈府寺, 代子求官, 爲夫訴訟, 此乃恒代之遺風乎".
104 『北史』 卷92 恩幸 韓鳳傳, p.3052, "鳳少聰察, 有膂力, 善騎射, 稍遷烏賀眞·大賢眞正都督.
後主居東宮, 年尙幼, 武成簡都督三十人, 送令侍衛, 鳳在其數".
105 『北史』 卷92 恩幸 高阿那肱傳, p.3049, "阿那肱初爲庫直, 每從征討, 以功封直城縣男. 天保
初, 除庫直都督".

고착되어 갔다. 고환은 이주씨로부터 독립하여 독자적인 길을 걸으면서 가능한 한 자신의 세력을 수적으로 확충시키려고 노력하였다. 고환이 하북의 패자로 등장했을 때에는 서방의 우문씨와 남방의 소씨(蕭氏: 梁왕조) 등 적대세력의 동태를 상당히 의식하고 있었음이 분명하다. 선비 독장[勳貴]들이 서위-북주로, 그리고 한인 '사자(士子)'들이 양나라로 마음이 향하고 있는 것이 곤혹스러웠던 것이다.[106] 효무제(孝武帝)가 장안으로 서천하자 그를 다시 환원시키기 위해 노력하였던 것도[107] 호·한세력을 자기 밑에 보다 많이 집결시키려는 고환의 방침에서 비롯되었다. 또한 그들의 조화를 위하여 노력하였고, 어느 정도 성공을 거두었다는 평가도 받았다.[108] 문제는 그 아래로 들어온 세력들을 얼마나 적재적소에 배치하고 그 임무를 주느냐였다.

한인호족들은 향당을 기반으로 상당한 경제력과 병력을 갖고 있었다.[109] 한인들의 병력을 그대로 유지하도록 방치하는 것을 위험하게 여긴 것은 당연하다. 고환은 하북의 호족무장세력의 힘을 빌리기 위해 그 대표자격인 고건을 숙부라 불렀고,[110] 이주씨와 마지막 결전을 벌인 한릉지전(韓陵之戰) 때에는 하북 각지의 무장세력, 특히 고건의 동생 고앙이 이끄는 이른바 순 '한아'로 구성된 향인부곡병 덕분에 승리할 수 있었다.[111] 그렇기 때문에 한인

---

106 『北齊書』卷24 杜弼傳, pp.347~348, "弼以文武在位, 罕有廉潔, 言之於高祖. 高祖曰: '弼來, 我語爾. 天下濁亂, 習俗已久. 今督將家屬多在關西, 黑獺常相招誘, 人情去留未定. 江東復有一吳兒老翁蕭衍者, 專事衣冠禮樂, 中原士大夫望之以爲正朔所在. 我若急作法網, 不相饒借, 恐督將盡投黑獺, 士子悉奔蕭衍, 則人物流散, 何以爲國? 爾宜少待, 吾不忘之.'".

107 『資治通鑑』卷156 梁紀12 武帝 中大通 6年(534) 秋7月條, p.4851, "戊申, 帝西奔長安 … 己酉, 歡入洛陽, 舍於永寧寺, 遣領軍婁昭等追帝, 請帝東還".

108 『周書』卷27 宇文測傳 附 弟深傳, p.456, "高歡之撫河北, 甚得衆心, 雖乏智謀, 人皆用命, 以此自守, 未易可圖".

109 『北史』卷33 李靈傳 附 顯甫傳, p.1202, "顯甫, 豪俠知名, 集諸李數千家於殷州西山, 開李魚川方五六十里居之, 顯甫爲其宗主".

110 『北史』卷31 高乾傳, p.1142, "遂與乾同帳而寢, 呼乾爲叔父".

111 『北齊書』卷21 高乾傳 附 弟 高昂傳, p.294, "又隨高祖討尒朱兆於韓陵, 昂自領鄕人部曲王桃湯' 東方老' 呼延族等三千人. … 昂與蔡儁以千騎自栗園出, 橫擊兆軍, 兆衆由是大敗".

무장세력을 그대로 유지하는 것은 더 위험한 일이었다. 고앙이 앞에 있으면 한인을 욕하지 못하였다는 일화에서도 알 수 있듯이, 당시 고앙이 거느린 군사력은 무시할 수 없을 만큼 강대했기 때문에 그를 가볍게 대할 수가 없었다.[112] 결국 고환은 뿌리가 다른 한인들을 신뢰하기보다는[113] 선비인에게 병력을 맡길 수밖에 없다는 결론에 도달했고,[114] 고환 이후 북제 통치자들이 취한 일관된 정책은 호와 한을 문과 무로 분리하는 것이었다. 이것은 서위-북주의 그것과는 전혀 다른 방향이었다.

고씨정권은 이런 방침 아래 한인호족무장세력의 정리에 나섰다. 첫 번째 계기가 된 것은 이주씨를 멸하고 육진인을 자기 휘하에 넣고 이주씨처럼 진양에 패부를 열고 동위조정을 '멀리서 조종[遙制]'하기 시작한 때였다. 이때부터 하북의 호족무장세력은 무익할 뿐만 아니라 오히려 정권 안정에 유해한 존재로 부각되었다.[115] 이에 고환이 취한 첫 조처가 하북 한인호족세력의 거두 고건 형제를 처리하는 것이었다. 이를 위해 고환은 고앙에게 그가 통솔하는 3,000명의 한인 부곡병을 선비 1,000여 명과 섞을 것을 요구하였다. 한인들만으로는 전투를 성공적으로 수행할 수 없다는 것이 그 이유였다. 고앙이 거부한 것은 당연한 일이다. 당시에는 고환도 더 이상 조처를 취할 수가 없었다.[116] 고앙은 주지하다시피 발해 수현(蓚縣) 출신의 하북의 명문이었

---

112 『北齊書』卷21 高乾傳 附 弟 高昂傳, p.295, "于時, 鮮卑共輕中華朝士, 唯憚服於昂, 高祖(高歡)每申令三軍, 常鮮卑語, 昂若在列, 則爲華言".

113 簫璠, 「東魏·北齊内部的胡·漢問題及其背景」, 『食貨(復)月刊』 6-3, 1976, p.20.

114 『北齊書』卷21 高乾 封隆之傳 史臣曰, p.309, "然則齊氏元功, 一門而已. 但以非穎川元從, 異豐·沛故人, 腹心之寄, 有所未允".

115 『通典』卷3 食貨3 鄉黨 北齊條引宋孝王 『關東風俗傳』, p.62, "文宣之代, 政令嚴猛, 羊·畢諸豪 頗被徙逐. 至若瀛·冀諸劉, 清河張·宋, 幷州王氏, 濮陽侯族, 諸如此輩, 一宗近將萬室, 煉火連接, 比屋而居. 獻武初在冀郡, 大族蝟起應之. 侯景之反, 河南侯氏幾爲大患, 有同劉元海·石勒衆也".

116 『北齊書』卷21 高乾傳 附 弟 高昂傳, p.294, "昂自領鄉人部曲王桃湯·東方老·呼延族等三千人. 高祖曰: '高都督純將漢兒, 恐不濟事, 今當割鮮卑兵千餘人共相參雜, 於意如何?'昂對曰: '敖曹所將部曲, 練習已久, 前後戰鬪, 不減鮮卑, 今若雜之, 情不相合, 勝則爭功, 退則推罪, 願

다. 그가 이끄는 군대가 '향인' 혹은 '부곡'으로 지칭되고 있듯이, 전란 시기에 향촌을 배경으로 자연스럽게 결성된 자위집단이었다. 이들을 이끄는 호족들은 지역 기반이 공고한 것이 특징이다. 고환이 자신의 계보를 조작하면서까지 발해 고씨로 자칭한 것도 이들 하북 호족을 자기편으로 끌어들이기 위함이었음을 전술하였다. 한인무장세력들은 이 같은 고환의 제의가 자기들의 세력 기반을 없애려는 방침이라는 것을 알았기 때문에 반대할 수밖에 없었다. 그러나 고앙의 이런 패기도 그의 형이 주살된 후에는 지속될 수가 없었다. 그동안 고환의 하북 제패를 위해 '한마지공(汗馬之功)'을 세웠던 고건이 피살된 것은 그가 고환에게 찬위를 제안한 것이 계기가 되었다. 고환은 이 사실을 오히려 효무제에게 보고함으로써 '다른 사람의 손을 빌려 사람을 죽인[假手殺人]' 것이다. 효무제를 통해 고건이라는 대표적인 한인무장세력을 제거한[117] 고환의 교묘한 책략이었다.[118] 고건이 죽자, 고앙은 기주에서 10여 기(十餘騎)를 이끌고 진양의 고환에게 투신했고, 그 후 고환의 효무제 낙양 축출 작전의 선봉에 섰다.[119] 그러나 그도 고환의 종질인 고영락(高永樂)의 고의적인 책략에 말려 죽게 된다.[120]

한인호족무장세력이 정리된 두 번째 계기는 고환과 갈등관계에 있던 효무제가 534년 7월 관중으로 투신하고, 대신 효정제(孝靜帝)가 옹립됨으로써 낙양의 원씨세력이 거의 제거되었을 때였다. 곧 업도로 천도함으로써 동위는 완전히 고환의 손에 들어가게 된다. 이처럼 동위-북제정권이 고씨를 중심으로 고착·안정되어 가자, 고환은 그 밑에 모여들었던 각지의 한인무장세

自領漢軍, 不煩更配.' 高祖然之."
117 『北齊書』卷21 高乾 封隆之傳 史臣曰, p.309, "露其啓疏, 假手天誅, 枉濫之極, 莫過於此".
118 高歡이 高乾을 謀殺한 政治的 背景에 대해서는 陳群,「渤海高氏與東魏政治」,『中國史硏究』 1997-2를 참고한다.
119 『北齊書』卷21 高昂傳, p.295, "武帝西遁, 昂率五百騎倍道兼行, 至於崤陝, 不及而還".
120 『北齊書』卷14 陽州公永樂傳, pp.181~182, "河陰之戰, 司徒高昂失利退. 永樂守河陽南城, 昂走趣城, 西軍追者將至, 永樂不開門, 昂遂爲西軍所禽".

력 정리에 다시금 박차를 가하였다. 한인무장이 밖의 임지[外任]로 나갈 때는
처자를 인질로 잡아두었다. 일례로 사원(沙苑)전투 이후 하동 호강인 설수의
(薛脩義)가 자신이 진주(晉州)를 지키겠다고 요청하자, 곡율금은 그 가속을 인
질로 잡아두어야 한다는 의견을 개진하였다.[121] 가족을 대동하고 나가도록
허락하는 것이야말로 특별한 은전을 베푸는 것이었다.[122] 하북 호족은 고환
의 기병 당시 임명되었던 하북 각지의 장관에서 점차 변주의 자사로 좌천됨
에 따라 그들의 사가무장(私家武裝)이 해체되기에 이르렀다. 종신 기주자사
(冀州刺史)를 약속받았던 고앙 대신, 만사수락간(万俟受洛干)이 취임함으로써
발해 고씨는 그 세력 기반을 잃게 되었고, 상주자사(相州刺史)로 업성의 진수
를 맡았던 이민(李愍)은 남형주·동형주자사(南荊州·東荊州刺史)로 좌천되었
다. 병주자사 자리는 하동대족 설수의에서 가주혼도원(可朱渾道元)으로 교체
되었고, 유주자사였던 노문위(盧文偉)는 이주씨가 멸망된 뒤 안주자사(安州
刺史)로, 다시 옹주자사(雍州刺史)로 개임되었다.[123] 이는 한족세력의 기반을
탈취하기 위한 조처였다.

  고환정권하에서 한인은 고건이 제거당한 이후 점차 군사력을 잃어갔다.
고환의 거병 초기에 참여했던 자들 대부분이 고앙처럼 전사하거나 서위로
투항하는[124] 등 한인세력은 쇠진하게 되었다. 뿐만 아니라 고씨정권은 이들
하북호족무장세력의 '지당(枝黨)'이거나 '우익(羽翼)'의 위치에 있던 군사
력을 소멸시키기 위해 대서위전이나[125] 대남방[梁·陳]전에 그들을 투입하였

---

121 『北史』 卷53 薛脩義傳, pp.1918~1919, "脩義曰:'若失守, 則請誅.' 斛律金曰:'還仰漢小兒
　　守, 收家口爲質, 勿與兵焉.' 神武從之, 以脩義行晉州事".

122 『北齊書』 卷22 盧文偉傳 附 族人 盧勇傳, p.323, "以功授儀同三司, 陽州刺史, 鎭宜陽. 叛民
　　韓木蘭·陳忻等常爲邊患, 勇大破之. 啓求入朝, 高祖賜勇書曰:'吾委卿陽州, 唯安枕高臥, 無
　　西南之慮矣. 但依朝廷所委, 表啓宜停. 卿之妻子任在州住, 當使漢兒之中無在卿前者.'".

123 何德章, 「高乾兄弟的命運─東魏解散豪族私家武裝的過程」, 1998, pp.45~46.

124 『北齊書』 卷21 高愼傳, p.393, "(乾弟愼) … 出爲北豫州刺史, 遂據武牢降西魏". 이 일은 武
　　定 元年(543) 2월의 일이다.

125 『北齊書』 卷20 堯雄傳, p.269, "興和三年(541), 徵還京師, 尋領司·冀·定·靑·膠·兗·殷·滄

다.[126] 고환은 종국적으로 선비인은 병, 한인은 농으로 철저히 구별하여 배치하는 정책을 펼치면서, 표면적으로는 호와 한 어느 쪽에도 편중되지 않음을 강조하였다. 그가 선비인에게는 한인을 그들의 '노(奴)'라고 칭하고, 한인에게는 선비인을 그들의 '객(客)'이라 칭하여, 호와 한 모두를 '주[主(人)]'로 상정한 것부터가 호삼성의 지적대로 '호한을 잡용하기 위한 무어지술(撫御之術)'인지는 알 수 없지만,[127] 다분히 기만적인 술책임은 분명하다.

그런데 한인무장세력의 제거만으로 고씨정권의 안정이 확보되는 것은 아니었다. 또 다른 장애물은 선비훈귀세력[128]이었다. 한인무장세력을 제거하기 위해 선비훈귀무장세력을 이용하였지만, 이제는 그들의 제어를 위해 한인문인관료를 이용하였다. 이것은 한인문관들이 동위-북제 정계에서 점차 그 영역을 넓혀가는 계기가 되었다. 즉 고환 이후 북제 통치자들이 추구한 통치술의 이중성이다. 문·무관을 한과 호로 분담시켰다고 해서 호, 즉 선비인에게 무력을 전담시킨 것은 결코 아니었다. 당초의 목표는 모든 군대를 '황군화(皇軍化)'시키는 것이었다. 고환은 장자 고징의 승계를 준비할 겸, 군사력을 집중시키기 위해서 업도의 동위 황제를 보정한다는 명목으로 536

十州士卒十萬人, 巡行西南, 分守險要"라 되어 있는데 이 '十州士卒'은 漢人으로 이른바 '三州六鎭'의 鮮卑兵士(周一良,「領民酋長與六州都督」,『魏晉南北朝史論集』, 北京, 中華書局, 1963; 何德章,「高乾兄弟的命運─東魏解散豪族私家武裝的過程」, 1998, p.46)와 구별된다.

126 北齊가 天保 6·7年(555~556)에 군을 江南으로 보내어 陳霸先軍을 치도록 하는데, 이는 이겨도 좋고 져도 좋은 戰鬪였다고 한다(何德章,「高乾兄弟的命運─東魏解散豪族私家武裝的過程」, 1998, p.48).

127『資治通鑑』卷157 梁紀13 武帝 大同 3年(537)條, p.4882, "歡每號令軍士, 常令丞相屬代郡張華原宣旨, 其語鮮卑則曰: '漢民是汝奴, 夫爲汝耕, 婦爲汝織, 輸汝粟帛, 令汝溫飽, 汝何爲陵之?'其語華人則曰: '鮮卑是汝作客(胡注: 言如傭作之客也), 得汝一斛粟, 一匹絹, 爲汝擊賊, 令汝安寧, 汝何爲疾之?(胡注: 史言高歡雜用夷夏, 有撫御之術)'. 時鮮卑共輕華人, 唯憚高敖曹, 歡號令將士, 常鮮卑語, 敖曹在列, 則爲之華言".

128 東魏·北齊시대 '勳貴'라는 개념은 勳將·親族·賓客 등으로 구성된 胡人들이다(『北齊書』卷30 崔昂傳, p.410, "世宗入輔朝政, … 時勳將親族賓客在都下, 放縱多行不軌, 孫騰·司馬子如之門尤劇.").

년 고정을 경기대도독에 임명하였다.[129] 이로써 진양의 군사권은 고환이, 업
도의 궁정정치는 고징이 맡는 형식을 취하였다. 그러나 고징은 선비인 가운
데 비교적 한인문화에 익숙한 인물이었다. 따라서 한인사대부 다수를 정권
에 참여시켜[130] 훈귀세력의 제어용으로 이용하기 시작한다. 효정제 원상(元
象) 원년(538)에 최섬(崔暹),[131] 최앙(崔昂)[132] 등 한인관료를 등용하여 훈귀세
력을 억압하고 최계서(崔季舒)를 등용하여 효정제를 감시하였다.[133] 당시 한
인귀족의 영수는 박릉 최섬(崔暹)이었다. 효정제 무정(武定: r.543~550) 초에
어사중위가 되어 감찰을 맡게 된 최섬은[134] 고징의 지지를 받으며 한인사대
부를 어사로 임명하여[135] 많은 훈귀들을 탄핵하였는데,[136] 고환의 포의지구
(布衣之舊)인 함양왕(咸陽王)과 사마자여(司馬子如)마저 탄핵하여 고환의 찬탄
을 받기도 하였다.[137] 최섬의 탄핵를 도와준 사람은 그의 숙부 최계서였고,
그 후원자는 고환과 고징이었다.[138] 이렇게 하여 문무세력이 한과 호로 대별

---

129 『北齊書』卷3 文襄帝紀, p.31, "天平 … 三年, 入輔朝政, 加領左右·京畿大都督".

130 『北齊書』卷3 文襄帝紀, p.31, "世宗文襄皇帝諱澄, … 就杜詢講學, 敏悟過人, 詢甚歎服. …. 元象元年, 攝吏部尚書. 魏自崔亮以後, 選人常以年老爲制, 文襄乃釐改前式, 銓擢唯在得人. 又 沙汰尙書郞, 妙選人地以充之. 至于才名之士, 咸被薦擢. …".

131 『北齊書』卷3 文襄帝紀, p.32, "文襄乃奏吏部郞崔暹爲御史中尉, 糾劾權豪, 無所縱捨, 於是 風俗更始, 私枉路絶. 乃牓於街衢, 具論經國政術, 仍改直言之路, 有論事上書苦言切至者, 皆 優容之".

132 『北齊書』卷30 崔昂傳, p.410, "世宗入輔朝政, 召爲開府長史. 時勳將親族賓客在都下, 放縱 多行不軌, 孫騰·司馬子如之門尤劇. 昂受世宗密志, 以法繩之, 未幾之間, 內外齊肅".

133 『資治通鑑』卷158 梁紀14 高祖武皇帝 大同 10年(544) 2月條, p.4921, "澄欲置腹心於東魏 主左右, 擢中兵參軍崔季舒爲中書侍郞. 澄每進書於帝, 有所諫請, 或文辭繁雜, 季舒輒脩飾通 之. 帝報澄父子之語, 常與季舒論之曰:'崔中書, 我乳母也'季舒, 挺之從子也".

134 東魏-北齊時代 監察制度에 대해서는 陳琳國, 「北魏北齊監察制度的變遷」, 『北朝研究』 1990-下(總3期); 鄧奕琦, 「崔暹與北齊監察」, 『北朝研究』1991-上(總4期)을 참조한다.

135 『北齊書』卷30 崔暹傳, p.404, "武定初, 遷御史中尉, 選畢義雲·盧潛·宋欽道·李愔·崔 瞻·杜葵·琵曄·鄭伯偉·崔武·李廣皆爲御史, 世稱其知人".

136 『北齊書』卷30 崔暹傳, p.404, "暹前後表彈尙書令司馬子如及尙書元羨·雍州刺史慕容獻·又 彈太師咸陽王坦·幷州刺史可朱渾道元, 罪狀極筆, 並免官. 其餘死黜者甚衆".

137 『北齊書』卷30 崔暹傳, p.404, "高祖書與鄴下諸貴曰:'崔暹. … 始居憲臺, 乃爾糾劾. 咸陽 王·司馬令並是吾對門布衣之舊, 尊貴親昵, 無過二人, 同時獲罪, 吾不能救, 諸君其慎之.'".

138 『北齊書』卷30 崔暹傳, p.406, "及(文宣)踐祚, 譖毀之者猶不息. 帝乃令都督陳山提等搜暹家,

되어 고착된 것은 북제가 성립하는 천보 연간(天保年間: 550~559) 이후로 보
인다.[139] 이런 호한의 문무 구별은 결국 업도와 진양으로 행정과 군사의 중심
이 분리되는 결과를 가져왔다.

한인무장세력으로부터 무력을 탈취하고 선비인에게 무력을 맡긴 후의 동
위-북제의 군사조직을 서위-북주의 그것과 비교해 보자. 첫째, 서위-북주
가 부병제(府兵制)하에서 '황군화(皇軍化)'에 성공했다고 한다면, 북제의 경
우 왕조 말까지 '사병(私兵)'이 있었다는 점이 다르다. 둘째, 서위-북주가 호
한 병농 일치의 군대였다면, 동위-북제는 병농 분리이고 호한 분리의 구조
를 가지고 있다는 점이다.

사병의 존재 양태는 한 가문에서 한 황후와 두 태자비를 내고 세 공주를
며느리로 맞아들인[140] 곡율씨(斛律氏) 가문에 사적으로 부리는 300명의 병사
가 있었다는 기록에서[141] 잘 알 수 있다. 이런 사병의 존재가 북제와 북주의
대치 국면에서 쌍방의 역량을 비교할 때 북제에게 불리한 원인이 되었다는
지적을[142] 감안한다면, 당시 북제의 병력은 아직 훈귀의 수중에 있었고, 그런
만큼 이른바 '황군화'가 철저하지 못했다는 것을 알 수 있다.

다음 호한 분리에 대해 알아보자. 북제군의 양대 주력은 진양에 주둔하는
선비병과 업도에 주둔하는 금위군(경기군)으로 구분되었다. 즉 금위군은 고
환이 획득한 낙양의 이른바 '육방지중(六坊之衆)'[143]의 병사가 주축이 된 부

　　甚貧匱, 唯得高祖·世宗與遺書千餘紙, 多論軍國大事, 帝嗟賞之".

139 趙萬里,『漢魏南北朝墓誌集釋』(臺北: 鼎文書局, 1975), 圖版 418 王榮暨妻劉氏墓誌, p.548,
　　"齊天保已來 軍漢司別, 乃令皇宗武職, 漢配文官".

140『北齊書』卷17 斛律金傳, p.222, "一門一皇后, 二太子妃, 尊寵之盛, 當時莫比".

141『北齊書』卷17 斛律金傳 附 子 羨傳, p.228, "臨終歎曰: '富貴如此, 女爲皇后, 公主滿家, 常
　　使三百兵, 何得不敗!'".

142 朱雷,「『北齊書』斛律羨傳中所見北齊'私兵制'」,『武漢大學學報』哲社版, 1995-5(K21 中國
　　古代史 1995. 11). p.76.

143『資治通鑑』卷156 梁紀12 武帝 中大通 6年(534) 11月條, p.4857, "六坊之衆從孝武帝西行
　　者不及萬人(胡注曰: 魏蓋以宿衛之士分爲六坊), 餘皆北徙, 並給常廩, 春秋賜帛以供衣服(胡注
　　曰: 養兵之害始此), 及於常調之外, 隨豐稔之處, 折絹糴粟以供國用".

대로, 이것이 문선제 시기에는 유명한 '백보선비(百保鮮卑)'라는 정예부대
로 변한다.[144] 이것은 효문제의 낙양 천도 후 숭문비무(崇文鄙武)정책으로 무
인이 청도지외(淸途之外)로 배척되자 난을 일으킨 낙양의 우림·호분의[145] 계
통을 잇고 있다. 이들의 난이 곧 육진의 난의 전주가 된 것은 잘 아는 사실이
다. 따라서 이들도 역시 선비인이 주체이다. 반면 화인, 즉 한인 가운데 용력
절륜자(勇力絶倫者)를 변요邊上要害之地로 보낸 것은[146] 전술한 대로 하북호
족무장세력을 소모시키려는 의도와 관련된다. 물론 한인이 모두 병원(兵源)
에서 제외된 것은 아니었다. 각주의 지방병은 한인으로 조성되어[147] '외보병
(外步兵)'을 구성하고 있었다. 그러나 한인으로 구성된 병력은 진정한 의미
에서 병이라고 할 수가 없었다. 북위 중엽 이후 병역은 물론, 역역(力役)에 종
사하는 사람도 '병'이라 부르고 있으며,[148] 특히 북제시대 '산동병'을 '역도
(役徒)'라고도 지칭하고 있으며, 그 구체적인 역작(力作)이 장성의 축조였다
는 점을[149] 감안한다면, 당시 한인으로 구성된 이 병력은 민정에 부과된 일종

---

144 『資治通鑑』卷163 梁紀19 簡文帝 大寶 元年(550) 8月條, p.5051, "齊主簡練六坊之人 …
(胡注曰: 魏·齊之間, 六軍宿衛之士, 分爲六坊), 然後取之, 謂之'百保鮮卑'(胡注曰: 百保, 言
其勇可保以當百人也. 高氏以鮮卑創業, 當時號爲健開, 故衛士皆用鮮卑, 猶今北人謂勇士爲覇
都魯也). 又簡華人之勇力絶倫者, 謂之'勇士', 以備邊要"라 되어 있는데, 이는 北魏 후기 洛
陽 부근 六軍坊에 分住하던 代遷之士로 이루어진 羽林 虎賁의 鮮卑宿衛兵으로 孝靜帝가
鄴으로의 遷都할 때, 그 대부분이 鄴都로 옮겨 갔다. 즉 '六坊'이란 禁旅羽林虎賁을 가리
킨다(毛漢光, 「北魏東魏北齊之核心集團與核心區」, 『中國中古政治史論』, 臺北: 聯經出版公
司, 1990, p.91).

145 『魏書』卷64 張彝傳, p.1432, "神龜二年二月, 羽林虎賁幾將千人, 相率至尚書省詬罵. …".

146 『隋書』卷24 食貨志, pp.675～676, "是時六坊之衆, 從武帝而西者, 不能萬人, 餘皆北徙, …
及文宣受禪, 多所創革. 六坊之內徙者, 更加簡練, 每一人必當百人, 任其臨陣必死, 然後取之,
謂之百保鮮卑. 又簡華人之勇力絶倫者, 謂之勇士, 以備邊要"; 『北齊書』卷4 文宣帝紀, p.67,
"簡練士卒, 左右宿衛置百保軍士". 즉 左右宿衛, 禁軍은 선비병으로 되어 있음을 알 수 있
다.

147 『魏書』卷12 孝靜帝紀, p.303, "興和元年(539) … 六月乙酉, 以尚書左僕射司馬子如爲山東
黜陟大使, 尋爲東北道大行臺, 差選勇士. 庚寅, 前穎州刺史奚思業爲河南大使, 簡發勇士".

148 唐長孺, 「北朝的兵」, 『魏晉南北朝史論拾遺』, 北京: 中華書局, 1983, p.270.

149 『北齊書』卷13 趙郡王琛傳 附 子 叡傳, p.171, "(天保)六年(555) 詔叡領山東兵數萬監築長城
…. 先是, 役徒罷作, 任其自返. …".

의 역역을 담당하는 번병(番兵)으로서의 의미를 지녀, 기병으로 구성된 선비병과는 질적으로 차이가 컸다. 이와 같이 북제는 중앙군의 핵심에서 한인을 철저하게 배제하고 있다.[150]

이해를 돕기 위해 서방으로 눈을 돌려보자. 서위군 중 선비인은 동위-북제에 비해 훨씬 적었다. 그 병사들의 내원을 살펴보면 바로 드러난다. 첫째, 육진세력 가운데 이주천광(尒朱天光)을 따라서 입관(入關)한 자의 수도 얼마 되지 않았기 때문에, 후에 우문태에 접수된 육진 유민의 수도 많지 않았다. 그 후 효무제가 서천(西遷)할 때 따라간 자가 만 명도 되지 않았다고 한다.[151] 우문태가 '사졸의 대부분이 서인[士卒多是西人]'이라고[152] 토로하였듯이 그의 군대는 관서의 토착인에다 전쟁 포로와 한인호족의 향병으로 편성되어 있다. 543년 망산전(邙山戰) 패배 이후 "널리 관롱 지역의 호우를 모집하여 군사력을 증강시킨[廣募關隴豪右 以增軍旅]"[153] 조처에 의해서 우문태의 군대는 호한혼합 군대가 되었다. 우문태 군대의 최고급 장교는 물론 선비인이지만, 중·하급 군관 및 사졸은 한인으로 충당되었다. 일반적으로 상이한 각 족의 융합은 병영생활을 같이하고 전쟁을 치루면서 비교적 용이하게 이루어진다.[154] 북주의 병력은 그것이 가능하였다. 이것은 동위-북제의 선비의 중앙 군대와 한인의 지방군대를 엄격하게 구별한 것과는 다르다.[155]

---

150 東魏-北齊의 宿衛軍과 高氏가 직접 장악한 軍隊(晉陽兵)와 京畿大都督이 관할하는 京畿兵이 北魏의 中軍에 해당되며, 이들은 주로 鮮卑人으로 구성된다. 이들은 騎射에 능해 '內騎兵'이라 칭하였다. 步兵은 주로 漢人들로 구성되는데 '簡華人之勇力絶倫者'와 各州의 地方兵으로 北魏의 外軍에 해당되는데 이를 '外步兵'이라 칭한다(楊耀坤,「東魏北齊兵制槪論」,『魏晋南北朝史論文集』, 濟南: 齊魯書社, 1991, p.121).

151 『資治通鑑』 卷154 梁紀10 武帝 中大通 6年(534) 11月條, p.4857, "是時, 六坊之衆從孝武帝西行者不及萬人".

152 『資治通鑑』 卷156 梁紀12 武帝 中大通 6年(534) 2月條, p.4840; 『資治通鑑』 卷155 梁紀11 武帝 中大通 4年(532) 3月條, p.4820에서는 "(尒朱)天光部下皆是西人"이라 되어 있다.

153 『周書』 卷2 文帝紀下, p.28.

154 馬長壽,『烏桓與鮮卑』, 1962, p.89.

155 楊德炳,「北齊衰亡原因之再探討」,『鄴城曁北朝史硏究』, 石家莊: 河北人民出版社, 1991,

북제는 엄격한 의미에서 병과 민[農]을 분리하고 선비인을 중심으로 '한을 제어[制漢]'하는 형식이며,[156] 오호십육국시대 특유의 통치방식인 '호한분치'를 재생한 것이나 다름없었다. 반면에 우문태는 부병제를 창설하였다. 이것은 국민개병 원칙으로 종족을 구별하지 않고 징병의 의무를 지게 하여 병영에서 일률적으로 훈련시킴으로써 '국민의식'을 키워 사회 내 여러 종족을 융합시키는 효과가 있었다. 우문씨의 병영동화정책에서 나온 결과물이었다.[157]

서위-북주에서 호한합작의 정치집단인 이른바 '관롱집단'이 형성될 수 있었다면 동위-북제에서는 이것이 불가능했던 이유는 무엇일까? 우선 한인세력부터 살펴보자. 동위-북제는 훈귀를 확실하게 억압하려는 것도 아니었다. 사실 억압할 수도 없었으며 이것이 북제정권의 약점이었다. 그만큼 선비훈귀세력이 막강했기 때문이다. 훈귀들은 사실 훈공을 내세워 부정부패를 일삼고 있었다. 한인인 두필이 훈귀의 부패 문제를 명확하게 거론하였고 '외구(外寇)'를 치기 전에 먼저 '내적(內賊: 內寇)'을 없애야 한다고 주장하였다. 두필은 분명히 내적(내구)을 부패한 훈귀라고 지적하고 있다.[158] 그러나 고환의 대답은, 훈귀들을 일반적인 예에 따라 법에 부칠 수는 없다는 것이었다.[159] 전술했듯이 당시 두필의 주장은 '거마객(車馬客)'인 이들 선비훈귀 대

---

p.204.

156 『魏書』卷28 劉潔傳, pp.687~688, "時南州大水, 百姓阻飢, 潔奏曰 '… 郡國之民, 雖不征討, 服勤農桑, 以供軍國, 實經世之大本, 府庫之所資. …'".

157 宮崎市定, 「東洋における素朴主義の民族と文明主義の社會」-『宮崎市定アジア史論考』上卷 槪論編, 東京: 朝日新聞社, 1976, pp.82~83.

158 『北齊書』卷24 杜弼傳, pp.347~348, "弼以文武在位, 罕有廉潔, 言之於高祖. 高祖(高歡)曰: '弼來, 我語爾. 天下濁亂, 習俗已久. 今督將家屬多在關西, 黑獺常相招誘, 人情去留未定. 江東復有一吳兒老翁蕭衍者, 專事衣冠禮樂. 中原士大夫望之以爲正朔所在. 我若急作法網, 不相饒借, 恐督將盡投黑獺, 士子悉奔蕭衍, 則人物流散, 何以爲國? 爾宜少待, 吾不忘之' 及將有沙苑之役, 弼又請先除內賊, 却討外寇. 高祖問內賊是誰. 弼曰: '諸勳貴掠奪萬民者皆是' 高祖不答".

159 『北齊書』卷24 杜弼傳, p.348, "高祖然後喩之曰: '… 諸勳人身觸鋒刃, 百死一生, 縱其貪鄙,

신에 한인을 대폭적으로 기용하라는 것이었는데 이것은 사실 북제 통치자를 멸시하는 것으로 인식되었고 당사자인 훈귀들의 경우는 더 말할 필요도 없었을 것이다.

동위-북제는 호한 간의 갈등을 해소하기보다 임시 방편으로 봉합하려고 하였다. 그러다 보니 한인은 한인대로 그들의 문벌을 뽐내면서 선비인을 멸시하고 심지어는 황실 자체에 대해서도 모욕적인 언사를 서슴지 않았다.[160] 황실도 자신들의 문화적인 야만성을 인정하였고,[161] 선비인은 선비인대로 한인을 동지로 생각하지도 않았다. 한봉(韓鳳)의 경우처럼 문사(文士)에 대한 철저한 혐오의식도[162] 이런 상황에서 비롯된 것이다.

그러면 서위-북주와 동위-북제의 이러한 차이는 어디에서 비롯된 것일까? 고환은 처음 한인의 이용 가치를 잘 알고 있었다. 그러나 종국에 가서는 북인을 이용하여 그 지지를 얻어서 대업을 이룰 수 있었다.[163] 그러니 그가 북인중심주의로 변한 것도 무리가 아니다. 동위-북제에 비해 서위-북주에서 호한 대립이 적었던 것은 호족의 수가 적었기 때문에 그만큼 국가 존속을 위해 호한 협력의 체제 확립이 필수요건이 되었다.[164] 거기다가 서위-북주의 수도 장안은 후한시대 수도가 낙양으로 옮겨 감으로써 문화의 중심에

所取處大, 不可同之循常例也.'".

160 『北齊書』卷23 崔悛傳, p.334, "悛每以籍地自矜, 謂盧元明曰: '天下盛門, 唯我與爾, 博崔‧趙李 何事者哉!' 崔暹聞而銜之. 高祖葬後, 悛又竊言: '黃頷小兒堪當重任不?' 暹外兄李愼以悛言告暹. 暹啓世宗, 絶悛朝謁. 悛要拜道左. 世宗發怒曰: '黃頷小兒, 何足拜也!' 於是鎖悛赴晉陽而訊之, 悛不伏".

161 『北齊書』卷23 崔悛傳, p.335, "悛一門婚嫁, 皆是衣冠之美, 吉凶儀範, 爲當時所稱. 婁太后爲博陵王納悛妹爲妃, 勅中使曰: '好作法用, 勿使崔家笑人' 婚夕, 顯祖擧酒祝曰: '新婦宜男, 孝順富貴' 悛奏曰: '孝順出自臣門, 富貴恩由陛下.'".

162 『北齊書』卷50 恩倖 韓鳳傳, pp.692~693, "韓鳳 … 有膂力, 善騎射. … 祖珽曾與鳳於後主前論事. 珽語鳳云: '强弓長矛無容相謝, 軍國謀算, 何由得爭.' 鳳答曰: '各出意見, 豈在文武優劣.' …. 鳳於權要之中, 尤嫉人士, 崔季舒等寃酷, 皆鳳所爲. 每朝事諮事, 莫敢仰視, 動致呵叱, 輒詈云: '狗漢大不可耐, 唯須殺却.' 若見武職, 雖廝養未品亦容下之".

163 馬長壽, 『烏桓與鮮卑』, 上海: 上海人民出版社, 1962, pp.81~108.

164 內田吟風, 「南匈奴に關する研究」, 『北アジア史研究-匈奴篇』, 京都: 同朋舍, 1975, p.356.

서 멀어졌다. 낙양이나 업도에서와 같이 한인의 전통이나 부화(浮華)의 풍조
도 그리 강하지 않았다. 서진시대 강통의 '사융론'에서 보이듯이 관중 인구
의 반이 융적이었을 정도다.[165] 즉 어느 한 종족이 절대 우위를 차지하고 있지
않았다. 그리고 산동 지역과 같은 문벌귀족도 별로 없었다. 이곳에 거주하던
한족이나 관동 지역에서 옮겨 온 한족들도 우문태가 내건 '관중본위정책'에
쉽게 동의하였다.[166] 사실 북위 말 육진의 난 이후 선비의 대부분을 획득한 자
는 고환이었고, 전술했듯이 우문태가 장악한 선비는 극소수에 불과하였다.
따라서 서위-북주정권은 관중(관서)의 호한 토착민을 군대로 조직할 수밖에
없었고, 이것이 호한 혼성의 이십사군이다.[167] 그리고 『주례』의 고제를 모방
한 육관제를 시행하였다. 이것은 호족의 전통과 한·위로 직결되는 한족의
전통을 초월한 새로운 질서의 지향이었다.[168] 호한 어느 쪽에도 기울지 않는
균형을 배려한 것이었다.[169] 더구나 특기할 만한 것은 육관제를 시행하면서
대총재(大冢宰) 이하 육경에 취임한 자는 우문태 이하 육주국(六柱國)이어서
부병의 최고 통솔자가 그대로 행정부의 장관을 겸하였다는 점이다.[170] 즉 선
비계 원훈이 군사뿐만 아니라 행정권까지 갖는 점이 동위-북제와 달랐다.

　북제의 정책은 호한분리가 목표였다. 분리정책의 결과 호한 간의 갈등은
더욱더 증폭될 수밖에 없었다. 물론 이 호한분리정책은 무성제 하청(河淸) 3

---

165 『晉書』卷56 江統傳 徙戎論, p.1533, "且關中之人百餘萬口, 率其少多, 戎狄居半".
166 劉馳, 「山東士族入關房支與關隴集團的合流及其復歸」, 『北朝研究』 1991-下(總5期)에서는
　　西魏-北周에 참여한 山東貴族은 東魏-北齊의 山東 貴族과는 많은 차이가 있다고 하였다.
167 孝文帝가 胡漢高門의 融合을 이룩한 반면, 宇文氏는 일반 '夏人'을 흡수하였다는 점이 특
　　히 주목된다(周一良, 「北朝的民族問題與民族政策」, 1963, pp.130~131).
168 李成珪, 「中國帝國의 分裂과 統一──後漢解除이후 隋·唐統一의 形成過程을 중심으로─」,
　　『歷史上의 分裂과 再統一(上)』, 서울: 一潮閣, 1992, p.174.
169 五胡北朝시대 胡族 出身 君主들이 劉氏 등을 칭한다든지, 혹은 그들의 祖上을 漢族과 같
　　이 黃帝에 귀속시키는 경우가 많은데, 이들은 漢·魏 이전의 시대를 호족도 공유하는
　　시대로 본 것이다.
170 谷川道雄, 「拓跋國家の展開と貴族制再編」, 『岩波講座世界歷史』 5, 東京: 岩波書店, 1970,
　　p.238.

년(564)에 정식 폐기된 것으로 기록되어 있고,[171] 이는 북조 병제상의 중요한 변화로 보고 있다.[172] 그러나 문무 간의 갈등은 북제가 망할 때까지 계속되었다.[173] 반면 서위-북주시대에는 한족사족의 상무기질이 눈에 띄는데, 이 시대에 와서 더 보편화된 느낌이다.[174] 그리고 당시 공경들은 대부분 무장들이었다.[175] 즉 당시는 문무 겸중의 풍조가 만연해 있었다.[176] 이것은 남조는 물론 북위 혹은 북제에서 볼 수 없는 북주 특유의 현상이다. 이들이 이른바 수당을 건국하는 '관롱집단'이다. 즉 수당시대 사대부가 "나가서는 장군이 되고 들어와서는 재상이 되는[出將入相]" 문무 겸비의 경향을 띤 것은 북주에서 비롯된 것이다.[177]

Ⅲ. 양도제와 이중구조

1. 선비인의 제2의 '향리': 진양

동위-북제의 수도는 업도지만 진양(幷州 太原郡 晉陽縣)은 '별도(別都)',[178]

---

171 『隋書』卷24 食貨志, p.677, "至河清三年定令, 乃命人居十家爲比鄰, 五十家爲閭里, 百家爲族黨. 男子十八以上, 六十五已下爲丁; 十六已上, 十七已下爲中; 六十六已上爲老; 十五已下爲小. 率以十八受田, 輸租調, 二十充兵, 六十免力役, 六十六退田, 免租調".

172 萬繩楠整理, 『陳寅恪魏晉南北朝史講演錄』, 合肥: 黃山書社, 1987, p.288.

173 顔之推도 이 점을 강조하고 있다(『北齊書』卷45 文苑 顔之推傳 「觀我生賦」自注, p.624, "時武職疾文人, 之推蒙禮遇, 每搆創痏.").

174 『隋書』卷51 長孫晟傳, p.1329, "時周室尚武, 貴游子弟咸以相矜, 每共馳射, 時輩皆出門下".

175 『隋書』卷46 張煚傳, p.1261, "周代公卿, 類多武將".

176 呂一飛가 『周書』·『隋書』·『北史』에 근거해서 만든 「西魏北周及隋士族尙武表」에 의하면, 清河 崔氏, 范陽 盧氏, 趙郡 李氏 등 14族 중 尙武之風에 젖은 北方士族 高門이 65명, 文教만 지키며 武風에 참여하지 않은 자가 39명으로 되어 있어 전자가 후자를 훨씬 능가함을 보여주고 있다(『北朝鮮卑文化之歷史作用』, 合肥: 黃山書社, 1992, pp.124~129).

177 呂一飛, 『北朝鮮卑文化之歷史作用』, 1992, p.88.

178 『周書』卷40 宇文神擧傳, p.715, "及高祖東伐, 詔神擧從軍. 幷州平, 卽授幷州刺史, 加上開府儀同大將軍. 州旣齊氏別都, 控帶要重".

'배도(陪都)'[179] 혹은 '하도(下都)'[180]로 지칭되었다. 이와 같이 두 곳에 수도를 두는 것을 '양도제'라고 부르는데, 이런 양도제 형식은 서위-북주에도 있었으며, 수당시대에도 있었다. 양도제가 출현하는 의미를 권력과 권위의 이원화라는 측면에서 이해하기도 한다.[181] 그러나 수당의 장안-낙양의 양도제가 동위-북제의 그것과 같은 이유 때문이라는 것도 상당한 논증이 필요하지만,[182] 서위-북주의 양도, 즉 장안과 동주(同州)가 동위-북제에서와 같은 이유로 설치되었다는 것은 필자로서는 납득하기 힘들다. 사실 동주에 막부를 둔 것은 대(對)동위-북제전을 의식한 전략적인 목적이 더 강한 것이라면, 동위-북제에게 진양은 권력 중심의 분화 등 또 다른 의미가 있다고 생각된다.

북조시대의 막부 가운데 '패부(覇府)'라고 칭하는 것은 동위시대뿐이고,[183] 이 패부를 '패조(覇朝)'라고도 지칭했다는 점도[184] 서위-북주의 동주에 막부를 둔 것과는 다른 의미가 있음을 보여주고 있다. 즉 동위의 패부는 단순히 하나의 막부 기능만을 지칭하는 것이 아니라, '패왕공업(覇王功業)'의 성취를 목적으로 하는 여러 막부의 통합조직으로, 당시의 '위조(魏朝)', 즉 위

---

179 『資治通鑑』 卷155 梁紀11 武帝 中大通 4年(532) 7月條, p.4826, "(高)歡以晉陽四塞, 乃建大丞相府而居之(胡注曰: 自此至于高齊建國, 遂以晉陽爲陪都)".

180 北齊 27年間 鄴을 上都, 晉陽을 下都라 하였다[『太平御覽』(臺北: 臺灣商務印書館, 1974) 卷155 州郡部1 敍京都上, p.886上右, "東魏禪北齊, 高洋以鄴爲上都, 晉陽爲下都."].

181 谷川道雄, 「兩魏齊周時代의 覇府와 王都」, 『增補 隋唐帝國形成史論』, 1998, p.398.

182 隋唐代 兩都制를 둔 이유는 統一帝國의 수도는 關中 지역에 두는 傳統과 關中 지역의 經濟的 不利의 補完이라는 側面이 고려된 것이다(朴漢濟, 「中國歷代 首都의 類型과 社會變化」, 『歷史와 都市』(第40回 全國 歷史學大會 發表要旨), 1997).

183 金翰奎, 「東魏 高氏의 覇府와 晉陽」, 『古代東亞細亞幕府體制研究』, 서울: 一潮閣, 1997, p.96.

184 『魏書』 卷93 恩倖 王叡傳 附 椿傳, p.1993, "至於齊獻武王之居晉陽, 覇朝所在, 人士輻湊"; 『北齊書』 卷4 文宣帝紀, p.51, "(文宣)卽皇帝位. … 詔降魏朝封爵各有差, 其信都從義及宣力覇朝者"; 『北齊書』 卷24 杜弼傳, p.353, "弼性質直, 前在覇朝, 多所匡正"; 『北齊書』 卷37 魏收傳, p.485, "頓丘李庶者, … 以華辯見稱, 曾謂收曰: '覇朝便有二魏.'"; 『北齊書』 卷39 崔季舒傳, p.511, "靜帝報答覇朝, 恒與季舒論之, …"; 『北齊書』 卷40 馮子琮傳, p.528, "世異事殊, 不得與覇朝相比"; 『北齊書』 卷40 唐邕傳, p.531, "邕自恃從覇朝以來常典樞要, 歷事六帝, 恩遇甚重, …"; 『北齊書』 卷45 劉逖傳, p.615, "晉陽都會之所, 覇朝人士攸集, 成務於宴集".

제(魏帝)의 조정과 대립되는 개념이었다.[185] 또한 패부는 진양이라는 특정 지
역에 고정적으로 설치된 것이고, 왕조의 수도를 정할 때와 마찬가지로 천험
의 지리 등 도성의 요건을 두루 감안하였다.[186] 잘 알다시피 북위 효무제가 서
천한 후, 고환은 효정제를 옹립하고는 바로 업으로 천도를 단행하였다. 업도
로 옮긴 위제는 고환의 질자, 즉 꼭두각시나 다름없는 존재로 전락하고 마는
데,[187] 왜 당시 고씨세력의 기반인 진양으로 옮기지 않고 업으로 옮겼느냐는
의문이 생긴다. 이 점에 대해서 위제의 권력이 철저하게 공동화되지 않았기
때문에 진양과 낙양의 중간 지점인 제3의 공간인 업을 택하였다고 설명하기
도 한다.[188] 사실 수륙교통이 불편한 진양을 수도로 삼는 것은 당시 정치·경
제 실정상 힘든 일이었고, 그렇다고 위제를 그대로 낙양에 둘 수도 없었다.
위제의 권력을 박탈하고 고환세력의 독자성 확보를 위해서는 천도가 필요
했을 뿐만 아니라,[189] 낙양이 패부가 있는 진양과 '서로 근접하기 힘든[不得相
接]' 지리적 위치에 있었던 점도[190] 고려되었던 것 같다. 더군다나 역대 정권
의 수도 선택 과정에서 보듯이, 관중에 적대세력을 둔 이상 낙양을 수도로 삼
는 것은 국가 존위상 위험한 일이었다.[191] 따라서 하남보다 도성 방어상 훨씬
유리한 하북에 위치하며 수륙교통이 편리하고 군사지리상 요충지인[192] 업이

---

185 金翰奎, 「東魏 高氏의 覇府와 晉陽」, 1997, p.102.

186 『北齊書』 卷1 神武帝紀上, p.9, "幷州平, 以晉陽四塞, 乃建大丞相府而定居焉".

187 『北齊書』 卷2 神武帝紀下, p.18, "神武留洛陽部分, 事畢還晉陽. 自是軍國政務, 皆歸相府. 先
　　是童謠曰: '可憐青雀子, 飛來鄴城裏, 羽翮垂欲成, 化作鸚鵡子.' 好事者竊言, 雀子謂魏帝清河
　　王子, 鸚鵡謂神武也".

188 金翰奎, 「東魏 高氏의 覇府와 晉陽」, 1997, p.105.

189 谷川道雄, 「兩魏齊周時代의 覇府と王都」, 1998, p.399.

190 『北齊書』 卷2 神武帝紀下, p.18, "神武以孝武旣西, 恐逼崤·陝, 洛陽復在河外, 接近梁境, 如
　　向晉陽, 形勢不能相接, 乃議遷都, …".

191 周一良, 「讀『鄴中記』」, 『魏晉南北朝史論集 續編』, 北京: 北京大學出版社, 1991, p.155.

192 (清)顧祖禹撰, 賀次君·施和金點校, 『讀史方輿紀要』(北京: 中華書局, 2005) 卷46 河南方輿
　　紀要序, pp.1909~1911, "河南古所稱四戰之地也. 當取天下之日, 河南在所必爭. 及天下旣
　　定, 而守在河南, 則岌岌焉有必亡之勢矣 … 都汴而肩背之慮實在河北, …. 曰: '守關中, 守河
　　北, 乃所以守河南也. 自古及今, 河南之禍, 中於關中者什之七, 中於河北者什之九.' … 夫河北

수도 후보지로 등장한 것은 자연스런 일이었다. 또 업은 이주씨 타도라는 공동의 목적으로 연합한 하북호족, 혹은 뒷날 북제정권의 한 축을 담당했던 산동귀족세력의 근거지인 동시에 고환의 명목상 기의(起義) 지역이었다. 이런 사정에서 성립한 양도인 진양과 업은 동위-북제를 이끄는 양대 세력의 근거지로 부상하였다. 진양이 북방 호인이 집주하는 산서 대지(臺地)의 한 도읍으로 군사적 중심이라고 한다면, 업은 하북평원에 위치한 한인의 정치·문화·경제의 중심이었다. 혹자는 북제는 업에 도읍을 정하였지만 그 군사상 중심은 진양에 두고 황제들이 항상 업과 진양을 오간 사실에 대해, 앞서 북위가 낙양에 천도한 후 그 근거지로부터 고립되었던 전철을 밟지 않으려고 노력하였다[193]고 해석하기도 한다. 그러나 북위가 낙양에 천도한 후 오로지 한화 일변도로 나아가 결국 육진의 난을 야기하게 되었음은 사실이지만, 고립이 문제였다면 진양을 단일 수도로 하면 그만일 것을 굳이 동위-북제가 양도제를 취한 까닭은 그 왕조의 체질, 호와 한, 문과 무의 분리와 관련된 것이라는 추측이 가능하다.

동위-북제시대 진양이라는 지역이 갖는 의미는 무엇인가? 필자는 진양은 북위 건국 초 선비인들에게 제2의 근거지였던 평성과 같은 의미를 지니는 곳이라고 생각한다. 북위 효문제가 임성왕(任城王) 징(澄)에게 낙양 천도를 위해 그 의사를 타진하면서, "평성은 군사력을 사용할 땅[用武之地]이니 문치를 하기에는 부적당한 곳"[194]이라고 하였다. 효문제가 추구한 문치란 다름 아닌 한화정책이다. 평성이 군사력을 사용할 땅이라고 해서 선비인에게 군사적 의미만 있는 곳은 아니다. 평성은 살기 좋은 기후에다 이제껏 지녀왔던

之足以制河南也, 自昔爲然矣. … 曰: '以河南之全勢較之, 則宛不如洛, 洛不如鄴也明矣' … 且夫自古用兵, 以鄴而制洛也常易, 以洛而制鄴也常難, 此亦形格勢禁之理矣".

193 宮崎市定, 「東洋における素朴主義の民族と文明主義の社會」, 1976, p.82.

194 『魏書』 卷19中 任城王 澄傳, p.464, "乃獨謂澄曰: '今日之行, 誠知不易. 但國家興自北土, 徙居平城, 雖富有四海, 文軌未一, 此間用武之地, 非可文治, 移風易俗, 信爲甚難. 崤函帝室, 河洛王里, 因茲大擧, 光宅中原, 任城意以爲何如?'".

고유의 생활습관과 문화를 유지할 수 있는 곳이었다. 평성은 효문제의 한화
정책에 반대하여 반란을 일으킨 폐태자 탁발순(拓跋恂)이 낙양에서 도망쳐
가려 했던 곳, 곧 선비인들이 집착했던 생활 터전이었다.[195] 탁발비(拓跋丕)
가 천락(遷洛) 때문에 나타난 제반 생활의 변화를 원하지 않는다고[196] 했던 것
이 바로 당시 선비인의 공통된 감정을 대변한 것이다. 고환의 훈귀 중 한 사
람인 사적간(厙狄干)이 원래 집이 한향(寒鄕)에 있었기 때문에 혹서를 견디지
못하여 겨울에는 경사에, 여름에는 향리로 돌아갔던 것[197]처럼 선비인들에
게는 낙양이나 업도와는 다른, 그들이 생활하기에 편한 곳이 필요했던 것이
다. 따라서 진양은 단순한 군사 중심지가 아니라, 천상 선비족 기질인 폐태
자 순이 돌아가고자 했던 그들의 향리, 즉 또 다른 평성이었다.

여기서 진양의 지리적 환경에 대해서 살펴볼 필요가 있다. 진양이 소재
한 현재의 산서성은 해발 600~1,200m 황토고원의 동단에 위치하여 업도
가 있는 하북성보다 해발이 훨씬 높다. 현재 산서성의 주도인 태원, 즉 진양
은 유목 생활에 적합한 자연적 환경인 해발 800m 고지이다. 따라서 여름이
라도 낙양과 같은 서열(暑熱)이 별로 없는 곳으로, 여름 한낮의 더위도 3~4
시간에 불과하고 아침저녁은 매우 서늘한 북온대 대륙성 기후이다. 그리고
유목민의 생산 활동, 즉 목축이 가능한 최남단 지역으로 목초지가 펼쳐져 있
다.[198] 따라서 농경보다 유목에 알맞은 곳이었다. 산서 지역은 연평균 강우량
은 500mm, 연평균 온도는 섭씨 8도 정도이다.[199] 강우량 500mm 지역이면

---

195 『魏書』 卷22 廢太子恂傳, p.588, "恂不好書學, 體貌肥大, 深忌河洛暑熱, 意每追樂北方".
196 『魏書』 卷14 神元平文諸帝子孫列傳 興都子東陽王丕傳, p.360, "丕雅愛本風, 不達新式, 至
　　於變俗遷洛, 改官制服, 禁絶舊言, 皆所不願".
197 『北齊書』 卷15 厙狄干傳, p.197, "厙狄干, … 魏正光初, 除掃逆黨, 授將軍, 宿衞於內. 以家在
　　寒鄕 不宜毒暑 冬得入京師 夏歸鄕里".
198 『北齊書』 卷17 斛律金傳 附 子 光傳, p.225, "穆提婆求娶光庶女, 不許. 帝賜提婆晉陽之田,
　　光言於朝曰: '此田, 神武帝以來常種禾, 飼馬數千匹, 以擬寇難, 今賜提婆, 無乃闕軍務也?'".
199 楊純淵, 『山西歷史經濟地理』, 太原: 山西人民出版社, 1993, p.19.

대체로 농경과 목축의 접경지대라 할 수 있는데,[200] 태원이 바로 이런 지역이
다. 산서 지역은 대동(大同)·흔정(忻定)·태원·임분·운성·상당(上黨) 등 6
대 분지로 구분되어 있는데, 이것은 지질시대에는 거대한 호박(湖泊)이었다
고 한다. 이 분지가 줄줄이 연결되고, 다시 황하의 제2 지류인 분하(분수)를
타고 작은 분지가 서남으로 연결되어 섬서성으로 이어진다.

후한 말 남흉노가 대거 산서 지역에 옮겨 오자 조조가 이들을 5부로 나누
어 진양분간지빈(晉陽汾澗之濱)에 산거시키니[201] 모두 3만여 낙(落)이었다.[202]
서진 초에 대량의 흉노인들이 이곳에 모여들어 당시 산서는 7~8개 군으로
나누어졌는데, 대부분의 군이 모두 한인과 흉노인이 잡거하고 북부의 여러
군은 '호족이 (한)민보다 많았던[胡多于民]' 실정이었다.[203] 이는 이 당시 대표
적인 유목민족인 흉노에게 이 지역이 살기에 적합한 지역이었음을 말해준
다. 그 후 계호족(契胡族)[204] 이주씨의 근거지로 이주영이 '하음의 변' 후 이
곳으로 천도를 고려하였다.[205] 이곳이 고환의 근거지가 된 것은 그런 이유에
서였다. 즉 진양은 당시 호인이 남하하여 거주할 수 있는 최남단 지역이었고
따라서 고환 자신의 체질과도 잘 맞는 곳이었다.

진양은 말할 것도 없이 '사새지지(四塞之地)'라 불리는 전략적 요충지였

---

200 金浩東,「古代遊牧國家의 構造」,『講座中國史』II, 서울大學校東洋史學科研究室編, 1989,
　　p.259.
201 『晉書』卷101 劉元海載記, p.2645, "魏武分其眾爲五部, 以豹爲左部帥, 其餘部帥皆以劉氏爲
　　之. 太康中, 改置都尉, 左部居太原茲氏, 右部居祁, 南部居蒲子, 北部居新興, 中部居大陵. 劉
　　氏雖分居五部, 然皆居于晉陽汾澗之濱".
202 譚其驤,「山西在歷史上的地位」,『長水集』下, 北京: 人民出版社, 1987, p.317.
203 譚其驤,「山西在歷史上的地位」, 1987, p.317.
204 契胡族이 어떤 種族인지는 확실하지 않다(譚其驤,「山西在歷史上的地位」, 1987, p.319). 그
　　러나 陳寅恪은 羯人 혹은 羯胡라고 보고 있다(萬繩楠整理,『陳寅恪魏晋南北朝史講演錄』,
　　1987, p.281).
205 『資治通鑑』卷152 梁紀8 武帝 大通 2年(528) 4月條, pp.4744~4745;『北史』卷19 獻文六
　　王 趙郡王幹傳 附 子 諶傳, p.696.

다.[206] 진양을 지키지 않으면 하북이 안전할 수 없다는 사실은 당시 모르는 사람이 없었다.[207] 전술했듯이, 진양은 원래 이주씨의 근거지였다. 육진의 난을 계기로 남하한 북진민들이 이주씨의 통제 아래 진양에 집주하게 되었다. 이주씨 멸망 후에는 고씨의 군사적 근거지가 되었다. 진양 동쪽으로 태항산맥이 가로놓여 있지만, 이 산서고원과 업도는 장수(漳水)가 태항산맥을 갈라놓은 부구형(釜口陘)을 통해 연결된다. 즉 진양은 상류 지세를 이용하여 업도를 제압할 수 있었다. 고환은 진양을 근본으로 삼아[208] 북위 혹은 동위의 황제를 통제하였다.[209] 고환뿐만 아니라 북제시대 황제들도 업도보다 진양을 더 중시하였다. 고환은 업으로 수도를 옮긴 후, 자기는 진양에 있으면서 장자인 고징을 업도에 보내어 경기대도독의 직함으로 (동)위조정을 감시하였다. 물론 고환도 자주 업도를 방문하였다. 고환이 죽자(546), 고징은 진양에서 대승상에 취임하고는 동생 고양(후에 문선제)을 경기대도독으로 삼아 업도에 주둔시켰다. 곧 고징이 업도에서 비명에 죽자, 고양은 곧 진양에 가서 '친총서정(親總庶政)'한다. 그가 급히 진양에 간 것은, 진양의 대부대를 장악하는 것이 급선무라고 업도에 있던 훈귀제장들이 권고했기 때문이었다.[210] 고환·고징·고양의 대승상부는 모두 진양에 주둔하는 대부대를 기초로 하여 성립된 것이었다.

고양이 동위로부터 수선(受禪)을 단행하려 하였을 때, 진양에 있던 어머니

---

206 『讀史方輿紀要』卷40 山西2 太原府, p.1806, "及高歡破尒朱兆, 以晉陽四塞建大丞相府而居之. 胡氏曰: '太原東阻太行·常山, 西有蒙山, 南有霍太山, 高壁嶺, 北扼東陘, 西陘關, 是以謂之四塞也.'".

207 『讀史方輿紀要』卷39 山西方輿紀要序, pp.1775~1776, "苻堅之取燕也, 破壺關, 克晉陽, 乃一擧而入鄴. 拓跋魏起於北荒, 奄有恒·代, 規取河北, 蠶食河南. …".

208 『北齊書』卷13 趙郡王 琛傳, p.169, "及斛斯椿等釁結, 高祖將謀內討, 以晉陽根本, 召琛留掌後事, 以幷·肆·汾大行臺僕射, 領六州九酋長大都督, 其相府事琛悉決之".

209 『北齊書』卷18 孫騰·高隆之·司馬子如傳, p.242, "史臣曰: '高祖以晉陽戎馬之地, 覇圖攸屬, 治兵訓旅, 遙制朝權, 京臺機務, 情寄深遠. …'".

210 『資治通鑑』卷162 梁紀18 武帝 太淸 3年(549) 8月條, p.5027, "勳貴以重兵皆在幷州, 勸洋早如晉陽. 洋從之".

황태후 누씨(婁氏)와 훈귀들의 반대에 봉착하였다. 그 반대를 물리치고 업도로 가서 위제를 퇴위시키고 북제정권을 수립하였다. 고양은 즉위 후 법가(法駕)를 갖추어서 진양궁에 가 황태후 누씨를 알현하였다.[211] 이때 이전에 있던 진양의 상국부(대승상부)는 폐지하였지만, 그것을 기초로 하여 각부 상서를 설치한다. 이것을 업도의 '경성(京省)' 혹은 '업성(鄴省)'에 대비하여 '병성(幷省)'이라 지칭한다.[212] 고연(高演)이 천보 5년에 병성상서령(幷省尙書令)이 된 것이라든지,[213] 고담(高湛)이 폐제 건명(乾明) 원년에 병성녹상서사(幷省錄尙書事)에 제수된 것,[214] 임성왕 고개(高湝)가 효소제와 무성제 시기에 병성녹상서사에 제수된 것 등에서[215] 알 수 있다. 업성과 병성, 두 곳에 상서성이 존재하는 쌍성제(雙省制)는 중국정치제도사상 특수한 현상이다.[216] 뿐만 아니라 병성이 국도인 업성과 우열을 가리기 힘들 정도였다는 점은 중국 역사상 전무후무한 일이다.[217] 진양의 병성은 업성과 같은 관제를 모두 갖추고 있지만,[218] 특히 주목을 끄는 것은 군사 관련 부분이다. 진양의 상국부 안의 기

---

211 『北齊書』卷4 文宣帝紀, p.54, "帝如晉陽, 拜辭山陵. … 冬十月己卯, 備法駕, 御金輅, 入晉陽宮, 朝皇太后於內殿".

212 『資治通鑑』卷167 陳紀1 武帝 永定 元年(557) 4月條, p.5163, "胡注曰: '自高歡居晉陽, 幷州有行臺尙書令·僕等官. 及齊顯祖受魏禪, 遂以幷州行臺爲幷省, 位亞於鄴省.'"; 『隋書』卷30 地理志中 太原郡 注曰, p.854, "後齊幷州, 置省, 立別宮".

213 『北齊書』卷6 孝昭帝紀, p.79, "天保初, 進爵爲王. 五年, 除幷省尙書令".

214 『北齊書』卷5 廢帝紀, p.75, "以太尉長廣王湛爲大司馬·幷省錄尙書事".

215 『北齊書』卷10 高祖十一王 任城王 湝傳, p.137, "自孝昭·武成時, 車駕還鄴, 尙書令湝鎭晉陽, 總幷省事, 歷司徒·太尉·幷省錄尙書事".

216 嚴耀中, 「北齊政治與尙書幷省」, 『上海師範大學學報(哲社版)』1990-4, p.36.

217 周一良, 『魏晋南北朝史札記』(北京: 中華書局, 1985), 「北齊書札記」各立一省條, p.408과 陳琳國, 『魏晋南北朝政治制度研究』(臺北: 文津出版社, 1994), p.138에서는 兩省의 지위는 비슷하나 幷省이 鄴省과 같은 것은 아니라고 보았으나, 嚴耀中(「北齊政治與尙書幷省」, p.38)은 幷省 쪽이 오히려 優位에 있었다고 본다.

218 사실 전통왕조시대는 皇帝가 駐在하는 곳이 곧 首都였고, 皇帝를 따라 百官들이 이동하는 것이므로 皇帝가 晉陽(幷州)에 주재할 때는 幷省이 곧 중앙정부가 되었을 것이다. 이 幷省과 鄴省 문제는 別稿가 요구되는 매우 중요한 문제이다.

병조(騎兵曹)와 외병조(外兵曹)를 성으로 승격시켜 존속시킴으로써[219] 업도의
상서성의 오병상서(五兵尙書)와는 별개로 운영하였다는 점이다. 북제의 군
사를 총괄하는 곳은 바로 여기였다.[220] 따라서 이 성의 담당자는 막강한 권력
을 가졌다.[221] 물론 이 조직은 황제의 직할 기구였다. 문선제 천보 초에 둔 기
병과 외(보)병 2성에서 처리하는 군무는 주로 황제와 지근에 있는 중서사인
이 처리하였다.[222] 급사중 겸 중서사인인 당옹(唐邕)과 백건(白建)이 외병 · 기
병을 맡았다가 나중에는 성주(省主)가 된다.[223] 후주시대에는 조정(祖珽)이,[224]
무평 말에는 시중 · 개부의동삼사 · 의령왕(侍中 · 開府儀同三司 · 義寧王) 곡율
효경(斛律孝卿)이 양성사를 맡았다.[225] 물론 황제의 친신(親信)들이었다. 이상
과 같이 북제가 성립하여 업도가 수도가 된 이후에도 진양의 군사적 중요성
은 감소되기는커녕 오히려 강화되었음을 알 수 있으며, 북제 황제들이 왜 그
렇게 자주, 그리고 오래 진양에 머물렀는지도 확인할 수 있다.[226]

---

219 『北齊書』卷4 文宣帝紀, p.54, "罷相國府, 留騎兵 · 外兵曹, 各立一省, 別掌機密".

220 『隋書』卷27 百官志中, pp.751~753에 의하면, "後齊制官 多循後魏. … 其六尙書, 分統
　　列曹. … 五兵統左中兵 · 右中兵 · 左外兵(原注: 掌河南及潼關已東諸州丁帳, 及發召征兵等
　　事) · 右外兵(原注: 掌河北及潼關已西諸州, 所典與左外同)"이라 되어 있는데, 五兵尙書는 그
　　職掌이 徵召兵役(力役 포함) 및 기타 유관 행정사무만을 맡아 軍權 장악과는 무관하였다
　　(楊耀坤, 「東魏北齊兵制槪論」, 1991, p.122).

221 『北齊書』卷40 唐邕傳, pp.531~532, "邕自恃從覇朝以來常典樞要, 歷事六帝, 恩遇甚重 …
　　齊氏一代, 典執兵機. 凡是九州軍士, 四方勇募, 强弱多少, 番代往還, 及器械精粗, 糧儲虛實,
　　精心勤事, 莫不諳知".

222 이 시기 中書舍人의 역할에 대해서는 榎本あゆち, 「北魏後期 · 東魏の中書舍人について」,
　　『中國中世史硏究 · 續編』, (日本)中國中世史硏究會, 京都: 京都大學學術出版會, 1995를 참조
　　한다.

223 『北齊書』卷40 唐邕傳, p.532, "齊朝因高祖作相, 丞相府外兵曹 · 騎兵曹分掌兵馬. 及天保
　　受禪, 諸司監咸歸尙書, 唯此二曹不廢, 令唐邕 · 白建主治, 謂之外兵省 · 騎兵省. 其後邕 · 建
　　位望轉隆, 各爲省主, 令中書舍人分判二省事, 故世稱唐 · 白云"; 『北史』卷92 恩倖 和士開傳,
　　p.3044, "唐邕掌外兵, 白建掌騎兵. …".

224 『北史』卷47 祖瑩傳 附 子 珽傳, p.1743, "專主機衡, 總知騎兵 · 外兵事".

225 『北齊書』卷20 斛律羌擧傳 附 子 孝卿傳, p.267, "武平末. … 知內省事, 典外兵 · 騎兵機密".

226 文宣帝가 즉위한 뒤 내린 조칙에 의하면, 그가 太原 지역을 얼마나 중시했는가를 알 수
　　있다(『北齊書』卷4 文宣帝紀, pp.51~52, "詔曰: '冀州之渤海 · 長樂二郡, 先帝始封之國, 義
　　旗初起之地. 幷州之太原 · 靑州之齊郡, 覇業所在, 王命是基. 君子有作, 貴不忘本, 思申恩洽,

진양의 중시는 대선비주의(大鮮卑主義)와 군사중심주의의 산물로, 진양에 있는 고씨의 군사력의 원류와 관련되어 있다. 물론 진양의 병력 원천은 육진 계통이 근간을 이룬다.[227] 북제의 군사 지휘관에 '육주대도독(六州大都督)' 혹은 '육주유민대도독(六州流民大都督)' 등의 명칭이 있다.[228] 육주가 구체적으로 어디를 가리키는지는 사료에 나와 있지 않지만, 대개『북제서』곡율금전(斛律金傳)에 나오는 5주恒·雲·燕·朔·顯에 울주(蔚州)를 넣어서 육주로 보는 설이 유력하다.[229] 다시 말하면 육주란 고환이 영도한 육진병의 취거 지역이라는 결론이다.[230] 육진 유민은 남하하여 갈영-이주씨-고환의 병으로 그 소속이 바뀌었다. 고환이 영도하는 군인은 다시 진양 주둔병과 업도의 경기병으로 나누어진다. 이 가운데 특히 업도에 주둔하는 경기병은 이전 낙양의 금위군인 우림·호분의 '육방지중(六坊之衆)'에다 새로운 선비 병력이 충원된 것이다. 그 충원 작업은 고징과 손건(孫騫)에 의해 완성되었다.[231] 즉 북진 유민 일부분은 고환에 의해 수습되었지만, 여전히 남경에 산거하면서 군적에 등록하지 않은 사람도 상당히 많았던 것으로 짐작되는데, 고징이 이를 수습하여 경기부의 군적에 등록시킨 것이다.[232]

蠲復田租. 齊郡·渤海可並復一年, 長樂復二年, 太原三年.'").

227 『隋書』卷24 食貨志, p.674, "尋而六鎭擾亂, 相率內徙, 寓食於齊·晉之郊. 齊獻武因之, 以成大業".

228 『北齊書』卷13 趙郡王 琛傳에 '六州大都督'(p.169)과 '領六州九酋長大都督'(p.169)이 있고, 卷18 孫騰傳에 '六州流民大都督'(p.234)이 있고, 卷17 斛律金傳에 '領恒·雲·燕·朔·顯·蔚六州大都督'(p.220)이 있다.

229 錢大昕, 『廿二史考異』(臺北: 中文出版社, 1980) 卷31 「北齊書 斛律金傳考異」, p.596. 한편 中華書局本 『北齊書』 斛律金傳 校勘記2(p.230)에는 "諸本無'蔚'字, 錢氏考異卷三一以爲當脫'蔚州'. 按錢說是"라 하여 蔚州를 보충하고 있다.

230 王仲犖, 「東西魏北齊北周僑置六州考略」, 『文史』5(北京: 中華書局, 1978), p.24에 의하면 北魏·東魏가 幷·肆·汾州에 僑置한 六州란 恒·燕·雲·朔·蔚·顯 등인데, 이곳의 병사들이 高歡 이후 北齊 병사의 근간이 되는 '六州鮮卑軍士'이다.

231 「北齊書」卷24 孫騫傳, pp.341~342, "世宗初欲之鄴, 總知朝政, 高祖以其年少, 未許. 騫爲致言, 乃果行. 特此自乞特進, 世宗但加散騎常侍. 時又大括燕·恒·雲·朔·顯·蔚·二夏州·高平·平涼之民以爲軍士. … 所獲甚衆, 騫之計也".

232 劉精誠, 『兩晉南北朝史話』, 北京: 中國靑年出版社, 1993, p.234 각주 1 참조.

진양 주둔병에 대해 기술한 기사는 많지 않지만, 육진 유민 대부분이 진양에 그대로 남아 고씨정권의 주력부대로 전환되었던 것 같다. 즉 한인은 진양병에서 배제된 것이다. 진양병의 병원이나 경기병에 새로이 보충된 병원이 크게 다를 바가 없기 때문에 경기병을 다루고 있는 기사를 통해서 보면 그 대강을 알 수 있다. 즉 항주 이하 10주(恒州已下十州)가 영안 연간(永安: 528~530) 이후 '금려소출(禁旅所出)' 지역이라고 하였다.[233] 이 10주 가운데 삭(朔)·영(雲)·서하(西夏)·울(蔚) 4주는 병주와, 현(顯)·영(寧)·영(靈) 3주는 분주와, 항(恒)·곽(廓) 2주는 사주(肆州)와 접경하고 있다. '영안 이후 금려소출(永安已後 禁旅所出)' 지역을 10주라고만 하고, 병·분·사를 포함시키지 않고 있다. 이것은 고씨의 친군이 그곳에 안치되었던 북진 유민들만으로 구성된 것이지, 북진 반란 이전에 그곳에 살던 한인들은 포함되지 않았다는 것을 의미한다. 따라서 창업과 수성을 이룩한 고씨의 친군의 근간은 북진 변주(육주)의 유민, 그 가운데 특히 선비부민이라는 해석이다.[234] 고씨는 패업을 성취한 후에도 이 10주에 안치했던 유민들로 오랫동안 친군을 구성하고 있음은 물론이다. 따라서 진양병은 육주에서 전적으로 보급되고 있음을 알 수 있다. 즉 북제 군사력의 근간이 어떤 원류를 가지고 있는가를 쉽게 짐작할 수 있다.

반면 경기 지역의 군사권을 가진 경기대도독이 설치된 것은 효장제 영안 이후라고 되어 있다. 이때 동시에 각 주마다 도독을 두었다(대신 군주에 소속된 군사는 없었다). 그 후 효정제 천평 4년(537) 여름에 육주도독을 없애고 그 병사를 경기부에 예속시켰다.[235] 여기서 육주도독이란 『북제서』 청하왕 악

---

233 『魏書』卷106上 地形志上, p.2504, "前自恒州已下十州(恒·雲·蔚·顯·廓·武·西夏·寧·靈), 永安已後, 禁旅所出, 戶口之數. 並不得之".

234 濱口重國, 「東魏の兵制」, 『秦漢隋唐史の研究(上卷)』, 東京: 東京大學出版會, 1966, pp.165~166.

235 『魏書』卷113 官氏志, p.3004, "永安已後, 遠近多事, 置京畿大都督, 復立州都督, 俱總軍人, 天平四年夏, 罷六州都督, 悉隷京畿, 其京畿大都督仍不改焉".

전(岳傳)에 사료용어로써 단지 한 차례 나오는 '육주군사도독'[236]으로 (주)병을 장악한 도독이다. 이것은 북진 유민을 총령하며, 북제 말까지 존속하고 있는 '육주(대)도독'과는 다른 것이다.[237] 천평 4년 여름에 육주군사도독이 없어질 때, 한인의 병이 경기병으로 편입되었을 가능성이 있지만, 정황상 경기 지역의 군사권만 귀속시켰을 가능성이 높다. 고징이 경기대도독이 되었을 때, 다시 선비·고차의 추서(酋庶)를 배속시키고 있으니[238] 경기대도독 산하의 병사는 모두 호족이라 해도 틀림이 없다. 이상의 여러 사실을 종합할 때, 진양에 주둔하는 고씨의 군사력의 주력은 한인이 포함되지 않는 호인, 그중에서도 선비를 중심으로 하는 구 북진 유민들임을 알 수 있다. 사실 고환 자신도 북진을 하나의 '향리'[239]로 생각하고, 그곳에서 유입된 그들과 같은 '실향객(失鄕客)'으로서 일체감을 갖고 있다는 것을 명확히 하였는데,[240] 그것은 이런 이유에서 이해할 수 있다.

그러면 북제가 성립한 후에도 왜 진양에 패부를 두어 동위조정을 통제하는 형식을 여전히 취하고 있는가? 수도를 2개 이상 두는 다도제를 유지한다는 것은 일견 국가권력의 분산인 동시에, 중앙집권에 문제가 있는 것이다. 진양이 업도를 비롯한 하북을 방어하는 요충지이고, 동시에 대(對)북주 전선의 전초기지라는 점에서 중병을 둘 수밖에 없는 것처럼 보인다. 그러나 군

---

236 『北齊書』卷13 淸河王 岳傳, p.174, "天平二年, 除侍中, 六州軍事都督, 尋加開府. … 除使持節, 六州大都督, 冀州大中正. 俄拜京畿大都督, 其六州事悉隷京畿".

237 楊耀坤, 「東魏北齊兵制槪論」, 1991, p.125.

238 『魏書』卷12 孝靜帝紀, p.300, "(天平三年 二月) … 丁酉, 詔加齊文襄王使持節·尙書令·大行臺·大都督, 以鮮卑·高車酋庶皆隷之".

239 '鄕里'란 일반적으로 地域上의 同鄕의 뜻이지만, 여기서는 同種族人의 뜻이다. 幷·肆 지역에 流入되어 高歡에게 배속된 葛榮의 二十餘萬人이 고환의 武裝主力이 되었는데, 이들 대부분은 六鎭鮮卑 및 鮮卑化된 漢人이었다(周一良, 『魏晉南北朝史札記』, 「北齊書札記」 鄕里條, 1985, p.404 참조).

240 『北齊書』卷1 神武帝紀上, p.7, "神武乃喩之曰: '與爾俱失鄕客, 義同一家 …' 神武曰: '爾鄕里難制, 不見葛榮乎, 雖百萬衆, 無刑法, 終自灰滅. 今以吾爲主, 當與前異, 不得欺漢兒, 不得犯軍令, 生死任吾則可, 不爾不能爲取笑天下'".

사 중심지와 수도를 반드시 일치시킬 필요는 없기 때문에 굳이 배도, 상도로 격상시키고, 황제가 거의 상주할 것까지는 없다. 이 문제도 역시 유목민족이 흔히 다도제를 두는 방법과 유사한 점이 있다는 것을 상기하지 않을 수 없다. 즉 자신들의 근거지를 연결시키는 선상에 진양이 위치하고 있다는 점이다. 따라서 진양은 단순한 군사 중심지는 아니었다. 진양에도 업도에 못지않은 화려한 궁전이 있었다. 고환은 흥화(興和) 원년(539)에 신궁을 건설하고, 무정 3년(545)에 토목공사를 크게 일으켜 굉위장려한 진양궁을 짓는다.[241] 진양궁 서남에 소성이 있고 거기에 궁전이 있었으니 그것을 대명궁이라 하였는데, 성의 높이가 4장(丈), 둘레가 4리였다고 한다.[242] 대명궁 외에 십이원이 있었는데 그 장려함이 업도의 궁전 규모를 넘어섰다고 한다.[243] 또 신성(新城)과 창성(倉城)도 진양성의 주요 건축물이다. 그리고 고환은 진양 교구에 당숙우(唐叔虞)의 사당을 중수하였으니 이것이 "진천 가운데서 가장 경치가 좋은 곳[于晉川之中最爲勝處]"으로[244] 평가되는 유명한 진사(晉祠)이다.[245]

선비훈귀들은 주로 진양에서 살았다. 훈귀 중 한 명인 곡율금이 진양의 저택에 살았는데 문선제가 세 차례에 걸쳐 그의 집을 방문하기도 하였다.[246] 1979~1981년에 고환의 처조카인 누예(婁叡)의 묘가 태원 남방에서 발견되었다.[247] 대개 훈귀들은 주로 진양에 집을 두고, 용무상 편의를 위해 업도에도 집을 두는 형식을 취한 것 같다.[248] 이렇게 볼 때 진양은 선비 구 육진민의

---

241 『北史』卷6 齊本紀6 武定 3年 正月 丁未條, p.229, "神武請於幷州置晉陽宮".
242 (唐)李吉甫撰, 『元和郡縣圖志』(北京: 中華書局, 1983) 卷13 河東道2 太原府條, p.365.
243 『北史』卷8 齊 幼主本紀, p.301, "又於晉陽起十二院, 壯麗逾於鄴下".
244 (北魏)酈道元撰, 『水經注』(臺北: 世界書局本) 卷6 晉水, p.89.
245 이상의 내용은 楊純淵, 『山西歷史經濟地理述要』, 太原: 山西人民出版社, 1993, p.278에 상세하다.
246 『北齊書』卷17 斛律金傳, p.221, "顯祖受禪, … 其年冬, 朝晉陽宮. 金病, 帝幸其宅臨視 … 四年, 解州, 以太師還晉陽. 車駕復幸其第, 六宮及諸王盡從, … 仍詔金孫武都尙義寧公主. 成禮之日, 帝從皇太后幸金宅, …".
247 山西省考古研究所·太原市文物管理委員會, 「太原市北齊婁叡墓發掘簡報」, 『文物』 1983-10.
248 『資治通鑑』卷163 梁紀19 簡文帝 大寶 元年(550) 5月條, pp.5044~5045, "(帝)出雲龍門,

제2의 향리였던 것이다.[249] 북제의 황제가 '안제(雁帝)'였다면, 선비훈귀들은 '안신(雁臣)'이었던 것이다. 북제의 황제는 업도에서 피정복민을 다스리는 황제일 뿐만 아니라 진양을 중심으로 모여 있는 선비인들의 '가한'인 동시에, 업도가 상징하는 하북 농경 지역을 다스리는 황제였다. 무게를 둔 쪽은 오히려 진양 측이었다.

북제시대 황제의 등극 과정과 진양과의 관계를 보면 진양의 중요성이 명확하게 드러난다. 문선제는 진양궁에서 죽었는데, 황태자가 즉위하여 업도로 갔지만 진양을 누가 맡을 것인가가 문제였다. 문선제의 동생 상산왕 고연(高演)은 훈귀집단에도 신망이 높고 누태후(婁太后)도 문선제의 후계로 생각하였지만, 문선제의 총신 한인귀족 양음(楊愔) 등은 상산왕으로 하여금 신제를 수행하고 업도로 가게 하고는 상산왕과 그의 동생 장광왕(長廣王) 고담을 살해하려고 하였다. 장광왕은 훈귀와 합심해서 양음 일파를 살해하였다. 동시에 상산왕은 진양에 머물며, 대승상·도독중외제군·녹상서사가 되고,[250] 장광왕은 업도로 가서 태부·경기대도독이 되었다. 숙부 장광왕이 업도에서 신제(폐제)를 감시, 통제하는 형식을 취하니, 흡사 동위시대로 되돌아간 것과 같았다. 곧 신제는 폐위되고 상산왕이 진양에서 즉위하니 그가 효소제이다. 효소제는 진양에 그대로 있으면서 장광왕을 업도에 두었다. 효소제는 재위 1년 만에 병사하는데 장광왕은 업도에서 진양으로 와서 즉위한다. 그가 무성제이다. 그는 565년 황태자에게 양위하고 태상황제가 되었는데 그 양위도 진양궁에서 행해졌다. 문선제는 업도에서 즉위했지만, 다른 황제들은 모두 진양에서 즉위하였다. 문선제가 업도에서 즉위한 것은 진양의 훈귀들

王公百僚拜辭, 高隆之灑泣. 遂入北城, 居司馬子如南宅(胡注曰,司馬子如有宅在太原 故謂鄴城之宅爲南宅.)".

249 谷川道雄,「兩魏齊周時代の霸府と王都」, 1998, p.400.

250 『資治通鑑』卷168 陳紀2 文帝 天嘉 元年(560) 2月條, p.5197, "齊主將發晉陽(胡注曰: 發晉陽者 嗣位而詣鄴), 時議謂常山王必當留守根本之地(胡注曰: 高歡建大丞相府於晉陽, 文宣席之以移魏鼎, 宿將勁兵咸在焉, 故以爲根本之地)".

이 그의 즉위에 반대했기 때문이다. 그러나 문선제도 즉위 후, 원훈들의 묘에 즉위 사실을 보고해야 하였다.[251] 북제 황제의 즉위는 진양의 훈귀집단의 승인이 있어야 했던 것이다.[252] 북제 후주가 북주군이 침략해 오는 위난 시에 진양을 지키지 못할 경우, 업도보다 오히려 북삭주(北朔州)로 도망가려 하였던 것도[253] 당시 북삭주 지방에는 같은 종족인 선비강병이 주둔하고 있었던 반면, 한인의 근거지인 업도는 신뢰할 수 있는 곳이 아니었기 때문이었다.

문선제 이후 북제의 역대 황제들은 빈번히 진양으로 행행하였다.[254] 문선제는 재위 10여 년 동안 16회, 무성제는 재위 7년 동안 11회, 후주는 재위 9년 동안 10회나 왕래하여 총 37회의 행행이 이루어졌다.[255] 북제 황제의 업도 체재 기간은 약 14년인 데 비하여, 진양 체재 기간은 약 29년으로 그 배나 된다.[256] 왜 진양인가가 분명하게 드러나는 대목이다. 이것은 북제왕조적 총역량의 분열이라 할 수 있다.

2. 제2의 낙양: 업도

오호십육국시대 이후 화북에는 관동·관서에 2개의 정치 중심지가 형성되었다. 하나는 삼국시대의 위가 아직 후한왕조를 찬탈하기 전에 수도로 삼았던 업으로, 그곳은 그 후 선비 모용씨의 전연의 수도가 되었다. 업의 발전

---

251 『北齊書』卷15 竇泰傳, p.194, "齊受禪, 祭其墓";『北齊書』卷15 尉景傳, p.195, "齊受禪, 以景元勳, 詔祭告其墓";『北齊書』卷15 婁昭傳, p.196, "齊受禪, 詔祭其墓";『北齊書』卷18 孫騰傳, p.335, "天保初, 以騰佐命, 詔祭告其墓. 皇建中, 配享高祖廟庭";『北齊書』卷19 蔡儁傳, p.247, "齊受禪, 詔祭其墓. 皇建初, 配享高祖廟庭";『北齊書』卷19 劉貴傳, p.251, "齊受禪, 詔祭其墓. 皇建中, 配享高祖廟庭".

252 谷川道雄, 「兩魏齊周時代の覇府と王都」, 1998, pp.402~403.

253 『北齊書』卷8 後主帝紀, pp.109~110, "帝意猶豫, 欲向北朔州, 乃留安德王延宗·廣寧王孝珩守晉陽. 若晉陽不守, 即欲奔突厥".

254 『北齊書』卷533 白建傳, p.533, "晉陽 國之下都 每年臨幸 徵詔差科 責成州郡".

255 金翰奎, 「東魏 高氏의 覇府와 晉陽」, 1997, p.117.

256 毛漢光, 「北魏東魏北齊之核心集團與核心區」, 1990, p.92.

은 중국 동북부의 개발과 연관이 있다. 다른 하나는 관서의 중심도시 장안이
다. 오호십육국시대에는 전진·후진 두 왕조가 장안을 국도로 정하였다. 당
시 국도의 번영은 서역무역과 연관되어 있었다. 업을 중심으로 하는 동부는
한인이 압도적으로 많고 북방에서 선비인의 남진이 있긴 했지만, 종족 구성
은 서부에 비해 비교적 간단하였다. 이곳에는 한인을 중심으로 하는 이른바
'산동귀족문화'가 번영하였다. 이에 반해 장안을 중심으로 하는 서부는 후
한 이래 전통문화가 쇠퇴하더니 흉노·저·강·선비 등 여러 유목민족이 잡
거하기 시작함에 따라, 점차 인구상 한인이 차지하는 비율이 낮아지게 되었
다. 따라서 이들 이민족의 한화 속도가 완만하여, 그만큼 한인문화는 충분
히 발달하지 못하였다. 따라서 주민들이 아직 야성을 지니고 있어 용감한 기
사를 징발할 수가 있었다.[257] 이런 상황에서 북위 말 유력한 선비군단을 이끈
고환과 우문태의 두 무장이 이와 같이 조건이 전혀 다른 업과 장안을 근거지
로 하여 각각 위제를 옹립하고는 '축록(逐鹿)'의 경쟁을 치열하게 벌였다. 이
런 대립 판도는 거의 50년간 지속되었다.

수당의 문화와 제도적 원류를 서위-북주에서만 구하는 것은 잘못이며,[258]
북위에서 수당에 이르는 문화의 교량 역할을 한 쪽은 오히려 북제라는 지
적이 있다.[259] 북제는 동진·남조와 하서 지역의 예악·전장·문물을 종합
한 북위문화를 계승하였다고 한다.[260] 북제의 수도 업도의 전장은 대부분 북
위의 수도 낙양에서 가져온 것이기 때문이다.[261] 따라서 북제의 업도는 문화
적·제도적인 면에서 또 다른 낙양이라 할 수 있다.

동위 효정제 천평(天平) 원년(534)부터 북제 후주 무평(武平) 4년(577)에 걸

257 宮崎市定, 『九品官人法の研究―科擧前史―』, 京都: 同朋舍, 1956, p.49.
258 陳寅恪, 『隋唐制度淵源略論稿』, 1982, p.2.
259 長田夏壽, 「北齊鄴都を支えた人人―北齊胡漢複合文化說導論―」, 『神戶外大論叢』 31-1,
      1980, p.45.
260 陳寅恪, 『隋唐制度淵源略論稿』, 1982, pp.1~2.
261 陳寅恪, 『隋唐制度淵源略論稿』, 1982, p.10.

쳐 45년간 동위-북제의 수도였던 업도가 위치한 곳은 현재 하북성 임장현과 하남성 안양현의 교계 지역이지만, 당시는 산동의 범위에 속하였다. 문벌의 연총으로 알려진 범양(范陽), 청하(淸河), 박릉(博陵), 조군(趙郡) 등이 바로 가까이 위치해 있고, 최·노·이 씨 등 대성이 이른바 '산동귀족'이라는 이름으로 문망을 뽐내었다. 해발 50~100m 사이의 저지대로, 고래로 수류교통이 발달하고 선진 수리시설을 갖춘 농경 지역이었다.[262] 지리적 조건에서도 낙양과 매우 유사하기 때문에 유목민족 출신의 거주지로는 그리 적합한 곳이 아니었다. 따라서 동위-북제 조정의 특수 임무를 띠고 업도에 근무하는 선비인을 제외하고는 호족은 그곳에 거주하는 것을 달가워하지 않았다. 그렇다고 업도가 한인들의 천지였던 것은 아니다. 한인 관속 외에 이곳에 주둔하는 군인들은 거의 선비인들이었다. 조정이 경기대도독 관할의 경기부를 없애고 그 군대를 영군부(領軍府)에 배속시킴과 동시에, 백성에 관련된 사무를 모두 군현에 귀속시킬 것을 주청하여 허락될 때까지[263] 당시 수도 경비는 이 경기부가 담당하고 있었다. 따라서 경기부에 소속된 군인은 거의 선비인이었다.

그렇다고 업도의 인구 분포가 북위 수도 낙양에 비해 크게 달라졌다고 생각되지는 않는다. 업도는 낙양의 주민을 그대로 옮겨 놓았다고 할 수 있다. 낙양에서 업도로 천도하면서 고륭지(高隆之)의 주도 아래 업성이 건설되었다.[264] 그 과정에서 구(舊) 업인을 다른 곳으로 옮기고 이른바 '신천지인(新

262 郭黎安,「魏晉北朝鄴都興廢的地理原因」,『鄴城暨北朝史研究』, 石家莊: 河北人民出版社, 1991, pp.77~78.

263 『北齊書』卷39 祖珽傳, p.520, "自和士開執事以來, 政體隳壞, 珽推崇高望, 官人稱職, 內外稱美. 復欲增損政務, 沙汰人物. 始奏, 罷京畿府, 併於領軍, 事連百姓, 皆歸郡縣".

264 『北齊書』卷18 高隆之傳, p.238, "又領營構大將, 京邑制造, 莫不由之. 增築南城, 周廻二十五里. 以漳水近於帝城, 起長隄以防汎溢之患. 又鑿渠引漳水周流城郭, 造治水碾磑, 並有利於時".

遷之人)'으로 채웠다.[265] 신천지인은 바로 낙양에서 옮겨 온 사람들이었다.[266] 그 수는 40만 호[267]였다고 전한다.[268] 따라서 당시 업도의 풍경은 한화문화로 치닫던 북위시대 낙양의 모습을 연상하면 크게 다르지는 않을 것이다.[269] 물론 업도 건설 과정에서 선비인의 거주를 위해서 크게 배려한 것도 사실이다. 예컨대 무성제 하청 3년(564)에는 대천호(代遷戶)와 우림·무분 등 금군을 배려하여 시가지 밖의 30리 내를 그들을 위한 공전(公田)으로 설정했고 그 밖의 기군(畿郡)은 화인, 즉 한인 고관자와 이외 우림무분(羽林武賁) 이상을 위한 지역으로 설정하였다.[270] 즉 업도의 주민 분포를 '호내한외(胡內漢外)' 원칙으로 시행할 것을 분명히 함과 동시에, 한인에 비해 선비인 우대를 국가의 법제에 체현한 것이다. 그렇다고 그 인구 분포에 큰 변동이 있었던 것 같지는 않다. 북위조 도성을 구성하던 많은 한인이 업도로 이동해 왔고 북제왕조의 통치에 필요한 중·하급관료의 대부분은 한인들로 구성되었기 때문이다. 또 무시하지 못할 인구를 가진 서역인도 있었다. 북위 낙양에는 이미 만여 가의 귀화한 서역호인이 살고 있었다.[271] 당시 서역과의 교통으로 볼 때 북제

---

265 『魏書』卷12 孝靜帝紀, p.298, "徙鄴舊人西徑百里以居新遷之人, 分鄴置臨漳縣, 以魏郡·林慮·廣平·陽丘·汲郡·黎陽·東濮陽·淸河·廣宗等郡爲皇畿".

266 당시 洛陽人뿐만 아니라 佛寺와 僧尼도 그대로 옮긴 것 같다(『洛陽伽藍記』序 p.1, "暨永熙多難, 皇輿遷鄴, 諸寺僧尼, 亦與時徙").

267 『北齊書』卷2 神武帝紀 天平 元年(534)條, p.18, "詔下三日, 車駕便發, 戶四十萬狼狽就道".

268 40萬戶라면 1戶 5口로 계산할 때, 200萬人이 되는 것이므로 당시 洛陽이 아무리 번성하였다 하더라도 이 수는 너무 많기 때문에 40만은 人口數로 보아야 한다는 주장이 있다(周一良, 『魏晉南北朝史札記』, 「北齊書札記」 戶四十萬條, 1985, pp.404~405 참조).

269 孝武帝를 따라서 長安으로 西遷한 洛陽人은 1萬戶가 안 되었을 것이다(諏訪義純, 『中國中世佛敎史硏究』, 東京: 大東出版社, 1988, p.205).

270 『隋書』卷24 食貨志, p.677, "至河淸三年(564)定令, … 京城四面, 諸坊之外三十里內爲公田. 受公田者, 三縣代遷戶執事官一品已下, 逮于羽林武賁, 各有差. 其外畿郡, 華人官第一品已下, 羽林武賁已上, 各有差".

271 『洛陽伽藍記』卷3 城南 永橋以南圜丘以北伊洛之間夾道有四夷館條, pp.160~161, "西夷來附者處崦嵫館, 賜宅慕義里. 自葱嶺已西, 至於大秦, 百國千城, 莫不歡附, 商胡販客, 日奔塞下, 所謂盡天地之區已. 樂中國土風, 因而宅者, 不可勝數. 是以附化之民, 萬有餘家. 門巷修整, 閶闔塡列, 靑槐蔭陌, 綠樹垂庭, 天下難得之貨, 咸悉在焉".

보다 서역에 직접 연결되는 북주가 더 편리했음에도 불구하고 북제 궁정에 '호소아(胡小兒: 胡族少年)'가 많아 정치적으로 한 세력을 이루었다.[272] 업도에 호악과 같은 서역문화가 극성하고 수대 호악(胡樂) 대부분이 계통적으로 북제에 연원한 것은 바로 북위 낙양의 주민을 그대로 옮겨 왔기[273] 때문이다. 이들 서역인은 이미 낙양의 정서와 분위기에 익숙해 있었다.

산동귀족의 거주지가 모두 업도 내는 아니지만 경기(황기) 지역에 속하여, 광의적으로 업도라 해도 무방할 것이다. 그럼에도 불구하고 동위-북제가 문벌의 연총 산동을 통치의 근거지로 삼았다는 표시는 보이지 않는다. 만사동(萬斯同)의 「동위장상대신연표」와 「북제장상연표」 등 자료들을 검토하면, 156명(중복자 제외) 가운데 호인이 40.3%, 한인이 55.8%, 불명이 3.8%여서 한인이 약간 우세하다. 이 가운데 한인만을 보면 선비화한 한인과 한서(寒庶)가 72.4%를 차지하고 사족은 27.6%에 불과하다.[274] 같은 시기 서위-북주의 경우, 「서위장상대신연표」와 「주공신연표」에 의거한 통계에 따르면, 121명 중(중복자 제외) 호인이 61.5%, 한인이 36.1%, 파만(巴蠻) 1명, 불명 2명이다. 이 가운데 한인을 보면 선비화한 한인과 한서가 61.4%이고 사족이 38.6%이다.[275] 이 통계에 의거할 때, 사족의 비율이 서위-북주보다 적은 점

---

272 『北史』卷92 齊諸宦官, p.3055, "武平時有胡小兒, 俱是康阿駄·穆叔兒等富家子弟, 簡選點慧者數十人以爲左右, 恩眄出處, 殆與閹官相埒. 亦有至開府儀同者".

273 陳寅恪, 『隋唐制度淵源略論稿』, 1982, p.123.

274 呂一飛, 『北朝鮮卑文化之歷史作用』, 1992, p.79.

275 통계 처리 방법을 달리한 다른 연구에 의하면, 東魏-北齊시대 將相大臣 가운데 胡漢의 비율은 다음과 같다. 東魏는 총 62명 중 胡漢의 비율은 30명과 32명이었고, 北齊는 총 114명 중 각각 32명과 82명으로, 특히 北齊의 경우 주요 관직을 점한 漢人의 비중이 압도적으로 많았다. 그러나 士族은 11명과 26명이었다. 따라서 漢人士族의 비율은 전체 將相 중, 17.7%와 22.2%가 된다. 반면 西魏-北周의 胡漢 비율은 다음과 같다. 西魏는 총 86명 중 胡漢 비율은 44명과 42명이었고, 北周는 총 54명 중 40명과 14명이었다. 반면 漢人士族은 19명과 2명이었다. 따라서 士族의 비율은 전체 將相 중 22%와 0.37%였다(劉琳, 「北朝士族的興衰」, 中國魏晉南北朝史學會編, 『魏晋南北朝史硏究,』, 成都: 四川省社會科學出版社, 1986, p.316).

에서 북제왕조는 사족문벌을 억제하려는 의도가 있었음이 분명하다. 동위-
북제는 산동 지역이 그 중요 지배 지역이었지만, 산동문벌을 애써 냉대하고
그 대신 한인한문(漢人寒門)을 대거 발탁하였다. 그 가운데 영달한 자로는 손
건(孫搴)[276]과 진원강(陳元康)[277] 등이 대표적이다. 업도를 경시했다고 군이 말
할 수는 없지만, 국가 경영상 진양의 우대는 자연히 업도 경시로 나타날 수
밖에 없었고, 그것은 산동인에 대한 홀대로 이어졌다.

서위-북주도 동위-북제와 마찬가지로 고문문벌사족을 우대한 것은 아니
지만, 대(對)한인문벌정책의 방향은 사뭇 달랐다. 유공(有功) 한인의 적관을
모두 관내적관으로 고치게 하였다. 이 당시 산동적관을 가지고 있던 고문들
도 마찬가지였다. 이것은 서천한 한족고문들의 고토에 대한 향수를 끊고, 관
서를 공통의 새로운 향리로 지정함으로써 같은 서천인인 육진집단과의 유대
감을 강화시키려는 목적이었다.[278] 또한 이 조처로 한미했던 한인 상당수를
사족고문과 같은 관서군망(關西郡望)으로 고쳤기 때문에, 오히려 사족고문이
평가절하되는 현상이 나타나기도 하였다.[279] 문벌의 연총인 산동인이라는
의식을 소멸시키려 하였던 것이다. 그 조처는 매우 자연스럽게 진행되었기
때문에 고문들의 반발을 크게 사지 않았던 점이 동위-북제와는 다르다.

북진 선비인에게 낙양은 바로 배격의 땅이었다. 반면 한인에게는, 북위 효
문제의 낙양 천도 이후 그들의 문화가 꽃피고, 그들의 출세가 보장됨에 따라

---

276 『北齊書』卷24 孫搴傳, pp.341~342, "又能通鮮卑語, 兼宣傳號令, 當煩劇之任, 大見賞重.
　　賜妻韋氏, 旣士人子女, 又兼色貌, 時人榮之. … 搴學淺而行薄, 邢邵嘗謂之曰: '更須讀書' 搴
　　曰: '我精騎三千, 足敵君嬴卒數萬.'".
277 『北齊書』卷41 陳元康傳, p.343, "世宗入輔京室, 崔暹·崔季舒·崔昂等並被任使, 張亮·張
　　徽纂並高祖所待遇, 然委任皆出元康之下. 時人語曰: '三崔二張, 不如一康.' 魏尙書僕射范陽
　　盧道虔女爲右將軍郭瓊子婦, 瓊以死罪沒官, 高祖啓以賜元康爲妻, 元康乃棄故婦李氏, 識者非
　　之".
278 林漢濟, 「西魏北周時代胡姓的重行與胡漢體制─向"三十六國九十九姓"姓氏體制回歸的目的和
　　邏輯」, 『北朝硏究』 1993-2(總11期), pp.73~78.
279 呂一飛, 『北朝鮮卑文化之歷史作用』, 1992, p.80.

낙양은 약속의 땅이었다. 더군다나 업도가 위치한 산동은 후한시대 이래 문벌의 연총으로 한인들의 지역적 자존심이 집결되는 땅이었다. 범양 노씨, 청하 최씨, 박릉 최씨, 조군 이씨 등 오호십육국시대 이후 북조시대를 거치면서 최고 문벌을 자랑하던 이들 귀족들의 본관이 바로 이 지역에 소재하고 있다. 동위-북제 조정의 이들 문벌에 대한 냉대는 한인문벌들의 불만으로 표출될 수밖에 없었다. 그들이 북제 정계에서 다른 역할―은행화―을 강구하게 된 것은 자연스런 현상이다. 따라서 이 업도의 북제 조정을 무대로 하여 호한갈등이 첨예하게 전개되었던 것은 미루어 짐작할 수 있다. 결론적으로 업도는 또 다른 낙양이었지만, 호한갈등이 더욱 심화된 도성이기도 하였다.

Ⅳ. 유목형 군주하의 호한세력의 추이

1. 황위 계승 형식의 미정립과 군사 편제의 이중성

북제를 건설하는 데 그 기초를 닦은 고조 신무제 고환 이후, 세종 문양제 고징을 거쳐 1대 현조 문선제 고양(r.550~559), 2대 폐제 고은(r.559~560), 3대 숙종 효소제 고연(r.560~561), 4대 세조 무성제 고담(r.561~565), 5대 후주 고위(r.565~577), 6대 유주 고항(r.577)으로 이어지는 북제 세계표를 살펴보면 두 가지 특징을 찾을 수 있다. 첫째, 황위 계승에 있어서 중국적 전통이라 할 수 있는 부자 계승이 행해지지 않고 형제 계승 사례가 많다는 점이다. 문선제는 문양제의 동생이며, 3대 효소제는 문선제의 동생이고, 4대 무성제는 효소제의 동생이다. 5대 후주와 6대 유주만이 부자 계승이었다.

물론 고환 이후 적장자에게 전위하려는 시도가 있었던 것으로 볼 때, 적장자에 대한 존숭 관념이 없는 것은 아니었다. 예컨대 문양의 제3자로서 정비인 문경원황후(文敬元皇后) 소생인 고효완(高孝琬)은 자신이 문양의 세적(世

嫡)임을 교긍자부(驕矜自負)하였다. 그는 숙부인 문선제 고양을 '숙'이라 부
르다가 살해당하였다.[280] 만약 문양이 비명에 죽지 않았다면 아마 고효완이
태자가 되고 황제가 되었을지도 모른다. 그리고 문선제 고양도 한부(漢婦)인
이씨(李氏)를 폐해야 한다는 고륭지·고덕정 등 훈귀들의 주장을 물리치고
양음의 주장에 따라 이씨를 황후로 했던 것이나,[281] 또 고은이 이른바 '한가
성질'로 유약한 데도 황태자가 되어[282] 제위에 오른 사실은 나름 적장자를 중
시했음을 말해준다. 무성제 고담은 적장자인 후주 고위에게 전위하기 위해
[283] 비정상적인 상황제도 형식을 채용하고 있다. 무성제는 장자였던 고작(高
綽)이 정적(正嫡)이 아니라는 이유로 제2위로 끌어내리고,[284] 호황후 태생인
후주 고위를 제1 계승자로 하였다. 그리고 같은 호황후 소생인 낭야왕 고엄
(高儼)이[285] 후주를 위협하는 존재였다는 사실도 적실의 소생을 후사로 하려
는 의도가 숨겨져 있었음을 말해주는 대목이다.

둘째, 군주의 자격에 대한 시비 문제이다. 이것은 첫 번째 특징과 완전
히 상반된 것인데, 이 점이 북제 황실에 혼란을 가져온 최대 이유 중 하나이
다. 북제의 고씨는 선비 혹은 선비화된 한인이라고 불리지만 그 행동방식이
나 정서는 선비족이나 다름없었다. 선비족은 볼프람 에버하르트(Wolfram

---

280 『北齊書』卷11 文襄六王 河間王孝琬傳, p.146, "文襄第三子也. … 孝琬以文襄世嫡, 驕矜自
負. … 孝琬呼阿叔, 帝怒曰: '誰是爾叔? 敢喚我作叔'孝琬曰: '神武皇帝嫡孫, 文襄皇帝嫡子,
魏孝靜皇帝外甥, 何爲不得喚作叔也?'帝愈怒, 折其兩脛而死".

281 『北齊書』卷9 文宣李后傳, p.125, "及帝將建中宮, 高隆之·高德正言漢婦人不可爲天下母, 宜
更擇美配. 楊愔固請依漢·魏故事, 不改元妃".

282 『北齊書』卷5 廢帝紀, p.73, "文宣每言太子得漢家性質, 不似我, 欲廢之, 立太原王".

283 武成帝는 적장자인 高緯를 폐하고 대신 셋째 아들 高儼을 세우자는 주장에 대해 "體正居
長 難於移易"이라면서 高緯에게 선위한다(『北齊書』卷39 祖珽傳, p.517, "時皇后愛少子東
平王儼, 願以爲嗣, 武成以後主體正居長, 難於移易").

284 『北齊書』卷12 武成十二王 南陽王綽傳, p.159, "南陽王綽, … 武成長子也. 以五月五日辰時
生, 至午時, 後主乃生. 武成以綽母李夫人非正嫡, 故貶爲第二, …".

285 『北齊書』卷12 武成十二王傳, p.159, "武成十三男, 胡皇后生後主及琅邪儼, …".

Eberhard)의 분류에 의하면 몽골형 유목민족에 속한다.[286] 따라서 조야의 분위기도 황위의 '적격자 계승'이 강조되는 것은 당연하였다. 유목민족에 있어서 적격자란 유능한 군사지도자를 말한다. 고환은 무장들의 최고 통솔자로 그 역량을 유감없이 발휘하였지만, 고환이 죽고 고징이 계승하려 하자 문제가 발생하였다. 후경(侯景)은 고환 때와 달리 고징 밑에 서는 것을 달가워하지 않았다.[287] 뿐만 아니라 끊임없이 황권에 도전하고, 황위의 탈취를 노리는 종실 제왕들은 황제들이 유덕한 군주보다는 휘황찬란한 전공을 세우는 군사지도자의 모습을 보여주기를 요구하였다. 이 점은 북제 황제 혹은 그 계승자들을 전쟁터로 내몰았다. 고징이 친정에 나섰던 것도,[288] 문선제 고양이 사변의 정벌전쟁에서 항상 앞장섰던 것도 이런 분위기 때문이었다.[289] 특히 고양은 군사적 성공을 거두어 그의 아버지에 못지않은 군사지도자로서 공업을 이루었다.[290] 고양이 위제로부터 선양을 감행하려 할 때, 어머니인 누태후

---

286 에버하르트는 遊牧民族의 社會組織을 3개 類型으로 나누었다. 티베트형(Tibetan Type), 몽골형(Mongolian Type), 투르크형(Turkish Type)이 그것인데, 티베트형은 평상시에는 부족들의 영수를 뽑지 않아 영수가 없으나, 전쟁 시에만 잠시 영수(a temporary war leader)를 뽑았다가 전쟁이 끝나면 곧 직무를 해제한다. 몽골형은 강력한 영도력을 가진 부락장이 부락연맹의 영수가 되면 그 부족은 그에 순종하지만, 사망한 뒤에는 그 영도권에 대해 다시 토론을 한다. 구 영수의 자손이 다른 경쟁자보다 우수한 재능이 없으면 계승자로 인정하지 않았다. 투르크형은 하나의 영도부족(leader-tribe)이 있어 영도권은 그 가족 혹은 부족에 계승된다(Wolfram Eberhard, *Conquerors and Rulers: Social Forces in Medieval China*, Leiden, E. J. Brill, 1965, pp.114~116).

287 『北齊書』卷2 神武帝紀下, p.23, "侯景素輕世子, 嘗謂司馬子如曰: '王在, 吾不敢有異. 王無, 吾不能與鮮卑小兒共事.' 子如掩其口".

288 『北齊書』卷24 陳元康傳, p.344, "王思政入潁城, 諸將攻之, 不能拔. 元康進計於世宗曰: '公匡輔朝政, 未有殊功, 雖敗侯景, 本非外賊. 今潁城將陷, 願公因而乘之, 足以取威定業' 世宗令元康馳驛觀之. 復命曰: '必可拔.' 世宗於是親征, 旣至而克, 賞元康金百鋌".

289 『北齊書』卷4 文宣帝紀, p.56, "(天保)三年春正月丙申, 帝親討庫莫奚於代郡, 大破之, 獲雜畜十餘萬, 分賚將士各有差. 以奚口付山東爲民"; p.57, "(天保四年冬十月甲辰)帝親踰山嶺, 爲士卒先, 指麾奮擊, 大破之(契丹), 虜獲十餘萬口"; p.58, "(天保四年十二月)癸亥, 帝自晉陽北討突厥, 迎納茹茹". 이하 親征 기사가 빈출한다.

290 『北齊書』卷4 文宣帝紀 卷末, p.67, "每臨行陣, 親臨矢石, 鋒刃交接, 唯恐前敵之不多, 屢犯艱危, 常致克捷. … 旣征伐四克, 威振戎夏, 六七年後, 以功業自矜, 遂留連耽酒, 肆行淫暴".

와 훈귀 등이 "관서(서위)가 이미 경적(勁敵)이고 거기다가 천자를 끼고 제후에게 영을 내리고 있는데, 선대사(禪代事)부터 먼저 행하려 하는 것은 불가하다."[291]라고 힐난하고 있다. 그러자 고양이 다시 여러 장수를 불러서 선대의 의사를 전하니, 모두 놀라면서 응답하지 않았다고 한다.[292] 이들을 설득시키는 길은 다름 아닌 대외 출정의 성공뿐이었다. 그것은 그렇게 용이한 일도, 억지로 되는 일도 아니었다. 후술하겠지만, 고양이 황위에 등극하고 북제를 개창하는 데 적극적인 역할을 한 사람들은 종실이나 훈귀가 아니라, 오히려 한인들이었다. 이것이 이후 한인이 북제조정에서 활약하게 되는 계기가 되지만, 한편 북제 황위 계승자로서는 그 정당성을 한인의 전통(적장자 계승)에서 구한 측면도 있는 것이다. 이 점도 북제가 가진 이중성인 것이다.

업도를 중심으로 하는 북제 경기 지역의 군사력을 경기대도독이 장악하고 있다는 점을 전술하였다. 경기대도독은 그 역할에 북제 이전 시대와 북제시대가 약간 차이가 있지만, 당시 최대의 병권을 장악한 사람이 맡았다. 북제 이전에는 당시 동위 황제를 제압할 만한 최고 군사 실력자가, 이후에는 황권을 위협할 수 있는 종실의 최유력자가 맡았다. 예외는 있지만, 이 직을 맡으면 대개 다음 번 황제가 되는 것이 일반적이었다. 그러면 경기대도독에 오른 자들을 통해 북제시대 종실 훈귀들의 동태를 살펴보자. 경기대도독의 신

---

291 『北齊書』卷33 徐之才傳, p.445, "之才少解天文, 兼圖讖之學, … 知午年必有革易, 因高德政啟之. 文宣聞而大悅. 時自婁太后及勳貴臣, 咸云關西既是勁敵, 恐其有挾天子令諸侯之辭, 不可先行禪代事".

292 『北齊書』卷30 高德政傳, pp.407~408, "德政與帝舊相昵愛, 言無不盡. 散騎常侍徐之才, 館客宋景業先爲天文圖讖之學, … 並因德政, 勸顯祖行禪代之事. … 帝便發晉陽, 至平都城, 召諸勳將入 告以禪讓之事. 諸將等忽聞, 皆愕然, 莫敢答者. 時杜弼爲長史, 密啓顯祖云: '關西是國家勁敵, 若今受魏禪, 恐其稱義兵挾天子而東向, 王將何以待之?' 顯祖入, 召弼入與徐之才相告. 之才云: '今與王爭天下者, 彼意亦欲爲帝, 譬如逐兔滿市, 一人得之, 衆心皆定. 今若先受魏禪, 關西自應息心. 縱欲屈强, 止當逐我稱帝. 宜知機先覺 無容後以學人.' … 帝以衆人意未協, 又先得太后旨云: '汝父如龍, 汝兄如虎, 尙以人臣終, 汝何容欲行舜·禹事? 此亦非汝意, 正是高德政敎汝.' … 徐之才·宋景業等每言卜筮雜占陰陽緯候, 必宜五月應天順人, 德政亦勸不已".

설을 제안한 자는 북위 말의 실권자 이주영이었다. 그는 그의 친근자에게 그 직을 맡게 하였는데, 수도 경비라는 순수한 군사적인 목적[293]보다, 이주씨를 위해 낙양의 북위조정을 감시하는 것이 주목적이었다.[294] 동위시대 1대 17년간을 보면, 고환의 종부제(從父弟)로 위망의 지위에 있던 청하왕(淸河王) 악(岳)이,[295] 그 후 고환의 장자로 곧 패주가 된 고징이 입보조정(入輔朝政)하면서,[296] 그리고 고환의 제2자로서 형 고징이 횡사한 후 패위를 이었다가 동위에서 수선한 고양이[297] 이 직을 맡았다. 동위시대를 살펴보면, 처음에는 경기대도독으로 하여금 경기, 즉 사주(司州)[298]의 군사를 장악하도록 하고, 따로 육주(군사)도독을 세워 경기 외주 일대의 군사를 관할하도록 하였던 것을, 천평 4년(537) 여름에 이르러 육주(군사)도독을 혁파해서 그 땅의 군권을 모두 경기대도독에게 이관시켰다.[299]

수도 방어와 관련된 군직 중 경기대도독 외에 영군장군이 있다. 이 직책은 근위군을 통솔하고 천자의 숙위의장을 담당함과 동시에 사주의 사주(四周) 일대에 4개의 중랑장을 총통하면서,[300] 도성 외곽 방어를 맡았다. 그러면 경기대도독과 영군장군은 어떤 관계였을까? 제도적으로는 경기대도독과 영군

---

293 『魏書』 卷113 官氏志, p.3004, "永安已後, 遠近多事, 置京畿大都督, 復立州都督, 俱總軍人. 天平四年夏, 罷六州都督, 悉隷京畿, 其京畿大都督仍不改焉, 立府置佐."

294 濱口重國, 「東魏の兵制」, 1966, p.154.

295 『北齊書』 卷13 淸河王 岳傳, p.174 "天平二年, 除侍中·六州軍事都督. … 俄拜京畿大都督, 其六州事悉隷京畿. 時高祖統務晉陽, 岳與侍中孫騰等在京師輔政." 又 『魏書』 卷113 官氏志, p.3004에는 "天平四年夏, 罷六州都督, 悉隷京畿, 其京畿大都督仍不改焉, 立府置佐."라고 되어 있으니 岳이 京畿大都督이 된 해는 天平 4年 여름이었다.

296 『北齊書』 卷3 文襄帝紀, p.31, "(天平)三年入輔朝政, 加領軍左右京畿大都督".

297 『北齊書』 卷4 文宣帝紀, p.44, "(武定)五年, 授尙書令中書監京畿大都督".

298 京畿와 司州는 같은 지역이다 [『魏書』 卷12 孝靜帝紀, p.298, "(天平元年十有一月) 庚寅, 車駕至鄴, 居北城相州之廨. 改相州刺史爲司州牧, 魏郡太守爲魏尹, 徙鄴舊人西徑百里以居新遷之人, 分鄴置臨漳縣, 以魏郡·林慮·廣平·陽丘·汲郡·黎陽·東濮陽·淸河·廣宗等郡爲皇畿."].

299 濱口重國, 「東魏の兵制」, 1966, p.156.

300 『魏書』 卷113 官氏志, p.3005, "(武定七年)五月又詔以四中郎將, 世宗永平中權隷領軍. 今還屬護軍".

장군은 대립·대등관계여서[301] 하등의 통속관계도 없었지만,[302] 경기군이 대체로 시위군보다 우월하다는 면에서 경기대도독의 권한이 영군장군의 권한보다 우월한 것으로 정리되고 있다.[303] 업도 및 그 부근 일대의 군사최고기관은 경기대도독이었음은 분명하다. 이런 관계로 동위시대 청하왕 악과 고징이 경기대도독으로서 영군장군을 겸하였고, 고양이 영군장군으로 취임했던 시기도 있지만, 이런 특수한 경우를 제외하고는 영군장군에 취임한 자는 만사락(万俟洛),[304] 누소(婁昭),[305] 가주혼도원(可朱渾道元),[306] 설고연(薛孤延)[307] 등 일반 신하들이었다. 따라서 종실 고씨가 주로 맡는 경기대도독과는 격차가 있다. 북제시대에 들어서는 누예(婁叡),[308] 고귀언(高歸彦),[309] 위파호(尉破胡),[310] 가주혼천화(可朱渾天和),[311] 유홍휘(劉洪徽),[312] 고엄(高儼),[313] 사적복련(厙狄伏連),[314] 선우세영(鮮于世榮),[315] 고아나굉(高阿那肱),[316] 기련맹(綦連猛),[317]

301 濱口重國, 「東魏の兵制」, 1966, p.157.

302 그 機能과 役割이 유사한 京畿大都督과 領軍將軍이 北齊時代에도 倂存한 것은 皇帝의 晋陽 長期駐在와 관련이 있는 것 같다. 京畿大都督이 鄴都라는 '靜的'인 首都 지역의 군사력에 대한 관할권을 가지고 있다면, 侍衛를 담당하는 領軍將軍은 황제의 移動에 따라 宿衛軍隊를 이동시키는 '動的'인 면이 있기 때문이라고 추단해 본다.

303 中田篤郎, 「北齊の京畿大都督について」, 『東洋史苑』 17, 1980, p.11.

304 『北齊書』 卷27 万俟普傳 附 子 洛傳, p.376.

305 『魏書』 卷12 孝靜紀 興和 4年 夏4月 辛卯條, p.305.

306 『魏書』 卷12 孝靜紀 武定 5年 5月 甲辰條, p.309.

307 『北齊書』 卷19 薛孤延傳, p.256.

308 『北齊書』 卷15 婁昭傳 附 兄子 叡傳, p.197.

309 『北齊書』 卷14 平秦王 歸彥傳, p.186, "神武族弟也 … 以討侯景功, 別封長樂郡公, 除領軍大將軍, 領軍加大, 自歸彥始也".

310 『北齊書』 卷32 王琳傳, p.435.

311 『北齊書』 卷34 可朱渾天和傳, p.460, "道元之季弟也 以道元勳重, 尚東平公主. 屢遷領軍大將軍 開府".

312 『北齊書』 卷6 孝昭帝紀, p.81.

313 『北齊書』 卷12 琅邪王 儼傳, p.160, "初封東平王, … 京畿大都督, 領軍大將軍. …".

314 『北齊書』 卷20 慕容儼傳 附 厙狄伏連傳, p.283.

315 『北齊書』 卷41 鮮于世榮傳, p.539.

316 『北齊書』 卷50 恩倖 高阿那肱傳, p.690.

317 『北齊書』 卷41 綦連猛傳, p.541.

한봉(韓鳳:長鸞),[318] 목제파(牧提婆)[319] 등이 이 영군장군직을 맡았는데 대개 선비훈귀[320]들이었다.[321] 이 가운데 고귀언과 고엄은 종실인데, 고귀언은 최초로 영군대장군이 된 사람이었고, 고엄은 경기대도독과 영군대장군을 겸임하였으니, 일반적인 예에서 벗어나 특별한 대접을 해 준 것이다.

이처럼 종실이나 호족 훈귀가 영군(대)장군을 맡는 형식은 대체로 경기부를 폐지하고 영군부에 이속시킬 때(後主 무평 2년: 571)까지 지속되었다.[322] 동위의 실권자 고환이 진양에 패부를 열고 업도에 가지 않고, 업도에는 자신의 대리자를 경기대도독으로 파견해서 조정을 감독하는 형식이[323] 그대로 북제시대에도 존속된 것이다. 이런 현상을 '권위'와 '권력'의 대립으로 보기도 한다.[324] 동위시대와 달리 북제시대는 외형상으로 보면, 권위와 권력이 일치하였다. 그러면 북제시대에 달라진 것은 무엇인가? 먼저 진양병의 총령기관을 보자. 진양병을 총령하는 기관에 대해서는 상세한 기록이 없다. 다만 동위의 경우를 보면, 진양병의 총령직은 '도독중외제군사'인 것이 확실하다. 도독중외제군사란 한 국가의 제군사를 총령하는 것이지만, 동위-북제의 경우, 여타 왕조와는 달리 바로 '중외부'가 수도가 아닌 진양에 있었던 것이 특징이다. 고환이 진양에 상주하면서 상국부를 열고, '도독중외제군사'를

---

318 『北齊書』卷50 恩倖 韓鳳傳, p.692.

319 『北齊書』卷8 後主紀, p.107.

320 漢人으로 領軍을 맡은 유일한 사람이 祖珽이다. 後主가 그를 신임하여 領軍將軍으로 임명하려 하자 高元海 등 鮮卑人이 "孝徵(珽)漢兒, 兩眼又不見物, 豈合作領軍也."라 하여 그 不合之狀을 具陳하고 있듯이(『北齊書』卷39 祖珽傳, p.519) 漢人은 이 직에서 배제되었다.

321 幼主 시기에는 "領軍一時二十"(『北齊書』卷 8 幼主帝紀, p.112)이라 하니 왕조 말의 경우는 예외로 한다.

322 『北齊書』卷8 後主帝紀, p.105, "(武平二年)冬十月, 罷京畿府入領軍府".

323 『資治通鑑』卷168 陳紀2 文帝 天嘉 元年(560) 2月條, p.5201, "(常山王)演令平秦王歸引侍衛之士向華林園, 以京畿軍士入守門閣(胡注曰: '高歡遷魏主於鄴而身居晉陽, 以其子爲京畿大都督, 防遏內外, 故有京畿軍士.')".

324 谷川道雄, 「兩魏齊周時代の覇府と王都」, 1998, p.401.

맡았고,[325] 고환의 사망 후에는 고징이,[326] 고징의 횡사 후에는 고양이 이 직을 맡았다.[327] 도독중외제군사직은 북제시대에는 폐제 시기에 상산왕 연(演) 외에는[328] 맡은 자가 없었다. 따라서 동위-북제시대에는 진양에서 "군국의 대사는 모두 자결하는[軍國大事咸諮決焉]"[329] 사람을 제외하고는 이 직을 맡을 수가 없었다. 북제의 진양병은 경기병과 마찬가지로 중앙직할군이었다. 진양은 선비 정병이 주둔하는 곳인데 신하가 이 병력을 총령하게 되면, 제위가 위태로울 수밖에 없게 된다. 따라서 특별한 경우를 제외하고는 한 사람에게 병력을 집중시키지 않았던 것이다. 특히 북제시대에는 조명에 의한 출정 등 특수상황을 제외하고는[330] 한 장군에게 수천 명 이상의 병력을 거느리지 못하도록 조처한 것을 보면,[331] 진양병의 통수권을 한 사람에게 집중시키지 않고 분산시킨 사유를 능히 짐작할 수 있다. 그러나 이런 제도적 장치가 북제 왕권의 견고함을 보장한 것은 아니었다. 오히려 당시 황제의 병권 장악의 어려움 내지 미장악을 보여준다.

북제시대의 경기대도독은 동위시대와는 달리, 경기의 군사력을 영군장군에 이관하고 경사의 군사만을 통령하였을 뿐이라고 하지만[332] 역시 그 군사적 지위는 이전과 전혀 변함이 없었다. 북제시대 경기대도독을 맡은 사람을 보면 폐제 시기에 장광왕(長廣王) 담(湛: 후에 무성제)을 비롯하여[333] 후주시대

---

325 『北齊書』 卷2 神武帝紀下, p.21, p.23, p.24.
326 『北齊書』 卷3 文襄帝紀, p.32.
327 『北齊書』 卷4 文宣帝紀, p.44.
328 『北齊書』 卷5 廢帝紀, p.75; 『北齊書』 卷6 孝昭帝紀, p.81; 『北齊書』 卷23 王晞傳, p.419.
329 『北齊書』 卷6 孝昭帝紀, p.81.
330 『北齊書』 卷17 斛律光傳, p.222에 '率步騎五千', '率騎一萬', '率步騎二萬', '步騎三萬', '騎五萬' 등의 사례는 특수한 경우이다.
331 『北齊書』 卷43 源彪傳, p.577, "但朝廷精兵必不肯多付諸將, 數千已下".
332 濱口重國, 「東魏の兵制」, p.168 주16에 의하면 北齊시대에 들면 京畿大都督의 관할구역은 東魏 天平 4年 여름 이전으로 돌아가 京畿만을 관할하는 것으로 보고 있다.
333 『北齊書』 卷5 廢帝紀 乾明元年(560) 二月條, p.75, "戊申, 以常山王演爲大丞相, 都督中外諸軍·錄尙書事, 以大司馬, 長廣王湛爲太府·京畿大都督".

의 낭야왕 엄과[334] 북평왕(北平王) 정(貞)이었다.[335] 북제시대에는 종실 3명만이 경기대도독의 관명을 가지고 있음을 알 수 있다. 먼저 장광왕 담의 경우를 보자. 559년 10월 북제의 개창자인 문선제 고양이 진양에서 죽고 그 유조에 의해 황태자 고은이 즉위하였다. 그러나 그는 문약하고 정신적으로도 문제가 있었다. 그때 한인 양음 · 연자헌(燕子獻) · 송흠도(宋欽道) 등이 보정하였다. 당시 황태후 누씨는 고은보다 인망이 높은 상산왕(常山王) 연(演)을 즉위시키려 했으나, 양음 등이 유조를 받든다는 명분으로 저지하였다.[336] 이런 연유로 양음 등과 2왕(상산왕 연과 장광왕 담) 사이에 알력이 생겼고, 그 과정에서 양음 등은 2왕을 지방의 자사로 나가도록 획책하는 등, 호한세력 간의 갈등이 심화되었다. 이 획책이 누태후의 반대로 실현되지 못하자, 이것을 기회로 2왕은 쿠데타를 일으키고 양음 등을 주살함으로써 승자가 되었다.[337] 연은 대승상 · 도독제군사 · 녹상서사가 되어 진양에서 조정을 보고, 함께 거병했던 담은 태부 · 경기대도독으로 업도에 머물며 폐제 고은을 감시하게 되었다. 즉 연이 실권자로서 진양에 머물고 담은 황제의 감시역으로 업도에 머물게 된 것이다. 이것은 북위 말 이주영의 집권 시기 및 동위시대의 고환 · 고징 · 고양의 집권 시기와 유사한 형태이다. 북제시대는 실권자-황제-감시자가 모두 고씨라는 것이 북위, 동위 시대와 다른 점이다.

연이 즉위하자 사실상 감시역인 경기대도독은 소용이 없게 되었다. 그러나 담은 연에 이어 즉위할 당시 그대로 그 직을 유지하고 있는데, 그 이유는 연과 담이 쿠데타를 모의할 때 거사가 성공하면 연이 즉위하고, 담은 황태

---

334 『北齊書』 卷12 武成十二王 琅邪王 儼傳, p.160, "武成第三子也. 初封東平王, 拜開府 · 侍中 · 中書監 · 京畿大都督 · 領軍大將軍. …".

335 『北齊書』 卷12 武成十二王 北平王 貞傳, p.164, "武成第五子也. … 位司州牧 · 京畿大都督 · 兼尚書令 · 錄尚書事".

336 『北齊書』 卷5 廢帝紀, p.76, "及承大位, 楊愔 · 燕子獻 · 宋欽道等同輔. 以常山王地親望重, 內外畏服, 加以文宣初崩之日, 太后本欲立之, 故愔等並懷猜忌. 常山王憂惕, 乃白太后誅其黨. 時平秦王歸彦亦預謀焉".

337 이 과정은 『北齊書』 卷34 楊愔傳, pp.458~459에 상세하다.

제, 즉 황위 계승자가 될 것을 밀약하였기 때문이다. 연이 즉위하자[孝昭帝] 연의 아들 백년이 황태자가 되고, 담은 경기대도독으로서 업도의 병권을 장악하였다. 역시 이미 폐위된 폐제 고은(제남왕)을 감시한다는 명목이었다. 사실 당시 쿠데타를 진행하는 과정에서 수모자는 연이지만, 그 결행을 부추긴 사람은 담이었다. 쿠데타 성공 이후 연은 몇 차례 담의 병권을 삭감하려고 시도하였지만, 담의 저항에 부딪혀 실패하고 말았다. 아무튼 제위에 즉위한 연에 대항할 수 있는 유일한 존재가 경기대도독인 담이었다. 결국 담의 병권을 약화시키기 위한 마지막 조처로 제남왕을 진양으로 옮기는 계책을 세웠다. 이때 연의 지원자로 황태후 누씨가 항상 뒤에 있었다. 당시 누태후의 존재를 확인할 수 있는 대목이다.[338] 담이 제위(무성제)에 오를 때까지 경기대도독으로 있었던 것은 명분상 제남왕이 업도에 있었기 때문이다. 제남왕이 진양이 아니고 업도에 머문 자체가 양자 사이에 군사적 평형이 유지되고 있음을 의미한다.[339] 즉 병권이 황제에게 완전히 귀속되지 못한 현실의 반영이다. 고연의 태자 책봉은 특히 같이 정변을 일으킨 고담의 불만을 야기했는데 거사 전 성공했을 때 황태제로 삼는다는 약속을 어겼기 때문이다.[340] 고연은 내친김에 황권 강화에 최대의 걸림돌인 고담의 병권을 약화시키기 위하여 노력하였다.[341] 이런 과정에서 고연은 제남왕 고은을 진양으로 불러들여 도중에 살해함으로써 고담의 업도 주재의 의미를 없애버렸는데, 이와 같이 고연과 고담의 알력이 심화되는 과정에서 고연이 사망함에 따라 다시 대권은 고담에게 넘어가게 된다. 이처럼 북제의 군사력은 황제를 둘러싸고 업도에서도 분할되어 있었고, 북제시대 경기대도독은 또 다른 권력의 핵심이었다.

---

338 『北齊書』卷14 上洛王 思宗 子 元海傳, p.183, "先見太后求哀, 後見主上, …".

339 中田篤郎, 「北齊の京畿大都督について」, 1980, p.9.

340 『北齊書』卷14 高元海傳, p.183, "初孝昭之誅楊愔等, 謂武成云: '事成以爾爲皇太弟.' 及踐祚, 乃使武成在鄴主兵, 立子百年爲皇太子, 武成甚不平".

341 『北齊書』卷14 高元海傳, p.183, "先是, 恒留濟南於鄴, 除領軍庫狄伏連爲幽州刺史, 以斛律豐樂爲領軍, 以分武成之權. 武成留伏連而不聽豐樂視事".

다음으로 낭야왕 엄이 경기대도독이 되었는데, 엄은 후주(고위)의 동모제이다. 아버지인 담도 원래 엄에게 제위를 넘겨주려고 했고, 어머니 호씨(胡氏) 역시 그를 특별히 총애하였다고 한다. 이런 관계로 엄은 이미 어릴 때부터 개부·중서감·경기대도독·영군대장군·어사중승이라는 최고의 관위를 갖게 되었다. 특히 경기대도독과 영군대장군을 겸임한 것이니, 업도 및 경기에서의 병권을 완전히 총괄하는 직위에 있었던 것이다. 담이 즉위하기까지 맡아 왔던 직책인 경기대도독을 엄에게 물려준 것은 후주에게 황위를 양위하고 태상황제로 군림하면서 후주와 엄을 경쟁관계에 두려는 의도가 있었기 때문이다.[342] 엄이 경기대도독을 그만 둔 계기는 그가 후주의 은행 화사개(和士開)·목제파(穆提婆)와의 반목 끝에 화사개를 살해한 후 천추문에서 경기군사 3,000여 명을 이끌고 후주와 대치한 사건 때문이다. 다음으로 경기대도독이 된 사람은 북평왕 정이지만, 그의 임면이 언제 행해졌는지 확실하지 않다. 엄이 화사개를 살해한 후, 그의 농병(弄兵) 문제가 쟁점이 되어 경기대도독에서 물러난 후에[343] 정이 임명되어 경기부가 폐지될[344] 때까지 맡았던 것 같다. 이처럼 도성인 업도와 황제를 보위하는 군사력이 황제에게 귀속되지 않고 황제를 견제하는 역할을 하고 있었던 것이다.

게다가 북제의 중앙병력은 이와 같이 진양병과 경기병으로 양분되어 있었다. 이런 이중성이 북제의 특징이라는 점은 이미 전술했지만, 한마디로 국력의 분산이다. 이런 이중구조에서는 양대 군사세력의 알력도 나타날 수밖에 없다. 폐제 시기에 진양에서 도독중외제군사로 있던 고연(효소제)은 경기대도독으로 있는 고담(무성제)의 병력을 분산시키기 위해서 그와 친밀한 관계에 있는 영군장군 사적복련(厙狄伏連)을 유주자사로 보내고, 곡율풍락(斛律豐

---

342 『北齊書』卷12 武成十二王 琅邪王 儼傳, p.161, "儼器服玩飾, 皆與後主同, 所須悉官給".
343 『資治通鑑』卷170 陳紀4 宣帝 太建 3年(571) 冬10月條, p.5297, "罷京畿府入領軍(胡注曰: 以儼以京畿兵弄兵, 故罷之)".
344 『北齊書』卷9 祖珽傳, p.520, "始奏罷京畿府, 併於領軍, 事連百姓, 皆歸郡縣".

樂)으로 대신하려 했지만 반대에 부딪힌 것이[345] 그 좋은 예이다. 또 황제가 있는 수도(업)보다도 특정지방(진양)에 중병을 주둔시킨다는 점도 문제였지만 양자가 간혹 갈등관계에 빠졌을 경우에 업도의 병력이 진양에 대적할 수 없는 것이 더 큰 문제였다.[346] 이런 상황은 황제의 정상적인 국정 운영을 어렵게 하였다.

이와 같이 종실이 북제 병권을 진양과 업도에서 분장하고 있어서, 황제에게 병권이 회수되지 않았다. 이것은 북제 황제위의 불안정성을 말해주는 것이고, 이런 상황에서 황제들은 점차 다른 방향에서 독재화의 길로 나아가게 된다.

2. 황제권의 독재화와 한인문관의 은행화

군사권이 황제에게 회수되지 않으면서 황제권은 불안정해지고 그 사이에 한인문관이 들어설 틈새가 생기게 되었다. 한인문관이 황제의 은행이 되어 북제조정에서 활동할 수 있는 자리가 마련된 것이 북제정권의 한 단면이다. 이것 역시 호와 한의 각축의 한 부분이기도 하다.

북제의 고씨와 한인문관과의 제휴는 북위 효무제 태창 원년(532) 고환이 낙양에 입성한 후 시작되었다. 당시 고환은 누소(婁昭)·손등(孫騰)·채준(蔡儁)·고건(高乾)과 봉륭지(封隆之)·이원충(李元忠)·위란근(魏蘭根)·위수(魏收) 등 그의 심복을 시켜 낙양조정을 장악하고, 그 스스로는 진양으로 돌아가 패부를 연다.[347] 이 가운데 한인은 고건 이하 몇 명뿐이지만, 순수한 한인

---

345 『北史』卷51 齊宗室諸王上 上洛王思宗 附 子 元海傳, pp.1852~1853, "先是, 恒留濟南於鄴, 除領軍庫狄伏連爲幽州刺史, 以斛律豊樂爲領軍, 以分武成之權. 武成留伏連而不聽豊樂視事".

346 『北史』卷51 齊宗室諸王上 上洛王思宗 附 子 元海傳, p.1854, "河清二年, 元海爲和士開謠, 被馬鞭六十, 責云: '爾在鄴城說我以弟反兄, 幾許不義! 以鄴城兵馬抗幷州, 幾許知智! 不義無智, 若爲可使?'".

347 呂春盛, 『北齊政治史研究—北齊衰亡原因之考察』, 臺北: 國立臺灣大學文學院, 文史叢刊 75, 1987, p.40.

문관은 위란근과 위수 정도였다. 그런데 고징은 선위에 반대하던 훈귀를 억압하고, 한인문관의 힘을 빌려 동위로부터 찬위를 도모하다가 무정 7년(549) 8월 업도에서 자객에 의해 피살된다.[348] 고징에 봉사하였던 한인들은 그의 권력 집중을 위해 선비훈귀들의 규핵(糾劾)·숙정(肅正)에 동원되었던 것이다.[349] 고징 사후, 경기대도독이었던 고양이 다시 훈귀세력과 연합하여 정국의 수습에 나섰다.[350] 따라서 훈귀세력의 억압에 일역을 담당하였던 최섬(崔暹)이하 한인세력의 처벌은[351] 자연스런 일이었다.[352] 그렇다고 고양이 훈귀세력을 중용한 것은 아니다. 원래 친위세력이 없었던 고양으로서는 일시적으로 훈귀세력과 연합했을 뿐이었다. 이후 자기의 취약점을 극복하기 위해

---

348 당시 高澄은 鄴城에 있던 散騎常侍 陳元康, 吏部尚書 侍中 楊愔, 黃門侍郎 崔季舒 등과 찬위를 모의하다가 俘虜로 잡혀왔던 梁將 蘭欽의 아들 蘭京에게 피살된다(『北齊書』 卷3 文襄帝紀, pp.37~38). 高澄의 被殺을 繆鉞은 東魏-北齊 시기에 일어난 3차에 걸친 胡漢鬪爭 가운데 제1차로 보고 高澄과 高洋을 '同心'으로 보았으나(「東魏北齊政治上漢人與鮮卑之衝突」, 1963), 何德章은 당시 漢人세력에 기대고 있는 高澄에 대해 反感을 품은 勳貴勢力이 高洋을 내세워 꾸민 宮中政變으로 본다(「高澄之死臆說」, 『魏晉南北朝隋唐史資料』 16, 武漢: 武漢大學出版社, 1998).

349 『北齊書』 卷2 文襄帝紀, p.32, "文襄乃奏吏部尚書崔暹爲御史中尉, 糾劾權豪, 無所縱捨, 於是風俗更始, 私枉路絶"; 『北齊書』 卷47 酷吏 宋遊道傳, p.653, "文襄執請, 乃以吏部郎中崔暹爲御史中尉, 以遊道爲尚書左丞. 文襄謂暹·遊道曰: '卿一人處南臺, 一人處北省, 當使天下肅然.' 遊道入省, 劾太師咸陽王坦, 太保孫騰·司徒高隆之, 司空侯景·錄尚書元弼·尚書令司馬子如官賫金銀, 催徵酬價, 雖非指事臟賄, 從是不避權豪".

350 高澄이 피살되자 高洋이 京畿大都督으로 亂을 평정하고는 바로 重兵이 주둔하고 있는 晉陽으로 간다(『資治通鑑』 卷162 梁紀18 武帝 太淸 3年(549) 8月條, p.5027, "勳貴以重兵皆在幷州, 勸洋早如晉陽, 洋從之.").

351 『北齊書』 卷39 崔季舒傳, p.512, "時勳貴多不法, 文襄無所縱捨, 外議以季舒及崔暹等所爲, 甚被怨疾. 及文襄遇難, 文宣將赴晉陽, 黃門郎陽休之勸季舒從行, 曰: '一日不朝, 其間容刀' 季舒性愛聲色, 心在閑放, 遂不請行, 欲恣其行樂. 司馬子如緣宿憾, 及尙食典御陳山提等共列其過狀, 由是季舒及暹各鞭二百, 徙北邊".

352 『資治通鑑』 卷162 梁紀18 武帝 太淸 3年(549) 8月條, p.5027, "洋留太尉高岳·太保高隆之·開府儀同三司司馬子如·侍中楊愔守鄴, 餘勳貴皆自隨. … 晉陽舊臣·宿將素輕洋, 及至, 大會文武, 神彩英暢, 言辭敏洽, 衆皆大驚. 澄政令有不便者, 洋皆改之. 高隆之·司馬子如等惡度支尙書崔暹, 奏暹及崔季舒過惡, 鞭二百徙邊(胡注曰: 二人素爲澄所親任, 故隆之等惡之)".

조기 찬위를 도모한다. 당시 동원된 세력이 바로 총신과 한인세력이었다.[353] 그러나 훈귀세력의 지지는 얻지 못하였다. 훈귀의 반대 명분은 서위의 미평정이라는 현실에서 선위 받을 시기가 아니라는 것이나, 실질적으로는 고양이 권력을 독점하는 것을 바라지 않았기 때문이다.[354] 선위는 선비훈귀들에게 권력의 분점을 허락하지 않는다는 것을 의미한다. 그러나 한인의 입장은 다르다. 통치권의 안정이 한인들의 지위와 권력 참여의 폭을 넓혀 주는 것이기 때문이다.

고양이 550년 등극하여 북제왕조를 창건하니 그가 현조 문선제이다. 그는 표면적으로 보면, 선비인에 대해 냉혹하고 한인과 서역인을 좋아했던 것처럼[355] 보인다. 그가 한인과 서역인을 가까이한 것은 사실 황권 강화를 위해서였다. 그 목적을 달성하기 위하여 훈귀를 억압하고 대신을 주살하고 심지어는 친형제도 주살하려 하였다. 문선제 시기의 정치를 주도했던 인물은 한인 양음(楊愔)이었다. 문선제는 양음을 중용하여 내정을 위임한 결과, '임금은 위에서 혼하고 정은 아래에서 청하다主昏于上 政清于下'라는[356] 평가를 받았지만, 그런 만큼 한인에 의존하는 그에 대한 선비훈귀의 반감도 증가하였다. 문선제는 남제의 동혼후(東昏侯)와 같이 포악하여 일반 한인에게도 그렇게 인기 있는 군주는 아니었다는 점에서[357] 그가 특별히 호·한 중 한쪽에 치중했다는 결론은 성급하지만,[358] 그의 관심은 오로지 황권의 강화에 있었다.

---

353 550년 4월 高德政·徐之才·宋景業 등 高洋 주변에 있던 漢人 寵臣들이 찬위를 종용한다. 그리고 楊愔·魏收·邢邵 등 漢人 文官들은 찬성하였으나 斛律金·司馬子如·高岳·高隆之·婁叡 등 高歡의 舊臣親黨이 반대하였다.

354 呂春盛,『北齊政治史硏究—北齊衰亡原因之考察』, 1987, p.206.

355 宮崎市定, 「東洋における素朴主義の民族と文明主義の社會」, 1976, p.82.

356 (淸)顧炎武,『日知錄集釋』(石家莊: 花山文藝出版社, 1990) 卷2「殷周之所以亡」條, p.64;『文苑英華』(臺北: 新文豊出版公司, 1979) 卷751 論13에 실린 盧思道撰, 「北齊興亡論」 p.3928에는 "主昏於上, 國治於下, 朝野貴賤, 至于今稱之."라 되어 있다.

357 岡崎文夫,『魏晋南北朝通史』, 東京: 弘文館, 1932, p.408.

358 文宣帝가 鮮卑에 우호적이고, 漢人에 대해서는 반감이 많았다고 보기도 한다(漆澤邦,「論東魏—北齊的倒退」, 1986, p.393).

그 목적을 위해 한인을 이용한 것뿐이었다. 그 결과 북제의 권력기반인 선비세력 내부로부터 반감을 샀고, 결국 뒷날 상산왕(常山王) 고연(高演)에게 정변을 일으킬 수 있는 빌미를 주었다.

문선제가 죽자, 유조에 의해 양음이 보정의 일인자가 되었다.[359] 곧바로 유약한 태자(高殷)가 황위에 오르자(폐제)[360] 한인관료와 훈귀 사이의 갈등은 더욱 깊어졌다. '한가성질'의 고은과 그를 보좌하는 한인관료세력 대 문선제의 동생으로 고은의 숙부인 상산왕 고연, 장광왕 고담과 이들 두 왕의 모후인 누태후가 중심이 된 선비 종실세력 간의 다툼이 그것이다.[361] 고은과 한인관료들이 추진한 정책은 문선제 집정 후반기의 폐정개혁이었다. 이것은 다름 아닌 선비계 훈귀의 숙청이고 한인 정치의 부활이었다.[362] 특히 양음은 이를 위해 한인의 발탁에 힘썼다.[363] 선비계의 반동 위협을 느낀 한인들은 연자헌(燕子獻)의 계책에 따라 누태후를 북궁에 유폐시키고 장광왕 고담을 병주로 내보냄으로써 선비의 역량을 분산시키는 작전을 쓰려 하였다. 그러나 고귀언(高歸彦)의 변절과 이태후(李太后)의 궁인인 이창의(李昌儀)가 그 계획을 누태후에게 밀고함으로써 수포로 돌아갔다.[364] 고연은 곡율금·하발인(賀拔仁) 등 숙장과 모의하여 양음 등을 살해하고, 마침내 유제(幼帝)마저 살해하고는 스스로 제위에 올랐다. 이 자가 효소제이다. 당시 태황태후였던 누씨의

---

359 『北齊書』卷34 楊愔傳, p.457, "文宣大漸, … 愔與尙書左僕射平秦王歸彦·侍中燕子獻·黃門侍郎鄭子黙受遺詔輔政".

360 文宣帝 자신도 高殷이 즉위한 후 奪位를 할 자가 나타날 것이고, 그 사람은 常山王 演일 것이라고 지목하고 있다(『資治通鑑』卷167 陳紀 1 武帝 永定 3年 9月條, p.5191, "齊顯祖(高洋)嗜酒成疾, 不復能食, 自知不能久, 謂李后曰: '人生必有死, 何足致惜! 但憐正道(高殷字)尙幼, 人將奪之耳!' 又謂常山王演曰: '奪則任汝, 愼勿殺也!'").

361 이 당시 政變의 胡人集團 영수는 婁太后였다(繆鉞, 「東魏北齊政治上漢人與鮮卑之衝突」, 1963, pp.88~90).

362 『北齊書』卷6 孝昭帝紀 論曰, p.86, "濟南繼業, 大革其弊, 風敎粲然, 搢紳稱幸".

363 『北齊書』卷34 楊愔傳, p.456, "典選二十餘年, 獎擢人倫, 以爲己任".

364 『北齊書』卷34 楊愔傳, pp.458~459에 그 과정이 상세하게 기록되어 있다.

언설을 보면[365] 당시 누태후가 문선후 한인 이씨에 대한 편견이 얼마나 강했
는지 알 수 있다. 이런 상황에서 같은 조정에서 호와 한이 양립하기는 어려
웠을 것이다.

　양음이 피살된 사실은 북제조정에서 선비세력이 한인세력보다 월등하게
강력하였음을 의미한다.[366] 또한 유능한 관료였던 양음의 피살은 북제의 앞
날에 먹구름을 드리운 것은 두말할 필요도 없다.[367] 양음의 피살은 한인관료
의 은행화 개시를 알리는 사건이었다. 효소제(고연)가 등극한 후, 한인관료들
이 압박받은 것은 당연하였지만, 그동안 한인문관과 대결하는 과정에서 일시
뭉쳤던 호족 내부에서도 충돌이 일어나기 시작하였다. 사실 황제가 되면 황
권의 확립이 중요한 과제이고 황권을 강화하기 위해서는 한인의 등용은 불
가피한 것이었다. 효소제의 이런 방침의 조력자는 북해(北海) 망족(望族)인 왕
희(王晞)였다. 그는 고연의 정변 및 찬위 시에도 적극 협조했던 한인이지만,
정변 후에 그와 효소제(고연)가 대낮에 공개적으로 대화도 나눌 수 없는 조정
의 분위기로 인해 그가 중용되기는 어려웠다.[368] 그러나 효소제의 개혁(예악제
도·직관조의·정풍교화·징세)에[369] 상당한 역할을 하였을 뿐만 아니라 5세의

---

365 『北齊書』卷34 楊愔傳, p.459, "太皇太后曰: '豈可使我母子受漢老嫗斟酌.' 太后拜謝. 常山
　　王叩頭不止. 太皇太后謂帝: '何不安慰爾叔.' 帝乃曰: '天子亦不敢與叔惜, 豈敢惜此漢輩?'".

366 『資治通鑑』卷168 陳紀2 文帝 天嘉 元年(560) 2月條, p.5201, "胡注曰: 楊愔受託孤之寄, 不
　　能尊主庇身者, 鮮卑之勢素盛, 華人不足以制之也".

367 『北齊書』卷34 楊愔傳, p.460, "鴻臚少卿陽休之謂人曰: '將涉千里, 殺騏驥而策驢, 可悲之
　　甚.'".

368 高演뿐만 아니라, 王晞 자신도 고위직 취임을 삼가하고 있다(『北齊書』卷31 王昕傳 附 弟
　　晞傳, pp.420~421, "及(常山)王(高演)至鄴, 誅楊(愔)·燕(子獻)等, 詔以王爲大丞相·都督中
　　外諸軍事, 都督文武. … 奏趙郡王叡爲左長史, 晞爲司馬. 每夜載入, 晝則不與言, 以晞儒緩,
　　恐不允武將之意"; p.422, "(高演)欲以晞爲侍中, 苦辭不受, 或勸晞勿自疏".

369 『北史』의 撰者 李延壽는 孝昭帝를 '近代之明主'라 하였고(『北史』卷7 齊本紀中, p.274.
　　'論曰'), 岡崎文夫도 李說을 받아 國富 兵强하여 北齊의 全盛期여서, 齊·周·陳 三國 가운
　　데 最優의 위치에 있었다고 하였다(『魏晉南北朝通史』, 1932, p.408). 그러나 그 근거가 그
　　리 명확하지 않고, 그 정치가 볼품이 없어진 점을 감안해야 할 것이다.

고백년을 태자로 책봉하는 데도 깊이 관여하였다.[370] 그러나 효소제 고연이 병사함에 따라 그의 역할은 종료된다. 고연도 그의 형 문선제가 그에게 부탁했던 것과 같이 임종을 앞두고 대권은 가져가되 그의 처자는 죽이지 말아 달라고 고담에게 부탁한다.[371] 그러나 고연이 형 문선제의 유탁을 어겼듯이, 그의 동생인 고담 역시 태자였던 그의 아들 고백년을 살해하고 만다.

고담이 561년 등극하니 그가 무성제이다. 무성제도 역시 영군대장군으로 병권을 쥐고 있던 평진왕(平秦王) 고귀언(高歸彦)을 기주자사로 내보냄으로써 그의 황권 강화에 걸림돌을 제거하려 하였다. 이에 고귀언은 기주에서 4만 병력으로 거병하였다가 주살된다. 그 주살 원인은 여러 가지 모함이 있기도 했지만, 소령(所領)의 군사력으로 '권력을 으르고 군주를 떨게[威權震主]' 할 수 있는 고귀언의 존재 자체였다.[372] 고징의 아들, 고효유(高孝瑜)의 주살 역시 "산동에는 오로지 하남왕의 말이 들릴 뿐 폐하의 말은 들리지 않는다 [山東唯聞河南王〈高孝瑜〉不聞有陛下]"라는 고예(高叡)의 말이[373] 원인이 되었다. 그 후 종실에 대한 주살이 반복되는데, 고소덕(高紹德)·고엄(高淹)·고효완(高孝琬) 등도 주살되었다. 이런 사건의 배후에는 항상 행신(倖臣)이 있기 마련이었다. 고귀언을 주살하는 데는 고원해(高元海)가, 고효유가 주살되는 데는 화사개가 배후에 있었다. 이 시기에 등장하는 것이 바로 '은행'이라 불리는 정치세력이다. 은행세력에는 호한의 구별이 없지만, 한인 진신 가운데서도 은행이 나타나고 있다는 점이 다른 시대에서 볼 수 없는 특징이다. 그 대표적 인물이 바로 조정(祖珽)이었다. 조정은 아버지 영(瑩)이 북위시대에

---

370 呂春盛, 『北齊政治史研究—北齊衰亡原因之考察』, 1987, p.222.

371 『北齊書』卷6 孝昭帝紀, p.85, "臨終之際, 唯扶服牀枕, 叩頭求哀. 遣使詔追長廣王入纂大統, 手書云: '宜將吾妻子置一好處, 勿學前人也.'".

372 『北齊書』卷14 平秦王 歸彥傳, p.187, "歸彥旣地將相, 志意盈滿, 發言陵侮, 旁若無人. 議者 以威權震主, 必爲禍亂. 上亦尋其前翻覆之跡, 漸忌之. 高元海·畢義雲·高乾和等咸數言其 短".

373 『北齊書』卷11 文襄六王 河南康舒王 孝瑜傳, p.144, "(和)士開密告其奢僭, (高)叡又言山東 唯聞河南王, 不聞有陛下".

호군장군이라는 고관을 지낸 문벌로 범양 조씨 출신이다. 고연의 정변으로 한인의 거두 양음이 피살된 후, 한인세력은 사실상 붕괴되기에 이르렀고 그 이후 한인의 은행화라는 흐름 속에 떠오른 사람이 조정이었다.

무성제는 즉위 후 5년 만인 29세에 10세의 황태자 고위(후주)에게 양위하고 (565) 태상황제가 된다. 이런 변칙적인 전위는 종실과 훈귀세력으로부터 황권을 안정시키고 대권을 확실하게 장악하려는 의도에서 비롯된 것이었다. 무성제의 양위는 이제껏 정상적인 전위를 해 보지 못한 북제 황실의 마지막 고뇌의 결과인 동시에, 은행세력의 등장과 그 역할을 알리는 사건이었다. 무성제의 양위는, 황권의 안정과 정상적인 전위라는 북제 황실의 원망과 화사개, 조정이라는 두 행신의 권력 획득이라는 두 가지가 결합하여 나온 결과였다.[374]

568년 12월 태상황제(무성제) 고담은 32세 나이로 업궁 건수전(乾壽殿)에서 죽었다. 즉위한 지 4년이 된 13세의 후주가 친정을 하게 되었다. 고담은 임종 직전 화사개의 손을 잡고 후사를 부탁한다.[375] 고담이 그에게 부탁한 것은 화사개가 자기의 총애를 받아 왔고, 또 후주의 옹립에 큰 역할을 한 데다가, 그가 종실이나 훈귀와는 달리 황권 강화에 기여할 수 있는 인물이라는 판단에서였다. 따라서 화사개 등은 자연히 종실과 훈귀들의 원한의 표적이 될 수밖에 없었다. 화사개는 자기의 권한을 공고히 하기 위해서는 무엇보다 먼저 종실·훈귀가 갖고 있는 병권의 탈취·장악이 가장 시급한 일이라고 생각하였다. 그러기 위해서는 종실의 실력자인 고예(高叡)와 영군장군 누정원(婁定遠)을 조정에서 제거하는 것이 주요 관건이었다.[376] 이런 과정에서 고예

---

374 『北齊書』 卷39 祖珽傳, p.517, "時(胡)皇后愛少子東平王儼, 願以爲嗣, 武成以後主體正爲長, 難於移易. 珽私於士開曰: '君之寵幸, 振古無二, 宮車一日晚駕, 欲何以克終?' 士開因求策焉. 珽曰: '宜說主上, 云襄·宣·昭帝子俱不得立, 今宜命皇太子早踐大位, 以定君臣. 若事成, 中宮少主皆德君, 此萬全計也. 君此且微說, 令士上粗解, 珽當自外上表論之.' 士開許諾".

375 『北齊書』 卷50 恩倖 和士開傳, p.687, "世祖寢疾於乾壽殿, 士開入侍醫藥. 世祖謂士開有伊·霍之才, 殷勤屬以後事, 臨崩, 握士開手曰: '勿負我也.' 仍絶於士開之手. 後主以世祖顧託, 深委仗之".

376 『北齊書』 卷40 馮子琮傳, p.528, "子琮素知士開忌叡及領軍臨淮王婁定遠, 恐其矯遺詔出叡

와 누정원 등은 종실·훈귀들을 끌어들여 화사개 제거를 모의하게 되었고, 당시 후주를 효과적으로 움직일 수 있는 호태후에게 화사개를 내보내지 않으면 조정이 안정될 수 없다는 점을 강조하였다.[377] 화사개 또한 자기가 후주를 보필하지 않으면, 후주도 역시 폐제(고은)와 같은 운명이 될 것이라는 점을 강조하였다.[378] 결국 누정원은 청주자사로 좌천되고, 고예는 살해된다. 화사개가 이런 과정을 거치면서 권력을 공고히 하자, 은행세력의 활약이 더욱 두드러지게 되었다. 반면 그를 비롯한 은행세력과 종실·훈귀들과의 갈등도 더욱 심화되었다. 이 과정에서 후주의 동생인 고엄(高儼)이 화사개를 주살한 사건이 571년 발생한다. 당시 병권을 장악하고 있던 사람이 고엄이었기 때문이다.

무성제와 호태후도 역시 선비인임에 틀림이 없었다. 그들은 유약한 후주 대신 고엄을 편애하였는데[379] 후주를 폐위시키지 않는 대신, 엄이 병권을 갖도록 조처한 것이[380] 이 사건의 빌미가 된 것이다. 이 사건의 직접적인 원인은 화사개가 종실 고엄의 병권을 박탈하려는 데 있었다.[381] 고엄의 기병(起兵)은 훈귀의 대표인 곡율광이 후주를 지원함으로써 실패하였고 고엄 측에

外任. 奪定遠禁衛之權".

377 『北齊書』卷50 和士開傳, p.687, "趙郡王叡與婁定遠等謀出士開, 引諸貴人共爲計策. … 或曰: '不出士開, 朝野不定.'".

378 『北齊書』卷50 和士開傳, p.688, "士開由是得見太后及後主, 進說曰: '… 觀朝貴勢欲以陛下爲乾明(高殷의 年號). 臣出之後, 必有大變, 復何面見先帝於地下.'".

379 『北齊書』卷12 武成十二王 琅邪王 儼傳, p.161, "儼器服玩飾, 皆與後主同, 所須悉官給. 於南宮嘗見新冰早李, 還, 怒曰: '尊兄已有, 我何意無!' 從是, 後主先得新奇, 屬官及工匠必獲罪. 太上·胡后猶以爲不足. 儼常患喉, 使醫下針, 張目不瞬. 又言於帝曰: '阿兄懦, 何能率左右?' 帝每稱曰: '此黠兒也, 當有所成.' 以後主爲劣, 有廢立意".

380 後主嗣位 後 高儼에게 侍中 中書監 京畿大都督 領軍大將軍 錄尙書事 등의 요직을 주었다.

381 『北齊書』卷12 武成十二王 琅邪王 儼傳, pp.161~162, "武平二年, 出儼居北宮, 五日一朝, 不復得每日見太后. 四月, 詔除太保, 餘官悉解, 猶帶中丞, 督京畿. 以北城有武庫, 欲移儼於外, 然後奪其兵權. … 中常侍劉辟彊說儼曰: '殿下被疏, 正由士開間講. …'儼謂侍中馮子琮曰: '士開罪重, 兒欲殺之.' 子琮心欲廢帝而立儼, 因贊成其事. … (庫狄伏連)伏五十人於神獸門外, 詰旦, 執士開送御史. 儼使馮永洛就臺斬之".

가담하였던 훈귀들이 주살되는 것으로 그 막을 내린다. 고엄의 기병은 황제의 동생이 단지 한 사람의 은행인 화사개를 죽이기 위한 것이 아니었고,[382] 황권에 대한 도전이었기 때문이다. 화사개는 죽었지만, 은행세력의 활약은 여전히 지속되었다. 이 과정에서 종실의 주살, 은행정치에 불만을 가진 기병 등 각종 사건으로 정치는 더욱 불안정해졌다.

이 당시 활약한 한인이 바로 전술한 조정이다. 조정의 등장은 그 스스로가 은행화한 결과였다. 효소제 고연의 정변 이후 한인 문관들은 조정 내에서 공개적으로 세력을 규합할 수 있는 분위기가 아니었다. 그러나 황제는 황권 강화라는 명제하에 훈귀를 다루기 위해서 황제의 심복이 필요했고, 거기에 등장한 것이 한인은행이었다. 조정은 한인이었지만 그 스스로 황제의 취향에 영합하기 위해 선비어를 배워 능통하게 구사하였고 비파에 능했던 이른바 '호인화'된 인물이다.[383] 조정은 화사개와 합작해서 565년 후주의 선위를 성공시킨 후, 한때 한 사건으로 하옥되어 실명하였지만, 무성제 사후에 다시 후주에 의해 재기용되면서 육영훤(陸令萱)·화사개 등과 연합하여 권력 핵심에 접근하였다.[384] 화사개의 사후에는 고원해와 공동으로 조정을 장악하여 선비세력의 실력자인 고엄과 곡율광을 주살하였다. 특히 뛰어난 장군인[385] 곡율광의 주살 소식을 접한 주 무제는 크게 기뻐하여 북주 경내에 특사 조치를 취하였다고 할 정도로[386] 그의 죽음은 북제의 멸망을 앞당기는 원인의 하나가 되었다고 해도 과언이 아니었다. 조정은 화사개의 집정 이래 혼란해진

---

382 『北齊書』卷12 琅邪王 儼傳, p.162, "帝駐馬橋上, 遙呼之, 儼猶立不進. (斛律)光就謂曰: '天子弟殺一漢(和士開), 何所苦.'".

383 『北齊書』卷37 魏收傳, p.495, "收旣輕疾, 好聲樂, 善胡舞".

384 『北齊書』卷39 祖珽傳, pp.519~520, "珽又附陸媼, 求爲領軍, 後主許之. 詔須覆奏, 取侍中斛律孝卿署名. 孝卿密告高元海, 元海語侯呂芬·穆提婆云: '孝徵(祖珽)漢兒, 兩眼又不見物, 豈合作領軍也'… 珽自是專主機衡, 總知騎兵·外兵事, 內外親戚, 皆得顯位".

385 『北齊書』卷17 斛律金傳 附 子 光傳, p.229, "戰則前無完陣, 攻則罕有全城".

386 『北齊書』卷17 斛律金傳 附 子 光傳, p.226, "罪旣不彰, 一旦屠滅, 朝野痛惜之. 周武帝聞光死, 大喜, 赦其境內".

북제조정에서 군소배를 축출하는 등 정치를 깨끗이 하는 데 기여한 바 있지만,[387] 그가 가장 신경 쓴 것은 한인의 등용을 확대하는 것이었다.

조정은 한인사인을 대량으로 정권에 참여시키려 하였다. 그리고 장기적으로 한인의 젊은 인재를[388] 배양하기 위해 문림관(文林館)을 세웠다.[389] 그의 이상은 한인문벌정치가 부활하는 것이었다. 그러기 위해서 먼저 선비세력을 약화시켜야 하고 다음으로 은행세력을 퇴출시켜야 하였다. 선비세력을 약화시키는 방법은 경기대도독의 폐지였는데,[390] 그것은 일단 성공을 거두었다. 그러나 그동안 동맹관계에 있던 여타 은행세력과의 알력으로 육영훤·목제파·한봉 등의 반격을 불러왔다. 은행의 한인세력에 대한 반격으로 573년 5월 조정은 북서주자사로 축출되었다가 곧 죽었다.[391] 그 후 '최계서간지사건(崔季舒諫止事件)'이라 불리는 사건이 일어난다. 이 사건은 선비관료들이 주장한 후주의 진양 어행 문제를 두고 최계서·장조(張雕) 등 한인관료들이 진양 어행은 진(陳)과의 교전 상황에서 백성에게 불안감을 줄 것이라는 주장으로 반대상소를 초안, 연서하여 올렸던 것이 문제되어 처형된 일이다.[392] 이 사건을 통해서 드러나듯이 은행들의 한인인사들에 대한 반감은 선

---

387 『北齊書』卷39 祖珽傳, p.520, "自和士開執事以來, 政體隳壞, 珽推崇高望, 官人稱職, 內外稱美. 復欲增損政務, 沙汰人物. 始奏罷京畿府, 倂於領軍, 事連百姓, 皆歸郡縣. 宿衛都督等號位從舊官名, 文武章服並依故事. 又欲黜諸閹豎及羣小輩, 推誠朝廷, 爲致治之方".

388 『北齊書』卷42 陽休之傳, p.563, "及鄧長顒·顔之推奏立文林館, 之推本意不欲令耆舊貴人居之, 休之便相附會, 與少年朝請, 參軍之徒同入待詔";『北齊書』卷45 文苑傳序, p.603, "三年, 祖珽奏立文林館, 於是更召引文學士, 謂之待詔文林館焉".

389 費海璣, 「北齊文林館」, 『大陸雜誌』 28-12; 山崎宏, 「北周の麟趾殿と北齊文林館」, 『鈴木博士古稀記念東洋學論叢』, 1972.

390 特殊權勢를 가진 鮮卑兵團인 京畿都督府를 폐지하여 漢人兵士와 同等한 대우를 취한 조처이다(繆鉞, 「東魏北齊政治上漢人與鮮卑之衝突」, 1963, p.91).

391 『北齊書』卷39 祖珽傳, pp.520~521.

392 『北齊書』卷39 崔季舒傳, pp.512~513, "(祖)珽被出, 韓長鸞以爲珽黨, 亦欲出之. 屬車駕將適晉陽, 季舒與張雕議: 以爲壽春被圍, 大軍出拒, 信使往還, 須稟節度; 兼道路小人, 或相驚恐, 云大駕向幷, 外避南寇; 若不啓諫, 必動人情. 遂與從駕文官連名進諫. … 長鸞遂奏曰:'漢兒文官連名總署, 聲云諫止向幷, 其實未必不反, 宜加誅戮.' 帝卽召已署表官人集含章殿, 以季舒·張雕·劉逖·封孝琰·裴澤·郭遵等爲首, 並斬之殿庭, 長鸞令棄其屍於漳水".

비인의 그것보다 적지 않았다.[393] 한인문관들이 축출된 상황에서 마지막 남은 세력은 은행들이었다. 당시 조정의 상황은 은행 천하였다.[394] 후주는 이미 정사에 관심을 잃고, 아무런 고민도 없는 이른바 '무수천자(無愁天子)'가 되어 있었다.[395]

북제 조정에서 활약한 한인은 적지 않다. 그러나 재상으로 이른바 '좋게 시작하여 아름답게 끝낸[善始令終]' 사람은 조언심(趙彦深)뿐이라는 지적도 있지만, 조언심도 역시 "온유하고 삼가 근신하며 기쁨과 노여움을 얼굴색에 드러내지 않았다"는 극도의 근신적인 생활태도를 보였다는 점에서[396] 북제 조정에서의 한인관료들의 입장을 상징적으로 보여준다. 은행의 길이 아니면 그들의 조정 내 입지는 너무 좁았던 것이다.

북제조정에서 활약했던 한인문관은 사대부 본연의 길을 가기보다 난마처럼 얽힌 북제조정에서 권력에 의지해 자리를 보전하는 일에 열중한 것이다. 바로 은행의 길이었다.

북제 황제를 둘러싼 선비훈귀, 한인관료 그리고 은행 들이 길항관계를 유지하면서 북제의 국력을 약화시켰다. 국가나 황제를 중심으로 결집하기보다 자신들의 이해에 좌우되어 행동하니 국력은 쇠잔해 갈 수밖에 없었던 것이다.

---

393 『北史』卷92 恩幸 韓鳳傳, p.3053, "(鳳)每咤曰: '恨不得到漢狗飼馬!' 又曰: '刀止可刈賊漢頭, 不可刈草'. … 鳳於寵要之中, 尤嫉人士, 朝夕譖私, 唯相譖訴. 崔季舒等寃酷, 皆鳳所爲也. … 朝士諮事, 莫敢仰視, 動致呵叱, 輒詈云: '狗漢大不可耐! 唯須殺却!' 若見武職, 雖廝養末品, 亦容下之".

394 『北齊書』卷8 幼主帝紀, pp.112~113, "任陸令萱·和士開·高阿那肱·穆提婆·韓長鸞等宰制天下, 陳德信·鄧長顒·何洪珍參預機權. 各引親黨, 超居非次, 官有財進, 獄以賄成, 其所以亂政害人, 難以備載. 諸宮奴婢·閹人·商人·胡戶·雜戶·歌舞人·見鬼人濫得富貴者將萬數. 庶姓封王者百數, 不復可紀. 開府千餘, 儀同無數. 領軍一時二十, 連判文書, 各作依字, 不具姓名, 莫知誰也. 諸貴寵祖禰追贈官, 歲一進, 位極乃止. 宮掖婢皆封君, 宮女寶衣玉食者五百餘人, 一裙直萬疋, 鏡臺直千金, 競爲變巧, 朝衣夕弊. 承武成之奢麗, 以爲帝王當然".

395 『北齊書』卷8 幼主帝紀, p.112, "遂自以策無遺算, 乃益驕縱. 盛爲無愁之曲, 帝自彈胡琵琶而唱之, 侍和之者以百數. 人間謂之無愁天子".

396 『北齊書』卷38 趙彦深傳, pp.505~507, "初爲尙書令司馬子如賤客, 供寫書. … 彦深歷事累朝, 常參機近, 溫柔謹愼, 喜怒不形於色. … 齊朝宰相, 善始令終唯彦深一人".

V. 부패의 만연과 서역상호(西域商胡)의 대두

1. 부패의 만연

북제 정치사의 분기점을 문선제 '천보 5년(554)'으로 잡는다.[397] 즉 고환·고징 시기에는 당시 당권자인 고씨들이 정치에도 관심을 두었으며 문무관리들도 그 직책에 충실하고 조정에는 정간지신(貞幹之臣)이 많았지만, 천보 5년 이후에는 황제가 타락하고, 특히 무성제 대령(大寧: 561) 이후부터 각종 계열의 은행들이 등장하여 나라를 쇠락시키기에 이른다는 것이 사가들의 전통적인 관점이다.[398] 그럼 천보 5년이 갖는 의미는 무엇인가? 필자가 내린 결론부터 말하자면, 그 이전은 황제 자신이 호한의 조정자로서 호한융합을 위해 부단히 노력했지만, 그 노력이 실패했음이 확실해진 시기가 천보 5년이라는 것이다. 그 이후에는 황제는 오로지 황권의 확립에만 급급하게 되었다. 그 방향은 독재화의 길이었다. 그 결과 한인관료의 은행화가 두드러지면서 이른바 은행세력이 북제정치를 농단하게 된다. '은행'이란 어느 왕조마다 존재하는 것이지만, 그 폐해가 북제만큼 심각한 적이 없었다고 한다. 특히 이 시대의 은행은 서역상호와 구자잡기인(龜玆雜伎人) 등 그 부류와 역할이 다양한 것이 특징이다.[399]

문선제는 천보 5년 이후, 즉 재위 후반기를 알코올의존증으로 보냈고, 또

---

397 『北齊書』 卷34 楊愔傳, p.457, "自天保五年已後, 一人喪德, 維持匡救, 實有賴焉".
398 『北齊書』 卷50 恩倖傳 序, pp.685~686, "高祖·世宗情存庶政, 文武任寄, 多貞幹之臣, … 天保五年之後, 雖罔念作狂, 所幸之徒有左右驅馳, 內外褻狎, 其朝廷之事一不與聞. 大寧(561)之後, 姦佞浸繁, 盛業鴻基, 以之顚覆. … 其宦者之徒, 尤是亡齊一物. … 其帝家諸奴及胡人樂工, 叨竊貴幸者, 今亦出焉".
399 『北齊書』 卷50 恩倖傳 序, p.685, "甚哉齊末之嬖倖也, 蓋書契以降未之有焉. 心利錐刀, 居台鼎之任, 智昏菽麥, 當機衡之重. 刑殘閹官·蒼頭盧兒·西域醜胡·龜玆雜伎, 封王者接武, 開府者比肩. 非直獨守弄臣, 且復多干朝政. 賜予之費, 帑藏以虛; 杼柚之資, 剝掠將盡. 縱龜鼎之祚, 卜世靈長, 屬此淫昏, 無不亡之理, 齊運短促, 固其宜哉".

그것으로 생애를 마감한다.[400] 흔히 북제의 멸망은 문선제의 과도한 음주와 잔폭(殘暴)한 행동에서 비롯되었다는 지적을 하기도 한다.[401] 그는 북제를 건국했지만, 북제의 멸망을 이끈 장본인이라는 것이다. 결국 군주의 부패가 국가의 멸망이라는 결말을 가져왔다는 것이다. "앞에는 밝고 뒤로 가서는 어두운[先明後昏]"모습의 전형적인 군주가 문선제였으니[402] 문선제가 처음부터 그런 것은 아니었다. 그의 정치가 말년이 될수록 정도를 벗어났음은 그의 여러 행동에서 드러난다.[403] 그러나 북제의 멸망을 문선제 개인의 문제만으로 돌릴 수는 없다. 북제의 큰 전환이 천보 5년를 기점으로 이루어졌다는 데 주목해야 한다. 이런 전환의 배경을 정사의 찬자들의 주장처럼 문선제의 정벌 전쟁의 성공에 따른 자만에서 비롯된 것으로[404] 보는 것은 너무 단순하다.

왜 그가 음주에 빠질 수밖에 없었는가? 말년에 접어들면서 문선제를 둘러싼 조정은 그의 바람과는 정반대로 변해가고 있었다. '한가성질(漢家性質)'로 문약한 태자는 그의 기대를 저버렸고,[405] 그 틈을 타 동생들을 위시한 종실, 훈귀들의 발호는 더욱 그를 곤혹스럽게 하였다. 태자에 대한 실망은 그를 후사로 억지로 유지시키려는 노력으로 나타났다. 즉 황실을 강화하고자 하였다. 이를 위해 태자 주위에 양음 등 한인들을 배치하였다. 한편 황후인

---

400 『北齊書』卷4 文宣帝紀, p.68, "曁于末年, 不能進食, 唯數飲酒, 麴蘗成災, 因而致斃".

401 (淸)顧炎武, 『日知錄集釋』卷2 '殷紂之所以亡'條, 1990, p.64. "自古國家承平日久, 法制廢弛, 而上之令不能行于下未有不亡者也. … 紂之爲君, 沈湎于酒. … 盖齊文宣之比耳. … 文宣之惡未必減於紂, 而齊以彊, 高緯之惡未必甚于文宣, 而齊以亡者, 文宣承神武之餘, 紀綱粗立, 而又楊愔輩爲之佐, 主昏于上, 而政淸于下也, 至高緯而國法蕩然矣, 故宇文得而取之".

402 『北齊書』卷6 孝昭帝紀 論曰, pp.85~86, "文宣因循鴻業, … 始則存心政事, 風化肅然, 數年之間, 朝野安乂. 其後縱酒肆欲, 事極猖狂, 昏邪殘暴, 近代未有, 饗國不永, 實由斯疾".

403 『隋書』卷22 五行志, 服妖, p.629, "文宣帝末年, 衣錦綺, 傅粉黛, 數爲胡服, 微行市里. 粉黛者, 婦人之飾, 陽爲陰事, 君變爲臣之象也. 及帝崩, 太子嗣位, 被廢爲濟南王. 又齊氏出自陰山, 胡服者, 將反初服也. 錦綵非帝王之法服, 微服者布衣之事, 齊亡之效也".

404 『北齊書』卷4 文宣帝紀, p.67, "旣征伐四克, 威振戎夏, 六七年後, 以功業自矜, 遂留連耽湎, 肆行淫暴";『隋書』卷25 刑罰志, p.704, "是時刑政尙新, 吏皆奉法. 自六年之後, 帝遂以功業自矜, 恣行酷暴, 昏狂酗醟, 任情喜怒".

405 『北齊書』卷5 廢帝紀, p.73, "文宣每言太子得漢家性質, 不似我, 欲廢之, 立太原王".

이후(李后)를 '가하돈(可賀敦)' 황후로 개칭하였다.[406] 이것은 선비어로 '황후'라는 뜻이다.[407] 즉 한후를 호후로 만들어서 후에 나타날 그녀에 대한 호인의 공격을 미리 막아보려는 의도였다.[408] 당시 조정 내의 호한갈등을 그만큼 심각하게 의식하였다는 의미이다. 문선제는 이런 모순적 행위 후면에 필연적으로 뒤따르는 심리적 고통 속에서 술을 마셨을 것이다.[409] 호한융합의 실패는 결국 그를 타락과 부패, 그리고 독재화로 이끌었던 것이다.

북제에서의 호한융합의 실패 원인을 한마디로 말할 수는 없지만, 북제 경내에 반한화의 역량을 가진 진양과 한화를 지향점으로 하는 업도의 첨예한 대립과 분열을 우선 꼽을 수 있다. 북제라는 하나의 배 안에 개성이 강한 호와 한 양측이 함께 있어 사회 각 부문에서 호와 한이 양분되어 대립하는 현상을 노정하게 된 것이다. 호와 한을 조정해야 할 입장에 있던 황제 측에서 볼 때, 호쪽이 훨씬 통제하기 힘든 존재였다. 진양을 근거지로 하는 종실과 훈귀세력은 황제의 통제를 받으려 하지 않았다. 북위의 전장제도를 그대로 계승했다고 하지만, 북진에서 새로운 야성으로 단련된 이들을 통제할 만큼, 전장제도가 기능을 발휘하지 못하였다. 북제의 이중적 구조는 중앙집권화의 실패인 것이고, 그 결과 사회 전반에서 '기강의 부재' 혹은 '법제의 이완' 현상을 가져왔다.[410] 북제가 "문·무관이 그 지위에 있으면서 청렴결백함이 드물었다[文武在位 罕有廉潔]"[411]라는 부패국가로 낙인 찍힌 것도 그 때문이었다.

북제적 특징은 이 부패만이 아니다. 조익은 일찍이 북주와 북제를 비교하

---

406 『北齊書』卷9 文宣皇后 李氏傳, p.125, "天保十年, 改爲可賀敦皇后".

407 方壯猷, 「鮮卑語言考」, 『燕京學報』 8, 1930, pp.1451~1453.

408 岩本篤志, 「唐の小說に見られる北朝の婚姻習俗と'可賀敦皇后'をめぐつて」, 『史滴』 18, 1996, p.70에서는 이 조처가 李氏를 漢人과 鮮卑人의 象徵으로 만들어 政權을 安定시키려 한 것으로 해석한다.

409 蕭瑤, 「東魏·北齊內部的胡·漢問題及其背景」, 1976, p.465.

410 『北齊書』卷45 文苑 顔之推傳 附, 『觀我生賦』 自注, p.624, "祖孝徵用事, 則朝野翕然, 政刑有綱紀矣. 駱提婆等苦孝徵以法繩己, 譖而黜之. 於是敎令昏僻, 至于滅亡".

411 『北齊書』卷24 杜弼傳, p.347, "弼以文武在位, 罕有廉潔, 言之於高祖".

면서 북주의 여러 황후들을 보면 수 혁명 후에 모두 절개를 지키며 죽음을
기다리면서 추한 소리가 없었는 데 비해 고래로 궁궐의 어지러움이 북제만
한 것이 없다고 하면서, 북주가 그러한 것은 우문태가 개국 시에 일찍이 『주
례』를 준용하였기 때문이라고 하였다.[412] 결국 선비문화를 제도화한 것이[413]
오히려 황실을 규제하지 못했고 이것이 문제라는 결론이다.

　동위-북제는 같은 시대 서위-북주보다 상업이 발달하였다.[414] 특히 북제
강역 내에 있는 창(滄)·영(瀛)·유(幽)·청(青) 4주의 경내에서 산출되는 소금
은 북위시대부터 유명하였는데[415] 이는 북위의 국가경제에 많은 도움이 되었
다.[416] 동위시대에는 수도를 이 지역의 중심인 업도로 옮긴 후부터 상업활동
이 더욱 활발해졌는데, 이는 경제적 선진 지역인 하북경제를 흡수하여 그것
을 중점 육성시킬 수 있는 수도의 역할이 결합된 것으로 보인다. 상업의 발달
은 부패와 상관관계가 있는 것이 일반적인 현상이지만, 동위-북제정부는 문
란한 상거래를 막기 위해 도량형을 정리하고,[417] 더 나아가 관시(關市)·저점
(邸店)제도 확립 등의 조처를 취하기도 하였다. 그러나 상업 발달로 인한 관세
수입이 곧바로 '군국지용'으로 전환되지 않고, 오히려 '어부성색지비(御府聲
色之費)'로 낭비되었으니, 북제의 상업 발달이 반드시 국력에 보탬이 된 것은

---

412 『廿二史箚記』 卷15 「北齊宮闈之醜」條, pp.200~201.

413 北齊 皇室의 淫亂 풍조와는 달리, 北齊의 百官들은 妾을 두지 않은 점이 눈에 띈다. 이런
　　현상을 趙翼은 鮮卑風이라고 보고 있다(『廿二史箚記』 卷15 「北齊百官無妾」條).

414 北齊 지역의 鹽과 비단 그리고 黃金은 好景氣를 가져왔다(宮崎市定, 『九品官人法の研究─
　　科擧前史─』, 1956, p.487).

415 『魏書』 卷110 食貨志, p.2863, "自遷鄴後, 於滄·瀛·幽·青四州之境, 傍海煮鹽. 滄州置竈
　　一千四百八十四, 瀛州置竈四百五十二, 幽州置竈一百八十, 青州置竈五百四十六, 又於邯鄲置
　　竈四, 計終歲合收鹽二十萬九千七百七十二斛四升. 軍國所資, 得以周贍矣".

416 『隋書』 卷24 食貨志, pp.675~676, "於滄·瀛·幽·青四州之境, 傍海置鹽官, 以煮鹽, 每歲收
　　錢, 軍國之資, 得以周贍".

417 『魏書』 卷110 食貨志, p.2866, "遷鄴之後, 輕濫尤多. 武定初, 齊文襄王奏革其弊. … 其京邑
　　二市, 天下州鎮郡縣之市, 各置二稱, 懸於市門, 私民所用之稱, 皆準市稱以定輕重".

아니었다.[418] 이것은 당시 관료사회에 팽만했던 부패와[419] 관련이 있다.

상인층의 활발한 활동은 사회적으로도 문벌주의적 신분사회를 분해하는 요소로 작용하였다. 이른바 한문(寒門)의 관(官)과 혼(婚) 두 방면에서의 진출이다. 북제조정의 관료조직 변화 추이를 무장적·호족적(豪族的) 구조에서 점차 문관관료, 한문관료의 단순구조로 변하였다고 규정하는 의견도 있지만,[420] 문관관료보다 한문관료의 진출이 눈부시다. 특히 상업 발달과 연관된 것이지만, 북제시대 매관으로 관도에 진출했던 자들은 거의 '부상대고(富商大賈)', 즉 경제적 실력자들이어서 사서(士庶)라는 기존의 사회적 질서에 혼란을 가져왔다. 이들 부상대고가 관료사회에 등장하는 데 두 가지 유리한 여건이 있었으니, 선비 고관들의 무식함과 산동사대부들의 동향이 그것이다. 북제조정의 고관은 거의 선비들로 채워져 있었지만, 그들 대부분은 유교적 교양은 커녕, 통치에 필요한 최소한의 구비 조건이라 할 수 있는 한자도 몰랐다. 이에 그들 밑에서 업무를 대신할 관리가 필요하였으니 호상(胡商) 출신 안토근(安吐根)도 그중 하나이다. 그는 이른바 '안식호(安息胡)' 출신이지만, 고환 시기 유연과의 화친 교섭에서 크게 활약하여 등용된 인물이다.[421] 또 하나의 여건은 북위시대로부터의 유산인데 북제시대의 현재(縣宰: 縣令)

---

418 『隋書』卷24 食貨志, p.679, "武平(570~576)之後, 權幸並進, 賜與無限, 加之旱蝗, 國用轉屈. 乃料境內六等富人, 調令出錢. 而給事黃門侍郎顏之推奏請立關市邸店之稅, 開府鄧長顒贊成之, 後主大悅. 於是以其所入, 以供御府聲色之費, 軍國之用不豫焉. 未幾而亡".

419 北朝 諸王朝의 腐敗는 '功利主義'를 숭상하는 胡俗의 영향이며, 특히 北齊에 이르러서는 '官商不分'의 지경에 도달하고, 朝野가 '財婚'의 풍조에 물든 것은 이 때문이라고 설명하기도 한다(傅樂成, 「唐型文化與宋型文化」, 1977, p.351).

420 福島繁次郎, 『增補中國南北朝史研究』, 東京: 名著出版, 1979, p.21.

421 『北史』卷92 恩倖 安吐根傳, p.3047, "安吐根, 安息胡人, 曾祖入魏, 家於酒泉. 吐根魏末充使蠕蠕, 因留塞北. 天平初, 蠕蠕主使至晉陽, 吐根密啓本蕃情狀, 神武得為之備. 蠕蠕果遣兵入掠, 無獲而反. 神武以其忠欸, 厚加賞賚. 其後與蠕蠕和親, 結成婚媾, 皆吐根為行人也. 吐根性和善, 頗有計策, 頻使入朝, 為神武親待. 在其本蕃, 為人所譖, 奔投神武. 文襄嗣事, 以為假節·涼州刺史·率義侯, 稍遷儀同三司, 食永昌郡幹. 皇建中, 加開府".

는 북위 말의 제도를 따라, 이른바 '시역(厮役: 厮濫)'을 주로 취임시켰다.[422] 이 전통이 고착되자, 산동문벌 등 사류(士流)는 현재에 취임하는 것을 수치스럽게 생각하였다.[423] 그 후 선거를 혁신시켜 사류를 임용해도 그들의 세력이 이미 약해졌기 때문에, 경제적 실력자의 진출을 막지 못하였다. 지방 주현에서의 경제적 지배권과 정치적 권력을 일원화시킨 상인 관료의 해독은 가히 짐작할 수 있는 것이다.

이 시대 재혼(財婚)의 성행이 자주 거론되고 있는데[424] 이것도 산동문벌사회에 충격을 주었음에 틀림이 없다. 문벌의 고저에 따라 납재의 양이 결정되는 것이 일반적이었기 때문이다.[425] 상업 이득은 권력에 접근하면 할수록 유리해졌기 때문에 매관운동은 더욱 활발해졌고, 이것은 관계의 질서를 송두리째 붕괴시켰다. "관직은 재물의 양에 따라 결정되어, 창두(蒼頭) 출신이 개부(開府)가 되고 환관·호아(胡兒)·가무인(歌舞人)·견귀인(見鬼人)·관노비(官奴婢)로서 부귀한 자가 만을 헤아리고, 서성(庶姓)으로 왕에 봉해진 자가 100을 헤아리며, 개부가 1,000여 명, 의동이 수를 셀 수 없을 정도이며, 영군이 일시에 20명이나 되고, 심지어 구(狗)·마(馬) 및 응(鷹)도 역시 의동·군군지호(郡君之號)를 받을 정도였다"[426]라는 묘사는 약간 과장되었겠지만 당시

---

422 『十二史箚記』 卷15, 「北齊以厮役爲縣令」條.
423 『資治通鑑』 卷169 陳紀3 文帝 天康 元年(566) 是歲條, p.5261, "魏末以來, 縣令多用厮役, 由是士流恥爲之".
424 『北齊書』 卷43 封述傳, p.573, "前妻河內司馬氏. 一息, 爲娶隴西李士元女, 大輸財娉. … 一息娶范陽盧莊之女. …".
425 『顔氏家訓』 卷1 治家第5, p.53, "近世嫁娶, 遂有賣女納財, 買婦輸絹, 比量父祖, 計較錙銖, 責多還少, 市井無異".
426 『資治通鑑』 卷172 陳紀6 宣帝 大建 7年(575) 2月條, p.5340, "官由財進, 獄以賄成, … 舊蒼頭劉桃枝等開府封王, 其餘宦官·胡兒·歌舞人·見鬼人·官奴婢等濫得富貴者, 殆將萬數, 庶姓封王者以百數, 開府千餘人, 儀同無數, 領軍一時至二十人, 侍中·中常侍數十人, 乃至狗·馬及鷹亦有儀同·郡君之號, 有鬪鷄, 號開府, 皆食其幹祿. 孌倖朝夕娛侍左右, 一戱之費, 動踰巨萬. 旣而府藏空竭, 乃賜二三郡或六七縣, 使之賣官取直. 由是爲守令者, 率皆富商大賈, 競爲貪縱, 民不聊生".

부패의 심도를 알리는 표현이다.

부패 문제에서는 호한이 따로 없었다. 한인문벌 가운데서도 청렴한 자는 극히 드물어 이원충(李元忠)[427]과 양음[428] 정도가 눈에 띄고 대부분은 이 부패의 풍조에 휩쓸렸다. 탐재로 어사대에 의해 탄핵을 받은 사람들 가운데는 훈귀만이 아니라 최전(崔悛),[429] 정백유(鄭伯獻),[430] 배경륭(裴景融),[431] 배경안(裴景顏)[432] 등 내로라하는 명류도 끼어 있었다. 명류가 이 정도인데 한인들이야 더 말할 필요도 없었다. 특히 한인 출신으로 고관이 된 대표적 인물인 진원강(陳元康)은 지방관부를 자기의 치부 수단으로 이용한 것으로 유명하다.[433]

부패와 은행은 밀접한 관련이 있었는데 무성제·후주 시기 조정에서 전권을 휘둘렀던 화사개에게 영합하는 조사는 상호·소인과 다를 바가 없었다.[434] 이런 사회적 부패가 만연한 분위기 속에서 환관이나 서역상호들이 부가들에게 돈을 빌려주고는 주현으로 하여금 이식을 재촉하도록 하는 경우도 나타

427 『北齊書』卷22 李元忠傳, p.313, "家素富實, 其家人在鄉, 多有舉貸求利, 元忠每焚契免責. 鄉人甚敬重之".
428 『北齊書』卷34 楊愔傳, p.457, "自居大位 門絶私交. 輕貨財, 衆仁義, 前後賞賜, 積累巨萬, 散之九族, 架篋之中, 唯有書數千卷. 太保·平原王隆之與愔鄰宅, 愔嘗見其門外有富胡數人, 謂左右曰: '我門前幸無此物'".
429 『北齊書』卷23 崔悛傳, p.335, "(天保)五年, 出爲東兗州刺史, 復攜馮氏之部. 悛尋遇偏風, 而馮氏驕縱, 受納狼藉, 爲御史所劾, 與悛俱召詣廷尉. 尋有別勑, 斬馮於都市. 悛以疾卒於獄中, 年六十一".
430 『魏書』卷56 鄭羲傳 附 鄭伯獻傳, pp.1244~1245, "使還, 除驃騎將軍, 南青州刺史. 在州貪婪, 妻安豐王元延明女, 專爲聚斂, 貨賄公行, 潤及親戚. 戶口逃散, 邑落空虛. … 百姓怨苦, 聲聞四方. 爲御史糾劾, 死罪數十條, 遇赦免. 因以頓廢".
431 『魏書』卷69 裴延儁傳 附 裴景融傳, p.1534, "(景融)爲御史中丞崔暹所彈, 云其貪昧苟進, 遂坐免官".
432 『魏書』卷69 裴延儁傳 附 裴景顏傳, p.1534, "孝靜初, 徙司空長史, 在官貪濊. 武定二年, 爲中尉崔暹所劾, 事下廷尉, 遇疾死於獄".
433 『北齊書』卷24 陳元康傳, p.343, "元康便辟善事人, 希顏候意, 多有進舉, 而不能平心處物, 溺於財利, 受納金帛, 不可勝紀, 放責交易, 徧於州郡, 爲淸論所譏".
434 『北齊書』卷50 恩倖 和士開傳, p.689, "河淸(561~564)·天統(565~569)以後, 威權轉盛, 富商大賈朝夕塡門, 朝士不知廉恥者多相附會, 甚者爲其假子, 與市道小人同在昆季行列".

났다.[435] 당시 훈귀가 그 공로와 권세를 믿고 수뢰나 불법행위를 한 것은 일일
이 꼽기도 힘들 정도로 많지만,[436] 이 시대의 관계에 가득했던 탐재의 풍조와
관련하여 업도의 영군장군이었던 사적복련(厙狄伏連)의 탐재는 특히 유명하
다.[437] 이렇게 볼 때 매관육작, 회뢰(賄賂)의 수납, 인민의 가렴주구, 재혼의 풍
습 등이 동위-북제의 특징이라고 해도 과언이 아니다. 수뢰 적발이 적수를
실각시키는 방법으로 사용되기도 하였지만,[438] 수뢰 방지 역할은 하지 못한
것 같다. 이런 상황이 은행정치가 나타날 수 있는 여건이 된 것이다.

2. 서역상호의 활동과 그 영향

앞 절에서 한인문관의 은행화 경향을 거론했지만, 이 시대 은행은 서역
상호 출신이 그 주류를 이룬다. 동위-북제시대에 이른바 서역상호가 하나
의 정치세력으로 등장하였다. 이것은 북제사회에 서역인이 그만큼 많았다
는 이야기인데, 그들의 활약도 다방면에 걸친 것으로 파악된다. 특히 북제에
이들 서역상호가 많은 것은 북위 낙양에 와 있던 서역상호들이 대거 업도로
이동하였고, 북제의 상업 발달이 그 원인일 것이다. 특히 이들은 '(서역)상
호'[439]라거나 혹은 '부호'[440]로도 지칭되기 때문에 상인으로서의 역할이 가
장 두드러졌다고 할 수 있다. 그들이 활약하는 무대는 경제적 선진지대인 업

---

435 『北齊書』卷42 盧潛傳, pp.555~556, "潛在淮南十三年, 任總軍民, 大樹風績, 甚爲陳人所憚,
…. 諸商胡負官責息者, 宦者陳德信縱其妄注淮南富家, 令州縣徵責".
436 『北齊書』卷18 孫騰傳, p.235, "及高祖置之魏朝, 寄以心腹, 逢志氣驕盈, 與奪由己, 求納
財賄, 不知紀極, 生官死贈, 非貨不行, 餚藏銀器, 盜爲家物, 親狎小人, 專爲聚斂. 在鄴, 與高
岳·高隆之·司馬子如號爲四貴, 非法專恣, 騰爲甚焉".
437 『顏氏家訓』卷1 治家第5, p.45, "鄴下有一領軍(厙狄伏連), 貪積已甚, 家童八百, 誓滿一千, 朝
夕每人肴膳, 以十五錢爲率, 遇有客旅, 更無以兼, 後坐事伏法, 籍其家産, 麻鞋一屋, 弊衣數
庫, 其餘財寶, 不可勝言".
438 谷川道雄, 「北齊政治史と漢人貴族」, 1998, p.308.
439 『北齊書』卷50 恩倖 和士開傳, p.686, "和士開, 字彦通, 淸都臨漳人也. 其先西域商胡, 本姓
素和氏".
440 『北齊書』卷34 楊愔傳, p.457, "愔嘗見其(高隆之)門外有富胡數人".

도였을 것이다. 북제가 망한 후 이른바 '의관사인'을 관내로 옮기자 업도는 '기교(技巧)·상판(商販) 및 악호지가(樂戶之家)'로 채워졌다는 지적을[441] 본다면, 이들이 당시 업도 주민에서 차지하는 비율이 적지 않음을 알 수 있다. 북제군의 선봉대를 구성하는 정예 중에 '서역병'의 명궁수가 있었다는 사실도 전해지는데,[442] 이로 볼 때 북제 군사 중에 서역병이 상당수 있었음이 짐작된다. 그보다 서역인이 우리의 관심을 끄는 것은 은행과 서역과의 관계 때문이다. 북제시대의 서역과 관련된 은행은 두 가지 부류로 구별되는데, 첫째는 서역상호, 호인악공, 구자잡기 등으로 불리는 서역 여러 소수민족 출신들이다. 그 대표적 인물이 화사개와 하공진(何洪珍)[443]이다. 둘째는 환관·관노·창두·가무인·견귀인 등(간혹은 훈귀도 포함되어 있다.)으로 불리는 부류이다. 이들은 원래 서역호인이 아니지만 서역호인화된 자들로 '삼귀(三貴)'[444]로 호칭되는 목제파(穆提婆)·고아나굉(高阿那宏)·한봉(韓鳳: 字는 長鸞) 등이 대표적 인물이다.[445]

그러면 왜 서역인, 그것도 상호가 은행으로 등장하고 활발하게 활동하게 되었을까? 사실 중서관계를 다룬 전문저서에서도 동위-북제와 서역의 관계는 다루지 않고 있다.[446] 그것은 서위-북주에 의해 서역으로 통하는 길이 막

---

441 『隋書』卷73 循吏 梁彦光傳, p.1675, "初, 齊亡後, 衣冠士人遷關內, 唯技巧·商販及樂戶之家移實州郭".

442 『陳書』卷31 蕭摩訶傳, pp.409~410, "時齊遣大將尉破胡等率衆十餘萬來援, 其前隊有'蒼頭'·'犀角'·'大力'之號, 皆身長八尺, 膂力絶倫, 其鋒甚銳. 又有西域胡, 妙於弓矢, 弦無虛發, 衆軍尤憚之".

443 『北齊書』卷50 恩倖 何海及子洪珍傳, p.694, "又有何海及子洪珍皆為王, 尤為親要. 洪珍侮弄權勢, 鬻獄賣官. 又有史醜多之徒胡小兒等數十, 咸能舞工歌, 亦至儀同開府·封王".

444 『北史』卷92 恩幸 韓鳳傳, p.3052, "(韓鳳)與高阿那肱, 穆提婆共處衡軸, 號曰三貴. 損國害政, 日月滋甚".

445 이들 3명 가운데 韓鳳과 高阿那肱은 北齊政權 성립기에 크게 공헌한 가문 출신이므로 이들을 따로이 '北族系恩倖'으로 분류하기도 한다(岩本篤志,「'齊俗'と'恩倖'—北齊社會の分析」,『史滴(早稻田大學)』18, 1996, p.54).

446 余太山,『兩漢魏晋南北朝與西域關係史研究』, 北京: 中國社會科學出版社, 1995.

혀 있다는 선입견 때문일 것이다. 그러나 동위-북제는 서역에 위치한 여러 나라, 심지어는 동로마제국과도 부단히 교류를 시도하였고, 교류도 적극적으로 추진하였다. 그 중계 역할을 담당한 나라는 북방의 유연과 돌궐이었다. 동위 홍화 연간(興和: 539~543)에 토욕혼이 동위와 적대관계에 있던 서위를 통하지 않고 북방의 유연을 거쳐서 동위와의 연결을 시도하더니, 결국 서로 혼인관계를 맺을 정도로 적극적으로 교류에 나섰다.[447] 이에 서위는 토욕혼의 사신단이 동위에서 돌아가는 것을 알아차리고 그들을 습격하였다. 그때 "복야 걸복촉장·장군 적번밀과 상호 240명, 낙타와 노새 600두, 여러 색깔의 비단명주실이 만으로 계산되는 양을 부획하였다"라 전하고 있다.[448] 여기에서 북제와 토욕혼의 접촉이 무엇을 위한 것인가를 대강 짐작할 수가 있다. 특히 사신단 중에 '상호 240명'이라는 대규모의 상인집단이 포함되어 있었다는 점, '타라600두(駝騾六百頭)'에 의해 '잡채사견이만계(雜綵絲絹以萬計)'가 운반되고 있었다는 사실 때문이다. 이 가운데 상호가 어떤 나라 사람인지는 구체적으로 표현되어 있지 않다. 그러나 대체로 상호는 중국사서에 나오는 이른바 '서역상호'와 출신 지역이 같으며, 넓은 의미의 소그드(Sogd: 粟特, 粟弋)[449]상인이라 할 수 있다. 이들은 북위시대부터 당대에 걸쳐 무역에서 크게 활약하였다.

555년 유연을 대신해서 몽골고원을 통일하고 새로운 패자가 된 돌궐에 대

447 『北史』卷96 西域 吐谷渾條, pp.3186~3187, "興和中, 齊神武作相, 招懷荒遠, 蠕蠕旣附於國, 夸呂遣使致敬. 神武喩以大義, 徵其朝貢, 夸呂乃遣使人趙吐骨眞假道蠕蠕, 頻來東魏. 又薦其從妹, 靜帝納以爲嬪. 遣員外散騎常侍傳靈檦使於其國. 夸呂又請婚, 乃以濟南王匡孫女爲廣樂公主以妻之. 此後朝貢不絶".

448 『北史』卷96 西域 吐谷渾條, p.3187, "是歲, 夸呂又通於齊. 涼州刺史史寧覘知其還, 襲之於州西赤泉, 獲其僕射乞伏觸狀, 將軍翟潘密, 商胡二百四十人, 駝騾六百頭, 雜綵絲絹以萬計".

449 당시 소그드 지방은 사마르칸트(Samarkand)를 비롯하여 부하라(Bukhārā: 安國), 카샤나(Kashāna: 史國), 쿠샤니아(Kushānia: 何國), 카브타나(Kapūtana: 曹國), 마이마르그(Maimarg: 米國) 등 많은 오아시스국가들이 분립하고 하고 있었는데, 昭武姓의 國王을 추대하고 있었기 때문에 '九姓昭武'라 총칭되고 있다.

해 서위-북주와 동위-북제는 화평우호관계를 유지하기 위해서 경쟁적으로
통혼관계를 맺으려 노력하였다. 그러나 돌궐에게 필요한 것은 비단이었지,
통혼관계를 통한 국제적 위상 제고는 아니었다. 북주가 해마다 '증서금채십
만단[繪絮錦綵十萬段]'을 보내주고, 북제도 '창고를 기울여 보내주었다[傾府藏
以給之]'고 할 정도로 양측이 모두 돌궐을 자기편으로 끌어들이려고 하였다.
그러나 돌궐은 중원의 서로 적대하는 양국을 잘 이용하여 비단을 얻는 것에
만 관심이 있었다.[450] 이 경쟁 과정에서 견 생산지인[451] 북제 측이 보다 유리
한 입장이었던 것은 당연하다. 북제의 견이 얼마나 생산되었으며 어떤 식으
로 유통되었는가는 확실하지 않다. 대체로 "금백부고를 관장하여 기물을 만
드는[掌金帛府庫 營造器物]" 태부시(太府寺) 밑의 중상방(中尙方)이 정주주릉국
(定州紬綾局)을 통령해서 견 생산을 담당하고 있었던 것 같다.[452]

이렇게 유입된 비단은 돌궐의 왕후, 귀족들에게 사여되기도 했지만 서방
의 사산조페르시아나 동로마제국에 수출되었다. 그 수송과 판매는 당시 동
서 무역에서 활약하고 있는 돌궐 독립 이전부터 이미 돌궐에 와 있던 소그드
상인이 맡았다. 당시 돌궐이 서방으로 영토를 확장하였는데 새로 그 지배를
받게 된 소그드상인의 활약은 더욱 빛을 발하게 되었다.[453] 실제 비단무역에

450 『北史』卷99 突厥傳, p.3290, "自俟斤(伊利可汗)以來, 其國富强, 有凌轢中夏之志. 朝廷旣與
之和親, 歲給繪絮, 錦綵十萬段. 突厥在京師者, 又厚以優禮, 衣錦食肉, 常以千數. 齊人懼其寇
掠, 亦傾府藏以給之. 他鉢彌復驕傲, 乃令其徒屬曰: '但使我在南兩箇兒孝順, 何憂無物邪?'".
451 『魏書』卷110 食貨志, pp.2852~2853에 "太和八年, … 所調各隨其土所出. 其司·冀·雍·華
·定·相·泰·洛·豫·懷·兗·陝·徐·青·齊·濟·南豫·東兗·東徐十九州, 貢綿絹及絲, 幽·平
·幷·肆·岐·涇·荊·涼·梁·汾·秦·安·營·闗·夏·光·郢·東泰·司州萬年·雁門·上谷·靈
丘·廣寧·平涼郡·懷州邵上郡之長平, … 皆以麻布充稅."라 되어 있다. '麻布之土'는 秦隴
지역과 주변 군이 많은 반면, 山東地域은 거의 桑鄕이다. 그리고 『顏氏家訓』卷1 治家第5,
p.51에서는 "河北婦人, 織紝組紃, 黼黻錦繡羅綺之工, 大優於江東矣."라 하였다.
452 『隋書』卷27 百官志中, p.757, "太府寺, 掌金帛府庫, 營造器物. … 中尙方, 又別領別局, 涇州
絲局, 雍州絲局, 定州紬綾局四局丞".
453 소그드는 유사 이래 거의 異民族, 특히 遊牧民族의 지배를 받아서 그들에게 收奪을 당했
지만, 이들 支配勢力의 힘을 빌려서 通商網을 확대하여 끊임없이 通商活動을 강화해 온
것이 특징이다(羽田明, 「ソグド人の東方活動」, 『岩波講座 世界歷史』 6 古代6, 東京: 岩波書

적극적인 것은 돌궐만이 아니었다. 동로마제국도 사산조페르시아도 돌궐
발흥 이전부터 중국의 비단을 구하기 위해 엄청난 노력을 했다는 것은 이미
알려진 사실이다. 돌궐은 6세기 중엽부터 페르시아와 접경하고,[454] 카스피
해 북쪽으로 동로마제국과 교역의 길을 열었다. 비단이 중국에서 서방으로
운반되는 통로는 육로와 해로 두 가지가 있었고, 육로는 중앙아시아의 유목
민족이, 해로는 인도양의 상선이 중계를 담당하였다. 동로마제국의 황제 유
스티니아누스 2세(Justinianus II)는 중간 판매의 수탈을 피하기 위해 양잠
을 제창하기도 하였다. 잠란(蠶卵)이 동로마제국에 전래된 시기는 북제 건국
다음 해인 551년이었다. 그러나 양잠은 발달하지 못하였고, 비단은 무역에
의존할 수밖에 없었다. 페르시아인은 육·해 양로의 중계이익을 챙기기 위
해 무역을 방해하였다. 소그드인은 당시 돌궐에 속해 있었는데 페르시아인
이 비단무역을 독점하려 하자 (서)돌궐 실점밀가한(室點密可汗)은 페르시아
에 사신을 보내어 교섭할 것을 청하였다. 페르시아는 그 교섭에 응하지 않았
을 뿐만 아니라 돌궐사신마저 가해하였다. 567년 돌궐은 다시 동로마제국
에 사신을 보내어 통상을 구하고,[455] 그 통상관계가 공고해지는 것을 계기로
동로마제국과 페르시아의 20년(571~590)대전이 일어났다. 전쟁의 결과 동
로마제국과 페르시아 모두 상처를 입고 신흥 대식국의 침탈을 받게 되었고,
거기에 관여했던 돌궐도 타격을 입었다. 특히 돌궐은 동서로 분열되었다. 그
후 서돌궐이 중국·동로마제국·페르시아·인도 4개국 사이의 무역을 중개

店, 1971, p.425).

454 556년경 突厥의 室點密(이스테미)可汗과 사산조페르시아의 호스로우(Khosraw A.)1세
(r.531~579)가 에프탈(Hephtal)을 협공하여 소그디아나는 돌궐이, 박트리아는 페르시
아가 나누어 가짐으로써 接境하게 된 것이다(René Grousset, L'Empire des Stppes,
Paris: Payot, 1939; 김호동 등 역, 『유라시아유목제국사』, 서울: 사계절, 1998, p.142).

455 이 당시 달간(達干: Tarqan)이라는 突厥語의 칭호를 가진 소그드인의 使節 마니악
(Maniach)을 사산조페르시아에 파견하였으나 실패하고, 재차 마니악을 서방 최대 絹
소비국인 동로마제국에 파견해서 우호관계를 맺는다(羽田明, 「ソグド人の東方活動」, 1971,
p.426).

하였다.[456]

동로마제국의 비단 수요는 대단했는데, 사산조페르시아와 돌궐은 그 중개료를 챙겼다. 특히 중개자인 돌궐에 주목할 필요가 있다. 즉 돌궐은 흉노와 그 유형을 달리하는 북방 유목국가라는 점이다. 돌궐은 그 근거지를 동방에 두지 않고 다른 유목국가들보다 서방 지역 가까이에 두고 있으며 현실적으로 그들의 강역이 카스피해까지 미치고 있다는 점이 흉노와 다르다. 특히 돌궐 내에는, 상행위에 능한 소그드인들이 활약하면서[457] '호부(胡部)'라든가, '부락' 등으로 표현된 소그드인만의 집단, 즉 Colony가 형성되어 있었다고 흔히 지적되는데,[458] 이들을 경내에 포함하고 있는 돌궐이 동서 비단무역에서 차지하는 위치가 다른 북방유목국가와는 달랐을 것이다. 직접적인 비교는 불가능하지만 동서 무역과 관련해서는 돌궐이 몽골제국과 비슷한 측면이 있다.

돌궐을 거쳐 들어온 상인들이 동위-북제에 가져온 물건이 무엇인지 확실하지 않지만 돌궐마가 비단을 사기 위한 대체품으로 이용된 것은 확실하다.[459] 동위-북제에서의 서역상호는 이미 북위 이래 중원에 거주해 왔던 사람들로, 흡사 원대의 색목인, 그리고 알탈(斡脫: Ortaq)의 활동과 유사한 면

---

456 傅樂成,「突厥的文化和它對鄰國的關係」,『漢唐史論集』, 1977, pp.296~298.

457 동로마제국과 突厥 간 사신이 오갈 수 있게 突厥可汗을 움직인 데는 소그드인의 활동이 있었으며, 突厥과 北周·北齊와의 交涉에 있어서도 그 배경에는 역시 소그드인의 역할이 상정된다(後藤勝,「東魏·北齊朝の西域人」,『聖德學園岐阜教育大學紀要』19, 東京: 1990, p.52).

458 Edwin G. Pulleyblank, A Sogdian Colony in Inner Mongolia, T'oung Pao XLI 4-5, 1952; 護雅夫,「東突厥內部におけるソグド人」,『古代トルコ民族史研究 I』, 東京: 山川出版社, 1967, pp.70~71.

459 『北齊書』卷42 盧潛傳, pp.555~556, "潛在淮南十三年, 任總軍民, 大樹風績, 甚爲陳人所憚. … 諸商胡負官責息者, 宦者陳德信縱其妄注淮南富家, 令州縣徵責. 又勅送突厥馬數千疋於揚州管內, 令土豪貴買之. 錢直始入, 便出勅括江·淮間馬, 並送官廐. 由是百姓騷擾, 切齒嗟怨. 潛隨事撫慰, 兼行權略, 故得寧靖".

이 발견된다.[460] 서역상호들은 원활한 상행위를 위해 권력을 잡아야 했고, 권력을 잡으려면 황제에 접근하는 것 이상 확실한 방법이 없음을 잘 알고 있었다. 북제조정으로 눈을 돌려 보면, 서역상호들이 황제들의 호의를 살 수 있는 합당한 조건을 가지고 있었다. 선비 종실과 훈귀는 친척 혹은 훈공을 내세우면서 그에 합당한 권력을 요구하고, 수시로 황권에 도전하였다. 한인문벌, 특히 산동귀족들은 문벌과 의례 명분을 내세웠다. 그러나 서역상호는 황제나 황후가 좋아하는 것을 모두 마련해 주었다.[461] 그들은 선비어에 능하여 자유롭게 대화할 수 있을 뿐만 아니라, 여러 가지 언어에 숙달하여 사신[行人]으로서, 상인으로서 능력을 발휘하여 서방에서 출산되는 진귀한 물건들을 구해 주었다.

또한 그들은 잡기에 능하여 황제와 같이 여흥을 즐겼으며, 음악에도 능하여 항상 황제의 귀를 즐겁게 해주었다. 서역 출신, 특히 조국(曹國) 출신들은 명악공 혹은 명화가로 유명한데, 조승노(曹僧奴)의 딸은 후주 고위의 소의(昭儀)가 되었으며, 비파로 유명한 조묘달(曹妙達)은 개부봉왕에 이르렀고, 조중달(曹仲達)은 북제의 유명한 화가가 되었다.[462] 당대의 비파의 명수 가운데 조

---

460 羽田亨은 「頡利每委任諸胡」(『舊唐書』 卷144上 突厥傳, p.5159) 기사를 두고 이후 몽골시대와 같이 突厥에 와 있던 소그드인에게 頡利可汗이 政治를 위임하였다고 해석하였다(「漠北の地と康國人」, 『羽田博士史學論文集·歷史篇』, 京都: 京都大學東洋史硏究會, 1957, pp.397~398). 이렇게 볼 때, 北齊에서의 소그드인의 다양한 活動은 드문 일이 아니다.

461 예컨대 北周의 叱奴皇后가 죽었을 때, 北齊는 弔問使로써 薛孤(延)·康買를 파견하고 동시에 商胡를 동행시켰다. 康買는 그 이름에서 康國(Samarkand) 출신임을 알 수 있으며, 이때 동행했던 商胡는 비단을 가지고 가서 眞珠를 사오려 하였다(『北齊書』 卷9 後主 穆后傳, p.128, "屬周武遭太后喪, 詔侍中薛孤·康買等爲弔使, 又遣商胡齎錦綵三萬疋與弔使同往, 欲市眞珠爲皇后造七寶車, 周人不與交易, 然而竟造焉").

462 『北史』 卷92 恩幸傳 末, pp.3055, "武平時有胡小兒, 俱是康阿馱·穆叔兒等富家子弟, 簡選黠慧者數十人以爲左右, 恩眄出處, 殆與閹官相埒. 亦有至開府儀同者. 其曹僧奴·僧奴子妙達, 以能彈胡琵琶 甚被寵遇, 俱開府封王. 又有何海及子洪珍, 開府封王, 尤爲親要. 洪珍侮弄權勢, 鬻獄賣官. 其何朱弱·史醜多之徒十數人, 咸以能舞工歌及善音樂者, 亦至儀同開府. … 至於胡小兒等, 眼鼻深險, 一無可用, 非理愛好, 排突朝貴, 尤爲人士之所疾惡. 其以音樂至大官者: 沈過兒, 官至開府儀同; 王長通, 年十四五便假節, 通州刺史".

씨(曹氏) 출신이 많았는데 조보(曹保)와 아들 선재(善才), 손자인 강(綱)이 그들이다.[463] 특히 서역에서 전래된 구자악과 비파, 그리고 악삭(握槊)이 북제 조정에 얼마나 유행하고 황제, 종실 훈귀들에게 얼마나 애호되었는가는 이미 잘 알려진 사실이다. 화사개가 비파와 악삭으로써 무성제에게 등용되어 권귀일세한 것은 주지의 사실이다.[464] 조정(祖珽)이 특히 비파에 능하였다는 것도 흔히 이야기되는 사실이다.[465] 특히 조정은 음악 전반에 능통하고, 사이어(四夷語)가 능숙하였으며, 음양점후와 의술에 능하여 호족군주에 영합될 수 있는 기예를 두루 갖춘 사람이었다. 그가 음악을 하고 화사개가 호무를 추자 무성제는 더 이상 즐거움을 구할 수가 없다 할 정도였다.[466] 이처럼 서역음악은 고징(문양)에서 무성제 시기로, 그리고 후주시대로 이어지면서 그 탐닉 강도가 더욱 심해져 결국 북제는 망국으로 내달렸다고 하니[467] 그 영향력이 어떠했는지는 상상되는 바이다.

　서역음악은 북제뿐 아니라 다른 중국왕조에도 영향을 미쳤다. '불호성기

463　向達, 『唐代長安與西域文明』, 北京: 三聯書店, 1957, p.19.

464　『北齊書』卷50 恩倖 和士開傳, p.686, "和士開, … 其先西域商胡, 本姓素和氏. … 世祖性好握槊, 士開善於此戲, 由是遂有斯擧. 加以傾巧便僻, 又能彈琵琶, 因此親狎. 嘗謂王曰: '殿下非天人也, 是天帝也.' 王曰: '卿非世人也, 是神世也.' 其深相愛如此"; 『北史』卷92 恩幸 和士開傳, p.3043, "天保初, 武成封長廣王, 辟士開開府行參軍, 武成好握槊, 士開善此戲, 由是遂有斯擧. 加以傾巧便僻, 又能彈胡琵琶, 因致親寵".

465　『北齊書』卷39 祖珽傳, p.514, "(祖珽)又自解彈琵琶, 能爲新曲, 招城市年少歌儛爲娛, 遊集諸倡家. 與陳元康·穆子容·任胄·元士亮等爲聲色之遊. 諸人嘗就珽宿, 出山東大文綾幷連珠孔雀羅等百餘疋, 令諸嫗擲樗蒲睹之, 以爲戲樂".

466　『北齊書』卷39 祖珽傳, p.516, "珽天性聰明, 事無難學, 凡諸伎藝, 莫不措懷, 文章之外, 又善音律, 解四夷語及陰陽占候, 醫藥之術尤是所長. 文宣帝雖嫌其數犯憲, 而愛其才伎, 令直中書省, 掌詔誥. … (武成)帝於後園使珽彈琵琶, 和士開胡舞, 各賞物百段".

467　『隋書』卷14 音樂志中, p.331, "雜樂有西涼鼙舞·淸樂·龜玆等. 然吹笛·彈琵琶·五絃及歌舞之伎, 自文襄以來, 皆所愛好. 至河淸以後, 傳習尤甚. 後主唯賞胡戎樂, 耽愛無已. 於是繁手淫聲, 爭新哀怨. 故曹妙達·安未弱·安馬駒之徒, 有至封王開府者, 遂服簪纓而爲伶人之事. 後主亦自能度曲, 親執樂器, 悅玩無倦, 倚絃而歌. 別採新聲, 爲無愁曲, 音韻窈窕, 極於哀思, 使胡兒閹官之輩, 齊唱和之, 曲終樂闋, 莫不殞涕. 雖行幸道路, 或使馬上奏之, 樂往哀來, 竟以亡國".

(不好聲伎)'라고 평가받는 수 문제도 서역음악은 좋아하여 항상 비파를 타고 노래를 지었으며,[468] 즉위 후에는 악부를 설치하고 칠부기(七部伎)를 정하였다. 칠부기 중 국기(國伎)는 서량악(西涼樂)으로 이것은 '구자의 소리가 변하여 된 것[變龜玆聲爲之]'이라 하니, 그 주체는 구자악이었다.[469] 문강기(文康伎) 중에도 역시 서역악무의 성분이 있으며, 그 나머지 구자기·안국기·천축기 등은 모두 순수한 서역악무였다.[470] 이렇게 수대 칠부기 중 서역악이 차지하는 비율이 절대 다수를 차지하고 있다. 수 양제도 악부를 확충하여 구부기를 정하였는데,[471] 그 가운데 고려악과 청악(淸樂)을 제외하고는 모두 서역악무이거나 서역 성향이 농후한 악무였다. 서역음악이 중국에 유입된 지 오래이고, 또 북제만의 사정이 아닌 데도[472] 그 폐해가 망국에까지 이르게 한 데에는 다른 이유가 있을 것이다. 음악을 즐기는 도를 넘어 '탐닉'으로 빠졌기 때문이다.

호희의 하나인 악삭은 북위시대부터 한인들 사이에 유행하기도 하였다.[473] 지금의 주사위놀이와 같은 것으로 보이는데, 구체적으로 어떤 놀이였는지에 대해서는 호삼성의 설명이 유용하다.[474] 이 놀이에 북제의 황제들이

---

468 『隋書』卷15 音樂志下, p.354, "高祖(楊堅)龍潛時, 頗好音樂, 常依琵琶, 作歌二首, 名曰 '地厚'·'千高', 託言夫妻之義".

469 『隋書』卷15 音樂志下, pp.376~377, "始開皇初定令, 置七部樂: 一曰國伎, 二曰淸商伎, 三曰高麗伎, 四曰天竺伎, 五曰安國伎, 六曰龜玆伎, 七曰 文康伎. 又雜有疏勒·扶南·康國·百濟·突厥·新羅·倭國等伎".

470 錢伯泉, 「西域樂舞在北朝文化中的地位」, 『北朝研究』 1991-下(總5期), p.58.

471 『隋書』卷15 音樂志下, p.377, "及大業中, 煬帝乃定淸樂·西涼·龜玆·天竺·康國·疏勒·安國·高麗·禮畢, 以爲九部. 樂器工衣創造旣成, 大備於玆矣".

472 『隋書』卷15 音樂志下, p.378, "西涼者, 起苻氏之末, 呂光·沮渠蒙遜等, 據有涼州, 變龜玆聲爲之, 號爲秦漢伎. 魏太武旣平河西得之, 謂之西涼樂. 至魏·周之際, 遂謂之國伎. 今曲項琵琶·豎頭箜篌之徒, 並出自西域, 非華夏舊器".

473 『魏書』卷91 藝術 蔣少游傳, p.1972, "趙國李幼序, 洛陽丘阿奴並工握槊, 此皆胡戲, 近入中國. … 世宗以後, 大盛於時".

474 『資治通鑑』卷157 梁紀13 武帝 大同 3년(537) 9月條, p.4882, "(高)敖祖與北豫州刺史鄭嚴祖握槊(胡注曰: … 握槊, 亦博塞之戲也. 劉禹錫『觀博』曰: '初, 主人執握槊之器, 置于廡下, 曰: '主進者要約之'. 旣揖讓, 卽次. 有博齒, 齒異乎古之齒, 其制由骨, 觚稜四均, 鏤以朱墨, 藕

얼마나 빠져 있었는지에 대해서는 다음 이야기를 통해서 짐작할 수 있다. 후주 무평(武平) 4년(573) 남조 진의 대장 오명철(吳明徹)이 북정하여 북제의 수양성(壽陽城)을 함몰시키자 행신(倖臣) 한봉과 목제파가 그 소식을 듣고도 악삭을 끝내지 않았고, 후주는 후주대로 오로지 구자악을 익히는 데만 집중하였다.[475] 특히 황하를 경계로 남쪽은 진에게 할양하고 이북만으로 '구자국'을 만들려고 하였는데, 당시 목제파 등 소수인뿐만 아니라 후주 및 폐신(嬖臣)들 대부분이 그렇게 생각하고 있었다.[476] 한편 화사개는 무성제의 황후 호씨의 방에서 악삭을 하다가 난음에 빠지기에 이르렀다.[477] 이를 통해 당시 악삭과 서역악무가 후주와 같은 황제뿐만 아니라, 황후, 종실, 훈귀들에서 차지하는 비중을 알 수 있다.[478]

이것들이 왜 북제조정에 그렇게 유행했는지에 대해서는 명확하지 않다. 진인각은 북제 업도에서 서역 호음악이 크게 성한 것에 대해 업도 자체가 서호화했기 때문이며, 그것은 북위 낙양의 유풍을 이은 것으로 수대로 유전되어 당 초(唐初)의 음악도 여기에서 영향을 받은 것이라고 하였다. 그리고 북위시대 낙양에 이미 만여 가구나 되는 귀화 서역호인이 살고 있었다는 사실

而合數, 取應日月, 視其轉止, 依以爭道. 是制也行之久矣, 莫詳所祖, 以其用必投擲, 以博投詔之.' 又, 爾朱世隆與元世儁握矟, 忽聞局上該然有聲, 一局子盡倒立, 世隆甚惡之, 旣而及禍. 李延壽曰: 握矟, 此蓋胡戲, 近入中國, 云胡王有弟一人, 遇罪, 將殺之, 從獄中爲此戲上之, 意言孤則易死也)".

475 『北齊書』卷50 恩倖 韓鳳傳, p.692, "壽陽陷沒, 鳳與穆提婆聞告敗, 握矟不輟, 曰: '他家物, 從他去.' 後帝於黎陽臨河築城戍, 曰: '急時且守此作龜茲國子, 更可憐人生如寄, 唯當行樂, 何因愁爲?' 君臣應和若此".

476 『資治通鑑』卷171 陳紀 宣帝 太建 5年(573) 9月條, p.5329, "齊穆提婆·韓長鸞聞壽陽陷, 握矟不輟, 曰: '本是彼物, 從其取去' 齊主聞之, 頗以爲憂, 提婆等曰: '假使國家盡失黃河以南, 猶可作一龜茲國. 更可憐人生, 唯當行樂, 何用愁爲!' 左右嬖臣因共贊和之, 帝卽大喜, 酣飮鼓舞, 仍使於黎陽臨河築城戍(胡注曰: 懼陳兵之來, 眞欲畫河自保.)".

477 『北史』卷92 恩幸 和士開傳, p.3046, "武成時, 恒令士開與太后握矟, 又出入臥內, 遂與太后爲亂".

478 陳寅恪, 『隋唐制度淵源略論稿』卷5 音樂, 1982, p.122, "夫握矟, 西域戲也, 龜茲, 西域國也. 齊室君臣于存亡危急之秋, 猶應和如此, 則其西胡化之度可知".

을[479] 인용하면서 그 후 동위가 업으로 천도하자 이 호인들이 따라서 이사하였다고 정리하였다.[480] 그러나 북위시대나 당제국에서는 서역음악이 망국지음이 아니었는데, 동위-북제에서 타락하고 유희화된 것을 어찌 서역인의 수나 당시 서역인의 유별남 때문이라고 할 수 있겠는가?

국가의 흥망 원인은 외부에 있다기보다는 내부에 존재하며, 그것은 '풍속의 양부에 있다'고 한다.[481] 이른바 '제속(齊俗)'을 역대 사가들이 매우 좋지 못하게 평가했다는 점에서[482] 그 패망은 당연한 것이다. 그 풍속은 당시 사회의 지도자의 조행(操行: 사풍)에 의해 좌우된다고 한다면, 그 책임은 당시 호한 지배층에 있었다고 할 수밖에 없다. 그들은 국가와 사회를 위해 힘쓰기보다 자신의 입지를 위해 노력했고, 그것을 방조한 것은 황제를 비롯한 종실이었다. 특히 동시대에 경쟁했던 서위-북주와 비교하면 그 점은 더욱 두드러진다. 북제 관계에서 서역상호의 활약 배경에는 북제의 황제를 비롯한 종실의 나태와 호한 관료의 분열이 소재하고 있었던 것이다. 서역상호의 능력에서만 찾아서는 안 된다.

동위-북제는 서위-북주와 같은 시대에 양립했던 왕조였으나 그 존망의 결과는 달랐다. 국가 역량의 집중도에 좌우된 결과였다. 서위-북주가 호한을 융합하여 국력을 한곳에 모았다면, 동위-북제는 시종 호와 한이 분열·대립으로 일관하여 국력을 분산·소모했던 것이다. 서역상호의 활동의 다름 배경도 거기에 있었던 것이다.

---

479 『洛陽伽藍記』 卷3 城南永橋以南圜丘以北伊洛之間夾道有四夷館條 및 菩提寺條.
480 陳寅恪, 『隋唐制度淵源略論稿』 卷5 音樂, 1982, pp.122~123.
481 宮崎市定, 「漢末風俗」, 『アジア史研究』 2, 京都: 同朋舍, 1974, p.95.
482 『隋書』 卷24 食貨志, p.681, "是時山東尙承齊俗, 機巧姦僞, 避役惰遊者十六七"; 『關東風俗傳』(『通典』 卷2 食貨2 田制下 北齊條 所引), p.28, "亦有懶惰之人, 雖存田地, 不肯肆力, 在外浮遊".

제 5 장

서위-북주시대 호한체제의 전개
— 호성재행(胡姓再行)의 경과와 그 의미 —

I. 머리말

　서위-북주왕조의 전개는 동위-북제와 마찬가지로 북위 효문제의 이른바 '한화정책'으로 인해 유발된 북위 말 '육진의 난'의 결과에 크게 영향을 받았다. 북위 말의 여러 반란이 오호십육국시대 이래 전개되어 온 호한체제의 큰 전환점이 되었는데, 특히 동위·서위 및 북제·북주시대에는 호한체제를 새로이 구축하려는 노력이 경주되었으며, 이것의 성패가 양 세력의 경쟁 과정 및 그 결과와 밀접하게 연관되어 있다. 그런 점에서 그 경쟁에서 승리한 서위-북주의 호한체제에 대하여 더욱 관심이 가는 것은 당연하다. 서위-북주왕조가 채용한 가장 기본적인 두 가지 정책은 첫째, 북위 효문제 시기의 한화정책으로 사용이 금지된 호성(胡姓)을 다시 쓰도록 한 '호성재행' 조처와 둘째, 통치이념인 '주례(周禮)' 채용이다. 일견 호족과 한족의 가장 대립적인 두 요소를 포괄하는, 따라서 가장 극단적인 입장을 병렬시킨 것 같은 이 양대 정책을 채용한 구체적 이유를 해명하는 것이 서위-북주시대를 이해하는 데 가장 중요하다.

『주서』 및 『북사』 등 정사류나 당시의 전적들에서는 서위-북주왕조가 지향했던 정책 방향의 두 가지 지주인 이들의 채용 이유, 시행상 문제점, 그리고 시행 이후 나타난 정책적 효과 등에 대해서 구체적인 언급이 없다. 따라서 종래 학계에서는 이 문제들을 두고 다양한 견해가 제시될 수밖에 없었다. 그럼에도 불구하고 이 문제를 이 장의 주제로 삼은 것은 종래에 제시된 견해들이 한편으로는 진실성을 갖고 있음에도 불구하고 상기한 두 극단적인 정책 채용을 순조롭게 연결시키지 못하고 있기 때문이다. 필자는 두 가지 정책이 역접의 관계가 아닌 순접의 관계였다고 파악하고 있다. 이 장에서는 '호성재행' 문제만을 분석하려 한다.

서위-북주시대의 '호성사여(이하 賜姓)' 문제에 대한 종래 학계의 여러 주장을 살펴보자. 근대사학이 성립한 후 먼저 이 문제에 관심을 갖게 된 것은 수당왕조의 출자(出自)를 둘러싼 논쟁과[1] 관련된 것이었다. 즉 수당 지배집단의 원류를 호족으로 볼 것이냐 혹은 (호화된) 한족으로 볼 것이냐 하는 것이 논쟁의 주된 쟁점이었다. 따라서 이 문제를 소급하면 반드시 서위-북주시대의 사성 문제와 연관될 수밖에 없었다. 그러나 이 논쟁은 사성 문제 자체에 있는 것이 아니기 때문에 사성의 목적에 대한 치밀한 논증은 이루어지지 않았다. 다만 논쟁 과정에서 서위의 문제(文帝)·폐제(廢帝)·공제(恭帝) 시기에 실시된 사성 중, 특히 한족에 대한 '우문씨'의 사여와 연관하여 우문

---

1 이 論爭은 胡族으로 보는 王桐齡, 金井之忠, 布目潮渢과 胡化된 漢族으로 보는 朱希祖, 陳寅恪 사이에서 전개된 것이었다.

태가 서위 황실을 전복하기 위해서 한족들에게 친근함을 보여 '인심을 농락
하여 자기 용도로 거두려[牢籠人心 收爲己用]'했다는 해석이 제시되기도 하였
다.[2] 그 후 이 문제는 일본학계에서 논쟁거리의 하나로 등장하였다. 일본학
계에서의 쟁점은 '호성재행' 자체가 새로운 씨족분정(氏族分定)이냐 아니냐
하는 문제, 즉 그것이 문벌주의(門閥主義)의 극복이냐, 아니면 문벌주의의 새
로운 재편이냐 하는 것이었다. 예컨대 한족성족에 '노성(虜姓: 胡姓)'을 부여
해서 한만(漢蠻)을 섞고 문벌과 한문을 식별하기 어렵게 하고, 또 동일 종족
에게 여러 가지 다른 노성을 분여함으로써 대문벌의 발생·진출을 방지하
는 데 목적이 있다[3]는 학설이 제기되었다. 이런 해석에 대하여, '북족 출신
자의 성을 노성으로 회복시킴과 동시에 그들 일가의 우문태에 대한 훈공의
대소 및 친소의 정도에 따라서 각자가 보유하는 노성에 고하를 매겨서 가격
(家格)을 정하는 한편, 한족 출신의 상당수 신료에 대해서도 똑같이 공로의
대소 등에 따라서 적당한 등급의 노성을 부여함으로써 번한을 통틀어서 새
로이 씨족을 분정하여 우문태 및 그의 직계 원종(元從) 신료의 가격을 끌어
올리는 데 그 목적이 있다'[4]는 반론이 나왔다. 즉 문벌이 정치상 큰 의미를
갖는 당시에, 우문태의 직계 내지 원종 북족계 신료가 대개 가격이 낮은 데
비하여 원종 이외의 진농(秦隴) 평정 이후에 우문태를 따랐던 신료가 명문임
을 과시하는 현실에서 새로운 성족 분정을 행할 필요를 느꼈던 것이며 그것
이 사성으로 현실화되었다고 본 것이다. 또한 '사성은 서위 정계에 있어서
우문씨를 중심으로 동족적 결합 형태를 띤 문벌의 가격 서열의 재편이었으
며, 따라서 우문태가 서위 정계에서 자기 세력을 확충하려는 경향을 암시하

---

2 朱希祖,「西魏賜姓源流考」(『張菊先生七十生日記念論文集』, 1936 原載),『朱希祖先生文集』第
   3冊, 臺北: 九思出版社, 1979, p.420.

3 內田吟風,「北朝政局に於ける鮮卑·匈奴等諸北族系貴族の位置」,『北アジア史研究―匈奴篇』, 京
   都: 同朋舍, 1975, p.359.

4 濱口重國,「西魏に於ける虜姓再行の事情」,『秦漢隋唐史の硏究(下卷)』, 東京: 東京大學出版會,
   1966, p.748.

는 것'[5]으로 보는 절충적인 견해가 제시되었다. 이러한 주장들은 일면 타당성이 있지만 서위-북주시대를 어떤 시대로 보느냐 하는 시대 규정 문제에 너무 집착함에 따라 사성 자체가 갖는 의미와 목적에 대한 이해에 상당한 지장을 주고 있다. 실제 서위-북주시대를 어떤 시대로 규정하느냐 하는 문제는 쉽게 단정지을 수 없다. 즉 서위-북주의 통치계층이 동위-북제보다는 문벌주의를 불식하고 이른바 '현재주의(賢才主義)'를 지향하려 했다는 점은 사실이지만, 사성 자체를 귀족제와 연관시켜 이해하려는 관점은 원래 그것의 실시 의미를 해명하는 작업을 불분명하게 만들 우려가 있다.

이상에서 우문태가 추진한 가장 중요한 정책 중 하나인 '호성재행'에 대해 현재까지 제기된 논점들을 소개하였다. 이 문제에 대하여 더 이상 운위할 것이 없다고 해도 과언이 아니다. 그러나 이 문제를 가지고 풀어야 할 것이 적지 않다. 여기서 필자가 문제 삼고자 하는 것은 호성재행을 시행하게 된 발상과 시행 과정에 깔린 논리와 시행할 수밖에 없었던 실제 목적이 무엇이냐 하는 점이다. 우문태집단의 형성 과정과 그 집단이 가지는 성격, 그리고 당시 해결해야 할 문제와 호성재행이 서로 밀접하게 연관되어 있었던 것은 쉽게 짐작할 수 있는 사실이다. 주지하다시피 우문태집단은 북위의 북방 전초기지인 육진, 그 가운데 무천진(武川鎭) 출신이 중핵이 되어 형성된 군사 집단이다. 이 집단은 민족적으로는 호족 내지 호족이나 다름없는 극히 호화된 일부 한인 출신으로 구성되어 있다. 이들을 '무천진 군벌'[6]로 명명할 수 있다면, 이들이 주 활동무대를 관중으로 옮겨 그 집단의 확대를 거친 이후에는 이른바 '관롱집단'[7]이라 명명할 수 있다. 이 집단을 구성하는 종족들은 호족 내지 호족 지향적인 성격을 가지고 있었다는 점은 의심할 수 없다. 따

---

5 大川富士夫,「西魏における宇文泰の漢化政策について」,『立正大學文學部論叢』7, 1957, p.77.
6 이 용어는 宮崎市定[『大唐帝國』(世界の歷史 7), 東京: 河出書房, 1968]에 의해 명명된 이후 谷川道雄 등이 사용하고 있다.
7 이 용어는 陳寅恪에 의해 처음 명명되었다.

라서 그들이 가지고 있는 성씨에 대한 관념이 이른바 호성재행과 깊게 연관되어 추진되었을 것임은 말할 필요도 없다. 그러면 우문태가 호성의 재행을 추진할 당시의 상황은 어떠했을까? 첫째, 효문제의 한화정책 실시 이후 누적된 북족민[8]의 반발을 무마해야 했을 것이고, 둘째, 서위정권하에서 선양혁명을 원활하게 성취하기 위하여 우문태는 자기 집단의 세력을 확충해야 할 필요가 있었을 것이다. 셋째, 당시 우문태와 적대세력을 이루고 있던 동위−북제의 고환세력과의 경쟁에서 승리하기 위해서는 무엇보다 군사력을 증강해야 한다는 당면 과제가 있었을 것이다. 그런데 이런 현실적 과제를 앞에 둔 상황에서 호성재행 조처가 행하여졌다는 것은, 이 조처가 당시 상황과 불가분의 관계가 있었음은 분명하다. 이 점의 해명이 이 장에서 규명하고자 하는 문제들이다. 따라서 이상과 같은 문제의식에서 첫째, 호족과 한족의 성씨에 대한 의미와 기능에 대한 관념의 차이를 먼저 규명함으로써 호성재행이 당시 세력 집결에 어떤 작용을 했는가를 살펴볼 것이다. 즉 우문태가 호성재행의 방법을 쓴 것은 호족의 전통적인 성씨관념에서 발원하고 있다는 것이다. 둘째, 당시 당권자인 우문씨집단이 필자가 앞에서 제시한 세 가지 과제를 해결하는 과정에서 구체적으로 어떠한 상황에 봉착하게 되었으며, 그런 상황이 성씨가 갖는 어떠한 기능과 역할에 의해 해결되어 가는가를 살필 것이다. 이후 호성재행이라는 복고적인 조처를 단행한 논리와 명분이 무엇이었는가를 살피고, 다음으로 호성재행 조처 이후 나타난 권력집단의 재편과 서위−북주 이래 수·당대까지 군사력의 근간이었던 부병제와 어떤 연관을 가지는가를 구체적으로 살펴보려 한다. 그러면 사성을 포함한 호성재행 조처가 호한체제론에서 가지는 위치가 분명하게 드러나리라 생각한다.

---

8 필자는 이 책에서 種族的으로 호·한을 구별하는 方法 외에 일부 胡化된 漢族을 포함시킨 각종 胡族을 '北族民'이라 지칭하였다.

II. 호한 양족의 성씨관념

1. 한족과 성씨

현재 '성씨'라는 말로 통칭해서 쓰고 있지만, 선진시대에는 엄밀한 의미에서 성과 씨는 구별되어 있었다. 성이란 모계씨족공동체 시기에 발생하였는데 동일 조모로부터 전해 내려온 것으로 '명혈연(明血緣)', '별혼인(別婚姻)'의 작용을 위한, 즉 동성은 서로 혼인할 수 없다는 일종의 동혈족관념[生]을 표시하는 부족집단의 관칭(冠稱)이었다. 반면 씨(氏)는 '혈(血)' 혹은 '생(生)'보다 '토(土)'의 관념에 의거하는 정치적 지배권(封邑)의 관칭[9]이었다. 따라서 혹자는 성을 혈족적 씨족제로, 씨를 영토적 씨족제[10]로, 혹은 성을 혈족관계를 나타내는 부호로, 그리고 씨를 정권을 표시하는 부호[11]로 보고 있다. 계급사회로 진입하고 나서는 "씨로써 귀와 천을 구별하니, 귀한 자는 씨가 있으나 천한 자는 이름은 있으나 씨가 없다"[12]라는 말에서 보듯이, '씨'는 귀족남자의 전칭(專稱)이 되었다. 춘추시대와 전국시대 사이의 사회적 대변혁에 따라 신분제도에 변화가 일어나고, 진(秦) 통일 후 종법 · 분봉제도가 없어짐에 따라, 씨는 단순히 직계혈통을 표시하는 정도의 의미만 갖게 되어 성과 구별할 객관적 근거를 상실하게 되었다. 더구나 전한 초 포의(布衣) 출신들이 정권을 잡으면서 구래의 성씨제도가 파괴됨으로써 성과 씨는 점차 혼

---

9 『左傳』隱公 8年條에 "天子建德, 因生以賜姓, 胙之土而命之氏"라 하였으니 土地를 소유한 사람에게만 氏를 주었던 것을 알 수 있다.

10 加藤常賢, 『支那古代家族制度研究』, 東京: 岩波書店, 1940, 上篇 第 1·2章.

11 徐復觀, 「中國姓氏的演變與社會形式的形成」(『周秦政治社會的結構之研究』, 香港: 新亞研究所, 1972). 宮崎市定도 姓·氏·名이 로마의 Gens, Familia, Persona와 동일한 것이며 각각 '血緣別團體', '住地 職業 등에 의한 姓의 分派', '個人의 別稱'으로 풀이하였다(「中國의 制度史研究」, 『學術月報』 4-3, 1990, p.6).

12 (宋)鄭樵, 『通志』(臺北: 新興書局, 1963) 卷25 氏族1 氏族略序, p.439上, "氏以別貴賤, 貴者有氏, 賤者有名無氏 … 姓所以別婚姻, 故有同姓異姓庶姓之別".

동이 생기기 시작하여 씨를 성으로 하는 것이 제도화되었다고 한다.[13] 사마천이 『사기』에서 공자의 자를 중니(仲尼), 성을 공씨(孔氏)라 하거나,[14] 유방의 성을 유씨라 한 것은[15] 한대인에게서 성과 씨가 혼용되었음을 알 수 있는 표징이다. 선진시대의 성과 씨가 씨족제적 체제에 밀착한, 말하자면 '족(族)의 관칭'인 데 대해 진한 이후의 성은 바로 '가(家)의 관칭'으로 기능하게 된 것이다.[16] 후한시대 응소(應劭)가 찬한 『풍속통의』 성씨편에 고대의 성씨 약 500개를 나열하고 있다. 또한 송대에 와서 정초(鄭樵)가 찬한 『통지』 씨족략에는 당시 통용된 성을 약 1,745개 나열하고 있고, 명 태조 시기 오침(吳沈)은 「천자성」을 찬술하면서 1,968개 성을 열거하였다. 청대 장주(張澍)의 연구에 의하면 청대에 5,129개 성이 있었다고 하며, 현대 중국에는 5,660여 개의 성이 있으며, 그중 단(자)성이 3,480여 개, 복(자)성이 2,030여 개, 삼자성이 240여 개라고 한다.[17] 참고로 성씨관념에서 볼 때, 동아시아에서 별종이라 할 수 있는 일본에는 현재 10만 개의 성이 존재한다고 한다.[18]

한대에 성립한 성씨제도는 사회적 지위나 성망을 나타내는 존재로서의 의미는 상실했지만, 유교주의와 결합하여 조상의 혈통적 계승이라는 점에서 점차 그 의미를 가지게 되었다. 성씨가 다시 사람들의 사회적 지위와 상응하여 신분등급을 나타내게 된 것은 남북조시대에 들어와서다. 그런데 진한 이후 천자가 본성 대신 신하에게 성을 내리는 '사성' 사례를 몇 개 발견할 수 있다. 조익에 의하면, 사성이란 한 초에서부터 시작되었다고 하여 서위 우문태 이전의 사성 사례로 항백(項伯)과 진진(秦眞: 曹眞) 두 사람을 들고 있지만[19] 사

---

13 趙瑞民, 『姓名與中國文化』, 海南: 海南人民出版社, 1988, p.15.

14 『史記』 卷47 孔子世家, p.1905, "生而首上圩頂, 故因名曰丘云. 字仲尼, 姓孔氏".

15 『史記』 卷8 高祖本紀, p.341, "高祖, 沛豊邑中陽里人, 姓劉氏, 字季".

16 尾形勇, 『中國古代の'家'と國家』, 東京: 岩波書店, 1979, p.83.

17 令狐筆如等編, 『神州姓氏新考』, 北京: 農村讀物出版社, 1989, p.9.

18 日中民族科學研究所編, 『中國姓氏事典』, 東京: 國書刊行會, 1978, p.3 前言.

19 『廿二史箚記』(北京: 中華書局, 1984) 卷28 「金末賜姓之例」條, p.639에 "賜姓本始於漢初, 北史鮑宏傳所謂, '項伯不同項羽, 漢高賜姓劉氏, 秦眞父能死難, 魏武賜姓曹氏是也' 其後罕有行

실은 이외에도 몇 가지 사례가 더 있다. 항백과 같이 사성한 다른 3명이 있고, 장안 전도(奠都)에 공이 있는 누경(婁敬)에게도 한 고조 유방이 유씨를 사성하였다.[20] 이것과 이유는 다르지만 삼국시대 오의 손책(孫策)이 유하(兪河)에게 손씨(孫氏)를 사성하였다고 하는데 이것도 엄밀한 의미에서 사성이 아니었다. 유하는 원래 손견의 족자로 일찍이 고모의 성을 따랐다가 손씨로 복성한 것이다.[21] 실제로 사성이란 조익의 지적처럼 우문태가 서위의 당권자가 되어 그것을 광범위하게 행하기까지 극히 이례적인 일이었다. 그리고 앞의 몇 사례에서 보듯이 그 대상자는 혁혁한 공훈을 세운 자에 한하였고, 그 주체는 어디까지나 황제였지, 개인이 사사로이 주고받을 수 있는 것이 아니었다. 그러나 우문태 이전에 사성이라고 보기는 힘들지만, 그와 유사한 개성(改姓: 혹은 更姓이라고 한다.) 등의 예가 몇 개 발견된다. 특수한 경우지만 전한 원제 시기 사람으로 역(易)과 종율(鍾律)에 능한 경방(京房)은 본성이 이씨(李氏)였지만, "음율을 불어 스스로 경씨라 정하였다"고 하였다.[22] 그러나 이

之者, 惟西魏宇文泰當國時 … 賜姓之廣自此始"라 되어 있다. 『北史』卷77 鮑宏傳, p.2617에는 "宏曰: '昔項伯不同項羽, 漢高賜其姓劉氏, 秦眞父能死難, 魏武賜姓曹氏. 請賜以皇族.'"이라 되어 있다.

20 (北周)庾信撰 · 倪璠注 許逸民校點, 『庾子山集注』(北京: 中華書局, 1980) 卷14 「周兗州刺史廣饒公宇文公(本姓鄭, 『周書』作 鄭常)神道碑」에 "婁敬上書於鹿輅, 項伯舞劍於鴻門, 公之此榮, 足爲連類"(p.917)라 되어 있는데 이 부분에 대한 倪璠의 注에는 "『漢書』曰: '婁敬脫輓輅, 見齊人虞將軍. 虞將軍入言, 上召見', 說曰: '陛下都洛, 不如入關據秦之便.' 遂都長安. 賜姓劉氏, 又 「高祖紀」鴻門之會云: '項莊入爲壽, 請以劍舞. 項伯亦起舞, 常以身翼蔽沛公. 五年, 封項伯等四人爲列侯, 賜姓劉氏.'"(p.918)라 되어 있다. 이상의 기사는 『漢書』卷31 項羽傳, p.1820과 『漢書』卷1下 高帝紀下, p.58에 근거한 것이다.

21 『三國志』卷51 吳書6 宗室 孫韶傳, p.1214, "孫韶字公禮. 伯父河, 字伯海, 本姓兪氏, 亦吳人也. 孫策愛之, 賜姓爲孫, 列之屬籍. 後爲將軍, 屯京城". 校勘注에는 "吳書曰: '河, 堅族子也, 出後姑兪氏, 復姓爲孫.'"(p.1214)이라 되어 있다.

22 『漢書』卷75 京房傳, p.3167에 "房本姓李, 推律自定爲京氏". 이와 같이 '推律' 혹은 '吹律'로써 성을 정하는 기사는 이후 漢代에는 발견되지 않는다. 다만 『庾子山集注』(1980) 卷11 「周使持節大將軍廣化君開國公丘乃敦崇傳」, p.660에는 "魏道武皇帝以命世雄圖, 飮馬河 · 洛, 兄弟十人, 分爲十姓, 辨風吹律, 丘氏卽其一焉"이라 하여 북위 개창기에 이른바 '吹律定姓'하였다는 기사를 시작으로 이후 시대에 누견된다. 이른바 '吹律定姓'의 구체적 내용에 대해서는 尾形勇, 「'吹律定姓'初探─中國古代姓氏制に關する─考察─」(『西嶋定生博士還曆記念

른바 '취율정성(吹律定姓)'은 공자와 같은 성인(성왕) 혹은 황제가 그 주체가
되고 있다.[23] 그리고 이것이 이제까지 존재하지 않았던 성을 새로이 만드는
경우나 불분명한 성을 추정하는 기법이라면[24] 경방의 경우도 불분명한 자기
의 본성을 되찾은 것으로, 이른바 '천자사성(天子賜姓)'의 원칙에서 크게 벗
어나지 않는 것으로 생각된다. 한편 정치적 박해를 피하기 위하여, 그리고
제왕의 이름을 피(피휘)하기 위하여 어쩔 수 없이 '개성명(改姓名)' 혹은 '변
성명(變姓名)'하는 경우도 있을 수 있다.[25] 그러나 흔한 것은 아니었다.[26] 한편
상대방을 혐오한 나머지 나쁜 의미를 가진 글자로 사성하는(엄밀한 의미에서
改姓이지만) 사례도 있었다. 이것은 대체로 왕망 시기부터 시작된 것으로 알
려져 있지만, 특히 남조에서 성하여 송 무제 유유는 권력의 위협적 존재였던
경릉왕(竟陵王) 유탄(劉誕)이 그 부하에 의해 주살되자, 그 성을 폄하여 유씨
(留氏)라 하였다. 또 남제 때 파동군왕(巴東郡王) 소자향(蕭子響)이 모반하였다
가 주살되자 그 성이 소씨(蛸氏)가 되었고, 양 원제는 후경의 난을 기화로 촉
에서 칭제한 무릉왕(武陵王) 소기(蕭紀)를 주살하고 그 성을 상고 전설 속 사
악(四惡)의 하나인 도철씨(饕餮氏)로 고쳤다.[27] 이 사례들은 모두 징벌의 성격
을 띠는 것이며 전후시대에도 흔히 있는 현상으로,『좌전』에 나오는 도올(檮
兀)·도철(饕餮)·혼돈(渾沌)·궁기(窮奇) 등의 유형에서 근원한 것이므로 중

東アジア史におげる國家農民』, 東京: 山川出版社, 1984)을 참조한다.

23 (後漢)王符撰,『潛夫論』(北京: 中華書局,『潛夫論箋校正』本, 1985) 卷9 志氏姓條, p.404에
   "夫吹律定姓, 惟聖能之"라 하였고, 同注에 의하면 "『白虎通』姓名篇云: '古者, 聖人吹律定姓,
   以記其族.'"(p.405)이라 하였다.

24 尾形勇,「'吹律定姓'初探─中國古代姓氏制に關する─考察─」, 1984, p.146.

25 前漢 宣帝의 諱가 詢이므로 荀氏를 孫氏로 改姓하여 荀卿을 孫卿으로 하였으며, 元帝의 諱
   가 奭이므로 奭氏를 盛氏로 改姓하였으며, 後漢의 明帝의 휘가 莊이므로 莊氏를 嚴氏로 改
   姓하였던 것이 漢代 避諱의 전부이고, 西晉 景帝의 諱가 師이므로 師氏를 帥氏로 한 것 등
   이 宇文泰 이전의 '避諱改姓'의 사례이다. 이 점에 대해서는 史蘇苑,『歷代人物評價論稿』
   (鄭州: 河南人民出版社, 1986) 附錄「論歷代人物名諱」條를 참조한다.

26 陳垣,『史諱擧例』, 臺北: 臺灣文史哲出版社, 1987, p.3, "漢時, 避諱之法亦疏".

27 『廿二史箚記』卷19「改惡人姓名」條 참조.

국적 전통에서 크게 일탈한 것은 아니다. 그리고 오주(吳主) 손호(孫皓)가 지방에서 병력을 장악하고 있는 손수(孫秀)에게 위협을 느껴, 그를 해치려 하자 손수가 가속을 데리고 야간에 서진으로 도망가니, 손호는 대노하여 그의 성을 여씨(厲氏)로 고쳤다고 한다.[28] 그러나 이런 사례는 매우 드문 경우였다.[29] 따라서 한대 이후 순수 한족이 사성 받거나 혹은 그와 유사한 경우의 사례는 관견(管見)의 한에서는 이상의 몇 가지에 불과하다. 물론 한대에 흉노와의 화친정책으로 종실의 여성을 흉노에 시집보냈는데, 흉노족이 모성을 따르는 습속에 따라 중국의 성(특히 유씨)이 많이 붙여졌고 이후 이민족 출신이 중국왕조에 귀부했을 때에는 그들에게 사성하는 것이 일반적인 관례가 되기도 하였다.[30] 또한 '이로써 이를 제압할[以夷制夷]' 목적으로 중국왕조가 이민족에게 사성하는 경우도 상당수에 이른다.[31] 이와 같이 한대 이래 서위 이전의 경우, 사성은 거의 이민족을 대상으로, 즉 이민족에게 준 것이거나 이민족 스스로가 모칭한 것이어서 한족을 대상으로 한 것은 엄밀한 의미에서 한고조 때 누경(婁敬)의 사례를 제외하고는 없다고 보아도 대과가 없을 것 같다. 이는 후술할 유목민족의 경우와 비교할 때 가장 큰 차이점이다. 이 같은 차이는 한족의 조상 이래의 계통성 혹은 계보를 중시하는 유교적 영향으로 볼 수밖에 없지만, 특히 남북조시대에 들어 구품중정제가 시행되어 사서(士庶)의 구별이 더욱 현저해지는 문벌사회가 전개됨에 따라 심화되었다고 할수 있다. 즉 사서가 뒤섞이는 것을 방지하고 성족을 판별하여 특권을 향유하기 위해[32] 각 가문마다 보첩을 만들고 보학이 성행하는 분위기 속에서 『백가보(百家譜)』가 찬술되고 사대부들이 자기의 성명 앞에 적관을 붙이는 것이

---

28 『三國志』卷51 孫匡傳, p.1213, 裴松之注, "皓大怒, 追改秀姓曰厲".

29 趙瑞民, 『姓名與中國文化』, 1988, p.43.

30 金良年, 『姓名與社會生活』, 臺北: 文津出版社, 1990, p.20.

31 趙瑞民, 『姓名與中國文化』, 1988, p.41.

32 唐長孺, 「九品中正制度試釋」, 『魏晉南北朝史論叢』, 北京: 三聯書店, 1955, p.123.

관습화되었다. 실제 한족에게 이름[名]은 부모가 붙여 준 것이므로 딴 사람이 함부로 부르기가 어려웠다. 이런 까닭으로 나온 것이 바로 자(字)이다. 예컨대 공자의 이름은 구(丘)이고 자는 중니(仲尼)이다. 이와 같이 부모가 지어 준 이름에 대한 존숭도 높은데, 조상 대대로 내려오는 성에 대한 존숭은 더 강했을 것임을 짐작할 수 있다. 전통시대 중국의 민간에는 "나가서는 이름을 고치지 않고 태어나서는 성을 고치지 않는다[行不更名 生不改姓]"라는 속언이 있을 정도로[33] 성명에 대한 관념이 강하였다. 그러나 오호십육국·북조 왕조는 유목민 출신 정권이고 수·당대는 그 전통의 상당 부분을 계승했기 때문에 당시의 성씨관념은 한족적인 것과는 달랐을 것으로 상정할 수 있다. 그러면 유목민족의 성씨관념에 대해서 살펴보자.

2. 호족의 계보에 대한 기억상실증

유목민족에게 성씨란 어떤 의미를 지니는 것인가? 이 문제와 관련하여 인류학자 하자노프(A. M. Khazanov)의 지적은 중요한 시사점을 준다. 그의 말을 요약하면 다음과 같다.

원래 유목민족이란 친족관계에 기초한 결속의식이 부족에 대한 일반적인 소속감보다 훨씬 강하다. 종종 유목민족의 공격이나 방어라는 전투행위에서 집단의식을 갖게 하는 데는 공통의 혈통이라는 도움에 의해서 성취될 수 있다. 그런데 대체로 유목민에서 계보는 다수의 유목민집단들을 부드럽게 통합시키고 기존 구조의 근본적인 수정 없이도 외부집단을 자신의 성원으로 적응시키는 것을 가능케 한다. 유목민의 계보는 의식적으로 혹은 무의식적으로 조작될 수 있으며, 실제적인 필요와 특수한 역사적 상황에 따라 넓어지기도 좁아지기도 나누기도 합쳐지기도 한다. 그런 경우 유목사회의 조직은 전체 혹은 부분으로 이념적 탄

---

33 令狐筆如等編, 『神州姓氏新考』, 1989, p.6.

력성을 얻게 되고, 새로운 조건에 맞추어 구성 원칙을 상실하지 않은 채 자신을 재조직할 수 있는 능력을 획득한다. 유라시아 초원의 투르크계 유목사회가 갖는 하나의 특징적 면모는 계보선상에서 수직적 분절(分節)들의 숫자가 고정되어 있지 않다는 사실이다. 계보의 구조는 끊임없이 개조된다. … 계보는 다수의 유목민집단을 부드럽게 통합시키고 기존 구조의 근본적인 수정 없이도 외부집단을 자기의 성원으로 적응시키는 것을 가능하게 한다. 많은 유목민에게서 발견되는 이러한 계보의 기억상실증(Genealogical Amnesia)은 그것으로 인해 계보의 동화작용을 촉진한다.[34]

하자노프의 이 같은 지적과 관련하여 루이스 쉬램(Louis M. J. Schram)과 로런스 크레이더(Lawrence Krader)에게서 유목민의 성씨관념에 대한 보다 직접적인 사례와 설명을 얻을 수 있다. 두 학자는 다음과 같이 설명한다.

몽구오르(Monguor)족의 성씨체계는 너무 질서정연하여 한 단일 씨족(氏族: clan)의 주(主: chief)와 종(從: subject) 양자를 동일 성씨로 묶는다. 어떤 가족이 주인의 영역에서 다른 주인의 영역으로 옮겼을 때, 새로운 주인의 성으로 바뀌게 된다.[35]

양자의 견해를 종합하면 유목민의 성씨관념을 다음과 같이 정의할 수 있을 것 같다. 유목민 출신자의 이름이 '독고해(獨孤楷)'라면 '독고씨족의 해'

34 A. M. Khazanov, *Nomads and the Outside World*, tr. by J. Crookenden, Cambridge: Cambridge University Press, 1984(金浩東 譯, 『遊牧社會의 構造』, 서울: 知識産業社, 1990, pp.199~203).

35 Louis M. J. Schram, *The Monguors of the Kansu-Tibetan Frontier: Their Origin, History, and Social Organization*, (Transations of the American Philosophical Society, n. s., vol. 44 part 1, 1954, Philadelphia), p.34; Lawrence Krader, *Social Organization of the Mongol-Turkic Pastoral Nomads*(Indiana University Publications. Uralic and Altaic Series, vol. 20, 1963, The Hague), p.333.

라는 의미이며, 이것은 반드시 진짜 혈연과 일치하는 것은 아니라는 것이다. 그러면 이런 씨족명은 어디에서 따오는 것인가. 이 씨족명은 일반적으로 그가 소속하는 씨족장, 부족장의 이름에서 따온 것이다. 물론 그런 예에서 벗어난 경우도 있지만 대개는 씨족장의 이름에서 유래하는 경우가 가장 많다는 것이다. 따라서 그 소속이 변경되었을 때에 그 성은 자동적으로 바뀌는 것이다. 이와 같은 사례는 오환(烏桓) 선비의 경우에서도 찾을 수 있어서 흥미롭다. 『후한서』 권90 오환 선비열전에 다음 내용이 있다.

> 오환에서는 … 용감하고 건장하여 능히 투송(鬪訟)을 처리 판결할 수 있는 자를 추대하여 대인(大人)으로 한다. … (따라서) 씨성(氏姓)에는 한결같음이 없으니 대인 가운데 건장한 자의 이름을 성으로 한다.[36]

이 경우로 추측하건대 대체로 북방민족의 경우에는 대인과 같이 부속민들을 통솔하는 자의 성을 그 부속민이 따른다는 것이 거의 확실하다. 그리고 앞서 본 현재의 청해-감숙성 교계 지역에 분포하는 몽구오르족의 경우와 합쳐서 본다면, 대체로 중국 서북방 유목민족의 경우에는 어떤 가족이 주인의 영역에서 다른 주인의 영역으로 옮겼을 때, 새로운 주인의 성을 따르는 것이 일반적인 것이었다. 그것은 특히 공격이나 방어라는 전투행위를 수행하는 과정에서 집단의 결속의식을 갖게 하기 위해서는 막연히 같은 부족이라는 울타리보다 친족관계에 기초한 의제적 혈족으로써 새로운 계보를 설정하는 것이 중요하다고 생각한 데서 나온 것이다.

유목사회는 친족관계가 사회조직의 구조적인 토대를 이룬다. 즉 유목민족

---

36 『後漢書』 卷90 烏桓 鮮卑列傳, p.2979, "烏桓者, … 有勇健能理決鬪訟者, 推爲大人. … 氏姓無常 以大人健者名字爲姓"; 거의 동일한 문장이 『三國志』 卷30 烏丸 鮮卑東夷傳, p.832의 裴松之의 注에 있다("魏書曰: '烏丸者, … 常推募勇健能理決鬪訟相侵犯者爲對人. … 氏姓無常, 以大人名字爲姓.'").

에 있어서 친족관계란 상이한 집단들 사이의 관계를 규정할 뿐만 아니라 동
시에 개인에게는 당해 사회 전체 속에, 그리고 그 안의 소집단 속 성원의 자
격을 확인시켜 주는 장치이다. 그러나 유목민족의 친족관계란 특정한 목적
이나 필요에 따라 분열과 결집이 가능한 것이다. 공통의 혈통이라는 관념이
사회적 통합에 하나의 이론적 근거를 마련해 주기 때문에 어떤 유목민집단
이 다른 집단을 복속시켜 정치적 통일을 이루게 되었을 때, 새로운 집단의
성원 모두를 하나의 공통된 조상으로 하여 혈통을 소급하는 작업이 행해지
는 것은 일반적인 현상인 것이다.[37]

그러면 이 문제와 관련하여 중국 북방에서 활동하던 유목민족의 경우를
살펴보자. 흉노의 선우의 성은 연제씨(連鞮氏) 혹은 허연제씨(虛連題氏)로 알
려져 있지만,[38] 흉노와 연제는 동원(同源)이라고 주장되고 있고,[39] 또 부족명
과 그 수장의 성이 동원이라는 예는 선비 하란부(賀蘭部)나 구성갈라갈(九姓
葛羅葛) 등 북아시아 제족에 널리 보이고 있다.[40] 주지하다시피 흉노에는 선
우의 성인 연제씨 외에 호연씨(呼延氏), 수복씨[(須)卜氏], 난씨(蘭氏), 교씨(僑
氏: 丘林氏) 등 몇 개의 성이 사서에 보인다.[41] 이들은 대체로 항상 선우가와
혼인하는 '국중명족(國中名族)'[42]을 말한다. 종래 흉노의 '씨(氏)'를 혈연적
씨족조직으로 인식하는 학설이 유력했지만, 최근 이와는 달리 중국 사서에
보이는 흉노의 씨는 씨족적 조직(원시적 씨족공동체)으로 보기보다 혈의 단결

---

37 A. M. Khazanov, *Nomads and the Outside World*, tr. by J. Crookenden, 1984(金浩
   東 譯, 『遊牧社會의 構造』, 1990, pp.199~201).
38 『漢書』卷94 匈奴傳上, p.3751에는 '單于姓連鞮氏'라 되어 있고, 『後漢書』卷89 南匈奴傳,
   p.2944에는 '單于姓虛連題'라 되어 있지만 동일 원음을 음역한 것이다.
39 E. G. Pulleyblank, The Consonantal System of old Chinese, *Asia, Major* IX. 1962.
40 片山章雄, 「Toquz Orusと'九姓'の諸問題について」, 『史學雜誌』 90-12, 1981.
41 『晉書』卷97 四夷 北狄 匈奴傳, p.2250, "其四姓, 有呼延氏・卜氏・蘭氏・喬氏. 而呼延氏最
   貴".
42 『後漢書』卷89 南匈奴傳, pp.2944~2945, "異姓有呼衍氏・須卜氏・丘林氏・蘭氏四姓, 為國中
   名族, 常與單于婚姻". 그리고 『史記』卷110 匈奴列傳, pp.2890~2891, "呼衍氏, 蘭氏, 其後
   有須卜氏, 此三姓其貴種也."라 하여 呼衍氏・蘭氏・須卜氏 三姓을 '貴種'이라 하였다.

을 기본원리로 하는 족장과 씨인을 포함하는 정치적 통합체로 보아야 하며, 씨의 성립은 흉노의 정치적 변혁기와 깊은 관련이 있다는 견해가 제시되었다.[43] 즉 호연씨(呼延氏)와 난씨(蘭氏)는 모돈(冒頓)이 아버지인 두만선우(頭曼單于) 및 이모제(異母弟)를 주살한 사건(B.C. 209) 직후에, 그리고 수복씨는 모돈의 이 쿠테타에 적극 관여해서 그 공로로 씨를 받은 것으로 보며, 구림씨(丘林氏)는 남흉노 남부의 팔대인(八大人)이 비(比: 呼韓邪單于二世)를 선우로 추대하는 과정에서 적극적인 역할을 했던 것으로 추정하고 있다.[44] 물론 흉노의 '씨'란 창씨자의 관직 세습화와 깊은 연관성이 있는 것이며[45] 이것은 흉노 이후의 북아시아 제민족의 경우에도 보이고 있다. 따라서 유목민족에서 씨의 성립이란 다분히 정치적 산물이라는 것을 잘 보여주고 있다. 그런 면에서 특정 정치적 목적을 달성하는 수단으로 사성, 개성 등을 이용할 개연성은 충분히 있는 것이다.

유목민족의 성씨관념과 관련하여 언급해 두어야 할 것은 한족의 경우와 비교하여 창성, 사성과 개성이 자유롭게 행해지고 있다는 점이다. 『사기』 권110 흉노열전에 "그 풍속에 이름은 있으되 피휘하지 않았고 성과 자도 없었다[其俗有名不諱而無姓字]"라고 적고 있는데, 사마천은 흉노는 일반 목민의 경우 이름만 있고 중국처럼 피휘가 없고 성과 자는 없다고 하여, 당시 한인의 생활풍습과 차이가 있음을 설명하고 있다. 따라서 이들은 이후 한족과 접촉이 잦아짐에 따라 성을 갖는 관습을 가지게 된 것으로 보인다. 특히 창성의 경우는 흉노에서 본 창성자(創姓者)의 관직명에서, 부락명에서, 혹은 거주지명에서 성을 따온 경우 등 그 예가 다양한 것 같다. 이것은 탁발선비에서도

---

43 澤田勳, 「匈奴における'氏'の成立とその構造」, 『駿台史學』 79, 東京: 明治大學, 1990, pp.35~38.

44 澤田勳, 「匈奴における'氏'の成立とその構造」, 1990, p.45.

45 『晉書』 卷129 沮渠蒙遜載記, p.3189, "其先世爲匈奴左沮渠 遂以官爲氏焉".

확인된다.[46]

한편 개성의 경우를 살펴보자. 전진의 부씨(苻氏)처럼 참문에 의거해 포씨 (蒲氏)에서 부씨로 바꾼 예는 있지만[47] 대부분이 "난을 피해서 성을 고치는[避 難改姓]"경우이다. 즉 필자의 지견(知見)으로는 한족 중에는 양어(梁禦) 외에 는 이러한 사례가 보이지 않으나[48] 호족의 경우는 누견된다.[49] 사성의 경우는 특히 북위 초부터 시작하여 서위-북주시대는 물론, 북제에서도 자주 보이고 있다.[50] 호족의 성씨관념과 관련하여 주목을 끄는 것은 바로 효문제 태화 19 년(495) 조칙에 의해 실시된 '태화개성'의 문제이다. 이것을 '성족상정(姓族 詳定)', 혹은 '성족분정(姓族分定)'이라고도 하지만 그 개황을 잠깐 살펴보자.

『위서』 관씨지에는 북위 발원과 더불어 중원에 들어 온 호성, 제실인 탁발 씨와 "백 세 동안 서로 혼인하지 않는[百世不通婚]"흘골씨(紇骨氏) 등 9개 성 등 10개 성을 포함해서 120개 성을 나열하고 있다. 그런데 이 가운데 당시 개성을 하지 않았던 6개 성이 있으니, 우문씨 · 모용씨 · 토욕혼씨 · 하약씨 (賀若氏) · 나씨(邢氏) · 유씨(庾氏) 등이다. 따라서 개성한 것은 그 나머지 114 개 성이다. 당시 이 조처가 호성을 한성으로 고친 것이라 말하고 있지만, 그 것은 정확한 표현이라 할 수 없다. 물론 유(劉) · 육(陸) · 주(周) · 우씨(于氏) 등

---

46 『魏書』卷113 官氏志, p.3005, "姓則表其所有生, 氏則記族所由出, 其大略然也. 至於或自所 居, 或以國號, 或用官爵, 或用事物, 雖緣時不同, 俱其義矣. 魏氏本居朔壤, 地遠俗殊, 賜姓命 氏, 其事不一, …".

47 『晋書』卷112 苻洪載記, p.2868.

48 『周書』卷17 梁禦傳, p.279, "梁禦, … 其先安定人也. 後因官北邊, 遂家於武川, 改姓爲紇豆陵 氏". 梁禦는 漢族이다. Boodberg(The Language of Tʼo-pa Wei, Selected Works of Peter A. Boodberg, Berkeley: University of California Press, 1979, p.231 #25)는 紇 豆陵를 紇突隣으로 보아 이것을 father-in-law의 뜻이라고 해석했으나, Albert E. Dien 은(The Bestowal of Surnames Under the Western Wei-Northern Chou, Tʼoung Pao LXIII 2-3, 1977, p.143 note 12) freedman 혹은 fugitives로 해석하였다.

49 『周書』卷17 怡峯傳(p.282); 『周書』卷19 豆盧寧傳(p.309); 『周書』卷27 赫連達傳(p.439); 『周書』卷33 厙狄峙傳(p.569) 등 매거하기 힘들다.

50 『北齊書』卷9 孝昭元后傳, p.126, "孝昭皇后元氏, 開府元蠻之女也. 初爲常山王妃. 天保末, 賜姓步六孤. 孝昭卽位, 立爲皇后".

80여 개 성은 원래 한성에 있는 것이지만, 한성과 상관없는 성도 상당수 있기 때문이다. 예컨대 탁발씨는 원씨(元氏)로 고쳤는데 이것은 원래 한성에는 없는 것이었다. 따라서 이 조치를 정확하게 표현하자면 복성(複姓)을 단성(單姓)으로 고쳤다고 해야 한다. 그 구체적 내용은 ① 목(穆)·육(陸)·하(賀)·유(劉)·누(樓)·우(于)·혜(嵇)·위(尉)의 8개 성은 도무제 이래 특별한 훈공이 있고, 최고의 관작을 받아 왔던 가문이기 때문에 호족 중 최고의 가문으로 보아, 한족의 사성[51]과 동등하게 취급하여 탁관(濁官)에 충임(充任)하지 않는다. ② 그 외의 호족 각 씨에 대해서는 부락대인의 후예인가 아닌가, 또 북위 건국 이래의 관작이 어떠한가를 감안해서 높은 자를 성으로 하고 낮은 자를 족으로 한다는 것이었다. 이 조처로 호족도 어느 정도 한족의 귀족제와 같은 것을 형성시켰고 이것을 제도화한 것으로 보인다. 그러나 이것으로 북위사회가 귀족제로 전환했느냐 아니냐 하는 문제는 상세한 고찰을 요하는 문제이므로 쉽게 단정지을 수 없지만,[52] 이것은 이 장의 주제인 서위-북주의 호성재행과 함께 사회구조 전체를 어떤 특정 목적 아래 개변시킨 커다란 조처의 하나인 것만은 사실이다. 특히 성씨를 이렇게 완전히 개변한 것은 중국의 역사에서 그 유례를 찾아볼 수 없는 것이어서, 호족정권이 아니고서는 상상하기 어려운 조처라 할 만하다. 이상에서 보았듯이, 중국 서북방의 유목민족들은 특수한 필요나 목적에 의해 창성과 개성을 거듭하였다. 그런 면에서 한족의 성씨관념과 많은 차이가 있음을 확인할 수 있다. 그러면 다음 절에서 서위-북주시대의 성씨 문제를 본격적으로 검토해 보자.

---

51 四姓을 어떻게 규정할 것인가가 문제이다.『資治通鑑』卷140 齊紀6 高宗皇帝 建武 2年 正月條 胡注에는 盧·崔·鄭·王으로 보고 있으나, 孫同勛은『新唐書』卷199 柳沖傳, p.5676에 나오는 柳芳이 말하는 甲·乙·丙·丁이라고 말하고 있다(『拓跋氏的漢化』, 臺北: 國立臺灣大學文學院 文史叢刊 3, 1962, p.128).

52 이 문제에 대해서는 필자는 기왕의 견해에 강한 의문을 표시하였다.『中國中世胡漢體制研究』, 서울: 一潮閣, 1988, p.156 참조.

III. 우문정권의 정치적 과제와 호성재행의 의미

1. 서위-북주의 정치적 상황과 호성의 복성(復姓)과 사성(賜姓)

북위 말 '육진의 난'을 기점으로 서위와 동위로 분열된 후, 서위정권은 우문태가 중심이 된 '무천진' 출신의 집단에 의해 주도되었으며, 이 집단은 북주정권을 창출하고, 다시 수당정권의 주도세력으로 이어졌다는 것은 조익의 지적[53] 이후 주지의 사실로 받아들여지고 있다. 이들 인맥을 진인각은 '관롱집단'이라 명명하고,

> 우문태는 관롱호한민족의 무력(武力)·재지자(才智者)를 융야(融冶)해서 패업을 개창하고, 이어 수·당이 그 유산을 계승하고 그것을 더욱 확충하였다. 그 황실 및 좌명공신은 대부분 서위 이래의 이 관롱집단 내 인물로, 이른바 팔주국(八柱國)의 가문이 그 대표이다.[54]

라고 하여 호한의 복합적 집단으로 규정하였다. 그러나 진인각 이후, 호한의 비중 문제에 대해서는 논자에 따라서 북족(호족)의 군사적 요소를 중시하는 시각[55]과 호한의 균형적인 역할로 보는 견해[56]로 나누어져 있다. 즉 전자는 북주 이래 당 초까지의 정권을 이민족 정권으로, 그리고 관롱집단을 중국사회에 뿌리내리지 않은 이민족집단으로 규정하고 이를 중국사의 진전에 대한 외적 요인(이른바 '국외자')으로 취급한 것이다. 그러나 이렇게 되면 혹자의 지적처럼 북위라는 화북 통일국가는 어떤 역사적 의의를 갖는지 의문이

---

53 『廿二史箚記』 卷15 「周隋唐皆出自武川」條.
54 陳寅恪, 『唐代政治史述論稿』, 上海: 上海古籍出版社, 1982, p.15.
55 布目潮渢, 「隋唐史研究の步み」, 『東洋史苑』 10, 1976.
56 谷川道雄, 「武川鎭軍閥の形成」, 『名古屋大學東洋史研究報告』 8, 1982.

든다.[57] 그렇다고 후자처럼 구북진민과 관서토착세력이 '균형적'으로 합작
한 정권으로도 볼 수 없다. 후자가 '무천진 군벌'이라 명명했던 데에서 나타
나지만, 북족의 무게가 자못 크다는 점을 인정하지 않을 수 없다. 그 점은 호
성재행을 서위-북주시대에 북진인사의 우세의 지표라는 혹자의 지적에서
도 엿볼 수 있다.[58] 실제 서위 문제 대통(大統) 16년(550)경 이른바 팔주국 가
운데 5명이 북진, 그중 무천진 출신이었다. 필자가 생각하기로는 서위-북주
시대는 북위 효문제의 이른바 '한화정책' 이후 나타난 북족인들의 반발의
결과물인 동시에 수당이라는 호한융합의 세계제국 건설의 재출발의 기점이
다. 따라서 서위-북주시대는 호족 측이 주도적으로 그 정국을 이끌고 있지
만, 호한 문제의 새로운 시작점인만큼 초창의 난제가 많을 수밖에 없었던 것
이다. 그러면 무천진 출신이 근간이 된 우문태집단의 형성 과정과 그의 집단
이 안고 있던 문제점부터 살펴보자.

무천진은 육진의 하나로 현재의 내몽골자치주 호화호특(呼和浩特) 북방으
로 추정된다. 1956년 내몽골 무천현 서남 20km(呼和浩特으로부터 25km) 지
점에 있는 고성이 발굴·조사되어 그것이 무천진지가 아닌가 추정되고 있
다.[59] 북위 효명제 정광 5년(524) 옥야진민(沃野鎭民) 파락한발릉(破落汗拔陵:
破六韓拔陵이라고도 한다)이 옥야진의 진장을 살해하고 진왕(眞王) 원년이라
칭하면서 시작된 반란은[60] 북진 일대, 장성 전역으로 확대되었다. 한편 감숙
의 동남부에서 섬서에 이르는 지역에는 저(氐), 강족(羌族)이 주체가 된 반란
이 일어나서 북위는 반란에 휩싸이게 되었다. 이때 파육한발릉의 부하인 위

---

57 直江直子, 「北朝後期政權爲政者グループの出身について」, 『名古屋大學東洋史硏究報告』 5,
   1978, p.80.

58 毛漢光, 『中國中古政治史論』, 臺北: 聯經出版事業公司, 1990, p.257.

59 張郁, 「內蒙古大靑山後東漢北魏古城遺址調査記」, 『考古通訊』 1958-3; 宿白, 「盛樂·平城一
   帶的拓跋鮮卑—北魏遺迹—鮮卑遺迹輯錄之二」, 『文物』 1977-11.

60 『魏書』 卷9 肅宗紀 正光 5年條, p.235, "三月, 沃野鎭人破落汗拔陵聚衆反, 殺鎭將, 號眞王元
   年".

가고(衛可孤)가 무천진을 함락시켰다. 그러나 곧 무천진은 하발도발(賀拔度
拔)이나 우문굉(宇文肱) 등 무천진민에 의해 일시 탈환되었다. 하발도발은 뒷
날 무천진 군벌의 중심 인물이 된 하발악(賀拔岳)과 하발승(賀拔勝) 형제의 아
버지이고, 우문굉은 바로 우문태의 아버지이다. 그들은 처음에는 무천진을
반란세력으로부터 방위하고자 하였다. 그러나 결국 무천진을 반란세력으로
부터 지켜낼 수 없었기 때문에 남하하여 중국 내지로 피신하였다. 우문굉 일
가는 일시 유동하는 북진민 집단 속에 있었던 것 같다. 반란은 화북 몇 개 지
점을 중심으로 전개되었고, 528년 갈영(葛榮)이 최종적으로 그들을 통합하
였다. 갈영은 다시 하남으로 진격하였다. 당연히 낙양은 위기에 빠졌다.[61] 이
시점에서 굴기한 자가 북수용(北秀容)에 토착하던 흉노계인 계호(契胡)의 추
장 이주영(尒朱榮)이다. 그의 선조는 대대로 부락을 이끌던 추장이었고, 북위
태조 도무제의 후연 정벌에 참가해서 그 공로로 북수용에 봉해진 이후 영민
추장직을 세습해 왔다. 당시 그의 부락은 8,000여 가로 기록되고 있다.[62] 그
는 육진의 난에 호응해서 각지의 호족이나 목민들이 반란을 일으키자 자기
의 가축을 풀어서 의용을 불러 모아[招合], 의용군을 편성해서 이들을 진압하
였다.[63] 이때 우문씨는 하발씨와 함께 태원의 이주영의 지배 아래 들어가게
되었다. 다른 무천진 출신자도 태원으로 모여들고 있었다. 당시 낙양의 조정
에는 황태후 호씨(胡氏)와 효명제가 세력을 다투고 있었다. 태후당 쪽이 우
세하자 제당은 이주씨의 힘을 빌리려고 하였다. 이것을 눈치챈 태후당은 먼
저 효명제를 독살하였다. 이러자 이주영은 조정의 숙정을 구실로 진양(태원)
을 출발해서 낙양에 들어가 태후를 살해하고 다시 조신들의 책임을 물어서

---

61 朱大渭·劉精誠, 「論葛榮」(『中國農民戰爭史論叢』2, 鄭州: 河南人民出版社, 1980) 참조.
62 『洛陽伽藍記』卷1 城內 永寧寺條, p.5, "榮 … 北地秀容人也. 世爲第一領民酋長·博陵郡公.
　部落八千餘家, 有馬數萬匹, 富等天府".
63 『魏書』卷74 尒朱榮傳, p.1644, "正光中, 四方兵起, 遂散畜牧, 招合義勇, 給其衣馬".

2,000여 명을 학살하였다. 이 사건을 '하음의 변'[64]이라 한다.

이주영이 528년 갈영을 잡아들이자 수십만의 병력이 이주씨의 포로가 되었다. 이주영은 다시 일족인 이주천광(尒朱天光)을 관서에 파견해서 이 지방의 반란, 즉 만사추노(万俟醜奴)나 소보인(蕭寶夤) 등의 난을 토벌하도록 하였다.[65] 이주천광이 관서의 반란 토벌에 파견되자 하발악이나 우문태도 여기에 참가하였다. 이것도 큰 성공을 거두었기 때문에 육진의 난 이래의 동란은 일단 이주씨에 의해 진정되었다. 이 정황이 그대로 계속되니 이주씨는 북위 왕조를 타도해서 새로운 왕조를 건립하려고 했던 것 같다. 그러나 사태는 그 방향으로 진행되지 않았다. 이주영이 자신이 추대한 효장제에 의해 살해되었던 것이다. 이주씨는 영의 생질[甥]인 조(兆)를 중심으로 결집해서 북위조정에 대적하였다. 분개한 이주씨 일족은 효장제를 살해하고 민제(閔帝)를 세웠다. 관서에 파견되었던 이주천광도 소환되었다. 한편 관서에서는 이주천광이 이끌던 부대가 그대로 잔류해서 부장 간에 그 주도권을 둘러싼 투쟁이 전개되었다. 이주천광의 부장(副將) 중에는 하발악과 후막진열(侯莫陳悅)이라는 인물이 있었다. 이주씨가 고환에 의해서 망하자, 후막진열은 고환과 결합하여 하발악을 살해하였다. 그리고 후막진열은 스스로 관서 토벌군을 통솔하려 했지만, 하발악의 부하들에 의해서 살해되었다. 이때 그들이 추대한 자가 우문태였다. 하발악의 부장 중에는 무천진 출신자가 많았고, 우문태는 그 동향집단에 의해서 최고 사령관으로 추대되었던 것이다.[66]

한편 이주조로서는 갈영의 여중(餘衆)을 어떻게 처리할 것인가가 문제였

---

64 '河陰의 變'의 經過와 意味에 대해서는 吳少珉, 「試論北魏'河陰之變'」, 『史學月刊』 1983-1; 窪添慶文, 「河陰の變小考」, 『榎博士頌壽記念東洋史論叢』, 東京: 汲古書院, 1988을 참조한다.

65 『魏書』 卷75 尒朱天光傳, p.1673, "建義元年夏, 万俟醜奴僭大號, 朝廷憂之. 乃除天光使持節・都督雍岐二州諸軍事・驃騎大將軍・雍州刺史, 率大都督・武衞將軍賀拔岳, 大都督侯莫陳悅等以討醜奴".

66 이 과정에 대해서는 李啓命, 「西魏=北周의 勳貴集團」, 『歷史學研究』 9, 全南大學校 史學會, 1979, pp.15~26에 상세히 나와 있다.

다. 그들은 병주(幷州)·사주(肆州) 등 현재 산서지방에 배치되어 있었지만, 끊임없이 반란을 일으켰다. 이에 회삭진민(懷朔鎭民)인 고환에게 그 통솔을 위탁하였다. 고환은 구 북진민을 이끌고 동방으로 이동하여 531년 하북성 신도(信都)에 도착하였다. 이 당시 화북 지역에는 한인호족들이 자주적인 활동을 전개하고 있었다. 처음에는 이들도 이주씨에게 어느 정도 기대를 걸었지만 '하음의 변'으로 일족 및 지우(知友)가 학살당하자 강한 복수심을 가지게 되었고 그중에서도 고건(高乾) 형제는 효장제의 명령을 받아 관동에서의 세력 결집을 도모하였다. 그러나 전술한 대로 효장제는 이주영 일족에 의해 살해되었기 때문에 관동의 귀족들은 더욱 활발하게 움직였다. 발해의 봉륭지(封隆之), 조군의 이원충(李元忠), 이밀(李密) 등과 범양의 노문위(盧文偉), 노조(盧曹) 등에 고건 형제가 가담하여 서로 연락을 취하면서 이주씨를 토멸할 계획을 세웠다. 그들은 자신들의 향리에서의 성망을 이용해서 향리 사람들을 병으로 모집하고 각각의 군대를 결집하였다. 그리고 먼저 신도를 습격해서 점령하였다. 즉 이주씨가 파견한 기주자사(冀州刺史)를 격파하였다. 그때 고환은 구 진민을 이끌고 신도로 왔던 것이다. 그래서 양자 사이에 제휴가 성립되었다. 즉 양자는 반(反)이주씨세력이라는 점에서 일치했던 것이다. 고환은 이제 이주씨에 대해서 공공연히 반기를 들었다. 533년에 고환은 이주씨 일족과의 일전에서 승리하여 관동의 패권을 잡았고, 곧 고환에 의해 관동(산동)호족세력과 구 진민세력 사이의 합작이 이루어졌다.[67] 다음 해인 534년 우문태가 관서에서도 군의 지도권을 장악했기 때문에 화북은 고환과 우문태에 의해서 양분되었는데 이것이 동서 양위 분립의 단초가 되었다.

당시 낙양의 북위조정은 이주씨에 의해 옹립된 (효)민제가 있었지만 곧 고환에 의해 폐해지고 효무제가 옹립된다. 그런데 효무제가 우문태를 관서대

---

67 그 經過에 대해서는 濱口重國, 「高齊出自考─高歡の制霸と河北の豪族高乾兄弟の活躍」, 『秦漢隋唐史の硏究(下卷)』, 1966, pp.722~726을 참조한다.

행대(關西大行臺)에 임명하는 등 고환의 견제·제거를 시도하였지만 결국 실패하면서, 낙양을 빠져 나와 서쪽의 우문태에게 몸을 의탁하게 된다. 이로써 535년 서위가 성립하였다. 한편 고환은 효무제가 관서로 출분하자 다시 효정제를 세웠는데 이로써 동위가 정식으로 성립된다. 이때 고환은 낙양에서 업으로 천도를 단행한다. 천도의 명목상 이유는 낙양이 관서 및 양과의 국경에서 너무 가깝다는 것이었다. 그러나 실제 이유는 낙양이 구 북위의 수도, 즉 북위 권력의 근거지였기 때문에 황제를 둘러싼 조신들의 저항이 강한 반면, 업은 그의 근거지인 태원(진양)과 가깝기 때문에 효정제의 감시가 용이했던 것으로 생각할 수 있다.[68]

서위도 말하자면 동위와 마찬가지로 이중정권적 국가였다. 그 권력은 북위 효무제와 우문태를 중심으로 하는 세력으로 양분되어 있었다. 효무제도 낙양에서 장안으로 이동할 때 측근이나 군대를 이끌고 왔지만, 그 수는 만 명이 채 되지 않는 비교적 작은 세력이었다.[69] 이에 비해 우문태의 세력은 원래 하발악이 이끌던 군대 및 관속을 주력으로 하고 있어서 꽤 큰 세력을 이루고 있었다. 이 세력 속에는 구 북진민 외에 관서 토착민도 결코 적지 않은 수를 차지하고 있었는데, 인원수로 보면 관서 출신자가 많았던 것 같다. 말하자면 북진민과 관서토착세력과의 연합이 불가피하였다.[70] 이 협력은 이미 하발악 시기부터 시작되고 있는 것 같다. 즉 하발악의 군부에는 관서의 호족(豪族) 출신이 관속으로 임용되어 있었다. 이 지방에 반란이 일어났을 때, 관서의 호족들은 정부로부터 파견된 토벌군에 협력해서 각각의 향리에서 민중

---

68 金翰奎, 「東魏 高氏의 覇府와 晋陽」(『古代東亞細亞幕府體制研究』, 서울: 一潮閣, 1997)에서는 鄴都 遷都를 洛陽의 無力化와 君主權力의 空洞化가 목적이었다고 보았다.

69 『隋書』 卷24 食貨志, p.675, "是時(東魏 天平元年) 六坊之衆, 從武帝而西者, 不能萬人, 餘皆北徙".

70 王吉林, 「西魏北周統治階級的形成」, 『民族與華僑研究所報5』(臺北: 文化大學, 1981), p.24에서는 孝武帝 入關 時에 들어간 文人의 세력을 第3勢力으로 보고 있으나, 무시해도 좋을 세력이다.

을 모집하여 군대를 결성해서 반란세력과 싸워 지방의 질서 회복에 노력하였다. 이들의 군대를 '향병(鄕兵)'이라 한다. 향병을 결집할 때는 호족이 사재를 내서 모집하는 예가 보인다.[71] 이와 같이 형성된 서위정권은 우문태를 총사령관으로 해서 동위의 고환과 격렬한 교전을 거듭한다. 고환은 진양(태원)에 거점을 두고 분수(汾水)를 따라서 서위 영내를 궁박하였다. 그리고 우문태는 화주(華州: 후에 同州라 개칭)에 군부를 설치해서 이를 저지하였다.

이상에서 본 바와 같이 우문태를 둘러싼 정치적 상황은 매우 유동적이었고, 내부적으로나 외부적으로 정착시켜야 할 과제들이 산적해 있었다. 우선 우문태는 그 집단에서 자신의 위치를 공고하게 해야만 하였다. 그러기 위해서는 이중정권국가라는 과도기체제를 불식시켜야 하였다. 또한 동으로 동위(북제), 남으로 양과 대적해야 하였다. 먼저 우문태가 집단에서 자신의 위치를 공고히 하려는 노력부터 살펴보자. 북조 후기 정권의 건설을 주도한 두 집단이 한인호족에 의해서 결집된 향병집단과 북위 군사행정기구인 '진(鎭)'에 의해 지배되는 북변 국경지대 출신인 진인(鎭人)집단이라는 것은 앞에서 여러 차례 지적한 바 있다. 그러면 진인이란 구체적으로 어떻게 구성되어 있는가. 기존 연구에 의하면, ① 북위국군의 본원적인 부분인 선비족이 주체가 된 북족이 본래의 성분이고, 여기에 ② 북위에 정복된 한족 등의 호족(豪族), ③ 유죄인, ④ 고차·유연족 등 항민(降民) 등이 보태진 것으로 분석된다.[72] 구성의 다양성에서 볼 때 구 부락사회 그대로라고는 말할 수 없지만, 아직 거기에는 부락사회의 전통이 강하게 흐르고 있다고 할 수 있다. 왜냐하면 이 북진지대는 도무제가 부락해산을 단행한 이후에도 여전히 전통적인 '영민추장제'가 실시되고 있는, 북위국군의 일종의 요람인 동시에, 북위국가의 전통적 유산을 유지하고 재생하는 본거지로써 역할을 수행하던 곳이었

71 菊池英夫, 「北朝軍制に於ける所謂鄕兵ついて」, 『重松先生古稀記念 九州大學東洋史論叢』, 1957, pp.115~118.
72 谷川道雄, 「北魏末の內亂と城民」, 『隋唐帝國形成史論』, 東京: 筑摩書房, 1971, p.209.

다.[73] 우문태를 비롯한 무천진 출신들은 한때는 이주영 밑으로 흘러들어왔던 '의용(義勇)'들이었다. 이주씨가 이들 의용을 제대로 유지할 수 없었던 원인은 자기의 일족을 조정의 중직이나 각주의 도독제군사·자사 등으로 임명하여 분통(分統)시키는, 즉 혈연의 결속에 의해서 자기 정권을 강고히 하려는데 있었다고 할 수 있다. 그러나 이주씨의 세력 기반이었던 의용조직은 이와같은 이주 일족의 혈연주의에 의해 통제될 수 있는 존재가 아니었다. 이것은 고환이 이주씨 토벌에 앞서 이주씨의 종족주의적 측면을 들어 선동한 것에도 나타나고 있다.[74] 따라서 우문태에게는 이런 종족주의의 극복이 하나의 과제로 떠오르게 되었다. 그러면 우문태집단의 초기 구성을 살펴보자.

먼저 그들의 결속을 위해서는 혈연을 넘어선 새로운, 호족 특유의 질서가 필요했던 것이다. 하발악이 살해되었을 때 합의해서 우문태를 맹주로 추대했던 하발악의 제장(諸將)들을 보면 구락(寇洛)·조귀(趙貴)·달해무(達奚武)·뇌소(雷紹)·후막진순(侯莫陳順)·후막진숭(侯莫陳崇)·양어(梁禦)·약간혜(若干惠)·이봉(怡峯)·유량(劉亮)·왕덕(王德)·혁련달(赫連達)·사적창(庫狄昌) 등이다. 여기에다 원주(原州)의 호족 이현(李賢)·원(遠)·목(穆) 형제와 후막진열 휘하에 있던 이필(李弼)·두노령(豆盧寧)이 가담하고 있다. 그리고 하발악의 형인 승(勝)이 도독제군사·형주자사·남도대행대(都督諸軍事·荊州刺史·南道大行臺)로 형주에 있을 때에 그 밑에서 대도독으로 있던 독고신(獨孤信), 독고신 휘하의 양충(楊忠) 등도 있었다.[75] 즉 우문태는 그 등장 시기부터 이주씨와는 다른 세력 기반에서 출발하고 있다. 따라서 그의 일족이 권력의 중추로 등장한다는 것은 거의 불가능한 상태였다. 때문에 자기를 둘러싼 잡다한 세력들을 어떻게 조화롭게 조직해 나가느냐가 현안이 된 것이

---

73 直江直子, 「北魏の鑛人」, 『史學雜誌』 92-2, 1983. p.28.
74 谷川道雄, 「北齊政治史と漢人貴族」, 『隋唐帝國形成史論』, 1971, p.299; 直江直子, 「北朝後期政權爲政者グループの出身について」, 『名古屋大學東洋史研究報告』 5, 1978, p.84~85.
75 直江直子, 「北朝後期政權爲政者グループの出身について」, 1978, p.86.

다. 주지하다시피 서위정권을 이끌었던 핵심집단이 가졌던 칭호는 '주국대장군(柱國大將軍)'이다. 주국대장군직은 효장제가 이주영의 '도와 추대한 공로[翊戴之功]'를 인정하여 이 직을 줌으로써 시작되었으며, '그 지위는 재상위에 있었다[位在丞相上]'고 한다.[76] 이주영이 패망한 뒤 이 직은 폐지되었다가 대통 3년(537) 서위 문제가 우문태를 이 직에 임명함으로써 다시 생긴 후[77] 대통 16년(550) 이전 이 직에 있었던 자는 모두 8명(팔주국)이다. 즉 우문태와 북위 종실인 광릉왕(廣陵王) 흔(欣)을 별도로 한다면 6명인데, 이호(李虎)·이필(李弼)·독고신(獨孤信)·조귀(趙貴)·우근(于謹)·후막진숭(侯莫陳崇)이 그들이며, 그 밑에 12대장군이 있었으니 북위 종실 3명[元贊·元育·元廓]을 제외한 9명은 우문도(宇文導)·후말진순(侯莫陳順)·달해무(達奚武)·이원(李遠)·두노령(豆盧寧)·우문귀(宇文貴)·하란상(賀蘭祥)·양충(楊忠)·왕웅(王雄) 등이 그들이다.[78] 대통 16년은 이른바 부병제가 성립한 해이고, 이에 따라 주국대장군(柱國大將軍)-대장군(大將軍)-개부의동삼사(開府儀同三司)-의동삼사(儀同三司)-대도독(大都督)-수도독(帥都督)-도독(都督)-자도독(子都督) 등의 무장 8등급이 생겼다.[79] 이들이 언제 어떤 지위에 오르게 되었느냐하는 것은 이미 정리된 논고가 있다.[80] 그것에 의하면, 대체로 우문태는 534년 4월에 개부의동삼사에, 534년 7월에 대장군에, 537년에 주국대장군에올랐다. 대통 8년(542) 우문태가 '처음으로 육군을 두었을[初置六軍]' 때에는

76 『周書』卷16 史臣曰, p.271.
77 『周書』卷16 史臣曰, pp.271~272. 濱口重國의 「西魏の二十四軍と儀同府」, 『秦漢隋唐史の研究(上卷)』(東京: 東京大學出版會, 1966), p.182에서는 尒朱兆도 柱國大將軍을 받았다고 하여 尒朱榮 이후 廢止 사실을 부정하고 있다. 그러나 西魏 成立 後에 宇文泰가 처음 받은 것은 인정하고 있다.
78 『周書』卷16 史臣曰, pp.271~273. 그런데 同書, p.273에 "自大統十六年以前, 十二大將軍外, 念賢及王思政亦作大將軍"이라 하여 2명을 더 들고 있다.
79 北周 建德 4年에 약간의 改名과 新官의 증설이 있어 11등급이 된다. 濱口重國, 「西魏の二十四軍と儀同府」, 1966, pp.180~181.
80 濱口重國, 「西魏の二十四軍と儀同府」, 1966, pp.187~188; 藤堂光順, 「西魏北周期における'等夷'關係について」, 『名古屋大學東洋史研究報告』8, 1982, 卷末附錄 「武官號昇位表」 참조.

겨우 우근 1명 만이 대장군이 되었고, 이필·조귀·독고신·후막진숭·이호 등은 개부의동삼사에 불과하였다. 대통 14년(548)에 이르러 이필과 독고신이 주국대장군에 오르고, 대통 15년(549)에 우근·조귀·후막진숭이 주국대장군이 되었다. 이호가 주국대장군에 오른 것은 사료상 불확실하지만, 늦어도 대통 15년 이전으로 보는 것이 옳다.[81] 따라서 우문태는 같은 주국대장군이라 해도, 부병 이십사군 체제가 성립하는 무렵에 임명되는 이호·조귀·독고신·우근·이필·후막진숭 등 6명보다 비교적 빠른 시기에 그 직에 올랐던 것은 확실하다. 그러나 이들과 우문태와의 관계는 수직적인 관계가 아니었다. 우문태와 이들과의 관계는 556년 10월 우문태가 죽은 뒤 연소한(12세) 우문각(宇文覺: 孝閔帝)의 후사를 고탁 받은 그의 조카 우문호(宇文護)가 실권을 잡는 과정에서 적나라하게 드러난다. 즉 우문호가 비록 우문태의 고명을 받았으나 '명위(名位)'가 아래라는 이유로 우문태의 그런 조치에 승복하지 않는 자가 나타난 것이다. 그러나 당시 우문태와 이른바 '등이(等夷)'관계에 있는 우근의 궁박에 의해 중의가 비로소 정해졌다고 한다.[82] 이 등이관계의 실상은 557년 2월 조귀·독고신 등이 우문호를 제거하려는 음모가 발각되면서 적나라하게 드러난다. 그 사정을 실은 『주서』의 기록을 보면 다음과 같이 설명되어 있다.

처음에 (조)귀와 독고신 등은 모두 태조(우문태)와 더불어 등이였다. 효민제가 즉위하자 진공(晉公) (우문)호가 섭정하니 귀는 스스로 원훈좌명임을 내세워 매양 불만과 불평의 기색을 나타내더니 마침내 신과 더불어 호를 살해하려고 도

모하였다.[83]

조귀와 독고신은 550년 이전에 주국대장군에 오른 사람들이지만, 우문태의 형의 아들로 당시 우문가의 장로였던 우문호는 12대장군에도 포함되지 않았다가 556년 우문태 사후에야 주국대장군이 되었다.[84] 이상에서 볼 때, 적어도 우문태와 우근·조귀·독고신은 '등이'관계라는 것이다. 등이관계란 정권 수립자들의 정권 수립 이전의 지위상 동배관계를 말하는 것이다. 예컨대 한고조 유방과 제장과의 관계와 같은 것이라면[85] 서위 말기의 우문태의 위치가 어떠했는지 상상할 수 있다. 물론 그렇다고 해서 서위 말에 우문태를 위시한 6명이 단순히 동배로만 볼 수는 없다. 우문태는 주국대장군 외에 승상·대행대·도독중외제군사직을 갖고 있어서 실질적으로 이들보다 우위에 있었던 것은 부정할 수 없다.[86] 문제는 이들 등이관계에 있는 무장들이 이러한 관계를 지탱하는 배후에는 독자적인 개개의 군단을 가지고 있었을 것이라는 점이다. 이들이 대체로 향리 사람들이나 친족을 이끌고 있었다는 것은[87] 주지의 사실이기 때문이다. 이것이 서위-북주의 분권성으로 표현된 것임과 동시에 우문정권이 풀어야 할 과제였던 것이다.

한편 군사력 측면을 살펴보자. 일찍이 진인각이 지적했듯이 서위정권은 인재, 지리, 문화 모든 면에 있어서 동위와 양나라에 뒤져 있었다. 즉 우문태는 소수의 서천한 호인과 호화한 한족으로 관롱 한구석에 할거하여 재부병강(財富兵强)의 산동 고씨와 신주 정삭이 소재하는 소씨와 함께 정치지국(鼎

83 『周書』卷16 趙貴傳, p.263.
84 宇文護의 당시 位置에 대해서는 Albert E. Dien(Translated and Annotated), *Biography of Yü-Wen Hu*, Berkeley: University of California Press, 1962를 참조한다.
85 藤堂光順, 「西魏北周期における'等夷'關係について」, 1982, pp.97~98, 西魏·北周시대의 等夷關係는 武官位에 있어서 승진의 同時期와 等間隔이라는 특징을 가지고 있으며, 신분에 관계없이 兵卒에서 柱國大將軍까지 昇進하는 체계라는 것이다. 同書, pp.108~109 참조.
86 谷川道雄, 「五胡十六國北周における天王の稱號」, 『隋唐帝國形成史論』, 1971, p.334.
87 直江直子, 「北朝後期政權爲政者グループの出身について」, 1978, pp.87~90.

峙之局)을 형성하게 된 것이다. 이런 형세에서 나온 것이 바로 우문태의 '관중본위정책'이라는 것이다.[88] 당시 우문태가 처한 입장은 동위의 고환과 비교할 때 큰 차이가 난다.[89] 육진의 난 이전 선비인의 집중 거주 지역은 옥야(沃野)·회삭(懷朔)·무천(武川)·무명(撫冥)·유현(柔玄)·회황(懷荒)·어이(禦夷) 등 7개의 북진 지역과 그 연변 주인 삭주(朔州), 구 평성 지역인 항주(恒州), 그리고 낙양 지역이었다. 육진의 난으로 이들은 대거 남하하기 시작했는데, 여러 가지 경로를 거쳐 그 대부분이 고환의 세력 밑으로 편입되었다. 반면 우문태는 하주(夏州)에 주둔할 당시 그의 병력은 겨우 500~600여 명에 지나지 않았으며,[90] 그 후 편입된 하발악의 유중(遺衆)도 다수였다고 볼 수는 없기 때문에 우문태가 관서의 실권자가 되었을 때, 그 휘하의 병이 되었던 선비는 극히 소수였다고 생각된다. 여기에다 효무제의 관서 출분(出奔)으로 우문태 병력으로 편입된 것은 전술한 대로 1만이 되지 않았다고 한다. 고환이 수십만의 선비를 획득했던 데 비해 우문태의 병의 수가 1만 몇 천을 넘지 않았다는 사실은 고환과 우문태와의 군제에 근본적인 차이를 낳게 한 중대한 원인이었다.[91] 삼국정립시대가 출현했을 때, 밖으로는 적국을 방어하고 안으로는 국내를 제압해서 실권자로서 위력을 발휘하기 위해서는 무엇보다도 자신의 중앙군의 확보가 긴요하였다. 고환은 10주에 달하는 선비부민으로 자기의 친위군을 편성할 수 있었지만 우문태는 선비만으로 중앙군을 편

---

88 陳寅恪, 『唐代政治史述論稿』, 1982, p.15; 陳寅恪, 『隋唐制度淵源略論稿』, 上海: 上海古籍出版社, 1982, pp.126~127.

89 陳寅恪은 다음과 같이 당시 宇文泰가 처한 실정을 설명하고 있다. "(宇文泰) 欲與財富兵强的山東高氏及神州正朔所在之江左蕭氏共成鼎峙之局, 而其物質及精神二者力量之憑藉, 俱遠不如其東南二敵, 故必別覓一塗徑(『唐代政治史述論稿』, 1982, p.15)."

90 그의 적대세력인 高歡은 10州에 달하는 鮮卑部民으로 親軍을 편성한 반면, 宇文泰의 병력은 그가 夏州에 주둔할 당시 겨우 500~600여 명에 불과하였다(『周書』 卷2 文帝紀下, p.37, "史臣曰: … 太祖用無一成 衆無一旅"). 그 후 편입된 賀拔岳 등의 병력도 다수라고 볼 수 없다(『周書』 卷14 賀拔勝 等傳, p.227, "史臣曰: (賀拔)岳以二千羸兵 抗三鎭之勍敵.").

91 濱口重國, 「西魏の二十四軍と儀同府」, 1966, p.225.

성하기에는 그 수가 너무나 적었다. 우문태는 대통 3년(537) 10월 사원(沙苑) 전투에서 대승하여 영역을 하동으로 펼칠 기회를 잡고는 이제까지 대동위전의 전초기지였던 요충지 화주(동주)에 패부를 열고,[92] 동시에 중앙군을 이곳에 상주시켰다.[93] 당시 이 전투에 동원되었던 병력은 그의 중앙군이었다. 그러나 이 중앙군의 대부분이 거의 고향을 떠나 있는 유사(流徙)의 병이므로 소모된 병원을 보충할 항구적인 모체가 없어서 도저히 장기전을 감당할 수 없었다. 여기에다 대통 4년(538) 8월 낙양 부근 전투에서 패함에 따라 병력에 큰 손실을 입었다.[94] 이 결과 우문태는 화주 방면의 농민을 징모해서 병력으로 쓰는 장기전에 대비할 수 있는 새로운 중앙군인 '육군(六軍)'을 편성한 것으로 보인다.[95] 그러나 우문태로 하여금 근본적인 조치를 강구하게 만든 사건이 있었다. 바로 대통 9년(543) 2월 동위의 북예주자사(北豫州刺史)였던 고신(高愼)이 고환에 반기를 들고 서위에 귀순한 것을 기화로 삼아 낙양으로 진격하여 고환군과 전투를 벌였지만 도리어 낙양 북부의 망산에서 대패해서 고심해서 편성한 육군이 심대한 타격을 입었던 것이다.[96] 우문태는 효무제에게 상표해서 자폄(自貶)을 청하였지만 효무제는 이를 위무하였다. 이리하여 우문태는 이제 손상된 병력의 보전 차원이 아닌, 근본적인 방책을 강구하게 되었다. 그런 시점에서 나온 것이 바로 "널리 관롱 지역의 호우를 모집하여 군려를 증강하는[廣募關隴豪右, 以增軍旅]"조치였다.[97] 이것이 바로 대통

---

92 『資治通鑑』卷166 梁 敬皇帝 太平 元年(556) 10月條, p.5154, "胡三省注曰: '宇文泰輔政多居同州, 以其地扼關河之要, 齊人或來侵軼, 便於應接也.'".

93 濱口重國, 「西魏の二十四軍と儀同府」, 1966, p.266.

94 『周書』卷2 文帝紀下 (魏)大統 4年(538) 8月條, pp.25~26.

95 『北史』卷5 魏本紀 大統 8年條, p.178, "春三月, 初置六軍";『玉海』(臺北: 大化書局, 1977) 卷137 兵制2, 「魏六軍府兵」條, p.2647의 後魏書逸文에 "西魏大統八年, 宇文泰傚周典置六軍, 合爲百府".

96 『魏書』卷12 孝靜紀 武定 元年 3月條, p.306에 "戊申, 齊獻武王討黑獺, 戰於邙山, 大破之擒寶炬(孝武帝)兄子臨洮王森, 蜀郡王榮宗, … 督將參僚等四百餘人, 俘斬六萬餘, 甲伏牛馬不可勝數"라고 西魏 側의 피해를 기술하고 있다.

97 『周書』卷2 文帝紀下, p.28, "[大統九年(543)三月] 太祖以邙山之戰, 諸將失律, 上表請自貶,

16년(550)에 편성된 서위 이십사군(二十四軍) 편성의 출발점이 되었고, 이십
사군은 한마디로 우문태의 중앙군이며 부병제의 제도상 기원이었다.[98] 물론
우문태가 앞서 대통 8년(542)에 육군을 설치하였지만, 대통 16년이 되어서
야 이십사군으로 형성된 중앙군을 확장·정비하기 시작한 것이다. 물론 그
작업의 이면에는 여러 가지 정비 공작이 병행되었을 것이다. 그런데 그 과정
에서 우문태가 '십이군을 두었으며[置十二軍]', 십이군을 통솔한 자로서 유량
(劉亮)과 이봉(怡峰)의 이름이 『주서』에 기재되어 있다.[99] 그러나 이 십이군의
존재에 대해서는 의문을 표시하는 학자들이 많다.[100] 그렇다면 '널리 관롱
지역의 호우를 모집하여 군려를 증강하는' 조치인 이십사군으로의 확대 과
정은 어떠한 것인가? 이 과정이 '호성재행'과 깊은 연관이 있을 것이다. 전
술한 대로 서위 우문태의 병력은 주로 북진계로 출발하였다. 그러나 관중 현
지의 향병의 확충이 불가피하게 되었고, 점차 현지에서 동원된 병사의 수가
격증하여, 북주 무제의 병력 확충의 조치로 부병의 반을 하인(夏人: 한인)이
차지하게 되었다고 했듯이[101] 병력 보충의 대상은 주로 한인이었다. 그런데
이 당시의 모집은 향병 방식, 즉 현지 유력자에게 모병을 청부시키는 방식을

　… 於是, 廣募關隴豪右, 以增軍旅".

98 원래 府兵이란 各地에 설치된 諸軍府 소속의 兵士集團을 말하지만, 西魏 北周시대 부병은
　中央(丞相 都督中外諸軍事의 丞相府 혹은 中外府) 直屬의 獨立된 組織系統을 말한다.

99 『周書』 卷17 劉亮傳, p.284, "及太祖置十二軍, 簡諸將以將之, 亮統一軍, 每征討, 常與怡峰俱
　爲騎將".

100 濱口重國은 당시 '六軍'은 左右六軍으로 도합 12軍이라고 해석하였고(「西魏の二十四軍と儀
　同府」, 1966, p.227), 谷霽光은 당시 병력이 '時戰士不滿萬人'이었기 때문에 고정적으로 12
　軍의 규모를 가졌다고 볼 수 없고, 그 후 10여 년간 宇文泰軍의 확장 과정에서 12군이라
　는 명칭은 일체 나타나지 않고 있으며, 劉亮도 大都督, 怡峰은 都督에 불과했기 때문에 그
　기사는 믿을 수 없다고 단정지었다. 따라서 12軍이 실재하였다기보다 12大將軍을 습관상
　'十二軍'이라 부른 것이라고 해석하였다(谷霽光, 『府兵制度考釋』, 上海: 人民出版社, 1962,
　p.51).

101 『隋書』 卷24 食貨志, p.680, "建德二年(『周書』武帝 紀作 三年), 改軍士爲侍官, 募百姓充之,
　除其縣籍. 是後夏人半爲兵矣".

취하고 있다.[102] 이 과정에서 한인 유력층, 즉 '관롱호우(關隴豪右)'에 대한 사성이 행해진다. 그리고 당연히 이들이 의동삼사 등의 장교가 되어서 이 이십사군의 지휘 계통에 포함되게 된 것이다.

이십사군이 가지는 특징은 여러 가지 이설이 있지만, 현재까지의 연구성과를 종합한다면, 대개 다음과 같이 요약될 수 있다. 첫째, 중앙군임과 동시에 전시편성군 체제라는 것,[103] 둘째, 재지의 병력이 지방장관에 통솔되던 진한 이래의 전통과는 달리, 직접 중앙에 그 통수권이 귀속된다는 점이다. 셋째, 우문태 시기의 경우 후세의 변화와는 달리 병민 분리의 병제라는 것이다. 이와 같은 특징을 감안하면서 '호성재행'이 갖는 역사적 의미를 살펴보자.

2. '삼십육국(三十六國) 구십구성(九十九姓)' 성씨체제로의
회귀 논리와 실제

(1) 북족민의 '선왕지세(先王之世)'로서의 '삼십육국 구십구성' 시기

서위-북주시대의 성씨에 대한 조치는 복성(復姓: 還姓[104])과 사성 두 가지로 나눌 수 있다. 그런데 복성에 대한 조칙이 내려진 것은 대통 15년 (549)의 일이었다. 『북사』에서는 다음과 같이 적고 있다.

(대통 15년: 549) 5월 제대인(諸代人)으로 태화 중에 개성한 자는 모두 복구하도

---

102 谷川道雄, 「府兵制國家と府兵制」, 『律令制―中國朝鮮の法と國家―』, 日本唐代史硏究會編, 東京: 汲古書院, 1986, p.443 注 20 참조.

103 이것은 西魏·北周政權의 性格과도 연관되었다. 즉 西魏·北周의 기본방침은 오로지 武를 崇尙하는 것이다. 公卿, 刺史 등 中央과 地方의 장관은 대부분 武將으로 임명하였으며, 人事의 진퇴 결정도 무훈에 좌우되었다(宮崎市定, 『九品官人法의 硏究―科學前史―』, 京都: 同朋舍, 1956, pp.492~493). 이것은 北齊의 貴族主義的 人事方針과 차이가 있다.

104 復姓을 還姓이라고도 한다. 「周柱國大將軍大都督同州刺史爾勉永神道碑」, 『庚子山集注』 卷 14, 1980, p.857.

록 처음으로 조칙을 내렸다.[105]

이것은 말할 것도 없이 북위 효문제의 태화개성(성족상정)에 대한 복구를 명령한 조치이다. 한편 사성은 한 차례의 조칙에 의해서 단행된 복성과는 달리 극히 개별적이고, 그것이 행해진 기간도 대단히 길다. 복성과 사성의 차이는 분명하다. 즉 문자 그대로 복성은 효문제 시기에 호성을 한성으로 바꾼 것을 다시 호성으로 복구 내지 회귀한다는, 즉 '복본성' 혹은 '환본성'의 뜻인 반면, 사성이란 다른 성을 준다는 '사이성(賜異姓)'을 의미한다. 복성의 대상은 물론 호족 출신이다. 그러나 사성은 간혹 호족 내지 외래인도 대상이기도 했지만 한족이 주된 대상이었다. 따라서 복성과 사성은 엄밀한 의미에서 다른 것이다.[106] 그러나 사성이나 복성이나 그 대상자들이 받았던 것은 역시 호성이었다. 사실 사성과 복성은 한족과 호족이 각각 그 주된 대상이라는 점에서 양 조치의 실시 이유나 목적은 엄밀한 의미에서 반드시 동일한 것은 아니었다고 생각된다. 그러나 두 가지 모두 호성의 재행, 다시 말하면 '삼십육국 구십구성'체제의 부활 내지 회귀로 귀일되고 있다는 점이다. 이것을 『주서』에서는 다음과 같이 설명하고 있다.

위씨의 초기에는 통할하는 나라가 삼십육이었고, 대성이 구십구였으나 뒷날 절멸한 것이 많다. 이에 이르러 여러 장수 가운데 공이 높은 자를 삼십육국의 후(예)로 하고 다음으로 공이 높은 자를 구십구성의 후로 한다. 통할하는 바의 군인도 역시 그 성을 고쳐서 (그 장수의 성을) 따르도록 한다.[107]

---

105 『北史』卷5 魏本紀5 文皇帝紀, p.180, "十五年己巳五月, … 初詔諸代人太和中改姓者, 並令復舊".

106 同一人이 두 번 賜姓된 사람으로 唐瑾과 侯植 두 명이 있다. 이것은 賜姓이 復姓과 다른 것임을 보이는 증거이다.

107 『周書』卷2 文帝紀下 卷末·魏恭帝 元年(554)條, p.36, "魏氏之初, 統國三十六, 大姓九十九, 後多絶滅. 至是, 以諸將功高者爲三十六國後, 次功爲九十九姓後, 所統軍人, 亦改從其姓";

즉 '위씨지초'의 체제인 '삼십육국'과 '구십구성'의 후예가 절멸된 것이 많다는 것이고, 그것을 복원하겠다는 것이 이 조처의 주된 명분이다. 그러면 '위씨지초'란 구체적으로 어떤 시대를 말하는가? 그리고 '삼십육국'과, '대성구십구'란 구체적으로 어떠한 상황을 가리키는가?

이 문제와 관련된 사서의 기술을 하나씩 검토해 보자. 우선『위서』권1 서기의 기술을 보면,

> 성황제(成皇帝) 휘 모(毛)가 즉위함에 이르자 총명하고 무략에 뛰어나서 원근 사람들의 추대를 받으니 통할한 나라가 삼십육이었고, 대성이 구십구였는데 모두 (위세가) 북방에 떨쳐 솔복하지 하지 않은 자가 없었다.[108]

라 하여 황제(黃帝) 후 67세손인 성황제 모에 이르렀을 때에 이미 '통국삼십육 대성구십구'의 형세[109]였다는 것이다. 그런 면에서 '위씨지초'를 일단 성황제 모의 시대로 상정할 수 있겠다. 그 4세 후인 안제(安帝) 시기와 12세 후인 헌제(獻帝) 시기의 사정을『위서』관씨지에서는 다음과 같이 설명하고 있다.

> 처음 안제[110]가 나라를 통할할 때에는 여러 부족에는 구십구성이 있었다. 헌제 시기에 이르러 국인을 일곱으로 나누어서 여러 형제들에게 섭령(攝領)하게 하

『資治通鑑』卷165 梁紀 元帝 承聖 3年 正月條, p.5111에는 "復姓拓跋氏, 九十九姓改爲單者, 皆復其舊. 魏初統國三十六, 大姓九十九, 後多絶滅. 泰乃以諸將功高者爲三十六姓, 次者爲九十九姓, 所將士卒亦改從其姓"이라 하여 약간 달리 서술하고 있다.

108 『魏書』卷1 序紀, p.1, "昔黃帝 … 積六十七世, 至成皇帝 諱毛立. 聰明武略, 遠近所推, 統國三十六, 大姓九十九, 威振北方, 莫不率服".

109 宮崎市定은 이 구절을 "國을 統(領)하는 것이 三十六이고, 大姓을 統(領)하는 것이 九十九이다"라고 해석하고 있다(『九品官人法の硏究—科擧前史—』, 1956, p.489).

110 馬長壽는 安帝가 아니라 成帝로 보아야 한다는 견해를 제시하였다(『烏桓與鮮卑』, 上海: 人民出版社, 1962, p.245 注1).

니 마침내 각각 그 씨가 나누어지게 되었다.[111]

즉 '안제통국'시기에는 '제부에 구십구성'이 있었다는 것이다. 이른바 헌
제시기에 와서 '국인'을 7분하여 형제들이 각각 섭령하게 하여 독립된 씨로
함에 따라 7족이 분리되었다.[112] 이로써 헌제 본인이 영도하는 탁발씨와 합
쳐져서 후세의 이른바 '선비 팔국'의 기초가 되었다. 그리고 숙부와 소속을
독립시키니, 제실인 탁발씨를 합쳐 총 10성이 되었다는 것이다.[113] 그러나
『수서』에서는 효문제 천락 이후의 사정을 다음과 같이 설명하면서 약간의
차이를 보이고 있다.

후에 위가 낙양으로 도읍을 옮겼을 때에 팔씨 십성이 있었으니 모두 제족에서
나온 것이다. 또 삼십육족이 있었으니 곧 여러 국으로 위를 따랐던 자들이다. 구
십이성은 대대로 부락대인이었던 자들인데 모두 하남 낙양인이 되었다.[114]

종래 '삼십육국 구십구성'의 시대는 어떤 시대이냐 하는 문제에 대해서
학자에 따라서 견해가 다양하게 제기되었다. 즉 '삼십육국'이란 바로 36개

111 『魏書』卷113 官氏志, p.3005, "初, 安帝統國, 諸部有九十九姓.至獻帝時, 七分國人, 使諸兄
弟各攝領之, 乃分其氏".

112 『魏書』卷113 官氏志, p.3006, "獻帝以兄爲紇骨氏, … 次兄爲普氏, … 次兄爲拓拔氏(當作
拔拔氏), … 弟爲達奚氏, … 次弟爲伊婁氏, … 次弟爲丘敦氏 … 次提爲侯氏, … 七族之興,
自此始也".

113 『魏書』卷113 官氏志, p.3006에 "又命叔父之胤曰, 乙旃氏, … 又命疏屬曰車焜氏, … 凡與
帝室爲十姓"이라 되어 있고 十姓에 대해서는 『庚子山集注』(1980) 卷11「周使持節大將軍廣
化君關國公丘乃敦崇傳」, p.660에 "魏道武皇帝以命世雄圖, 飮馬河洛, 兄弟十人, 分爲十姓,
辨風吹律, 丘氏卽其一焉"이라 한 곳의 '十姓'의 注에 "十姓, 謂後魏爲拓拔氏, 道武以沙莫雄
子嵩宗室之長, 爲長孫氏, 至魏文帝, 以獻帝長兄爲紇骨氏, 次兄普氏爲周氏, 次兄爲達奚氏,
次兄伊婁氏, 次兄敦丘氏 改爲丘氏, 次兄侯氏 改爲万侯氏, 叔父之後乙旃氏爲叔孫氏, 疏屬
車焜氏, 是爲十姓"(p.661)이라 하였다.

114 『隋書』卷33 經籍志2, p.990, "後魏遷洛, 有八氏十姓, 咸出帝族. 又有三十六族, 則諸國之從
魏者; 九十二姓, 世爲部落大人者, 並爲河南洛陽人".

부락이며, 탁발부는 바로 36개 부락연맹의 장인 것으로 보는 견해[115]가 있다. 앞에서 보듯이, 『수서』에서는 '삼십육국'이라 하지 않고 '삼십육족'이라 하면서 '여러 국으로 위를 따랐던 자諸國之從魏者'라 하였다. 그리고 '구십구성'이라 하지 않고 '구십이성'이라 하면서 '대대로 부락대인인 자世爲部落大人者'라 하였다.[116] 국이 족으로 바뀐 것은 유목민족의 어떤 특정한 용어가 한역될 때 나타나는 현상일 수도 있으며,[117] 효문제의 성족상정 결과와 관계가 있을 것이라고 생각되지만, 99성이 왜 92성인가가 문제가 된다. 혹자는 92성에다 탁발씨가 칠분국인(七分國人)한 7씨(氏)를 합친 것으로[118] 보아야 한다는 관점을 제시하였지만, 탁발씨의 선세는 당초 명료한 것이 아니었으며, 위수가 『위서』를 찬술했을 당시는 더욱 그러하였던 것이니 반드시 실수가 아닐 가능성도 많다. 그래서 99성이란 여기에 탁발씨를 보태어 100성으로 했을 것이라고 본 의견도[119] 있으며, 그리고 36이란 한대 이래 상용된 숫자여서 한족 사인들이 탁발의 역사를 찬술할 당시에 탁발인들의 구전을 붙여서 보탠 것이라고 본 의견도 있다.[120] 그러면 이 문제를 해결하는 하나의 방법으로 먼저 36이라는 숫자에 대해서 그동안의 용례를 살펴보자. 북방민족의 관계 사료인 『사기』 흉노열전이 가장 오래된 용례가 아닌가 한다.

---

115 王仲犖, 『北周六典』上册, 北京: 中華書局, 1979, p.46.

116 『新唐書』卷199 柳沖傳, p.5676에 "虜姓者, 魏孝文帝遷洛, 有八氏十姓, 三十六族, 九十二姓. 八氏十姓, 出於帝宗屬, 或諸國從魏者, 三十六族九十二姓, 世爲部落大人. 竝號河南洛陽人"이라 되어 있다. 그러나 馬長壽(『烏桓與鮮卑』, 1962, p.103)는 "(九十)二應爲九"라 하였다.

117 실제 몽골 계통에서 ulus는 '百姓, 百姓每 國'으로 한역되며(小澤重男, 『元朝秘史全釋』上, 東京: 風間書店, 1984, p.345), ulus에 해당되는 투르크 계통의 il이라는 말은 '國, 族, 部' 등으로 漢譯되기도 한다.

118 王仲犖, 『北周六典』上册, 1979, p.46.

119 唐長孺, 「拓跋國家的建立及其封建化」, 『魏晉南北朝史論叢』, 1955, pp.193~194. 실제 『魏書』官氏志에 기록된 성씨를 보면 拓跋氏 등 皇室 및 宗族 支庶가 모두 10개 성이고, 內入諸姓이 모두 75개 성으로 합계 85개 성 뿐으로, 이른바 大姓九十九姓 중 14개 성이 모자란다. 魏收는 그 이유를 『魏書』에서 "年世稍久, 互以改易, 興衰存滅, 間有之矣"(p.3005)라 적고 있다.

120 黃烈, 『中國古代民族史研究』, 北京: 人民出版社, 1987, p.279.

이것은 모돈선우(冒頓單于)가 전한 문제 전원(前元) 4년(B.C. 176) 한의 황제에게 보낸 편지의 한 구절 속에 나온다. 당시 모돈선우는 우현왕에게 월지(月氏) 토벌을 명하여 큰 성공을 거둔 것을,

> 월지(月氏)를 멸하고는 모두 참살하고 항복시켰다. 누란(樓蘭)·오손(烏孫)·호게(呼揭) 및 그 곁의 이십육국은 대개 흉노가 되었으니 여러 '인궁지민(引弓之民)'은 모두 일가가 되었다. 북주(北州)가 이미 안정되었으니 ….[121]

라고 하여 흉노의 영토를 크게 개척한 사실을 뽐내었다. 물론 여기서 '이십육국'은 '삼십육국'의 잘못이라고 지적되고 있는데,[122] 이른바 한대의 '서역삼십육국'이 그것이다. 앞서 성황제 모의 '통국삼십육 대성구십구 위진북방 막불솔복(統國三十六 大姓九十九, 威振北方, 莫不率服)'의 사적을 언급하였다. 그런데 성황제는 알선동(嘎仙洞) 시기의 추장인데 그 당시 그 정도로 탁발부가 강대했다는 것을 믿을 수 없다는 견해[123]도 있지만, 『자치통감』의 음주자인 호삼성은,

> 위의 시조인 성제 모가 통할한 나라가 삼십육이고, 대성이 구십구이니 대개 후한 시에 흉노가 이미 쇠하고 선비가 비로소 성하게 될 즈음이다.[124]

라 하여 이 시기가 '선비시성지제(鮮卑始盛之際)'였음을 주로 달고 있다. 이

---

121 『史記』 卷110 匈奴列傳, p.2896, "以夷滅月氏, 盡斬殺降下之. 定樓蘭·烏孫·呼揭及其旁二十六國, 皆以爲匈奴. 諸引弓之民, 并爲一家. 北州已定, …".
122 松田壽男, 「前漢書の天山諸國を論ず」, 『古代天山の歷史地理學的硏究』, 東京: 早稻田大學出版部, 1960, pp.36~38.
123 黃烈, 『中國古代民族史硏究』, 1987, p.279.
124 『資治通鑑』 卷165 梁紀 元帝 承聖 3年 正月條, p.5111, "魏始祖成帝毛統國三十六, 大姓九十九, 蓋後漢時匈奴旣衰, 鮮卑始盛之際也".

예에서 보듯이 통상 북방 혹은 북주는 '제인궁지민(諸引弓之民)', 즉 유목민족의 땅을 가리키는 것이고, '삼십육국'은 북방 혹은 북주에 포함되거나 혹은 그것을 상징하는 개념이라고 할 수 있다. 그런 면에서 흉노가 쇠하고 선비가 시성하여 서북방의 유목민족을 호령하던 그런 국제적 지위를 가진 시기를 서위-북주시대인들은 그들이 복원해야 할 시기로 생각했을지도 모른다. 실제 한대의 '서역삼십육국'의 내원(來源)을 따져 보면 한족들이 그렇게 불렀던 흔적은 전혀 찾아볼 수 없다. 아마 그것은 이 지역(타림분지)을 지배했던 흉노인들이 만든 용어로 후세에 '삼십육국'이라는 말이 관습화됨으로써 서역이 50여 국 혹은 55국으로 판명된 시대에도 폐기되지 않고 여전히 이 지역의 특칭으로 사용된 것으로 보는 것이 좋을 듯하다.[125] 따라서 성황제모의 시기의 '통국삼십육'도 실수라고 보기는 어렵고 북방민 사이에 사용된 하나의 '관습수'로 보는 것이 보다 합리적이라 생각한다. 물론 36이란 숫자는 북위시대에 실수(實數)로 흔히 사용되고 있기는 하다. 예컨대 '천흥 이년 분상서삼십육조급제외조(天興二年分尙書三十六曹及諸外曹)' 혹은 '(천흥 사년) 십이월 복상서삼십육조(〈天興四年〉 十二月 復尙書三十六曹)'[126] 등이 그것이다. 그러나 이것은 한족들이 『주례』 등 고전에 나오는 숫자나 용어를 후세에 자주 재생시키는 것과 유사한 방식으로 북방민족의 관습어가 실수화된 것으로 보아도 좋을 것이다.

그리고 '구십구성'의 99라는 숫자도 북방민 사이에 9 혹은 9의 배수는 '많다'는 의미로 쓰인 용례가 허다하기 때문에 이것도 '수많은 성'으로 보는 것이 무방하리라 생각한다. 그런 면에서 36국 99성이란 실수라고 보기보다는 우문태가 서위의 당권자가 되었을 때, '흥망계절(興亡繼絶)'의 정치적 수요를 위해 차용한 허수에 불과한 것이라 보는 것이 타당하리라 생각된

125 松田壽男, 「前漢書の天山諸國を論ず」, 1960, p.37.
126 『魏書』 卷113 官氏志, p.2973.

다. 실제 탁발규(拓跋珪) 시기인 북위 건국 초에도 탁발 친속에 대해서 이미
'팔국의 성족을 나누기 어려운[以八國姓族難分]'[127] 상태라 기술하고 있는데,
그보다 150년이 지난 시점에서 36국과 99성의 후손이 많이 소멸되었기 때
문에 이미 끊어진 계통을 이어준다는 것은 실제와 맞지 않기 때문이다. 또한
이러한 우문태의 주장이 사실과 그리 부합되지 않는다는 점은 사서에서 확
인할 수 있는 사성의 사례들에서 유독 그의 성인 우문씨만을 압도적으로 많
게 사여한 것을 보아도 쉽게 알 수 있다. 따라서 사성이라는 것은 정치적 목
적으로 이용한 성씨의 조작에 불과한 것이었다.[128] 그리고 사성이 얼마나 정
치적으로 이용되었는가 하는 점은 서위-북주 사이에 집중적으로 사성된 자
들에 대해서 북주 말 주수 혁명 과정에서 양견에 의해 다시 복성이 명령된다
는 사실에서도[129] 잘 알 수 있다.

　서위-북주시대의 복성과 사성의 명분은 북위 창설 이전의 부락시대의 사
회질서를 복원하고자 하는, 즉 일종의 복고주의를 명분으로 하고 있음은 분
명하다. 복성과 사성, 즉 호성재행이 이와 같이 복고를 실현하는 한 형태라
면 '삼십육국 구십구성'의 시대는 당시인들에게 어떤 의미를 갖는 것일까.
앞서 보았듯이 단지 그들의 조상이 흥성하기 시작한 시기를 복원해야 할 당
위라고 생각한 것인지는 속단할 수 없다. 실제 한족과는 달리 선비인에게
는 그들이 복원해야 할 '유토피아', 즉 '선왕의 시대'를 상정하는 언설이 별
로 눈에 띄지 않고 있기 때문이다. 또한 당시 호족이라 해도 잡다한 종족이
혼재되어 있었다. 예컨대 『위서』 관씨지에 기록된 이른바 내입(內入) 75성
과 사방 35성의 씨족 구성을 살펴보더라도 그것은 분명하다. 내입 75성 중
하뢰씨(賀賴氏) · 독고씨(獨孤氏) · 수복씨(須卜氏) · 구림씨(丘林氏) · 파육한씨

---

127 『魏書』卷113 官氏志, 天賜 元年(404) 11月條, p.2974.
128 朱希祖, 「西魏賜姓源流考」, 1936, p.420에서는 "西魏之時, 宇文泰專政, 賜姓之事, 大都皆泰
　　主之, 欲以牢籠人心, 收爲己用"이라 말하고 있다.
129 『隋書』卷1 高祖紀上, p.7, "大定元年春二月壬子, 令曰: '已前賜姓, 皆復其舊.'".

(破六韓氏) 등은 흉노족 성이고, 걸복씨(乞伏氏)·기근씨(奇斤氏)·하발씨(賀拔氏)·사리벌씨(俟利伐氏) 등은 정령·고차(철륵)족 성이고, 아복간씨(阿伏干氏)·질려씨(叱呂氏)·이면씨(爾綿氏) 등은 유연족 성이며, 오환씨(烏桓氏)·토욕혼씨(吐谷渾氏)·필루씨(匹婁氏)·막나루씨(莫那婁氏) 등은 오환 및 동부 선비족 성이고, 굴돌씨(屈突氏)·질라씨(叱羅氏)·을불씨(乙弗氏)·나씨(那氏) 등은 동서방 각 잡족의 성이다.[130] 이와 같이 탁발족이 음산 지역으로 옮겨와서 몽골 초원 지역의 패자로 등장한 이후 탁발족을 중심으로 원래의 몽골 초원에 살던 각종 종족이 다양하게 결합하고 있었던 것이다. 따라서 '삼십육국 구십구성'의 시대는 선비, 특히 탁발족만의 이상향이 되어서는 안 된다. 이른바 북족(호족) 전체에게 의미가 있는 것이어야 한다. 주지하다시피 무천진 지역의 군벌 역시 어느 한 족성 계통의 사람들로 구성된 것이 아니며, 특히 호성재행을 주도한 우문태의 우문씨는 흉노 남선우(南單于)의 원속이며,[131] '그 말은 선비와 자못 다른[其語與鮮卑頗異]'[132] 것이 당시의 현실이라고 한다면, '삼십육국 구십구성'의 시대로의 복귀는 탁발족의 영광된 시대의 재현만을 목적으로 한 것은 아니다. 따라서 이것은 당시 관중에 거주하는 북족민 전체의 영광된 시대를 의미한다고 봐야 한다.

(2) 관중인의 '친족화'와 새로운 '향리'의 창건

우문태가 표방한 '삼십육국 구십구성' 시대로의 회귀는 어떠한 의미와 책략이 복재해 있었던 것인가. 종래 이 문제를 보는 시각은 다양하였다. 혹자는 "호성 부활의 의미는 북위 건국 이전의 부족연합이라는 옛 것으로 회귀한다는 점에 있다. 물론 현실적으로 과거에로의 복귀가 가능한 것은 아니다. 요컨대 그런 복고적 이념을 내세움으로써 지향해야 할 국가상을 보이는 것

---

130 黃烈,『中國古代民族史研究』, 1987, p.283.
131 周一良,「論宇文周之種族」,『魏晉南北朝史論集』, 北京: 中華書局, 1963, p.220.
132『北史』卷98 匈奴 宇文莫槐傳, p.3267.

이다"[133]라는 견해를 표시하였다. 즉 효문제의 한화정책 실시 이후 문벌주의가 국가의 기본이념으로 정착됨에 따라 호한 민중들의 신분 상승이 불가능해졌다. 이러한 문벌주의에 따른 신분계층을 수평화함으로써 '건전한 국가'를 건설하려는 데 그 목적이 있었다는 것이다. 그러나 북위 말의 반란이 효문제 이후의 문벌주의에 불만을 가진 북진병사들에 의해 일어난 것은 사실이지만, 북위 창설 이전 시기, 즉 '삼십육국 구십구성'시대가 어떤 면에서 그들이 지향해야 할 국가상인지는 상세한 논증이 필요하리라 생각된다. 한편 '삼십육국 구십구성'시대로의 회귀는 당시 정치역학상 어쩔 수 없는 방향일 뿐이라는 견해가 있다. 즉 '육진과의 관계를 발생시켜 호성을 주고, 선비 부락의 후를 잇게 하는 것으로'[134] 보거나 '북위의 한화정책에 의해서 침체를 면하지 못했던 북인의 반한감정, 복고사상에 꺾인 때문으로' 보기도 한다.[135] 혹은 '정복자는 점차 피정복자가 가진 우수한 문화에 동화되어도 … 자기의 고유한 것을 피정복자에 강제시키려는 경향이 강하다'[136]라고 보는 관점도 있다. 그러나 북족민들의 한족에 대한 불만이 아무리 고조되어 있었다 하더라도 그러한 불만을 직접적으로 정책에 반영하였다고 한다면, 그것은 오호십육국 이래 이른바 호한 양측이 모두 만족할 수 있는 보편주의적 국가의 창출을 목표로 하는 당시인의 과제 해결에는 전혀 도움이 되지 않으며, 이러한 정책을 우문태가 채용했고 그 방향이 후세의 결과를 볼 때 타당한 것이었다고 보는 것은 잘못인 것 같다. 그리고 당시 우문씨정권이 처하였던 상황과도 맞지 않는다. 소수의 북족민과 다수의 한인이 힘을 합쳐 새로운 국가를 창출하고 동과 남의 적대세력과 대적해야 하는 그들의 상황에서 보면 전혀 유효한 정책이 아니기 때문이다.

---

133 谷川道雄, 『世界帝國の形成』, 東京: 講談社 現代新書, 1977, p.176.
134 陳寅恪, 『隋唐制度淵源略論稿』, 1982, p.91.
135 內田吟風, 「北朝政局に於ける鮮卑・匈奴等諸北族系貴族の位置」, 1975, p.359.
136 濱口重國, 「西魏に於ける虜姓再行の事情」, 1966, pp.750~751.

그러면 서위-북주시대의 호성재행 조치, 즉 '삼십육국 구십구성'시대로
의 회귀의 의미는 무엇일까? 결론부터 이야기하자면, 이것은 첫째 관중에 거
주하는 호한 양족의 '친족화' 작업이며, 둘째 새로운 '향리'의 창건 작업이
었다. 이상의 두 가지 점과 관련하여 시사를 주는 것은 남조 출신으로 서위-
북주시대를 살면서 사성 과정을 살펴보았던 유신(庾信)의 지적이다. 그의 글
속에는 당시인들의 묘지명과 신도비가 유난히 많지만, 이 중 '친족화'라는
필자의 이해와 관련된 것은 신위(辛威)의 신도비의 구절이다.

공의 휘(諱)는 위(威)이며 자는 모(某)로 하남(河南) 낙양인(洛陽人)이다. 구성(舊
姓)은 신(辛)으로 농서인(隴西人)이다. … (대통) 13년에 거기대장군·의동삼사
를 제수받았으며, 이윽고 표기대장군개부으로 옮겼다. 이에 보둔(普屯)으로 사
성되니 곧 관족(官族)이 되었다. 들어와서는 무장(武帳)을 배(陪)하고 나가서는
융도(戎韜)를 총괄하였으며 양관(陽關)에 부(府)를 두고 한해(瀚海)에서 전기(旃
旗)를 흔들었다. 고로 한(조정)에 상서할 수 있었으니, 곧 동종(同宗)으로 하였
고, 주(周)에서 쟁장(爭長)하는 자는 다시 이성(異姓)이 없게 되었다.[137, 138]

유신은 신위가 547년 보둔씨[139]로 사성된 사실을 '곧 관족이 되었다[卽爲
官族]'로 표시하고 있다. 이것은 『좌전』 은공(隱公) 8년조의 '관직으로 대대
로 공이 있다면 그 관을 호칭하는 족을 세우고 하나의 읍을 다스리고 있다면
그 읍의 이름을 역시 호칭하게 하는 것이다[官有世功, 則有官族, 邑亦如之]'라는

---

137 이 고사에 대해 倪璠은 다음과 같이 注를 달고 있다(漢書曰: '屢敬上書論都, 賜姓劉氏.'
左氏曰: '滕侯與薛侯來朝 爭長, 公曰: 周之宗盟 異姓爲後.').

138 「周上柱國國公河州都督普屯威神道碑」(『庾子山集注』, 1980, 卷14, p.883), "公諱威, 字某,
河南洛陽人也. 舊姓辛, 隴西人. … (大統)十三年, 授車騎大將軍·儀同三司, 尋遷驃騎大將軍
開府, 仍賜姓普屯, 卽爲官族. 入陪武帳, 出總戎韜, 置府於陽關, 張旆於瀚海. 故得上書於漢,
卽同宗, 爭長於周, 還無異姓".

139 『周書』 卷27 辛威傳에는 普毛氏로 되어 있으나, 『北史』 卷65 辛威傳 등 다른 전적에는 普
屯氏로 되어 있다.

고사와 연관된 것이지만, 그는 신위가 사성 직전의 관으로 공을 세웠으니 그 관으로 족명으로 삼을 만하다고 본 것이다. 이것을 '관족'으로 표현할 수 있다면 사성을 받는다는 것은 일반인과는 다른 '관족'이 되는 것을 의미한다. 누경(婁敬)[140]과 등후(藤侯) 설후(薛侯)의 자리 순위를 두고 다투는[爭長][141] 고사를 거론한 인용구에서 보둔이라는 족명은 바로 당시 사성자의 주체자와 종맹(宗盟)의 관계로 '동종', 즉 친족이고, 이성이 아니라는 것이다. 여기서 사성자의 주체가 누구인가가 문제 될 수 있겠지만, 필자는 서위의 종실이라 해도 무방하리라 생각한다. 즉 당시 사성된 성들은 모두 탁발씨를 중심으로 하는 동종관계라는 것이다. 실제 보둔씨는 『위서』의 관씨지에도 나오지 않아서 탁발씨와 구체적으로 어떤 관계였는지는 알 수 없지만, 유신이 그렇게 이해한 것만은 사실인 것 같다. 여기서 '동종'이라 했지만, 문자 그대로의 '동종'이라기보다는 '동종과 같은 친족관계'의 의미일 것 같다. 따라서 당시 행해진 복성의 조처는 '삼십육국 구십구성'의 성씨체제로의 회귀인 것이며, 사성 조처도 그 보완 작업이라고 볼 수 있다. 그것은 바로 넓은 의미에서 '동종화', 다시 말하면 '친족화'의 작업이라고 해도 무방하리라 생각한다. 따라서 한족들의 사성도 이러한 의미를 갖는 것으로 정리된다.

그러면 두 번째 문제에 대해서 살펴보자. 우문태를 위시한 북족민들은 관중으로 이동하였다. 그리고 거기에 수도를 정하여 새로운 그들의 근거지['鄕里']를 마련하였다. 그들은 관중에 어떤 형식과 의미를 가지는 향리의 건설을 구상하였던 것일까. 거기에는 물론 북족민만 있었던 것은 아니고 한족들도 있었다. 서위-북주시대의 관중, 특히 경조에 호한 주민들이 어떤 분포 방식으로 살았느냐 하는 것도 문제 될 수 있겠지만, 필자는 주민의 분포 방식보다 당시 관중에 모여들었던 호한 양족의 새로운 향리가 가지는 의미에 더

---

140 『漢書』 卷1下 高祖紀下, p.58.
141 『左傳』 隱公 11年條, "十有一年春 滕侯薛侯來朝".

큰 관심을 갖고 있다. 그들의 향리 건설 작업은 우문태에서부터 시작되어 북주 명제기에 이르러서야 거의 완결되는 것 같다. 다음 내용이 그것이다.

[2년 (558) 3월 경신(庚申)날에 조에서 말하기를] '삼십육국 구십구성은 위씨가 남으로 옮기자 모두 하남지민이라 칭하였다. 이제 주실이 이미 관중에 도읍을 정하였으니 마땅히 경조인이라 개칭해야 할 것이다.'[142]

북위 효문제의 천도로 인하여 이후 북족민들은 하남 낙양을 새로운 향리로 삼게 되지만, 그것은 원래의 성씨, 의복, 언어 등 모든 것이 망실된, 그들의 본래 '향리'의 모습과는 거리가 너무 먼 것이었다. 북족민들은 그런 환경에 적응할 수 없었기 때문에 소외되기 시작했고, 그들의 불만은 점차 쌓이게 되었다. 그 불만이 폭발한 것이 바로 북위 말 '육진의 난'이다. 우문태는 이러한 북족민의 불만을 모를 리 없었다. 따라서 우문태가 관중에 건설한 북족민의 새로운 향리의 모습은 어떠했을까? 그 점과 관련하여 시사를 주는 것은 이면씨(爾勉氏)를 사성 받은 단영(段永)의 경우이다. 단영은 그 본전에 "그 조상은 요서 석성사람으로 진 유주자사 필제의 후손이다. … 이면씨로 사성되었다[其先遼西石城人 晉幽州刺史匹磾之後也. … 賜姓爾綿氏]"[143]라 되어 있듯이 동부 선비인 출신이다. 그런데 유신이 쓴 그의 신도비문에는 다음과 같이 되어 있다.

옛날 헌구(軒丘)가 분족하니 이성 자가 십사 인이었다. 풍읍(豊邑)에서 후(侯)를 세우니 종맹자가 사십 국이었다. 태조 문제(우문태)가 관하(關河)를 석권하여 천하를 삼분하니 영천(穎川)에서 나를 따른 자는 모두 향리지친이고, 신풍(新豊)의

---

142 『周書』卷4 明帝紀, p.55, "(二年三月)庚申, 詔曰: '三十六國, 九十九姓, 自魏氏南徙, 皆稱河南之民. 今周室旣都關中, 宜改稱京兆人.'".
143 『周書』卷36 段永傳, p.637.

고인은 포의지구가 아닌 자가 없었다. 구십구성을 다시 세우고 삼십육국을 다시 있게 하였으니 구주(舊胄)를 이면(爾綿)으로 환성(還姓)하도록 하였다.[144]

　원래 묘지명이나 신도비 등은 문학적 비유를 표현 형식으로 삼고 있기 때문에 직접적인 사실에 대한 방증 자료로써 한계가 있는 것도 사실이다. 그러나 작자의 은유적 표현 속에서도 당시의 사실을 어느 정도 반영하고 있으리라 기대한다. 즉 이 비문에서 우문태가 관중을 석권하면서 동위, 양과 함께 천하를 삼분하게 된 상황에서 관중에 국도를 정함으로써 새로이 만들어진 북족민의 향리의 모습은, 바로 "영천(穎)川에서 나를 따른 자는 모두 향리지친이고[穎川從我 並有鄉里之親]", "신풍의 고인은 포의지구가 아닌 자가 없었다[新豊故人 非無布衣之舊]"라는 두 고사와 유사하다는 것이다.

　"영천에서 나를 따른 자는 모두 향리지친이고"라는 내용은 경시제 시기의 유수(광무제)와 그의 조아(爪牙)인 왕패(王覇) 사이에 일어난 고사로,[145] 이에 빗대어 우문태와 함께 관중으로 옮겨 온 무장들이 바로 '영천에서 나를 따른 자'이며, 그들은 모두 우문태와 '향리지친'의 관계에 있는 향리집단이라는 것이다. "신풍의 고인은 포의지구가 아닌 자가 없었다"라는 내용은 한고조 유방의 고사로 유방의 아버지인 태상황이 장안의 궁전에 사는 것을 싫어하여 고향인 풍으로 귀향하려 하자 유방은 장안 가까이에 풍읍과 구조가 똑같은 신풍을 만들어 아버지의 지인을 비롯한 고향사람들을 옮겨 살게 했다는 것이다.[146] 유신은 우문태가 이른바 '위씨지초'에 그의 조상을 포함하

---

144 『庾子山集注』卷14「周柱國大將軍大都督同州刺史爾綿永神道碑」, 1980, pp.856~857, "昔軒丘分族, 異姓者十四人, 豊邑建侯, 宗盟者四十國. 太祖文帝席卷關河, 三分天下, 穎川從我, 並有鄉里之親, 新豊故人, 非無布衣之舊. 更立九十九姓, 還存三十六國, 舊胄還姓爾綿".

145 『後漢書』卷20 王覇傳, pp.734~735, "穎川從我者, 皆逝, 而子獨留. 努力! 疾風知勁草". 한편 袁宏 撰 周天游 校注, 『後漢紀校注』(天津: 天津古籍出版社, 1987) 後漢光武皇帝紀 卷1, p.25에도 유사한 내용이 있다.

146 『漢書』卷28上 地理志上 京兆尹 新豊條, pp.1543~1544, "應劭曰: '太上皇思東歸, 於是高祖改築城寺街里以象豊, 徙豊民以實之, 故號新豊.'"; 劉歆, 『西京雜記』(上海: 上海古籍出版

는 호족들이 살았던 곳, 즉 막북을 (구)풍이라고 한다면, 관중에다 '신풍'을 만들어 그곳의 사람들을 그대로 옮겨 놓은 것과 같다고 본 것이다. 다시 말하면 우문태는 관중, 특히 경조 지역에 이러한 의미를 갖는 '신풍'을 건설하여 '포의지구', 즉 '삼십육국 구십구성'시대의 계보조직을 가진 옛 북족민들을 집결시킨 후, '구십구성을 다시 세우고[更立九十九姓]', '삼십육국을 다시 있게 하는[還存三十六國]' 조처를 취하였다. 이에 구주(舊冑)의 환성은 자연적인 수순을 밟은 것에 불과하다. 단영의 환성은 이런 차원에서 시행된 것이라고 본 것이다. 우문태의 '이미 관중에 도읍을 정하는[旣都關中]' 조처는 북족민의 새로운 '향리의 창건' 작업인 것이다. 그러나 그가 창건한 향리란 관중이 막북의 그대로가 될 수 없듯이, 실제 구조나 주민 구성 면에서 결코 '신풍'의 모습 그대로일 수는 없었다. 다만 '신풍'의 고사와 마찬가지로 북족민들이 그들의 원래의 모습을 복원하고자 하는 정서가 강하게 표현된 것임은 두말할 필요가 없다. 우선 '삼십육국 구십구성'은 이미 '그 후가 거의 절멸한[後多絶滅]' 상태였다. 따라서 우문태의 한족에 대한 사성 조치는 바로 그 보완 작업인 것이다.

여기서 우리는 이른바 효문제 태화 개성 시에 개성의 범위에 대해서 생각해 볼 필요가 있다. 『위서』 관씨지에는 120개의 성이 있고, 그 가운데 단성(한성)으로 바뀐 것이 114개였지만, 『위서』 각전을 살펴보면, 관씨지에서 이미 한성으로 개성 된 것 중에도 구성을 그대로 쓰고 있는 자가 여전히 있다. 예컨대 하발승(賀拔勝)은 하씨(何氏)를 쓰지 않았고, 후막진열(侯莫陳悅)은 진씨(陳氏)를 쓰지 않고 있다. 그리고 『주서』에 나오는 북주인들은 일단 제쳐두더라도, 복성 조처와 관계없는 북제인들 가운데서도 사적(厙狄)·독고(獨孤) 등의 성을 『북제서』의 각 열전에서는 개성 된 적씨(狄氏)나 유씨(劉氏)로

社, 1991, 校註本) 卷2 作新豊移舊社條, p.87, "高帝旣作新豊, 竝移舊社, 衢巷棟宇, 物色惟舊. 士女老幼, 相携路首, 各知其室. 放犬羊鷄鴨於通塗, 亦競識其家".

쓰지 않고 있다.[147] 특히 우문씨는 개성을 하지 않았던 6개 성 중 하나이다. 태화 개성 시기에 우문, 독고씨 등이 왜 개성 조치를 따르지 않았는지 알 수 없지만, 대개 이들 성씨는 끝까지 북진에 있던 자들의 것이 대부분이고, 이들에 의해서 호성재행의 작업이 이루어졌다는 것은 흥미로운 일이다. 우문태는 이와 같은 상황에서 북족민들의 새로운 향리를 경조 장안에 재창건하였다. 새로이 창건된 향리는 유신이 이해하는 한, '신풍'과 유사한 것이었다. 그런데 이것은 사실일까? 우문태의 다음 조처를 보자.

주(周)의 태조가 입관하자 제성자손 가운데 공이 있는 자는 모두 그 종장이 되게 하였고 동시에 보록을 찬술하여 그 계보를 기록하게 하였다. 또 관 내의 제주를 그 본망을 띠게 하였다.[148]

이와 같이 우문태는 북족민들에게 잃어버린 성을 복원시키고 새로운 땅에 그들의 본관을 정하게 했던 것이다. 여기서 유의할 점은 "제성자손 가운데 공이 있는 자는 모두 그 종장이 되게 하였고[諸姓子孫有功者 並令爲其宗長]"라는 구절이다. 물론 여기서 '제성'이란 '삼십육국 구십구성'이라 해도 무방할 것이다. 그러나 새로이 편성된 계보조직의 우두머리[宗長]는 '제성자손' 중에서도 서위시대 당시의 '유공자'란 단서가 붙는다. 이것으로 볼 때, 신풍은 구풍과 다를 수밖에 없다. 따라서 '삼십육국 구십구성' 그 숫자에 너무 집착해서는 안 된다. 그러면 복성 혹은 사성 조치가 과연 '삼십육국 구십구성' 시기의 그것과 얼마나 유사한가. 그 실제에 대해서 살펴보자. 대통 15년(549)에 내려진 대인들의 복성 조칙과 공제(恭帝) 원년(554)의 사성 조칙은 분명히 '삼십육국 구십구성'체제의 복원을 표방했지만, 그것이 실제와 부합했다고 볼 수는 없다. 공제 원년의 사성 조칙은 대체로 한족이거나 한족을 자

---

147 孫同勛, 『拓跋氏的漢化』, 1962, pp.120~130.
148 『隋書』 卷33 經籍志2, p.990, "及周太祖入關, 諸姓子孫有功者, 並令為其宗長, 仍撰譜錄, 紀其所承. 又以關內諸州, 為其本望".

처하는 (호화된) 인사가 그 대상이었다고 해도 대과가 없을 것이다. 왜냐하면 호족의 경우 대통 15년의 조칙에 의해 복성되었다고 보아야 하기 때문이다. 따라서 사성의 목적이 북위 건국 이전의 사회조직, 다시 말하자면 계보조직으로 복원시키는 것에 있다면, 문제는 '삼십육국 구십구성' 중 '후다절멸(後多絶滅)'의 경우가 주 대상이 되어야 할 것이다. 사료를 그대로 믿는다면 '삼십육국 구십구성' 시기에는 135개의 성이 있었다는 계산이다. 따라서 서위-북주시대 사성도 이 범위를 벗어나지 않을 것이다. 주지하다시피 『위서』 관씨지에는 120개의 성이 기록되어 있다. 위수가 『위서』를 저술한 북제시기에 이미 15개 성이 없어진 것이다. 당시 사성된 성 가운데 관씨지에 없는 것은 대야씨(大野氏)·도하씨(徒何氏)·가빈씨(可頻氏)·하둔씨(賀屯氏)·보모씨(普毛氏)·사한씨(厙汗氏)·탁왕씨(拓王氏)·거비씨(車非氏) 등 8개 성이다. 이 8개 성이 '후다절멸'을 의식하고 복권한 성인지 어떤지는 알 수 없다. 그러나 사성자의 반수 이상이 우문씨를 사성 받은 것은 그런 취지와는 거리가 멀다. 따라서 복성과 사성의 진정한 의미는 다른 '제성자손 가운데 공이 있는 자'를 그 종장으로 하고, 그들을 관 내 제주의 본망으로 삼았다는 것이다. 따라서 결과적으로 혹자가 말하듯이 우문태의 원종신료의 가격(家格) 상승[149]을 가져왔을 수도 있지만, 그것은 우문태를 둘러싼 집단의 단순한 기득권만을 보호하기 위한 새로운 씨족분정 그 자체로 해석해서는 안 된다. 우문태의 기본적인 정책은 소작(蘇綽)의 「육조조서(六條詔書)」로 대표되듯이 어디까지나 그 기조는 바로 현재주의이다.[150] 여기서 중요한 점은 '유공자'라는 것이다. 그들만이 종장이 되어 옛 영광된 삼십육국과 구십구성의 적손이 되고, 현실적으로 '본망'이 될 수 있었다. 그저 북족민이라는 것 자체로 그들의 영광된 지위를 보장받는 것은 아니다. 왜냐하면 "성을 주고 씨를 명하는 데는

---

149 濱口重國, 「西魏に於ける虜姓再行の事情」, 1966, p.748.
150 谷川道雄, 「西魏『六條詔書』における士大夫倫理」, 『中國中世社會と共同體』, 東京: 國書刊行會, 1976, p.236.

반드시 드러난 공이 있어야 한다[賜姓命氏 必有殊功]"[151]는 원칙은 이 시대에도 그대로 적용되고 있었기 때문이다.

우문태의 복성과 사성 조처가 '삼십육국 구십구성' 시기로의 단순한 회귀로 볼 수 없는 이유는 현실적으로 관중 지역에는 수많은 한족들이 있었기 때문이다. 복성과 사성을 통하여 북족민에게 영광된 '선왕의 시대'인 '삼십육국 구십구성'체제의 복귀를 선언했지만 앞서 보았듯이 사성의 주된 대상자는 한족이었다. 따라서 그들은 북족민들의 영광을 재현하기 위하여 조상으로부터 물려받은 그들의 성을 바꾸어야만 하였다. 그렇다면 사성은 한족의 희망과는 상관없는 조처였던가. 우리는 여기서 우문태의 대(對)한족정책에 대해서 살펴볼 필요가 있다. 우문태는 사성을 통해서 일부 한족의 성씨 개조를 시도한 것은 사실이다. 그러나 필자가 관심을 갖는 것은 한족들의 군망(郡望)의 개조이다. 앞서 상술하였듯이, 북족민에게 새로운 향리를 건설해 주었다. 따라서 북족민들도 이제 관중인이 되었고, 그 본관이 경조가 되었다. 마찬가지로 한족들 중 기왕에 산동군망 등을 가진 자들을 관롱군망으로 개조시켰다. 수당 황실의 군망이 홍농(弘農) 혹은 농서(隴西)로 되었고, 서위 팔주국 이필(李弼)과 그의 손자이자 수 말 반란 지도자인 이밀(李密)은 사서에 따라 요동양평인(遼東襄平人) 혹은 농서성기인(隴西成紀人)으로 되어 있는 것[152]은 본관의 변화 과정을 보여주는 예이다. 아무튼 관중이라는 지역을 민족을 초월한 호한인민의 '향리'로 지정한 것은 '동향민'이라는 의식을 갖

151 趙佺墓誌, 『隴右金石錄』1(『石刻史料新編』 第1輯 21册, p.15976), "大統之中, 王師東掃, 太祖親御六軍, 留公摠留府十八曹, 凱入策勳, 名爲尉遲氏. 昔張孟從軍, 婁敬委輅, 賜姓命氏, 必有殊功, 尋除頻陽縣令". 그리고 『周書』 卷27 梁臺傳에 "錄前後勳, 授潁州刺史, 賜姓賀蘭氏"(p.453)에서 보듯이 賜姓은 功勳에 대한 褒賞의 성격을 가진다.

152 『周書』 卷15 李弼傳에는 "遼東襄平人也"이라 한 반면, 『北史』 卷60 李弼傳에는 "隴西成紀人"이라 적고 있다. 陳寅恪의 『唐代政治史述論稿』(1982, p.12)에 의하면 遼東은 本貫이고, 隴西는 西魏 때 고친 것이라 하였다. 李弼은 魏廢帝 元年(552) 徒河(何)氏로 사성되었지만, 만약 徒何라면 '前燕支庶'일 것이다. 그런데 『舊唐書』 卷53 李密傳, p.2207에는 "魏司徒弼曾孫, 後周賜弼姓徒何氏, … 徙爲京兆長安人."이라 적고 있다.

게 함으로써 양측을 융합시키고 단결시키는 데 목적이 있었다. 우문태가 취한 이와 같은 정책을 이른바 '관중본위정책'이라 지칭하지만,[153] 이것은 호한인민을 불가분의 집단으로 만들고자 하는 우문태의 의지가 표현된 것임은 두말할 필요도 없다. 관중은 바로 희주[姬周: 成周]의 고토이다. 후세에 일시적 권의지계(權宜之計)로 평가받는[154] 『주례』의 고제를 시행한 것도 당시 관중 지역에 모여든 호한 제족의 인심[155]을 붙잡기 위한 것이었다.[156] 이것은 바로 관중 지역에 새로운 향리를 정한 호한 인민들에게 북위 이래의 전장·문물을 계승한 동위나 한위 이래의 '신주' 정통문화를 지켜 온 양에 대한 문화적·정신적 열등감을 불식시키는[157] 동시에, 관중이라는 지역적 자부심과 이기심을 불러넣으려는 정책이기도 하였다.

따라서 이러한 정황에서 우문태가 한족들에게 호성의 사용을 강제했을 가능성은 희박하다고 보아야 한다. 그리고 필자가 알기로는 사료상 한족 가운데 사성을 거부한 사례는 하나도 발견되지 않고 있다. 전술했듯이, 농경민족인 한족의 성씨관념은 유목민족의 그것과 판이하다. 유목민족과는 달리 한족의 성씨관념이 강하다고 한다면, 당시 성씨체제의 개변을 주도한 우문태는 어떠한 방법을 강구하였으며 한족들의 대응은 어떠하였을까? 당시 우문태에게는 북족민뿐 아니라 관중에 몰려든 호한 양족을 얼마나 굳게 결속시키느냐 하는 것이 최대 과제였을 것이다. 오호국가가 성립한 지 200여 년이 지난 당시에 우문태가 한족들의 성씨관념을 모를 리 없다는 사실을 감안

---

153 陳寅恪, 『唐代政治史述論稿』, 1982, p.18.
154 陳寅恪, 『隋唐帝國淵源略論稿』, 1982, p.92.
155 宮崎市定은 周禮採用을 "夷夏를 分離시키지 않는 周代의 制로 復歸하는 것"으로 해석하였다(『九品官人法의 硏究—科擧前史—』, 1956, p.490).
156 陳寅恪, 『隋唐帝國淵源略論稿』, 1982, pp.91~92; 萬繩楠 整理, 『陳寅恪先生魏晉南北朝史講演錄』, 合肥: 黃山書社, 1987, pp.316~317.
157 宇文泰는 漢魏之法을 末世之弊風이라 규정하고, 그것을 超越하려는 의지를 분명히 하였다. 『周書』 卷5 武帝紀上, p.64, "(保定元年春正月) 戊辰, 詔曰 '… 我太祖文皇帝稟純和之氣 … 故能捨末世之弊風, 蹈隆周之叡典, …'".

해 볼 때, 한족에 대한 사성은 절대로 강제할 이유가 없고, 그렇게 해 봐야 아무런 효용이 없다는 것을 알았을 것이다. 따라서 우문태는 이 점을 고려하여 사성 조처를 행했을 것으로 예상된다. 한족으로 하여금 사성을 받는 것이 받지 않는 것보다 훨씬 유리하다는 것을 깨닫게 하지 않으면 안 되었던 것이다. 따라서 한족들에 대한 사성이 그저 성만 바꾸는 것이었다면 그것이 아무리 높은 권력자의 의지라 해도 거부감을 가진 사람도 적지 않았을 것이다. 이 문제에 어느 정도 시사를 주는 것이 이화(李和)의 경우이다. 이화는 순수한 한족 출신이라고 보기는 힘들다. 그의 본관은『주서』본전에는 농서 적도인(赤道人)이라 되어 있지만,『북사』권66 이화전에는 "본명은 경화로 삭방암록 사람이다. 아버지 승양은 여러 세대 웅호로서 하주의 추장이 되었다[本名 慶和, 朔方 巖綠人也. 父 僧養 以累世雄豪 爲夏州酋]"라 되어 있어 호인이거나 호화된 한인으로 보인다. 따라서 한인들의 사성 혹은 사명에 대한 당시의 관념을 아는 데 직접적인 근거가 될 수는 없지만, 이화와 같이 성씨관념이 약했으리라 짐작되는 사람에게서도 개성에 대한 반응은 분명함을 알 수 있다. 그러면 그의 상황을 살펴보자.

하발악(賀拔岳)이 관중에 진(鎭)을 만들어 (그를) 장내도독(帳內都督)으로 끌어들였다. 후에 주문(우문태)을 따랐는데 여러 차례 자리를 옮겨 시중·표기대장군·개부의동삼사·하주(夏州)자사가 되고 우문씨를 사성 받았다. 주문은 일찍이 여러 장수들에게 말하기를 '우문경화(宇文慶和)는 여러 번 책임을 맡겼으나 매번 내 뜻에 맞았다'고 하였다. 또 의(意)라 사명하였다. … 수 개황 원년에 상주국으로 옮겼고 … 의란 주문제가 사명한 것이니 제조(帝朝)가 이미 바뀌었고 경화는 곧 아버지가 지은 것이니 의리상 어길 수 없는 것이었다. 이에 이르러 마침내 화(和)를 이름으로 하였다.[158]

158『北史』卷66 李和傳, pp.2322~2324, "賀拔岳作鎭關中, 引爲帳內都督. 後從周文, 累遷侍

이 사례에서 보듯이, 이름은 부가 명한 것이기 때문에 의리상 어길 수가 없어 다시 원래의 이름으로 돌아간다고 한다면 성은 오히려 더 문제 되는 것이 아닌가. 그러나 이 문제는 한마디로 규정하기가 곤란하다. 왜냐하면 당시는 북주에서 수로 왕조가 바뀐 시기이고 어떤 면에서 신왕조에 대한 접근을 위한 이화(李和)의 일종의 책략일 수도 있기 때문이다. 그러면 한인에게서 사성과 사명이란 본인의 의지와 무관하게 강제된 것인가, 아니면 은혜로운 것인가 하는 문제로 돌아가 보자. 사료상에 보이는 사성의 대부분이 전공 등 공로의 대가로 상위관직의 임명과 더불어 동시에 행해지는 것이므로 강제라고 볼 수 없다. 즉 사성 시에는 '진위(進位) …', '천(遷) …'이라는 형식의 장군호 등 관직의 승진뿐만 아니라, 거의 대부분의 경우 '진작(進爵) … 공(公)'이라든지 '증읍(增邑)(通前) … 호(戶)'식으로 상위 작위로의 진작과 식읍의 증봉이 동시에 이루어지고 있기 때문에[159] 단순히 사성 자체가 가지는 명예만이 아니라 실질적인 포상이 수반되어 당시 사성을 받는다는 것 자체가 본인에게 커다란 이익이었던 것이다. 사성은 일종의 포상이다. 그리고 아무에게나 남발한 것이 아니다. 서위-북주시대의 사성 받은 사람들을 보면 향리의 중망(衆望)을 받고 있었던 이른바 '향망'이 많으며, 이들은 그들의 향리에 닥친 난리에 향병을 모아 자위를 도모하였다. 사성의 대상자 중에서 이들이 차지하는 비율은 상당히 높다. 한편 향망은 주로 유교적 지식을 구비했을 가능성이 높다. 그들은 조상 전래의 성씨에 대한 관념이 일반인보다 더욱 투철했을 것이라고 예견된다. 따라서 사성이라는 계보 조작은 그들에게 그런 관념을 상쇄하고 남을 만한 포상이 필요하였다. 그들을 장악함은 곧 향리를 장

中·驃騎大將軍·開府儀同三司·夏州刺史, 賜姓宇文氏. 周文嘗謂諸將曰: '宇文慶和累經任委, 每稱吾意.' 又賜名意焉. … 隋開皇元年, 遷上柱國. … 以意是周文帝賜名, 帝朝已革; 慶和則父之所命, 義不可違. 至是, 遂以和為名".

159 대표적인 예로 韓雄의 경우를 들겠다. 『周書』卷43 韓雄傳, pp.776~777, "河南東垣人也. … 尋進驃騎大將軍·開府儀同三司·侍中·河南邑中正. 孝閔帝踐阼, 進爵新義郡公, 增邑通前三千八百戶, 賜姓宇文氏".

악함을 의미한다. 한편 국가는 모든 병사들에게 포상할 경제적 여력이 없다. 또 포상은 훈장처럼 제한적이어야 그 효력이 더욱 극대화된다. 남발하면 효용체감의 법칙이 작용하는 것이다. 따라서 그런 혜택을 받는 사람은 한정되어 있고, 그들은 당시 체제의 결절점에 위치하고 있을 것이다. 한편 객관적인 여건에서도 그러하다. 첫째, 오호십육국시대가 성립하면서 이른바 호족들이 중원 땅에 들어와 한족들을 지배한 지도 수세기가 흘렀기 때문에 한족들이 호족정권에 사환하는 것이 자연스럽게 되었고, 따라서 호한 간의 민족적 감정은 무디어져 '호성'이라는 이유로 사성에 대해 특별히 거부감을 느끼지는 않았을 것 같다. 둘째, 북진의 난이 일어난 후 관중 지방은 저족 및 강족의 반란으로 혼란에 빠지면서 각지로 유랑하는 자들이 급속하게 늘어났고 생존의 문제가 더욱 중요하게 되었다. 그들에게는 향리를 지키는 것이 문제였지, 호한의 차별은 부차적인 문제였던 것이다. 따라서 당시 한인들이 호성을 사여 받는 것에 대한 거부감은 부차적이거나 크게 문제 되지 않았다고 보아도 될 것이다. 그리고 사성 사실을 보여주는 주 사료인 『주서』나 『북사』가 모두 우문씨정권이 망한 이후인 당 초기에 찬술되었다는 점에서 사성 문제에 대해서 한인들이 갖는 (만약 가졌다면) 불만을 숨길 필요가 없는 데도 불구하고 전혀 보이지 않는 것은, 당시 한인들이 사성을 적어도 불명예스럽게 생각한 것은 아니며 그들도 관중인으로서 자부심을 어느 정도 갖고 있다는 것을 나타낸다. 더 적극적으로 평가하자면, 그들은 그것을 명예스럽게 생각한 것으로 보아도 무방할 것 같다.

3. 계보 조작을 통한 무천진 군벌의 확장과 결속

앞에서 보았듯이, 우문태는 '삼십육국 구십구성'의 체제를 복원하기 위해 복성과 사성을 실시하였다. 그것은 궁극적으로 '친족화'와 호한 양족의 정신적 지주가 되는 새로운 '향리'를 창건하기 위한 작업이었다. 그러면 그러한 작업은 구체적으로 어떤 형식으로 진행되었으며, 어떠한 효용을 가져왔을까? 전술했듯이 사성이란 원래 호족을 대상으로 하는 복성과는 달리 (그 대상자 중에 일부 호인들이 포함되어 있기는 하지만) 주된 대상은 역시 관중 지역에 토착하던 한인들이나 호화된 한인, 혹은 북위 말 북진의 난 후 이 지역에 흘러들어 온 한인들이었다. 따라서 사성은 복성에 비해 수적인 면에서 한정된 것이기 때문에 상기한 두 가지 목표를 수행하기 위한 보조적 수단이라 할 것이다. 서위-북주시대 실시된 사성의 성격을 이해하는 데 도움을 주는 것은 역대 왕조에서 실시된 사성에 대한 조익(趙翼)의 서술이다. 조익은 서위 이래 금 말까지 사성의 전개 과정을 다음과 같이 설명하고 있다.

서위 우문태가 국가의 당권자가 되자 위 초에 통국 36, 대성 99가 이미 절멸했기 때문에 곧 제장 중에 공이 높은 자들을 36국의 후로 하고, 그 다음의 자들을 99성의 후로 하였다. 성을 주는 것이 광범위하게 시행된 것은 이로부터 시작되었다. 양충(楊忠)에게는 보육여(普六茹)를 사성하고, … 그들 가운데 의지해서 심복이 될 수 있는 자가 있으면, 곧 황족의 성을 주었던 것이니, 예컨대 설단(薛端) … (등)에게 모두 우문씨를 준 것은 바로 이런 예이다. 고로 주의 무제가 이 굉(李宏: 鮑宏)에 명해서 황실보(皇室譜)를 수찬하게 하니, 제계(帝系), 소속(疎屬), 사성의 3편으로 나누어지게 되었다. 수나라도, … 당 초기에도 역시 그 제도를 사용하였다. … 당 말기가 되면, 사성은 더욱 많아져 예컨대 이극용(李克用), … 등이 모두 황족에 의부된 것은 혹은 그 쓰임을 빌리기 위해서이거나 혹은 그들의 핍박을 두려워하여 부득이한 것이었다. 금 말에도 역시 사성이 많았다. 재력이 이미 다 없어지고, 작과 상이 또한 남발되어서 그것만으로 인심을 모으기도 어려웠다. 고로 이것(사성)을 함으로써 공을 권하려고 한 것이다. 그렇지만 그 제도는 역시 똑같지 않았다. 본국의 대성을 준 자도 있고, … 그 공이 많고 혹은 힘이 커 믿음으로써 도움이 될 수 있는 자에게는 황족의 성을 준 적도 있었으니, 곽중원(郭仲元), … 등에게 모두 완안씨(完顏氏)를 주었던 것이 이것이다. 그들이 속적에 부입하는 것 또한 차등이 있었으니, 천 인을 가지고 적 삼천 인을 패배시킨 자는 사한 것이 시마(緦麻) 이상에 미치고, 이천 인을 패배시킨 자는 사한 것이 대공 이상이며, 천 인을 패배시킨 자는 그 가로 (들어가는 것으로) 그쳤다.[160]

조익에 의하면 중국 역대 왕조 중에서 광범위한 사성은 역시 우문태에 의해 시행되었고, 이 당시 사성의 결과, 북주 무제 시기에는 황실보 속에 제계 소속과 함께 '사성'편을 독립시킬 정도로 우문씨에 대한 사성자가 많았다는 것이다. 필자는 서위-북주시대의 사성 실시의 구체적인 방법, 즉 대상자의 선택이라든지, 처우의 등급 등에 대한 정리에 조익이 들었던 금대 사성의 예가 중요한 시사를 줄 것이라 생각한다. 이것을 정리하면 다음과 같다. 먼저 대상은 ① 심복으로 삼아 그 힘을 이용할 가치가 있는 자, ② 세력이 커서 두려운 자, ③ 군공을 크게 세운 자로 크게 세 가지로 나누어진다. 그리고 처우 등급 결정의 기준은 군공의 고하였다. ① 황족의 성을 내리는 것(이것도 몇 단계의 차등이 있다), ② 대성을 내리는 것이 그것이다. 이러한 금대의 사성의 원칙을 참고하면서 서위-북주의 경우를 정리해 보자.

그것과 관련하여 관심을 끄는 것은 서위-북주시대의 호성재행 조치, 즉 '삼십육국 구십구성'체제로의 회귀를 정면으로 부정하고 나선 북주정권의 찬탈자인 양견의 변을 그의 꼭두각시 역할을 했던 정제의 조칙을 통해서 들어보자.

[대상 2년(大象二年) 12월] 계해조에 「시」에서는 '사람이 없기야 하랴만 일가친척만 한이 없네'라 하였고, 「전」에 "(주 종실의 맹약에는) 이성은 뒤로 한다"고

---

160 『廿二史箚記』 卷28 「金末賜姓之例」條.

하였다. 대개 가까운 자와 먼 자를 명확하게 밝혀 깨끗하여 잡된 것이 없게 한
것이다. 태조(우문태)가 (천)명을 받았으나 아직 즉위하지 않았다. 비기[秘記
(錄)]에는 혁대(革代)의 문이 나타나고 별자리는 옛 왕조를 없애라는 상이 나타
났다. 천하가 삼분하자 위실을 부지하려 하여 (여러 제도를) 많이 개작하여 하늘
에 승낙받기를 바랐다. 문무군관에게 성을 내린 자가 많았는데, 그러다 보니 (같
은 성을 받은 자도) 본래의 국읍이 다르고 봉해진 땅도 달랐다. (귀신은) 그 족류
가 아니면 그 제사음식을 먹지 않는다고 하였는데, 골육이 다르면서 조상제사
를 같이 지내게 되었고, 그 친척이 아니면 사랑하지 않는다고 했는데, 길을 가면
서도 소(昭)와 목(穆)을 따지게 되었다. 항차 신(神)이 왕조의 혁명을 밝히는 것
에도 본래 역수(曆數)의 돌아감이 있는 것이고, 이제 천명이 사람에 있으니 남을
추대하고 스스로 사양하려 해도 끝내 그럴 수 없다. 그런 까닭으로 인군이 천하
에 임한 지 이에 몇 세대가 되었다. 그러니 겸읍(謙揖)하는 뜻을 여전히 지켜 권
의적인 제도를 오랫동안 행하는 것은 옳지 못하다. 여러 개성자는 모두 복구하
는 것이 마땅하다.[161]

이 같은 조칙이 내려지고 나서 이듬해에 사성자에 대한 복구 명령이 내려
진다.[162] 우문태에 의해 주도된 사성에 대한 양견의 복성 조치는 바로 선양
혁명 직전에 행해졌던 것이다. 이 점에서도 역으로 우문태에 의해 주도된 호
성재행은 그의 정치적 입지와 깊게 연관되어 있을 것이라는 점을 쉽게 상상
할 수 있다. 그러나 이 조칙에서는 우문태가 '위 황실을 떠받치고자[志扶魏
室]'"(여러 제도를) 많이 개작하여 하늘에 승낙받기를 바랐다. 문무군관에게

---

161 『周書』卷8 靜帝紀, p.135, "(大象二年十二月)癸亥, 詔曰: '詩稱不如同姓, 傳曰異姓為後. 蓋
明辯親疏, 皎然不雜. 太祖受命, 龍德猶潛. 錄表革代之文, 星垂除舊之象, 三分天下, 志扶魏
室, 多所改作, 冀允上玄. 文武羣官, 賜姓者眾, 本殊國邑, 實乖胙土. 不歆非類, 異骨肉而共烝
嘗; 不愛其親, 在行路而敘昭穆. 且神徵革姓, 本為曆數有歸; 天命在人, 推讓終而弗獲. 故君
臨區寓, 累世於茲. 不可仍遵謙挹之旨, 久行權宜之制. 諸改姓者, 悉宜復舊.'".
162 『隋書』卷1 高祖紀上, p.7, "大定元年(581)春二月壬子, 令曰: '已前賜姓, 皆復其舊.'".

성을 내린 자가 많았는데[多所改作, 冀尤上玄, 文武群官, 賜姓者衆]"라고 하여 사성 조치를 행한 것으로 정리하고 있다. 물론 앞에서 보았듯이 그는 '위씨지 초', 즉 '삼십육국 구십구성'시대로의 회귀를 명분으로 삼았다. 그렇다면 당연히 사성은 탁발씨를 중심으로 진행되어야 한다. 그러나 사성의 중심은 탁발씨가 아니라 우문씨였다. 이 조칙에서 양견은 이와 같은 우문씨 중심의 사성으로 만들어진 북주체제를 부정해야만 자기의 입지를 유리하게 이끌어 낼수가 있었던 것이므로 고래의 전통을 들먹이면서 복구를 주장했던 것이다. 조익의 표현대로 원래 사성이란 중국적인 전통과 맞지 않는 '태조가 천명을 받음[太祖受命]'이라는 특수한 상황에서 나타난 것이며, 사실 '임시적인 계책[權宜之計]'인 것이다. 그리고 이와 같은 중국적인 전통에 맞지 않는 사성은 실제의 혈연에 의거한 친족관계와 거리가 먼 것이었다. 다시 말하면 사성은 작위적인 계보 조작이다.

그러면 종래 학계에서는 사성, 즉 우문태에 의해 작위된 계보 조작의 목적을 어떻게 이해하고 있는가. "우문지법은 '없어지는 것을 일으키고 끊어지는 것을 잇는 제도[興滅繼絶之制]'로써 북위 초의 부락조직을 회복해서 그 전투력을 증강시키기 위한 것"[163]이라고 보는 관점이 제시되었다. 물론 이 지적은 필자가 앞으로 전개할 논리와 유사하기 때문에 관심이 가지만, 부락조직이라는 것이 구체적으로 무엇을 가리키는 것인지 그 내용에 대해서는 별다른 언급이 없다. 즉 북위 건설 이전의 시기가 상무적이긴 하지만, 그렇다고 단순히 호성을 재행한다고 해서 그러한 상무성이 재현되는지에 대한 구체적인 논증이 필요하리라 생각된다. 한편 서위-북주시대에 창설된 부병제를 직접 연결시켜 해석해 보려는 시도도 있었다. 즉 "선비의 혈연관계에 의해서 통치세력을 강고히 하고 사성은 공적이 있는 장령에 가함으로써 선비의

---

163 姚薇元, 『北朝胡姓考』, 北京: 中華書局, 1962, p.65.

혈연관계를 부병 계통 중에 확대하는 것으로"[164] 보는 관점이 그것이다. 이 것도 중요한 지적이지만 왜 그렇게 되는 것인지에 대한 구체적인 내용이 없 다. 따라서 최근 사성과 부병제의 무관함을 주장하는 전론[165]이 나오게 된 것 도 종래의 주장들이 그 구체적 연관관계를 정합적으로 논증하지 못한 데서 비롯된 것 같다. 따라서 사성의 개별적인 상황을 연결시켜 다시 고찰할 필요 가 있다고 생각된다. 이 장의 결론부터 말하자면 우문태에 의해 주도된 사성 은 그 권력 장악 과정과 깊게 연관된 것이지만, 그 실시하는 방법에 따라 몇 가지 단계가 있었고, 그 단계마다 그 목적과 방법이 차이가 난다는 점이다.

개별적인 사성의 시기는 가장 빠른 것이 왕덕(王德)과 한포(韓褒)가 사성된 534년인데, 이 해는 바로 초기 무천진 군벌의 총수였던 하발악(賀拔岳)이 후 막진열(侯莫陳悅)에게 살해당한 후 우문태가 총수로 옹립되어 후막진열의 군 을 격파하고 낙양에 있던 효무제를 영입함으로써 "군국의 정치는 모두 태조 (우문태)가 결정한 것을 취하였다[軍國之政 咸取太祖(宇文泰)決焉]"[166]고 한 해이 다. 즉 우문태가 무천진집단의 대표로 부상한 해였다. 물론 우문태가 군국지 정을 명실공히 장악한 것은 훨씬 후의 일이지만, 일단 이 시기의 사성부터 우 문태가 주도한 것은[167] 부정할 수 없는 사실인 것 같다. 따라서 우문태가 권력 의 핵으로 등장하자마자 실시한 것이 바로 사성 조치였던 것이다. 대개 사성 의 경우 그것이 행해진 정확한 시기를 나타내는 경우가 극히 드물기 때문에 정확하게 모든 사례를 연대화하기는 힘들지만,[168] 대략 549~557년의 약 8년

---

164 谷霽光, 『府兵制度考釋』, 1962, p.37.
165 李燕捷, 「魏周府兵組織系統與賜姓之關係」, 『河北學刊』 1988-5.
166 『周書』 卷1 文帝紀上, p.13.
167 (宋)洪邁撰·孔凡禮點校 『容齋隨筆』(北京: 中華書局, 2005), 「容齋三筆」 卷3 元魏改功臣姓 氏條, pp.454~455, "魏孝文自代遷洛, … 自改拓跋爲元氏, 而諸功臣舊族自代來者, 以姓或 重複, 皆改之. … 然至于其孫恭帝, 以中原故家, 易賜蕃姓, … 是時蓋宇文泰顓國, 此事皆出其 手, 遂復國姓爲拓跋, 而九十九姓改爲單姓 皆復其舊".
168 朱希祖(「西魏賜姓源流考」, 1979)는 總 賜姓者 67명 가운데 西魏시대 이전 사람 4명, 西魏 시대 이후 사람 8명, 그외 55명이 西魏시대에 사성된 것으로 정리하고 있으나 그 정확성

간에 집중적으로 몰려 있다. 주지하다시피 556년 10월 우문태는 사망하고 그 이듬해에 위주선양혁명이 이뤄진다. 특히 이 기간에 속하는 549년은 북위 효문제의 태화 연간에 시행된 대인의 개성 조치에 의해 한성으로 바꾼 것을 모두 복구시킬 것을 명령한 조칙이 나온 해이다. 그런 면에서 사성은 선양혁명과 불가분의 관계가 있을 것임은 누구나 짐작할 수 있다.

필자는 먼저 선양혁명을 완성하기 위해서는 우선 우문태를 둘러싼 집단의 양적 확대와 그 결속이 선행되어야 한다고 생각한다. 필자는 우문태가 이러한 집단의 확대와 결속의 방법으로 채택한 것이 관중인의 '친족화'라고 정리하였다. 주지하다시피 우문태 집단의 뿌리는 무천진에서 출발한 '무천진군벌'이고 그것이 '친족화'정책으로 확대된 것이 서위·북주·수·당 초까지의 통치(지배)집단으로 군림한 '관롱집단'이라 할 것이다. 이 집단의 명명자인 진인각의 언급을 요약하자면 '관롱집단'이란 우문태의 주도하에 형성된 것이며, 일종의 지역적인 문화세계를 지칭하는 것이어서 지역적으로는 관중(관롱)을 핵심구역으로 하면서 종족적으로는 호와 한, 능력으로는 무력과 재지라는 것이 복합화된 집단이다. 관롱집단의 모체인 무천진 출신은 처음부터 견고하게 뭉쳐져 있었던 것은 아니었고, 처음부터 우문태가 무천진 출신을 대표한 것도 아니었다. 전란을 피해 남으로 유동을 계속하는 과정에서 갈영집단, 그리고 이주영집단으로 편입되었다가, 다시 이주천광을 따라 관중의 반란 진압군에 편성되는 등의 생활을 거친 후 관중에 정착한 것이다. 따라서 무천진집단은 남북조시대에 흔하게 보이는 원주지를 떠나 유동생활을 거친 후에 신주지에 정착하는 '이주민(교민)집단'이다. 이 유동 과정 중에 무천진 출신이 아니지만 이들 집단에 가입하는 사람들도 있었다. 이들 이주민집단이 다수의 원주민을 제압하고 권력을 장악해 가는 과정에 대한 해명도 남북조시대사 연구에 중요한 과제 중 하나라고 생각하며, 무천진집단도

은 상당히 떨어지는 편이다. 그러나 상대적 비교에는 의미가 있을 것 같다.

해당된다.[169]

우문태의 부상은 하발악이 후막진열에 의해 비명에 간 사건 이후 하발악의 잔존 그룹에 의해 추대되면서 시작된다. 하발악의 사후 그 그룹에서는 당시 우문태를 추대하는 문제에 대해 전적으로 의견이 일치한 것은 아니었다. 당시 군단의 총수로 최연장자인 구락(寇洛)을, 그리고 하발악의 형인 하발승을, 그리고 우문태를 택하자는 세 가지 안이 제시되었다 한다.[170] 구 하발악의 군 구성을 보면 무천진 출신 외에도 이미 관롱 지역의 명족도 일부 포함되어 있었다. 즉 관롱 지역에는 하발악을 중심으로 호한 양족을 포괄하는 군사세력이 이미 어느 정도 형성되어 가고 있었다는 것을 의미한다. 그러한 군사세력을 하발악이 급사함으로써 우문태가 그대로 물려받은 것이었다.[171] 그렇다고 그들이 우문태에게 바로 순종한 것은 아니었던 것으로 보인다. 왜냐면 우문태가 하발악의 지위를 계승했다 해도 그와 같은 권위가 금방 생기는 것이 아니기 때문이다. 그리고 하발악의 죽음을 전후로 하여 관중 지역에 여러 군벌들이 몰려들었고 각각 분열의 상태로 존재하고 있었다. 물론 이 군벌들은 뒷날 우문태의 휘하에 들게 된다. 이 군벌들을 분류하면 대체로 다음과 같이 나눌 수 있다. 첫째, 우문태의 친신그룹인 우근(于謹)·하란상(賀蘭祥)·우문도(宇文導)·우문호(宇文護)·왕맹(王盟)·위지강(尉遲綱)·위지형(尉遲逈)·질열복구(叱列伏龜)·염경(閻慶)·우문귀(宇文貴) 등으로 그의 친인, 그리고 초기의 부장들이다. 둘째, 하발악의 잔존그룹인 조귀(趙貴)·후막진숭(侯莫陳崇)·이호(李虎)·달해무(達奚武)·왕웅(王雄)·구락(寇洛)·양

169 필자는 南北朝時代를 東西洋史에 나타난 民族移動의 시대의 동양적 표현으로 보고, 북방 유목민의 화북 진출로 파생된 사회현상을 '胡漢體制'로 지칭해 왔다. 한편 中原漢人의 江南 移動으로 나타난 체제를 '僑民體制'로 지칭하였다. 이러한 민족 이동의 결과 나타난 '移住民'들이 엮어 낸 이러한 정치·사회·문화구조야말로 이 시대가 중국사에서 가지는 의의 중 가장 특징적인 모습으로 생각된다(朴漢濟, 「東晉·南朝史와 僑民─'僑舊體制'의 形成과 그 展開─」, 『東洋史學研究』 53, 1996).
170 谷川道雄, 「武川鎭軍閥の形成」, 1982, p.46.
171 『周書』卷14 賀拔岳傳 史臣曰, p.227, "賀拔元功夙殞, 太祖借以開基".

어(梁禦)·약간혜(若干惠)·이봉(怡峯)·유량(劉亮)·왕덕(王德) 등이다. 이들
은 하발악의 부하들로 우문태 본인도 여기에 속하였으며, 하발악 사후 우문
태를 옹립한 사람들이다. 셋째, 하발승 그룹인 하발승(賀拔勝)·독고신(獨孤
信)·양충(楊忠)·사령(史寧) 등으로 원래 원(原)·형주(荊州) 지역을 통령하
던 부대이다. 넷째, 후막진열의 여부(餘部) 그룹인 이필·두노령(豆盧寧) 등이
다. 다섯째, 위제의 금위군 그룹인 원흔(元欣)·원곽(元廓)·원육(元育)·원찬
(元贊)·원자효(元子孝) 등의 위 종실로 낙양에서 서천한 장령들과 왕사정(王
思政)·염현(念賢)·후막진순(侯莫陳順) 등 관동에서 서위에 충성하던 부대의
장령들이다.[172] 그러나 이들이 관중으로 계속해서 몰려들었으나 쉽게 정리
되지 않았다. 예컨대 우문태가 무천진 군벌의 총수로 지명된 직후, 하발승이
처음 관중에 들어왔을 때, "스스로 연배가 평소 무겁다고 여겨 태조(우문태)
를 보아도 절하지 않았다[自以年位素重 見太祖不拜]"[173]고 한 것에서 그 상황을
엿볼 수 있다. 이러한 군벌들의 재편 작업은 상당한 시일이 소요되었고 점차
그 방향으로 움직여갔다. 이 점은 당초 우문태에게 절하지 않았던[不拜] 하발
승이 대통 10년(544) 임종하기에 앞서 우문태에게 "공이 안으로 먼저 협화
하고 시일이 지나서 움직일 것을 바란다[願公內先協和 順時而動]"[174]라고 충고
하였는데, 동위 정벌에 앞서 휘하 장령들과의 협화가 급선무라고 걱정하고
있는 데서도 나타난다. 즉 544년은 우문태가 무천진 군벌의 총수가 된(534
년) 후 10년이 경과한 시점인데도 그의 지위의 불안정함은 여전히 해결되지
않았던 것이다. 따라서 초기 하발악의 군을 인수한 우문태는 그 가운데에 중
추적 역할을 할 수 있는 친위세력의 결속과 확충이 선결 과제임을 누구보다
잘 알았을 것이다. 어떤 집단이 한 개인을 중심으로 결속하기 위해서는 혈족
의 힘을 모을 필요가 있었을 것이고, 다음으로 흔히 혼인이라는 형식을 통해

172 毛漢光, 『中國中古政治史論』, 1990, pp.12~13.
173 『周書』 卷14 賀拔勝傳, p.220.
174 『周書』 卷14 賀拔勝傳, p.220.

친족의 범위 확대를 도모하는 것은 한족이나 유목민을 막론하고 동일할 것이다. 우문태도 당초 이러한 방법을 이용했던 것으로 보인다.[175] 534년 우문태는 승상위에 오르자 먼저 그의 족자(族子)인 우문측(宇文測)에게 혈족에 대한 정리를 명령한다.[176] 이것은 혈족들을 끌어모으기 위한 작업의 하나였던 것 같다. 다음으로 그의 가문과 혼인관계를 맺은 사람들을 살펴보자. 왕맹(王盟)은 우문태의 외숙이다. 그리고 그의 장형 호(顥: 宇文護의 父)는 염씨(閻氏)와 혼인했는데, 염경(閻慶)은 바로 이 염씨의 조카이다. 그의 둘째 형인 연(連)은 하발씨와 혼인했고 그의 큰누나[長姊]인 창락대장공주(昌樂大長公主)는 위지씨에 출가하여 위지형·위지강 형제를 낳았다. 작은누나[姊] 건안장공주(建安長公主)는 하란씨에 출가하여 하란상(賀蘭祥)을 낳았다.[177] 질렬복구(叱列伏龜)는 원래 고환의 부하였는데 사원전(538)에서 패하여 귀순하자, 우문태는 장형 우문호(宇文顥)의 딸을 처로 삼게 하였다.[178] 이들은 앞서 본 대로 우문태의 친신 그룹으로 분류된다. 그러나 세력 확장에는 혼인만한 방법이 없지만, 현실적으로 그 범위를 무한정 확대할 수는 없다. 혼인과 유사한 결속관계를 만들면서 그 범위를 확대하는 것이 바로 사성이란 방법이었을 것이다. 우문태와 혼인관계를 맺고 있는 왕맹(王盟)이나 염경(閻慶)에게도 사성을 하고 있어 혼인과 사성이 중복되고 있는 경우도 있다. 그것은 사성 그 자체가 원래 포상이라는 또 다른 의미를 가지는 것이므로 여기서 문제 되는 것은 아니다.

사성이란 바꾸어 말하면 관롱집단의 계보 조작을 통한 친족화 작업이다. 그러면 사성을 통한 계보 조작은 어떠한 방식으로 행해졌는가? 즉 그 구체

---

175 關隴集團의 혼인관계는 胡戟, 「關隴集團的形成及其矛盾的性格」, 『西北歷史研究』(西北大學), 1986年號, p.115의 「關隴集團最上層聯姻圖」 참조.

176 『周書』 卷27 宇文測傳, p.454, "太祖爲丞相, … 又令測詳定宗室昭穆遠近 附於屬籍".

177 谷川道雄, 「武川鎭軍閥の形成」, 1982, p.42, 「宇文氏婚姻關係表」 참조.

178 『周書』 卷20 叱列伏龜傳, p.341.

적 질서원리는 무엇인가? 친족관계의 설정에도 중심이 되는 가문이 있어야
하고, 친족 중에도 중심가문과 친소가 있는 것이다. 그러면 '친족화'는 어
떤 성을 중심으로 어떤 형식으로 재편되었는가. 사성이란 제실이 중심이 되
는 것이 일반적이지만, 그것이 집중적으로 행해지는 서위시대를 보면 서위
종실과는 전혀 상관없이 행해지고 있음을 볼 수 있다. 외형적인 비교에 불
과하지만 사성자 가운데 가장 많은 것이 우문씨이다. 주희조(朱希祖)의 조사
에 의하면, 총 사성자 67명 가운데 우문씨로 사성된 자가 26명이며, 하란씨
3명, 탁발씨·만유우씨(万紐于氏)·독고씨·약구인씨(若口引氏)·질라씨(叱羅
氏)·보육여씨·을불씨(乙弗氏) 등이 각 2명이다. 그 외 오환씨(烏丸氏) 등
은 각각 1명에 불과하다.[179] 당시 사성에는 어떤 원칙이 있었던가? 예컨대 8
성(八姓)이나 4성(四姓)과 같은 식의 성씨의 서열이 있었나? 이 점과 관련하
여 떠오르는 하나의 문제는 당시 사성과 본성 사이에 어떤 연관이 있었는가,
그리고 왜 하필 그런 성을 사성했느냐, 그리고 사성 전 자기가 가진 성씨 서
열과 어떤 연관이 있느냐 하는 문제도 당연히 규명되어야 할 것이다. 그러나
그것을 규명하기 위한 작업도 선학들에 의해서 꾸준히 추진되어 왔지만, 실
제 그렇게 성공적이지는 않다.[180] 우문태의 사성을 통한 계보 조작은 철저히
기존의 성씨체계를 파괴하는 것이었다고 말할 수 있다. 보육고(步六孤)·하
란·독고·만유우·위지 등 5성은 북위 효문제의 태화 개성 시기 한족 사
성과 동등하게 '낮은 관에 충임하지 않는[勿充猥官]' 대우를 받던 육(陸)·하
(賀)·유(劉)·우(于)·위(尉) 씨가 복성된 것이다. 그러나 태화 개성 시기의 8
성 가운데 나머지 3성인 목(穆)·누(樓)·혜(稽)씨는 원래가 구목릉씨(丘穆陵
氏)·하루씨(賀樓氏)·흘해씨(紇奚氏)인데, 이들 성씨는 서위-북주시대 사성
에는 그 모습이 전혀 보이지 않고 있다. 그리고 북위와 서위 종실인 탁발씨

---

179 朱希祖,「西魏賜姓源流考」, 1979.
180 대표적인 연구가 朱希祖,「西魏賜姓源流考」(1979)였다. 그러나 이 연구에서는 本姓과 賜姓
　　사이에는 별다른 연결성이 없다고 결론지었다.

의 경우 왕맹과 이목 단 2명에게만 사성되었을 뿐이다. 따라서 사성의 형식을 빌린 계보 조작이 우문씨를 중심으로 진행되고 있음을 알 수 있다. 그리고 태화 개성 시기의 성씨 서열과는 상당한 거리가 있음을 볼 수 있다. 그렇다고 이 당시 사성에 어떤 서열도 없었다고는 볼 수 없다. 그들이 회귀하고자 하는 '삼십육국 구십구성'시대에도 성별로 어느 정도 차등이 있었을 것이니, 이것은 흉노의 경우에서 반증되고 있다.[181] 그리고 '삼십육국 구십구성'시기는 『위서』관씨지에,

무릇 제실과 더불어 10성은 100세 동안 서로 통혼하지 않았다. 태화 이전에는 나라의 상장사례(喪葬祠禮)에는 10족이 아니면 참가할 수 없었다.[182]

라고 되어 있듯이 탁발씨를 비롯한 10성이 제일 우두머리를 차지하고 있었음을 알 수 있다. 그렇다면 서위-북주시대에는 각 성별로 차등이 어느 정도 존재했다는 것을 미루어 짐작할 수 있다. 이 점을 뒷받침해 주는 사례가 후식(侯植)의 경우이다. 후식은 535년에 후복후씨(侯伏侯氏)를 사성 받았다가 뒷날 다시 하둔씨(賀屯氏)로 사성 받았는데, 하둔씨는 '그 당시 성 가운데 우두머리[時惟姓首]'[183]였다고 말하고 있다. 따라서 후식이 535년에 받은 후복후씨는 하둔씨보다는 서열에서 떨어지는 것이 확실하다. 따라서 이 시대 성씨 사이에는 서열이 엄연히 존재하고 있다는 것이 예상된다. 그러나 유감스럽게도 그것이 어떠하였느냐 하는 구체적 내용을 확인할 자료가 발견되지

---

181 『史記』卷110 匈奴列傳, p.2891, "呼衍氏, 蘭氏, 其後有須卜氏. 此三姓其貴種也"; 「集解」, "呼衍氏, 須卜氏常與單于婚姻, 須卜氏主獄訟".

182 『魏書』官氏志, p.3006, "凡與帝室為十姓, 百世不通婚. 太和以前, 國之喪葬祠禮, 非十族不得與也".

183 「賀屯植墓誌銘」이 趙萬里 撰, 『漢魏南北朝墓誌集釋』 圖版350에 있다. 그리고 『八瓊室金石補正』 卷23(『石刻史料新編』 第1輯 6冊), 「周故開府儀同賀屯公之墓誌」, p.4358에 "其先侯姓, … 魏前二年十二月中, 太祖文皇帝以公忠孝累彰, 宜加旌異, 爰命史官, 賜姓賀屯氏, 時惟姓首, 寔主宗祀."라는 내용이 있다.

않고 있다. 단지 확인할 수 있는 것은 그 이전의 서열이 전혀 무시되고 있다는 점이다. 그것은 탁발씨 대신 우문씨가 중심적인 성으로 부상하면서 생긴 것인지, 아니면 우문태의 계산된 작위인지는 확실하지 않다.

한편 성의 등차라는 것도 시대에 따라 변화하는 것이어서 그 등급이 한번 정해지면 고정적으로 유지되는 것은 아니었다. 예컨대 북위 효문제 태화 개성 시기에 한성 '4성'과 동일한 8성은 태조 도무제 이후 "훈공이 당세에 드러나 그 지위는 왕공을 다하였으니 드러나게 알 수 있는 재[勳著當世 位盡王公, 灼然可知者]"였는데, 이미 '삼십육국 구십구성' 시기의 그것이 아니었다. 『위서』 관씨지에 의하면, "해와 세월이 조금 오래되니 서로 고쳐지고 바뀌어 흥하고 쇠하고 있기도 하고 없어지기도 하는 것이 간혹 있다[年世稍久 互以改易 興衰存滅 間有之矣]"라는 결과가 나타난 것이다. 따라서 그 당시의 성을 그대로 재생한다는 것은 불가능하고, 재생시켜야 할 필요도 없다. 태화 개성 시기의 8성이 이미 '삼십육국 구십구성' 시기의 그것이 아니듯, "낮은 관에 충임하지 말고 4성과 같이 하라[勿充猥官 一同四姓]"고 한 효문제 시기의 8성도 서위–북주시대의 최고 문벌이 아님은 확실하다. 여기서 확인할 수 있는 것은 우문씨가 가장 인기 있는 성인 것은 확실하고, 우문태는 그 시기에 맞는 새로운 성씨의 서열을 어느 정도 재편·정리했을 것이라는 점이다. 따라서 '삼십육국 구십구성'은 우문씨에게도 하나의 개혁의 근거일 뿐, 반드시 그대로를 준수해야 할 당위는 아니었던 것이다.

당시 우문태에 의해 조작된 성씨 서열이 기왕의 것과는 다르다 할지라도 서열이 있었음은 예상할 수 있다. 그러면 우문씨 이하 성씨의 서열은 어떠했을까? 흔히 서위 이래 새로 등장한 신문벌을 부병체제에 의해서 설명한다. 사실 관롱집단의 핵심 구성원은 주국(대장군)-대장군-개부(의동삼사)-의동삼사라는 계통에 편입되어 있다. 이 계열에 끼지 못하면 문벌이 될 수 없었다. 따라서 부병체제 상의 서열이, 신문벌 서열이라고 해도 큰 무리는 없을 것이다. 부병체제에서 상위직을 독차지하고 있는 집단은 물론 무천진 집단이고 이들이 곧 관롱집단의 핵심이다. 이들이 우문태를 중심으로 재편되어 간 것이라 할 수 있다. 우문태가 수하에 재편한 군벌 가운데 가장 우대를 받은 자들은 하발악의 잔존 그룹이었다. 이 가운데 여러 가지 단계를 거치기는 하지만 권력 재편 작업이 거의 마무리되는 550년까지의 경과를 보면, 조귀·이호·후막진숭 3명이 이른바 8주국에 임명되었다. 당시 8주국 중에 형식적으로 들어간 광릉왕(廣陵王) 원흔(元欣)과 우문태를 제외한 6주국에서 그 반을 차지한 것이다. 여기에다 우문태의 친신그룹의 우근과 후막진열의 여부 그룹의 대표자인 이필을 합쳐 6주국이 구성되었다. 다시 무천진 출신과 연관시켜 살펴보자. 24군 성립기인 대통 16년(550)경, 8주국 중에는 우문태·이호·독고신·조귀·후막진숭 등 5명이 무천진 출신이다. 12대장군 중에는 우문도·후막진순·하란상 등 3명이 무천진 출신이고, 개부의 동삼사 24명의 성명은 명확하지 않지만, 그중 5명이 무천진 출신이다.[184] 이로 볼 때, 군이 서열을 따지자면, 여러 가지 단계를 거쳐서 550년 이전 8주국으로 임명된 우문태·이호·광릉왕 원흔·이필·독고신·조귀·우근·후막진숭의 서열대로[185] 우문씨·대야씨·탁발씨·도하씨·독고씨·을불씨·만유우씨·후막진씨가 최고 서열의 성씨일 가능성이 높다. 그 다음으로는 12대장군의 성씨를 보면, 8주국의 성씨와 겹치는 것을 제외하면, 달해무·두노령·하란상·양충·왕웅(王雄)의 성씨인, 달해씨·두노씨·하란씨·보육여씨·가빈씨(可頻氏)가 다음 서열일 가능성이 있다. 그러나 그것은 추측일 뿐, 확실한 근거를 갖고 주장하는 것은 아니다. 그러나 이들 성씨들은 현실적 세력에 근거해서 자신들의 성씨야말로 막북에서 '위씨지초'의 영광된 시대를 구가하던 친족들이라고 날조하고,[186] 그런 자부심을 가졌던 것이 아닐까. 이

---

184 谷川道雄,「武川鎮軍閥の形成」, 1982, pp.56~57.
185『周書』卷16 傳末, p.272.
186 유력한 성씨로 들었던 大野氏·徒何氏·賀屯氏는『魏書』官氏志에도 없는 성이다.

와 같이 우문태는 이들 성씨를 막북이 아닌 관중에 복원함으로써 그들을 더욱 용감하게 단결시키려 했던 것이다. 선학의 연구에 의해 밝혀졌듯이 실제 본성과 사성과의 연결성이 없다는 사실에 주목할 필요가 있다. 실제 본성과 사성의 연결성을 파괴하는 것이[187] 오히려 우문태의 의도였다고 볼 수 있다. 앞에서 보았듯이, 유목민에게는 구 성씨체계라는 것이 별로 문제 될 것이 없다. 그러나 한족들에게는 동성이 갖는 의미는 대단히 크다. 따라서 구래의 동성이라는 친족 결속을 그대로 유지시키는 것이 우문태에게는 유리할 것이 별로 없다. 오히려 한족의 구 성씨체계를 극도로 혼란시키는 것이 새로운 관중인의 '친족화'가 지향한 소기의 목적을 거두는 데에 더 유리하다. 그러면 이상에서 제기한 여러 문제를 상기하면서 사성의 과정을 살펴보자.

우문태의 '호성재행'의 실시 목적에 대한 종래 선학들이 정리한 내용들은 일면 타당성이 있다. 그러나 그것을 한마디로 규정할 수는 없다. 우문태의 '호성재행', 그 가운데 사성은 그의 세력 확충 과정에 따라 그 대상과 용도가 달라진다. 우문태의 권력 장악 과정은 대체로 3단계로 구분할 수 있다. 제1단계는 534년에서 543년까지이다. 534년 2월 무천진 군벌의 총수로 옹립된 후 7월 낙양의 효무제를 영입하고 8월에 승상직에 올랐다. 그러나 본격적인 1단계 시기는 동위와 대적하게 되는 대통 3년(537) 정월 동관(潼關)에서 전년 12월에 침입한 동위의 두태(竇泰)가 이끄는 군대를 격파하는 '소관지전(小關之戰)'에서부터 시작되어 그해 8월의 '동정(東征)', 10월의 '사원지전(沙苑之戰)', 538년의 '하교지전(河橋之戰)', 542년 10월의 '해옥벽위전(解

---

187 侯植의 경우 처음 그의 宗族들과 함께 侯伏侯로 사성되었던 것 같다. 그 후 賀屯氏가 되었다. 그러나 그의 從兄弟인 侯龍恩과 侯萬壽는 그대로 侯伏侯씨를 쓰고 있다. 『周書』侯植傳에 "帝幼沖, 晉公護執政, 植從兄龍恩爲護所親任."이라 되어 있고, 『周書』晉蕩公護傳에 "天和七年, 幷柱國侯伏侯龍恩, 龍恩弟大將軍萬壽殺之."라 되어 있다. 『隋書』五行志와 『周書』楮該傳에서도 侯伏侯龍恩의 이름이 나오고 있다. 이와 같이 사성은 무질서하다. 한편 裴文擧는 賀蘭氏(『周書』卷37 裴文擧傳), 그의 친척으로 보이는 裴鴻은 宇文氏(『全後周文』(『全上古三代秦漢六朝文』 9冊, 石家莊, 河北教育出版社, 1997) 卷21, 「周開府高邑侯裴鴻碑」, p.285)를 받고 있다. 이들은 모두 河東 聞喜人이다.

玉壁圍戰)', 543년 3월의 '망산지전(邙山之戰)'에서 동위군에 대패할 때까지
이다. 제2단계는 '망산지전' 후 '널리 관롱 지역의 호우를 모집하는[廣募關
隴豪右]' 조처를 통하여 한족과의 합작을 도모하는 시기부터 550년 12월 부
병제가 성립하는 시기까지이다. 이 기간에는 546년 9월의 '옥벽대전(玉壁大
戰)', 548년의 '영천지위(潁川之圍)', 550년 9월의 '동벌'(미접전) 등 서위의
동위에 대한 공세와 동시에 주로 부병제의 창설에 진력하였다. 제3단계는
551년에서 그가 사망하고(556년 10월) 북주의 선양혁명이 종결되는 557년
정월까지로, 내치를 통한 선양혁명이 추진되는 시기이다. 각 시기에서 사성
조치가 갖는 의미는 당연히 달라질 것이다. 이 점을 유의하면서 사성의 의미
를 살펴보자. 그러나 사성의 연대가 극히 부정확하기 때문에 이러한 단계에
따라서 사성자를 구분하기가 매우 곤란하다. 따라서 현재까지의 사성 문제
를 다룬 논고를 보면, 논자에 따라서 사성 연대의 편차가 심한데 이것은 사
료의 독법에 따라서 그럴 수밖에 없다. 심하게는 서위시대라는 것밖에 알 도
리가 없는 것도 상당수 있다. 사성의 시기를 연대화하는 것 자체가 무의미하
다고 느껴질 정도이다. 그러나 제1단계와 제3단계의 것이라고 분명히 추정
할 수 있는 것이 비교적 많다.

　제1단계의 6대 대전에 참가한 자들을 통계 낸 것을 참조하면 사성 받은 사
람은 총 94명으로 북진 인사가 51명, 비북진 인사가 39명, 그리고 미상자가
4명이다. 그러나 이 시기에 우문태정권에 가담하였거나 군사에 관여한 사람
을 보면, 북진 인사 5명, 비북진 인사 21명이다. 만약 대통 9년 이전 참가자
를 계산하면 총 120명으로 북진 인사 55명, 비북진 인사 61명, 미상자 4명
이다.[188] 특히 이 시기에 우문태정권에 가담한 비북진계 인사들이 다수를 차
지한다는 점이 눈에 띈다. 그러나 이러한 통계는 산술적인 것이어서 우문태
정권의 정확한 인력 비율을 표시한 것은 아니다. 이 시기에 대장군을 지낸

188 毛漢光, 「西魏府兵史論」, 『中國中古政治史論』, 1990, pp.277~280.

우근을 위시해서 개부의동삼사 및 의동삼사직을 지낸 사람은 25명으로 이 가운데 왕비(王羆)·육통(陸通) 2명을 제외한 23명이 북진 출신 인사이다. 그런데 왕비는 우문태의 외조부이고, 육통은 남조의 오군(吳郡) 출신이다. 따라서 당시 무천진 군벌에서 중추적 역할을 한 중원 한족은 없다고 해도 과언이 아니다. 그러면 이 당시 사성의 실태를 다시 살펴보자. 이 시기에 사성된 것이 확실한 자는 왕덕·한포(韓襃)·후식·소춘(蘇椿)·왕맹·양대(梁臺)이고, 그럴 가능성이 있는 자는 유량(劉亮)·전홍(田弘) 정도로 모두 합쳐 8명이다. 따라서 이것을 가지고 사성이 어떤 성격의 정책을 지향하였다고 하는 식으로 해석하기는 힘들다. 그러나 어떤 경향성은 파악할 수 있다. 이 가운데 한인은 한포·후식·소춘·양대와 전홍 등 5명이다. 한포는 우문태의 하주자사 재직 시부터 녹사참군으로 우문태를 추종했던 원종속료라 할 수 있으며, 왕맹은 우문태의 외숙이다. 왕덕과 양대는 '태조를 추대하는 것을 도운[翊戴太祖]' 사람이고, 유량은 하발악 사후 '태조를 추대하는 것을 도운[翊戴太祖]' 사람일 뿐만 아니라 우문태가 그를 그의 '공명(孔明)'이라 불렀을 정도로 신임했던 사람이다. 다만 후식과 소춘이 문제가 된다. 후식은 원래 한인이지만 하발악의 부장으로 활약하던 '무예가 특별하게 뛰어난[武藝絶倫]' 자인데 그가 후복후씨로 사성 뒤에 바로 537년 사원전투 등에서 계속 우문태에게 종군하는 것으로 보아 우문태가 사성을 통해 측근화시킨 것으로 짐작할 수 있다. 그러나 소춘은 사성의 이유가 명확하지 않다. 다만 그가 반란평정에 누공(累功)이 있었다는 정도이다. 소춘은 그가 정광 연간(520~525)에 반란 진압에 응모했고, 나중에 향망으로 향병을 이끄는 것으로 보아서 그도 역시 우문태에게는 이용 가치가 있는 인물이었던 것으로 짐작된다. 따라서 제1단계 시기는 우문태의 핵심 참모 확보 시기라 생각된다. 그 대상은 하발악의 잔존 세력 중 중소 군장들이었다. 따라서 이 당시에는 하발악의 잔존 세력 중 대군장에게는 우문태의 영향력이 아직 미치지 못하고 있다는 것을 알 수 있다. 이들 8명의 사성을 보면, 왕덕(烏丸)·한포(侯呂陵)·후식(侯伏侯)·소춘(賀蘭)·왕맹(拓王)·양대(賀蘭)·유량(侯莫陳)·전홍(紇干)이다. 이 시기의 사성을 보면 우문씨가 없는 반면, 하란씨는 2명이어서 대조적이다. 이것은 당시 사성이 아직 우문씨 중심으로 이행되지 못했음을 말해주는 것이다. 그리고 우문태의 권력이 아직 자기 중심으로 사성할 정도로 고착되지 못했음을 의미한다. 그리고 탁왕씨(拓王氏)의 경우는 탁발씨로 보는 견해도 있고,[189] 하란씨는 '위와 더불어 일어난[與魏俱起]'[190] 족성이며, 오환과 흘간 도 북위 신원황제 탁발역미(拓跋力微) 시기의 '제성내입자(諸姓內入者)' 중 하 나이고, 사여릉(侯呂陵)은 『위서』 관씨지에 나오는 질려씨(叱呂氏), 곧 질려인 씨(叱呂引氏)로 보아야 하며,[191] 이 역시 '제성내입자'이다. 호복후씨(侯伏侯 氏)는 관씨지에는 없지만, 『수서』 경적지에 효문제의 명을 받아 국어 『효경』 을 지은 후복후가릉(侯伏侯可陵)이라는 자가 있으므로[192] 늦어도 효문제 시기 부터는 있던 성이다. 후막진씨(侯莫陳氏)는 『주서』 권19 후막진순전(侯莫陳 順傳)에 "그 선조는 위의 별부[其先 魏之別部]"라 되어 있으니, 이로 볼 때 당시 사성은 대체로 북위시대의 성씨 기준을 어느 정도 따랐던 것이 아닌가 생각 된다. 따라서 제1단계 시기의 사성의 주체는 우문태일지라도 형식적으로 북 위의 성씨질서를 인순하고 있다고 보여진다. 따라서 우문태는 이 시기 사성 을 통해서 점차 친위세력을 확대해 가고 있지만, 그 형식은 북위 종실을 보 강하는 방식을 취한 것이다.

전술한 대로 사성의 정확한 연대화가 어려우므로 제2단계 시기와 제3단

---

189 『北史』 王盟傳에는 拓拔氏로 되어 있다. 그러나 『周書』의 제판본이나 岑仲勉撰, 『元和姓 纂』(『元和姓纂四校記』本, 臺北: 臺聯國風出版社印行, 1975) 卷10 19鐸, p.996 「拓王」條과 『古今姓氏書辯證』(臺北, 臺灣商務印書館 發行 『文淵閣 四庫全書』本 子部 228 類書類) 卷 38 19鐸, p.14 「拓王」條에는 拓王氏라는 성씨도 보인다.

190 『周書』 卷20 賀蘭祥傳, p.335.

191 王仲犖, 「鮮卑姓氏考(上)」, 『文史』 30, 1988, p.71.

192 『隋書』 卷32 經籍志1, p.935.

계 시기는 함께 살펴보는 것이 좋을 것 같다. 그런데 필자가 관심을 갖는 것
은 현실적으로 우문태와 이른바 '등배관계(等輩關係)'에 있던 자들의 사성
문제이고, 다음으로 한족문벌이라고 할 수 있는 자들의 사성 문제이다. 그런
데 우문태가 이들에 대한 사성을 실시한 목적과 사성자의 종족을 엄격하게
밝히는 것은 쉽지 않은 일이다. 다만 등배관계에 있던 자들은 주로 종족적
으로 호화된 한인 내지 호족 계열이 대부분이며, 이들에 대한 사성 배후에는
권력의 재편을 통한 선양혁명이 맞물려 있었음은 확실하다. 그러나 한족문
벌은 대개 향병의 충원과 부병화와 연결되는 것으로 정리할 수 있다. 한족문
벌에 대한 사성은 다른 절에서 설명하기로 하고 이 절에서는 전자에 국한해
서 서술하기로 하겠다.

　서위-북주시대에 활약했던 무관 중에 가장 상위직인 주국대장군만을 기
준으로 본다면, 제1그룹에 속하는 자로는 550년 이전에 이 직에 취임한 우
문태·이호·조귀·독고신·우근·이필·후막진숭이다. 제2그룹이라고
한다면, 북주 효민제 원년(557) 전후(557~560)에 주국대장군에 오른 두노
령·우문귀·후막진순·이원·달해무·왕웅·하란상·양웅·우문호·위
지형·위지강·두치(竇熾) 등이 속한다. 제3그룹은 554년 이후 559년 사이
에 개부의동삼사에 오른 자들이니, 위효관·이목·한과(韓果)·장손검(長孫
儉)·우문성(宇文盛)·신위(辛威)·육통(陸通)·왕겸(王謙)·우문광(宇文廣) 등
이다. 이들은 대체로 563년에서 566년 사이에 주국대장군에 오른다. 제4
그룹은 대부분 572년(건덕 원년)에 주국대장군이 되는 우식(于寔)·양찬(楊
纂)·후막진경(侯莫陳瓊)·두의(竇毅)·전홍(田弘)·이휘(李輝)·달해진(達奚
震)·질라협(叱羅協)·왕걸(王傑)·이화(李和)·우익(于翼)·고림(高琳)·우문
구(宇文丘)·염경(閻慶)·육등(陸騰)·사마소난(司馬消難) 등이다.[193] 이상 43
명은 무관 관위상 서위-북주시대의 가장 핵심적인 인사라 해도 무방할 것이

---

193 藤堂光順, 「西魏北周期における'等夷'關係について」(1982)의 「武官號昇位表」 참조.

다. 그런데 여기서 우문태와 등배관계에 있던 자들은 거의 제1그룹에 속하였는데, 이들의 경우 '주국대장군'의 취임과 사성이 밀접히 관계되어 있다는 것이다. 이호를 보면, 『구당서』 권1 고조기에,

황조 휘 호는 … 주 문제(우문태) 및 태보(太保) 이필, 대사마 독고신 등은 공으로 좌명(의 신)으로 참가하였다. 당시 (그들을) '팔주국'이라 칭하였다. 동시에 대야씨로 사성되었다.[194]

라 하여 우문태·이필·독고신 등과 함께 좌명공신으로 '팔주국가'가 되고 대야씨로 사성되었다는 것이다. 필자는 이호가 주국대장군이 되자 대야씨로 사성되었다는 점[195]에 의미가 있다고 본다. 그 점과 관련하여 조귀의 경우도 "마침내 주국(대)장군에 배임하고 을블씨를 사성하였다[尋拜柱國(大)將軍 賜姓乙弗氏]"[196]라 하였고, 이필의 경우도 "태보로 옮겼다가 주국대장군을 보태주고 위 폐제원년에 도하씨를 사성하였다[遷太保 加柱國大將軍. 魏 廢帝元年(552) 賜姓徒河氏]"[197]라고 하였다. 그런데 우근의 경우 그가 주국대장군이 된 것은 대통 15년(549)으로, 다른 자들의 경우에 비추어볼 때 그 시기에 만유우씨(万紐于氏)로 사성 내지 개성 되었을 가능성이 있다.[198] 그런데 독고신은 대통 14년(548)에 주국대장군이 되지만, 우문씨와 함께 태화 개성 시에 본성을 그대로 유지한 성이므로 사성이 필요하지 않았다. 필자는 위주선양혁명

---

194 『舊唐書』卷1 高祖紀, p.1, "皇祖諱虎, … 與周文帝及太保李弼·大司馬獨孤信等以功參佐命, 當時稱為'八柱國家', 仍賜姓大野氏".

195 (淸)謝啓昆 撰, 『西魏書』(臺北, 世界書局, 1962) 卷18 李虎傳, "(大統)十四年, 拜太尉, 遷右軍大都督·柱國大將軍·少師公. 十六年, 爲柱國之一. 賜姓大野氏. 恭帝元年五月薨".

196 『周書』卷16 趙貴傳, p.262.

197 『周書』卷15 李弼傳, p.240.

198 『周書』卷15 于謹傳, p.247, "(大統)十五年, 進位柱國大將軍". 于謹傳에는 그의 賜姓의 기록이 없지만 『周書』唐瑾傳에 그가 唐瑾을 '願與之同姓'해서 '更賜瑾姓(萬)[万]紐于氏'했다고 하였으니 '万紐于氏'로 사성된 바 있음이 확실하다.

이 이루어지기 전에 주국대장군에 올랐던 자들은 그 직위에 오름과 동시에 독자적인 호성을 가진 종장(宗長)이 되었던 것[199]이라고 생각된다. 그리고 그들은 그때까지 우문태와 이른바 등배관계에 있었기 때문에 이들에게 우문씨를 사성한다는 것은 논리상 성립될 수 없다. 특히 우근의 경우 당시 '공훈이 높고 위망이 무거워 조야가 귀속하였다[勳高望重 朝野所屬]'고 했던 자로 당초 우문씨로 사성되었던 당근(唐瑾)을 자기와 동성으로 해 줄 것을 원하자, 우문태는 당근을 우근의 성인 만유우씨로 경성하는 것을 허락하였던 점[200]에서 그 당시 우문태와 우근의 관계를 엿볼 수 있다. 따라서 우문태가 그와 이른바 등배관계에 있던 자들을 사성하였다는 것은 그의 권력 재편 작업이 마무리되었다는 것을 의미하는 동시에 선양혁명의 기반을 구축한 것으로 볼 수 있다.

그러면 사성의 결과와 문벌제도와의 관계를 살펴보자. 이 성들과 우문씨와는 어떤 등위의 차가 있었으며, 공제 원년(554)의 이른바 "여러 장수 가운데 공이 높은 자는 삼십육국의 후로 하고 다음으로 공이 높은 자는 구십구성의 후로 한다[以諸將功高者爲三十六國後, 次功者爲九十九姓後]"라는 조칙과 어떤 관계에 있었는가 하는 문제와 연관된다. 팔주국 가운데 종실인 원씨를 뺀 7주국 중 우문씨·독고씨·후막진씨 등은 모두 대대로 부락대인 내지 거수를 지낸 성씨들이므로[201] 사성과는 관계가 없고, 그 밖에 대야씨·을불씨·도하씨·만유우씨 등의 성을 갖게 된 주국대장군은 모두 사료의 기록상 적어도 554년 조칙 이전에 '사성'의 형식을 취한 것이다. 이들에게서 공통되는 특

---

199 『隋書』卷23 經籍志3, p.990, "及太祖入關, 諸姓子孫有功者, 竝令爲其宗長".

200 『周書』卷32 唐瑾傳, p.564, "于時魏室播遷, 庶務草剏, 朝章國典, 瑾並參之. 遷戶部尚書, 進位驃騎大將軍, 開府儀同三司, 賜姓宇文氏. 時燕公于謹勳高望重, 朝野所屬. 白文帝, 言瑾學行兼修, 願與之同姓, 結爲兄弟, 庶子孫承其餘論, 有益義方. 文帝歎異者久之, 更賜瑾姓(萬)[万]紐于氏".

201 宇文氏는 "總十二部落, 世爲大人, … 爲魏舅生之國"(『周書』卷1 文帝紀上, p.1)이었고, 獨孤氏는 "魏氏之初, 有三十六部. … 爲部落大人, 與魏俱起"(『周書』卷18 獨孤信傳, p.263)하였고, 侯莫陳氏는 "世爲渠帥"(『周書』卷16 侯莫陳崇傳, p.268)였다.

징은 사료상 '한인'으로 표기되어 있다는 점이다. 그렇다면 이호·조귀·이필·우근은 바로 '여러 장수 가운데 공이 높은 자諸將功高者'에 해당하는 것이 아닌가. 앞서 보았듯이 북위 효문제의 천략 시기에 제족인 '팔씨십성(八氏十姓)' 외에 '삼십육국(족)[三十六國(族)]' 혹은 '구십구(이)성[九十九(二)姓]'이 있었는데 이 중 '삼십육국(족)'의 원류를 '여러 나라에서 위를 따른 자[諸國之從魏者]'로 보기도 하고,[202] '대대로 부락대인인 자[世爲部落大人]'로 보기도[203] 하였다. 이들의 원류가 어떠하든 '위씨지초' 이래 '삼십육'은 '구십구'의 상위 개념이었고, 554년의 조칙에서도 그 점은 분명히 드러난다. 따라서 우문씨 등 3개 성과 대야씨 등 4개 성은 '삼십육국후' 혹은 그에 상응하게 되었음은 분명하다. 그런데 사성이 원칙적으로 '삼십육국 구십구성'의 범위를 벗어나지 않는 것이므로, 사성을 받았다는 것은 적어도 '차공자(次功者)'의 서열에는 진입하는 것이다. 그런데 '삼십육'은 '구십구'의 상위 성씨라 하더라도 당시 현실적으로 우대되었는가 하는 점은 분명하지 않다. 서진 사도 석포(石苞)의 후손으로 뒷날 그 가(家)가 오석란씨(烏石蘭氏)로 사성된 휘모(諱某)여인의[204] 묘지명을 보면,

아울러 대족이 되고 함께 사성을 받았다. 진(秦)과 진(晉)은 대등한 것이므로[205] 이를 통가(通家)라 한다. 부인은 나이 열일곱에 우문씨로 시집갔다.[206]

라 되어 있는데, 여기에서 오석란은 『위서』 관씨지에 나오는 올석란씨(嗢石

202 『隋書』 卷33 經籍志2, p.990.
203 『新唐書』 卷199 柳沖傳, p.5676.
204 王仲犖은 이 여인을 叱羅協의 처로 보고 있다[「鮮卑姓氏考(上)」, 『文史』 30, 1988, p.36].
205 『左傳』 僖公 23年 6月條, "懷嬴怒曰: '秦晉匹也, 何以卑我!'". 즉 秦과 晉 二國이 대대로 婚姻을 해왔기 때문에 兩姓이 聯姻之好의 關係임을 말한다.
206 「周冠軍夫人烏石蘭氏墓誌銘」, 『庾子山集注』 卷16, 1980, p.1051, "(夫人諱某 … 晉司徒樂陵公苞後, …) 並爲大族, 俱蒙賜姓. 秦晉匹也, 是曰通家. 夫人年十七, 歸於宇文氏".

蘭氏)로 이 성을 사성 받고 우문씨와 혼인을 할 수 있는 대등한 가문, 즉 통가가 되어 혼인했다는 것이다. 실제 이 성씨에 사성된 자 중에는 서위-북주시대 활약이 두드러진 자도 보이지 않으므로 '삼십육'에 속한다고 확증할만한 근거가 없다. 그런데도 당시 최고 권력자인 우문씨와 연인관계(聯姻關係)를 맺을 수 있다는 것은 당시 사성된 성씨 사이의 격차가 그리 크지 않았음을 알 수 있다. 그러면 당시 최고 상위의 성씨이며, 사성자가 가장 많은 우문씨를 예로 하여 살펴보자. 한족 가운데 제1급이라 할 수 있는 사람은 산동군성인 형양(榮陽) 정효목(鄭孝穆)·정상(鄭常), 박릉 최겸(崔謙)·최열(崔說) 형제, 그리고 최유(崔猷) 등이다. 관중의 군성은 학예문채(學藝文采)보다 무공에 의지하여, 성격상 산동대족인 최·노·정·왕 씨와 고(高)·봉(封)·양(羊)·필(畢) 씨의 중간 정도에 속했다고 할 수 있지만,[207] 경조 위효관(韋孝寬), 하동 배홍(裴鴻)·유민(柳敏)·유경(柳慶)·설선(薛善)·설단(薛端) 등도 있으며, 농서 이화(李和), 돈황 영호정(令狐整) 등도 여기에 포함된다. 그 밑으로 금성(金城) 직성(直城)의 왕걸(王傑), 돈구(敦丘) 임황(臨黃)의 이창(李昶)·양군(梁郡), 하읍(下邑)의 이언(李彦), 하남 남원(東垣)의 한웅(韓雄), 천수(天水) 남안(南安)의 조창(趙昶), 홍농 화음의 유지(劉志), 최하급으로 보이는 위군(魏郡)의 신휘(申徽), 제북(濟北) 임읍(臨邑)의 장궤(張軌), 북해(北海) 평수(平壽)의 당근(唐瑾), 임조(臨洮) 자성(子城)의 유웅(劉雄), 경조 남전(藍田)의 왕열(王悅), 안정(安定)의 요윤(寮允)까지 광범위하게 구성되어 있다. 이렇게 볼 때, 우문씨의 사성 범위는 당시 한인의 문벌등급을 가지고는 전혀 생각할 수 없는 것이다. 이 점이 서위-북주시대 사성의 특징이 아닌가 한다. 즉 북위 효문제가 호한 고문을 혼합해서 한인문벌제도에 회귀하는 정책을 추진했다고 한다면, 우문태는 일반적인 '하인(夏人)'을 흡수해서 호한을 한 덩어리로 만들어 선비부

---

207 周一良, 「北朝的民族問題與民族政策」, 『魏晉南北朝史論集』, 1963, p.135.

락제도에 귀속시키는 정책을 취했다고 보는 것[208]도 이런 까닭이다. 우문태
가 가장 신임한 소작의 정책노선은 반문벌적인 것을 특징으로 하고 있다. 그
점이 바로 남조와 동위-북제의 큰 차이인 것이다. 이것이 가능했던 것은 관
중이 서진 말 이후 여러 종족이 잡거하고 있던 지역이어서 산동 지역과 같은
고문세력이 강고한 곳이 아니었기 때문이다. 이와 같이 우문태는 관중에다
새로운 향리인 신풍을 만들고 '포의지구가 아닌 자가 없는[非無布衣之舊], 즉
문벌적 상하의 신분관계가 극복된 신체제를 구상했던 것이다. 그것은 호족
출신인 그가 아니고서는 생각할 수 없는 것이었다.

그렇다고 모든 것을 '삼십육국 구십구성'체제로 되돌린 것은 아니었다.
앞서 보았지만 그는 한위의 체제를 말세의 폐풍으로 치부하면서, 한족 고유
의 『주례』 체제를 복구하는 정책으로 되돌아갔다. 우문태는 거의 대부분을
북위 효문제 이전의 체제로 되돌렸지만 북위 효문제 시기까지 존재했던 유
목민 특유의 동성혼 내지 교혼(交婚)의 풍습만은[209] 엄격히 규제하였다. 즉 서
위 공제 3년(556)에 우문씨로 사성되었던 질라협(叱羅協)은 후에 제실과 혼인
하기 위해 구성인 질라씨를 복구하기를 청하여 무제의 허락을 받아야만 하
였다.[210] 이와 같이 비교적 한화의 진척이 덜된 관중 땅에서 유목민 특유의 성
씨체제를 부활함[211]과 동시에 한족적인 체제도 필요한 것은 유지하면서 호와
한의 종족적 격차를 좁혀 한 덩어리로 만드는 작업을 추진해 갔던 것이다.

이상에서 보았듯이, 우문태는 기왕의 성씨들을 가능한 한 조작의 범위를

---

208 周一良, 「北朝的民族問題與民族政策」, 1963, pp.130~131.

209 趙翼, 『陔餘叢考』(石家莊, 河北人民出版社, 1990) 卷31 「同姓爲婚」條, p.534, "北魏本無同
　　姓爲婚之禁, 至孝文帝始禁之"; 同書, 「交婚」條, p.534.

210 『周書』 卷11 晋蕩公 護傳 附 叱羅協傳, pp.179~180, "魏恭帝三年, … 乃賜姓宇文氏. …
　　協旣受(宇文)護重委, 冀得婚連帝室, 乃求復舊姓叱羅氏. 護爲奏請, 高祖許之". 王仲犖에 의
　　하면 宇文氏를 사성 받으면 그의 아들은 王姬에 장가들 수 없고, 딸은 왕비가 될 수 없음
　　을 말하는 것이라고 해석하였다(『北周六典』上册 卷2 天官府弟七, 1979, p.45).

211 趙翼은 唐이 宇文氏를 받았다가 다시 于謹의 請에 의해 万紐于氏로 사성된 것을 두고
　　"此則非同姓而認族, 實爲千古所未有."(趙翼, 『陔餘叢考』 卷31 「認族」條, p.532)라 하였다.

확대함으로써 그의 세력 확장에 진력하였다. 특히 사성의 경우 그가 처한 각 단계마다, 그 시행 대상과 목적이 달랐음을 확인할 수 있다. 다시 말하면, 우문태의 사성 목적은 무천진집단을 근간으로 관중 지역에 모여든 호한 양족을 불가분의 집단으로 뭉치게 하기 위한 일종의 계보 조작에 필요한 수단이었다는 것이다.

4. 향병집단의 부병화와 사성

우문씨의 궁극적 과제는 동위(북제)의 고씨세력과 남조세력의 타도였다. 그 과제를 해결하기 위해서는 군사력의 증강이 무엇보다 중요하였다. 그러면 호성재행 조처, 그 가운데 사성은 이 군사력 증강과 어떤 연관성을 가지는 것일까? 필자는 이 문제와 관련하여 사성 조처와 부병제 문제를 고찰의 대상으로 삼으려 한다. 부병제는 서위시대에 창건되었으며, 이후 균전제와 함께 수당 율령체제의 양대 지주 중 하나가 되었다. 따라서 수당제국을 '부병제국가'로 파악하는 학자도 있을 만큼[212] 부병제가 이 시대에 가지는 의미는 크다. 또한 수·당 초의 지배집단인 이른바 '관롱집단'의 군사적 기반이 된 것이 바로 부병제라는 점은 두말할 필요도 없지만, 부병제도와 사성과의 관련성이 명확히 규명된 것은 아니다.[213] 필자는 관롱집단을 형성시키는 데 중요한 접착제 역할을 한 것이 사성이라고 생각한다. 이와 관련하여 "서위의 사성은 곧 위 초 부락조직을 회복함으로써 그 전투력을 강화하는 데 목적이 있었으며, 그 후 북주가 북제를 멸망시킬 수 있었던 주원인은 거기에 있었다"[214]라는 견해도 있다. 그리고 혹자는 우문태의 복성과 사성의 "목적은 선비 혈연관계를 이용하여 그 통치지위를 유지·강화하고, 이를 통해 선비

---

212 谷川道雄, 「府兵制國家と府兵制」, 1986.
213 최근 그 관련성을 부정하는 의견도 제시되었다(李燕捷, 「魏周府兵組織系統與賜姓之關係」 참조).
214 姚薇元, 『北朝胡姓考』, 1962, p.65 註3.

혈연관계자들을 부병조직 속에 편입한 것"[215]이라 말하고 있다. 그러나 그러한 지적들이 합당해 보이지만 구체적으로 증명된 것은 아니다. 그러면 사성과 부병제가 어떻게 관련되어 있는가를 알아보자. 그것을 위해 먼저 사성을 받게 되는 자는 구체적으로 어떤 지위와 권한을 확보하게 되는가를 살펴볼 것이다. 결론부터 말하자면, 사성을 받아 관을 얻게 된 자는 '관족(官族)'이 되며, 독자적인 군사활동 단위인 군부를 열 수 있는 권한, 즉 개부권을 갖게 된다는 것이다. 개부권을 가진다는 것은 그 아래에 각종 장관(將官) 및 부료를 둘 수 있을 뿐만 아니라 독자적인 군사활동 단위를 가진다는 것을 의미한다. 이들 장관과 부료들은 원래 향병을 이끌던 자들이었다. 이러한 부료와 병사들을 부주(府主)에 결속시키는 장치가 바로 "통솔하는 군인들은 역시 그 성을 따라 고친다[所統軍人 亦改從其姓]"라는 조처였다. 이러한 기능을 가지고 있는 사성을 광범위하게 행한 우문태의 발상은 유목민족의 성씨관념에서 유래했다고 생각한다. 이상에서 제시한 점들을 규명해 보기로 하겠다.

　부병제의 기원이 된 이십사군은 육주국대장군-십이대장군-이십사개부의동삼사-구십육의동삼사라는 계통조직에 의해 통할된다. 그런데 서위-북주시대의 사성은 전술한 대로 대체로 진위(進位) 혹은 진작(進爵)과 동시에 이루어졌다. 특히 거기대장군, 혹은 표기대장군직이 주어지면서 사성되는 경우가 대부분이었다.[216] 그리고 거기대장군은 의동삼사와, 표기대장군은 개부의동삼사와 연칭되는 것이 관례화되고 있다.[217] 따라서 사성과 부병조직과의 관련성은 어느 정도 분명해진다. 그러면 신위(辛威)의 신도비를 통

---

215 谷霽光, 『府兵制度考釋』, 1962, p.37.

216 이와 같은 예는 辛威·耿豪·段永·趙肅·唐瑾·侯植·崔謙·崔猷·李昶·薛善·樊深·韋瑱·楊纂·楊紹 등 枚擧할 수 없을 정도로 많으며, 특히 府兵制가 成立하는 大統 16년 前後 時期가 압도적으로 많다.

217 濱口重國, 「西魏の二十四軍と儀同府」, 1966, p.185에서는, 西魏 초기부터 점차 행해지기 시작하여 大統 말년이 되면 이런 현상이 거의 定制化되어 가며, 北周시대에는 開府儀同三司를 보유하게 되면 반드시 驃騎大將軍과 侍中을 加授하고, 儀同三司를 보유하게 되면 반드시 車騎大將軍과 散騎常侍를 加授하는 것이 制度로 정착되었다고 하였다.

해서 이와 관련된 문제를 살펴보자.

(대통) 13년 거기장군·의동삼사를 제수 받았으며, 마침내 표기대장군·개부(의
동삼사)로 옮겼다. 이에 보둔(普屯)으로 사성되니, 곧 관족이 되었다. 들어와서
는 무장(武帳)을 배(陪)하고 나가서는 융도(戎韜)를 총람하였으며, 양관에 부를
두고(置府) 한해(瀚海)에서 전기(旆旗)를 흔들었다.[218]

이와 같이 신위는 대통 13년(547) 표기대장군·개부(의동삼사)가 되면서 보
둔씨(普屯氏)로 사성되고, 그로 인해 '관족'이 되고 '치부'하게 되었다는 것이
다. 여기서 사성과 '관족'의 문제, 그리고 '치부'의 문제 등이 동시에 연
결되어 있음을 볼 수 있다. 그러면 관족의 문제를 먼저 살펴보자. 관족이란
용어를 원의대로 엄격히 규정하자면, '특정관직으로 취임하여 대대로 공적
이 있어 그 관의 명칭으로써 그 족, 즉 성씨로 삼는다'는 뜻으로 춘추시대 진
(晉)의 사씨(士氏)와 중항씨(中行氏)와 같은 것이다.[219] 그러나 성씨체계가 확
립된 진한시대와는 달리 위진남북조시대의 경우는 반드시 원의대로 될 수는
없었다. 그러면 위진남북조시대의 용례는 어떠한가. 관족이란 대개 관리를
내는 가문이라는 뜻으로 쓰인 것 같다.[220] 그리고 북위시대 이후 여기에 특별
한 의미를 붙인 것으로 생각된다. 두노령의 고조인 모용승(慕容勝)이 황시초
(皇始初) 북위에 귀순하자 도무제는 그를 장락군수(長樂郡守)로 제수하고 두

---

218 『庾子山集注』卷14「周上柱國宿國公河州都督普屯威神道碑」, 1980, p.883, "十三年, 授車騎
大將軍·儀同三司, 尋遷驃騎大將軍開府. 仍賜姓普屯, 卽爲官族. 入陪武帳, 出總戎韜, 置府
於陽關, 張旆於瀚海".

219 『左傳』[『(漢文大系 10) 左氏會箋』本 上, 東京: 富山房, 1911] 隱公 8年條의 "官有世功, 則
有官族, 邑亦如之"가 그 典據이다. "〈注〉謂取其舊官舊邑之稱以爲族, 皆稟之時君也. 箋曰:
'取舊官爲族, 如晉士氏中行氏之類.'"(p.83)라 하였다. 그리고 『庾子山集注』卷14「周車騎大
將軍賀婁公神道碑」, 1980, p.865에서도 "昔者軒丘命氏, … 自是以官爲族,因地爲宗"이라 적
고 있다.

220 『晉書』卷60 索靖傳, p.1648, "索靖字幼安, 敦煌人也. 累世官族, 父湛 北地太守".

노씨를 사성하였다.[221] 그 사실을 두노령의 신도비에서는 "증조 상서부군은 위실의 어려움을 만나 두노로 개성하고 이어서 관족이 되었다[曾祖 尙書府君 因魏室之難 改姓豆盧 仍爲官族]"[222]라고 적고 있다. 여기서는 사성(개성)이 이루어지면 관족이 된다는 것이다. 따라서 이 시대의 용례는 원래의 의미에서 상당히 변화된 느낌을 준다. 원래의 뜻대로라면 보둔씨로 사성된 자는 보둔이라는 명칭, 혹은 그것과 연관된 관직을 맡아서 공을 세운 자라야 한다. 그러나 당시는 그러한 것은 현실적으로 불가능하다. 그런 까닭으로 '삼십육국 구십구성' 성씨체제를 재현하고, 특정인이 상당한 공적을 세웠을 때, 이들 가운데 하나의 성씨를 주고 특정관직을 갖게 하거나 그 자손에게 특정관직으로 기가(起家)할 수 있는 자격을 부여한 것을 의미하는 것 같다. 왜냐하면 북위시대 이부상서를 지낸 사마금룡(司馬金龍)의 손자이며, 예주자사(豫州刺史)를 지낸 사마열(司馬悅)의 아들인 사마예(司馬裔)는 부조(父祖)가 관족이었으므로 하내공조(河內功曹)로 벽소(辟召)되었다.[223] 그리고 조부인 경(慶)과 부(父)인 찬(瓚)이 모두 거기대장군·의동삼사를 지낸 장자(張慈)는 하루씨(賀婁氏)로 사성되었던 것으로 보이는데[224] 그의 신도비에는 다음과 같이 적혀 있다.

국가의 관족으로 군(君)은 수성(首姓)이 되었으니 거기대장군 의동삼사로 기가하였으며 습작하여 공이 되었다. 식읍의 합이 일천육백 호로 증봉되었으며 약

---

221 『周書』卷19 豆盧寧傳, pp.308~309, "豆盧寧 … 昌黎徒何人, 其先本姓慕容氏, 前燕之支庶也. 高祖勝, 以燕. (衍文?) 皇始初, 歸魏, 授長樂郡守, 賜姓豆盧氏. 或云避難改焉".

222 『庾子山集注』卷14 「周柱國楚國公岐州刺史慕容公神道碑」, 1980, p.897. 그리고 豆盧寧의 弟 豆盧永恩의 神道碑에도 "本姓慕容, 燕文明帝皝之後也. … 尙書府君改姓豆盧, 筮仕於魏, … 祖代, … 父長, … 周朝以兄弟佐命, 義存追遠."(『庾子山集注』卷14 「周隴右總管長史贈太子少保豆盧公神道碑」, 1980, p.924)이라 적고 있다.

223 『庾子山集注』卷15 「周大將軍琅邪定公司馬裔墓誌銘」, 1980, p.963, "國家追念功臣, 更撫叔敖之子, 言思官族, 還求女齊之胤, 公始應辟, 爲河內功曹, 除員外郞常侍".

224 王仲犖, 「鮮卑姓氏考(上)」, 1988, p.59에서는 西魏-北周시대에 張慈에게 賀婁氏가 賜姓된 것으로 추정하고 있다.

관에 등조하니 소리를 전하여 부르는 (傳呼의) 깊은 총애를 받았다.[225]

즉 장자의 가문은 사성을 통해 국가의 특정한 관직을 맡는 족이 되었고, 그는 관족으로서 수성의 위치에 있었기 때문에 거기대장군·의동삼사로 기가하게 되었다는 것이다. 앞의 여러 사례로 볼 때, 사성을 받는다는 것은, 즉 '관족이 되는 것'이라 해도 무리가 없을 듯하다. 이와 같이 사성의 결과가 관족화라고 한다면, '관'의 어떤 등급까지 사성의 대상인가가 문제가 된다. 우선 신위와 장자의 신도비를 보면 적어도 거기대장군 이상의 관직을 받았다. 서위-북주시대 사성자의 대부분이 거기대장군·의동삼사 이상의 군직을 받았다는 점에서 당시의 관족이란 거기대장군·의동삼사 이상의 관직을 가지는 가문이라고 해도 무방하다. 물론 이러한 원칙에서 벗어난 것도 사성 시행 초기에는 간혹 보인다.[226] 그러나 그것은 수적으로 소수여서 이러한 추론에 크게 지장을 주는 것은 아니다.

그러면 '치부'의 문제를 살펴보자. '치부', 즉 '개부'의 권한이 어디까지 내려가느냐 하는 문제에 대해서는 학계에서 아직까지도 논란이 계속되고 있다. 서위-북주시대 부병조직은 기본적으로 24군으로 되어 있고, 24명의 개부의동삼사가 각 1군씩을 통할하였다. 그러나 이 문제와 관련하여 "개부하여 … 단을 나누어 통령하고 1단마다 의동 2인을 둔다[開府 … 分團統領 … 每一團儀同二人]"[227]라는 사료를 어떻게 해석할 것이냐가 논란의 초점이다. 종래 학계의 유력한 해석은 1군 밑에 2단이 부속되어 48단을 이루며, 1단 밑

---

225 『庚子山集注』卷14「周車騎大將軍賀婁公神道碑」, 1980, p.868, "國家官族, 君爲首姓, 起家車騎大將軍·儀同三司, 襲爵爲公, 增邑合一千六百戶. 弱冠登朝, 傳呼甚寵". 그리고 『隴右金石錄』(『石刻史料新編』, 서울: 法仁文化社, 1987 影印) 第1輯 第21册, p.15978에도 「賀婁公慈神道碑」가 있다.

226 예컨대 王德은 行雍州事로서, 韓襃는 丞相錄事參軍으로서 賜姓을 받는 등 數例가 있으나 이것은 대체로 六軍이 성립되기 이전인 530년대의 사성 사례에서 보인다.

227 『北史』卷60 李弼 等傳 傳末 論曰, p.2155.

에 2개의 의동부가 부속되어 합계 96개의 의동부가 있고, 따라서 96명의 의동삼사가 있었다는 것이다.[228] 그러나 문제는 군의 지휘관은 개부의동삼사지만, 사료상 단의 지휘관이나 통솔자의 명칭을 발견할 수가 없다는 점이다. 따라서 단이란 의동부의 상부조직이냐 아니면 하부조직이냐 또는 '한 단위'라는 뜻이냐 하는 논란이 있어 왔다. 그리고 의동부는 도대체 어떤 조직인 것인가, 다시 말하면 과연 '개부'의 권한이 있는 조직이냐 아니면 단순히 개부의동삼사의 부관(副官)에 불과한 것이냐 하는 것이 또 하나의 쟁점이 되어 왔다. 그러나 현재 학계에서의 유력한 견해는 역시 서위-북주시대에는 단이란 의동부의 하부조직으로,[229] 그리고 개부의동삼사와 의동삼사는 각각의 독립된 부주이며 모두 '개부'의 권한을 갖고 있다는 것이다.[230] 따라서 사성은 '개부'할 수 있는 자격자에게 주는 것이고, 즉 사성을 받게 되면 부병제의 기본 단위인 의동부의 부주 이상이 되는 것이다. 앞에서 보듯이, 신위는 보둔씨로 사성됨으로써 관족이 되어 개부하였고, 독자적인 군사활동 단위를 가지게 된 것은 이 때문이다.

서위시대 우문태의 병력은 주로 북진계의 북족민과 관중 현지의 향병으로 성립되었다. 관서지방에 반란이 일어났을 때 이 지역의 호족들은 정부로부터 파견된 토벌군에 협력해서 각각의 향리에서 민중을 모집하여 군대로 편성해서 이 지방의 질서 회복에 노력했던 것이다. 따라서 이들 호족들에 의해 초모된 향인을 군사집단화한 것을 '향병'이라고 부른다. 처음에는 북진계 병력이 군 전체의 헤게모니를 장악하고 있었지만, 점차 관중 현지에서 동원된 병사의 수가 격증하게 되는 것은 자연스런 변화였다. 이 과정에서 두 차례의 조처가 나타난다. 첫 번째가 전술한 대통 9년에 시작된 대규모의 향병 모집이고, 두 번째가 북주 무제 건덕 2년의 병력 확충 조치이다. 두 번째 조

---

228 濱口重國, 「西魏の二十四軍と儀同府」, 1966, p.205.
229 菊池英夫, 「西魏二十四軍の'團'をめぐる從來の諸說とその檢討」, 『史朋』 20, 1986, p.12.
230 谷霽光, 「府兵制度考釋」, 1962, pp.53~54.

처의 완료로 "이후 하인의 반이 병사가 되었다[是後夏人半爲兵矣]"[231]라 하듯
이 부병제도가 정비되어 감에 따라 초모의 주된 대상은 하인, 즉 한족이 될
수밖에 없었다. 그런데 이 당시의 모집은 향병 방식, 즉 현지의 유력자에게
모병을 청부시키는 방식을 취하고 있다.[232] 뿐만 아니라 서위 건설 당시부터
수의 강남 정복에 이르는 기간까지 향병을 조직화하는 운동은 지속되어 각
지의 민중을 향병집단으로 편성함으로서 부병제는 확대되어 갔다. 이와 같
이 민간에서 군인으로 점차 신분을 바꾸는 작업이 진행되어, 수대에 이르러
서는 군인들만이 집단적으로 거주하는 곳인 군방(軍坊)과 향단이 민간이 거
주하는 방(坊)과 촌(村)에 대응하는 취락체제를 이루게 되었고, 일반 백성과
는 달리 군인만으로 운영되는 의창제도도 행해졌다. 이와 같이 국가에 의한
향병집단의 조직화는 주군의 백성 중에서 국가권력에 직속된 집단을 설정하
는 조처[233] 그것이었다. 서위시대 부병의 통솔 계통은 주지하다시피 주국대
장군-대장군-개부의동삼사-의동삼사-대도독-수도독-도독이라는 장관
으로 구성되어 있다.[234] 그러나 주국대장군에서 의동삼사까지의 실제 명칭
은 '사지절주국대장군대도독', '사지절대장군대도독' 등 '사지절 … 대도
독'을 공통 항으로 하고 있다.[235] 이것도 주국대장군에서 의동삼사까지가 같
은 성격의 장군, 즉 개부할 수 있는 군직으로 해석할 수 있는 증거의 하나라
고 생각된다.

실제 의동부는 각급 부대통솔자와 부료(府僚)로 구성될 것이다. 먼저 의동
부 아래 부대로는 단(團)·여(旅)·대(隊)가 있어서 그 부대의 통솔자로 대도

231 『隋書』卷24 食貨志, p.680, "建德二年, 改軍士爲侍官, 募石姓充之, 除其縣籍, 是後夏人半
爲兵矣"라 되어 있으나 『周書』卷5 武帝紀上 建德 3年 12月 丙戌條(p.86)에 "改諸軍軍士
並爲侍官"이라 하여 연대상 약간의 차이가 있다.
232 谷川道雄, 「府兵制國家と府兵制」, 1986, p.443 注20 참조.
233 谷川道雄, 「府兵制國家と府兵制」, 1986, p.443.
234 谷霽光, 「府兵制度考釋」, 1962, p.53. 그러나 이러한 統率 系統은 北周 建德 4年에 약간 改
名되고 增置되었다. 『周書』卷6 武帝紀下 建德 4年 冬10月 戊子條(p.93)를 참조한다.
235 『周書』卷24 盧辯傳, p.407, "授柱國大將軍·開府·儀同者, 並加使持節·大都督".

독·수도독·도독이 있다.[236] 한편 각급 도독부의 부료로서 장사(長史)·사마(司馬)·사록(司錄)·중랑(中郎)·연(椽)·속(屬)·열조참군(列曹參軍)·참군(參軍) 등이 있다. 따라서 개부하는 의동삼사 아래에도 반드시 상부의 것과 같은 구조나 병력 규모는 아닐지라도 일정한 부료, 즉 속료가 있었을 것이다.[237] 그러면 부병제를 대국적으로 향병집단의 조직화의 산물이라면 이들 각급 장관 및 부료는 어떤 기준으로 그리고 어떤 경과를 거쳐 정서화되었으며, 그들이 영도하는 향병은 어떤 형태로 구성되고 있는가.

그 점과 관련하여 출토 자료인 「대수개부의동삼사용산공(□질)묘지명(大隋開府儀同三司龍山公(□質)墓誌銘)」을 검토해 보자.

공의 휘는 질(質)이며, 자는 홍직(弘直)으로 청주낙안인(青州樂安人)이다. … 주조는 (공에게) 대도독을 제수하였다. 용문공(龍門公)은 선보(選補)하여 의동을 겸하게 하고 향단 오백 인(五伯人)을 거느리고 삼협(三硤)을 수애(守隘)하도록 하였다. 대상 2년에 용산현개국공(龍山縣開國公)으로 제수되었다. 개황 9년에는 원수(元帥) 조국공(趙國公)의 평진군(平陳軍)에 종군하여 제일훈으로 개부의동삼사로 제수되고 식읍이 사백 호(肆伯戶)로 증봉되었다.[238]

이 내용에서 '□질'이라는 호우가 의동에 임명되어 '향단' 500명을 통령하는 구체적인 예가 보인다. 이 묘지는 사천 백제성(白帝城) 부근에서 출토된 것이며 용문공은 '신주총관용문군공왕술(信州總管龍門郡公王述)'이고, '□

---

236 谷霽光, 「府兵制度考釋」, 1962, p.53.

237 『周書』卷24 盧辯傳에 載錄된 北周 官制에 의하면 開府府는 大將軍府와 명칭은 같으나 品命의 차이가 있고, 儀同府는 品命의 차이뿐만 아니라 開府府 이상에 있는 參軍이 없었다.

238 『八瓊室金石補正』卷26 「大隋開府儀同三司龍山公墓誌」(『石刻史料新編』第1輯 第6册, p.4413); 趙萬里, 「漢魏南北朝墓誌集釋」(臺北: 鼎文書局, 1972) 卷8, 圖版399. "公, 諱質, 字弘直, 青州樂安人也. … 公周朝授大都督. 龍門公選補兼儀同, 領鄉團五伯人, 守隘三硤, 大象二年蒙授龍山縣開國公. 開皇九年從元帥趙國公平陳, 第一勳蒙授開府儀同三司 增邑肆伯戶".

질'은 그에 의해서 의동으로 선보되었는데[239] 그것은 □질이 파협호우(巴陜豪右)였기 때문이었다.[240] 그가 의동으로 선보된 것은 아마 대상 2년(580) 직전의 일로 보이는데,[241] 이것으로 북주 말 당시 '향단'이란 것의 실재가 확증됨과 동시에 그것과 의동과의 관계, 의동의 영병(領兵)의 실태 등의 문제를 어느 정도 해명할 수 있게 되었다. 여기서 보듯 □질이 의동이라는 직책으로 500명의 향단을 이끌고 있다. 향단은 향병으로 편성된 것이다. 이것은 다시 부병군단을 구성하는 병사의 병원은 무엇인가 하는 문제와 연결된다. 종래 향병의 통솔자를 의동삼사로 보고, 따라서 향병을 부병군단의 구성원으로 직접 연결시키는 즉 향병=부병설이 유력하였다.[242] 그러나 앞 묘지명에서 볼 때, 향단에 편성된 향병이 의동에 의해 통솔되고 있는 것은 분명하지만[243] 그렇다고 신주총관(信州總管)에 선보되었던 의동은 중앙 24군의 계통에 속하는 것이라는 확증은 찾을 수 없다.[244] 그러나 향단이 좌우위(左右衛) 등 제위(諸衛)에 소속되어 숙위에 상번하게 되는 것은 수 초이지만,[245] 부병

---

239 당시 總管은 儀同 이하 官爵을 스스로 選補할 수 있었다(『周書』 卷30 于翼傳, pp.525~526, "尋徙豫州總管, 給兵五千人, 馬千疋以之鎭, 幷配開府及儀同等二十人. … 儀同以下官爵, 承制先授後聞.").

240 王仲犖, 『北周六典』下册(北京: 中華書局, 1979) 卷10 夏官府條, p.333.

241 □質의 경력을 보면 우선 趙國公 楊素(당시 楊素는 信州總管이었다. 『隋書』 卷48 楊素傳, p.1282)를 따라 平陳戰에 참가한 후 그 勳功으로 開府儀同三司가 되었고, 또 묘지명에 "歲在戊午, 七月廿日, 遘喪于家, 春秋六十七"(p.4413)이라 하였는데 이로 볼 때 그의 주된 활약 시기는 北周末 隋初이다.

242 濱口重國, 「西魏の二十四軍と儀同府」, 1966, pp.197~200. 즉 濱口는 散官인 儀同三司가 평소 大都督 帥都督 都督 등을 거느리는데, 地方 望族 출신자를 뽑아서 地方의 鄕兵 統率을 맡는 實職에 임명하였다. 따라서 처음에는 각 都督이 곧 鄕兵의 長이 되는 경우가 많았지만, 24軍이 編成되는 大統 16년경에는 전부 儀同三司로 향병의 장으로 했다고 설명하였다.

243 『周書』 卷37 王悅傳, p.580, "魏廢帝二年(553), … 以儀同領兵還鄕里"에서도 儀同으로서 本鄕의 鄕兵을 이끄는 예를 볼 수 있다.

244 王仲犖는 鄕兵을 府兵이라기보다 오히려 州郡之兵으로 보았다(『北周六典』下册 卷10 夏官府條, p.332).

245 (唐)杜佑撰, 『通典』(北京: 中華書局, 1988 點校本) 卷29 職官11 武官下 折衝府條, p.809, "隋初左右衛·左右武衛·左右武候, 各領軍坊鄕團, 以統戎卒".

제가 성립하는 대통 16년 전후 시기에 향수(鄕帥)가 모두 의동삼사의 자격으로 향병을 영도하고 있다고 보기는 어렵다. 따라서 종래 학계에서는 부병제의 병원을 향병에서 곧장 찾기보다 일반 주현민의 징병제에 근거하고 있다고 보는 주장이 제시되기도 하였다.[246] 사실 향병이란 용어는 사료상 북위 말 동란기에 나타나 주로 서위시대를 다룬 사료에 많고, 수의 개황 시기에 약간 보이다가 그 이후 소멸하였다.[247] 따라서 서위-북주시대에는 부병과는 별도로 향병이 있었고, 즉 향병은 원래 부병과 별개의 존재로 보급·존재하다가 그중 일부분이 부병조직 계통에 예속되었던 데 불과하고, 수에 이르러 향단이 비로소 전면적으로 부병 계통 아래로 통합되었다는 설[248]이 제기되었다. 즉 당시 군사는 두 종류로 (보루식) 성안에 거주하는 군방병(軍坊兵)과 향간 전야(田野)에 산거하는 향병, 즉 향단병으로 나눌 수 있다는 것이다. 원래 서위의 주력부대의 조직 구성은 북진지중(北鎭之衆)인 갑사, 즉 기병이 위주이고, 대통 9년(543) 망산전 후에 병원의 확대를 위한 관롱호우의 향병과의 합작을 개시한 후, 이러한 합작 과정은 오랜 시일을 거친 후 향단의 보편화와 군방의 폐기로 귀결되어 일체화된다고 보는 것[249]이 합리적이다. 따라서 부병제가 성립되었다고 해서 향병을 이끄는 향수가 모두 의동삼사로 임명되었다는 것은 합리적인 해석이 아니다. 사료에 보이는 북위 말 이래 향병의 실태는 지방호족을 중핵으로 하는 자위단의 성격을 지닌 향리의 가족·부곡이었으며, 이들 규모는 다양하였다. 따라서 이들 자생적 지방 무장세력을 수관(授官)에 의해서 파악·동원하는 과정에서 그 집단의 규모나 병력에 따라 주

246 菊池英夫,「北朝軍制に於ける所謂鄕兵について」, 1957.
247 菊池英夫,「北朝軍制に於ける所謂鄕兵について」, 1957, p.111.
248 唐長孺,「魏周府兵制度辨疑」,『魏晉南北朝史論叢』, 1955, pp.277~279. 당장유는, 서위 24군은 당초 선비계 군사를 주로 한 군제로써 일반 징병에 기초를 둔 것은 뒷날로, 鄕兵은 府兵과 별개의 것이고 양자가 나란히 발전해 간 것으로 고찰한다. 이 양자는 北周 建德 3년 군제개혁에 의해서 부병과 아울러 近衛에 上番하게 됨으로써 이른바 府兵制의 구성요소가 된다고 보았다.
249 唐長孺,「魏周府兵制度辨疑」, 1955, pp.277~279.

어진 군직의 상하가 결정되었을 것이다.[250] 이런 까닭으로 위로부터의 일정
한 규격과 규정에 의해서 제도화하는 작업이 하부로부터 자연 발생한 자위
단적인 조직과 언제 어떻게 접합하고 또 그것을 변질시켜 가는 과정을 규명
해야 한다. 앞의 묘지명에서 보이는 의동인 □질이 이끄는 향단은 500명이
라는 명확히 한정된 숫자로 조직된, 말하자면 인위적인 향병의 성격을 엿볼
수 있다.

 이와 같은 자연발생적인 자위단에서 인위적인 향단으로의 전이 과정을 살
펴보자. 앞에서 본 바와 같이 향병이 부병 그것 자체는 아니더라도 그것의
주요 요소가 된 것은 논자 대부분이 인정하는 사실이다. 따라서 향병 그 자
체의 발전 과정은 부병제의 이해에 불가결한 부분이다. 그와 관련하여 '향
인'에서 '향병'으로의 전이 과정을 주목해야 한다.

 위나라 영안(永安) 연간에 만추노(万醜奴)가 기(岐)·경(涇) 등 여러 주를 근거로
 반란을 일으키니 위 효장제가 이주천광을 파견하여 병을 이끌고 가서 격파하도
 록 하였다. … [이(李)]현(賢)으로 하여금 또 향인을 이끌고 말 천 필을 내어서 군
 을 도우게 하였다. … 도독 장손사리(長孫邪利)로 하여금 행원주사(行原州事)로,
 (이)현을 주부로 하였다. … 현은 다시 향인을 이끌고 죽음을 무릅쓰고 항전하였
 다. … 태조가 서정에 나서자 이현이 전구가 되어 … 현 역시 심한 상처를 입으
 니 … 태조가 그를 가상히 여겨 … 지절·무군대장군·도독[251]을 제수하였다. …
 (대통) 4년에 막절후치(莫折後熾)가 적당과 연결하여 소재를 구략하니 현은 향
 병을 이끌고 행경주사(行涇州事) 사령(史寧)과 더불어 그를 토벌하였다.[252]

---

250 毛漢光,「西魏府兵史論」, 1990, p.258.
251 『北史』卷59 李賢傳, p.2136에는 "以功授假節·撫軍將軍·大都督."이라 되어 있다.
252 『周書』卷25 李賢傳, pp.414~415, "魏永安中, 万俟醜奴據岐·涇等諸州反叛, 魏孝莊遣爾朱
 天光奉兵擊破之. … 賢又奉鄕人出馬千匹以助軍, … 令都督長孫邪利行原州事, 以賢爲主簿.
 … 賢復奉鄕人殊死拒戰, … 太祖西征 … 以賢爲前驅. 賢亦被重瘡 … 太祖嘉之, … 授持
 節·撫軍大將軍·都督. … (大統)四年, 莫折後熾連結賊黨, 所在寇掠. 賢奉鄕兵與行涇州事史

이 사료에서 보듯이 농서 성기인(成紀人) 이현은 3차에 걸쳐 향인을 이끌고, 이주천광군과 우문태의 군을 도와서 반란군 토벌에 나서고 있다. 처음의 경우는 아무런 관직도 없었지만 그 후 주부가 되었다. 그러나 주부란 직접 병력을 이끄는 관직은 아닌 것 같다.[253] 그러나 도독 혹은 무군대장군·도독이 된 이후에는 그의 부대를 '향병'이라 칭하고 있다. 이와 같이 향인과 향병 사이에는 분명한 차이가 있는 것이다. 이런 면에서 '향병'이라 칭해지는 것은 왕조 측에 의해 임명된 장령에 의해 통령되는 부대인 것 같다. 그러면 '향인'의 향병으로의 전환은 어떤 경로를 통해서 되는가. 그 점과 관련하여 위진(韋瑱)의 경우를 보자.

> (위진은) 경조 두릉인(杜陵人)이다. 대대로 삼보의 저성이었다. … 망족이기 때문에 향병을 겸령하니 수도독으로 가관되었다. 대도독·통직산기상시·행경조군사(大都督·通直散騎常侍·行京兆郡事)로 옮겼고, 거기대장군·의동삼사·산기상시로 진위되었다. 위 공제 2년에 우문씨로 사성되었다.[254]

위진은 망족이므로 향병을 겸령하게 되었고, 그래서 처음 수도독으로 가관되었다가 그후 대도독으로 옮기고, 나중 거기대장군 의동삼사가 되어 우문씨를 사성 받게 된다. 그리고 또 하나의 유사한 예는 유민(柳敏)의 경우에서 볼 수 있다.

寧討之".

253 主簿란 각종 官署에서 文書帳簿를 관리하는 官으로 椽史의 우두머리이다. 주부를 거쳐서 (帥)都督이 된 사람은 郭彦이 있다. 『周書』卷37 郭彦傳, p.666에 "太祖臨雍州, … 尋除開府儀同主簿, 轉司空記室·太尉府屬, 遷虞部郎中. 大統十二年, 初選當州首望, 統領鄉兵, 除帥都督·持節·平東將軍."에서도 李賢과 동일한 履歷을 가지고 있다.

254 『周書』卷39 韋瑱傳, pp.693~694, "韋瑱 … 京兆杜陵人也. 世為三輔著姓. … 以望族, 兼領鄉兵, 加帥都督. 遷大都督·通直散騎常侍, 行京兆郡事, 進車騎大將軍·儀同三司·散騎常侍. 魏恭帝二年, 賜姓宇文氏".

유민은 … 하동 해현인(解縣人)이다. … 민은 비록 향리를 통어하였으나 사건을
처리함에 공평·윤당하여 당시 큰 명예를 얻었다. … 또 소작 등과 더불어 신제
를 수찬하여 조정의 정전으로 하였다. … 수도독으로 가관되어 본 향병을 거느
렸다. … 위지형(尉遲逈)이 촉을 정벌할 때에 민을 행군사마로 삼았다. … 익주
가 평정되자 표기대장군·개부의동삼사로 진위하였고, 시중으로 가관되었다.
상서로 옮기고 우문씨로 사성되었다.[255]

즉 유민은 수도독으로 향병을 통령하였으며, 후에 표기대장군·개부의동
삼사가 되면서 우문씨를 사성 받게 되었다. 당시 관중인들은 그들의 향리에
전란이 몰아닥치자 자위를 위하여 향망을 중심으로 향병을 만들게 되었다.
사실 이 시대 향병집단의 조직자, 즉 향수는 대부분 그 지방의 전통적 명망
가 출신이었고, 그것도 덕망 있는 향망이 아니면 안 되었다.[256] 이들은 처음
에는 자위를 위해 군단을 조직했지만, 향리의 치안 유지에 그치지 않고 세력
의 확대를 도모하기 위해 새로운 중앙권력에 귀부하여 이들을 지지하는 활
동을 개시하게 되었다. 사실 이러한 군사집단의 형태는 시대적으로, 지역적
으로 특수한 것이 아니고, 진·남조 및 동위-북제에도 보편적으로 존재하였
다.[257] 그러나 이들을 '향병'이라 지칭하지는 않는다. 바로 이런 점이 북위
말 이후, 특히 서위시대의 향병의 특수성을 나타내는 것이다. 즉 이 집단이
당시의 권력체와 어떤 밀접한 관계를 맺고 있었는지를 규명하는 것이 바로
이 시대 향병의 특수성을 해명하는 관건이 될 것이다. 그런데 여기서 향병
과 관련하여 수도독이란 직책이 문제가 된다. 서위시대는 주국대장군-대장

255 『周書』 卷32 柳敏傳, pp.560~561, "柳敏 … 河東解縣人. … 敏雖統御鄉里, 而處物平允,
甚得時譽. … 又與蘇綽等修撰新制, 為朝廷政典. … 加帥都督, 領本鄉兵. … 及尉遲逈伐蜀,
以敏為行軍司馬. … 益州平, 進驃騎大將軍·開府儀同三司, 加侍中, 遷尚書, 賜姓宇文氏".
256 『周書』 卷23 蘇椿傳, pp.395~396, "(大統)十四年, 置當州鄉帥, 自非鄉望允當衆心, 不得預
焉. 乃令驛追椿領鄉兵".
257 菊池英夫, 「北朝軍制に於ける所謂鄉兵について」, 1957, p.114.

군-개부의동삼사-의동삼사-대도독-수도독-도독-자도독-별장-통군-
군주 등의 통속관계로 구성되는 상하 계급이 있었던 것 같다.[258] 그런데 대체
로 이들 향수들은 도독 등으로 임명되는 경우도 없는 것은 아니나,[259] 수도독
에서 시작하는 경우가 특히 많다.[260] 이러한 향수들이 수도독으로 임명된 것
은 대통 16년(550)의 24군, 즉 부병제 창설의 과정에서 나타난 것이지만, 또
한 향병이란 명칭은 사료상 서위시대 중, 특히 대통 12~13년에서 15~16
년 사이에 빈출하고 있다.[261] 이것은 대통 9년에 시작된 대규모 향병 모집과
부병제 창설 과정과 유관한 것 같다. 이와 같이 향병을 이끄는 지방의 명망
가들은 앞에서 본 위진이나 유민의 경우처럼 수도독을 시작으로 대도독, 거
기대장군, 의동삼사로 승진해 가는 것이다. 이와 같이 이 시기에 망족으로
서 향병을 이끈 자 가운데 사성된 자가 많았고, 그중 특히 우문씨로 사성되
거나 우문태의 혼족인 하란씨(賀蘭氏) 등으로 사성된 것은 나름 의미 있는 일
이다.[262] 그리고 그들이 대체적으로 사성과 동시에 거기대장군 의동삼사 및
그 이상의 장군직으로 승진하고 있다.[263] 이와 같은 군관 계통과는 별도로 부

---

258 谷川道雄, 「北朝後期の郷兵集團」, 『隋唐帝國形成史論』, 1971, p.254.

259 예를 들어 趙肅은 都督부터 시작하였다(『周書』 卷37 趙肅傳, p.663, "大統三年, 獨孤信東
討, 肅率宗人爲郷導. … 七年, 加鐵南將軍, 金紫光祿大夫·都督, 仍別駕.").

260 Albert E. Dien, The Bestowal of Surnames Under the Western Wei-Northern
Chou, T'oung Pao LXIII 2-3, 1977, pp.159~160.

261 菊池英夫, 「北朝軍制に於ける所謂郷兵について」, 1957, p.127.

262 望族으로 郷兵을 이끌며, 사성된 자는 蘇椿·田弘·梁臺·薛端·令狐整·崔說·裴鴻·薛
善·柳敏·韋叔裕·陳忻·韋瑱·裴文擧·李和·韓雄·柳慶·王悅·趙昶 등 18명이다. 이 중
13명이 우문씨로 사성되었다. 소춘, 양대, 배문거 3명은 賀蘭氏로, 전홍은 紇干氏로, 진흔
은 尉遲氏로 사성되었지만 세 성씨 모두 우문태와 婚族이다. 우문태와의 혼족관계에 대
해서는 Albert E. Dien, Biography of Yu-Wen Hu, p.75, n.54; p.85, n.98; p.100, n.173
을 참조한다.

263 이와 같은 원칙에 벗어나는 경우도 있으니 蘇椿과 梁臺를 예로 들 수 있는데, 소춘은 538
년 賀蘭氏로 賜姓된 이후 帥都督이 되었으며, 양대는 541년 하란씨로 사성되었다가 邙山
戰 후에 帥都督이 되었다. 대체로 서위-북주시대의 사성은 王德과 韓褒가 賜姓된 北魏
永熙 3年(534) 宇文泰가 諸將에 의해 추대되고 난 이후에 시작되는데, 우문태 집권 초기
의 賜姓은 필자의 논리와 맞지 않는 것이 있다. 그러나 당시는 부병제 성립과 관계 없는

료로서 임용된 자도 적지 않았을 것이다. 시기적으로 약간 내려가긴 하지만, 북주의 무제는 이현의 족당에게 다음과 같은 직책을 임명하고 있다. ① 이현의 조카인 사적락(庫狄樂)에게 의동삼사를, ② 그의 문생 2명에게 대도독을, 4명에게 수도독을, 6명에게 별장을, ③ 그의 해방 노예 5명에게 군주의 지위를 준 것이다.[264] 이와 같이 당시 우문씨정권은 직접 파악하기 힘든 각지의 향리의 대소 집단을 호족층의 향당 파악력을 이용해서 자기 권력 아래 흡수 편입시키고, 이들을 자신을 정점으로 하는 중앙집권적인 군사체제로 전환하려 했던 것이다.

앞에서 본 바와 같이 사성이란 '관족'이 되는 것을 의미하는 것이며, 이것은 곧 '치부', 즉 개부의 권한을 획득하는 것이었다. 또한 제도적으로 '치부'가 가능한 거기대장군·의동삼사 이상이거나 혹은 그것으로 진위시킨 자들에게 사성 조처를 취한 점을 알게 되었다. 그리고 부병조직 가운데 중요한 결절점에 위치한 자들을 사성이라는 형식을 통하여 연결시켰다. 주지하다시피 사성의 대상자 중에는 한족의 명망가들이 많고, 이들은 대부분 그들의 종족 부곡 및 향리인을 군단화하고 있었다. 그들을 우문태의 중앙군으로 흡수하는 작업이 바로 향병의 부병화이다. 사성 중에 특히 우문씨가 많은 이유가 여기에 있다. 그러나 이 문제는 그렇게 간단하게 정리되지는 않는다. 이 점과 관련하여 이른바 '호성재행', 즉 복성과 사성의 명분으로 들었던 공제 원년(554)에 반포된 다음의 조칙을 다시 검토해 볼 필요가 있다.

위씨의 초기에는 통할하는 나라가 삼십육이었고, 대성이 구십구였으나 후에 절멸한 것이 많았다. 이에 이르러 여러 장수 가운데 공이 높은 자를 36국의 후(예)로 하고 다음으로 공이 높은 자를 99성의 후로 한다. 통솔하는 군인도 역시 그

시기이다. 초기의 예외적인 몇 사례를 제외하고 대부분의 賜姓이 車騎大將軍 儀同三司 以上의 장군직과 연결되어 주어진다.

264 谷川道雄,「北朝後期の鄉兵集團」, 1971, p.243.

성을 고쳐서 (그 장군의 성을) 따르도록 한다.[265]

여기서 사성과 관련하여 가장 해석이 분분한 것은 마지막의 "통솔하는 군인도 역시 그 성을 고쳐 따르도록 한다[所統軍人 亦改從其姓]"라는 부분이다. 즉 통군하는 장수와 소통군인이 같이 동일성을 갖는다는 것인데, 사성과 부병조직의 관계를 말하려면 우선 이 문제를 살펴야 할 것이다. 사실 필자는 사성을 거기대장군 의동삼사 직위에 초점을 맞추었다. 그러나 이필은 주국대장군으로서 폐제 원년(552)에 도하[徒河(何)]씨를 받았고, 왕웅(王雄)은 대장군으로서 공제 원년(554)에 가빈씨(可頻氏)를 받았고, 염경(閻慶)은 개부의동삼사로서 대야씨를 받았다. 이와 같이 현직이 거기대장군 의동삼사인 상위의 군관에게도 사성되었다. 그렇다면 위의 "통솔하는 군인도 역시 그 성을 고쳐 따르도록 한다"는 구절의 '그(其)'는 누구이며, 또 '통솔하는 군인[所統軍人]'은 어떤 군인을 말하는 것인가. 예컨대 주국대장군이 이필이라면 그가 통령하는 4군이 모두 그의 성을 따라야 하는가? 일찍이 진인각은 주국인 이호의 부하인 염경이 이호에게 사성되었던 대야씨를 받은 사실을 가지고 군인의 성씨는 모두 주국의 성씨를 따르는 것[266]으로 이해하였다. 그러나 곡제광(谷霽光)은 『주서』 소재 대통 15년 이후 사성된 37명의 분석을 통하여, 26명은 개부장군의 직위로 사성되었으며, 나머지 11명은 의동장군으로 사성되었는데, 11명 가운데 9명은 문관 혹은 무산관으로 실제 영병하지 않았고, 1명은 연노로 하며, 다른 1명은 두 번 사성된 것으로 보아, 24군 중 1군을 이끄는 개부장군이 곧 '그(其)'의 주체라고 보았다.[267] 그러나 혹자에 의하면

---

265 『周書』卷2 文帝紀下, p.36, "魏氏之初, 統國三十六, 大姓九十九, 後多絶滅. 至是, 以諸將功高者爲三十六國後, 次功者爲九十九姓後, 所統軍人, 亦改從其姓". 그러나 『資治通鑑』卷165 梁紀 元帝 承聖 3年(554) 正月條, p.5111에서는 "所將士卒, 亦改從其姓"으로 약간 달리 표현하고 있다.

266 陳寅恪, 『隋唐制度淵源略論稿』, 1982, pp.130~131.

267 谷霽光, 『府兵制度考釋』, 1962, pp.35~36.

위 공제 원년 전후 사성자 57명과 그들이 받았던 28성을 분석하면 그 가운데 실제 통병자는 34명 24성이며, 이들과 겹치지 않는 육주국 및 십이대장군의 4성을 합치면 28성이 되기 때문에 육주국의 성씨가 기준이 된다는 진인각의 설은 무리라고 보았다.[268] 그렇다고 앞서 보았듯이 주국대장군 이하 의동삼사까지 다양하게 사성이 행해짐으로써 반드시 개부의동삼사가 기준이라고 보기도 어렵다. 여기에 또 문제는 있다. 대체로 24군은 경기 지역에 주둔하지만, 장군이 변주로 이동하는 경우가 있기도 하고, 24군 내에서도 이동이 빈번하여 부병과 장수의 관계는 수시로 변하여 고정된 관계가 유지되는 것도 아니었다. 따라서 '통솔하는 군인[所統軍人]'은 위진남북조시대에 부자로 계승되면서 주가에 종속하는 가병인 부곡일 뿐이라는 주장을 하고 있다.[269] 그러나 이러한 주장을 일반화시키기 위해서는 보다 설득력 있는 많은 사례를 제시해야 할 것이다. 그리고 이런 주장은 서위-북주시대의 부병제 문제를 위진남북조시대의 일반적인 병제 문제로 치부해 버림으로써 이 시대의 부병제가 갖는 특수한 모습을 놓칠 염려가 있다.

이상의 문제를 해명하기 위하여 먼저 사성자의 구 친족의 성씨 문제를 먼저 다루고, 두 번째로 사성자의 부하의 성씨 문제를 다루어 보자. 첫째 문제에 들어가 보자. 후식은 처음 후복후씨로 사성되었다가 나중에 하둔씨로 다시 사성된다.[270] 그런데 그의 종형 용은(龍恩)과 그의 동생 만수(萬壽) 역시 후복후씨를 칭하고 있다.[271] 박릉군 안평현(安平縣) 출신인 최겸(崔謙)과 그의 동생인 최열(崔說), 그리고 이들의 6촌 형제인 최유(崔猷)는 다 같이 우문씨를

---

268 李燕捷,「魏周府兵組織系統與賜姓之關係」, p.73.
269 李燕捷,「魏周府兵組織系統與賜姓之關係」, p.75.
270『周書』卷29 侯植傳, pp.505~506.
271『周書』卷29 侯植傳, p.506에, "植從兄龍恩"이라 하였고, 그와 그 弟에 대해서는『周書』卷11 晉蕩公護傳, p.176에 "(天和七年)幷柱國侯伏侯龍恩·龍恩弟大將軍萬壽·大將軍劉勇, … 於殿中殺之'라 되어 있으며,『隋書』卷22 五行志上, p.641과『周書』卷47 藝術 褚該傳에서도 각각 "侯伏侯龍恩"이라 쓰고 있다. 그렇다면 그가 뒷날 하둔씨로 사성되고 난 후에도 종형제는 여전히 후복후씨를 쓰고 있다는 결론이 나온다.

사성 받았다.[272] 이것으로 볼 때 한 가문에 특정한 한 사람이 사성이 되면 그 밖의 친족이 그 성을 따를 가능성이 크다. 그러나 그러한 추정은 곧 난관에 봉착하게 된다. 예를 들어 소춘(蘇椿)은 무공 소씨로 그의 형이 바로 「육조 조서(六條詔書)」를 지은 유명한 소작(蘇綽)이다. 소춘이 하란씨로 사성된 것은 대통 초로 535~537년이다.[273] 그런데 소작이 546년에 사망하기까지 그가 사성되었다는 기록은 전혀 발견할 수가 없다.[274] 그렇다고 소작과 같은 서위-북주시대 대표적 인물의 전기에 사성 기사가 빠졌으리라고 생각되지는 않는다. 그러면 이 문제를 어떻게 해석할 것인가. 대체로 아버지가 사성되었을 때는 아들은 그 성을 그대로 따르는 경우가 하나의 관행이라 생각된다.[275] 따라서 아들에 대한 사성 기사는 본전에 특별히 기재하지는 않았다. 그러나 형제의 경우는 이러한 관행이 반드시 원칙인 것은 아니었던 것 같다. 앞에서 보았듯이 최겸과 최열은 형제간이면서 사성을 받았다는 기사를 본전에 따로 기록하고 있기 때문이다. 그리고 홍농군 화음현 출신인 양충과 양상희(楊尙希)는 보육여씨를 받았으나,[276] 같은 집안인[277] 양소(楊紹)는 질리(叱利: 혹은 叱

---

272 『周書』 卷35 崔謙傳, p.613; 『周書』 卷35 崔說傳, p.614; 『周書』 卷35 崔猷傳, p.616.

273 『周書』 卷23 蘇綽傳, p.395, "綽弟椿, … 大統初, 拜鎭東將軍·金紫光祿大夫, 賜姓賀蘭氏. (大統)四年, 出爲武都郡守."

274 물론 本傳에는 사성 기사가 없지만 神道碑 혹은 墓誌銘 등에 사성된 기록이 보이는 사람도 더러 있다. 예컨대 『周書』 卷35 裴寬傳 附 族弟 鴻傳에는 裴鴻이 사성 받았다는 기사가 없다. 그러나 『金石萃編』(『石刻史料新編』, 서울: 法仁文化社, 1987 影印) 第1輯 第1册 卷37 「裴鴻碑」, p.634에는 그가 宇文氏를 사성 받았다고 되어 있고, 『周書』 卷32 陸通傳 弟 逞傳에는 사성 기사가 없으나 『庾子山集注』 卷13 「周太子太保步陸逞神道碑」, 1980, p.756에는 그가 步陸孤氏를 사성 받았음을 알리고 있다.

275 예를 들어 柳敏은 宇文氏를 받았는데 그의 아들인 昻은 『隋書』 卷42 李德林傳, p.1198에서 "宇文昻"이라 칭하고 있고, 鄭孝穆 역시 宇文氏를 받았는데, 그의 아들인 譯을 『廣弘明集(一·二册)』[(唐)釋道宣撰, 四部備要 子部, 臺北: 中華書局, 1970] 卷10 「敍任道林辨周武帝除佛法詔」, p.9-b에서 "宇文譯"이라 칭하고 있다.

276 『周書』 卷19 楊忠傳, p.317; 『北史』 卷75 楊尙希傳, p.2579.

277 『隋書』 卷43 觀德王雄傳, p.1215, "觀德王雄, 初名惠, 高祖(楊堅)族子也. 父紹, 仕周, 歷八州刺史, 儻城縣公, 賜姓叱呂引氏".

呂引)씨를 받고 있다.[278] 또한 앞서 보았듯이 후식은 처음 후복후씨로 사성되었다가 다시 하란씨로 사성되었으나 그의 종형인 용은은 처음 사성된 후복후씨를 그대로 쓰고 있다. 즉 종제가 사성을 받았다고 해서 그것을 따르지는 않았던 것이다. 역시 그런 면에서 같은 본관이라고 해서 같은 성이 사성되는 것은 아니라는 사실이 확인되었다. 그렇다면 소작의 사성 사실은 실제 없었던 것으로 보아도 대과가 없을 것 같으며, 정사의 편찬 과정에서 실수로 빠뜨린 것으로 규정할 수는 없는 것이다. 이와 같이 특정인이 사성될 때 그 친족이 그 성을 따르는 경우와 그렇지 않은 경우를 볼 수 있다. 그렇다면 사성의 논리란 도대체 무엇인가. 우리는 그 문제를 살펴보기 위하여 영호정전(令狐整傳)의 기사를 참고할 필요가 있다.

영호정은 … 돈황인이다. 본명은 연(延)이고 대대로 서토의 관면이었다. … 정은 국난이 미령(未寧)했기 때문에 항상 종(인)을 거느리고 힘을 다하기[擧宗効力]를 원하였다. 마침내 향친 이천여 인을 이끌고 입조하여 군을 따라서 정토에 나섰다. 정은 무어(撫馭)에 능숙하고 (병사와) 몸소 풍약(豊約)을 같이하니 인중이 아울러 기려를 잊게 되어 모두 그들이 가진 역용(力用)을 다하려 하였다. … 마침내 표기대장군·개부의동삼사로 제수되고 시중으로 가관되었다. … 마침내 우문씨로 사성되고 아울러 정(整)으로 사명되었다. 종인 이백여 호가 아울러 속적에 열입되었다.[279]

---

278 『周書』卷29 楊紹傳, p.501, "又從柱國 燕國公于謹圍江陵. 紹關於枇杷門, 流矢中股而力戰不衰. 事平, … 進驃騎大將軍·開府儀同三司, 除衡州刺史, 賜姓叱利氏(교감 주: 賜姓叱利氏, 北史本傳作 '賜姓叱呂引氏')".

279 『周書』卷36 令狐整傳, p.643, "令狐整 … 燉煌人也, 本名延, 世為西土冠冕. … 整以國難未寧, 常願擧宗効力. 遂奉鄉親二千餘人入朝, 隨軍征討. 整善於撫馭, 躬自豊約, 是以人眾忘羈旅, 盡其力用. … 尋除驃騎大將軍·開府儀同三司, 加侍中 … 遂賜姓宇文氏, 并賜名整焉. 宗人二百餘戶, 並列屬籍".

이 기사에서 보듯이 돈황에 본관을 두고 '세위서토관면(世爲西土冠冕)'의 집안 출신이며, 본명이 영호연인 그에게 우문태가 사성과 사명을 하였는데 "종인 이백여 호가 아울러 속적에 열입(列入)되었다"고 하였다. 즉 영호정 일방(一房)만이 아니라 그 종인 200여 호도 우문씨를 득성하게 되었다는 이야기이다. 영호정은 '종(인)' 혹은 '향친'을 인솔하고 항상 정벌에 나섰던 것이다. 따라서 그들은 일반적인 종인이나 향친이 아니라 '수군정토(隨軍征討)'에 참가한 일종의 병단인 것이다. 물론 '종인 이백여 호'와 '향친 이천여 인'의 숫자상 차이[280]에서 보듯이 영호정집단은 종인과 향친이 연합한 집단인 것 같다. 따라서 사성은 형제, 친족, 혹은 종인이 이와 같이 하나의 병단이라는 형식으로 조직되었을 때에 같은 성을 갖게 되는 것이다. 즉 같은 형제라 하더라도 병단의 범위에서 벗어났을 때에는 사성이라는 조치가 영향을 미치지 않은 것이다. 즉 소작 형제가 그예이다. 소작은 노변(盧辯)과 함께 제도의 정비에 힘쓴 이 시대 문관의 대표적인 인물로 정벌과는 거리가 먼 인물인 데 비해, 소춘은 '향병'을 이끌면서 각종 전투에 참가했던 전형적인 무관이다. 따라서 이들 형제는 서로 다른 길을 갔던 것이고, 그것이 바로 성을 달리하는 계기가 된 것이다. 그러나 종인 200여 호는 하나의 병단의 구성원이다. 여기서 얻은 결론은 우선 같은 병단이라는 단서가 붙는다.

그러나 영호정과 같이 우문씨의 속적에 병렬된 종인 200여 호 외의 자, 즉 향친의 성씨 문제가 여전히 남게 된다. 즉 사성 문제에 있어서 최대 관건의 하나인 "통솔하는 군인도 역시 그 성을 고쳐 따르도록 한다[所統軍人 亦改從其姓]"의 문제는 여기서도 제기된다. 그러면 두 번째 문제를 검토하자. 영호

---

280 대체로 당시 매 호 평균 5명이지만, 令狐整집단의 2,000여 명은 成丁일 것이므로 역시 宗人 200여 호로는 2,000여 명이 될 수 없다. 따라서 종인 외에 향인이 다수 포함된 듯하다. 令狐整집단 문제에 대해서는 氣賀澤保規, 「丁兵制度與敦煌出土的〈〈西魏大統十三年文書〉〉中的負擔體系」, 『敦煌吐魯番學硏究論文集』, 上海: 漢語大詞典出版社, 1991, pp.384~385를 참조한다.

정의 경우에서 보듯이 "통솔하는 군인도 역시 그 성을 고쳐 따르도록 한다"는 원칙에서 보면 당연히 '종인 이백여 호'뿐만 아니라 '향친 이천여 인'도 모두 우문씨의 속적에 편재되어야 한다. 그러나 앞서 보았듯이 영호정은 그가 사성되었을 때에 표기대장군·개부의동삼사라는 1군을 통령하는 장수의 직함을 가졌다. 그런데도 그의 사성 시에 그의 성을 따른 자는 '종인 이백여 호'뿐이었다. 따라서 사성 시에는 '통솔하는 군인' 중에 상당한 제한이 가해져, "그 성을 고쳐서 따르도록 한다"는 원칙은 그가 이끄는 병단의 일부만으로 한정되고 있음을 알 수 있다. 그러면 "그 성을 고쳐서 따르도록 한다"는 어떤 원칙에 의해 선택되는가. 그럼 이 점과 유사한 사례를 살펴보자.

영호정의 경우처럼 집단적인 사성의 경우는 찾아볼 수 없다. 다만 개별적으로 장군 혹은 관장의 성으로 바꾼 예를 사료에서 찾아보면 다음과 같다.

① 우근의 원수부장사(元帥府長史)로 '군중모략'의 일을 맡은 당근(唐瑾)은 우근의 성인 만유우씨(万紐于氏)로 사성됨(『주서』 권32 당근전).

② 우근이 사공이었을 때, 자의(諮議)로 일한 번심(樊深)은 역시 만유우씨로 사성됨(『주서』 권45 유학 번심전).

③ 독고신이 대사마였을 때, 그의 요좌였던 고빈(高賓)이 독고씨로 사성됨[『주서』 권37 장문거전(裴文擧傳) 부(附) 고빈전].

④ 원래 고환의 부하였으나 사원전투에서 패배한 후, 독고신에게 잡혀 '배위사오(配爲士伍)'된 이둔(李屯)에게 독고씨를 사성함[『북사』 권73 독고해전(獨孤楷傳)].

⑤ 우문술은 원래 무천인으로 본성이 파야두(破野頭)였다가 선비 사두귀(俟豆歸)에게 역속하다가 후에 그 주인을 따라 우문씨가 되었다(『수서』 권 61 우문술전).

이 몇 사례에서 기존의 성을 포기하고 주인의 성을 따르는 경우를 보았다. 우문태의 부하로 우문씨를 받은 경우가 수차례 있으나 여기서는 생략한다. 그런데 당근의 경우는 먼저 우문태 밑에서 상부기실참군사(相府記室參軍事)라는 직을 시작으로 계속 그에게 종군한 끝에 우문씨를 사성 받았고, 그 후 우근이 그와 동성이 되기를 청하자, 그는 우근의 성인 만유우씨로 경사성(更賜姓)하게 된다. 그 후 그는 우근의 양나라 강릉 정벌 시에 원수부장사(元帥府長史)로 활약하고 있다. 그렇다면 이 경우 주인에 따라서 성이 바뀐 것으로 볼 수 있는 것이다. 그런데 이둔(李屯)의 경우, '통솔하는 군인[所統軍人]' 중에 상당한 제한이 가해져, '그 성을 고쳐서 따르도록 한다[亦改從其姓]'의 원칙에 의거한다면 '사오로 배속된[配爲土伍]' 그 자체로 그 장군의 성을 따르게 되었을 것인데, 왜 사성이라는 번거로운 형식을 취하느냐 하는 의문이 제기될 수 있다.[281] 이둔의 경우를 보자.

> 독고해(獨孤楷) … 본성은 이씨(李氏)이다. 부(父) 둔(屯)은 제(齊) 신문제(神武帝)에 종군하여 주사(周師)와 더불어 사원(沙苑)에서 싸웠다. 제사(齊師)가 패적(敗績)하자 주국 독고신의 포로가 되어 사오(土伍)로 배속되었다. 신의 가에 급사(給使)하여 점차 친근(親近)하게 되니 독고씨로 사성되었다.[282]

사료에서 보면, 이둔은 먼저 고환의 군대에 종군 중 사원전투(537년 11월)에서 서위 주국 독고신에 잡힌 후 곧바로 사오로 배속되는데 그 후 독고신의 집에 급사하여 그 집과 친근해진 이후에야, 독고씨를 사성 받게 되었다는 것이다. 따라서 이둔은 사오로 편성되면서 바로 장군의 성을 그대로 받은 것이

---

281 이런 문제를 Albert E. Dien, The Bestowal of Surnames Under the Western Wei-Northern Chou, 1977, p.150에서 제기하고 있다.
282 『北史』卷75 獨孤楷傳, p.2530, "獨孤楷 … 本姓李氏. 父屯, 從齊神武帝與周師戰于沙苑, 齊師敗績, 因為柱國獨孤信所禽, 配為土伍, 給使信家, 漸得親近, 因賜姓獨孤氏".

아님은 확실하다. 따라서 이둔의 경우에서 약간의 시사를 얻을 수 있을 것 같다. 이둔이 '사오로 배속된[配爲士伍]' 시기는 '통솔하는 군인' 중에 상당한 제한이 가해져, "통솔하는 군인은 그 성을 고쳐서 따르도록 한다"는 조칙이 나온 554년보다 훨씬 이전인 537년이나 그 직후, 즉 이 시기는 개별적인 사성이 간간이 이루어지고 있던 시기여서 '사오로 배속된' 자체가 곧 그 장군의 성을 따르게 되는 원칙이 조칙으로 반포되기 훨씬 전의 일이므로 곧바로 이 문제에 대입시키는 것은 문제가 있을 수 있다. 또한 이둔은 원래 적국인 동위의 병사라는 점이다. 따라서 이 두 문제가 크게 논리의 전개에 지장을 받지 않는다면, 그의 경우도 이 문제를 푸는 데 어느 정도 단서를 제공할 수 있을 것 같다. 즉 그가 포로의 몸으로 곧바로 사오로 편성되었지만, 사오 자체로 그 장수의 성을 따르지 않는다는 점이다. 한동안 봉사한 후 장군의 신임을 얻은 후에야 마침내 사성이 행해진 것이다. 실제 당근은 우근의 '군중모략(軍中謀略)'을 담당하였고, 번심은 우근의 '자의(諮議)'로 활약하였으며, 고빈은 독고신의 '요좌(僚佐)'라는 장군을 보좌하는 특수한 위치에 있었다. 이들과 같이 특별한 관계에 있는 자들이 주인, 즉 장군의 성을 따르는 것이다. 일반적인 사오가 곧바로 장군의 성을 따르는 것은 아니다. 따라서 장군과 특수관계에 있는 막료 등 핵심집단으로 한정된다는 것이다. 영호정군단의 경우, 영호정은 '향친' 가운데서 특히 '거종(擧宗)'으로 '효력(効力)'하려고 했다는 점에서 역시 '종인'이 그의 군단의 핵심세력이다. 다시 말하자면 장군부의 핵심세력이라 할 수 있다.

다시 앞으로 돌아가 '그 성을 고쳐서 (그 장군의 성을) 따르도록 한다[改從其姓]'의 '그(其)'의 문제를 검토해 보자. 사성은 관족화의 과정이며, 그 대상자는 '개부'의 권한을 가진 거기대장군·의동삼사 이상의 직위를 가진 자라고 규정할 때 '통솔되는 군인'은 특정장군의 막료와 같은 핵심세력이었다. 따라서 이와 같은 막료집단을 가질 수 있는 자는 독자적으로 '개부'할 수 있는 자에 한정될 수밖에 없게 된다. 적어도 554년 조칙 이후의 사성의 경우에는 그렇게 보아야 한다. 그리고 앞에서 관족의 의미를 '관으로서 족하는 것'이라 하였다. 그것은 새로운 '종장(宗長)'이 되는 것을 의미한다. 현대식으로 말하자면, 어떤 성씨, 혹은 성씨 중 일파를 개창하는 중흥시조가 되는 것이다. 이 점과 관련된 것이 다음 사료이다.

> 태조가 입관함에 미쳐 여러 성의 자손 가운데 공이 있는 자는 모두 그 종장(宗長)이 되게 하였다. 이에 보록를 찬하여 그 계승을 기록하게 하였다. 또 관 내의 여러 주를 그 본망으로 삼게 하였다.[283]

즉 우문태가 입관한 후 "여러 성의 자손 가운데 공이 있는 자[諸姓子孫有功者]"를 그 '종장'으로 삼은 것이며 그를 중심으로 관중의 여러 주에 본관을 정하여 본망으로 삼은 것이다. 여기서 '여러 성의 자손 가운데 공이 있는 자'는 앞에서 말하는 '여러 장수 가운데 공이 높은 자[諸將功高者]'와 '다음으로 공이 있는 자[次功者]'임은 말할 것도 없다. 이와 관련하여 후식이 우문씨에서 다시 하둔씨로 사성되었을 때 그가 '진실로 종사를 주재하였다[寔主宗祀]'[284]는 것은 의미 있는 기사이다. 그러나 이러한 이론과 실제와는 약간의 괴리가 있었을 것으로 생각된다. 왜냐하면 사성자 중에 우문씨를 받은 자가 대다수를 차지한다는 점에서 현실적으로 독자적인 성족 내지 일종을 대표하는 종장이 되는 것은 불가능하다.

이와 같이 사성이란 종장이 될 수 있는 중요한 인사에게 주는 특별한 포상

---

283 『隋書』卷33 經籍志2 史部 譜序篇序, p.990, "及周太祖入關, 諸姓子孫有功者, 並令為其宗長, 仍撰譜錄, 紀其所承. 又以關內諸州, 為其本望".

284 「周故開府儀同賀屯公之墓誌」, 『八瓊室金石補正』卷23(『石刻史料新編』第1輯 第6冊, 1987), p.4358, "其先侯姓, … 魏前二年十二月中, 太祖文皇帝以公忠孝累彰, 宜加旌異, 爰命史官, 賜姓賀屯氏. 時惟姓首, 寔主宗祀". 동일한 글인 「賀屯植墓誌銘」이 『漢魏南北朝墓誌集釋』卷7 圖版350에도 재록되어 있다.

의 의미가 있는 것이므로 그것에 상응하는 의식절차는 있었던 듯하다. 전게
한 당근의 경우를 보면, 당근이 우근과 같은 만유우씨로 사성되었을 때,

> (우근이) 그와 동성이 되어 형제로 맺을 것을 원하였다. … 근은 이에 서로의 결
> 납(結納)을 깊게 하고 장유지서를 돈독하게 하였다. (우)근도 또한 자손들을 마
> 당에 나열시키고 제질지경(弟姪之敬)을 행하였다.[285]

라고 기록되어 있다. 당근의 경우, 사성을 통하여 우근과 형제가 되었다. 따
라서 우근의 가속들과도 관계 내지 서열화를 명확히 할 필요가 있다. 이것
을 위한 엄숙한 의식이 개최되었다. 물론 이 경우는 첫째, 당대 최고의 실력
자인 우문태의 성씨에서 '공훈이 높고 위망이 무거워서 조야가 모이는[勳高
望重 朝野所屬]' 우근의 성씨로 바뀐 것, 둘째 당근 자신이 표기대장군·개부
의동삼사라는 고위직 인물이라는 점에서 경성 그 자체가 일반 군인의 '개
종(改從)'과 같은 성질의 것이 아니었을 것이다. 따라서 '종인 이백여 호'나
'통솔하는 군인', 즉 막료들과는 달리 취급될 수밖에 없는 특별한 사성이었
을 것이다. 여기서 약간 문제가 있다. 앞의 인용문에서 볼 때, 당근과 우근은
사성으로 인하여 형제가 되었기 때문에, 그리고 우근의 가속들과 서열화하
고 있다는 점에서 필자가 제기한 사성이 곧 독립된 종파를 개창하는 종장이
된다는 원칙과 어긋나는 것 같이 보인다. 그러나 당근이 새로이 종장이 됨과
동시에, 우근의 가속과는 만유우씨라는 동성으로 그 관계의 설정이 필요하
다. 따라서 앞의 사료는 우근의 가속과의 관계 설정을 위한 의식이었다고 생
각한다.

---

285 『周書』卷32 唐瑾傳, p.564, "于謹 … 願與之同姓, 結為兄弟 … 瑾乃深相結納, 敦長幼之序;
　　謹亦庭羅子孫, 行弟姪之敬".

〈西魏-北周時代 賜姓表〉

凡例

ⓐ(〈本〉姓名), ⓑ(賜姓名), ⓒ(賜姓年度〈西曆〉), ⓓ(賜姓 주체자의 姓名과 그 位置, 國家 및 國際的 重要事 및 戰鬪名), ⓔ(賜姓 以前 重要 履歷〈특히 武職〉), ⓕ(賜姓 當時, 혹은 同時에 주어진 官職名), ⓖ(賜姓 직후의 活動, 官職 및 封爵), ⓗ(官歷 및 極官), ⓘ(出典), ⓙ(民族), ⓚ(本貫 및 居住地), ⓛ(寒·士族), ⓜ(賜姓의 주된 理由), ⓝ(賜姓된 뒤의 位置), ⓞ(本姓과 賜姓된 姓과의 關係), ⓟ(賜姓 주체자와의 관계), ⓠ(家族 및 親族의 官歷 및 賜姓 與否), ⓡ(鄕兵 統率 與否 및 當時 官職), ⓢ(備考).

備考

* 이 순서는 가능한 한 사성 받은 순서에 의거하였으며, 두 번 받은 자는 분리하였다. 不明인 것은 ( )로 두었다. 그리고 原文은 " "로 표시하였다.
* 출전의 경우, 『周書』 卷36은 周36으로, 『北史』 卷70은 北70으로, 『庾子山集』 권15는 庾15 등으로 約하 였다. 그 외에는 그대로 두었다.

〈1〉 ⓐ(王德), ⓑ(烏丸), ⓒ(534), ⓓ(宇文泰: 尙書令), ⓔ(征西將軍·金紫光祿大夫·平涼郡守), ⓕ(行東雍州事), ⓖ(535 車騎大將軍 儀同三司. 537 開府 侍中), ⓗ(547년 大都督. 548년 涇州刺史), ⓘ(周17, 北65), ⓙ(胡化漢人. 太原 王氏라 僭稱), ⓚ(代郡 武川人), ⓛ( ), ⓜ(翊戴太祖 → 奉迎孝武帝 → 在州百姓懷之), ⓝ( ), ⓞ( ), ⓟ(「翊戴太祖. 其後常從太祖征伐」), ⓠ( ), ⓡ( ), ⓢ(548 사망).

〈2〉 ⓐ(韓褒), ⓑ(侯呂陵), ⓒ(534), ⓓ(宇文泰: 丞相), ⓔ(宇文泰 夏州刺史 시 參謀), ⓕ(丞相錄事參軍), ⓖ(大統初, 行臺左丞), ⓗ(546 都督 西涼州刺史. 550 大都督 涼州諸軍事. 552 會州刺史. 553 車騎大將軍 儀同三司 → 驃騎大將軍 開府儀同三司), ⓘ(周37, 北70), ⓙ(漢), ⓚ(潁川 潁陽人 → 徙居 昌黎), ⓛ(寒門), ⓜ( ), ⓝ( ), ⓞ( ), ⓟ(宇文泰의 錄事參軍), ⓠ(祖 魏 鎭西將軍. 父 演 征虜將軍), ⓡ( ), ⓢ(叱呂引氏로 보는 자도 있음).

〈3〉 ⓐ(侯植), ⓑ(侯伏侯), ⓒ(535), ⓓ(宇文泰:大行臺), ⓔ(義州刺史), ⓕ(驃騎將軍 都督), ⓖ(宇文泰의 沙苑 및 河橋戰에 참여. 大都督), ⓗ(554 驃騎大將軍 開府儀同三司. 六官建 拜司倉下大夫), ⓘ(周29, 北66, 『八瓊室金石補正』23), ⓙ(漢), ⓚ(上谷 → 北地 三水), ⓛ(州郡冠族), ⓜ(在州 夷夏所懷.孝武帝를 따라 西遷), ⓝ( ), ⓞ( ), ⓟ(賀拔岳의 부하. 宇文泰의 沙苑 및 河橋戰에 참여), ⓠ(從兄弟 龍恩 및 萬壽가 侯伏侯氏로 사성됨), ⓡ(散家財 率募勇敢討賊), ⓢ( ).

〈4〉 ⓐ(蘇椿), ⓑ(賀蘭), ⓒ(535~537), ⓓ( ), ⓔ(平西將軍), ⓕ(鎭東將軍 金紫光祿大夫), ⓖ(538 武都郡守. 西夏州長史 帥都督), ⓗ(550 使持節 車騎大將軍 儀同三司

→ 560 驃騎大將軍 開府儀同三司 大都督), ⓘ(周23, 北63), ⓙ(漢), ⓚ(武功), ⓛ
(士族), ⓜ( ), ⓝ( ), ⓞ( ), ⓟ( ), ⓠ(父 協 武功郡守. 兄 綽 등 가족의 사성 기
사는 없음), ⓡ("(大統)十四年 置當州鄉帥 自非鄉望允當衆心 不得預焉. 乃令驛追
椿領鄉兵"), ⓢ(563년 사망).

⟨5⟩ ⓐ(劉亮), ⓑ(侯莫陳), ⓒ(535~544), ⓓ( ), ⓔ(537 開府儀同三司 大都督), ⓕ( ),
ⓖ( ), ⓗ(544 東雍州刺史), ⓘ(周17, 北65), ⓙ(胡?), ⓚ(中山人), ⓛ( ), ⓜ(屢陳
謀策), ⓝ( ), ⓞ( ), ⓟ('翊戴太祖'宇文泰의 '孔明'과 같은 股肱), ⓠ(父 領民酋
長), ⓡ( ), ⓢ(本名 道德. 賜名 亮. 546년 사망).

⟨6⟩ ⓐ(唐瑾), ⓑ(宇文), ⓒ(535~549), ⓓ( ), ⓔ(戶部尙書), ⓕ(進位驃騎大將軍 開府
儀同三司), ⓖ( ), ⓗ(司宗中大夫 兼內史), ⓘ(周32, 北67), ⓙ(漢), ⓚ(北海 平壽),
ⓛ(士族), ⓜ("于時魏室播遷 庶務草扴 朝章國典 瑾竝參之"), ⓝ( ), ⓞ( ), ⓟ(相
府記室參軍), ⓠ( ), ⓡ( ), ⓢ( ).

⟨7⟩ ⓐ(趙佺), ⓑ(尉遲), ⓒ(535~551, 大統之中), ⓓ( ), ⓔ( ), ⓕ( ), ⓖ( ), ⓗ(頻陽
縣令), ⓘ(『隴右金石錄』1), ⓙ(漢), ⓚ(天水上邽人), ⓛ( ), ⓜ("大統之中 王師東
掃 太祖親御六軍 留公擔留府十八曹 凱入策勳 名爲尉遲氏. 昔張孟從軍 婁敬委輅
賜姓命氏 必有殊功 尋除頻陽縣令"), ⓝ( ), ⓞ( ), ⓟ( ), ⓠ( ), ⓡ( ), ⓢ( ).

⟨8⟩ ⓐ(李昶), ⓑ(宇文), ⓒ(535~556), ⓓ( ), ⓔ(御史中尉), ⓕ(加使持節 車騎大將軍
儀同三司), ⓖ( ), ⓗ(六官建 內史下大夫 → 內史中大夫), ⓘ(周38), ⓙ(漢), ⓚ(頓
丘 臨黃人), ⓛ(寒門), ⓜ( ), ⓝ( ), ⓞ( ), ⓟ("昶於太祖世已當樞要 兵馬處分 專
以委之 詔册文筆 皆昶所作也"), ⓠ(祖가 北魏 御史中尉 李彪이며, 부(遊)와 형
(志)는 爾朱의 亂 때 江南으로 도망), ⓡ( ), ⓢ( ).

⟨9⟩ ⓐ(李和), ⓑ(宇文), ⓒ(535~556), ⓓ( ), ⓔ(使持節 車騎大將軍 儀同三司 散騎常
侍), ⓕ(侍中 驃騎大將軍 開府儀同三司 夏州刺史), ⓖ( ), ⓗ(侍中 驃騎大將軍 開
府儀同三司 夏州刺史), ⓘ(周29, 北66), ⓙ(胡化漢人), ⓚ(隴西 赤道人 → 朔方 巖
綠人), ⓛ( ), ⓜ( ), ⓝ( ), ⓞ( ), ⓟ( ), ⓠ( ), ⓡ(爲州里所推), ⓢ(賜名'意').

⟨10⟩ ⓐ(劉雄), ⓑ(宇文), ⓒ(535~556), ⓓ( ), ⓔ( ), ⓕ(子城令 加都督 輔國將軍 中
散大夫 兼中書舍人), ⓖ( ), ⓗ(子城令 加都督 輔國將軍 中散大夫 兼中書舍人),
ⓘ(周29, 北66), ⓙ(漢), ⓚ(臨洮 子城人), ⓛ(寒門), ⓜ( ), ⓝ( ), ⓞ( ), ⓟ(「大
統中 起家爲太祖親信), ⓠ( ), ⓡ( ), ⓢ( ).

⟨11⟩ ⓐ(□建), ⓑ(宇文), ⓒ(535~557, 「西魏」), ⓓ( ), ⓔ( ), ⓕ( ), ⓖ( ), ⓗ(輔國將
軍中散都督開國子), ⓘ(『宇文建造像記』⟨王仲犖, 『北周六典』上冊(1979), p.44에

서 再引》), ⓙ( ), ⓚ( ), ⓛ( ), ⓜ( ), ⓝ( ), ⓞ( ), ⓟ( ), ⓠ( ), ⓡ( ), ⓢ( ).

〈12〉 ⓐ(□嵩), ⓑ(宇文), ⓒ(535~557, 西魏), ⓓ( ), ⓔ( ), ⓕ( ), ⓖ( ), ⓗ(輔國將軍
　　　中散大夫), ⓘ(『宇文建造像記』〈王仲犖, 『北周六典』上册(1979), p.44에서 再引〉),
　　　ⓙ( ), ⓚ( ), ⓛ( ), ⓜ( ), ⓝ( ), ⓞ( ), ⓟ( ), ⓠ( ), ⓡ( ), ⓢ( ).

〈13〉 ⓐ(요(燎-火)允,), ⓑ(宇文), ⓒ(535~581), ⓓ( ), ⓔ( ), ⓕ(歷官侍中 驃騎大將
　　　軍 開府儀同三司 工部尙書 臨涇縣公), ⓖ( ), ⓗ( ), ⓘ(周37 高賓傳附), ⓙ(漢),
　　　ⓚ(安定人), ⓛ(寒門), ⓜ( ), ⓝ( ), ⓞ( ), ⓟ( ), ⓠ( ), ⓡ( ), ⓢ(“失其事 故不
　　　爲傳”. 本姓 牛氏. 牛弘은 그의 子).

〈14〉 ⓐ(韓歡), ⓑ(匹婁), ⓒ(537), ⓓ( ), ⓔ( ), ⓕ(恒農郡守), ⓖ( ), ⓗ(使持節少傅
　　　大將軍大都督恒華靈銀長五州諸軍事恒州刺史普安壯公), ⓘ(『大周使持節少傅大
　　　將軍大都督恒華靈銀長五州諸軍事恒州刺史普安壯公墓誌銘』), ⓙ(漢), ⓚ( ), ⓛ
　　　(寒門), ⓜ(“征沙苑有功 除恒農郡守 賜姓匹婁氏”), ⓝ( ), ⓞ( ), ⓟ( ), ⓠ( ), ⓡ
　　　( ), ⓢ( ).

〈15〉 ⓐ(薛善), ⓑ(宇文), ⓒ(537~555), ⓓ( ), ⓔ(大丞相府從事中郎 → 黃門侍郎 加
　　　車騎大將軍 儀同三司), ⓕ(除河東郡守 進驃騎大將軍 開府儀同三司), ⓖ(六官建
　　　拜工部中大夫), ⓗ(民部中大夫), ⓘ(周35), ⓙ(漢), ⓚ(河東 汾陰人), ⓛ(士族), ⓜ
　　　( ), ⓝ( ), ⓞ( ), ⓟ( ), ⓠ(薛端과는 6촌), ⓡ( ), ⓢ(高歡을 위해서 봉사하고
　　　있던 族兄 崇禮를 설득해 宇文泰가 보낸 李弼의 군대에 귀속시키는 데 공헌).

〈16〉 ⓐ(李屯), ⓑ(獨孤), ⓒ(537~?), ⓓ( ), ⓔ( ), ⓕ( ), ⓖ( ), ⓗ( ), ⓘ(北73 獨孤
　　　楷傳, 隋55), ⓙ( ), ⓚ(?), ⓛ( ), ⓜ(537 원래 高歡에 從軍하다가 沙苑戰에서
　　　패해, “獨孤信所禽 配爲士伍 給使信家 漸得親近 因賜姓獨孤氏”함), ⓝ( ), ⓞ
　　　( ), ⓟ( ), ⓠ( ), ⓡ( ), ⓢ(獨孤楷, 獨孤盛 형제는 그의 子. 北周末 復姓하지
　　　않음).

〈17〉 ⓐ(田弘), ⓑ(紇干), ⓒ(538~548), ⓓ(河橋戰), ⓔ(538 轉帥都督 進爵爲公), ⓕ
　　　( ), ⓖ(原州刺史), ⓗ(車騎大將軍・儀同三司, 552驃騎大將軍・開府儀同三司), ⓘ
　　　(周27, 北65, 庚14), ⓙ(胡化漢人), ⓚ(高平人, 原州長城人), ⓛ( ), ⓜ(弘功居多
　　　累蒙殊賞), ⓝ( ), ⓞ( ), ⓟ(“人人如紇干弘盡心 天下豈不早定”), ⓠ(子 田仁恭,
　　　隋代 復姓), ⓡ( ), ⓢ(“虜言紇干 夏言依倚 言爲國家之依倚”).

〈18〉 ⓐ(段永), ⓑ(爾綿), ⓒ(538~552), ⓓ( ), ⓔ(累遷大都督 車騎大將軍 儀同三司
　　　散騎常侍 驃騎大將軍 開府儀同三司), ⓕ(驃騎大將軍 開府儀同三司), ⓖ(552 恒
　　　州刺史), ⓗ(552 恒州刺史), ⓘ(周36, 北67, 庚14), ⓙ(胡, 東部鮮卑), ⓚ(遼西石城

人), ⓛ( ), ⓜ( ), ⓝ( ), ⓞ("晋幽州刺史匹磾之後也", 還姓), ⓟ(從擒竇泰 復弘農 破沙苑 並有戰功, 河橋之役 力戰先登), ⓠ( ), ⓡ( ), ⓢ("太祖文帝席卷關河 三分天下 潁川從我 並有鄕里之親 新豊故人 非無布衣之舊 更立九十九姓 還存三十六國 舊胄還姓爾綿.").

〈19〉 ⓐ(梁臺), ⓑ(賀蘭), ⓒ(541), ⓓ( ), ⓔ(平涼郡守), ⓕ(潁州刺史), ⓖ(玉壁戰 邙山戰에 종군. 帥都督. 驃騎大將軍 開府儀同三司), ⓗ(564 大將軍), ⓘ(周27, 北65), ⓙ(漢), ⓚ(長池), ⓛ(胡化漢人), ⓜ(于謹과 破劉平伏), ⓝ( ), ⓞ( ), ⓟ("翊戴太祖"), ⓠ(父 獻文帝時 隴西郡守), ⓡ( ), ⓢ(爾朱天光 → 賀拔岳 → 宇文泰).

〈20〉 ⓐ(王盟), ⓑ(拓王), ⓒ(542), ⓓ( ), ⓔ(大統初, 車騎大將軍 儀同三司), ⓕ(長樂郡公), ⓖ(542 玉壁戰時 左軍大都督), ⓗ(543 太傅 加開府儀同三司), ⓘ(周20, 北61), ⓙ(漢, 高句麗人說), ⓚ(樂浪人 → 武川), ⓛ( ), ⓜ(538 討平趙靑雀亂), ⓝ( ), ⓞ( ), ⓟ(侯莫陳悅 토벌 시 宇文泰가 그를 原州에 주둔시키며 留後大都督으로 삼을 정도의 心腹), ⓠ(『元和姓纂』에 父 羆의 賜姓 拓王氏. 『古今姓氏書辯證』에 王秉 王興 등 賜姓 拓王氏), ⓡ( ), ⓢ(明德皇后의 형).

〈21〉 ⓐ(陸通), ⓑ(步六孤), ⓒ(543), ⓓ( ), ⓔ( ), ⓕ(驃騎大將軍 開府儀同三司 太僕卿), ⓖ( ), ⓗ(驃騎大將軍 開府儀同三司 太僕卿), ⓘ(周32, 北69), ⓙ(漢〈南朝〉), ⓚ(吳郡人), ⓛ(士族), ⓜ( ), ⓝ( ), ⓞ( ), ⓟ(宇文泰 夏州刺史時 帳內督. 이후 각종 전투 종군), ⓠ(弟 陸逞의 賜姓 기사 無. 단 그의 女가 宇文儉의 처로 北周 皇室과 혼인〈庚16,「周譙國公夫人步六孤氏墓誌銘」〉 참조), ⓡ( ), ⓢ(步六孤氏를 賜姓 받은 자 陸通 1인).

〈22〉 ⓐ(劉道生), ⓑ(侯莫陳), ⓒ(543), ⓓ( ), ⓔ( ), ⓕ( ), ⓖ( ), ⓗ( ), ⓘ(庚15), ⓙ(胡), ⓚ(朔州 武川人), ⓛ( ), ⓜ( ), ⓝ( ), ⓞ( ), ⓟ( ), ⓠ( ), ⓡ( ), ⓢ("更姓 侯莫陳氏"라 되어 있음. 劉亮〈侯莫陳道德〉과 同一人으로 보는 자도 있음).

〈23〉 ⓐ(王傑), ⓑ(宇文), ⓒ(543~550), ⓓ( ), ⓔ(都督), ⓕ( ), ⓖ(岐州刺史 → 大都督 車騎大將軍 儀同三司 → 侍中 驃騎大將軍 開府儀同三司), ⓗ(侍中 驃騎大將軍 開府儀同三司), ⓘ(周29, 北67), ⓙ(胡化漢人), ⓚ(金城 直城人), ⓛ( ), ⓜ("復潼關, 破沙苑 爭河橋 戰邙山 皆以勇敢聞. 親待日隆 賞賜加於倫等"), ⓝ( ), ⓞ( ), ⓟ("太祖奇其才 擢授揚烈將軍 羽林監"), ⓠ( ), ⓡ( ), ⓢ( ).

〈24〉 ⓐ(閻慶), ⓑ(大野), ⓒ(543~556), ⓓ( ), ⓔ(使持節 車騎大將軍 儀同三司 散騎常侍), ⓕ(驃騎大將軍 開府儀同三司 雲州大中正 加侍中), ⓖ( ), ⓗ(驃騎大將軍 開府儀同三司 雲州大中正 加侍中), ⓘ(周20, 北61), ⓙ(漢), ⓚ(河南 河陰人 →

雲州 盛樂郡), ⓛ( ), ⓜ(「屢展勳勞」), ⓝ( ), ⓞ( ), ⓟ( ), ⓠ( ), ⓡ( ), ⓢ( ).

〈25〉ⓐ(楊纂), ⓑ(莫胡盧), ⓒ(543~557), ⓓ( ), ⓔ(使持節 車騎大將軍 儀同三司 散騎常侍), ⓕ(驃騎大將軍 開府儀同三司 加侍中 進爵爲公), ⓖ(岐州刺史), ⓗ(岐州刺史), ⓘ(周36), ⓙ(胡化漢人), ⓚ(廣寧人), ⓛ( ), ⓜ( ), ⓝ( ), ⓞ( ), ⓟ(535 東魏에서 귀순. 이후 宇文泰軍에 종군. "軍中咸推其敢勇"), ⓠ( ), ⓡ( ), ⓢ(不識文字).

〈26〉ⓐ(侯植), ⓑ(賀屯), ⓒ(546), ⓓ( ), ⓔ(驃騎將軍 都督), ⓕ(車騎大將軍 儀同三司 封肥城縣公), ⓖ(554 從于謹平江陵), ⓗ(554 驃騎大將軍 開府儀同三司. 六官建拜司倉下大夫), ⓘ(周29, 北66, 八23), ⓙ(漢), ⓚ(上谷 → 北地 三水), ⓛ(州郡冠族), ⓜ("凉州刺史宇文仲和據州作亂 植從開府獨孤信討擒之"), ⓝ(姓首), ⓞ( ), ⓟ(賀拔岳의 부하. 宇文泰의 沙苑 및 河橋戰에 참여), ⓠ(먼저 535년 侯伏侯氏로 사성됨. 從兄弟 龍恩 및 萬壽도 侯伏侯씨로 사성됨), ⓡ(散家財 率募勇敢討賊), ⓢ( ).

〈27〉ⓐ(蔡祐), ⓑ(大利稽), ⓒ(547~555), ⓓ( ), ⓔ(俄授青州刺史 轉原州刺史 加帥都督 尋除大都督 → 車騎大將軍 儀同三司 加驃騎大將軍 開府儀同三司 侍中), ⓕ(驃騎大將軍 開府儀同三司 侍中), ⓖ(555 中領軍), ⓗ(556 大將軍), ⓘ(周27, 北65), ⓙ(胡化漢人), ⓚ(陳留 圉人 → 高平), ⓛ(父 襲 名著西州), ⓜ(以其戰功), ⓝ( ), ⓞ( ), ⓟ(宇文泰 原州刺史時 帳下親信, 夏州刺史時 都督), ⓠ( ), ⓡ( ), ⓢ(北66 耿豪傳에 "(耿)豪曰'人言李穆蔡祐是丞相髆髀, 耿豪·王勇丞相咽項").

〈28〉ⓐ(辛威), ⓑ(普屯), ⓒ(547~556), ⓓ( ), ⓔ(539 揚州刺史 加大都督, 547 車騎將軍 儀同三司), ⓕ(驃騎大將軍 開府儀同三司), ⓖ( ), ⓗ(557 大將軍, 566 柱國, 578 上柱國), ⓘ(周27, 北65, 庾14), ⓙ(漢), ⓚ(隴西), ⓛ(士族), ⓜ( ), ⓝ( ), ⓞ( ), ⓟ(賀拔岳 → 宇文泰의 帳內), ⓠ(祖 大汗), ⓡ( ), ⓢ( ).

〈29〉ⓐ(耿豪), ⓑ(和稽), ⓒ(549), ⓓ( ), ⓔ(543 邙山戰의 戰功으로 北雍州刺史. 547 戰功으로 車騎大將軍 儀同三司), ⓕ(侍中 驃騎大將軍 開府儀同三司), ⓖ(侍中 驃騎大將軍 開府儀同三司), ⓗ(侍中 驃騎大將軍 開府儀同三司), ⓘ(周29, 北66), ⓙ( ), ⓚ(鉅鹿 → 遼東 → 武川), ⓛ(胡化漢人), ⓜ(?), ⓝ( ), ⓞ( ), ⓟ(賀拔岳 → 宇文泰), ⓠ( ), ⓡ( ), ⓢ(本名 令貴. 550 사망. "李穆, 蔡祐 初與豪同時開府").

〈30〉ⓐ(唐瑾), ⓑ(万紐于), ⓒ(549~554), ⓓ( ), ⓔ(戶部尙書), ⓕ(進位驃騎大將軍 開府儀同三司), ⓖ(于謹의 江陵 征伐時 元帥府長史. 軍中謀略 多出瑾焉), ⓗ(司

宗中大夫 兼內史), ⓘ(周32, 北67), ⓙ(漢), ⓚ(北海 平壽), ⓛ(士族), ⓜ("〈于謹〉
言瑾學行兼修 願與之同姓 結爲兄弟 庶子孫承其餘論 有益義方"), ⓝ( ), ⓞ( ),
ⓟ( ), ⓠ( ), ⓡ( ), ⓢ( ).

〈31〉 ⓐ(趙貴), ⓑ(乙弗), ⓒ(549~554), ⓓ( ), ⓔ(537 侍中 驃騎大將軍 開府儀同三
司 → 大將軍 → 柱國大將軍), ⓕ(柱國〈大〉將軍), ⓖ(六官建 太保 大宗伯 改封
南陽郡公), ⓗ(太保 大宗伯 改封南陽郡公), ⓘ(周16, 北59), ⓙ(胡化漢人), ⓚ(天
水南安人 → 武川), ⓛ( ), ⓜ( ), ⓝ( ), ⓞ( ), ⓟ("初, 貴與獨孤信等皆與太祖等
夷"), ⓠ(北周時에 乙弗氏로는 乙弗庫根, 乙弗朗, 乙弗鳳, 乙弗亞, 乙弗寔, 乙弗
虔 등이 正史에 나옴), ⓡ( ), ⓢ(宇文護와 獨孤信에 의해 살해됨).

〈32〉 ⓐ(崔謙), ⓑ(宇文), ⓒ(549~554), ⓓ( ), ⓔ(537 車騎大將軍 右光祿大夫 拜尙
書右丞. 549 車騎大將軍 儀同三司), ⓕ(驃騎大將軍 開府儀同三司 直州刺史), ⓖ
(554 利州刺史), ⓗ(利州刺史), ⓘ(周35, 北32 崔士謙傳), ⓙ(漢), ⓚ(博陵 安平
人), ⓛ(漢族名門. 祖 辯, 父 楷 등 모두 北魏의 중직을 지냄), ⓜ(破柳仲禮, 討
平李遷哲), ⓝ( ), ⓞ( ), ⓟ(537년 이후 宇文泰에 종군), ⓠ(崔說이 그의 弟인
데 역시 '賜姓宇文氏'), ⓡ( ), ⓢ( ).

〈33〉 ⓐ(樊深), ⓑ(万紐于), ⓒ(549~555), ⓓ( ), ⓔ(博士), ⓕ(國子博士), ⓖ("六官建
拜太學助敎 遷博士 加車騎大將軍 儀同三司"), ⓗ(車騎大將軍 儀同三司), ⓘ(周
45, 北82), ⓙ(漢), ⓚ(河東 猗氏人), ⓛ(寒門), ⓜ( ), ⓝ( ), ⓞ( ), ⓟ("太祖置學
東館 敎諸將子弟 以深博士"), ⓠ( ), ⓡ( ), ⓢ("〈于謹〉令在館敎授子孫 … 謹拜
司空 以深爲諮議". 于謹의 屬僚. 儒學者).

〈34〉 ⓐ(李虎), ⓑ(大野), ⓒ(550~554), ⓓ( ), ⓔ("〈大統〉十四年〈548〉拜太尉 遷右
軍大都督 柱國大將軍 少師公. 十六年〈550〉爲柱國之一"), ⓕ(柱國大將軍), ⓖ
( ), ⓗ( ), ⓘ(『西魏書』卷18,『新唐書』卷1), ⓙ(胡化漢人), ⓚ(隴西 成紀人, 隴
西 狄道人), ⓛ( ), ⓜ( ), ⓝ( ), ⓞ( ), ⓟ("與周文帝及太保李弼 大司馬獨孤信
等以功參佐命 當時稱爲'八柱國家'"), ⓠ(鄭樵의『通志』卷29 氏族略5, 大野氏
條에 "後魏末 靑州刺史 大野拔, 都督大野況, 周書閻慶賜姓大野氏, 後魏龍驤將
軍謝懿 賜姓大野氏"), ⓡ( ), ⓢ(554 사망).

〈35〉 ⓐ(薛端), ⓑ(宇文), ⓒ(550~556), ⓓ( ), ⓔ(車騎大將軍 → 尙書左丞), ⓕ(吏部
尙書), ⓖ("雅有人倫之鑒 其所擢用 咸得其才"), ⓗ("六官建 拜軍司馬 加侍中 驃
騎大將軍 開府儀同三司 進爵爲侯"), ⓘ(周35), ⓙ(漢), ⓚ(河東 汾陰人), ⓛ(代爲
河東著姓), ⓜ( ), ⓝ( ), ⓞ( ), ⓟ( ), ⓠ(同族인 薛善도 宇文氏), ⓡ("天下擾亂

棄官歸鄕里 … 端與宗親及家僮據楊氏壁"), ⓢ("本名 沙陀 … 端性彊直 每有奏請 不避權貴. 太祖嘉之 故賜名端 欲令名質相副").

〈36〉 ⓐ(令狐整), ⓑ(宇文), ⓒ(550~556), ⓓ( ), ⓔ(使持節 車騎大將軍 儀同三司 散騎尙侍), ⓕ(驃騎大將軍 開府儀同三司, 加侍中), ⓖ( ), ⓗ(驃騎大將軍 開府儀同三司, 加侍中), ⓘ(周36, 北67), ⓙ(漢), ⓚ(燉煌人), ⓛ(世爲西土冠冕), ⓜ("'卿勳同婁.項, 義等骨肉 立身敦雅 可以範人'"), ⓝ( ), ⓞ( ), ⓟ("大統末 (父)卒於家 太祖傷悼之"), ⓠ(宗人二百餘戶 竝列屬籍), ⓡ("率鄕親二千餘人入朝 隨軍征討"), ⓢ(本名'延'-賜名'整').

〈37〉 ⓐ(趙肅), ⓑ(乙弗), ⓒ(551), ⓓ( ), ⓔ(541 都督. 550 征東將軍), ⓕ(551 車騎大將軍 儀同三司 散騎常侍), ⓖ( ), ⓗ(車騎大將軍 儀同三司 散騎常侍), ⓘ(周37, 北70), ⓙ(漢), ⓚ("河南洛陽人也. 世居河西"), ⓛ( ), ⓜ("廉愼自居 不營產業 時人以此稱之"), ⓝ( ), ⓞ(本貫이 다른 天水 南安人인 趙貴도 乙弗氏로 賜姓), ⓟ("太祖命撰定法律"), ⓠ( ), ⓡ("率宗人爲鄕導", "領所部義徒"), ⓢ( ).

〈38〉 ⓐ(崔猷), ⓑ(宇文), ⓒ(551), ⓓ( ), ⓔ(546 除大都督 驃騎將軍 淅州刺史 加車騎大將軍 儀同三司), ⓕ(進侍中 驃騎大將軍 開府儀同三司 本州大中正), ⓖ( ), ⓗ(都督梁利等十二州白馬儻城二防諸軍事 梁州刺史), ⓘ(周35, 北32), ⓙ(漢), ⓚ(博陵 安平人), ⓛ(漢族名門), ⓜ( ), ⓝ( ), ⓞ( ), ⓟ('從軍典文翰'), ⓠ(형인 勉의 사성 기사가 없음), ⓡ( ), ⓢ(崔謙과 崔說 형제는 따로 宇文氏로 사성, 이들과 崔猷도 6촌임)

〈39〉 ⓐ(裴寬), ⓑ(拓跋), ⓒ(551?), ⓓ( ), ⓔ(551使持節 車騎大將軍 儀同三司 散騎常侍), ⓕ( ), ⓖ( ), ⓗ(周使持節驃騎大將軍 開府儀同三司 沔州刺史 夏陽縣公), ⓘ(『大唐故潞州襄垣縣全裴君墓誌銘』), ⓙ(漢), ⓚ(河東 聞喜人), ⓛ(士族), ⓜ( ), ⓝ( ), ⓞ( ), ⓟ( ), ⓠ( ), ⓡ( ), ⓢ(周34 裴寬傳에는 賜姓 기사 없음).

〈40〉 ⓐ(李弼), ⓑ(徒何), ⓒ(552), ⓓ( ), ⓔ(535 儀同三司. 535~537 驃騎大將軍 開府儀同三司. 548 柱國大將軍), ⓕ( ), ⓖ(六官建 拜太傅 大司徒), ⓗ(太師), ⓘ(周15, 北60), ⓙ(胡化漢人), ⓚ(遼東 襄平人.隴西 成紀人), ⓛ( ), ⓜ( ), ⓝ( ), ⓞ(本姓이 屠何 따라서 復姓인 듯함), ⓟ(侯莫陳悅 토벌에 큰 공), ⓠ(隋 李密은 그의 曾孫), ⓡ( ), ⓢ("及晉公護執政 朝之大事 皆與于謹及弼等參議").

〈41〉 ⓐ(崔說), ⓑ(宇文), ⓒ(552?), ⓓ( ), ⓔ(累遷帥都督 撫軍將軍 通直散騎常侍 大都督 車騎大將軍 儀同三司 都官尙書 定州大中正), ⓕ( ), ⓖ( ), ⓗ(驃騎大將軍 開府儀同三司 加侍中), ⓘ(周35, 北32, 庾13), ⓙ(漢), ⓚ(博陵 安平人), ⓛ(士族),

ⓜ(「漢王改婁敬之族 事重論都 魏后變鄭昱之名 恩深捧日」), ⓝ( ), ⓞ( ), ⓟ(弘農과 沙苑戰時 從軍), ⓠ(崔謙의 弟), ⓡ( ), ⓢ(本名 士約. "幷賜名說焉").

〈42〉 ⓐ(李彦), ⓑ(宇文), ⓒ(552~555), ⓓ( ), ⓔ(552 尙書左丞), ⓕ(車騎大將軍 儀同三司), ⓖ(鄜州刺史), ⓗ(兵部尙書 加驃騎大將軍 開府儀同三司 仍兼著作), ⓘ(周37, 北70), ⓙ(漢), ⓚ(梁郡 下邑人), ⓛ(寒門), ⓜ( ), ⓝ( ), ⓞ( ), ⓟ( ), ⓠ( ), ⓡ( ), ⓢ(謙恭, 輕財重義 好施愛士).

〈43〉 ⓐ(鄭孝穆), ⓑ(宇文), ⓒ(552~556), ⓓ( ), ⓔ(549 車騎大將軍 儀同三司 加散騎常侍 → 550 大丞相府右長史), ⓕ(中書令), ⓖ( ), ⓗ(中書令), ⓘ(周35), ⓙ(漢), ⓚ(滎陽 開封人), ⓛ(士族), ⓜ( ), ⓝ( ), ⓞ( ), ⓟ( ), ⓠ("(子)譯 於隋文帝 有翊贊功" '宇文譯'으로 지칭), ⓡ( ), ⓢ('聘使'. 人物鑑識力. "引接關東歸附人士, 幷品藻才行而任用之").

〈44〉 ⓐ(辛徽), ⓑ(宇文), ⓒ(553), ⓓ( ), ⓔ(550 尙書右僕射 加侍中 驃騎大將軍 開府儀同三司), ⓕ(進爵爲公 正右僕射), ⓖ( ), ⓗ( ), ⓘ(周37, 北69), ⓙ(漢), ⓚ(魏郡), ⓛ(寒人), ⓜ( ), ⓝ( ), ⓞ( ), ⓟ(宇文泰 夏州刺史時 記室參軍 兼府主簿 그후 大行臺郎中 등으로 文筆 담당), ⓠ( ), ⓡ( ), ⓢ(증조 때에 남조 宋에 사환 이후 徽 母喪 이후 北魏로 귀부).

〈45〉 ⓐ(張軌), ⓑ(宇文), ⓒ(553), ⓓ( ), ⓔ(552 車騎大將軍 儀同三司 散騎常侍), ⓕ(行南秦州事), ⓖ( ), ⓗ(555 度支尙書. 隴右府長史), ⓘ(周37, 北70), ⓙ(漢), ⓚ(濟北 臨邑人), ⓛ(寒人), ⓜ( ), ⓝ( ), ⓞ( ), ⓟ(宇文泰의 都督-行臺郎中-丞相府從事中郎), ⓠ( ), ⓡ( ), ⓢ( ).

〈46〉 ⓐ(蕭彪), ⓑ(宇文), ⓒ(553), ⓓ( ), ⓔ( ), ⓕ( ), ⓖ( ), ⓗ(周靑州刺史齊貞公), ⓘ(「後周靑州刺史齊貞公宇文公神道碑」), ⓙ(漢), ⓚ(蘭陵人), ⓛ(士族), ⓜ( ), ⓝ( ), ⓞ( ), ⓟ( ), ⓠ( ), ⓡ( ), ⓢ(南齊 蕭道成 6代孫).

〈47〉 ⓐ(柳敏), ⓑ(宇文), ⓒ(553~554), ⓓ( ), ⓔ(丞相府參軍事 → 帥都督 → 大都督 → 驃騎大將軍 開府儀同三司 加侍中), ⓕ(尙書), ⓖ( ), ⓗ(六官建 拜禮部中大夫), ⓘ(周32, 北67), ⓙ( ), ⓚ(河東 解縣人), ⓛ(士族), ⓜ(尉遲逈의 蜀 정벌에 行軍司馬로 참여, 平益州), ⓝ( ), ⓞ( ), ⓟ( ), ⓠ(子 昂, '宇文昂'으로 지칭), ⓡ("加帥都督 領本鄕兵"), ⓢ("涉獵經史 陰陽卜筮之術". 蘇綽 등과 新制 수찬에 참여해 朝廷政典을 만듦).

〈48〉 ⓐ(王康), ⓑ(拓王), ⓒ(553~560), ⓓ( ), ⓔ(550 使持節 大都督), ⓕ(使持節 大都督), ⓖ(鄜州刺史), ⓗ(鄜州刺史), ⓘ(北62 王思政傳 附 子 康傳), ⓙ(漢), ⓚ

(太原 祁人), ⓘ(士族), ⓜ( ), ⓝ( ), ⓞ( ), ⓟ(康 … 後爲周文親信), ⓠ(『廣韻』
卷19 鐸에서 "『周書』에 王秉, 王興 등이 拓王을 사성되었다"고 하나 『周書』에
는 그런 기사가 없음), ⓡ( ), ⓢ(本名은 王秉, 唐 高祖 李淵의 부 李昺의 避諱.
'王盟'項을 참조. 王興은 그의 子).

〈49〉 ⓐ(楊忠), ⓑ(普六如〈茹〉), ⓒ(554), ⓓ( ), ⓔ(543 除大都督 進車騎大將軍 儀同
三司 散騎常侍 → 都督朔燕顯蔚四州諸軍事 朔州刺史 加侍中 驃騎大將軍 開府
儀同三司), ⓕ(行同州事), ⓖ(及于謹伐江陵 忠爲前軍), ⓗ(大將軍), ⓘ(周19), ⓙ
(胡化漢人), ⓚ(弘農 華陰人 → 武川), ⓛ( ), ⓜ( ), ⓝ( ), ⓞ( ), ⓟ(537 이후
宇文泰帳下), ⓠ(『隋書』卷1 高祖紀上에서 楊堅을 "普六茹堅相貌非常" 운운),
ⓡ( ), ⓢ(隋 文帝 楊堅의 父. 楊尙希와 비교 요).

〈50〉 ⓐ(韋孝寬), ⓑ(宇文), ⓒ(554), ⓓ( ), ⓔ(539 大都督 → 驃騎大將軍 開府儀同三
司 → 大將軍), ⓕ(尙書右僕射), ⓖ( ), ⓗ(大將軍), ⓘ(周31, 北64), ⓙ(漢), ⓚ(京
兆杜陵人), ⓛ(世爲三輔著姓), ⓜ(于謹과 江陵 정벌), ⓝ( ), ⓞ( ), ⓟ(關中에 蕭
寶夤亂 鎭壓에 功), ⓠ( ), ⓡ( ), ⓢ( ).

〈51〉 ⓐ(王雄), ⓑ(可〈叱〉頻), ⓒ(554), ⓓ( ), ⓔ(534 都督 → 535 驃騎將軍 → 大都
督 → 開府儀同三司 加侍中 → 大將軍 行同州事), ⓕ( ), ⓖ( ), ⓗ(大將軍), ⓘ
(周19, 北60, 『通志』卷29 氏族略5 可叱氏條), ⓙ(胡), ⓚ(代郡 → 太原人), ⓛ
( ), ⓜ( ), ⓝ( ), ⓞ( ), ⓟ(賀拔岳 入關時 征西將軍), ⓠ( ), ⓡ( ), ⓢ(자가 胡
布頭이므로 太原 王氏로 冒稱한 胡族인 듯함).

〈52〉 ⓐ(王勇), ⓑ(庫汗), ⓒ(554~556), ⓓ( ), ⓔ(547 大都督 → 車騎大將軍 儀同三
司 → 549 侍中 驃騎大將軍 開府儀同三司), ⓕ( ), ⓖ( ), ⓗ(六官建 拜稍伯中大
夫), ⓘ(周29, 北66), ⓙ(胡化漢人), ⓚ(代武川人), ⓛ( ), ⓜ( ), ⓝ( ), ⓞ( ), ⓟ
(宇文泰 丞相時 帳內直盪都督), ⓠ( ), ⓡ( ), ⓢ("本名胡仁 … 邙山之戰 大軍不
利 唯勇及王文達 耿令貴三人力戰 皆有殊功 … 仍賜勇名勇, 令貴名豪 文達名桀
以彰其功." 즉 王勇 耿豪 王桀 등 3명이 함께 賜名됨. 즉 賜名도 "以彰其功").

〈53〉 ⓐ(李穆), ⓑ(拓拔), ⓒ(554~556), ⓓ( ), ⓔ(大都督 車騎大將軍 儀同三司 → 驃
騎大將軍 開府儀同三司 侍中 → 546 同州刺史), ⓕ(大將軍), ⓖ(原州刺史), ⓗ
(小冢宰), ⓘ(周30, 北59), ⓙ(胡化漢人), ⓚ(隴西 成紀人 → 高平), ⓛ( ), ⓜ(征
江陵功), ⓝ( ), ⓞ( ), ⓟ("太祖入關 便給事左右 深被親遇"), ⓠ(兄인 賢, 遠의
賜姓기사 正史에는 無. 그러나 庚15에 拓跋遠,「隋故左屯衛大將軍左光祿大夫
姚恭公墓誌銘」에 賢의 자 崇을 拓跋崇이라 쓰고 있다. 李賢의 妻 吳氏를 宇文

氏를 사성하고 姪女로 삼은 것), ⓡ('賢又率鄕人', '賢復率鄕人' 이상 周25 李賢傳; "〈勅勒酋 胡琛의 亂時〉遠昆季率勵鄕人 欲圖拒守", 同, 李遠傳), ⓢ(北66 耿豪傳에 "〈耿〉豪曰'人言李穆 蔡祐是 丞相髀髀, 耿豪 王勇 丞相咽項").

⟨54⟩ ⓐ(楊紹), ⓑ(叱利, 혹은 叱呂引), ⓒ(554~556), ⓓ( ), ⓔ(加帥都督 驃騎 常侍 朔州大中正 → 燕州刺史 → 大都督 車騎大將軍 儀同三司), ⓕ(進驃騎大將軍 開府儀同三司 除衡州刺史), ⓖ( ), ⓗ(衡州刺史), ⓘ(周29, 北68, 隋43), ⓙ(漢), ⓚ(弘農 華陰人), ⓛ(士族), ⓜ( ), ⓝ( ), ⓞ( ), ⓟ( ), ⓠ(같은 弘農 楊氏인 楊忠 楊尙希는 普六茹氏로 사성된 것과 차이 있음), ⓡ( ), ⓢ( ).

⟨55⟩ ⓐ(裴文擧), ⓑ(賀蘭), ⓒ(555), ⓓ( ), ⓔ(威烈將軍 著作郎 中外府參軍事), ⓕ( ), ⓖ( ), ⓗ(威烈將軍 著作郎 中外府參軍事), ⓘ(周37), ⓙ(漢), ⓚ(河東 聞喜人), ⓛ(士族), ⓜ( ), ⓝ( ), ⓞ( ), ⓟ(宇文泰 諸子의 賓友), ⓠ( ), ⓡ( ), ⓢ(涉獵經史).

⟨56⟩ ⓐ(韋瑱), ⓑ(宇文), ⓒ(555), ⓓ( ), ⓔ(大都督 通直散騎常侍 行京兆郡事), ⓕ(車騎大將軍 儀同三司 散騎常侍), ⓖ(556 瓜州諸軍事 瓜州刺史), ⓗ(瓜州諸軍事 瓜州刺史), ⓘ(周39, 北64), ⓙ(漢), ⓚ(京兆 杜陵人), ⓛ(世爲三輔著姓), ⓜ( ), ⓝ( ), ⓞ( ), ⓟ(宇文泰 丞相時 前將軍 太中大夫 → 行臺左丞.), ⓠ( ), ⓡ("以望族 兼領鄕兵 加帥都督"), ⓢ(韋孝寬과 비교).

⟨57⟩ ⓐ(陳忻), ⓑ(尉遲), ⓒ(555), ⓓ( ), ⓔ(547 帥都督 → 549 宜陽郡守 加大都督 撫軍將軍 → 550 車騎大將軍 開府儀同三司 散騎常侍 → 555 驃騎大將軍 開府儀同三司 加侍中), ⓕ(宜陽邑大中正), ⓖ( ), ⓗ(宜陽邑大中正), ⓘ(周43, 北66), ⓙ(漢), ⓚ(宜陽人), ⓛ(寒門), ⓜ( ), ⓝ( ), ⓞ( ), ⓟ("總兵境上三十餘載 每有禦扞"), ⓠ( ), ⓡ("招集勇敢數十人. 率義徒. 散財惠施 得士衆心". 경력상 鄕里인 宜陽과 깊은 관계), ⓢ(尉遲氏로 유일하게 사성됨).

⟨58⟩ ⓐ(叱羅協), ⓑ(宇文), ⓒ(556), ⓓ( ), ⓔ(543 都督 → 大都督 儀同三司 → 552 南岐州刺史), ⓕ( ), ⓖ( ), ⓗ( ), ⓘ(周11 晋蕩公 護傳附. 『文苑英華』963, "周 長孫瑕夫人羅氏墓誌"), ⓙ(外族人? 新羅人?), ⓚ( ), ⓛ( ), ⓜ(伐蜀의 功), ⓝ( ), ⓞ( ), ⓟ(원래 寶泰의 監軍. 大丞相府東閤將軍), ⓠ( ), ⓡ( ), ⓢ("冀得婚 連帝室 乃求復舊姓叱羅氏. 護爲奏請 高祖許之").

⟨59⟩ ⓐ(寇儁), ⓑ(若口引), ⓒ(556), ⓓ( ), ⓔ(536 東魏 洛州刺史 → 539 入關 秘書監 → 551 車騎大將軍 儀同三司 加散騎尙侍), ⓕ(車騎大將軍 儀同三司 加散騎尙侍), ⓖ( ), ⓗ(車騎大將軍 儀同三司 加散騎尙侍), ⓘ(周37, 北27), ⓙ(漢), ⓚ

(上谷 昌平人), ⓛ(士族), ⓜ( ), ⓝ( ), ⓞ( ), ⓟ( ), ⓠ( ), ⓡ(539 將家及親屬 四百餘口入關), ⓢ("時軍國草創 … 招集經史").

〈60〉 ⓐ(柳慶), ⓑ(宇文), ⓒ(557), ⓓ( ), ⓔ(魏 孝武帝의 散騎侍郎 → 西遷을 建議 → 大行臺郎中 → 550 大行臺右丞 → 553 車騎大將軍 儀同三司 → 魏 恭帝初 進位驃騎大將軍 開府儀同三司 尙書右僕射 遷左僕射 領著作 六官建 拜司會中 大夫), ⓕ(司會中大夫), ⓖ( ), ⓗ(司會中大夫), ⓘ(周22, 北64), ⓙ(漢), ⓚ(解人), ⓛ(士族), ⓜ( ), ⓝ( ), ⓞ( ), ⓟ("太祖每發號令 常使慶宣之 … 太祖亦以此深 委仗焉"), ⓠ( ), ⓡ( ), ⓢ( ).

〈61〉 ⓐ(王悅), ⓑ(宇文), ⓒ(557), ⓓ( ), ⓔ(使持節 驃騎大將軍 開府儀同三司 大都 督 司水中大夫 進爵藍田縣侯), ⓕ(司憲中大夫), ⓖ( ), ⓗ(司憲中大夫), ⓘ(周33, 北69), ⓙ(漢), ⓚ(京兆 藍田人), ⓛ(士族), ⓜ( ), ⓝ( ), ⓞ( ), ⓟ("太祖初定關隴 悅率募鄕里從軍 屢有戰功"), ⓠ( ), ⓡ(率募鄕里從軍 屢有戰功), ⓢ( ).

〈62〉 ⓐ(韓雄), ⓑ(宇文), ⓒ(557), ⓓ( ), ⓔ(車騎大將軍 儀同三司 大都督 散騎常侍), ⓕ(驃騎大將軍 開府儀同三司 侍中 河南邑中正), ⓖ( ), ⓗ(驃騎大將軍 開府儀 同三司 侍中 河南邑中正), ⓘ(周43, 北68), ⓙ(漢), ⓚ(河南 東垣人), ⓛ(寒門), ⓜ( ), ⓝ( ), ⓞ( ), ⓟ( ), ⓠ( ), ⓡ("〈太祖〉遣雄還鄕里 更圖進取 雄乃招集義 衆"), ⓢ( ).

〈63〉 ⓐ(趙昶), ⓑ(宇文), ⓒ(557), ⓓ( ), ⓔ( ), ⓕ(554 驃騎大將軍 開府儀同三司), ⓖ( ), ⓗ(驃騎大將軍 開府儀同三司), ⓘ(周33, 北69), ⓙ(漢), ⓚ(天水 南安人 → 代), ⓛ(寒門), ⓜ("世宗錄前後功"), ⓝ( ), ⓞ( ), ⓟ(537 相府典籤), ⓠ( ), ⓡ( ), ⓢ( ).

〈64〉 ⓐ(張羨), ⓑ(叱羅), ⓒ(?~556), ⓓ( ), ⓔ(銀靑光祿大夫), ⓕ(從事中郎), ⓖ( ), ⓗ( ), ⓘ(北74, 隋46), ⓙ(漢), ⓚ(河間 鄭邑人), ⓛ(寒門), ⓜ( ), ⓝ( ), ⓞ( ), ⓟ( ), ⓠ( ), ⓡ( ), ⓢ( ).

〈65〉 ⓐ(劉志), ⓑ(宇文), ⓒ(557~558), ⓓ( ), ⓔ(大丞相府墨曹參軍 → 大都督 → 宜 州刺史府幕府司錄), ⓕ(右金紫光祿大夫 車騎大將軍 儀同三司), ⓖ( ), ⓗ( ), ⓘ (周36 裴果傳 附), ⓙ(漢), ⓚ(弘農 華陰人 → 汝 穎으로 徙居), ⓛ(寒門), ⓜ( ), ⓝ( ), ⓞ( ), ⓟ(大丞相府墨曹參軍), ⓠ( ), ⓡ("糾合義徒"), ⓢ(本名 思, 太祖嘉 之 嘗謂之曰: '卿之所爲 每會吾志 於是遂賜名志焉').

〈66〉 ⓐ(高賓), ⓑ(獨孤), ⓒ(557~558), ⓓ( ), ⓔ(東魏에 사환 → 540 西魏로 귀속), ⓕ(使持節 車騎大將軍 儀同三司 散騎常侍), ⓖ( ), ⓗ(使持節 車騎大將軍 儀同

三司 散騎常侍), ⓘ(周37裴文擧傳 附, 北72, 隋41), ⓙ(漢, 高句麗人?), ⓚ(渤海修人), ⓛ( ), ⓜ(及〈獨孤〉信被誅 妻子徙蜀. 文獻皇后以賓父之故吏 每往來其家), ⓝ( ), ⓞ( ), ⓟ( ), ⓠ( ), ⓡ( ), ⓢ(隋 高熲의 父).

〈67〉 ⓐ(寇和), ⓑ(若口引), ⓒ(558), ⓓ( ), ⓔ( ), ⓕ( ), ⓖ( ), ⓗ( ), ⓘ(周15, 北56), ⓙ(胡化漢人), ⓚ(上谷昌平人 → 武川), ⓛ( ), ⓜ(錄勳舊 以〈父 寇洛〉洛配享太祖廟庭), ⓝ( ), ⓞ( ), ⓟ( ), ⓠ(父 寇洛은 賀拔岳 死後 趙貴 등과 宇文泰迎入 謀主로), ⓡ("〈寇洛〉率鄕親避地","洛餘之鄕里 乃募從入關"), ⓢ(참조'寇儁'項).

〈68〉 ⓐ(高琳), ⓑ(羽進), ⓒ(535~581, 西魏·北周), ⓓ( ), ⓔ( ), ⓕ( ), ⓖ( ), ⓗ( ), ⓘ(周29), ⓙ(高句麗人), ⓚ( ), ⓛ( ), ⓜ( ), ⓝ( ), ⓞ( ), ⓟ( ), ⓠ( ), ⓡ( ), ⓢ( ).

〈69〉 ⓐ(竇熾), ⓑ(紇豆陵), ⓒ(535~581, 西魏·北周), ⓓ( ), ⓔ( ), ⓕ( ), ⓖ( ), ⓗ( ), ⓘ(周30), ⓙ( ), ⓚ(扶風平陵人), ⓛ( ), ⓜ( ), ⓝ( ), ⓞ( ), ⓟ( ), ⓠ( ), ⓡ( ), ⓢ(庚16「周趙國夫人紇豆陵氏墓誌銘」은 趙國公 宇文招의 妻이며 竇熾의 女의 墓誌銘.『隋書』卷69 王劭傳의 "周武帝時 … 亳州刺史紇豆陵恭"의 恭은 竇熾의 子, 同 卷42 李德林傳의 "神武公紇豆陵毅"은 두치의 조카, 同 卷65 吐萬緖傳의 "西河公紇豆陵洪景屯兵江北"의 洪景도 친족인 듯함).

〈70〉 ⓐ(呂建崇), ⓑ(宇文), ⓒ(574), ⓓ( ), ⓔ( ), ⓕ( ), ⓖ( ), ⓗ( ), ⓘ(『建崇寺造相記』,『隴右金石錄』1), ⓙ(胡-氏), ⓚ(秦州), ⓛ( ), ⓜ( ), ⓝ( ), ⓞ( ), ⓟ( ), ⓠ( ), ⓡ( ), ⓢ( ).

〈71〉 ⓐ(王僧脩), ⓑ(烏丸), ⓒ(557~581, 北周), ⓓ( ), ⓔ( ), ⓕ( ), ⓖ( ), ⓗ(溫州刺史), ⓘ(『金石錄校證』卷22「後周溫州刺史烏丸僧脩墓誌」), ⓙ(漢), ⓚ( ), ⓛ(士族), ⓜ( ), ⓝ( ), ⓞ( ), ⓟ( ), ⓠ( ), ⓡ( ), ⓢ(梁 南城侯 神念의 子이며 太尉僧辯의 弟. "僧脩歸周 賜姓烏丸". 唐初의 王珪는 그 후손.『辨正論』十代奉佛篇에 "周開府威遠將軍王靜供養烏丸氏"라 하니 王靜도 烏丸氏를 사용했고, 北62 尉遲逈傳, p.2212에 나오는 "上開府莒州刺史烏丸尼"도 賜姓인 듯함).

〈72〉 ⓐ(陰崇), ⓑ(邱目陵), ⓒ(557~581, 北周), ⓓ( ), ⓔ( ), ⓕ( ), ⓖ( ), ⓗ(周光祿大夫), ⓘ(『元和姓纂』(光緖6年 金陵書局校刊本) 卷5「陰」條 39쪽 앞), ⓙ(漢), ⓚ(武威), ⓛ(寒門), ⓜ( ), ⓝ( ), ⓞ( ), ⓟ( ), ⓠ( ), ⓡ( ), ⓢ(孫인 壽는 隋 幽州總管 趙國公〈『隋書』卷39〉).

〈73〉 ⓐ(鄭譯), ⓑ(宇文), ⓒ(578), ⓓ( ), ⓔ( ), ⓕ( ), ⓖ( ), ⓗ( ), ⓘ(『廣弘明集』

卷10「敘任道林辨周武帝除佛法詔」), ⓘ(漢), ⓚ(滎陽 開封人), ⓛ(士族), ⓜ( ),
ⓝ( ), ⓞ( ), ⓟ( ), ⓠ( ), ⓡ( ), ⓢ(鄭孝穆의 子).

〈74〉 ⓐ(箝耳通同), ⓑ(大理稽〈逡〉), ⓒ(?), ⓓ( ), ⓔ( ), ⓕ( ), ⓖ( ), ⓗ(周南兗州刺
史), ⓘ(『元和姓纂』卷5, 44쪽 뒤-45쪽 앞), ⓙ( ), ⓚ(馮翊), ⓛ( ), ⓜ( ), ⓝ
( ), ⓞ( ), ⓟ( ), ⓠ( ), ⓡ( ), ⓢ( ).

〈75〉 ⓐ(郭衍), ⓑ(叱羅), ⓒ(?), ⓓ( ), ⓔ( ), ⓕ( ), ⓖ( ), ⓗ( ), ⓘ(北74, 隋46), ⓙ
( ), ⓚ(自云太原介林人), ⓛ( ), ⓜ( ), ⓝ( ), ⓞ( ), ⓟ( ), ⓠ( ), ⓡ( ), ⓢ( ).

〈76〉 ⓐ(豆盧寧), ⓑ(慕容), ⓒ( ), ⓓ( ), ⓔ( ), ⓕ( ), ⓖ( ), ⓗ(保定 2年(562) 柱國
大將軍 涪陵郡公), ⓘ(庾14, 周19), ⓙ(胡-慕容), ⓚ(昌黎 徒何人), ⓛ( ), ⓜ( ),
ⓝ( ), ⓞ( ), ⓟ( ), ⓠ( ), ⓡ( ), ⓢ(其先本姓慕容氏 前燕之支庶로서 北魏 때
豆盧로 賜姓되었다가 西魏 때 다시 慕容氏로 賜姓된 듯함. 北周의 佐命功臣인
豆盧永恩은 그의 동생).

〈77〉 ⓐ(裴鴻), ⓑ(宇文), ⓒ(?), ⓓ( ), ⓔ(大丞相府功曹參軍事 加持節帥都督 中軍將
軍), ⓕ( ), ⓖ( ), ⓗ( ), ⓘ(『全後周文』,『金石萃編』卷37), ⓙ(漢), ⓚ(河東聞喜
人), ⓛ(士族), ⓜ("實有□幹之才 非亡爪牙之任 勳□之巨寔簡帝心"), ⓝ( ), ⓞ
( ), ⓟ( ), ⓠ( ), ⓡ( ), ⓢ( ).

〈78〉 ⓐ(楊敷), ⓑ(越勒), ⓒ(?), ⓓ( ), ⓔ( ), ⓕ( ), ⓖ( ), ⓗ( ), ⓘ(『古今姓氏書辨
證』1310 陽上 楊氏條.『新唐書』, 宰相世系表), ⓙ(漢), ⓚ(弘農 華陰), ⓛ(士族),
ⓜ( ), ⓝ( ), ⓞ( ), ⓟ( ), ⓠ( ), ⓡ( ), ⓢ( ).

〈79〉 ⓐ(楊尙希), ⓑ(普六茹), ⓒ(?), ⓓ( ), ⓔ( ), ⓕ( ), ⓖ( ), ⓗ( ), ⓘ(周75, 隋46),
ⓙ(胡化漢人), ⓚ(弘農人), ⓛ( ), ⓜ( ), ⓝ( ), ⓞ( ), ⓟ( ), ⓠ( ), ⓡ( ), ⓢ
("高祖以尙希宗室之望 … 待之甚厚").

〈80〉 ⓐ(王軌), ⓑ(烏丸), ⓒ(?), ⓓ( ), ⓔ( ), ⓕ( ), ⓖ( ), ⓗ( ), ⓘ( ), ⓙ(漢), ⓚ(太
原 祁人), ⓛ(世爲州郡冠族), ⓜ( ), ⓝ( ), ⓞ( ), ⓟ( ), ⓠ( ), ⓡ( ), ⓢ(太原
王氏로 冒稱 ?).

〈81〉 ⓐ(于寔), ⓑ(万紐于), ⓒ(?), ⓓ( ), ⓔ( ), ⓕ( ), ⓖ( ), ⓗ(勳州刺史 燕壽郡開國
公), ⓘ(『金石錄校證』卷22 "後周延壽公碑頌"), ⓙ(胡), ⓚ( ), ⓛ( ), ⓜ( ), ⓝ
( ), ⓞ( ), ⓟ( ), ⓠ( ), ⓡ( ), ⓢ(于謹의 子).

〈82〉 ⓐ(陸逞), ⓑ(步六孤), ⓒ(?), ⓓ( ), ⓔ( ), ⓕ( ), ⓖ( ), ⓗ( ), ⓘ(庾13), ⓙ(漢),
ⓚ( ), ⓛ(士族), ⓜ("太祖初封函谷 始合諸侯 以公辭令 參謀機密 故得戎政克宣

師言無漏"), ⓝ( ), ⓞ( ), ⓟ( ), ⓠ(兄인 陸通도 같은 步六孤), ⓡ( ), ⓢ( ).

⟨83⟩ ⓐ(李賢의 妻 吳氏), ⓑ(宇文), ⓒ(?), ⓓ( ), ⓔ( ), ⓕ( ), ⓖ( ), ⓗ(長城郡君), ⓘ(周25 李賢傳,『文物』1985-11), ⓙ(漢), ⓚ(高平-渤海), ⓛ(士族), ⓜ("高祖及 齊王憲在襁褓也, 以避忌 不利居宮中. 太祖令賢家處之 六載乃還宮. 因賜賢妻吳 姓宇文氏 養爲姪女 賜與甚厚"), ⓝ( ), ⓞ( ), ⓟ( ), ⓠ( ), ⓡ( ), ⓢ( ).

⟨84⟩ ⓐ(張慈), ⓑ(賀婁), ⓒ(?), ⓓ( ), ⓔ( ), ⓕ( ), ⓖ( ), ⓗ( ), ⓘ(庚14), ⓙ(胡化漢 人), ⓚ(淸河 東武城人), ⓛ( ), ⓜ( ), ⓝ( ), ⓞ( ), ⓟ( ), ⓠ( ), ⓡ( ), ⓢ( ).

⟨85⟩ ⓐ(鄭常), ⓑ(宇文), ⓒ(?), ⓓ( ), ⓔ(使持節 車騎大將軍 儀同三司), ⓕ( ), ⓖ( ), ⓗ( ), ⓘ(庚14), ⓙ(漢), ⓚ(豫州 滎陽人), ⓛ(士族), ⓜ( ), ⓝ( ), ⓞ( ), ⓟ( ), ⓠ( ), ⓡ( ), ⓢ( ).

⟨86⟩ ⓐ(周搖), ⓑ(車非), ⓒ(?), ⓓ( ), ⓔ( ), ⓕ(開府儀同三司), ⓖ( ), ⓗ( ), ⓘ(北73, 隋55), ⓙ(胡), ⓚ(代郡 → 河南 洛陽人), ⓛ( ), ⓜ( ), ⓝ( ), ⓞ( ), ⓟ( ), ⓠ ( ), ⓡ( ), ⓢ("其先與魏同源 初姓普乃 及居洛陽 改爲周氏").

〈西魏-北周 以外 사례〉

⟨1⟩ ⓐ(謝懿), ⓑ(大野), ⓒ(471~498 北魏 孝文帝時期), ⓓ( ), ⓔ( ), ⓕ( ), ⓖ( ), ⓗ (後魏龍驤將軍), ⓘ(『通志』卷29 氏族略5 大野氏條,『古今姓氏書辯證』卷31), ⓙ ( ), ⓚ( ), ⓛ( ), ⓜ( ), ⓝ( ), ⓞ( ), ⓟ( ), ⓠ( ), ⓡ( ), ⓢ("後魏龍驤將軍謝懿 賜姓大野氏").

⟨2⟩ ⓐ(北齊 孝昭皇后 元氏), ⓑ(步六孤), ⓒ(天保末), ⓓ( ), ⓔ( ), ⓕ( ), ⓖ( ), ⓗ ( ), ⓘ(『北齊書』卷9), ⓙ(胡), ⓚ( ), ⓛ(北魏 皇室), ⓜ( ), ⓝ( ), ⓞ( ), ⓟ( ), ⓠ(北魏 道武七王 京兆王 黎의 5代 孫女), ⓡ( ), ⓢ(北齊에서의 賜姓임. 西魏·北 周에서 步六孤로 賜姓된 자는 陸通과 陸卭이 있음).

제 6 장

서위-북주시대 『주례』 관제 채용의 경과와 그 의미

I. 머리말

서위-북주시대는 동쪽으로 동위-북제, 남쪽으로는 양-진 등 세 세력이 정족(鼎足)을 이루는, 이른바 '후삼국시대'였다고 할 수 있다. 혹자의 지적대로 서위-북주는 물질적·정신적인 면에서 두 적국에 미치지 못하는 불리한 조건에서 출발하였지만,[1] 577년 제1의 적대세력인 북제를 멸망시켜 화북을 통일하였고, 다시 선양혁명을 통해 북주를 계승한 수나라가 진을 멸망시킴으로써 400여 년간 지속된 분열시대를 마감하였다. 수의 통일 역량도 사실

---

1 陳寅恪, 『唐代政治史述論稿』, 上海: 上海古籍出版社, 1982, p.15, "宇文泰率領少數西遷之胡人及胡化漢族割據關隴一隅之地, 欲與財富兵强之山東高氏及神州正朔所在之江左蕭氏共成一鼎峙之局, 而其物質及精神二者力量之憑藉, 俱遠不如其東南二敵, 故必別覓一途經".

서위-북주체제에서 기인하고 있다고 한다면, 서위-북주가 취한 정책들을 검토하는 것은 그 왕조들이 가지는 통일 역량을 고찰하는 유효한 방법이 될 것이다.

서위-북주시대를 열었던 우문태가 취할 수 있는 정책 방향은 두 가지였다. 관롱(關隴: 秦隴)지구를 근간으로 하여 성립한 서위정권에서 스스로 일체의 군정대권을 장악하기 위해서도 먼저 군대조직을 개혁할 필요를 느꼈을 것이고, 다음으로 중앙정부를 개조하여 행정 효율과 통치 역량을 제고하는 것이 절실했을 것이다. 사실 서위가 성립할 당시 우문태를 중심으로 하는 이른바 관롱집단은 그 근간이 되었던 구(舊) 육진(六鎭: 北鎭)세력의 대다수를 동방의 고씨 측에 남겨둔 채 관중 지역으로 이동해 왔기 때문에 그들이 의지할 수 있는 주된 병력원은 이 지방의 지주 호족계급이 가지고 있던 무장역량이었다.[2] 이처럼 소수의 서천인사(西遷人士)들이 진롱 지역이 가진 모든 인적·물적 자원들을 개조함으로써 병원을 확보하고 그들을 원활하게 통솔하고 훈련시키기 위해 채용한 것이 '호성재행'정책이었다. 그 정책을 통해 탄생한 것이 부병제도라고 한다면, 중앙정부의 개조를 위해서 『주례』를 이용하여 복고적 색채의 외피를 걸치고 정부조직을 재정비한 것이 이른바 '육관제'이다.

이 장에서는 서위-북주시대 위정자들이 국가체제이념으로 『주례』를 채택한 이유와 그 채용 과정, 그리고 그 정책의 효능과 한계를 살피는 데 중점을 두었다. 『주례』를 채택한 것은 당연히 당면한 국가적 과제의 해결방법과도 관련이 있을 것이다. 뿐만 아니라 최고 권력지배자 혹은 특정 권력집단의 이해와도 관련이 있을 것으로 보인다. 그리고 그런 관련성도 각 시기에 따라 『주례』가 발휘할 수 있는 효능의 정도가 다를 것이기 때문에 시기에 따른 정책의 추이도 따져 볼 것이다.

---

2 邙山의 戰鬪에서의 패배 이후 이른바 "廣募關隴豪右, 以增軍旅"(『周書』卷2 文帝紀下, p.28) 의 조치를 통해 이 지역의 地主 豪族들이 옹유한 武裝 역량을 적극 이용하기 시작하였다.

Ⅱ. 서위-북주체제와 『주례』 육관제

1. 『주례』 채용의 과정

중국 역사상 『주례』에 의거한 복고적인 정치개혁의 시도는 여러 차례 있었다. 그 대표적인 것으로 왕망의 신, 서위-북주시대, 무측천의 주, 북송 신종 시기 왕안석의 신법개혁과 청 말의 태평천국운동 등을 들 수 있다.[3] 그중 서위-북주시대는 『주례』를 채용하여 복고정책을 실시한 역대 어느 시기보다 성공을 거두었다는 사가들의 평가를 받고 있다. 특히 진인각(陳寅恪)은 다른 조대는 비웃음을 들었지만 우문태의 『주례』 채용을 통한 관제 개혁만은 고금 사가들에 의해 칭찬 받고 있다고 하였다.[4] 뿐만 아니라 서위-북주시대의 『주례』 채용은 그 시대만의 성공에 그치지 않고 다음 왕조의 제도 형성에도 큰 영향을 미쳤던 것으로 평가된다.[5] 즉 당대의 관제 혹은 조용조, 그리고 부병제 등의 실시에도 영향을 끼쳤다는 것이다.[6] 특히 서위-북주에서 채용

---

3 이외에도 前漢의 三公(司徒 司馬 司空)의 官名이 바로 『周禮』 六官에서 유래하였고, 唐 玄宗이 敕撰한 『唐六典』이 의거한 것도 역시 『周禮』 六官이다. 王安石은 『周官新義』를 지어 『唐六典』의 職官編制를 이용하여 唐末 北宋시대의 使職에 의한 관직 혼란을 없애려 하였고, 明朝의 建文帝도 『周禮』를 참조해서 관제를 개혁하려 親信과 토론하였다. 또한 淸朝의 乾隆帝 欽定의 『歷代職官表』의 표에도 周代 부분을 『周禮』에 의거하였고, 太平天國軍은 淸朝의 官制를 '妖'라 칭하면서 『周禮』의 六官을 기본으로 하여 官制를 만들었다. 그러나 康有爲는 『新學僞經考』를 지어 王莽이 『周禮』를 위조함으로써 정체를 동요시켰다고 하였다[袁剛, 「漫談西魏北周依 『周禮』六官改革官制」, 『北朝研究』 1997-2(總26期), p.29].

4 陳寅恪은 "自西漢以來, 摹倣周禮建設制度, 則新莽·周文帝·宋神宗, 而略傅會其名號者則武則天, 四代而已. 四者之中三爲後人所譏笑, 獨宇文之制甚爲前代史家所稱道, 至今日論史者亦復如此"라 하였다(『隋唐制度淵源略論稿』, 上海: 上海古籍出版社, 1982, p.90).

5 朱熹도 "北周宇文泰, 及蘇綽, 有意復古, 官制頗詳, 如租庸調府兵之類, 皆是蘇綽之制, 故義門云: 唐之立法, 皆本蘇綽爾"[『困學紀聞』(臺北: 世界書局, 1974, 『翁注困學紀聞』本) 卷4 周禮 注 引 『朱子語類』, p.214]이라 하였다. 淸末의 李步靑은 王莽과 王安石은 失敗했으나 "其用之最善者, 惟北朝蘇尙書綽"이라고 그의 『周禮講義』 總說에서 주장하였다(宇野精一, 「周禮の實施について」, 『東方學報(東京)』 13-1, 1942, p.92에서 再引).

6 何喬新도 그의 『周禮集注』 自序에서 "唐太宗斟酌蘇綽之制, 以爲建官授田制軍詰禁之法, 而貞

된『주례』의 육관조직은 많은 변개(變改)를 거쳤지만 뒷날 당의 육전의 기본
으로 채용되고[7] 근세에 이르기까지 관제의 근본이었다. 뿐만 아니라 일본에
도 육전이 당령과 함께 크게 영향을 주었다는 평가가 있다.[8]

역사상 어떤 개혁이든 그 배경에는 복합적인 이유가 있기 마련이고, 그 이
유는 개혁의 추진 과정에서 드러나기 마련이다. 그런 면에서 먼저『주례』관
제의 채용 과정을 살펴보는 것이 순서일 것 같다. 관제는 법령에 의해 규정
되는 것이기 때문에 서위시대 법령의 편찬 과정부터 살펴야 한다. 서위시대
의 실제적 최고 권력자는 우문태였다.

영희(永熙) 3년(534) 7월 북위 효무제가 낙양에서 장안으로 서천했을 때 관
중은 군웅할거의 상태라 이전의 북위의 제도도 시행되지 않고 예악·전장
이라고 부를 만한 것도 없었다. 그런 공백을 메우기 위해 우선 예악·전장의
제정에 착수하려 하였다. 그 당시 관여했던 인물로는 주혜달(周惠達)·노변
(盧辯)·당근(唐瑾)·서초(徐招)·설징(薛憕)·단저(檀翥) 등을 들 수 있다. 이
들이 서위정권에 가담하기 이전의 경력을 보면, 노변·서초·단저는 효무
제를 따라 서천한 인물이고, 주혜달은 우문태와 동배이고, 설징은 후막진열
(侯莫陳悅)의 부하였다. 따라서 우문태의 원종은 당근 정도였다. 이때 중심
적인 역할을 한 사람은 효무제계인 노변이었다.[9] 그러나 그해 12월 우문태

觀之治, 遠邁兩漢"이라 하였고(宇野精一,「周禮の實施について」, 1942, p.92에서 再引), 何焯
은 唐의 法律이 모두 蘇綽에 근거했다고 하였다(『困學紀聞』卷4 周禮 注, p.213, "唐之立法,
皆本蘇綽, 不得目爲經之蠹"). 全祖望은 何焯의 주장을 전면적으로 긍정하지는 않으면서도
蘇綽의『周禮』시행이 후세(唐)에 어느 정도 영향을 준 것은 인정하고 있다(『困學紀聞』卷4
周禮 注, p.213, "何氏(焯)以蘇綽能開貞觀之治, 其實唐之治法, 亦不盡本於綽也").

7 郝鐵川은 唐代 이후의 중앙관제, 즉 吏·戶·禮·兵·刑·工 六部體制는『周禮』의 天·地·春·
夏·秋·冬 六官의 設計에 來源을 두고 있다고 하였다(『經國治民之典—〈周禮〉與中國文化』,
開封: 河南大學出版社, 1995, p.92).

8 宇野精一,「周禮の實施について」, 1942, p.92.

9 關中은 戰亂 중에 있었고, 원래부터 關西 지역은 文官 배출 지역이라기보다 武官 출신 지역
이다(『漢書』卷69 趙充國辛慶忌傳 贊曰, p.2998, "秦漢已來, 山東出相, 山西出將"). 그리고
孝武帝 西遷 시에 약간의 文官이 시종하였다.

에 의해 효무제가 독살된 뒤(이듬해 대통으로 개원)부터 예악·전장의 제정 작
업의 중심은 점차 주혜달·당근 등 우문태와 가까운 문관에게로 이동한다.[10]
이 시기부터 서위조정의 문관들은 우문태의 강한 영향력 아래에 놓인다. 그
러나 이 시기도 역시 기본적으로 '한위지제(漢魏之制)'를 계승하려는 경향이
강하였다. 동위와의 무력 대결이 격렬했던 시기였기 때문에 우문태는 내정
을 살필 여유가 별로 없었는데 그를 대신해서 내정을 담당한 자가 소작(蘇綽)
이었다. 그는 우문태의 명을 받고 「육조조서(六條詔書)」를[11] 지음과 동시에
그 작업에서 주도적 역할을 수행하였다.[12]

　소작을 중심으로 하여 만들어진 법령이 대통 10년(544) 7월 승상 우문태
가 상주해서 반포된 「중흥영식(中興永式)」, 즉 「대통식오권(大統式五卷)」이
다.[13] 이것은 동위(東魏) 인지격(麟趾格)과 함께 수당의 율령격식 성립에 큰
영향을 준 것으로 유명하다.[14] 대통식은 대통 원년(535)에 시행된 「이십사조

10　이 과정에서 宇文泰는 반대파의 문관들을 숙청한 것으로 보인다. 예컨대 원래 賀拔岳의 부
　　하로서 우문태를 關中의 패자로 영입하는 데 공을 세운 呂思禮가 '謗訕朝廷'하였다는 이
　　유로 大統 4년 賜死된 것이(『周書』卷38 呂思禮傳, p.682, "(賀拔)岳爲侯莫陳悅所害, 趙貴等
　　議遣赫連達迎太祖, 思禮預其謀. … 大統四年, 以謗訕朝政, 賜死") 그것이다.
11　이 「六條詔書」는 宇文泰가 매우 중시하여 항상 좌우에 두었을 뿐만 아니라 百司에게 暗誦
　　하게 하고, 牧守令長 등 지방장관은 그것과 計帳에 통달하지 못하면 관직에서 퇴출시켰다
　　(『周書』卷23 蘇綽傳, p.391, "太祖甚重之, 常置諸座右. 又令百司習誦之. 其牧守令長, 非通六
　　條及計帳者, 不得居官.").
12　蘇綽의 「六條詔書」에 담긴 정치사상과 그의 활동에 대해서는 丁巧林, 「蘇綽政治思想探源與
　　評述」, 『北朝研究』, 1990-下(總3期)를 참조한다.
13　『周書』卷2 文帝紀下, p.28, "(大統十年, 544) 秋七月, 魏帝以太祖前後所上二十四條及十二條
　　新制, 方爲中興永式, 乃命尙書蘇綽更損益之, 總爲五卷, 班於天下. 於是捜簡賢才, 以爲牧守令
　　長, 皆依新制而遣焉. 數年之間, 百姓便之". 그러나 『新唐書』卷58 藝文志 2, p.1494에는 "蘇
　　綽大統式三卷"이라 되어 있다.
14　(唐)李林甫等撰·陳仲夫點校, 『唐六典』(北京, 中華書局, 1992) 卷6 尙書 刑部 「凡式三十三篇」
　　條 注, p.185, "後周文帝初輔魏政, 大統元年, 令有司斟酌今古通變可以益時者, 爲二十四條之
　　制; 七年, 又下有十二條之制; 十年, 命尙書蘇綽總三十六條, 更損益爲五卷, 謂之大統式. 皇朝
　　永徽式十四卷, 垂拱·神龍·開元式並二十卷, 其刪定與定格, 令人同也". 이 大統式을 唐式의
　　源流로 注記하고 있다.

신제(二十四條新制)」[15]와 대통 7년(541)에 시행된 「십이조신제(十二條新制)」[16]를 합편해서 만든 것이다.[17] 대통식의 반포와 동시에 이 신제에 의해서 지방 장관이 선발되어 파견되었다.[18] 이 대통식은 당식(唐式)의 이부식(吏部式) 및 고공식(考功式)과 같이 관리의 임용·승강 조항이 포함되었던 것으로 추정 되고 있다.[19] 즉 관제에 대한 개혁 작업은 대통 10년 「중흥영식(대통식)」으로 대충 정리되고, 11년부터 12년에 걸쳐서 서위 영역 내에서 실시되었다. 이 제도는 표면적으로 『주례』에 준거하려는 입장을 견지했지만 그 영향은 크 게 나타나지 않았다. 즉 우문태가 의도한 근본적인 관제 개혁은 이루어지지 않았다. 우문태는 '한위지제'의 영향이 강한 제도에 대해서 불만이었다. 따 라서 이후 제정과 개정을 계속하도록 한 것으로 보인다.

우문태는 『주례』에 준거해서 관제를 개정할 것을 결심하고 소작과 노변 등에게 그 편차를 착수하게 하였다.[20] 이것이 언제 착수된 것인지는 확실하 지 않지만, 소작이 죽은 것은 대통 12년(546)이고,[21] 편찬에 관여한 최유(崔 猷)가 같은 해에 석주자사(淅州刺史)로 전출되었기 때문에[22] 그 찬수의 개시 는 적어도 대통 12년 이전의 일이다. 관제의 제정 및 개정 작업은 대통 12년 을 기점으로 이전에는 소작이, 이후에는 노변이 중심이 되었던 것으로 보인

---

15 『周書』卷2 文帝紀下, p.21, "(大統元年, 535) 三月, 太祖以戎役屢興, 民吏勞弊, 乃命所司斟酌 今古, 參考變通, 可以益國利民便時適治者, 爲二十四條新制, 奏魏帝行之".

16 『周書』卷2 文帝紀下, p.27, "(大統七年, 541) 冬十一月, 太祖奏行十二條制, 恐百官不勉於職 事, 又下令申明之".

17 內田吟風,「北周の律令格式について」,『北アジア史研究—鮮卑柔然編』, 京都: 同朋舍, 1975, p.254.

18 『周書』卷2 文帝紀下, p.28, "於是搜簡賢才, 以爲牧守令長, 皆依新制而遣焉. 數年之間, 百姓 便之".

19 內田吟風,「北周の律令格式について」, 1975, p.256.

20 『周書』卷24 盧辯傳, p.404, "初, 太祖欲行周官, 命蘇綽專掌其事. 未幾而綽卒, 乃令辯成之. 於是依周禮建六官, 置公·卿·大夫·士, 並撰次朝儀, 車服器用, 多依古禮, 革漢魏之法".

21 『周書』卷23 蘇綽傳, p.394, "(西魏 文帝 大統)十二年, 卒於位, 時年四十九".

22 『周書』卷35 崔猷傳, p.615, "與盧辯等刊修六官. (大統)十二年, 除大都督, 驃騎將軍, 淅州刺 史, 加車騎大將軍, 儀同三司".

다. 소작이 중심이 된 시기에도 유민(柳敏)[23]·최유·노변 3명이 제정에 참가
하였다. 3명 가운데 최유와 노변은 효무제계였고, 또 당대 최고 문벌인 산동
귀족 출신이라고 하지만 소작이 당권자인 우문태의 강력한 지지를 받고 있
었기 때문에 관제 제정의 주도권은 소작–우문태 측에 있었다. 대통 10년 주
혜달(周惠達)이 죽고, 12년에 소작이 죽었지만, 『주례』에 구애되는 것에 비
판적이었던 최유도 동시에 석주자사로 임명되어 임지로 떠났다. 대통 12년
이후의 관제 개혁을 주도하였던 노변이나 배정(裴政)도[24] 관제 제정에 있어
서 『주례』 지향은 변하지 않았다. 따라서 당시 『주례』 지향은 어떤 개인의
기호에 의해 좌우된 것이 아니라 국가, 즉 1인체제를 더욱 굳혀 간 우문태[25]
의 확고한 방침으로 확정되었던 것을 의미한다. 이리하여 대통에서 공제 연
간으로 넘어가는 시점에 『주례』와 거의 비슷한 제도가 완성된다. 종래 사용
해 왔던 북위령에 의거한 관품제도를 대신할 이른바 「구명지전(九命之典)」이
만들어진 것이 서위 폐제 3년(554) 봄 정월의 일이다.[26] 연공(燕公) 우근(于謹)
의 이른바 강릉(江陵) 평정군에 참가했던 설치(薛寘)는 『주례』 육관제를 정하
는 데 마지막 일익을 담당하였다.[27] 소작은 이 관제 정비 작업을 완수하지 못
했지만, 「육조조서」를 만들고 대통식을 손질하고 육관제의 제정에 착수하

---

23 『周書』卷32 柳敏傳, p.560, "又與蘇綽等修撰新制, 爲朝廷政典".

24 『隋書』卷66 裴政傳, p.1549, "會江陵陷, 與城中朝士俱送于京師. … (周文帝)命與盧辯依周禮
建六卿, 設公卿大夫士, 并撰次朝儀, 車服器用, 多遵古禮, 革漢·魏之法, 事並施行. 尋授刑部
下大夫, 轉少司憲. 政明習故事, 又參定周律".

25 『周書』卷2 文帝紀下, p.33, "(大統十七年, 551) 春三月, 魏文帝崩, 皇太子嗣位, 太祖以冢宰總
百揆".

26 『周書』卷2 文帝紀下, p.34, "(廢帝)三年, 春正月, 始作九命之典, 以敍內外官爵. 以第一品爲九
命. 第九品爲一命, 改流外品爲九秩, 亦以九爲上. 又改置州郡及縣, 改東雍爲華州, 北雍爲宜
州, 南雍爲蔡州. … 凡改州四十六, 置州一百六, 改郡一百六, 改縣二百三十".

27 『周書』卷38 薛寘傳, p.685, "江陵平, … 朝廷方改物刱制, 欲行周禮, 乃令寘與小宗伯盧辯斟
酌古今, 共詳定之. 六官建, 授內史下大夫". 그러나 于謹 宇文護 楊忠의 군대가 江陵의 梁 元
帝를 멸망시킨 것이 554년인데[『資治通鑑』卷165 梁紀21 元帝 承聖 3年(554) 8月條, p.5117
및 12月條, p.5124] 薛寘가 長安으로 귀환 후에 그 작업에 참여한 것은 무리가 있지 않나 생
각한다.

는 등 우문태의 개혁에 있어 핵심적인 역할을 하였다. 그가 관계한 이것들은 모두 『주례』의 영향이 극히 강한 것이었다.

『주례』의 이른바 육관제가 시행된 것은 공제 3년(556)의 일이다.[28] 우문태가 『주례』를 채용하려는 시도는 이미 546년 이전으로 소급되니, 즉 입안과 시행 사이에는 적어도 10년이라는 상당한 기간이 소요되었음을 알 수 있다. 556년 10월 우문태가 사망하고, 바로 서위는 북주로 교대되고 효민제(孝閔帝: 宇文覺)가 천왕(天王)으로 즉위한다. 이후 육관제도는 우문태의 자질(子姪)들에 의해 유지되었다.

우문태 사망 후 곧 우문각이 계위하였지만, 실권은 우문호(宇文護)에게 넘어간다. 우문호의 집정 시기에 『주례』로부터 이탈하려는 움직임이 나타나기 시작한다. 즉 그것은 최유 등에 의한 황제호와 연호의 부활 움직임으로 표현된다.[29] 그러나 『주례』 지향은 북주의 조법(祖法)으로 되어 있었기 때문에 폐지될 수 있는 성질의 것은 아니었다. 후술할 「대율(大律)」과 같은 『주례』 색이 짙은 제도가 시행된 것은 그 때문이다. 우문호가 무제에게 주살되어 무제 친정 시기가 되자 예악·전장은 의연히 유지되는 것처럼 보이지만 의례적인 것에 불과하고 현실의 정책은 후술할 「형서요제(刑書要制)」와 같은 특별법이 시행되는 등, 『주례』로부터 이탈하려는 경향이 강화된다. 이때 제도 제정을 담당했던 문관은 최유의 아들 최중방(崔仲方)과 북제 출신 이덕림(李德林) 등이었다.[30] 선제(宣帝) 시기에 들어 이탈 움직임은 더욱더 강화된

---

28 『周書』卷2 文帝紀下, p.36, "(恭帝)三年(556) 春正月丁丑, 初行周禮 建六官. 以太祖爲太師·大冢宰, 柱國李弼爲太傅, 大司徒趙貴爲太保, 大宗伯獨孤信爲大司馬, 于謹爲大司寇, 侯莫陳崇爲大司空. 初, 太祖以漢魏官繁, 思革前弊. 大統中, 乃命蘇綽·盧辯依周制改創其事, 尋亦置六卿官, 然爲撰次未成, 衆務猶歸臺閣. 至是始畢, 乃command行之".

29 『周書』卷35 崔猷傳, pp.616~617, "世祖卽位, 徵御正中大夫. 時依周禮稱天王, 又不建年號, 猷以爲世有澆淳, 運有治亂, 故帝王之以沿革, 聖哲因時制宜. 今天子稱王, 不足以威天下, 請遵秦漢稱皇帝, 建年號, 朝議從之".

30 『隋書』卷42 李德林傳, p.1198, "及周武帝克齊 入鄴之日 勅小司馬唐道和就宅宣旨慰喩 云 '平齊之利 唯在於爾 朕本畏爾逐齊王東走 今聞猶在 大以慰懷 宜卽入相見.' 道和引之入內 遣

다. 이처럼 북주시대의 예악·전장은『주례』에 준거하려는 것에 다소 변경
은 있으나 최후까지 유지되었다.『주례』와의 관계를 중심으로 서위-북주의
역사를 시대 구분하자면, ① 서위 성립에서 소작의 사망까지는『주례』가 현
실적인 문제(문벌 타파 등) 해결을 위한 수단으로 이용되었지만 제도적으로
'한위지제'의 계승 시기이고, ② 소작의 사망에서 우문태의 사망까지는『주
례』지향이 국가의 방침이 되어 육관제가 실시된『주례』의 준거 시기이고,
③ 우문태의 사후부터 북주의 멸망까지는『주례』로부터 이탈하려는 경향이
강한 시기로 당시 실정에 따라서 신제도를 실시한 시기로 구분할 수 있다.[31]

　수조는 육관제를 폐지하고 '한위지제'로 복귀하였는데 당시 이 일에 앞장
선 사람은 최중방이었다.[32] 육관제도가 완전 폐지된 것은 수 문제 양견이 칭
제하면서 한위제도를 회복하는 581년 2월의 일로,[33] 육관제도의 시행 기간
은 25년간이었다. 이보다 조금 앞서 580년 12월 이전에 사여된 호성(胡姓)
이 모두 구성으로 복구되었으니[34]『주례』육관제도는 사성제도와 운명을 거
의 같이한 우문씨정권의 양대 정책의 하나였다.

2.『주례』관제의 특징

　우문태가 채용한『주례』는 특히 관제 방면에서 표현되었다. 우문태가『주
례』에 의거해서 관제를 만들게 된 표면적인 이유는 무엇인가?『주서』에서는,

內史宇文昻訪問齊朝風俗政敎 人物善惡 卽留內省 三宿乃歸 仍遣從駕至長安 授內史上士 自
　此以後 詔誥格式 及用山東人物 一以委之".

31 富田健市,「西魏—北周の制度に關する一考察—特に『周禮』との關係をめぐつて」,『史朋』12,
　1980, p.15.

32『隋書』卷60 崔仲方傳, P.1448, "又勸上除六官, 請依漢魏之舊, 上皆從之".

33『隋書』卷1 高祖紀上, p.13, "開皇元年(581) 2月 甲子. … 易周氏官儀 依漢魏之舊. 以柱
　國·相國·司馬·渤海郡公高熲爲尙書左僕射兼納言. …";『資治通鑑』卷175 陳紀9 宣帝 太建
　13年(581) 2月條, p.5433, "少內史崔仲方勸隋主除周六官, 依漢魏之舊, 從之".

34『資治通鑑』卷174 陳紀8 宣帝 太建 12年(580) 12月 癸亥條, p.5430, "周詔諸改姓者, 意悉復
　舊";『隋書』卷1 高祖紀上, p.7, "今日已前賜姓, 皆復其舊".

당초 태조(우문태)는 한위의 관제가 번잡하므로 앞선 폐단을 혁파하려고 생각
하였다.[35]

라고 하여, 한위의 관제가 갖고 있는 번잡성을 제거하려는 데 그 목적이 있
음을 밝히고 있다. 그러나 『주례』 육관제를 채용한 서위-북주의 관원의 수
는 한위의 구제를 답습한 북제에 비교해서도 적지 않았다.[36] 따라서 관제의
번잡성을 개혁하겠다는 명분과는 부합되지 않는다. 『주례』를 이용한 '엣것
에 의탁하여 제도를 고치는[託古改制]' 실제적인 이유가 따로 있는 것이 분명
하다.[37] 우문태와 소작이 의도한 것은 물론 '한위지법'의 철폐 그 자체였다.
그러면 우문태와 소작 등에 의해 추진된 『주례』 관제란 한위의 관제와 비교
해서 무엇이 다른가?

이른바 '육관(六官)'이란 중앙정부를 천관·지관·춘관·하관·추관·동
관의 6개의 관부로 나누어 전국의 행정사무를 분담하는 것으로, 서주시대에
행해졌다는 관제로 『주례』에 기록된 제도이다.[38] 『주례』의 정현주(鄭玄注)에
서 지적했듯이, 이것은 만물을 통리하는 하늘의 모양을 본 따 만든 것이다.[39]
1관부마다 60개의 관이 있으니 관의 총수는 360개가 된다. 이것은 1년의 일

---

35 『周書』 卷 2 文帝紀下, p.36, "初, 太祖以漢魏官繁, 思革前弊".

36 (唐)杜佑撰, 『通典』(北京: 中華書局, 1988 點校本) 卷19 職官1 官數, pp.480~481, "後魏
七千七百六十四員, 北齊二千三百二十二員(並內官), 後周二千九百八十九員(並內官), 隋一萬
二千五百七十六員(內官二千五百八十一, 外郡縣官九千九百九十五)".

37 張偉國, 『關隴武將與周隋政權』, 廣州: 中山大學出版社, 1993, p.68.

38 『周禮』 卷1 天官冢宰 第一 「小宰之職」, "以官府之六屬擧邦治, 一曰天官, 其屬六十, 掌邦治.
大事則從其長, 小事則專達. 二曰地官, 其屬六十, 掌邦敎, 大事則從其長, 小事則專達. 三曰春
官, 其屬六十, 掌邦禮, 大事則從其長, 小事則專達. 四曰夏官, 其屬六十, 掌邦政, 大事則從其長,
小事則專達. 五曰秋官, 其屬六十, 掌邦刑. 大事則從其長, 小事則專達. 六曰冬官, 其屬六十, 掌
邦事, 大事則從其長, 小事則專達".

39 『周禮』(臺北: 臺灣藝文印書館, 1976年刊 『十三經注疏』本) 卷3 天官 小宰之職, p.42-下b, "六
官之屬三百六十, 擧天地四時日月星辰之度數, 天道備矣. 前此者成王作周官, 其志有述天授位
之義, 故周公設官分職以法之".

수를 나타낸 것이라는 설도 있지만,[40] 정현은 관부의 수도 천상을 기본으로
하고 있다고 본다.[41] 즉 『주례』 육관이란 하늘을 본 따 천도를 실현하기 위
한 관료조직이며, 천도를 실현하는 것이 곧 정치의 최고 이상을 실현하는 것
이라는 것이다. 천도를 실현하는 방법에는 두 가지가 있으니, 첫째가 관명이
고, 둘째가 관수이다.[42] 따라서 육관이란 현실에 맞는 관제라기보다는 고대
중국인들이 하늘에 의부해서 만든 이상적인 체계일 뿐이다.

그러면 서위-북주시대에 실시된 관제를 살펴보자.[43] 『주례』에 규정된 것
과 같이 중앙정부를 천관·지관·춘관·하관·추관·동관의 6개의 관부로
나누고 있다. 부에는 각기 경(卿) 1인이 장관이 된다. 즉 총재(冢宰: 천관)·사
도(司徒: 지관)·종백(宗伯: 춘관)·사마(司馬: 하관)·사구(司寇: 추관)·사공(司
空: 동관)이 6경이다. 이 6경이 중앙의 정무를 주재한다. 관부는 부(府)-부
(部)-(소)사(小司)의 3등급으로 나누어지며, 경-대부-사가 주관(主官: 장관)
이 된다.[44] 모든 관명은 최고 9명에서 1명까지 배열된다.[45]

천관부는 대총재경(大冢宰卿: 正七命)이 장관이 되고[46] 소총재상대부(小冢宰

---

40 津田左右吉, 『儒敎の硏究』 二, 「周官の硏究」, 『津田左右吉全集』, 東京: 岩波書店, 1965,
  pp.338~339.

41 『周禮』 卷1 天官 冢宰 第一, 賈公彦疏, p.10-上a, "鄭 『目錄』云: '象天所立之官. … 天者統理萬
  物. …'. (賈)釋曰: '鄭云象天者, 周天有三百六十餘度, 天官亦總攝三百六十官, 故云象天也.'".

42 徐復觀, 『周官成立之時代及其思想性格』, 臺北: 學生書局, 1980, p.28.

43 西魏-北周가 채용한 『周禮』 六官制는 (淸)謝啓昆의 『西魏書』(臺北: 世界書局, 1962) 卷9 考
  四上 百官 및 卷10 考四下 百官에 가장 상세하다('參稽史文, 輯之爲考', 『西魏書』 卷9 考四
  上 百官序, p.1).

44 部 아래에 약간의 (小)司가 있으니, 예컨대 天官府 소속의 膳部 아래에는 內膳·外膳·典
  廚·典饎·掌醢·掌冰 등 皇帝의 음식을 담당하는 (小)司가 있었다. (小)司는 士(上·中·下의
  구별이 있음)가 主管한다. 다른 5개의 官府도 마찬가지이다.

45 北周는 그 존속 시기가 짧아 『周書』에는 職官志가 없고, 대신 『隋書』 百官志中 및 『通典』
  職官21에 당시 관직명들이 배열되어 있다. 그리고 王仲犖의 『北周六典』(北京: 中華書局,
  1979)에 상세히 나온다.

46 大冢宰는 六卿 가운데 최고 지위로 '五府總於天官'이라 하듯 宇文泰와 그의 조카인 宇文
  護, 그리고 北周 末 실력자 外戚 楊堅이 맡았다.

上大夫: 正六命) 2명이 차관이 된다.[47] 천관부 아래에는 사회(司會: 재정 담당), 종사(宗師: 황실 담당), 좌우궁백(左右宮伯: 시위 담당), 어정(御正: 조명의 출납 담당), 납언(納言: 좌우시종 담당)과 그 외 선부(膳部), 태의(太醫), 태부(太府), 계부(計部), 사내(司內) 등의 부가 있는데, 중대부(中大夫) 혹은 하대부(下大夫)가 주관한다. 이 가운데 특히 어정과 납언이 중요하여 기밀에 참여하였다.

지관부는 대사도경(大司徒卿: 正七命)이 장관, 소사도중대부(小司徒中大夫: 正六命) 2명이 차관으로 토지와 민호 교화 등을 담당한다. 민부(民部)는 민호적장(民戶籍帳)을 담당하는데 향백(鄕伯), 수백(遂伯), 초백(稍伯), 현백(縣伯), 기백(畿伯) 등 중대부의 관이 있으니 행정사무가 가장 번잡한 부이다. 이 밖에 재사(載師: 農業 牧畜業 담당), 사씨(師氏: 皇室敎育 담당), 보씨(保氏: 規諫天子 담당), 사창(司倉: 倉貯 담당), 사문(司門: 宮殿門戶 담당), 사시(司市: 關市貨幣 담당), 우부(虞部: 山澤林木 담당) 등의 부가 있는데, 중대부 혹은 하대부가 주관한다.

춘관부는 대종백경(大宗伯卿: 正七命)이 장관, 소종백상대부(小宗伯上大夫: 正六命) 2명이 차관으로 예의와 제사를 관장한다. 사종(司宗: 吉凶禮制 담당), 수묘(守廟: 太廟 담당), 전사(典祀: 祭祀 담당), 내사(內史: 章詔 담당), 예부(禮部: 宗法 服制 佛道 담당), 태중(太中: 曆法 담당), 악부(樂部: 太學 音樂 담당), 태복(太卜: 卜筮 담당), 태축(太祝: 鬼神祭祀 담당), 사거로(司車輅: 御車輅 담당), 하채(夏采: 皇陵 담당) 등의 부가 있는데, 중대부 혹은 하대부가 주관한다.

하관부는 대사마경(大司馬卿: 正七命)이 장관, 소사마상대부(小司馬上大夫: 正六命) 2명이 차관으로 군정을 담당한다. 군사마(軍司馬: 兵 담당), 직방(職方: 天下地圖 담당), 이부(吏部: 官吏銓選 담당), 사훈(司勳: 功勞獎賞 담당), 무백(武伯: 十二禁衛軍帥 감독), 대어(大馭: 御戎車之儀 담당), 사우(司右: 御車右侍衛 담당), 사

---

47 六官府의 수장인 六卿은 그 秩이 모두 正七命이고, 그 副인 上大夫는 正六命, 그 下屬인 中大夫는 正五命, 下大夫는 正四命, 上士는 正三命, 中士는 正二命, 下士는 正一命이다.

사(司射: 御射侍從 담당), 가부(駕部: 御用牧畜 담당), 무장(武藏: 武庫 담당) 등의 부가 있는데, 중대부 혹은 하대부가 주관한다.

추관부는 대사공경(大司寇卿: 正七命)이 장관, 소사구상대부(小司寇上大夫: 正六命) 2명이 차관인데 감찰, 사법, 형률을 담당한다. 사헌(司憲: 監察 담당), 형부(刑部: 刑法 담당), 장조(掌朝: 朝儀 및 非違査察 담당), 포헌(布憲: 治安 담당), 번부(蕃部: 諸侯朝覲 담당), 빈부(賓部: 賓客接待 담당), 사예(司隸: 捕盜執囚 담당), 사요(司要), 사조(司調), 전정(田正)(이상 職掌 불명) 등의 부가 있으며 중대부 혹은 하대부가 주관한다.

동관부는 대사공경(大司空卿: 正七命)이 장관이고, 소사공상대부(小司空上大夫: 正六命) 2명이 차관인데 성읍 및 종묘의 영건과 기계의 제조를 관장한다. 공부(工部: 百工名籍 담당), 장사(匠師: 城郭·宮室之制 器物度量 담당), 사목(司木: 木工 담당), 사사(司土: 土工 담당), 사금(司金: 金工 담당), 사수(司水: 水利 舟漁 담당), 사옥(司玉: 玉工 담당), 사피(司皮: 皮革 담당), 사색(司色: 漆工 담당), 사직(司織: 織造 담당), 사훼(司卉: 木竹工 및 造紙 등 담당) 등의 부가 있는데 중대부 혹은 하대부가 주관한다.[48]

이상에서 서위-북주시대 실시된 육관제의 대강을 살펴보았다. 관제의 특징은 상하관계가 명확하고 직능상의 분업이 분명하며, 영도와 피영도, 동료와 상하가 맡은 권한과 책임에 대한 규정이 매우 엄격한 것처럼 보인다.[49] 그러나 서위-북주시대 시행된 제도 가운데 명칭을 알 수 있는 380개 관직 중에 그 직장에 대해서 기술이 남아 있는 것은 70여 개에 불과하다. 직장이 분명한 서위-북주의 관직을 분석해 보면 세 가지로 구분된다. ①『주례』와 거의 같은 관직, ②『주례』에 변경을 가한 관직, ③『주례』와 관계없는 관직으로 되어 있다. 따라서 관제 제정 시 ①『주례』에 완전히 준거하려는 경향, ②

---

48 이상은 王仲犖, 『北周六典』(1979)에 의거하였다.
49 袁剛, 「漫談西魏北周依『周禮』六官改革官制」, 1997, p.28.

한위지제를 계승하려는 경향, ③ 당시 실정에 맞추려는 경향이 혼재했던 것으로 보인다.[50] 이러한 세 경향은 육관제의 제정 과정에서 그 추진자와 제정시기에 따라 미묘한 차이를 보일 것으로 생각된다.

이상에서 볼 때, 실제의 직장과 기술된 직장이 일치하는 것도 있으나, 오히려 다른 것이 더 많다. 그런 데다 군대나 지방관에 대해서도 크게 개정된 것이 없고, 개정된 것은 단지 중앙관직 뿐이었다. 따라서 서위에서 육관제를 제정할 당시 형식상 『주례』에 준거하려는 경향이 있었던 것으로 보이지만,[51] 실제에서는 상당한 유연성을 가지고 있었음을 알 수 있다.

그럼에도 불구하고 서위-북주의 『주례』 육관제는 운용 면에서 보면 실제 기재된 것과 유리된 것이 많아 변개를 거듭한다. 즉 명제 시기에 "이로부터 이후에는 때때로 빠지기도 하고 보태지기도 하는[自玆厥後 世有損益]"[52] 상태였고, 선제 시기에는 "일이 옛 것을 본받지 않았고 관원에 품질을 나눔에 있어 마음대로 바꾸는[事不師古 官員班品 隨意變革]"[53] 상태가 되어 버린 것이다. 이것은 서위 초부터 육관 제정에 참가해 왔던 최유가 천왕의 호를 폐하고 황제의 호를 부활하고 연호 사용의 부활을 주장한 시기가 명제 시기였던 것에서 볼 때, 우문호 집정 시기에 들어 『주례』에 구애되지 않고 현실을 우선시하려

---

50 富田健市, 「西魏-北周の制度に關する一考察—特に『周禮』との關係をめぐつて」, 1980, p.8.

51 富田健市, 「西魏-北周の制度に關する一考察—特に『周禮』との關係をめぐつて」, 1980, pp.2~5.

52 『北史』卷30 盧辯傳, p.1101, "自玆厥後, 世有損益. 武成元年, 增御正四人, 位上大夫. 保定四年, 改宗伯爲納言, 禮部爲司宗, 大司禮爲禮部, 大司樂爲樂部. 五年, 左右武伯各置大夫一人. 以建德元年, 改置宿衛官員. 二年, 省六府諸司中大夫以下官, 府置四司, 以下大夫爲官之長, 上士貳之. 是歲, 又增改東宮官員. 三年, 初置太子諫議大夫, 員四人, 文學十人; 皇弟・皇子友, 員各二人, 學士六人. 四年, 又改置宿衛官員. 其司武・司衛之類, 皆後所增改. 太子正宮尹之屬, 亦後所創置. 而典章散滅, 弗可復知. 宣帝嗣位, 事不師古, 官員班品, 隨情變革. 至如初置四輔官, … 則今載於外史. 餘則朝出夕改, 莫能詳錄".

53 『周書』卷24 盧辯傳, p.404, "辯所述六官, 太祖以魏恭帝三年始命行之. 自玆厥後, 世有損益. 宣帝嗣位, 事不師古, 官員班品, 隨意變革. 至如初置四輔官, 及六府諸司復置中大夫, 并御正・內史增置上大夫等, 則載於外史. 餘則朝出夕改, 莫能詳錄. 于時雖行周禮, 其內外衆職, 又兼用秦漢等官".

는 태도가 나타나고 있음을 엿볼 수 있다. 즉 서위-북주 관제는 『주례』 조문 하나하나에 구애되지 않고 이렇게 현실에 유연하게 대처하는 특징이 있다.

서위-북주 육관제의 또 다른 특징은 '제도'이지만 '예'에 규정되어 있고, 예의 일종으로 작용하고 있다는 점이다. 한위 이래의 제도에 따르자면 관제 는 영, 특히 관품직원령에 규정되어 있을 것이지만 서위-북주의 그것은 예 로 받아들여지고 있는 것이다. 육관제가 시행되고 상당한 기간이 지난 보정 (保定) 원년(561) 조에 "이제 태조의 묘의 뜰에 이 예를 펼 수 있다[今可班斯 『禮』於太祖廟庭]"라는 기사가 나오고 있다.[54] 이것은 서위-북주시대는 다른 왕조에서 보이는 것처럼 예와 영이 구별되지 않았다는 것을 의미한다. 당대 에 북주령이라는 편목이 산일되었던 것은 그 때문이다.[55] '예'는 ① 예악 및 전장, ② 관제, ③ 율령의 세 가지로 나누어진다. 즉 서위-북주시대의 '예' 에 규정된 관제 중에 복제·세제·형법 등이 포함되어 있는 것이다. 이런 결 과는 『주례』 채용에서 유래된 것이라고 볼 수 있다. 사실 '예'의 다수를 전 재하고 있는 『통전』 직관전, 『수서』 식화지와 예의지, 『북사』 노변전 및 『대 당육전』 본주 등에 보이는 서위-북주의 것은 관품과 직원 수만을 규정한 것 이 아니라 모든 정령을 포함한 예의 문체는 고대 『주례』의 그것을 모방하고 있다.[56]

물론 서위-북주시대의 모든 법제가 예의 형태로 표현된 것은 아니었다. 서위시대의 예가 완성된 것은 공제 3년(556)이어서 그 이전까지 국가의 법 규 역할을 한 것은 역시 율과 영이었다. 초기에는 북위 정시율령(正始律令)을 사용했지만[57] '한위지제'를 고치려는 방침에 따라 이것은 변경되어야 하였

---

54 『周書』 卷5 武帝紀上, 保定元年春正月戊辰, 詔曰, p.64.
55 『唐六典』 卷6 尙書 刑部 「凡令二十有七」 條 注, p.184, "後周命趙肅·拓跋迪定令, 史失篇目."에 서 보듯이 令을 정하기는 했지만 그것이 남아 있지 않은 것은 周令의 비중에 문제가 있다 고 할 수 있다.
56 內田吟風, 「北周の律令格式について」, 1975, p.260.
57 內田吟風, 「北周の律令格式について」, 1975, p.256.

다. 새로운 율이 편찬된 것은 대통 16년(550)경이라 생각된다. 조숙(趙肅)은 동위에서 서위로 투항한 인물이지만[58] 국가의 방침에 따라 율의 편찬을 개시한 것이다.[59] 전술했듯이, 서위-북주에서의 국가 경영의 기본 틀은 어디까지나 '예'였기 때문에 율령은 그것을 보충하는 작용만 할 뿐이었다. 조숙의 사후 임무를 승계한 자가 탁발적(託拔迪: 拓跋迪?)인데 그의 손에 의해 보정 3년(563) 3월에 율은 완성되었다. 이 2명 외에 율의 제정에 참여했던 자로는 배정・최중방(崔仲方)・곡사정(斛斯政)・유민(柳敏) 등이 있는데 그들은 조찬자(助撰者)에 불과하였다. 이것은 율이지만 전대의 율에 구애되지 않고 독자적 입장에서『주례』를 기초로 편찬되었다.[60] 곧 '예'를 보조하기 위하여『주례』의 영향을 크게 받은 율령이 만들어진 것이다. 이것이 '대율(大律)'이다.[61]

그러나 율과 영의 독자성이 점차 강조되기 시작하였다. 이것은『주례』육관제의 퇴락과 궤를 같이하는 것이었다. 특히 건덕(建德) 6년(577) 무제가 북제를 멸망시키고서 신부(新附)인민 중에 적도간사(賊盜姦詐)하는 자가 적지않다는 것을 구실로 11월「형서요제(刑書要制: 象經)」[62]라는 율의 특별법을 반포 실시하면서부터[63] 그 경향은 뚜렷해졌다.「형서요제」는 대율과 비교할

---

58 『周書』卷37 趙肅傳, p.663, "大統三年(537), 獨孤信東討, (趙)肅率宗人爲鄉導. … 先是, 太祖命肅撰定法律. 肅積思累年, 遂感心疾. 去職, 卒於家".

59 『舊唐書』卷46 經籍志上, p.2010, "周大律二十五卷趙肅等撰";『新唐書』卷58 藝文志2, p.1474, "趙肅等周律二十五卷";『唐六典』卷6 刑部「大凡五百條焉」條, p.182, "後周趙肅等造律, 保定中奏之".

60 曾我部靜雄,『日中律令論』, 東京: 吉川弘文館, 1963, p.81.

61 『隋書』卷25 刑法志, p.707, "周文帝之有關中也. … 大統元年, 命有司斟酌古今通變, 可以益時者, 爲二十四條之制, 奏之. 七年, 又下十二條制. 十年, 魏帝命尙書蘇綽, 總三十六條, 更損益爲五卷. 班於天下. 其後以河南趙肅爲廷尉卿, 撰定法律. 肅積思累年, 遂感心疾而死. 乃命司憲大夫託拔迪掌之, 至保定三年三月庚子乃就, 謂之大律, 凡二十五篇".

62 『隋書』卷66 郎茂傳, p.1554, "時周武帝爲象經, 高祖從容謂茂曰: '人主之所爲也, 感天地, 動鬼神, 而象經多舛法, 將何以致治?'". 그러나『周書』卷5 武帝紀 天和 4年(569)條, p.76에는 "五月己丑, 帝制象經成, 集百僚講說"이라 되어 있다.

63 『隋書』卷25 刑法志, p.709, "建德六年, 齊平後, 帝欲施輕典於新國, 乃詔凡諸雜戶, 悉放爲百姓. … 其後又以齊之舊俗, 未改昏政, 賊盜姦宄, 頗乖憲章. 其年, 又爲刑書要制以督之. … 自餘依大律. 由是澆詐頗息焉".

때 그 내용이 가혹하였다. 이것에 대해서는 왕포(王褒)의 주가 있는데[64] 이 주는 진율(晉律)의 장주(張注)와 당율의 소의(疏義)와 함께 중국고대 형률에 대한 중요한 주로 손꼽힌다.[65] 선제는 즉위하자 중심(衆心)을 얻기 위해[66] 이 것을 폐지하였다가[67] 후에 다시 확대·개편하여 「형경성제(刑經聖制: 法經)」[68] 라는 율을 반포하여 시행하였다. 이것도 엄격하기는 마찬가지였다. 정제 즉 위 후 승상 양견이 '형경성제'를 폐하고 새로이 관대한 형법을 실시하기 위 해 「제이(第二)형서요제」를 시행하였다.[69] 대율은 『주례』의 영향을 강하게 받은 것이지만, 이후 역대 황제는 각각 특별법을 실시하는데, 그 특별법은 『주례』로부터 벗어난 것으로 보인다.

다음으로 영(令)은 『당육전』 권6에 "후주가 조숙·탁발적에 명하여 영을 정하였으나 역사서에는 편목을 잃었다"[70]라 되어 있듯이 이미 당 중기에 이 임보(李林甫) 등이 『육전』에 주를 가할 때에 편목마저 멸실되었으니 내용이 어떠했는지는 더욱 불명확하다. 혹자는 『수서』 예의지 및 식화지에 나오는 주제에 관한 부분이 주령(周令)의 유문일 것이라고 보기도 한다.[71] 당대에 이 런 결과가 나타난 것 역시 서위-북주의 영이 예의 단순한 보조적 존재였기

---

64 『周書』卷41 王褒傳, p.731, "高祖作象經, 令褒注之. 引據該洽, 甚見稱賞".

65 內田吟風, 「北周の律令格式について」, 1975, p.264.

66 『隋書』卷25, 刑法志, p.709, "(宣)帝又恐失衆望, 乃行寬典, 以取衆心. 宣政元年八月, 詔制九條, 宣下州郡. 大象元年, 又下詔曰: '高祖所立刑書要制, 用法深重, 其一切除之.'".

67 『周書』卷7 宣帝紀, p.120, "初, 高帝作刑書要制, 用法嚴重. 及帝卽位, 以海內初平, 恐物情未附, 乃除之".

68 『唐六典』卷6 刑部「大凡五百條焉」條, p.183, "至武帝, 又造刑書要制, 與律兼行. 至宣帝殘酷, 廣刑書要制爲刑經聖制, 謂之'法經'".

69 『隋書』卷25 刑法志, pp.709~710, "宣帝性殘忍暴戾 … 大象元年, 又下詔曰: '高祖所立刑書要制, 用法深重, 其一切除之' … 於是又廣刑書要制, 以更峻其法, 謂之刑經聖制. … 隋高祖爲相, 又行寬大之典, 刑略舊律, 作刑書要制, 旣成奏之, 靜帝下詔頒行".

70 『唐六典』卷6 刑部「大凡五百條焉」條, p.184, "後周命趙肅·拓跋迪定令, 史失篇目".

71 程樹德은 "隋書禮儀志於周制記載甚詳, 苟非周令尙存, 何所依據? 然隋書經籍志亦不著錄, 殊不可解. … 食貨志所採, 決爲周令原文無疑. 此外禮儀志所載服制 通典及周書盧辯傳所載之官品, 其名稱亦全模倣周禮, 疑亦本之周令"이라 하였다(『九朝律考』(臺北: 商務印書館, 1973) 卷7 後周律考, p.494].

때문인 것으로 보이기 때문이다. 사실 영의 찬자도 율의 그것과 동일하다. 다만 조찬자는 유민·배한(裴漢)·곽언(郭彦)·고빈(高賓) 등이었다.[72] 무제가 북제를 멸망시킨 후 우창형(虞昌衡)·곡사징(斛斯徵) 등을 예령(禮令)의 편찬에 참여시켰다.[73]

서위-북주시대에 채용된 『주례』는 주로 관제 방면에 표현되었고 그 외의 율과 영도 『주례』의 영향을 받아 예의 일종으로 여겨졌다. 그러나 이 시대 위정자들이 『주례』를 채용하였다 하나 그 조문 하나하나에 구애되지 않는 유연성을 보인 것이 특징이다. 그러면 무슨 목적으로 현실에 맞지 않는 『주례』를 정치·사회 전반을 규율하는 예로써 채용한 것인가? 다음에서 살펴보기로 하자.

Ⅲ. 『주례』체제의 의미

1. 북주의 정통성 확립과 호한융합

우문씨가 주도하는 서위-북주가 육관제를 채용할 시기에는 매우 복잡한 정치·사회적 배경이 있었다. 동·서위 2개의 선비정권이 화북을 동서로 양분하여 대치하고 있었고, 장강 유역에는 양[蕭梁]정권이 있었다. 새로운 '삼국정립시대'가 열리게 되었던 것이다. 삼국 가운데 우문씨 주도의 서위-북주는 군사에서는 물론 정치에서도 열세를 면하지 못하고 있었다. 육진선비의 통수(統帥)인 고환이 건립한 동위는 하동, 하북과 물산이 풍부한 산동 등 광대한 지역을 영유하여 각종 물산뿐만 아니라 군사력까지 모두 우문씨보다 우세하여 무부(무인)들을 머무르게 할 수 있었고, 그 수도 업도의 전장·문물

---

72 『周書』卷34 裴漢傳, p.597, "尋轉司車路大夫. 與工部郭彦·太府高賓等參議格令, …"; 『周書』卷32 柳敏傳, p.561, "轉小司馬, 又監修律令".
73 『隋書』卷57 盧昌衡傳, p.1404, "武帝平齊, 授司玉中士, 與大宗伯斛斯徵修禮令".

은 모두 북위 효문제 태화 이후의 낙양이 갖고 있던 유업을 이었기 때문에 중원 사대부의 관심을 끌 수 있었다. 양조도 지역이 광활하여 물산이 풍요할 뿐만 아니라 한족이 건립한 정권이라 화하의 문화정통을 표방하고 있었다.[74] 그러나 서위-북주의 중심인 관중 지역은 재부나 문화 양면에서 동남방의 그 것에 미치지 못하였다.[75]

서위-북주는 이러한 절박한 입장에 처하여 새로운 돌파구를 찾게 되었다. 가장 여건이 불리했지만『주례』를 채용함으로써 오히려 가장 강점을 갖게 되었다. 오호십육국·북조시대의 가장 현안은 바로 호한 간의 민족 문제였다. 경쟁국이었던 동위-북제가 이 문제를 순조롭게 해결하지 못해 패망에 이르렀다고 한다면,[76] 서위-북주는 이 문제를『주례』를 채용함으로써 해결했다고 볼 수 있다. 그런 면에서 이 시대의 역사를 이해할 때,『주례』채용 문제를 가볍게 생각할 수가 없다. 따라서『주례』채용은 호한 문제를 해결하는 관점에서 접근하는 것이 당연하다. 사실 표면적으로는『주례』제도의 채용이라는 명분을 내걸었지만, 실질적으로는 관롱 지역에 모여든 호한 여러 종족의 혼거가 빚어낸 문제를 해결하려는 실질적인 목적이 있었다는 견해는[77] 이런 당시 현실을 제대로 반영한 것이다. 우선의 과제는 어떻게 하면 많은 인구를 끌어모으느냐였고, 다음 과제는 그들을 어떻게 융합시키느냐 하는 것이었다.

당시 삼국 모두 어떻게 하면 인심을 수람하여 많은 인구, 특히 유력자를

---

74 陳寅恪,『隋唐制度淵源略論稿』卷3 職官, 1982, pp.90~91, "以物質論, 其(宇文泰)人力財富遠不及高歡所轄之境域, 固不待言, 以文化言, 則魏孝文帝以來之洛陽及洛陽之繼承者鄴都之典章制度, 亦豈荒殘僻陋之關隴所可相比. 至於江左, 則自晉室南遷以後, 本神州文化正統之所在".

75 陳寅恪,『隋唐制度淵源略論稿』, 卷3 職官, 1982, p.92.

76 朴漢濟,「東魏-北齊時代의 胡漢體制의 전개―胡漢 葛藤과 二重構造―」,『分裂과 統合』, 서울: 지식산업사, 1998.

77 陳寅恪,『隋唐制度淵源略論稿』, 卷3 職官, 1982, p.91, "即陽傅周禮經典制度之文, 陰適關隴胡漢現狀之實而已".

자기 정권으로 끌어모으느냐는 과제를 안고 있었다. 이 문제와 관련하여 하북의 패자로 등장했던 북제 고조 고환이 두필(杜弼)에게 했던 말은 상징적이다. 상당히 유리한 입장에 있었던 고환이지만 그도 당시 선비독장(훈귀)들이 서위-북주로, 그리고 한인 '사자'들이 양나라로 향하고 있는 것이 곤혹스럽다는 것이었다.[78] 그런 상황에서 효무제가 서천하자 그를 다시 환원시키기 위해 노력하였던 것도[79] 호한세력을 자기 밑에 보다 많이 집결시키려는 고환 나름의 방침에서 비롯되었다. 또한 그들 간의 조화를 위하여 노력하였고, 어느 정도 성공을 거두었다는 평가도 받았다.[80]

"사람과 물산이 흩어지면 무엇을 가지고 나라를 경영하겠는가[人物流散 何以爲國]"[81]라고 한 고환의 말은 당권자인 우문태도 마찬가지로 해결해야 할 가장 큰 문제였다. 사실 사람이 모이면 물산(경제력)은 따라오는 것이다. 즉 군사를 정비하고 농업에 힘쓰는 일을 통한 국가의 부강을 달성하는 물질적인 방면의 정책도 중요하지만, 그것만으로는 충분하지 않다. 관롱 지역 내에 할거하는 선비육진민족과 기타 호한 토착인을 하나의 '불가분'의 집단으로 만들어야 하였다. 즉 복잡한 구성요소를 가진 민족들을 하나로 융합하여 '안으로 반란세력을 안정시키고[內安反側]', '밖으로 강한 이웃을 막기[外禦强鄰]' 위해서는 물질적으로 동일한 이해 환경에 처했음과 동시에 정신적으로 그들이 같이 하나의 연원에서 출발하였다는 신앙과 하나의 문화에 훈습되어 있다는 믿음을 갖추어야 한다. 따라서 관롱 경내에 모여 혼거하고 있는 호한

78 『北齊書』卷24 杜弼傳, pp.347~348, "(杜)弼以文武在位, 罕有廉潔, 言之於高祖. 高祖曰: '弼來, 我語爾. 天下濁亂, 習俗已久. 今督將家屬多在關西, 黑獺常相招誘, 人情去留未定. 江東復有一吳兒老翁蕭衍者, 專事衣冠禮樂, 中原士大夫望之以爲正朔所在. 我若急作法網, 不相饒借, 恐督將盡投黑獺, 士子悉奔蕭衍, 則人物流散, 何以爲國? 爾宜少待, 吾不忘之.'".
79 『資治通鑑』卷156 梁紀12 武帝 中大通 6年(534) 秋7月條, p.4851, "戊申, 帝西奔長安, 李賢遇帝于崤中. 己酉, 歡入洛陽, 舍於永寧寺, 遣領軍婁昭等追帝, 請帝東還".
80 『周書』卷27 宇文測傳 附 弟深傳, p.456, "高歡之撫河北, 甚得衆心, 雖乏智謀, 人皆用命, 以此自守, 未易可圖".
81 『北齊書』卷24 杜弼傳, p.348.

의 다양한 인민들의 마음을 융합시켜 일가로 만들 수 있는 문화정책이 필요
하였다.[82] 그러기 위해서는 관롱 지역을 본위로 하는 정신적 독립 선언이 무
엇보다 중요했던 것이다. 이것은 바로 서위-북주왕조의 정통성 확립을 위
한 작업인 동시에 호한 민족 문제를 해결하는 방안이기도 하였다.

『주례』 채용은 '옛것에 가탁하여 제도를 고치는 것[託古改制]'이라 할 수
있고, 여기서 '고(제)'란 두말할 것도 없이 '서주(지제)'를 가리킨다. 그러면
왜 서주인가? 서위-북주에서 『주례』 채용은 '한위지제'의 폐기와 그 초극
(超克)을 전제로 한 것이지만, 여기서 서주와 한·위는 분명 대립적인 개념으
로 파악되고 있다. 북주 무제의 즉위 시에 내린 조칙에 의하면, 우문태의 『주
례』 채용을 '말세의 폐풍을 버리고[捨末世之弊風]', '융성했던 서주의 밝은 전
장을 따르는[蹈隆周之叡典]' 주공의 정책을 따른 것으로 평가하고 있다.[83]

왜 '한위지제'를 폐기하려 하였는가? 이것은 바로 적대세력과의 문제와
연관된 것이라고 볼 수 있다. 즉 양은 한대 이래의 제도·문물을 계승 발전
해 온, 한위 정통을 잇는 나라이다. 동위-북제는 바로 북위 효문제의 한화
정책에 의해 정립된 문화를 양족(兩足)의 하나로 삼고 있다. 그 영내에 귀족
문화의 본산인 산동이 있으며, 그 수도인 업도는 낙양을 그대로 옮겨 온 귀
족의 연수(淵藪)였다.[84] 서위-북주가 지탱하고 내세운 근거는 관중이 가진

---

82 陳寅恪, 『唐代政治史述論稿』, 1982, p.91.

83 『周書』 卷5 武帝紀上, p.64, "保定元年春正月, … 戊辰, 詔曰: '… 故周文公以上聖之智, 翼彼
姬周, 爰作六典, 用光七百. … 我太祖文皇帝稟純和之氣, 挺天縱之英, 德配乾元, 功侔造化,
故能捨末世之弊風, 蹈隆周之叡典, 誕述百官, 厥用允集. … 今可班斯禮於太祖廟庭' 己巳, 祠
太廟, 班太祖所述六官焉".

84 川本芳昭는 『周禮』에 의거한 改革이 五胡十六國시대에 누차 보이고, 北魏 孝文帝의 改革에
서도 祀天之禮, 尙書官制, 均田制, 封爵制 등 각 방면에 『周禮』의 영향이 있다고 하여 宇文
泰의 『周禮』에 준거한 改革도 단지 孝文帝 이후 『周禮』 개혁 풍조를 계승한 것이라고 하
였다(「五胡十六國 北朝期における周禮の收容をめぐつて」, 『佐賀大學敎養部硏究紀要』 23,
1991). 그러나 宇文泰의 전면적인 『周禮』 수용과는 다른 것이며, 특히 宇文泰를 중심으로
하는 北鎭集團이 孝文帝의 漢化政策에 반발한 六鎭의 亂의 결과로 생성된 것이라는 점에
서 수용하기 힘들다.

유산이었다. 사실 서위-북주의 경우 갈등이 발생한다면 정권의 중추를 장
악하는 우문씨의 원훈집단과 관중재지세력(호족) 간의 갈등일 것이다. 우문
씨 원훈집단의 수는 그리 많지 않았다. 여기에 관중재지세력의 대표라 할 수
있는 소작과 우문태의 합작은 우문태에게는 대단히 중요한 일이었다. 소작
은 관롱호족의 대표로서 북진 무장의 대표인 우문태와 결합한 것이었다. 소
작은 새로운 관롱정치·사회·문화체계의 기획자였다. 그의 정책은 창신보
다 복고에 있었다고 할 수 있는데, 그가 내세울 수 있는 것은 관중이 갖는 자
존심이었다. 관중은 희주(姬周)의 고토였다. 이로써 북위 이래 전장·문물을
계승한 동위-북제나 한위 이래 '신주' 정통문화를 지켜 온 양에 대한 문화
적·정신적 열등감을 불식시킬 수 있다고 생각한 것이다.

　　서위-북주의 입국정신은 이른바 '삼십육국 구십구성' 체제로의 회귀였
다. 이것은 곧 북위의 입국 정신이기도 하였다.[85] 이는 호족들의 자존심 회복
이며, 동시에 단결심을 발휘시키는 작업이었다. 우문태의 선결 과제는 원훈
집단을 핵심으로 하는 호족들의 단결이었다. '삼십육국 구십구성'으로의 회
귀를 위해 실시한 것이 '호성재행'이었다. 호족이나 한족 모두에게 사성을
통해 그 목적을 달성하려 하였다. 한족들은 사성과 동시에 이전의 군망에서
관중 군망으로 개조하였다. 따라서 북족민들도 관중인이 되었고,[86] 한족들
의 본관도 경조, 농서 등 관중의 어느 곳이 되었다. 수·당 황실이 된 양씨나
이씨의 군망이 홍농 혹은 농서로 된 것도 바로 이때였다. 이렇게 관중이라는
지역을 민족을 초월한 호한인민의 '향리'로 지정하여 '동향민'이라는 의식
을 갖게 함으로써 양측을 융합시키고 지역적 자부심과 이기심을 불어넣었

85　朴漢濟, 「西魏·北周時代 胡漢體制의 展開-胡姓再行의 經過와 그 意味」, 『魏晉隋唐史研究』
　　1, 1994, pp.61~67.
86　『周書』 卷4 明帝紀, p.55, "二年(558)三月, 庚申, 詔曰: '三十六國, 九十九姓, 自魏氏南徙, 皆
　　稱河南之民. 今周室旣都關中, 宜改稱京兆人.'".

던 것이다.[87] 이런 정책을 진인각은 우문태의 '관중본위정책'이라 명명하였
다.[88]

호성재행과 사성정책의 실시를 통해 관중에 새로운 향리를 창건하여 그
곳에 거주해 왔거나 모여든 호한 양족을 '친족화'시켰다.[89] 그러면 이 작업
과『주례』는 어떤 관계에 있는 것일까? 첫째, 그들이 현실적으로 근거하고
있는 지역이 관중이었고, 관중에 최초로 근거를 잡았던 조대는 주조(周朝)였
다. 둘째, 주대는 바로 '이(夷)와 하(夏)를 분리시키지 않았던 시대'[90]라는 점
이었다.

이런 작업 과정에서 우문씨의 원조를 관중과 연결시키는 작업이 나온 것
은 자연스런 결과였다. 우문태의 우문씨는 선비족이라는 설이 있기는 하지
만 흉노 남선우의 원속이라는 설이 유력하다.[91] 우문씨가 진실로 어떤 족속
이었느냐보다 특정 족적 원류를 주장하고 나왔느냐가 더욱 중요한 문제이
다.『주서』의 기록에 의하면, 당시 우문씨의 조선(祖先)은 염제신농씨(炎帝神
農氏)로 하였다.[92] 그들이 신농씨를 족적 원류로 삼은 데는 그 이유가 있는 듯
하다. 즉 신농씨가 강성(姜姓)이라는 설과 희주강원(姬周姜原)의 고사들을 결
합시켜 우문씨와 희주와는 깊은 관계가 있음을 주장하고자 한 것 같다. 왜냐
하면 우문태가 죽은 뒤 세자 우문각이 16세로 상속하자 서위의 황제는 그를
희주 흥기의 땅인 기양(岐陽)에 봉하면서 주공으로 하였다가 곧 제위를 선양
하고 있다.[93] 후술할 내용이지만 당시 우문각은 황제가 아니라 천왕이었다.

---

87 朴漢濟,「西魏·北周時代 胡漢體制의 展開─胡姓再行의 經過와 그 意味」, 1994, pp.74~75.
88 陳寅恪,『唐代政治史述論稿』, 1982, p.18.
89 朴漢濟,「西魏·北周時代 胡漢體制의 展開─胡姓再行의 經過와 그 意味」, 1994, p.68.
90 宮崎市定,『九品官人法의 硏究─科擧前史─』, 京都: 同朋舍, 1956, p.490.
91 周一良,「論宇文氏之種族」,『魏晉南北朝史論集』, 北京: 中華書局, 1963.
92 『周書』卷1 文帝紀上, p.1, "太祖文皇帝姓宇文氏, … 其先出自炎帝神農氏, 爲黃帝所滅, 子孫
   遯居朔野. … 鮮卑慕之, 奉以爲主, 遂總十二部落, 世爲大人".
93 『周書』卷3 孝閔帝紀, p.45, "(魏恭帝三年, 556)十二月丁亥, 魏帝詔以岐陽之地封帝爲周公. 庚
   子, 禪位於帝".

이것도 서주의 체제를 계승한다는 의도인 것이다. 우문각의 시호는 효민제 (孝閔帝)인데, 이것은 그가 죽은 후 한참 후인 무제 건덕(建德) 원년(572) 여름 4월에 추존된 것이었다.[94]

스스로 서주의 '말류(末流)'로 자임한[95] 우문씨가 그 국명을 주(周)로 한 것은 이상과 같은 이유에서였다. 이런 점에서 모든 제도를 외형상이나마 서주의 그것에 맞추려는 모습을 보인 것이다. 앞서 보았지만『주례』채용은 주로 관제 부문에 현저하였다. 사실『주례』를『주관(周官)』으로 칭하기도 한다는 면에서 관제적 특성이 강한 것도 부정할 수 없다. 그러나『주례』에 근거한 것은 관제뿐만이 아니었다. 개혁의 범위는 관제 개혁뿐만 아니라 군제와 조의기용(朝儀器用), 즉 문물·전장제도에도 미쳤던 것이다. 예를 들어 군제를 살펴보자. 서위 초기 부병제는 6군으로 되어 있다. 6개의 주국대장군 밑에 2개의 대장군이 있으니 12대장군이다. 각 대장군 아래 2개의 개부가 있으니 24개 부다. 이것이 곧 24군이다. 개부 아래 2개의 의동이 있으니 48개 의동이다.[96] 모두 6의 배수로 되어 있다. 또 다른 예로 문체를 들어 보자. 병사여육(騈四儷六: 사육병려)의 문장이 지배적인 문체로 성행했던 남북조시대에 서위의 실권자인 우문태가 소작에게 명하여 문체의 개혁을 시도하여 새로운 문체의 표식으로 '대고(大誥)'를 만들게 하여 그 사용을 강행하였던 것은[97] 중국문학사상 큰 사건의 하나이다.『주서』소작전을 보면,

---

94『周書』卷5 武帝紀上, 建德 元年 夏四月 庚寅條, p.80, "推尊略陽公爲孝閔皇帝".

95『周書』卷23 蘇綽傳, p.393, "皇帝若曰: '惟天地之道, 一陰一陽; 禮俗之變, 一文一質. … 惟我有魏, 承乎周之末流, 接秦漢遺弊, …'".

96 北周 武帝 宇文邕이 北齊를 멸망시킬 당시 府兵은 20萬이었다. 그러나 초기의 府兵은 6柱國大將軍 밑에 소속되어 있다. 즉 1儀同의 兵은 1,000명이었으니 1開府의 병력은 2,000명이다. 2대장군은 4,000명의 병을 거느린다. 1柱國大將軍은 8,000명의 병을 거느리게 된다. 6柱國大將軍의 병력을 합치면 48,000명이다.『鄴侯家傳』에서 초기 부병을 '不滿五萬'이라 한 것은 이것과 부합한다.

97『周書』卷23 蘇綽傳, pp.391~394, "自有晉之季, 文章競爲浮華, 逐成風俗. 太祖欲革其弊, 因魏帝祭廟, 羣臣畢至, 乃命綽爲大誥, 奏行之. 其詞曰: '惟中興十有一年, ….' 帝曰: '欽哉.' 自是之後, 文筆皆依此體".

(서)진 말부터 문장이 부화하여 다투어 풍속이 되었는데 그 폐단을 고치려 위제가 종묘에 제사할 때 군신이 모두 모이는 기회를 이용하여 (소)작에게 대고(체)를 만들게 하고 상주하여 시행하였다.[98]

라 하였다. 이 대고체의 부활은 서주체제의 복귀일 뿐만 아니라 서진 이후 발달해 온 남조류의 부화한 문장, 즉 사육병려문에 대한 비판의 뜻이 담겨 있다.[99] 낙양을 중심으로 하는 북위 말의 퇴폐 타락을 시정하려는 우문태 정권이 행한 광범위한 복고운동의 일환이었다. 그 대안으로 제시된 대고란 '상서체'의 문체를 말하는 것이다.[100] 우문태 치하에서의 상서체 문서는 반드시 소작의 대고에서 시작하는 것이 아니고, 대고가 반포된 대통 11년보다 8년 전인 대통 3년 우문태가 숙적 고환과 동관에서 싸울 때에 군대에 내린 '서(誓)'로 이는 상서의 '서'를 모방한 것이다.[101] 또 우문태가 위 문제의 유아를 폐하고 공제를 옹립했을 때에 노변이 쓴 고유(告諭)도,[102] 또 북주 효민제 우문각이 서위의 양위를 받아 천자로 등극할 때 위제(공제)가 발한 조나 책서도[103] 소작의 대고체에 의한 것이었다. 실제 이 문체 개혁은 당시 현실과

---

98 『周書』卷23 蘇綽傳, p.391, "自有晉之季, 文章競爲浮華, 遂成風俗. 太祖欲革其弊, 因魏帝祭廟, 羣臣畢至, 乃命綽爲大誥, 奏行之".

99 『周書』卷23 蘇綽傳, p.393, "皇帝若曰: '…. 惟我有魏, 承乎周之末流, 接秦漢遺弊, 襲魏晉之華誕, 五代澆風, 因而未革, 將以穆俗興化, 庸可暨乎.'"

100 『史通』(臺北: 世界書局, 1969年刊『史通通釋』本) 卷17 雜說中 '周書', pp.143~144, "尋宇文初習華風 事由蘇綽, 至於軍國詞令, 皆準尚書, 太祖勅朝廷, 他文悉準於此. … 案綽文, 雖去浮麗, 存茲典實, 而陷於矯枉過正之失. 乖夫適俗隨時之義".

101 『周書』卷2 文帝紀上, p.23, "(大通三年八月丁丑), 太祖率李弼·獨孤信·梁禦·趙貴 … 達奚武等十二將東伐. 至潼關, 太祖乃誓於師曰: '與爾有衆, 奉天威, 誅暴亂. 惟爾士, 整爾甲兵, 戒爾戎事, 無貪財以輕敵, 無暴民以作威. 用命則有賞, 不用命則有戮. 爾衆士其勉之.'"

102 『周書』卷2 文帝紀下, p.35, "魏恭帝元年夏四月, 帝大饗羣臣. … 太祖乃令太常盧辯作誥諭公卿曰: '嗚呼! 我羣后曁衆士, 維文皇帝以褓褓之嗣託於予, 訓之誨之, 庶厥有成. 而予罔能革變厥心, 庸曁乎廢, 墜我文皇帝之志. 嗚呼! 茲咎予其焉避. 予實知之, 矧爾衆人之心哉. 惟予之顏, 豈惟今厚, 將恐來世以予爲口實.'"

103 『周書』卷3 孝閔帝紀, pp.45~46, "(魏恭帝三年十二月)庚子, 禪位於帝. 詔曰: '予聞皇天之命不於常, 惟歸於德. 故堯授舜, 舜授禹, 時其宜也. 天厭我魏邦, 垂變以告, 惟爾罔弗知. 予雖不

동떨어진 면이 있었고 따라서 오래 존속될 수 없었다.[104] 이에 대한 후세의
비판도 여럿 있었지만,[105] 이후 우문옹(무제)의 즉위조에서 다시 병문조가 나
타날 때까지 나름으로 정치적인 작용을 하고 있었던 것이다.[106] 이 대고의 출
현은 문학사적으로도 의미가 있지만, 그런 시대착오적인 문체 개혁의 배후
에 도사리고 있는 정치사적인 의미를 새겨야 한다.

또한 우문태의 사상은 유술(儒術)의 숭상과 '반풍속', '복고'로 요약할 수
있는데,[107] 이것 역시 반양, 반동위-북제의 의미를 담고 있는 것이다. 유술
숭상은 북주의 하나의 조법이 되어 준수되었다.[108] 따라서 우문태에 의해 추
진된 서주체제, 즉『주례』체제로의 복귀는 바로 한위지제를 계승한 적국 양
에 대한 서위-북주의 정통성의 확보인 것이고, 민족적인 면에서 호한의 융
합을 도모한 정책이라 할 것이다.

明, 敢弗襲天命, 格有德哉. 今踵唐虞舊典, 禪位於周, 庸布告遐邇焉.' 使大宗伯趙貴持節奉册
書曰: '咨爾周公, 帝王之位弗有常, 有德者受命, 時乃天道. 予式時庸, 荒求於唐虞之彝踵. 曰
我魏德之終舊矣, 我邦小大罔弗知, 今其可久怫於天道而不歸有德歟. …'.
104 『周書』卷41 王褒・庾信傳 史臣曰, p.744, "然(蘇)綽建言質朴, 遂糠秕魏晉, 憲章虞夏, 雖屬詞
有師古之美, 矯枉非適時之用, 故莫能常行焉"; 吉川幸次郎은 '약 십수 년 작용하였다고 보
아도 좋다'고 하였다(吉川幸次郎, 「北周の大誥について」, 『石濱先生古稀記念東洋學論叢』,
大版: 關西大學出版會, 1958, pp.625~627).
105 『困學紀聞』卷2 書, p.129, "蘇綽大誥, 近于莽矣. 太元(玄)所謂童牛角馬, 不今不古者歟. 蘇
威五教 綽之遺風也";『周書』卷41 王褒・庾信傳 史臣曰, p.744, "然(蘇)綽建言務存質朴, 遂
糠秕魏・晉, 憲章虞・夏. 雖屬詞有師古之美, 矯枉非適時之用, 故莫能常行焉".
106 吉川幸次郎, 「北周の大誥について」, 1958, pp.625~627.
107 『周書』卷2 文帝紀下, p.44, "太祖知人善任使, 從諫如流, 崇尙儒術, 明達政事, … 性好朴素,
不尙虛飾, 以反風俗, 復古始爲心".
108 北周 武帝도 역시 儒術을 崇尙하였다(『北史』卷82 儒林下 熊安生傳, p.2744, "時西朝旣行
周禮, 公卿以下, 多習其業, 有宿疑碩滯者數十條, 皆莫能詳辨. 天和三年, 周齊通好, 兵部尹公
正使焉. 與齊人語及周禮, 齊人不能對, 乃令安生至賓館, 與公正言. 公正有口辯, 安生語所未至
者, 便撮機要而騁問之. … 公正於是問所疑, 安生皆爲一一演說, 咸究其根本. 公正嗟服, 還,
具言之於武帝, 帝大欽重之. 及入鄴, 安生遽令掃門. 家人怪而問之, 安生曰: '周帝重道尊儒,
必將見我矣.'").

2. 문벌체제의 타파와 육주국 원훈

북위 효문제의 한화정책의 시행 결과 북위왕조에서도 위진시대 이래의 문벌제도가 고착되었다. 그것은 호족의 이익에도 상반된 결과를 가져왔다. 문벌주의 노선에 따른 성족분정(姓族分定)과 개인의 능력보다 문자(門資)에 의한 관리 등용의 원칙이 확립되었기 때문이다. 문(文) 위주일 수밖에 없는 귀족관료제는 주로 무직을 담당하는 북족민의 신분 하락을 가져왔고, 특히 북위왕조 창건의 주역으로 명예를 누리던 북진병의 천민화를 조장하였다. 519년 무인의 선거를 청품(淸品)에서 제외하자는 청하(淸河) 명족 장중우(張仲瑀)의 건의에 격분한 우림·호분병의 반기는 매우 격렬하였다.[109] 그 소요는 그 후 무인의 관계 진출에 유리한 최량(崔亮)이 제안한 '정년격(停年格)'의 시행으로 일단 수습되었다.[110] 그러나 5년 후 일어난 육진의 난은 효문제 이후 전개된 문벌체제에 대한 북진 무인들의 대응이었다. 육진 진민 출신으로 구성된 우문태를 중심으로 하는 이른바 육주국(六柱國) 원훈들의 한위 이래 발전해 온 문벌제도에 대한 태도는 미루어 짐작할 수가 있다. 이주 후 새로이 정착한 관중에서 그들 나름의 선거와 관료질서를 내세우는 것은 당연한 귀결이다.

앞에서 호성재행이 북족민에게 새로운 향리를 경조에 마련해 주었다는 점을 지적했지만, 구체적으로 우문태의 조처를,

주의 태조가 입관하자 제성자손 가운데 공이 있는 자는 모두 그 종장(宗長)이 되게 하였고, 동시에 보록(譜錄)을 찬술하여 그 계보를 기록하게 하였다. 또 관내

---

109 『魏書』卷64 張彝傳, p.1432, "第二子仲瑀上封事, 求銓別選格, 排抑武人, 不使預在淸品. 由是衆口喧喧, 謗讟盈路, 立榜大巷, 剋期會集, 屠害其家. … 神龜二年二月, 羽林虎賁幾將千人, 相率至尙書省詬罵, 求其長子尙書郎始均, 不獲, 以瓦石擊打公門".

110 福島繁次郎, 「北魏の停年格と吏部權の發展」, 『增補中國南北朝史研究』, 東京: 名著出版, 1979, pp.249~254.

의 제주를 그 본망으로 하게 하였다.[111]

라고 말한 점에서 보듯이, 이 조처는 일견 새로운 문벌주의로 복귀한 것처럼
보인다. 사실 이 조처는 우문태의 원종신료의 신분 상승 결과를 가져오게 한
것도[112] 부정할 수 없다. 그러나 이것은 단순히 우문태를 둘러싼 집단의 기
득권만을 보호하기 위한 씨족분정 자체로 해석할 수 없다. 우문태의 기본적
인 정책은 소작의 「육조조서」로 대표되듯이 현재주의(賢才主義)이기 때문이
다.[113]

　우문태가 지향한 것은 궁극적으로 한위체제를 초탈하려는 시도이다. 그럼
이른바 한위체제란 무엇인가? 『주서』 노변전에 의하면,

　　처음 태조가 주관을 시행하고자 소작에게 명하여 그 일을 전장하도록 하였다.
　　얼마 되지 않아 소작이 죽으니 노변으로 하여금 그것을 완성하도록 하였다. 이
　　에 『주례』에 의거하여 육관을 세워 공경대부와 사를 두고 조의(朝儀)의 찬차(撰
　　次)나 거복(車服)과 기용(器用) 대부분을 고례에 따르고 한위지법을 혁파하였
　　다.[114]

라고 하였다. 서위-북주의 정치 목표는 한위지법의 변혁이고 고례, 즉 『주
례』 체제로의 복귀였다. 한·위를 완전히 문벌주의 시대라고 할 수 없지
만, 그 말류는 역시 문벌주의 시대였던 것만은 부정할 수 없다. 한위지법은

111 『隋書』 卷33 經籍志2, p.990, "及周太祖入關, 諸姓子孫有功者, 並令爲其宗長, 仍撰譜錄, 紀
　　其所承. 又以關內諸州, 爲其本望".
112 濱口重國, 「西魏に於ける虜姓再行の事情」, 『秦漢隋唐史の硏究(下卷)』, 東京: 東京大學出版
　　會, 1966, p.748.
113 谷川道雄, 「西魏『六條詔書』における士大夫倫理」, 『中國中世社會と共同體』, 東京: 國書刊行
　　會, 1976, p.236.
114 『周書』 卷24 盧辯傳, p.404, "初, 太祖欲行周官, 命蘇綽專掌其事. 未幾而綽卒, 乃令辯成之.
　　於是依周禮建六官, 置公·卿·大夫·士, 並撰次朝儀, 車服器用, 多依古禮, 革漢·魏之法".

한·위 이래 조상의 관작의 고하에 의해 문벌의 고저가 결정되는 체제였다. 즉 북위 문벌사족이 관료직을 독점하고 대대로 요직을 차지하는 중요한 근거가 된 것이다. 우문태가 추진한 개혁은 북위 사족문벌의 우월한 지위를 더이상 인정하지 않으려는 것이었으며 통치 범위 내에서 북위사족의 기초를 제도적으로 타파하려는 것이다.[115]

수대에 들어 북주가 관리 등용에 청탁(淸濁)을 없앤 것을 비난하는 논설이 나오고 있는 것은[116] 소작이 북위 효문제가 한화정책을 실시하면서 문벌만을 중시하여 가문의 귀천이 계속 세습되던 불공평한 제도를[117] 혁파하고 서족인물들에게 정치 참여의 길을 열어 주기 위한 정책을 폈다는 것을 말한다.

왜 이런 정책들이 나온 것일까? 관롱 지역에는 북위시대에 크게 활약한 사족문벌이 매우 드물었으며 우문태를 중심으로 한 북진 무장과 이 지역의 호족이 협력하여 서위−북주정권을 수립하였다. 더군다나 관중 지역은 이미 서진 말 이후 여러 종족이 잡거하는 상태에 있었고,[118] 산동 지역과 같은 문벌귀족의 집거지도 아니었기 때문에 문벌의 후예들이 관계에 크게 영향을 끼칠 수가 없었다. 하발악이 후막진열에게 살해된 직후, 우문태를 중심으로 한 군대 대부분이 관중(관서)인이었다.[119] 『주례』 관제의 채용 건의는 관롱 지역의 대표적 인물인 소작이 제출한 것이었다. 소작은 지금의 섬서성 무공

---

115 反門閥政策의 기조는 蘇綽의 『六條詔書』에 잘 나타나 있다. 즉 관료의 선임을 '門資'에 두지 않고 '擇賢良'에 두는 것이다. "其一, 先治心 … 牽至公之理以臨其民, 則彼下民孰不從化. … 其四, 擢賢良. … 自昔以來, 州郡大吏, 但取門資, 多不擇賢良; … 夫門資者, 乃先世之爵祿, 無妨子孫之愚瞽; … 若門資之中而得賢良, 是則策騏驥而取千里也"(『周書』卷23 蘇綽傳, pp.382~386).

116 『北史』卷30 盧愷傳, p.1090, "自周氏以降, 選無淸濁. 及愷攝吏部, 與薛道衡·陸彦師等甄別士流, 故涉黨錮之譖, 遂及於此";『北史』卷28 陸彦師傳, p.1020, "隋承周制, 官無淸濁, 彦師在職, 凡所任人, 頗甄別於士庶, 論者美之".

117 朱大渭, 「代北豪强酋帥崛起述論」, 『六朝史論』, 北京: 中華書局, 1998, pp.242~243.

118 『晉書』卷56 江統傳, p.1533, "且關中之人百餘萬口, 率其少多, 戎狄居半".

119 『周書』卷1 文帝紀上, p.6, "魏永熙三年(534)二月, … 太祖謂魏帝(孝武帝)曰: '… 況此軍士多是關西之人, 皆戀鄕邑, 不願東下.'".

현(武功縣) 출신으로 소씨는 북위시대에는 별다른 주목을 받지 못한 가문이다. 노변이나 최유 등 효무제와 함께 서천한 산동문벌 출신 혹은 그 후예들이 개혁 작업에 동참하기는 했지만 큰 힘을 쓸 수 없었다.

『주례』 채용이라는 이른바 '옛것에 가탁해서 제도를 고치는 것[託古改制]'의 중요한 목적의 하나는 관제 개혁을 통해서 서위의 황족과 공경세력을 배제하는 것이었다. 북위 효문제의 한화정책 채용 이후 문벌귀족제가 전개되었고 서위왕조도 역시 그러하였다. 그래서 정권을 우문태를 중심으로 하는 북진 무장집단으로 귀속시키는 일이 시급하였다. 서위 영희(永熙) 3년(534)에서 대통 17년(551)까지의 기간에 문관의 인사권을 가진 상서령을 담당했던 자는 곡사춘(斛斯椿)·원부(元孚)·원찬(元贊)·원자효(元子孝) 등이었던 것을 보면[120] 대통 연간 초반 서위조정은 여전히 종실이 상당한 세력을 유지하고 있었던 것이다. 그러나 이런 국면은 『주례』 육관제가 점차 정착되어 감에 따라 변화하게 되었다. 즉 서위 종실의 실세(失勢)현상이 두드러진 것이다. 대통 17년 문제가 죽고 태자 원흠(元欽)이 계위하였다. 2년 후 상서 원열(元烈)이 난을 모의하다가 실패하여 피살되고,[121] 다음 해에 원흠이 우문태를 원망하였다가 폐위되는 사건이[122] 연이어 일어난다. 서위조정과 우문태의 패부 사이의 이런 갈등에 대해서는 상세하게 알려진 것이 없지만, 육관제 실시 이후 대총재와 육관을 모두 북진 무장이 차지한 것은 종실에 대한 우문태 측의 우위를 의미한다. 이렇게 됨으로써 북진 무장과 관롱호족의 사회적 지위가 상승된 것은 사실이다. 『주례』의 채용은 이렇게 관롱 지역의 한족호족의 지지와 귀순을 유도할 수 있었으니 우문태가 아니더라도 어느 위정자인들 채용하지 않을 수 있었겠는가?

---

120 萬斯同, 「西魏將相大臣年表」, 『二十五史補編(第四册)』, 臺北: 開明書店, 1959, pp.4521~4526.
121 『周書』 卷2 文帝紀下, p.34, "(魏廢帝二年, 553)冬十一月, 尚書元烈謀作亂, 事發, 伏誅".
122 『北史』 卷5 魏本紀5, p.182, "廢帝三年(554)春正月, 安定公宇文泰廢帝而立齊王廓. 帝自元烈之誅, 有怨言".

또 하나의 의미가 있다면 동위-북제가 북위의 (귀족)체제를 그대로 유지한 데 비해 서위-북주는 그 반대였다는 점이다. 어떤 면에서 기존 귀족에 대한 철저한 부정이고, 이것은 북위 효문제 이후 전개된 북조귀족제의 모순을 그런대로 극복한 것을 의미한다.[123] 이러한 일이 가능했던 것은 첫째, 서위-북주의 영토인 관롱 지역이 장안 부근을 제외하고는 귀족다운 귀족이 없었다는 현실에 근거한다. 각 지방의 대족이 있었지만 그들은 산동이나 강남 지역의 귀족과 같이 귀족문화에 젖지 않은 지방호족의 이미지를 가진 존재였다. 둘째, 당시가 전시였기 때문에 무엇보다 전공이 가장 중요한 승진의 기준이 되어야 한다는 상무적인 분위기였다는 점이다.[124]

이 문제와 『주례』의 관련성을 살펴보면 육관을 설치하면서 의도한 것은 기존의 관료제도와의 절연이다. 첫째, 귀족주의 관제의 특징인 관에 청탁의 구별을 두지 않았다.[125] 둘째, 관품 배열의 도치이다. 서위가 채용한 육관제는 유내관을 9등으로 나누고 구명(九命)으로 이름지었다.[126] 구명은 다시 2등으로 나누어졌기 때문에 결국 종래의 정종(正從)의 구품과 다르지 않지만 수의 순서가 이전과 정반대로 되어서 정1품을 정구명, 종1품을 구명, 정2품을 정팔명, 종2품을 팔명으로 하고 최하의 종9품을 일명으로 칭하였다.[127] 이것

---

123 李成珪, 「中國帝國의 分裂과 統一—後漢解體이후 隋·唐統一의 形成過程을 중심으로—」, 『歷史上의 分裂과 再統一(上)』, 서울: 一潮閣, 1992, p.180.

124 『隋書』卷51 長孫晟傳, p.1329, "晟, … 善彈工射, 趫捷過人. 時周室尙武, 貴遊子弟咸以相秤, 每共馳射, 時輩皆出其下".

125 (元)馬端臨撰, 『文獻通考』(北京: 中華書局, 1986) 卷36 選擧考9, p.345上, "(蘇綽)懲魏齊之失, 罷門資之制, 其所察擧頗加精謹";『隋書』卷72 陸彥師傳, p.1663, "隋承周制, 官無淸濁, 彥師在職, 凡所任用, 頗甄別於士庶, 論者美之";『周書』卷35 薛端傳, p.621, "自居選曹, 先盡賢能, 雖貴游子弟, 才劣行薄者, 未嘗升擢之".

126 『通典』卷19 職官1 官品條, p.481, "周官九命, … 後周制九命, 每命分爲二, 以正爲上, 凡十八命".

127 北周의 官僚等級(官等)의 구조는 상위 九命과 하위 九秩로 나누어지는데(『北史』卷9 周本紀 太祖文帝紀, p.328, "廢帝三年正月, 始作九命之典, 以敍內外官爵. 以第一品爲九命, 第九品爲一命, 改流外品爲九秩, 亦以九爲上."), 이것은 北齊에서 流內九品과 流外勳品(9급)으로 구성되어 있는 것과 같다.

은 양나라의 제도인 18반(班)과 같이[128] 종전의 관품과 완전히 절연하여 개혁한다는 효과를 기대한 것이었다.[129]

이것은 이전의 문벌주의적 관료제 운용에서 탈피하여, 공적과 능력으로 진퇴를 결정하겠다는 것이다.[130] 이것은 인재 등용에서의 능력 본위, 즉 현재주의의 표방이라 할 수 있지만, 전시라는 당시의 특수성 때문에 가장 얻기 쉬운 공적이 무공이란 점에서 의미는 크다. 따라서 중앙의 공경[131] 뿐만 아니라 지방장관까지도 무장이 차지하고 있었다.[132] 이런 까닭으로 창두(蒼頭)였던 자가 전공에 의해 개부(구명)에 오른 자도 있었다.[133]

서위-북주정권은 (북)제 혹은 양과 전쟁을 벌이고 있었기 때문에 무직군관 계통이 실제에서 정치의 지위나 역할에서 문직 행정 계통을 압도하고 있었다. 군단지휘자 6주국 12대장군 24개부의동삼사 대부분이 우문태의 개국공신인 호족계였으며, 『주례』를 모방한 관제가 시행되면서 6주국이 그대로 육관의 장을 겸임했기 때문에 선비계 원훈은 군사뿐만 아니라 행정권을 아울러 장악하게 된 것이다. 즉 군정합일이었다. 중앙정부의 육관제를 시행하고 있으나 부병육군의 8주국, 12대장군의 지위가 높고 권력이 크기 때문에 대부분의 주국이나 장군들이 육관 혹은 지방총관을 겸령하여 군정대권을 한 손에 쥐고 있었다.[134] 예컨대 주국대장군인 이필이 태부·대사도를, 조귀가

128 『通典』 卷19 職官1 官品條, p.481, "魏秩次多因漢制, 更置九品. 晉宋齊並因之. 梁因之, 更置十八班, 班多爲貴".

129 宮崎市定, 『九品官人法の硏究—科擧前史—』, 1956, p.491.

130 『周書』 卷23 蘇綽傳, p.386, "其四, 擢賢良, 曰: '… 今之選擧者, 當不限資蔭, 唯在得人. 苟得其人, 自可起斯養而爲卿相, 伊尹·傅說是也, 而況州郡之職乎. 苟非其人, 則丹朱·商均雖帝王之胤, 不能守百里之封, 而況於公卿之靑乎".

131 『隋書』 卷46 張煚傳, p.1261, "周代公卿, 類多武將, …".

132 『隋書』 卷62 柳彧傳, p.1481, "于時刺史多任武將, 類不稱職".

133 『周書』 卷31 梁士彥傳, p.548, "梁黙者, 士彥之蒼頭也, 驍武絶人. 士彥每從征伐, 常與黙陷陣. 仕周, 位開府".

134 大川富士夫는 宇文泰가 『周禮』를 채용한 것은 儒敎古典인 『周禮』를 이용하여 改革反對勢力의 입을 막고 권력을 元氏(西魏 황실)로부터 宇文氏로 돌리기 위한 합리적 수단이

태보·대종백을, 독고신이 대사마를 겸하고 있었으며, 이호는 육경을 겸령하지 않았으나 태위였다. 대장군도 마찬가지였다. 예컨대 양충이 12대장군의 하나였지만, 그는 강릉총관으로 한 지방의 군사권을 장악하고 있었다.

서위-북주시대 최고 행정기관인 『주례』 육관을 보면 한족과 호족은 1:2 정도의 분포로[135] 북진 무장집단의 우세를 알 수 있다. 특히 육관제의 실시로 우문태의 이른바 친신그룹의 진출이 크게 눈에 띈다.[136] 그러니 산동 최고 문벌인 박릉 최씨도 서위-북주 조정에 입관했지만 무력 능력이 결여되어 있었기 때문에 정치 핵심에 진입할 수가 없었다.[137] 이와 같이 귀족제적 문벌주의의 배격을 내걸었지만 현실적으로 공경이나 공신의 자식을 배려하지 않을 수 없었고, 어떤 제도가 장기간 계속되면 그 제도에 혜택을 받은 새로운 문벌이 등장하기 마련이다. 따라서 당시 신문벌인 '팔주국가'가[138] 새로운 문벌로 등장하였다.[139] 그러나 이 조처의 의미는 적지 않다. 서위에서 북주를 거쳐 수·당 초에 이르는 시기에 종래의 한인귀족과는 전혀 다른 계통의 문벌이 등장한 것이다. 이들이 이른바 수당 건국 세력인 '관롱집단'이다.

었다고 보았다(「西魏における宇文泰の漢化政策について」, 『立正大學文學部論叢』 7, 1957, p.75).

135 山崎宏, 「隋朝官僚の性格」, 『東京敎育大學 文學部紀要(史學研究)』 6, 1956, p.17.

136 恭帝 3년 六官制를 시행할 당시 六府長官은 비록 北鎭武將이었지만, 六府의 次官은 거의 宇文泰의 親信이었고, 中大夫階層도 역시 상당수가 宇文泰勢力이었다(呂春盛, 『西魏北周政治史硏究―以權力結構演變爲中心之考察―』, 國立臺灣大學歷史硏究所博士論文, 1993, p.125).

137 Patricia Buckley Ebrey, *The Aristocratic Families of Early Imperial China-A Case Study of the Po-Ling Ts'ui Family*, Cambridge: Cambridge University Press, 1978, p.74.

138 『周書』 卷16 趙貴傳 卷末, pp.272~273에는 八柱國으로 宇文泰·李虎·元欣·李弼·獨孤信·趙貴·于謹·侯莫陳崇을 들고 있으며, 八柱國 아래의 十二大將軍으로 元贊·元育·元廓·宇文導·侯莫陳順·達奚武·李遠·豆盧寧·宇文貴·賀蘭祥·楊忠·王雄을 들고 있다. 이상에서 元氏는 모두 西魏 宗室 출신으로 12대장군으로 명실상부한 자는 아니다. 그리고 "自大統十六年以前, 十二大將軍外, 念賢及王思政亦作大將軍"(p.273)이었다.

139 『周書』 卷16 趙貴傳 卷末, pp.271~272, "史臣曰: … 柱國大將軍, 位在丞相上. … 自大統十六年以前, 任者凡有八人. … 當時榮盛, 莫與爲此. 故今之稱門閥者, 咸推八柱國家云".

물론 우문태는 『주례』 육관제를 채용하여 관제를 개혁하면서 중앙관만 고쳤을 뿐, 지방관에 대해서는 손대지 않았다. 『주례』에는 내복(內服), 외복(外服), 향수(鄕遂), 국야(國野) 등의 구별이 있고, 육관 지관 민부에는 수백(遂伯)·초백(稍伯)·현백(縣伯)·기백중대부(畿伯中大夫) 등의 관이 나열되어 있지만, 그것은 허명에 불과하였다. 반면 총관[140]·자사·군수·현령 등의 지방 행정조직 및 (인·) 리·당의 기층조직은 그대로 있었다.[141] 사실 '팔주국가'라는 말에서 알 수 있듯이 서위-북주의 군정의 실권은 주국이 다 쥐고 있었으니 태부, 태보 및 육경은 허호(虛號)에 불과하였다. 따라서 육관행정이란 하나의 허구로 편성된 것이니 혹자의 말대로 '보기는 좋으나 맛이 없는[好看不好吃]'[142] 그래서 실제 작용이 없는 공중누각과 같았다. 그것이 바로 서위-북주에서 『주례』 채용이 공전의 성공을 거둔 이유라고 할 수 있으니 아이러니가 아닐 수 없다.

3. 왕도와 패부 이원체제의 정당화

서위-북주시대의 『주례』의 부침은 권력의 이원화와 깊이 연관되어 있다는 것을 발견하게 된다. 주지하다시피 『주례』가 표방하고 있는 서주시대의 특징적인 정치체제는 봉건체제이다. 봉건체제란 정치적·군사적 분권체제이다. 『주례』를 비롯한 유가 경전에서 이상화되고 있는 인물인 주공(周公)도

---

140 北周의 최고 지방장관은 都督이었지만 武成 元年(559) 正月에 總管으로 개칭하였다. 이런 개변은 總管의 職權의 擴大와 상응하는 조처였다. 北周 總管은 滅齊 前에는 25개, 滅齊 後에는 40여 개였으며, 總管은 總管區의 首州의 刺史를 겸임하였다.

141 西魏-北周의 향촌 기층조직이 北魏를 계승하여 隣(5家)·里(25家)·黨(125家)의 三長制를 유지하고 있다는 설이 유력했지만, 최근 里(혹은 閭: 25家)·黨(혹은 族: 100家) 二長制가 실시되었다는 주장이 강하게 제기되고 있다(宋昌斌, 『中國古代戶籍制度史稿』, 西安: 三秦出版社, 1991, pp.344~345). 이 근거는 "非直州郡之官, 宜須善人, 爰至黨族閭里正長之職, 皆當審擇, 各得一鄕之選"(『周書』 卷23 蘇綽傳, p.388), "減官員, 置二長"(同書, p.382)에 의거한다. 이런 변화는 過多한 免役者를 삭감하기 위한 조처로 본다(雷依群, 『北周史稿』, 西安: 陝西人民敎育出版社, 1999, pp.50~51).

142 袁剛, 「漫談西魏北周依『周禮』六官改革官制」, 1997, p.31.

사실상 분권의 화신이다. 서위는 우문씨정권인 북주를 창출하기 위한 과도
정권이었고, 주공과 유사한 위치에 우문태 등이 있었다. 북주정권을 창출하
기 위해서는 서위정권 내에서 우문씨에게 권력을 집중시켜야 하였다. 소작
이 우문태에게 고제를 회복하도록 건의한 중요 목적의 하나는 상부(相府)에
권력을 집중하는 것이었다.[143]

　서위–북주가 오호십육국의 여러 나라와 다른 점은 도성과 패부라는 권력
의 중심지가 양립하고 있다는 점이다. 서위의 수도는 장안이지만 장안 외에
또 하나의 정치 중심지가 있었다. 그것은 화주(뒷날 同州: 현재 섬서성 大荔)이
다.[144] 서위가 성립한 것은 우문태가 서천한 효무제를 옹립한 이후로, 당시 수
도로 장안이 정해졌다. 효무제 입관 이후 우문태는 대승상·관서대행대로
배명되었는데,[145] 대승상부와 대행대는 우문태의 실권기구가 되었고, 이를
패부(覇府)라 한다. 우문태는 서위 초년에는 동위와 교전 후 장안으로 돌아왔
으나 대통 4년(538) 이후에는 대부분 화주로 돌아가 활동하였다.[146] 이때에
주성(州城)이 건설되어 우문태는 이곳에 상주한 것으로 보인다.[147] 이로 인하
여 대통 3~4년쯤 화주에 패부를 열게 되었으니 장안과 화주는 서위의 양대
정치 중심지가 되었다. 우문태와 그를 따라 왔던 북진 무장들의 집도 대개 화
주에 있었고,[148] 우문태의 한인 근신들도 그곳에 있었다.[149] 그리고 우문태의

143　西魏–北周가 채용한 六官制의 특징은 冢宰 혹은 大司馬의 權限이 過重하여 皇帝를 傀儡
　　로 만들어 결국 權臣 禪代의 결과를 낳았다는 것이다(侯家駒,『周禮硏究』,臺北: 聯經出
　　版事業公司, 1987, p.300).

144　同州는 물론 東魏–北齊의 晉陽처럼 '別都'식의 명칭으로 불린 흔적은 없다.

145　『周書』卷1 文帝紀上, p.10,"(魏永熙三年 夏四月) … 進太祖侍中·驃騎大將軍·開府儀同三
　　司·關西大都督·略陽縣公, … 進授太祖兼尙書僕射·關西大行臺, 餘官封如故".

146　宇文泰와 관련해 (大統) 四年 이후에는 '還華州' 기사가 많아지고 있다[예컨대『周書』卷
　　2 文帝紀下, p.41,"(大統)四年春三月, 太祖率將入朝. 禮畢, 還華州"].

147　谷川道雄,「兩魏齊周時代の覇府と王都」,『增補 隋唐帝國形成史論』, 東京: 筑摩書房, 1998,
　　p.403.

148　(唐)溫大雅,『大唐創業起居注』(上海: 上海古籍出版社, 1983) 卷2「起自太原至京城凡
　　一百二十六日」, p.35,"初, 周齊戰爭之始, 周太祖(宇文泰)數往同州, 侍從達官, 隨便各給田宅.

아들 가운데 장자인 우문육(字文毓: 북주 명제)은 통만성(統萬城)에서 태어났지
만,[150] 우문각(북주 효민제)[151]과 우문옹(무제)[152]은 동주의 관사에서 태어났다.

그러면 패부가 왜 화주, 즉 동주에 열리게 되었는가이다. 그것은 대(對)북
제전선의 전진기지였을 뿐만 아니라, 동위-북제가 서위-북주로의 침략을
위해서 반드시 거쳐야 하는 지점의 하나였다.[153] 우문태는 그 점을 중요시하
여 패부를 건설한 것이다.[154] 동주에는 동주궁(同州宮)과 장춘궁(長春宮) 2개
가 있었다. 북제를 멸망시킨(577) 이후에는 동주, 장춘 2궁을 폐지하였다.[155]
동주의 대북제 전선으로의 의미가 없어졌기 때문이다. 다만 선제 때에 동주
궁을 고쳐서 천성궁(天成宮)으로 했다고 하니[156] 동주궁은 완전히 폐지된 것
은 아닌 듯하다. 장춘궁도 뒷날 이연(李淵)이 태원에서 거병해서 장안으로
진격하기 직전에 본영으로 사용하기도 하였다.[157]

북주가 성립된 557년 이후에도 양도제는 유지되었다. 북주 초기 효민
제·명제 시기의 실질적인 권력자는 우문호였기 때문이다.[158] 우문호도 우

景皇帝(李虎)與隋太祖(楊忠)並家於州治. 隋太祖宅在州城東南, 西臨大路. 景皇帝宅居州城西
北, 而面瀍水, 東西相望, 二里之間. 數十年中, 兩宅俱出受命之主, 相繼代興, 時人所見, 開闢
以來, 未之有也".

149 『周書』 卷23 蘇綽傳, p.394, "及綽歸葬武功, 唯載以布車一乘. 太祖與羣公, 皆步送出同州郭
門外".

150 『周書』 卷4 明帝紀, p.53, "世宗明皇帝諱毓, 小名統萬突, 太祖長子也. … 永熙三年, 太祖任
夏州, 生帝於統萬城, 因以名焉. …. (大統)十六年, 行華州事".

151 『周書』 卷3 孝閔帝紀, p.45, "孝閔皇帝諱覺 …. 太祖第三子也. … 大統八年, 生於同州官舍".

152 『周書』 卷5 武帝紀上, p.63, "高祖武皇帝諱邕, … 太祖第四子也. …. 大統九年, 生於同州".

153 大統 元年(535) 당시 東魏의 군대가 刺史 王羆가 지키는 華州를 공격한 것은 그 점을 말
해준다(『周書』 卷2 文帝紀下, p.21, "東魏遣其將司馬子如寇潼關, 太祖軍霸上, 子如乃回軍自
蒲津寇華州, 刺史王羆擊走之.").

154 『周書』 卷1 文帝紀上, p.12, "太祖謂諸將曰: '高歡雖智不足而詐有餘, 今聲言欲西, … 王羆
牽甲士一萬, 先擧華州. 歡若西來, 王羆足得抗拒.'".

155 『周書』 卷6 武帝紀下, p.106, "(宣政元年, 578)三月戊辰, 於蒲州置宮. 廢同州及長春二宮".

156 『周書』 卷7 宣帝紀, p.123, "(大象二年, 580)三月辛卯, … 行幸同州. … 乙未, 改同州宮爲天成宮".

157 『舊唐書』 卷1 高祖紀, p.4, "(大業十三年)九月庚申, … 高祖率軍濟河, 舍于長春宮. 三秦士庶
至者日以千數, …".

158 『周書』 卷11 晉蕩公護傳, p.168, "自太祖爲丞相, 立左右十二軍, 總屬相府. 太祖崩後, 皆受

문태와 마찬가지로 화주(당시는 동주라 고침)에 봉읍이 주어져 진공(晉公)이라 불리었다. 당시 비판이 없었던 것은 아니지만,[159] 우문호는 스스로 주공의 역할을 자임하였다.[160] 우문호는 우문태의 뒤를 이어서 도독중외제군사가 되어 동주에 중외부(中外府)를 두었다. 무제가 우문호를 살해하고[161] 권력을 일원화하면서 중외부가 폐지되었다.[162] 그러나 대북제작전의 전진기지로 동주가 중요했기 때문에 대량의 군대가 주둔했으며 무제는 중외부를 폐지하고 나서도 빈번히 동주에 행행하였다.[163]

주지하다시피, 『주례』의 시대인 서주시대에는 황제호는 없고 오직 왕호만 있었다. 그리고 황제호와 밀접한 관련이 있는 연호는 아직 존재하지 않았다. 한편 오호십육국시대는 서위시대의 정치상황과 유사하였다. 명목적인 최고 권력자와 실질적인 권력자는 이성(異姓)이 아니고 동성(同姓)이었지만, 권력의 이원화는 오호십육국의 특징이었다. 종실들이 군사권을 장악하여 권

護處分, 凡所徵發, 非護書不行. 護第屯兵禁衛, 盛於宮闕. 事無巨細, 皆先斷後聞. 保定元年 (561), 以護爲都督中外諸軍事, 令五府(地春夏秋冬)總於天官. 或希護旨, 云周公德重, 魯立文 王之廟, 以護功比周公, 宜用此禮".

159 『周書』卷11 晉蕩公護傳, pp.166~167, "時司會李植, 軍司軍司馬孫恆等, 在太祖之朝, 久居 權要. 見護執政, 恐不見容. 乃密要宮伯乙弗鳳·張光洛·賀拔提·元進等爲腹心, 說帝曰: '護 誅(朝)(趙)貴以來, 威權日盛, 謀臣宿將, 爭往附之, 大小政事, 皆決於護 …'. (乙弗)鳳等又曰: '… 且晉公常云我今夾輔陛下, 欲行周公之事. 臣聞周公攝政七年, 然後復子明辟, 陛下今日, 豈 能七年若此乎. …'".

160 『周書』卷35 崔猷傳, p.617, "世宗崩, 遺詔立高祖. 晉公護謂猷曰: '魯國公稟性寬仁, 太祖諸 子之中, 年又居長. 今奉遵遺旨, 翊戴爲主, 君以爲何如?' 猷對曰: '殷道尊尊, 周道親親, 今朝 廷旣遵周禮, 無容輒違此義.' 護曰: '天下事大, 但恐畢公沖幼耳.' 猷曰: '昔周公輔成王以朝諸 侯, 況明公親賢莫二, 若行周公之事, 方爲不負顧託.' 事雖不行, 當時稱其守正".

161 『周書』卷11 晉蕩公護傳, pp.175~176, "(天和)七年三月十八日, 護自同州還, 帝御文安殿, … 帝以玉珽自後擊之, 護踣於地. 又令宦者何泉以御刀斫之. 泉惶懼, 斫不能傷. 時衛王直先匿於 戶內, 乃出斬之".

162 『周書』卷5 武帝紀上, p.80, "(建德元年三月)丙辰, 誅大冢宰晉國公護. … 大赦, 開元. 罷中 外府".

163 『周書』卷5 武帝紀上, p.86, "(建德三年冬十月丙辰), 行幸同州. … 己巳, 大閱於城東, 甲戌 至自同州"; 『周書』卷6 武帝紀下, p.91, "(建德四年春正月)癸酉, 行幸同州. … 三月丙寅, 至自 同州", "冬十月甲午, 行幸同州. 十二月庚午, 至自同州", "五年春正月癸未, 行幸同州. … 甲午, 還同州".

력이 이원화되는, 이른바 '종실적 군사봉건제(宗室的軍事封建制)'[164]가 지속
되었다. 오호십육국의 여러 나라는 상당 기간 천왕호(天王號)를 사용하였다.
천왕호란 춘추시대의 참왕자(僭王者)와 구별하기 위해서 『춘추』에서 주왕을
천왕이라 표현한 것에서 유래하여 일반적인 왕호와는 다른 것이지만,[165] 황
제호에서 느껴지는 최고 권력자의 권위와 다른 것은 분명하다. 북주가 『주
례』를 채용한 이유는 오호 제국과 마찬가지로 정권의 이중(명목적인 군주와
실권자의 분리)상태라는 현실을 전제하면서도 이것에 나름으로 통일질서를
부여해야 하는 역사적 과제를 해결하기 위한 것이었다.[166] 『주례』 체제는 종
법적 관계가 정치적으로 확대된 주대의 봉건제도에 의부되는 체제이다. 천
왕호를 칭하는 것은 권력의 통일성에 기초한 황제호와는 다른 것이다. 분권
체제를 기본적으로 승인하면서도 최고 권위의 보지자로서 설정하는 것이 천
왕의 칭호인 것이다.[167]

　우문각은 서위의 선양을 받아 등극한 후 천왕을 칭하였다. 그리고 원씨
를 왕후로 책립하였다. 우문각의 시호는 효민제이지만 이것은 뒷날 무제 시
기에 주어진 것으로 생존 중에 황제를 칭한 것은 아니었다. 그는 종실의 최
연장자인 우문호와 알력을 빚어 유폐되었다가 살해되었다.[168] 다음으로 육
(毓: 우문태의 장자)이 즉위하였는데, 그가 명제이다. 그도 천왕으로 칭하였으
며,[169] 독고씨를 왕후로 책립하였다. 우문호는 정권을 그에게 돌려주었기 때

164 川勝義雄, 『中國の歷史3 魏晉南北朝』, 東京: 講談社, 1974, p.280.
165 顧炎武, 『日知錄集釋』(石家莊: 花山文藝出版社, 1990) 卷4 天王, p.157, "『尙書』之文但稱王,
　　『春秋』則曰天王, 以當時楚吳徐越皆僭稱王(楊氏曰: 吳楚之王, 不通于天下, 顧氏之言非是),
　　故加天以別之也. 趙子曰: 稱天王以表無二尊, 是也(楊氏曰: 不因諸國之僭, 王者自宜法天耳)".
166 谷川道雄, 「五胡十六國北周における天王の號」, 『隋唐帝國形成史論』, 東京: 筑摩書房, 1971,
　　pp.334~335.
167 谷川道雄, 「五胡十六國北周における天王の號」, 1971, p.331.
168 『周書』 卷3 孝閔帝紀, pp.49~50, "帝性剛果, 見晉公護執政, 深忌之. … 護又遣大司馬賀蘭
　　祥逼帝遜位, 遂幽於舊邸, 月餘日, 以弑崩, 時年十六".
169 『周書』 卷4 明帝紀, p.53, "及孝閔帝廢, 晉公護遣使迎帝於岐州, 秋九月癸亥, 至京師. … 甲
　　子, …. 是日, 卽天王位, 大赦天下".

문에 형식상 친정을 행하게 되었고, 8월 천왕을 고쳐서 황제라 칭하고 우문태를 추존하여 문제(文帝)라 하였다. 그리고 서위 이래 연호를 세우지 않는 방식을 버리고 무성 원년(武成元年)이라 하였다.[170]

한 무제 이후 황제는 연호를 사용해 왔지만, 주 명제는 즉위 후에도 『주례』에 의거해 천왕을 칭하고 연호를 세우지 않았다. 서위의 폐제 및 공제도 연호가 없었다. 당시 우문태가 권력을 장악하여 『주례』를 오로지 사용하였기 때문에 연호를 세우지 않고 단지 원년 2년 등을 칭하기만 하였다. 주 효민제는 선대(禪代)하고서도 그를 그대로 따랐다.[171] 명제 3년에 이르러 최유의 상주에 의해서 마침내 연호를 사용하게 되었다.[172] 천왕의 칭호를 사용하던 시기에는 종실에 주어진 봉작도 공작을 최고로 하였다. 왕작이 주어진 것은 무제 건덕 3년(574)의 일이다.[173] 신분제의 개편, 폐불 등의 강력한 조처를 단행한 무제가 서위-북주시대사에서 점하는 위치를 나름으로 검토할 필요가 있지만,[174] 『주례』와의 관계에서 본다면 무제는 이원화된 권력체제의 일원화를 추구하였다는 점이다.

이처럼 권력의 이원화를 이론적으로 긍정하는 『주례』 체제는 우문씨가 정권을 획득해 가는 과정에서는 유리하게 작용하지만, 북주가 성립된 후에는 권력의 일원화에 지장을 주는 것이었다.

---

170 『周書』卷4 明帝紀, pp.56~58, "武成元年春正月己酉, 太師 · 晉公護上表歸政. 帝始親覽萬機. 軍旅之事, 護猶總焉. … 秋八月乙亥, 改天王稱皇帝, 追尊文王爲帝, 大赦改元".

171 (淸)趙翼撰, 王樹民校證, 『廿二史箚記』(北京: 中華書局, 1984) 卷15「魏末周初無年號」條.

172 『周書』卷35 崔猷傳, pp.616~617, "世宗卽位, 徵拜御正中大夫. 時依周禮稱天王, 又不建年號, 猷以爲世有澆淳, 運有治亂, 故帝王以之沿革, 聖哲因時制宜. 今天子稱王, 不足以威天下, 請遵秦漢稱皇帝, 建年號. 朝議從之".

173 『周書』卷5 武帝紀上, p.83, "(建德)三年春正月壬戌, 朝羣臣於露門. 冊柱國齊國公憲 · 衛國公直 · 趙國公招 … 並進爵爲王".

174 辛聖坤은 이 시기를 '魏晉의 對民秩序'에서 '秦漢的 對民秩序'로의 復歸로 규정하고 있다(「北周 武帝의 集權的 體制改革과 그 性格」, 『中國學報』39, 1999, p.299).

Ⅳ. 『주례』 체제의 효능과 한계

위진남북조시대의 각 왕조는 관제로 진한적(秦漢的) 삼공구경(三公九卿)제도를 채용하기도 하고, 한편으로는 한위 이래의 삼성제도를 채용하기도 하였다. 북위 효문제는 호한잡유적 관제를 고쳐 한위시대의 구제인 상서·중서·문하의 삼성제를 채용하였다. 그러나 서위정권의 실력자인 우문태는 진한적 삼공구경과 한위적 삼성제를 개혁하고 대신『주례』에 의거해서 육관제를 채택하였다. 스스로 서주의 문왕, 무왕, 주공의 전통을 이어받은 사람으로 자임하고, 국호를 '주'라 하였다. 그래서『주례』를 수용하였다. 그러나 그는『주례』를 받아들이기는 했으나 맹종하지는 않았다.

『주례』란 서주 정치제도의 실록(實錄)이 아니고 후인의 위작으로 특히 유가가 이상화시킨 행정 법전이었다는 것은 주지의 사실이다.[175] 그러나『주례』가 중국 역대 정치에 미친 영향은 과소평가할 수 없다.『주례』는 이상적인 정치의 전범이었고, 개혁을 시도할 때마다 항상 거론되는 것이 바로 이『주례』였다.『주례』를 채용하여 성공한 자는 전술했듯이 우문씨였다. 그 외에는 성공한 경우가 별로 없어 보인다. 이렇게 성패가 갈린 것은 개혁의 지표가 되었던『주례』자체의 내용상 문제라기보다는 그 개혁 추진자의『주례』운용에 문제가 있다고 보아야 한다.[176] 필자가 우문씨의『주례』채용 태도에 관심을 갖는 것은 바로 이 때문이다. 우문태의『주례』채용은 그 구문

---

175 『周禮』의 출현 시기에 대해서는 戰國時代(顧詰剛)-西漢(胡適)으로 보는 것이 일반적이다. 梁啓超에 의하면 "這書總是戰國秦漢之間, 一二人或多數人根據從前短篇講制度的書, 借來發表個人的主張." [『古書眞僞及其年代』, 『飮氷室全集』第九冊(臺北: 臺灣中華書局, 1972, p.109)]이라 하였다. 즉『周禮』에 나오는 六官은 西周시대에 존재했지만, 그렇게 組織的인 것은 아니었고, 後世 儒家의 政治觀點과 思想을 반영하여 만든 것이라는 것이다.

176 鄭樵는『鄭氏樵六經奧論周禮辨曰』에서 "若夫後世用周禮, 王莽敗於前, 荊公敗於後, 此非周禮不可行 而不善用周禮者之過也." (『困學紀聞』卷4 周禮 注, p.213)라 하였다.

에 얽매이지 않았을 뿐만 아니라 그 이름만을 빌려 당시 현실적으로 제기되
는 다양한 수요에 대처한 일시적 권의책(權宜策)이었다. 그 때문에 여타 경우
에서처럼 얽매임에 따라 나타나는 '규격에 막혀 통하지 않는[滯格不通]' 폐해
가 없었다.[177] 특히『주례』의 글자 하나하나에 집착했던 왕망이나 왕안석의
실패는 우문씨의 성공의 비결이 어디에 있었는가를 말해준다.[178]

  우선 서위−북주가 채용했던 관제의 특징을 살펴보자. 『주례』육관은 비록
편제가 질서정연하지만 현실과 동떨어져 이상화된 부분이 많기 때문에, 그
체제만 가지고는 당시 대량의 구관 구직자들의 수요를 충당할 수가 없었다.
이에 육관 편제 이외에 '폐단이 많아 혁파하겠다'라는 진·한의 구 관호를
적지 않게 채용하였다. 예컨대 승상 태위 군기감(軍器監) 등이 그것이다. 즉
고금과 신구가 병용된 것이다. 그러다 보니 실제 관호는 도리어 더 많아지고
더 복잡해지는 결과를 낳게 되었다. 또 육경의 질위(秩位)는 높지 않아 그 위
에 다시 삼공(정구명인 태사·태보·태부)과 삼고(三孤: 정팔명인 소사·소부·소
보)가 있었고, 이것과 육경의 관계가 미묘하여 구명의 태사가 칠명의 육경 직
을 겸직하는 일도 생겼다.[179] 또 이부중대부(吏部中大夫), 병부중대부(兵部中大
夫), 형부중대부(刑部中大夫)라든가 대학박사하대부(大學博士下大夫), 저작상
사(著作上士), 평준중사(平準中士)처럼 한위 이래 관직명에다『주례』풍의 대
부, 사 등이 부가된 것에 불과한 관명들이 다수 발견된다. 여기에다 불교를
관장하는 사적상사(司寂上士)와 도교를 관장하는 사원상사(司元上士)를 신설
한 것이라든지, 제 장군, 목, 자사, 군수, 현령, 도독 등과 같이 한·위 이래 발

---

177 陳寅恪,『隋唐制度淵源略論稿』卷3 職官, 1982, p.92, "其成敗所以與新宋二代不同者, 正以
　　其幷非徒泥周官之舊文, 實僅利用其名號, 以暗合其當日現狀, 故能受摹倣之功用, 而少滯格不
　　通之弊害, 終以出於一時之權宜".

178 (南宋)洪邁,『容齋續筆』(上海: 上海古籍出版社, 1978) 卷16「周禮非周公書」p.412, "(王)莽
　　據以毒痡四海. … 歷代以來, 唯宇文周依六典以建官, 至於治民發政, 亦未嘗循故轍. 王安石
　　欲變亂祖宗法度, 乃尊崇其言 … 嗚呼! 二王託周官之名以爲政, 其歸於禍民一也".

179 袁剛,「漫談西魏北周依『周禮』六官改革官制」, 1997, p.30.

달해 온 관명이 겹치되었다. 이것은 한ㆍ위 이래 중국사회의 발달은 도저히 『주례』만 가지고는 대응할 수 없었다는 것을 말해준다. 또 서위-북주가 사용한 중앙관부의 장관도 명칭은 『주례』의 관호를 띠었지만, 실제로 한ㆍ위 이래 발전해 온 삼성과 같은 역할을 하였다.[180] 천관(天官) 총재(冢宰)는 백관지정(百官之政)을 총람하는데 이것은 실제 상서령과 복야의 직에 상당하고, 대사도(大司徒)ㆍ대종백(大宗伯)ㆍ대사마(大司馬)ㆍ대사구(大司寇)ㆍ대사공(大司空) 오경은 이ㆍ예ㆍ병ㆍ형ㆍ공의 오부상서에 상당한다. 천관의 어정대부(御正大夫)는 '임무가 조칙을 총괄하는[任總絲綸]'[181] 것으로, 실제상 중서감령지임(中書監令之任)이고, 출입시종(出入侍從)하는 납언대부(納言大夫)는 문하시중에 해당한다. 춘관의 내사는 '조정의 기밀을 아울러 참조하고 심의하는[朝政機密 並得參詳]'[182] 지위가 되었다. 즉 육관은 상서팔좌에, 어정(御正)ㆍ납언(納言)은 중서ㆍ문하에 비견되었다. 이렇게 북주 후기가 되면 그 정부조직은 표면적으로는 『주례』 육관제도였지만 실제상으로는 위진 이래 형성된 삼성제도나 다름없었다.[183] 우문태가 『주례』를 채용한 것은 당권자가 된 초창기의 조직 정비 차원에서 단시일에 시행된 점도 부정할 수 없는데, 따라서 정부조직으로도 문제가 있었기 때문에 주 말에 개정된 부분도 많다.[184] 따라

---

180 『北史』卷30 盧辯傳, p.1101, "… 自玆厥後, 世有損益. 武成元年, 增御正四人, 位上大夫. 保定四年, 改宗伯爲納言 … 五年, … 以建德元年, … 是歲, … 三年, … 四年, … 宣帝嗣位, 事不師古, 官員班品, 隨情變革. … 于是, 雖行周禮, 其內衆職, 又兼用秦ㆍ漢等官"; 『周書』卷24 盧辯傳, p.404, "今錄辯所述六官著之於篇. 天官府(管冢宰等衆職), 地官府(領司徒等衆職), 春官府(領宗伯等衆職), 夏官府(領司馬等衆職), 秋官府(領司寇等衆職), 冬官府(領司空等衆職), 事雖具載, 文多不錄, 辯所述六官, 太祖以恭帝三年始命行之. 自玆厥後, 世有損益. 宣帝嗣位, 事不師古, 官員班品, 隨情變革. …. 于是雖行周禮, 其內衆職, 又兼用秦漢等官".

181 『周書』卷32 申徽傳, p.557, "明帝以御正任總絲綸, 更崇其秩爲上大夫, 員四人, 號大御正, 又以徽爲之".

182 『周書』卷35 鄭孝穆傳附子譯傳, p.611, "宣帝嗣位, 授開府儀同大將軍ㆍ內史中大夫, 封歸昌縣公, 邑千戶. 旣以恩舊, 任遇甚重, 朝政機密, 並得參詳".

183 王仲犖, 『北周六典』序, 1979, p.4.

184 『隋書』卷27 百官志中, pp.770~771, "周太祖初據關內, 官名未改魏號. 及四隅粗定, 改創章程, 命尙書令盧辯, 遠師周之建職, … 制度旣畢, 太祖以魏恭帝三年, 始命行之. 所設官名, 訖

서 관료체계로서 그 한계성은 분명하다.

그러면 서위-북주정권의 『주례』 채용이 필자가 앞에서 분석한 것처럼 우문씨 및 그들을 위요한 원훈집단의 이해라는 측면에 국한된 것인가? 북주의 법제는 번밀(繁密)해서 수는 법전 편찬 과정에서 그것을 폐기함과 동시에 한위지제로 환원하고,[185] 북제의 그것을 주로 채용하였다고 한다.[186] 서위-북주의 제도는 관롱 지역에 있던 한족문화가 선비육진세력의 환경에 적응하기 위해 만들어진 혼합품이며, 이러한 제도가 서위-북주를 계승한 수당의 제도로 이어지지 못하고 그보다는 오히려 북위-북제와 강남 한족정권의 제도가 큰 영향을 주었다는 지적이다.[187]

그럼 서위-북주의 육관 개제가 후대에 미친 영향은 무엇인가? 수당의 상서성 육부 24사는 비록 육관과 똑같은 기능을 한 것은 아니지만, 그 분류·편제는 모두 육관에서 얻었다.[188] 24사의 명칭 역시 육관 계통에서 나온 것이 적지 않다. 부의 수를 6으로 하는 것도 수에서부터 청에 이르기까지 변함없이 이어졌다. 즉 『주례』 육관은 얼마 못가 없어졌지만 역대 왕조의 정부기구 편제에 크게 영향을 준 것은 부정할 수 없다.

사실 우문씨의 『주례』 채용은 위주(魏周)선양혁명을 성공적으로 이끌었

於周末, 多有改更".

185 『隋書』 卷26 百官志上, p.720, "有周創據隴右, 日不暇給, 洎乎克清江·漢, 爰議憲章. 酌酆鎬之遺文, 置六官以綜務, 詳其典制, 有可稱焉. 高祖踐極, 百度伊始, 復廢周官, 還依漢·魏".

186 『通典』 卷164 刑法2, p.4231, "隋文帝, 令高熲等更定新律. …多採齊之制, 而頗有損益. …".

187 陳寅恪은 隋唐制度에 미친 西魏-北周의 영향을 다음과 같이 설명하고 있다. "凡西魏·北周之創作有異於山東(北齊)及江左(南朝)之舊制. 或陰爲六鎭鮮卑之野俗, 或遠承魏·(西)晉之遺風, 若就地域言之, 乃關隴區內保存舊時漢族文化, 所適應鮮卑六鎭勢力之環境, 而產生之混合品. 所有舊史中關隴之新創設及依託周官諸制度皆屬此類, 其影響及於隋唐制度者, 實較微小. 故三源(北魏-北周, 西魏-北周, 江南漢族政權)之中, 此(西)魏·周之源不如其他二源之重要"(『隋唐制度淵源略論稿』1 敍論, 1982, p.2).

188 唐代의 天官吏部, 地官戶部, 春官禮部, 夏官兵部, 秋官邢部, 冬官工部 등은 北周의 六官制度의 계승이다(王仲犖, 『北周六典』 序, 1979, p.5).

을 뿐만 아니라 통일 역량의 비축에도 상당한 기여를 했다는 평가이다.[189] 뿐만 아니라 북주라는 왕조는 망했으나 우문씨 가정사가 북제의 그것과 비교할 때 그런 대로 건전했던 것은『주례』를 채용한 덕분이라는 주장도 있다.[190] 따라서 수대에 들어서서 북주의 관제는 폐기되었더라도 그 의례만은 주제(周制)에 따라 정해진 것은[191] 그 때문이 아닐까? 그리고 수의 법령 편수관의 대부분은 북주시대의 법전 편수관의 자제들이거나 북주계 인물들이었다. 즉 소작·소위(蘇威) 부자, 조숙(趙肅)·조궤(趙軌) 부자, 조분(趙芬),[192] 배정(裴政)[193] 등이다. 이들이 주·수 양조의 법령 편찬에 참여하였던 것은 반드시 수가 북주를 이었기 때문만은 아닌 것 같다.

---

189 『周書』卷2 文帝紀下 史臣曰, p.38, "(太祖), … 紹元宗之衰緒, 創隆周之景命. 南淸江漢, 西舉巴蜀, 北控沙漠, 東據伊瀍. 乃擯落魏晉, 憲章古昔, 修六官之廢典, 成一代之鴻規".

190 陳澧, 『東塾讀書記』(北京: 三聯書店, 1998) 卷7 '周禮', p.135, "趙雲崧云: '古來宮閫之亂, 未有如北齊者. … 後周諸帝后, 當隋革命後, 俱無失節者. … 良由宇文泰開國時, 早能尊用周禮, 家庭之內, 不越檢閑, 故雖亡國而無遺玷(『卄二史箚記』卷15「北齊宮閫之醜」條), 此可爲用周禮之效也.'".

191 『隋書』卷7 禮儀志2, p.148, "隋初因周制, 定令亦以孟冬下亥蜡百神, 臘宗廟, 祭社稷. 其方不熟, 則闕其方之蜡焉".

192 『北史』卷32 崔仲方傳, p.1176, "時武帝陰有滅齊志, 仲方獻二十策, 帝大奇之. 復與少內史趙芬删定格式";『隋書』卷46 趙芬傳, p.1251, "開皇初, 罷東京官, 拜尙書左僕射, 與郿國公王誼修律令".

193 『隋書』卷66 裴政傳, p.1549, "周文帝, … 命與盧辯依周禮建六經, 設公卿大夫士, 并撰次朝儀, 車服器用, 多遵古禮, 革漢·魏之法. … 高祖攝政, 召復本官. 開皇元年, 轉率更令, 加位上儀同三司. 詔與蘇威等修定律令. 政採魏·晉刑典, 下至齊·梁, 沿革輕重, 取其折衷. 同撰著者十有餘人, 凡疑滯不通, 皆取決於政."

제7장

7세기 수당 양 왕조의
한반도 침략 경위에 대한 하나의 검토
— 수와 당 초 황제의 정통성 확보 문제와 관련하여 —

I. 머리말

589년 중국의 통일을 이룩한 수 문제 양견의 612년 고구려 침략을 시작으로 다음 왕조인 당나라가 평양에 두었던 안동도호부를 만주 지역으로 이동하기 전까지 거의 100여 년 동안은 한반도 문제를 해결하기 위해 수당은 국가의 모든 힘을 쏟았다고 해도 과언이 아니다. 그러면 수당 양 왕조에게 한반도는 대체 어떤 의미를 가지고 있었는가? 종래 학계에서는 이 문제를 중국의 통일왕조가 출현했을 때 당연히 나타나는 주변 민족에 대한 새로운 질서의 창출이라는 측면으로 다루어 왔다.[1] 보다 직접적인 원인으로 수가 남조

---

1 西嶋定生, 「六-八世紀の東アジア」, 『岩波講座 日本歷史—古代3』(東京: 岩波書店, 1962),

의 진을 멸망시키고 중국을 통일하자, 위협을 느낀 고구려가 598년 요서(遼
西)지방을 선제공격한 것 때문에[2], 그리고 607년 수 양제가 돌궐의 계민가한
(啓民可汗)의 궁정에 행행했을 당시 그곳에 이미 와 있던 고구려 사신과 조우
함으로써[3] 돌궐과 고구려의 연합을 염려한 나머지 고구려 침략을 감행하였
다는 해석이 거의 정설화되어 왔다. 물론 그러한 견해는 일면 타당성을 가
지나, 그들의 표현에 의하면 수당 양 왕조에게는 '개선(疥癬)' 정도의 존재에
불과할 뿐, 결코 '심복(心腹)'이라고 할 수 없는[4] 고구려에 대해서 국가의 붕
괴 혹은 그 직전까지 이르는 위험을 자초하면서도 100여 년 동안 집착할 수
밖에 없었던 점에 대한 해석으로는 미흡하다.[5] 한편 이 문제를 국제관계사
측면에서 대국(수)의 논리와 소국(고구려)의 대응이라는 두 세력 사이에 낀
소수민족의 동향이 점차 대국을 전면전으로 끌어넣은 것이라며, 중국과 한
반도 사이의 영주(營州)를 근거로 일종의 망명정권을 수립했던 속말말갈(粟
末靺鞨)의 돌지계(突地稽) 일당의 동향에 주목하는 고찰도 있다. 즉 돌지계는

---

pp.245~249에서 唐의 高句麗 침략을 冊封體制의 典型的 事例로 들고 있다. 高明士,「從天
下秩序看古代的中韓關係」(『中韓關係史論文集』, 臺北: 1983, pp.120~122)도 같은 관점이다.

2 『資治通鑑』卷178 隋紀2 文帝 開皇 18年(598) 2月條, p.5560, "高麗王元帥靺鞨之衆萬餘寇遼
西, 營州總管韋沖擊走之. 上聞而大怒, 乙巳, 以漢王諒・王世積並爲行軍元帥, 將水陸三十萬伐
高麗, …".

3 『隋書』卷3 煬帝紀上, "[大業三年(607)]八月壬午]車駕發榆林. 乙酉, 啓民飾廬淸道, 以候乘輿.
帝幸其帳, 啓民奉觴上壽, 宴賜極厚. 上謂高麗使者曰: '歸語爾王, 當早來朝見. 不然者, 吾與啓
民巡彼土矣.' …".

4 『資治通鑑』卷182 隋紀6 煬帝 大業 9年(613) 6月條, p.5678, "(來)護兒厲聲曰: '洛陽被圍, 心
腹之疾; 高麗逆命, 猶疥癬耳. …".

5 사실 수당왕조의 高句麗에 대한 집착 문제도 중요하지만, 고구려의 防禦能力에 대해서도 심
도 있는 고찰이 요구된다. 이 점과 관련하여 王夫之는 "乃聞陳亡而懼, 懼於九年之前, 機發
於九年之後, 效著於二十三年之後, 而施及於五十餘年之久, 其君臣之懼以終始, 則能抗强大以保
邦也, 不亦宜乎? 易曰: '其亡其亡 繫于苞桑' 孰繫之? 能懼之心繫之也."라 하여 蜀漢이 망하
였는데도 吳나라가 不懼하고, 北齊가 망하였는데도 陳이 不懼한 것과는 달리 고구려는 君
臣이 '懼之心'으로 시종한 것이 大國 隋를 방어할 수 있었던 이유라고 말하고 있다[(淸)王夫
之, 『讀通鑑論』(船山全書 10)(長沙: 岳麓書社, 1988) 卷19 煬帝 3 「高麗知懼隋文攻之不克」,
pp.720~721].

수에 내속한 후에 수의 힘을 배경으로 고구려 영내를 침입해서 일찍부터 고구려 지배 아래 있던 말갈제부를 충동질하여 실지 회복을 위한 게릴라전을 감행했고, 이에 고구려는 수에 대해 그 존재에 대한 조정을 요구하게 되었지만 그것이 여의치 않자, 게릴라 기지의 소탕작전을 감행할 수밖에 없었던 것이 수-고구려 사이 선쟁의 시발이라는 것이다. 그리고 이후 수를 이은 당과 고구려의 관계도 역시 이 문제가 해결되지 않았기 때문이라고 보는 견해가 그것이다.[6] 이것은 수당왕조의 대고구려전쟁이 거의 100년 가까이 끌게 되었던 연속적인 원인 제공의 주체를 나름 밝혔다는 점에서 흥미를 주긴 하지만, 수당이 그토록 국운을 걸면서 대고구려전을 벌인 이유로는 납득하기 힘든 점이 있다.

수당왕조가 한반도에 전쟁이라는 수단을 쓸 수밖에 없었던 것을 그 체제 상의 구조적 문제 때문이라고 생각한다면 수당 양 왕조의 호족국가적 성격이 한반도 진출의 중요한 원인이라고 할 수 있다. 즉 국제관계론적 측면의 해석에서 한 발짝 더 나아가서 수당 양조의 내부 문제에 시각을 맞추어 본다면, 또 다른 해석이 나올 수 있을 것이라는 기대가 그것이다. 흔히 근대국가뿐만 아니라 고대국가에서도 내부적 문제로 발생된 경색된 국면을 대외전쟁을 통하여 돌파하려는 움직임이 자주 나타나기도 한다. 물론 종래 학계에서 이런 수당왕조의 내부 문제에 입각해서 고구려 원정을 살펴보려는 학자가 전혀 없었던 것은 아니다. 예컨대 수왕조의 관료의 주류가 무천진 출신의 군벌들이었기 때문에 이들이 공을 세워 은상을 얻기 위해서는 전쟁의 지속을 바랐기 때문이라는 견해가 그것이다.[7] 그리고 남조계의 잡군 정리, 혹은 구남조계 군벌이 대두할 기회를 주기 위한 것이라고 보는 견해도 있다.[8] 또 한

6　菊池英夫, 「隋朝の對高句麗戰爭の發端ついて」, 『中央大學アジア史硏究』16, 1992.

7　宮崎市定, 『隋の煬帝』, 東京: 中央公論社, 1987, p.146; 『大唐帝國』(世界の歷史 7), 東京: 中央公論社, 1988, p.323.

8　山崎宏, 「隋朝官僚性格」, 『東京敎育大學 文學部紀要(史學硏究)』6, 1956, p.54.

편으로는 황제권력이 강한 데 비해 관료의 지위가 불안정함에 따라 권력을
잡은 관료그룹이 황제에 아첨함으로써 그 은총을 계속 누리기 위해 천하 동
란의 실상을 제대로 황제에게 알리지 않아, 황제로 하여금 객관적 판단을 흐
리게 만든 것이 그 원인이라고 보는 시각도 있다.[9] 이러한 관점은 모두 어느
정도 당시 사실과 부합하는 지적이라 할 수 있다. 그러나 이 연구들은 모두
이 문제를 전론(專論)한 것이 아니며, 당시 정황에 대한 개략적인 추측에 불
과한 것이어서 그 진부를 믿기에는 논리의 보강이 필요하다. 이상과 같은 관
점에서 수와 당 초 황제들이 공통적으로 갖는 결함인 정권의 정통성 미확보
문제를 대고구려전쟁과 연결시켜 보자.

Ⅱ. 수조 황제의 정통성 문제와 대외전쟁

1. 수 문제의 '사취천하(詐取天下)'와 '평일사해(平一四海)'전의 전개

수당 양 왕조의 황위 계승 문제는 다른 중국왕조와는 다른 측면을 가지고
있다는 점은 주지의 사실이지만, 일찍이 진인각(陳寅恪)은 당대의 황위 계승
의 무고정성은 신구 군주 교체기에 옹대부립(擁戴扶立)의 원훈(元勛)이 생겨
나기 마련이고, 이런 과정에서 정변은 필연적으로 발생되니, 이것이 당대 정
치사의 가장 큰 문제였다고 지적한 바 있다.[10] 수당왕조 중 대(對)한반도전쟁
기간을 살펴보면, 수조에서 문제 양견의 등극 과정, 문제와 양제 사이의 제위
계승에 문제점이 발생했을 뿐만이 아니라, 당대에 들어와서는 고조와 태종
간의 계승 문제, 고종의 옹립 과정에서 생긴 문제, 그리고 고종대의 수차례에
걸친 황태자의 폐립 사건 등의 계승 분쟁이 연속적으로 일어나고 있음을 보

---

9 堀敏一, 「隋代東アジアの國際關係」, 『隋唐帝國と東アジア世界』, 東京: 汲古書院, 1979, p.130.
10 陳寅恪, 『唐代政治史述論稿』(上海: 上海古籍出版社, 1982) 中篇「政治革命及黨派分野」,
  pp.59~60.

게 된다. 이것은 하나같이 황제의 정통성에 문제를 안겨 주었을 뿐만 아니라, 관료군을 분열시켜 이른바 '당파'를 생성시켰고, 당사자를 비롯해 지지자들의 '출혈'을 강요하였던 것이다. 수당왕조에서 적장자가 황태자가 된다는 원칙이 없었던 것은 결코 아니었다. 어느 시기에도 처음에는 적장자가 황태자가 되었다. 그러나 문제는 적장자가 황태자로 책립이 되어도 그 위치가 공고하지 못하다는 점에 있었다. 이른바 '탈종(奪宗)' 혹은 '탈적(奪嫡)'으로 지칭되는 황태자 내지 황제의 지위 탈취가 거의 상습화된 이유는 무엇이며, 이것이 당시 황제의 정책 수행에 어떤 결과를 초래했던 것일까.

먼저 수 문제(文帝)의 경우를 살펴보자. 일찍이 조익(趙翼)은 수 문제의 등장, 즉 주수혁명에 대해 두 가지 점을 지적한 바 있다. 첫째, 중국 역사상 그 어느 왕조 교체보다 쉬웠다는 점이고, 둘째, 양견에 의해 우문씨 자손이 거의 멸종되었다는 지적이다.[11] 이것은 주 문제, 즉 우문태가 이른바 '관중본위정책'을 통해서 '관롱집단'이라는 불가분의 지배집단을 조직한 이후 그 시점에 와서 그 집단적 단결심이 파괴되었다는 것이며, 그와 같은 왕조 교체의 용이함은 그만큼 그 단결력이 튼튼해서 우문씨 측에서 전혀 방어를 위한 제도적 장치를 준비하지 않았다는 이야기도 된다. 그리고 조익은 그의 글 말미에서 "양제의 자손 역시 남겨지지 않았다. … 또 공교롭게도 우문이라는 성을 가진 자에 의해서 자행된 것이다"라고 하면서, 수 양제가 우문화급(宇文化及)에게 살해당한 것을 '하늘의 도가 갚아주기를 좋아한다[天道好還]'라고 꼬집고 있다.[12] 그러나 그것은 수 문제의 우문씨에 대한 대량 살육과 관련한 조익 자신의 비난이라기보다 당시 수 황실의 양씨가 이 문제로 크게 인기

---

11 (淸)趙翼撰, 王樹民校證, 『廿二史箚記』(北京: 中華書局, 1984) 卷15 「隋文帝殺宇文氏子孫」條, p.332, "古來得天下之易, 未有如隋文帝者, …", "趙王超·陳王純 … 亦皆被殺, … 于是周文帝子孫盡矣".

12 『廿二史箚記』 卷15 「隋文帝殺宇文氏子孫」條, p.333, "于是煬帝之子孫亦無遺種矣. … 又巧借一姓宇文者之手以斃之, … 此豈非天道好還之顯然可據者哉".

가 떨어졌던 현실을 나타내는 은유적 표현이라고 생각한다. 수 문제는 북주의 우문씨와 더불어 무천진에서 출발한 군벌에 속하지만 당초 그 가문은 그다지 높지 않았다.[13] 그가 천자가 되는 과정은 행운이 따르기도 했지만, 극히 단기간에 너무 쉽사리 되었기 때문에[14] 등극 이후 극히 의심이 많은 인물로 돌변하였다. 자신과 같은 행운의 주인공이 다시 나타날 가능성을 봉쇄하기 위해 우문씨 일족을 모조리 죽여 없애 버린 것이다.[15] 이것은 수가 남조의 진을 멸망시키고 나서 저항했던 악양왕(岳陽王) 숙신(叔愼)을 제외하고는 후주(後主)를 비롯한 제왕과 종실을 서북의 여러 주에 전업을 주어 살도록 한 것과는[16] 대조적인 것이었다. 조익은 이와 같은 차이를 수가 주를 찬탈할 때 올바른 방법으로 하지 않았기 때문에 우문씨와 같이 설 수 없는 형세를 가졌고, 군사를 일으켜서 바로잡아 회복시키려는 자(尉遲逈 같은 자)가 있었던 것이 두려웠기 때문에 그 뿌리의 싹을 모두 끊지 않을 수 없었다고 설명하고 있다.[17] 그중 수 문제가 가장 관심을 가질 수밖에 없는 것은 역시 북주의 종

---

13 楊堅의 父인 楊忠은 關隴集團의 主流라 할 수 있는 賀拔岳-宇文泰 系列이 아니고 獨孤信과 함께 賀拔勝 系列에 속하며, 西魏 八柱國에도 속하지 못하고 十二大將軍에 속한 第二流 貴族이었다고 할 수 있다. 周 武帝 시기의 楊堅은 그다지 두드러진 인물이 아니었고, 그 때문에 外戚이 될 수 있었다. 그가 573년 황제의 장인이 되었으나 당시도 楊家의 지위는 뒷날 唐朝를 개창하는 李氏 혹은 그의 최대 政敵인 尉遲氏보다 열등하였다(Peter A. Boodberg, "Marginalia to the Histories of Northern Dynasties", Selected Works of Peter A. Boodberg, Berkeley: University of California Press, 1979, p.322).

14 中國, 특히 魏晉南北朝時期의 王朝 簒奪은 신중한 고려와 忍耐를 요하는 것이었다. 신왕조 출현에 대한 (貴族)官僚들과 일반 민중들의 정신적 준비와 그들의 인정을 얻기 위해 찬탈자는 실권을 잡고도 15~20년 정도의 준비와 복잡한 기술을 구사해야 하였다. 위진남북조 시대의 경우 曹操와 曹丕, 司馬氏, 高歡와 宇文泰, 劉裕 등에서 그 점을 잘 볼 수 있다. 이 점에 관해서는 宮川尙志, 「禪讓による王朝革命の研究」, 『六朝史研究―政治・社會篇』(東京: 日本學術振興會, 1956)을 참조한다.

15 周 文帝의 子孫 27명, 閔帝의 아들 1명, 明帝의 子孫 7명. 武帝의 子孫 12명, 靜帝의 형제 2명, 기타 宗族 12명이 주살되었다.

16 『廿二史箚記』 卷15 「隋文帝殺宇文氏子孫」條, p.333, "按隋文滅陳, 不惟陳後主得善終, 凡陳氏子孫, 自岳陽王叔愼以抗拒被殺外, 其餘無一被害者, 皆配往隴右及河西諸州, 各給田業以處之. 同一滅國也, 於宇文氏則盡殄之, 於陳氏則悉保全之".

17 『廿二史箚記』 卷15 「隋文帝殺宇文氏子孫」條, p.333.

실이었다는 점은 능히 짐작할 수 있다.[18]

여하튼 북주 종실에 대한 이러한 철저한 주살은 이제껏 역경 속에서도 일치단결해서 정권을 잡아 온 무천진집단이 주축이 된 '관롱집단'의 단결을 파괴한 행위로 주위로부터 혹독한 지탄을 받았다.[19] 양견을 반대한 인물은 상주총관(相州總管) 위지형(尉遲迥), 운주총관(鄖州總管) 사마소난(司馬消難), 익주총관(益州總管) 왕겸(王謙) 등 주 황실의 중신이었다. 특히 수의 건국공신이기도 한 이덕림(李德林)마저도 우문씨 일족을 주살한 수 문제에 대해 비판을 서슴지 않았다.[20] 이런 분위기 속에서 580년 7월 위지형은 반양견 기치를 내걸었다. 이에 따라 나라의 반이 이 반란에 휩쓸렸다. 그리고 수 영역의 절반이 반대파에 가담하였다. 수 문제 등극에 대한 당시의 평가는 '속여서 천하를 취하였다[詐取天下]'[21]는 것이다.

여하튼 반란군들이 내적인 통일을 이루지 못하고 분열하는 바람에 9월에 의외로 쉽게 진압되었지만, 양견은 여전히 불안감을 떨치지 못하였다. 그를 더욱 불안하게 했던 것은 북주시대에 자기와 같은 서열에 있던 자들이었다. 그도 그럴 것이 양소(楊素)는 '내가 만약 천자라면[我若天子]'이라는 말을 함

---

18 『資治通鑑』卷174 陳紀8 宣帝 太建 12年(580) 5月條, p.5409, "(楊)堅恐諸王在外生變, 以千金公主將適突厥爲辭, 徵趙·陳·越·代·藤五王入朝"; "六月, 五王皆至長安"(p.5413), "周室諸王數欲伺隙殺堅"(p.5420).

19 『隋書』卷62 裴肅傳 p.1486, "屬高祖爲丞相, 肅聞而歎曰: '武帝以雄才定六合, 墳土未乾, 而一朝變革, 豈天道歟.'"; 『隋書』卷40 王世積傳, p.1172, "高祖受禪. … 嘗密謂(高)潁曰: '吾輩俱周之臣子, 社稷淪滅, 其若之何' 潁深拒其言"; 『資治通鑑』卷174 陳紀8 宣帝 太建 12年(580) 7月條, p.5421, "李德林曰: '公(楊堅)與諸將, 皆國家貴臣, 未相服從, 今正以挾令之威控御之耳. …'". 그리고 『資治通鑑』卷175 陳紀8 宣帝 太建 13年(581)條, p.5436의 "上柱國寶毅(宇文泰 女壻)之女, 聞隋受禪, 自投堂下, 撫膺太息曰: '恨我不爲男子, 救舅氏之患!' … 及長, 以適唐公李淵" 등에서 당시의 비판적 분위기가 잘 나타나고 있다.

20 『隋書』卷42 李德林傳, p.1199, "初, 將受禪, 虞慶則勸高祖盡滅宇文氏, 高潁·楊惠亦依違從之, 唯德林固爭, 以爲不可".

21 『資治通鑑』卷179 隋紀3 文帝 開皇 20年(600) 12月條, p.5585, "(房)玄齡亦密言於(其父)彦謙曰: '主上本無功德, 以詐取天下, …'".

부로 할 정도였고, 그 말이 문제가 되어 좌면되기도 하였다.[22] 우문씨로서는 드물게 수 문제의 좌명공신이었던 우문흔(宇文忻)이 그의 친우 양사언(梁士彦)에게 "제왕이 어찌 항상된 것이겠는가! 서로 도와주면 곧 제왕이 되는 것이다[帝王豈有常乎 相扶卽是]"라며, 두 사람의 힘을 합치면 '천하는 도모할 수 있다[天下可圖也]'라고 한 것은[23] 당시 풍조로 볼 때, 헛된 말이 아니었던 것이다. 양예(梁睿)가 '위엄과 은혜가 두루 드러나[威惠兼著]' 민이(民夷)가 기꺼이 따르고 이에 성망이 더욱 무거워지자 수 문제는 이를 몰래 꺼렸다는 것을[24] 보아도 이것은 수 문제의 단순한 시기심 때문이라기보다 어느 누구라도 제왕이 될 수 있었던 당시의 현실 분위기를 반영하는 것이 아닐까 하는 생각이다. 수 문제는 이런 분위기에서 황태자의 성망이 높아지는 것까지도 걱정하였다.[25] 그러면 이와 관련된 『수서』의 기사를 보자.

개황 초에 임금이 기주(岐州)에 순행하려 하자 (왕)의[(王)誼]가 간하기를 '폐하가 처음 만국에 군림하여 사람의 마음이 아직 합쳐지지 않았는데 어찌 이런 순행을 하려 하십니까?'라 하였다. 임금이 희롱하여 말하기를, '나는 이전에 공과 지위와 성망이 비슷했으나[位望齊等] 하루아침에 (공들이) 절개를 굽혀 신하가 되었으니, 간혹은 부끄러워할 것이 틀림없다. 나는 이번 순행에서 위무(威武)를 떨쳐 드날림으로써 공들의 마음을 굴복시키고자 할 따름이다'라고 하였다.[26]

---

22 『隋書』卷48 楊素傳, p.1282, "其妻性悍, 素忿之曰: '我若天子, 卿定不勘爲皇后' 鄭氏奏之, 由是坐免".

23 『隋書』卷40 宇文忻傳, p.1167.

24 『隋書』卷37 梁睿傳, p.1127.

25 隋 文帝는 晉王 廣을 황태자로 책립한 후 東宮 관속으로 하여금 황태자에게 稱臣하지 말도록 조칙을 내렸다(『隋書』卷2 高祖紀下 開皇 20年 12月條, p.45, "詔東宮官屬不得稱臣於皇太子").

26 『隋書』卷40 王誼傳, P.1169, "開皇初, 上將幸岐州. (王)誼諫曰: '陛下初臨萬國, 人情未洽, 何用此行?' 上戲之曰: '吾昔與公位望齊等, 一朝屈節爲臣, 或當恥愧. 是行也, 震揚威武, 欲以服公心耳.'".

수가 창건되었으나, 양견과 북주시대에 '지위와 성망이 비슷했던' 인사들이 하루아침에 신하가 되는 현실이 노정되어 '사람의 마음이 아직 합쳐지지 않는[人情未洽]' 상태를 벗어나지 못하고 있었고, 양견 자신이 그 점을 상당히 의식하고 있음을 볼 수 있다. 그리고 양견은 그러한 현상을 기주(岐州) 순행 시에 위무를 드날려 어느 정도 해결하려고 하였다. 이 점은 후술할 수조의 대외관계에서의 무력 시위 문제와 연관되어 흥미롭다. 이와 같이 그는 그의 권력의 기반이 퍽 허술하다고 늘 생각했고, 따라서 먼저 여러 가지 심리적 방법으로 자기를 보위하고 정권을 공고화하려고 하였다. 수왕조의 정당화 논리를 찾기 위해 예언의 수집 등을 진행시키는 한편, 유교, 불교, 도교 등 삼교를 이용하여 자신의 권위를 분식하려 하였다.[27] 왕소(王劭)가 편집하여 문제에게 공인을 받은 『황수영감지(皇隋靈感誌)』 30권은 민간가요를 채집하고 낙서와 하도의 참위를 인용하여 부명(符命)을 추종하고 불경을 추려 모은 것으로 신왕조의 정통성과 수의 정치적 이상을 한곳에 집약시킨 것인데, 문제는 이것을 천하에 선시(宣示)하도록 하였다.[28] 이것은 한왕조를 찬탈한 왕망(王莽)이 이러한 저작을 만들어 유포시킨 것과 유사하다. 극도의 근검과 절제적 행위도 행운에 대한 신의 질투에 의해 운명이 바뀔지도 모른다는 그의 불안감에서 기인한 것으로 보는 학자도 있다.[29] 그리고 격노와 급작스러운 자책, 부인에 대한 심한 의지도 이런 불안감에서 나온 것이라고 보는 견해도

---

27 Arthur F. Wright, *The Sui Dynasty: The Unification of China, A.D. 581-617*(New York: Alfred A. Knof, 1978), Chapter 10 "The Sui Legacy" by Robert M. Somers, p.202.

28 『隋書』 卷69 王劭傳, p.1608, "(王)劭於是採民間歌謠, 引圖書讖緯, 依約符命, 捃摭佛經, 撰為皇隋靈感誌, 合三十卷, 奏之. 上令宣示天下 …"; 『資治通鑑』 卷178 隋紀2 文帝 開皇 14年 (594) 12月條, p.5547, "(王)劭前後上表, 言上受命符瑞甚衆, 又採民間歌謠, 引圖書讖緯, 捃摭佛經, 回易文字, 曲加誣飾, 撰隋靈感志三十卷奏之, 上令宣示天下".

29 Peter A. Boodberg, "Marginalia to the Histories of Northern Dynasties", 1979, p.332.

있다.[30] 한편 그는 조정의 음모 및 자제의 반란 가능성을 지나치게 의식하였다. 유목적 전통이 강한 북조에서는 부모를 살해하는 것도 어느 정도 묵인되고 있었는데, 수조는 북조왕조를 계승한 국가이기 때문에 이에 대해 민감하였다.

수왕조의 대진전(對陳戰)은 통일의 완성을 위한 불가피한 조처의 하나였지만, 양견이 수조를 개창한 이후 끊임없는 전쟁을 계속했다는 점은 앞에서 언급한 사실들과 연관시켜 볼 때 주목할 만하다. 양견은 등극 이후 대진전을 치루기까지 크고 작은 전쟁을 계속 하고 있었다. 예컨대 개황 3년(583) 5월 행군원수 두영정(竇榮定)을 파견하여 양주(涼州)에서 돌궐군과 토욕혼군과 싸웠고,[31] 또 위왕(衛王) 상(爽)을 행군원수로 하여 길을 나누어 출새(出塞)한 후 사발략가한(沙鉢略可汗)의 돌궐을 공격한 것[32] 등이다. 그러면 이러한 전쟁은 어떤 목적에서 일어난 것인가. 단순히 대상국들이 그들의 위협이 되었기 때문인가. 그렇지는 않다. 『수서』 찬자의 말을 인용해 보자.

처음 정권을 잡을 당시에는 여러 사람의 마음이 달라붙지 않았고 … 안으로는 육왕의 모반이 있었고, 밖으로는 삼방의 반란이 있었는데, 강병을 장악하고 중진에 주둔하는 자는 모두 주의 구신이었다. 임금은 성심을 다하여 일 개월을 넘기지 않고 삼변을 이겨서 평정하고 십 년이 되지 않아 사해를 평정하여 하나로하였다. … 안으로 제도를 정비하고 밖으로 융이를 어루만지고 … 절검에 힘쓰

30 Arthur F. Wright, "The Formation of Sui Ideology, 581-604", *Chinese Thought and Institutions*, ed. by John K. Fairbank Chicago: University of Chicago Press, 1957, p.83.

31 『隋書』 卷1 高祖紀上, 開皇 3年(583) 5月 壬戌條, p.19, "行軍元帥竇榮定破突厥及吐谷渾於涼州".

32 『隋書』 卷1 高祖紀上, 開皇 3年(583) 4月 己卯條, p.19, "衛王爽破突厥於白道";『隋書』 卷44 衛昭王爽傳, p.1224, "明年, 大擧北伐, 又為元帥. 河間王弘·豆盧勣·竇榮定·高熲·虞慶則等 分道而進, 俱受爽節度. 爽親率李充節等四將出朔州, 遇沙鉢略可汗於白道, 接戰, 大破之, 虜獲 千餘人, 驅馬牛羊鉅萬. 沙鉢略可汗中重創而遁".

니 영이 나오면 곧 그런 행위가 그치게 되었으며 상하가 화합하게 되었다.[33]

이 내용은 문제 양견의 무력행위가 어디에 목적을 둔 것인가를 잘 말해주고 있다. 즉 주수혁명의 결과로 나타난 그의 평가가 '사취천하'라는 정통성 시비를 이와 같은 무력행위로 극복했음을 잘 보여주고 있다. 사실 당시 대신들도 거의 군벌 출신들이었기 때문에 그들에게 '각기 그 쓰임을 펼 수 있는[各展其用]' 기회를 제공하는 것이 그들의 불만을 해소하는 최선의 방법이었다. 뿐만 아니라 그의 통일과 안변(安邊)의 성공은 당시 백성들로 하여금 그를 위대한 승리자로 찬탄하도록 했을 것임이 틀림없다. 그런데 당시인들의 표현을 빌자면, 고구려는 "기자가 봉함을 받은 땅으로 한과 진나라 시기 모두 우리의 군현[箕子所封之地 漢晉皆爲郡縣]"[34]이 아니던가. 그런데 고구려만 그의 완전한 신속국으로 만들지 못한 것이다. 이것이 문제가 고구려 침략을 감행할 수밖에 없었던 필연적인 이유였다.

2. 수 양제의 '탈종(奪宗)'과 대고구려전의 전개

수 양제(煬帝)의 등극 역시 순조로운 것이 아니었다. 이른바 '탈종'이라는 비정상적인 형식을 통하여 등장한 것이다. 양제에 대한 주된 자료인『수서』자체가 당조의 역사가들에 의해 당조정권의 출현과 그 지배를 합리화하기 위해 윤색이 가해졌기 때문에 수 양제의 역사적 실체 및 평가를 내리는 데는 상당한 어려움이 따른다. 걸·주에 비견되는 폭군의 전형으로 역대 황제의 감계의 대상으로, 혹은 민간설화나 대중문학에서 악역으로 등장하는 그의 모습이 모두가 진실이라고 볼 수는 없다. 그러나 그의 등극 과정에 적지 않

---

33 『隋書』卷2 高祖紀下, p.54, "初, 得政之始, 羣情不附, … 內有六王之謀, 外致三方之亂. 握强兵·居重鎭者, 皆周之舊臣. 上推以赤心, 各展其用, 不踰朞月, 克定三邊, 未及十年, 平一四海. … 內修制度, 外撫戎夷 … 務存節儉, 令行禁止, 上下化之".

34 『資治通鑑』卷181 隋紀5 煬帝 大業 6年(610) 12月條, p.5652.

은 문제가 있었던 것은 분명하다.

수 양제 양광(楊廣)은 569년 양견의 차자로 태어났다. 12세 되던 해인 581년, 주수혁명이 완료되어 그가 진왕(晉王)으로 북변에 배치되면서 정치적 수업을 받기 전까지 그는 평범한 소년에 불과하였다. 그의 인격 형성에 영향을 준 것은 탁발족으로 전형적인 북방 출신 여성인 어머니 독고씨(獨孤氏)와 남방 출신인 그의 아내였다. 후술할 그의 이중적인 성격은 이들 두 사람의 영향으로 형성된 것으로 보인다. 특히 그의 남방 애호 성향은 그의 아내에게서 영향을 받은 면도 없지 않다.[35] 그가 정치적 야심을 갖게 된 것은 그에 대한 모친의 남다른 애정이 중요한 역할을 한 것도 사실이지만, 더욱 부각되는 문제는 누구도 힘만 가지면 제왕이 될 수 있다는 당시 조야의 분위기였다. 이 점에 대해 가장 불안해 한 사람은 수 문제였지만, 그 역시 힘만 가지면 제왕이 될 수 있다는 생각에서 벗어났던 것은 아니었다. 오히려 그 자신이 계위 분쟁의 단서를 준 장본인이었다. 사실 양견의 장자인 양용(楊勇)이 수선과 동시에 황태자가 되었지만, 그는 다른 왕조라면 별로 문제 될 것도 아닌 이유로 폐해지는데,[36] 이것이 사실이 아니라는 것은 다음에서 보듯이 명확하다. 『수서』찬자의 말대로 "아비와 아들의 도를 없애고 형제간의 틈을 벌린 [滅父子之道 開昆弟之隙]" '폐적'[37]이라는 극단적인 조치가 나타난 원인은 무엇인가? 이와 관련하여 폐태자사건을 전후한 시기의 황자들의 동향을 살펴보자. 문제의 막내아들인 한왕(漢王) 양(諒)은 개황 18년의 고구려 침략전과, 19년의 돌궐 정벌 시에 행군원수로 활약하는[38]등 무공을 세워 문제의 총애

---

35 劉淑苏,「隋煬帝的南方政策」,『史原』8, 國立臺灣大學 歷史研究所, 1978, pp.64~65.

36 『隋書』卷45 文四子 房陵王勇傳, pp.1230~1232에 의하면, 楊勇이 文帝의 눈에 나게 된 것은 약간의 奢侈와 禮制에 어긋난 朝賀때문이었고, 어머니 獨孤氏에게 미움을 받게 된 것은 그녀가 간택해 준 妃인 元氏 대신 昭訓 雲氏를 寵愛했기 때문으로 되어 있다.

37 『隋書』卷2 高祖紀下, p.55, "史臣曰: 聽哲婦之言, 惑邪臣之說, 溺寵廢嫡, 託付失所. 滅父子之道, 開昆弟之隙, 縱其尋斧, 翦伐本枝".

38 『隋書』卷45 文四子 漢王諒傳, p.1244, "(開皇)十八年, 起遼東之役, 以諒為行軍元帥, 率衆至遼水, 遇疾疫, 不利而還. 十九年, 突厥犯塞, 以諒為行軍元帥, 竟不臨戎".

를 받고 있었는데, 폐태자사건이 일어나자 그도 "몰래 다른 꾀함을 생각하고 있었다[陰有異圖]"고 한다.[39] 그리고 문제의 넷째 아들인 촉왕(蜀王) 수(秀)도 태자 용이 폐해지고 진왕 광이 황태자가 되자 "뜻과 마음이 편안하지 않았다[意心不平]"고 하니, 양광은 그가 변을 일으킬 것을 염려하여 몰래 양소에게 그 죄를 찾아서 참언토록 하여 결국 인수 2년 수를 폐하여 서인으로 하였다. 그때 "서로 연좌된 자가 100여 인[相連坐者百餘人]"이었다.[40] 이와 같이 폐태자사건을 직접 목도한 황자들은 모두 황제가 되려는 생각을 가지고 있었다. 그러면 이 폐태자 문제를 다룬 『수서』 찬자의 말을 빌려보자.

고조의 아들 5인 가운데 하늘이 준 목숨을 온전히 한 자가 없으니 이상하구나! … 수의 황실이 장차 망하려는 징조에 대해서 중서가 모두 아는 바였다. 신자(愼子)의 말에, '한 마리의 토끼가 거리를 달리면 백 사람이 그 뒤를 쫓으나, 저자에 쌓아둔 토끼는 지나가는 사람들이 거들떠보지도 않는다'고 하였다. 어찌 (그것에 대한) 욕심이 없어서이겠는가? (몫이 이미) 분정되어 있기 때문이다. 방릉(房陵: 勇)에게 분정한 지가 오래되었는데도 고조가 하루아침에 바꾸었으니 역란의 근원을 열어 아랫사람들로 하여금 분수에 넘치는 욕망을 키우게 하였다. … 옛부터 적자를 폐하고 서자를 세워서 종족을 망치는 자가 많았다. 그 난망(亂亡)의 화(禍)를 살펴보면, 수나라만큼 가혹한 것이 없다. … (이 점은) 이후 나라와 집을 가진 자 깊이 경계해야 할 것이 아니겠는가.[41]

---

39 『隋書』 卷45 文四子 漢王諒傳, p.1245, "自以所居天下精兵處, 以太子讒廢, 居常怏怏, 陰有異圖".

40 『隋書』 卷45 文四子 庶人 秀傳, p.1242.

41 『隋書』 卷45 文四子傳, pp.1246~1247, "史臣曰: 高祖之子五人, 莫有終其天命, 異哉! … 隋室將亡之效, 衆庶皆知之矣. 愼子有言曰: '一兔走街, 百人逐之. 積兔於市, 過者不顧.' 豈其無欲哉? 分定故也. 房陵分定久矣, 高祖一朝易之, 開逆亂之源, 長覬覦之望. … 自古廢嫡立庶, 覆族傾宗者多矣, 考其亂亡之禍, 未若有隋之酷. … 後之有國有家者, 可不深戒哉!".

이미 황태자가 정해졌음에도 불구하고 그것을 하루아침에 갈아치운 것이 문제의 아들들로 하여금 황위 쟁탈전에 달려들도록 만든 계기를 제공하였다는 것이다. 이 인용에서 보듯이, 실제 수대의 황제위는 그 후 거리를 달리는 주인 없는 한 마리의 토끼나 다름없이 되어 버렸다. 이들 황위쟁탈전에 달려들었던 황자들이 갖는 특징은 무엇인가. 그들은 한결같이 군사적으로 공훈을 세웠던 자들이거나 중요한 거점을 장악하고 있는 자들이었다.

"황태자가 총애를 받지 못하자 진왕 광이 탈종을 도모하려 하였다[皇太子無寵 而晉王廣規欲奪宗]"[42]라는 말처럼 탈종의 원인은 문제와 독고황후의 태자 용에 대한 '무총(無寵)' 혹은 '위의 사랑을 잃은 것[失愛於上]'[43]에 귀결된다. 문제가 폐태자 이후 여러 아들 중 누구를 선택할까라고 묻자 상의동삼사(上儀同三司) 위정(韋鼎)은 "지존과 황후께서 제일 총애하는 자에게 주어야 하지, 신이 감히 미리 알 수는 없는 것입니다[至尊 皇后所最愛者當與之 非臣敢預知也]"[44]라 대답한 것은 바로 당시 정황에서 볼 때, 정곡을 찌르는 답변이라 생각된다. 실제로 뒷날 황태자로 책봉된 양제는 "고조와 황후가 여러 아들 가운데 특히 아끼고 사랑하는 아들[高祖及后於諸子中特所鍾愛]"[45]이었다. 그러면 왜 양제가 부모인 문제와 독고황후의 사랑을 얻어 황태자로 책립되는 행운을 얻었을까. 우선 수 문제의 성격과 관계가 있다고 생각한다. 수 문제는 "천성이 침착하고 시기심이 많고 평소에 학술이 없으며 하찮은 기예를 좋아하며 큰 책략에는 도달하지 않았다[天性沉猜 素無學術 好爲小數 不達大體]"[46]라고 표현되듯이 문인적인 성격의 군주는 아니었다. 그에 비해 태자 용은 '호학', '관인화후'하며 명극양(明克讓)·요찰(姚察)·육개명(陸開明) 등 문인들

42 『隋書』卷48 楊素傳 附 異母弟 楊約傳, p.1293.
43 『隋書』卷41 高熲傳, p.1182.
44 『資治通鑑』卷179 隋紀3 文帝 開皇 20年(600) 6月條, pp.5574~5575.
45 『隋書』卷3 煬帝紀上, p.59.
46 『隋書』卷2 高祖紀下, p.54.

과 '빈우(賓友)' 관계를 맺고 있었던[47] 매우 문인적 성격의 소유자였다. 그런데 진왕 광은 "학술을 좋아하고 글짓기를 잘하는[好學 善屬文]"면에서 용과 다를 바가 없었지만 몇 가지 다른 점이 있었다. 첫째, '민혜(敏慧)'하여 여러 아들 가운데 문제와 모후의 사랑을 독차지했고, 진 정벌 시와 돌궐의 구변 시에 행군원수로 활약하여 혁혁한 무공을 세운 극히 무인적인 성격의 소유자였다.[48] 이는 대외전쟁에서 별다른 공적이 없는 용과는 다른 점이다. 둘째, 사료상 용이 수 문제의 눈에 벗어난 원인으로 기술되고 있는 사치 문제이다.[49] 반대로 진왕 광은 진을 평정한 후 "창고를 봉하고 자재를 취한 바가 없는 것[封府庫 資財無所取]"[50]으로 칭송되며 검소한 자로 기록되고 있다. 이것은 수 문제의 등극 이후 정책과 그의 평소 성격과 유관한 것으로 주목된다. 셋째, 내총(內寵)의 문제이다. 앞서 보았듯이 태자 용은 소훈(昭訓) 운씨(雲氏)를 총애하여 그의 비 원씨(元氏)를 우사(憂死)하게 하여,[51] 중국 역사상 가장 투기가 심한 황후의 한 사람으로 알려진[52] 독고황후의 미움을 받았던 데 비해, 진왕 광은 오직 소비(蕭妃)와 함께 거처함으로써 황후의 환심을 산 것[53]이 다르다. 그러나 이러한 차이는 다른 시대의 폐태자 시에 보이는 태자의 결정적인 결점과는 거리가 먼 것이다.[54] 이것은 아무리 애증에 의해 태자를 폐립

---

47 『隋書』卷45 文四子 房陵王 勇傳, p.1230, "勇頗好學, 解屬詞賦, 性寬仁和厚, 率意任情, 無矯飾之行. 引明克讓 '姚察' 陸開明等為之賓友".

48 『隋書』卷3 煬帝紀上, pp.59~60.

49 『隋書』卷45 文四子 房陵王 勇傳, p.1230, "勇嘗文飾蜀鎧 上見而不悅 恐致奢侈之漸".

50 『隋書』卷3 煬帝紀上, p.60.

51 『隋書』卷45 文四子 房陵王 勇傳, p.1231, "勇多內寵, 昭訓雲氏, 尤稱嬖幸, 禮匹於嫡. 勇妃元氏無寵, 嘗遇心疾, 二日而薨. 獻皇后意有他故, 甚責望勇. 自是雲昭訓專擅內政, 后彌不平, 頗遣人伺察, 求勇罪過".

52 『廿二史箚記』卷15 「隋獨孤后妒及臣子」條, p.209.

53 『隋書』卷45 文四子 房陵王 勇傳, p.1231, "(晉王) 姬妾但備員 唯共蕭妃居處. 皇后由是薄勇 愈稱晉王德行".

54 勇을 廢하면서 文帝가 東宮官屬을 꾸짖자 李綱이 "今日之事 乃陛下之過 非太子罪也. 勇器非上品, 性是常人, 若得賢明之士輔導之, 足堪繼嗣皇業. 方今多士盈朝, 當擇賢居任, 奈何以絃歌鷹犬之才居其側, 至令致此, 乃陛下訓導不足, 豈太子之罪也!"라고 대답한 것(『舊唐書』卷62

한 것이 아니라는 문제의 변명[55]에도 불구하고, 당시 황태자의 폐립을 너무 쉽게 생각했음을 부정할 수는 없다. 그러한 폐태자의 사정은 아마 적장자를 반드시 계승자로 책립하지 않는 북족의 관습과 여성의 발언권이 강한 유목 사회의 성격이 어우러져 나타난 것이라 생각된다.

그러나 이 사건은 양용 개인의 문제로만 끝나지 않았다. 이 폐태자사건은 국론을 분열시켰을 뿐 아니라 황위를 계승한 양제에게 정통성의 미확보라는 그늘을 안겨 주게 된다. 인수(仁壽) 4년(604) 한왕 양은 진왕 광의 황태자 책립에 불만을 품고 드디어 반기를 들기에 이르렀고, "이에 양의 반기에 따르는 주가 모두 19주나 되었다[於是從諒反者凡十九州]"[56] 혹은 "양에 소속된 이민(吏民)으로 양의 반란에 연좌되어 죽거나 옮겨진 자가 이십 여만 가나 되었다[諒所部吏民坐諒死徙者二十餘萬家]"[57]라고 할 정도로 국가의 대분열상을 보여주었다. 그뿐만이 아니라 관료군을 양분시켰고, 많은 희생자를 내었다. 고경(高熲), 원민(元旻) 등을 필두로 하는 폐태자 반대파와 독고황후, 양소, 우문술 등을 필두로 하는 찬성파와의 투쟁이 개막되었고, 그 여파로 좌위대장군(左衛大將軍) 원민(元旻), 태자좌서자(太子左庶子) 당영칙(唐令則), 태자가령(太子家令) 추문등(鄒文騰), 좌위솔사마(左衛率司馬) 하우복(夏侯福), 전선감(典膳監) 원엄(元淹), 전이부시랑(前吏部侍郎) 소자보(蕭子寶), 전주새하사(前主璽下士) 하랄(何辣) 등이 주살되었고, 영부장작대장(令副將作大匠) 고룡차(高龍叉), 솔경령(率更令) 진문건(晉文建), 통직산기상시(通直散騎常侍) 원형(元衡)이 자진하였으며, 거기장군 염비(閻毗), 동군공(東郡公) 최군작(崔君綽), 유기위(游騎衛) 심복보(沈福寶), 영주술사(瀛州術士) 장구대익(章仇太翼)이 장(杖) 일백

李綱傳, p.2374)에서도 알 수 있듯이 楊勇이 폐태자될 정도로 문제 된 것은 아니었다.

55 『隋書』卷62 裴肅傳, p.1487, "(文帝謂裴肅曰)子勇以下, 並皆同母, 非爲憎愛輕事廢立".

56 『資治通鑑』卷180 隋紀4 文帝 仁壽 4年(604) 8月條, p.5607.

57 『資治通鑑』卷180 隋紀4 文帝 仁壽 4年(604) 8月條, p.5613.

(一百)을 맞는 일파만파를 일으켜 대사건으로 전개되었다.[58]

양광이 태자로 책봉된 것은 600년 12월이다. 그런데 그해 8월, 문제를 조종하기도 하고, 자신의 눈 밖에 난 당시 최고의 권신 고경을 주살시킨 권력자인 모후가 사망한다. 양광에게 모후라는 존재는 자기를 태자위에 올려놓기도 했지만[59], 언젠가는 자기를 내쫓을 수도 있는 능력의 소유자였다. 그녀가 죽었을 때 표면적으로 조의를 표할 뿐 실제는 먹고 마시며 심지어 농담까지 했다[60]고 할 정도로 양광은 강력한 정적(?)이 사라진 것을 후련하게 생각한 것 같다.

양광의 황제 등극 과정은 베일에 가려져 있다. 『수서』에 의하면, 사건의 전말은 이러하다. 독고황후 사후 문제의 총애를 독차지하고 있던 선화부인(宣華夫人) 진씨(陳氏)를 문제의 와병을 틈타 태자인 양광이 희롱하자, 선화부인은 이 사실을 병상의 문제에게 고하였다. 문제는 대노하여 "짐승 같은 놈이 어찌 대사에 부합한다는 말인가, 독고황후가 실로 나를 오도하였도다[畜生何足付大事 獨孤誠誤我]"라 하며 폐태자사건을 후회하면서 이미 폐태자가 된 양용을 부르려 하자, 양광은 부인 및 후궁을 별실로 물리고, 대신 심복인 양소를 병실에 들여보내더니 '사변의(事變矣)!'라 말하며 벌벌 떨었다고 한다. 이러한 당시 상황을 전하는 『수서』 말미에 "그날 저녁 태자가 범하다[其夜 太子烝焉]"라는 묘한 구절을 적고 있다.[61] 이상의 사실들이 진실인지 아닌지를 밝히기는 쉽지 않다.[62] 왜냐하면 상기한 내용은 후대 사람들이 특정한

---

58 韓昇,「論隋朝統治集團內部鬪爭對隋亡的影響」,『廈門大學學報』1987-2, p.91.

59 『隋書』卷36 后妃 文獻獨孤皇后傳, p.1109, "廢太子立晉王廣, 皆后之謀也".

60 『資治通鑑』卷179 隋紀3 文帝 仁壽 2年(602) 8月條, p.5592.

61 『隋書』卷36 后妃 宣華夫人 陳氏傳, p.1110. 선화부인은 陳 宣帝의 딸인데, 晉王 廣의 奪宗之計에 상당한 영향력을 행사했던 인물이다.

62 『隋書』卷48 楊素傳(p.1288)에는 "所寵陳貴人, 又言太子無禮. 上遂發怒, 欲庶人勇. 太子謀之於素, 素矯詔追東宮兵士帖上臺宿衛, 門禁出入, 並取宇文述·郭衍節度, 又令張衡侍疾. 上以此日崩, 由是頗有異論."이라 되어 있다.

목적을 위해 조작했을 가능성이 있기 때문이다.[63] 그것은 『수서』의 감수를 맡았던 위징(魏徵)이 수차에 걸쳐 당왕조 건국의 정당화를 위해 수 양제의 폭정을 강조했던 것에서[64] 당시 사실이 실제와는 달리 상당히 부풀려졌을 가능성이 있기 때문이다. 전통시대 천명 상실의 한 표증이 될 수밖에 없는 이 같은 '축생'적 행위는 일종의 흥미 유발을 위한 소재로써 당송시대 소설, 예컨대 『밀루기(密樓記)』·『해산기(海山記)』·『개하기(開河記)』·『대업습유기(大業拾遺記)』 등에도 등장하여 17세기 이후 광범위하게 읽혔다.[65] 그러나 이러한 양광의 행위를 모두 부정할 수만은 없다. 실제 후술할 당대의 궁중사에서도 이러한 '축생'적 행위는 다반사로 일어나고 있기 때문에, 수대의 사실만을 진실이 아니라고 말할 수 없기 때문이다.[66]

이상에서 수 양제의 등극 과정을 살펴보았지만, 이런 사정이 그 당시 사람들에게 공공연하게 알려졌다면, 양제는 아버지인 문제보다 훨씬 더 정통성의 문제를 안고 있었을 것이다. 그 당시의 분위기 및 양제의 심정을 표현하는 다음과 같은 기사가 있다.

양제는 재주와 학식을 스스로 뽐내어 매양 천하의 사대부에게 교만하게 대하였다. 일찍이 시신에게 말하기를 '천하 사람들은 짐이 (선왕의) 여서(餘緖)이기 때

---

63 宮崎市定은 煬帝의 文帝暗殺事件은 唐初 史家들의 作爲에 의한 것이라 주장하고 있다(「隋代史雜考」(『史學研究』 72, 1959, 原載), 『アジア史研究』 第五, 京都: 同朋舍, 1978, pp.88~91).

64 Arthur F. Wright, "Sui Yang-Ti: Personality and Stereotype", *The Confucian Persuasion*, ed. by Arthur F. Wright, Stanford: Stanford University Press, 1960, p.60.

65 Arthur F. Wright, "Sui Yang-Ti: Personality and Stereotype", 1960, p.70.

66 宋 陳振孫의 『直齋書錄解題』(臺北: 臺灣商務印書館, 1978) 卷5, p.137에서 唐 著作郎 杜寶가 撰한 『大業雜記』(十卷)를 소개하면서 그 序에 "貞觀修史 未盡實錄 故爲此書 以彌縫闕漏"라 쓰고 있다고 하였으니, 오히려 唐初의 史家들이 煬帝의 文帝 弑害 부분을 엄폐했을 가능성이 크다. 그리고 近人 王受寬은 李淵 및 李世民의 行動이 楊堅, 煬廣 父子의 행동과 유사하므로 唐初 史家들은 오히려 반대로 曲筆하였다고 보았다(「《隋書》曲筆論」, 『蘭州大學學報』, 社會科學版 1988-1, pp.36~37).

문에 천하를 가지게 되었다고 당연히 말하겠지만, 설령 짐이 사대부와 더불어 시험을 친다 해도 역시 천자가 되었을 것이다'라 하였다.[67]

물론『수서』의 찬자는 국망의 원인을 수 양제의 교만함에 있었음을 지적하려 한 것이지만, 양제의 언설은 당시 자기가 황제가 된 것에 대해 자의식이 강하였음을 보여준다. 그리고 더 부연하자면 당시 사대부들은 그가 황제가 되었다는 사실에 대해서 비록 공언하지는 않았지만, 상당히 불만스러워했다는 점을 양제 스스로가 분명히 알고 있었다고 할 수 있다. 그리하여 양제는 '내가 시험을 쳐도 황제가 되었을 것'이라는 치기어린 발언을 하게 된 것이라 여겨진다. 그 점은 다음 기사에서도 분명히 나타나고 있다.

대업 원년 안문(雁門)의 백성들이 키우는 많은 개가 그 주인을 떠나 들판에 무리지어 모이더니 갑자기 이리처럼 모습을 바꾸고 행인을 물어뜯는 일이 몇 년이나 계속되다가 그쳤다. 오행전에 '개란 지키고 방어하는 것이다. 그런데 이제 그 주인을 떠나니 신하가 (임금에게) 붙지 않는 상이다. 모습을 바꾸어 이리와 같이 되었다. 이리의 색깔은 흰색이니 군주의 병사에 대한 감응이다'라 하였다. (이에 따라) 그 후 황제가 병사를 궁박하여 전쟁을 함부로 하여 무덕을 더럽히고, 노역을 쉴 새 없이 하였다. (이것은 사실) 하늘이 계칙하여 이렇게 말한 것이다. '역(役)으로 괴롭히지 말아라. 지키고 방어하는 신하가 장차 반란을 일으켜 해가 될 것이니.' (그러나) 황제는 그 뜻을 깨닫지 못하고 마침내 장성을 축조하는 노역을 일으키고, 이어서 서역과 요동에 대한 병사를 일으키니 천하가 원망하고 반란을 일으키게 된 것이다. (그러나) 강도의 변란에 이른 것은 모두 숙위하던 신하(때문)인 것이다.[68]

---

67 『隋書』卷22 五行志上「貌不恭」, p.625, "煬帝自負才學, 每驕天下之士. 嘗謂侍臣曰: '天下當謂朕承藉餘緒而有四海耶? 設令朕與士大夫高選, 亦當為天子矣.'".

68 『隋書』卷22 五行志上「犬禍」, p.641, "大業元年, 雁門百姓間犬多去其主, 羣聚於野, 形頓變如

이 기사에서 보듯이 양제는 자연의 조그마한 변화에도 이와 같이 민감하게 반응하고 있다. 이른바 "신하가 (임금에게) 붙지 않는 상[臣下不附之象]"이 일어나자, 그는 이것에 대처하기 위해 "병사를 궁박하여 전쟁을 함부로 하여 무덕을 더럽히는[窮兵黷武]" 조처를 취하게 되었고, 그 구체적인 내용이 바로 장성의 축조와 수리, 서역과 고(구)려와의 전쟁인 것이다. 물론 『수서』 찬자의 의도는 하늘이 "역으로 괴롭히지 말아라[無爲勞役]"라는 계칙을 「견화」를 통해 미리 예시했는데도 불구하고 양제가 그것을 알아차리지 못하고 결국 죽음에 이르게 되었다는 점을 나타내려고 한 것이다. 그러나 신하들이 자신을 해칠 것을 항상 염려했던 양제는 이러한 상서롭지 못한 징조가 나타나자, 그것을 방지하기 위해 여러 가지 조처를 취한 것이다. 그중에 대고구려 전쟁이 거론되고 있는 점은 흥미롭다.

이 기사들을 통해 양제가 대내적으로 정권의 정통성을 확보하지 못한 상황에서 무거운 고민을 하고 있었음을 알 수 있고, 그 대처 방안으로 대외전쟁의 도발이라는 형식을 빌렸음을 확인할 수 있었다.

Ⅲ. 당 초기 황위 계승 문제와 대외전쟁

1. '현무문(玄武門)의 변'과 당 태종의 돌궐정책

당 태종의 등극 과정도 정상적인 과정을 거친 것이 아니었다. 당조가 개창되었을 당시 당 고조 이연과 황후 두씨(竇氏: 死去 追贈) 사이에는 건성(建成)·세민(世民)·현패(玄霸: 사거)·원길(元吉) 등 네 아들이 있었다. 그중 건성이 관례에 따라 황태자가 되었고, 세민은 진왕(秦王), 원길은 제왕(齊王)으

狼而噬嗞行人, 數年而止. 五行傳曰: '犬, 守禦者也, 而今去其主, 臣下不附之象. 形變如狼, 狼色白, 爲主兵之應也.' 其後帝窮兵黷武, 勞役不息. 天戒若曰, 無爲勞役, 守禦之臣將叛而爲害. 帝不悟, 遂起長城之役. 續有西域·遼東之舉, 天下怨叛. 及江都之變, 並宿衞之臣也".

로 봉해졌다. 학계에서는 한때 ① 이연-건성-원길 측과 ② 세민의 세력 사이의 당조 창업 과정에서 주도권의 소재, 그리고 당 초 지배집단 내의 두 가지 다른 조류[69]의 문제 등을 두고 논란을 벌이기도 하였다.

당 고조 이연의 가세(家世)에 대해서는 호화된 한족으로 보는 견해[70]와 호족으로 보는 견해[71]로 나누어져 있다. 그러나 대체로 이연의 선세는 혹여 한족일지 모르지만 북방에 오랫동안 무직으로 있으면서 집을 무천(武川)에 둠으로써 자연히 호속에 훈염된 바가 매우 심한 가문으로 정리되고 있다. 따라서 당조도 역시 수조와 마찬가지로 호족 계통의 전통을 이은 왕조로 보는 것이 좋을 듯하다. 수조와의 유사성은 혼인관계에서도 나타난다. 이연의 어머니는 대사마 독고신의 딸인데, 바로 수 문제 독고황후와 자매관계이니, 따라서 이연은 수 문제 양견의 외생(外甥)이며, 수 양제와는 이종형제가 된다. 이연은 선비 망족으로 수나라 정주총관(定州總管)이었던 두의(竇毅)의 딸에게 장가드니, 그녀가 바로 뒷날 두황후이며, 두황후의 어머니는 북주 무제의 누나인 양양장공주(襄陽長公主)이다. 이와 같이 수당 양 왕조는 혈연적으로 매우 가깝다. 그리고 당 태종의 조모[獨孤氏], 모[竇氏], 후[長孫氏] 모두가 북조 선비족 출신이니, 이 점만 보아도 북주·수·당 세 왕조의 출자의 유사성을 잘 알 수 있으며, 이들이 이른바 관롱집단의 중추부에 위치한 것임은 두말할 필

---

69 이 논의는 문화대혁명 전후 중국의 연구 경향인데, 李淵 등은 당시 地盤이 固定된 世族地主集團을 背景으로 하고 있었으며(吳澤 袁英光, 「唐初政權與政爭性質的幾個問題」, 『歷史研究』 1964-2), 李世民은 新興地主集團을 배경으로 하고 있다고 보는 등 차이를 보이고 있다. 그러나 이것은 너무 도식적인 감이 없지 않다. 이런 연구 경향에 대한 비판적 견해를 제시한 布目潮渢(『隋唐史研究―唐朝政權の形成』 京都·同朋舍, 1968, 「秦王世民―即位前の唐の太宗」條 참조)의 주장이 설득적이다.

70 陳寅恪은 "李唐의 先世는 趙郡 李氏의 '破落戶'가 아니면, 곧 趙郡 李氏의 '假冒牌'일 것이며, 宇文泰가 入關할 때, 그를 따르는 漢人들을 關內 諸州를 그 本望으로 고치도록 하였는데, 李氏는 이때 趙郡 郡望을 隴西 郡望으로 고쳤다"고 보고 있다(『唐代政治史述論稿』 上篇, 「統治階級之氏族及其昇降」, 上海: 上海古籍出版社, 1982, p.11).

71 王桐齡, 「楊隋李唐先世系統考」, 『女師大學術季刊』 2-2(陳寅恪, 「李唐氏族之推測」, 『金明館叢稿』二編, 上海: 上海古籍出版社, 1980, p.288에서 再引).

요도 없다.

이연은 수조의 태원유수(太原留守)직에 있으면서 전국이 반란에 휩싸이자 태원을 거점으로 기병하게 된다. 이연의 태원 기병에서 주도권을 행사한 자가 누구냐 하는 문제에 대해서 종래에는 이세민과 이연-이건성의 두 가지 설로 대립되어 왔다. 이세민이 주도권을 가졌다고 보는 견해는 주로 태종 시기 허경종(許敬宗)이 쓴 『고조실록』의 기록에 의거한 것인데, 이후 양당서와 『자치통감』 등 전통 사료의 대부분이 이세민에게 건당의 공을 돌려 실질적인 개창자로 서술한 데 근거하고 있다. 즉 이연은 우유부단하며 결단력이 없어 이세민이 하는 수 없이 배적(裴寂)으로 하여금 이연을 협박하게 하여 태원에서 기병하도록 했다는 것이 그 내용이다.

당 초의 사료가 거의 태종에게 공을 돌리고 있는 반면, 고조의 근신 온대아(溫大雅)가 찬술한 『대당창업기거주(大唐創業起居注)』만은 고조 이연의 주도권을 인정하고 있는데, 이 사료가 신빙성이 더 크다는 평가가 근자에 와서 높아지고 있다. 이것에 기초하여 기존 통설에 대해 의문을 제기한 것은 이미 1930년대 나향림(羅香林)에 의해서였다.[72] 이후 우드브리지 빙햄(Woodbridge Bingham),[73] 이수동(李樹桐),[74] 하워드 웩슬러(Howard J. Wechsler)[75] 등도 전통적인 견해에 대해 의문을 제기하기 시작하였다.[76] 최근에는 고조 이연의 주도권뿐 아니라 장자 이건성 쪽이 차자 이세민보다 두드

---

72 羅香林, 「大唐創業起居注考證」(『唐代文化史』, 臺北: 臺灣商務印書館, 1974 臺4版) pp.13~14.
73 Woodbridge Bingham, "Wen ta-ya: the first Recorder of T'ang History", *Journal of the American Oriental Society*, vol. 61, 1937, pp.368~374.
74 李樹桐, 「李唐太原起義考實」, 『唐史考辨』, 臺北: 臺灣中華書局, 1972.
75 Howard J. Wechsler, *Mirror to the Son of Heaven: Wei chen at the Court of T'ang T'ai-tsung*, New Heaven: Yale University Press, 1974.
76 그러나 福井重雅는 『大唐創業起居注』가 唐室 顯揚과 高祖의 讚美를 목적으로 記述上 創作的 潤色이 많으므로 史料로써 利用 價値가 있는가 하는 점에 疑問을 제기하였다(「大唐創業起居注考」, 『史觀』 63·64合冊, 1962, p.91).

러진 역할을 했다는 주장이 제기되었으며,[77] 이세민은 태원 기병 당시 나이
상 활약할 시기가 아닌 20세(이연 52세, 건성 29세, 원길 15세)였다는 점을 부각
시킨 학자도 있다.[78]

이처럼 현재 학계의 대체적인 경향은 수당 교체기 당시 사료의 조작 가능
성을 거의 인정하고 있는데, 이것은 현무문의 변을 정당화하려는 태종 측의
의도와 태종 이후 당조정의 정치적 혼란과 난맥상에 실망한 조야가 반대로
'정관의 치'를 과도하게 미화시킨 데서 그 원인을 찾고 있다.[79] 그러면 이상
과 같은 학계의 연구 동향을 참작하면서, '현무문의 변'의 경과와 당 태종의
등극 과정을 살펴봄으로써 이 절의 과제에 접근해 보자.

이른바 '현무문[80]의 변'이라 지칭되는 당 왕실의 골육상쟁이 일어난 것은
당 고조 무덕 9년(626) 6월 4일[81]이다. 이세민이 태자 건성과 제왕 원길이 후
궁과 음란한 짓을 했다는 것을 고조에게 밀주하자, 그것을 전해 들은 두 사
람은 그 사건의 내역을 자진하기 위해 궁내로 들어가게 되었다. 그들 일행을
궁성 북쪽 문인 현무문에서 이세민이 장손무기를 비롯한 9명을 이끌고 살해
한 것이 이 사건에 대한 대강의 전말이다. 그러나 이 사건의 원인은 당조가
성립하면서부터 그 싹이 점차 움트기 시작하였다고 생각된다.

---

77 李樹桐, 「唐隱太子建成軍功考」, 『唐史考辨』, 臺北: 臺灣中華書局, 1972.

78 Howard J. Wechsler, T'ai-tsung(reign 626-649) the consolidater(D. Twitchett and J. Fairbank ed., *Cambridge History of China Volume 3, Sui T'ang China, 589-906, part I*, Cambridge: Cambridge University Press, 1979), p.188.

79 Arthur F. Wright, "T'ang T'ai-tsung: The Man and the Persona"(J. C. Perry and B. L. Smith ed., *Essays on T'ang Society: The Interplay of Social, Political and Economic Forces*, Leiden: E. J. Brill, 1976), pp.17~18.

80 현무문이 당대 政治史上 점하는 위치에 대해서는 陳寅恪은 "唐代歷次中央政治革命之成敗, 悉決於玄武門"(『唐代政治史述論稿』 上篇, 「政治革命及黨派分野」, 1982, p.53)이라 설명하고 있다.

81 李世民이 6월 4일을 擧事日로 잡은 것은 당시 突厥問題가 가장 초미의 關心이었고, 또 突厥侵入이 대개 6월에 開始되기 때문에 政變을 일으켜도 관심을 突厥問題로 돌릴 수 있어 事後 處理에 편리한 점을 감안한 것이라는 견해도 있다(石見淸裕, 「玄武門の變前夜の突厥問題」, 『史觀』 108, 1983, pp.43~44).

당조가 성립하기 전인 군웅과 싸우는 시기의 고조, 건성, 세민, 원길의 협
조적 관계는 당조가 성립되면서부터 경쟁·적대 관계로 돌변하였다. 태자
건성, 제왕 원길을 주축으로 하는 태자파와 진왕 이세민을 주축으로 하는 진
왕파 사이에 일어난 갈등은 당 초 건당의 공을 둘러싼 논공행상에서 비롯되
었다. 당시 적장자로서 황태자에 책립된 이건성은 전통 사서에서 폄하한 것
과 같은 정도[82]의 인물은 아니었으나 차자 이세민보다는 문무 양면에서 열등
하였음은 부정할 수 없다.[83] 따라서 이러한 궁중정변은 호족색이 짙은 당왕
조라는 프레임에서 볼 때, 일찍부터 예견되었던 것이었다. 건성과 원길은 고
조 이연에게 이세민을 참소하기도 하였고, 살해할 것을 청하기도 하고, 신료
들을 회유하기도 하는 등 여러 가지로 이세민 제거책[84]을 강구하였다. 특히
건성 측이 직접 이세민을 살해하려는 사건이 사서에 세 차례 정도 기록되어
있는데, 이것이 현무문의 변의 직접적인 원인으로 생각된다. 즉 이세민이 이
연을 시종하고 원길의 사제(私第)에 갔을 때 척사(刺死)시키려는 계획[85]이 그
것이며, 건성과 원길이 합작해서 독주로써 살해하려는 계획[86], 그리고 원길
이 이끄는 돌궐토벌군을 곤명지에서 전별할 때 장사로 하여금 이세민을 납
치해서 죽이려는 계획[87] 등이 그것이다. 특히 두 번째와 세 번째 계획은 바로
현무문의 변 직전의 사건이기 때문에 양자의 관계를 극도로 악화시킨 사건

---

82 『新唐書』卷79 高祖諸子 隱太子 建成傳, p.3540, "資簡弛, 不治常檢, 荒色嗜酒, 畋獵無度, 所
　從皆博徒大俠".
83 布目潮渢, 『隋唐史研究—唐朝政權の形成』, 京都: 同朋舍, 1968, pp.257~258; 布目潮渢, 『隋
　の煬帝と唐の太宗—暴君と明君, その虛實を探る』, 東京: 淸水書院, 1975, pp.148~149.
84 布目潮渢, 『隋唐史研究—唐朝政權の形成』, 1968, pp.282~290에 상세하다. 그러나 이세민
　측의 행동에 대해서 방어적 기술 외에는 별다른 것이 없는 점도 후세 사서의 곡필에 연유
　한다 할 것이다.
85 이 사건이 발생한 날짜는 알 수 없다. 다만 『資治通鑑』卷191 唐紀7 高祖 武德 7年(624) 6
　月 壬戌條에 "初, 齊王元吉勸太子建成除秦王世民曰: '當爲兄手刃之! 世民上幸元吉第, 元吉
　伏護軍宇文寶於寢內, 欲刺世民"(p.5985) 운운하고 있을 뿐이다.
86 『資治通鑑』卷191 唐紀7 高祖 武德 9年(626) 6月條(p.6004)에 보인다.
87 『資治通鑑』卷191 唐紀7 高祖 武德 9年(626) 6月條, p.6007.

이었다.[88] 또 하나의 사건은 돌궐 침입을 계기로 원길이 토벌군을 편성하면서 이세민 휘하의 정병을 차출함으로써 그 병력을 약화시키려는 시도이다.[89] 이러한 양측의 긴장관계가 결말을 본 것이 곧 '현무문의 변'이라 불리는 당 종실의 골육상쟁이다. 그러면 이러한 골육상쟁이 일어날 수밖에 없었던 당시의 분위기와 고조 이연이 취한 태도는 어떠하였는가?

문제는 당조가 성립되었지만, 아직 군웅이 할거하고 있는 전쟁상태였기 때문에, 이건성이 비록 황태자로 책립되었으나 그 위치가 그다지 공고한 것은 아니었다는 점이다. 이건성이 태자로서 산동의 유흑달군(劉黑闥軍) 토벌에 나서게 된 경위를 『구당서』에서는 다음과 같이 서술하고 있다.

당시 태종의 공업이 날로 쌓이니 고조는 몰래 (그를) 태자로 세울 것을 허락하였다. 건성이 그것을 비밀리에 알고는 곧 제왕 원길과 몰래 난을 일으킬 음모를 꾸몄다. 마침 유흑달이 다시 반란을 일으키자 왕규(王珪)와 위징(魏徵)은 건성에게 '전하는 단지 적장(嫡長)의 지위에 있는 것으로 하여 태자가 되었으나, 공적이 이미 칭송될 만한 것이 없고, 어질다는 소리도 아직 멀리 퍼지지 않았습니다. 그런데 진왕의 훈업은 매우 융성하여 그 위세가 사해에 떨치고 있어 인심이 향하는 바가 되었습니다. 전하는 어찌 스스로 편안히 계십니까?'라고 하였다.[90]

태자 건성을 보조하는 왕규나 위징의 권고 못지않게 건성 자신도 계속적인 공업을 쌓아 진왕 세민을 압도하지 않으면 안 된다는 강박관념에 시달리고 있었기에 그가 무덕 6년 7월, 8년 6월 등에 돌궐 토벌에 직접 출동하는 것

---

88 呂思勉, 『隋唐五代史』, 上海: 上海古籍出版社, 1984, pp.77~78.
89 『舊唐書』 卷64 高祖二十二子 巢王 元吉傳, pp.2421~2422.
90 『舊唐書』 卷64 高祖二十二子 隱太子 建成傳, p.2415, "時太宗功業日盛, 高祖私許立爲太子, 建成密知之, 乃與齊王元吉潛謀作亂. 及劉黑闥重反, 王珪·魏徵謂建成曰: '殿下但以地居嫡長, 爰踐元良, 功績既無可稱, 仁聲又未遠布. 而秦王勳業克隆, 威震四海, 人心所向, 殿下何以自安?'…".

은 이런 분위기를 반영한다. 실제 인용문에 나오는 "고조는 몰래 (그를) 태자로 세울 것을 허락하였다[高祖私許立爲太子]"는 사실에 대해 『자치통감』에서는 다음과 같이 서술하고 있다.

임금이 진양에서 병을 일으킨 것은 모두 진왕 세민의 모책에 의한 것이다. 임금이 세민에게 '만약 거사가 성공하면 곧 천하는 네가 가져온 것이니 당연히 너를 태자로 삼으리라'고 하였다. 세민은 배하고 사양하였다. 당왕이 되자 장좌(將佐)들은 또다시 세민을 세자로 삼을 것을 청하였다. 임금이 장차 그를 세우려 했지만 세민이 굳게 사양하자 그만두었다.[91]

즉 이 기록에 의하면, 이연은 태원 기병 시기부터 이미 이세민을 황태자로 세우고자 했던 것으로 보인다. 또 하나 황태자 건성을 폐하려고 한 이유는 무덕 7년 7월에 일어난 이른바 '경주도독(慶州都督) 양문간(楊文幹)의 반란사건'이다. 양문간은 일찍이 동궁에 숙위함으로써 건성과 친했는데, 건성의 충동질로 반란을 일으켰다. 사건이 일어나자, 고조는 이세민에게 반란군의 토벌을 명하고, 다시 "돌아오면 너를 세워서 태자로 할 것이다[還立汝爲太子]"라고 약속한다. 그러나 이는 실행되지 않았다.[92] 이와 같이 태자를 둘러싼 분규를 유발시킨 것은 이연의 우유부단한 태도 탓[93]으로 돌릴 수도 있다.[94] 그

---

91 『資治通鑑』卷190 唐紀6 高祖 武德 9年(626) 11月條, p.5957, "上之起兵晉陽也, 皆秦王之謀, 上謂世民曰: '若事成, 則天下皆汝所致, 當以汝爲太子.' 世民拜且辭. 及爲唐王, 將佐亦請以世民爲世子, 上將立之, 世民固辭而止".

92 『舊唐書』卷64 高祖二十二子 隱太子 建成傳, p.2417, "高祖曰: '文幹事連建成, 恐應之者眾, 汝宜自行, 還, 立汝爲太子. 吾不能效隋文帝誅殺骨肉, 廢建成封作蜀王, 地既僻小易制. 若不能事汝, 亦易取耳.' 太宗既行, 元吉及四妃更爲建成內請, 封倫又外爲遊說, 高祖意便頓改, 遂寢不行, 復令建成還京居守".

93 布目潮渢, 『隋唐史研究―唐朝政權の形成』, 1968, p.271.

94 王夫之는 그것이 高祖 李淵의 우유부단이 아니라 聖人이 아니고서는 해결할 수 없었던 難題였다고 보고 있다(『讀通鑑論』卷20 唐高祖 11 「建成世民之廢立」, p.750, "自非聖人, 未有能免於禍亂者.").

러나 보다 근본적인 원인은 황실뿐 아니라 조야의 분위기가 책립된 황태자라도 그 위치가 고정적으로 인정되는 것은 아니었다고 보았다는 점이다. 이런 분위기 속에서는 황태자도 계속적으로 훈공을 세우지 않으면 그 지위를 유지할 수 없는 것이었다. 게다가 그때까지 내란이 종식되지도 않았다. 이 때문에 이연이 수 문제 시기와 같은 골육상쟁을 되풀이하지 않겠다는 결심[吾不能效隋文帝誅殺骨肉]을 했음에도 불구하고, 수와 마찬가지로 태자가 주살당하는 결과를 가져왔다.

고조 이연은 '해지(海池)'라 불리는 궁성 내 연못에서 뱃놀이를 하다가 그 소식을 접했고, 바로 이세민이 보낸 위지경덕(尉遲敬德)에게 감금당하였다.[95] 그 후 그는 모든 일을 세민의 처분에 맡기는 조칙을 발할 수밖에 없게 되었다. 현무문의 변이 일어난 지 4일 후 세민은 황태자가 되어 모든 정사를 결재하였다.[96] 그리고 8월 9일 제위에 오르니 그가 바로 태종이다. 이연은 퇴위 후 정관 9년(635) 죽을 때까지 태상황으로 있었지만,[97] 정치적 활동은 정지되었다.

이상이 '현무문의 변'의 경과이다. 이로써 태종은 힘으로 형제를 살해하고, 아버지에게서 황위를 양위 받았다. 결국 그도 수 양제와 마찬가지로 거리를 쏘다니는 '한 마리의 토끼[一兎]'를 잡은 셈이 되어, 그런 면에서 그의 등극 과정도 황위를 쟁탈한 것이지 순조롭게 부여받은 것은 아니었다. 여성관계도 수 양제에 뒤지지 않는다. 즉 동생인 원길을 살해하고 난 후 그의 양비(楊妃)를 자신의 비로 삼아 조왕(曹王) 명(明)을 낳았고, 그녀를 총애하여 후(后)로 하려다가 위징의 간언으로 그만두었으나, 명을 다시 소왕(巢王) 원길

---

95 『舊唐書』卷68 尉遲敬德傳, p.2499, "六月四日, 建成旣死, 敬德領七十騎躡踵繼至, 元吉走馬東奔, 左右射之墜馬. … 是時, 高祖泛舟於海池. 太宗命敬德侍衛高祖".

96 『資治通鑑』卷191 唐紀7 高祖 武德 9年(626) 6月條, p.6012, "癸亥, 立世民爲皇太子. 又詔: '自今軍國庶事, 無大小悉委太子處決, 然後聞矣.'".

97 『舊唐書』卷1 高祖紀 武德 9年條, p.18, "(貞觀)九年五月庚子, 高祖大漸, … 是日, 崩於太安宮之垂拱前殿, 年七十. 羣臣上諡曰大武皇帝, 廟號高祖. 十月庚寅, 葬於獻陵".

의 후사로 삼는 등 중국 전통왕조에서 볼 수 없는 일을 예사롭게 행하기도 하였다.[98] 진인각이 『주자어류』권 116 역대류 3에서 "당의 원류는 이적에서 나왔다. 그러므로 침실 안에서 예의에 벗어난 일이 일어나는 것을 이상하게 여길 것도 없다[唐源流出於夷狄 故閨門失禮之事不以爲異]"라는 구절을 인용하여, 이것이 이당 일대의 역사적 사실의 관건이 되고 있다고 했지만[99], 사실 이것은 이족적인 '실례지사'만이 아니라, 그들 특유의 사회적 관행이 당대 사회를 규율하고 있다고 보아야 한다.

그러면 이런 행위에 대한 세평과 당사자인 태종의 생각은 어떠하였는가? 사실 현무문의 변에 대한 당시의 세평은 찾을 수 없다. 다만 후세, 특히 송대인의 평가가 눈에 띈다. 사마광은 이연, 건성뿐만 아니라 태종에게도 잘못이 있다는 삼비론을 펴고 있으며, 태종의 이러한 행동은 결국 중·명(현)·숙·대종 등의 황위 계승전을 열게 만든 단서를 제공한 것이라고 결론 지었다.[100] 한편 사마광과 함께 『자치통감』 찬술에 참여한 범조우(范祖禹)는 대체로 당 태종에 대해서 비판적인 입장에 있지만,[101] 특히 현무문의 변에 대해서는 건성이 비록 공이 없어도 태자이고 태종이 공이 있어도 번왕인데 태종이 태자를 살해한 것은 바로 '군주도, 아비도 무시한[無君父也]' 행동이라고 태종만 비판하고 있다.[102] 물론 송대인의 비평에는 태종을 두둔하는 자도 없지는 않으나,[103] 대체로 태종에게 책임이 있다는 것이 일반적인 평가인 것 같

---

98 『舊唐書』卷76 太宗諸子 曹王明傳, P.2666; 『新唐書』卷80 太宗諸子 曹王明傳, p.3579; 『廿二史劄記』卷19 「沒入掖廷」條 참조.

99 陳寅恪, 『唐代政治史述論稿』上篇, 「統治階級之氏族及其昇降」, 1982, p.1.

100 『資治通鑑』卷191 唐紀7 高祖 武德 九年(626) 六月條 臣光曰, pp.6012~6013, "立嫡以長, 禮之正也. … 夫創業垂統之君, 子孫之所儀刑也, 彼中·明·肅·代之傳繼, 得非有所指擬以爲口實乎!".

101 牛致功, 「關于范祖禹對玄武門變的評論」, 『唐史論叢』第三輯, 西安: 陝西人民出版社, 1987.

102 (宋)范祖禹, 『唐鑑』(臺北: 臺灣商務印書館, 1976 臺一版) 卷2 高祖下 武德 9年(626) 6月條 臣祖禹曰, p.54, "建成雖武功, 太子也, 太宗雖有功, 藩王也. 太子君之貳, 父之統也, 而殺之, 是無君父也".

103 (宋)孫甫는 "建成自擧義以來, 無一事可稱道. … 時平則先嫡長, 世難則歸有功, 此萬世不易

다. 물론 송대는 도학적인 견지에서 평가하는 경향이 강한 시대적 특성을 감안하더라도, 태종의 후사가 황제로 군림하던 당대보다는 객관적인 입장에 서 있다고 할 수 있다. 그렇다면 당 태종 당시에도 공개적으로 비판할 수는 없지만, 태종의 행동에 대해서 비판적인 견해도 있었다고 보는 것이 합리적이다. 이 점은 태종이 이 사건 이후 그답지 않게 특히 인효를 강조하는 조칙을 빈번히 내린 것은[104] 그가 '무부(無父) 무군(無君) 불효(不孝) 불제(不悌)'의 악명에서 벗어나고자 하는 작위적 행동에서 나온 것으로 볼 수 있기 때문이다.

당 태종은 황제가 살아 있을 적에는 보아서는 안 된다는[105] 기거주와 사서의 기록을 보고 그 기록에 개입하여 자신의 행동을 합리화하고 미화하려 하였다. 정관 13년 저수량(褚遂良)이 기거주를 담당하게 되었을 때, 태종은 행한 바 정치의 득실을 보고 앞으로의 정치에 경계로 삼기 위해 그것을 보았으면 한다는 요청을 한다. 그러자 저수량은 그 요청을 거절한다. 태종은 그러면 '나의 잘못한 것도 쓸 것인가'하고 묻는다. 태종은 이와 같이 자신의 행동에 대해 세인, 특히 역사에 어떻게 기록될 것인가에 남다른 관심을 갖고 있음을 알 수 있다. 결국 기거주를 보는 것이 거절되었다.[106] 그러나 사서를 보고자 하는 그의 집념은 끈질겼다. 그는 이듬해 방현령(房玄齡)에게 자고로 당대 국사를 제왕이 친견하지 못하도록 한 것을 도저히 이해할 수 없다고 불평한 후, 그로 하여금 고조 태종실록을 편찬하여 올리도록 하였다. 그가 특

之論也"[『唐史論斷』(臺北: 臺灣商務印書館 景印 文淵閣四庫全書本 第685冊), 卷上, 立建成爲太子條, p.646-下]라 하여 太宗을 두둔하고 있다.

104 현무문의 변 직후인 6월 7일에 내린 詔勅에, 建成에 대해서는 "蔑棄君親 離阻骨肉"[『冊府元龜』(이하 臺北: 臺灣中華書局 影印本, 1981), 卷83 帝王部 赦宥二, p.985上]이라 책하면서, "孝惟德本, 周於百行, 仁惟任重, 以安萬物"[(宋)宋敏求編, 『唐大詔令集』(上海: 學林出版社, 1992) 卷27 「立秦王爲皇太子詔」條, p.85] 조칙은 당시 승리자인 李世民의 政治의 需要에서 발포된 것이며, 貞觀 3年 4月의 조칙에도 "百行之本, 要道唯孝"(『冊府元龜』 卷63 帝王部 發號令二, p.705上)라 한 것이 그것이다. 한편 그는 "丁穆皇后憂, 毀瘠三年, 杖而能起"(『冊府元龜』 卷27 帝王部 孝德, p.295下)라는 행동도 보이기도 하였다.

105 『廿二史劄記』 卷19 「天子不觀起居注」條 참조.

106 『貞觀政要』(上海: 上海古籍出版社, 1978) 卷7 文史, p.223.

히 관심을 가졌던 것은 바로 현무문의 변에 대한 기술 부분이었다. 그러나 "6월 4일의 일에 대해 말은 많으나 글은 숨어 있었다[六月四日事 語多微文]"고 느낀 태종은, "사관이 필을 잡으면 어찌 번거롭게 가리려 하느냐[史官執筆 何煩有隱]"라고 하면서 있는 그대로 직서하라고 말함과 동시에, 자신의 행동을 주공이 형 관숙과 제 채숙을 주살하여 주실을 안정시킨 것과 계우(季友)가 형 숙아(叔牙)를 독살하여 노국을 안정시킨 것과 같은 것이라고 사관에게 이른다.[107] 그러나 그것은 이미 고래로 내려오는 규칙의 중대한 위반이었다.[108] 뿐만 아니라 그것은 그가 현무문의 변에 대한 세평에 얼마나 집착했는가 하는 점을 잘 보여준다.

그러면 이와 같은 옹색한 국면을 당 태종은 어떻게 돌파하고 있는가. 그는 수 양제처럼 무모하게 대외전에만 모든 것을 걸지는 않았다. 당시 대외전을 치루기에는 아직 수 말 군웅의 처리가 불충분하였고, 그 여파로 경제적·군사적으로 많은 문제점을 안고 있었다. 당시 대외적으로 가장 큰 적은 수대 이래 중국왕조가 풀어야 할 숙제인 고구려 문제와 돌궐 문제였다. 실제로 당시 돌궐은 동으로는 거란(契丹), 서로는 토욕혼(吐谷渾)과 고창까지를 신속시키며, "활을 당기는 병력이 백만으로 융적의 이런 성함이 이제까지는 있어 본 적이 없다[控弦百萬, 戎狄之盛, 近代未之有也]"[109]라 할 정도로 수 말 이래 동아시아의 패주였다고 해도 과언이 아니다. 그리고 당은 고조 이연이 수 말 반란기에 돌궐의 도움을 받기 위해, 돌궐에 대해 '칭신(稱臣)'까지도 불사했던 수치스런 과거를 가지고 있다.[110] 뿐만 아니라 당이 성립한 후에도

---

107 『貞觀政要』卷7 文史, pp.223~224.

108 劉知幾는 이 문제를 직접 거론하지는 않았지만, 貞觀年間에 찬술된 『晉書』와 『隋書』 등의 曲筆 부분을 꼬집고 있다(『史通』卷9 「曲筆」條 참조).

109 (唐)杜佑撰, 『通典』(北京: 中華書局, 1988 點校本) 卷197 邊防典13 突厥上, p.5407.

110 稱臣은 唐高祖의 일로 『舊唐書』(卷67 李靖傳, p.2480)에 "往者國家草創, 太上皇以百姓之故, 稱臣於突厥"이라 한 太宗의 언급이 있다. 唐 高祖의 突厥에 대한 稱臣에 대해서는 그 事實을 否定하는 학자도 있으나(李樹桐, 「唐高祖稱臣於突厥考辨」, 『唐史考辨』, 臺北: 臺灣中華書局, 1972) 대부분 그 사실을 긍정하고 있다(陳寅恪, 「論唐高祖稱臣於突厥事」, 『寒柳

적어도 무덕 4년(621) 힐리가한의 군대가 이대은(李大恩)에 패할 때까지 당의 돌궐에 대한 신사는 계속되고 있었으며, 이후 무덕 8년(625)까지 '적국', 즉 '대등의 국'으로 당조 스스로 생각하고 있었다.[111] 무덕 7년(624)에는 돌궐의 침임으로 관중이 위험하자 천도까지 논의될 만큼[112] 돌궐세력은 당에게는 위협적인 존재였다. 그러나 돌궐은 곧 소가한인 돌리(突利)가 점차 독립의 태도를 나타내기 시작하고, 돌궐 지배 아래 있던 설연타(薛延陁)·회흘(廻紇)·발야고(拔也古)·동라(同羅)·복골(僕骨) 등 십수 부의 철륵제부(鐵勒諸部)가 설연타를 중심으로 반란을 일으키고, 대설로 인하여 양과 말이 모두 죽어버리는 천재가 일어남에 따라 갑자기 국세가 기울기 시작하였다. 따라서 정관 3년(629) 당시 대주도독(代州都督)으로 뒷날 이정(李靖)의 돌궐 원정군의 부사령관이 된 장공근(張公謹)이 올린 6개조의 「돌궐가취지상(突厥可取之狀)」에서 보듯이[113] 돌궐 자신이 '필패지세'를 노정하고 있었다. 따라서 태종은 그해 8월 이정을 행군총관으로 삼고 장공근을 부총관으로 하여 10여 만 병을 이끌고 출병하게 하였다. 이정이 힐리를 격파했다는 소식을 접한 태종은 시신들에게 다음과 같이 말하였다.

짐이 듣건대, 군주에게 근심이 있게 되면 신하가 욕보게 되고, 군주가 욕을 보

堂集』, 上海: 上海古籍出版社, 1980, p.103; 護雅夫, 『古代トルコ民族史研究 I』, 東京: 山川出版社, 1967, p.177; 岑仲勉, 『突厥集史』上册, 北京: 中華書局, 1958, p.110).

111　護雅夫, 『古代トルコ民族史研究 I』, 1967, pp.178~179.

112　『舊唐書』卷2 太宗紀上, p.29, "七年秋, 突厥頡利, 突利二可汗自原州入寇, 侵擾關中. … 高祖乃遣中書侍郎宇文士及行山南可居之地, 即欲移都"; 『新唐書』卷79 高祖諸子 隱太子 建成傳, p.3542.

113　『舊唐書』卷68 張公謹傳, p.2507, "貞觀元年, 拜代州都督, … 後遣李靖經略突厥, 以公謹為副, 公謹因言突厥可取之狀, 曰: '頡利縱欲肆情, 窮凶極暴, 誅害良善, 昵近小人, 此主昏於上, 其可取一也. 又別部同羅·僕骨·迴紇·延陁之類, 並自立君長, 將圖反噬, 此則眾叛於下, 其可取二也. 突利被疑, 輕騎自免; 拓設出討, 匹馬不歸; 欲谷喪師, 立足無地; 此則兵挫將敗, 其可取三也. 塞北霜早, 糧餱乏絕, 其可取四也. 頡利疏其突厥, 親委諸胡, 胡人翻覆, 是其常性, 大軍一臨, 內必生變, 其可取五也. 華人入北, 其類實多, 比聞自相嘯聚, 保據山險, 師出塞垣, 自然有應, 其可取六也.'".

면, 신하가 죽게 된다고 하였다. 지난날 국가가 처음 열렸을 때 태상황이 백성을
위하여 돌궐에게 신하를 칭하였다. 짐은 이것으로 마음이 애통하고 머리가 아
팠다. 흉노를 멸망시키고자 마음을 먹으니 앉아도 자리가 편하지 않았고, 먹어
도 단맛을 느낄 수 없었다. 이제 편사(偏師)를 움직이니, 가서 이기지 않는 적이
없고 선우가 (청견하기 위해) 새문를 두드리니 (태상황의) 치욕을 씻었다고 할 수
있지 않으랴![114]

물론 이 전투를 그가 직접 지휘하여 성공시킨 것은 아니지만, 그 결과 이
듬해(630) 3월에는 그토록 그의 머리를 아프게 하던 돌궐 제1제국을 완전히
괴멸시켰다. 동시에 돌궐 유민들이 당 영내로 들어와 당조에 내속되기를 바
라고 있었다. 이를 계기로 서북방 제번의 군장으로부터 '천가한'으로 존칭
되는 대외적으로 다대한 성과를 거두었다. 이로써 그는 현무문의 변의 뒷마
무리를 그런대로 해결한 것이다. 이렇게 하여 중요한 적대세력 하나를 처리
하였지만, 고구려를 치기 위해서는 많은 준비가 필요하였다. 바로 수조가 고
구려 원정의 실패로 국망을 초래하였다는 사실은 당시 조신뿐만이 아니라,
태종도 너무 잘 알고 있었던 것이다. 이러한 이유로 고구려 침략은 항상 태
종의 뇌리 속에 있으면서도 그것을 착수하는 데에는 많은 시간이 필요하였
다. 따라서 그는 이러한 당시 사람들의 생각을 적절히 이용한 것 같다.

당 태종은 황위 찬탈 뒤 권력 강화와 통치의 효율성을 높이기 위해서 간신
(諫臣)들의 조언에 귀를 기울이며 왕성한 대내적 활동으로 내치에 힘썼다. 실
제 당 태종은 수 양제와 같은 이른바 '궁병독무(窮兵黷武)'를 크게 경계하였
다. 그의 '거울'이라고 지칭되는 간신 위징은 처음 수조에서 사환을 시작한
후, 반란군 이밀(李密)의 와강군(瓦崗軍) 밑으로, 다시 당고조 밑으로 와 서세

---

114 『舊唐書』卷67 李靖傳, p.2480, "太宗初聞靖破頡利, 大悅, 謂侍臣曰: '朕聞主憂臣辱, 主辱
臣死.往者國家草創, 太上皇以百姓之故, 稱臣於突厥, 朕未嘗不痛心疾首, 志滅匈奴, 坐不安
席, 食不甘味. 今者暫動偏師, 無往不捷, 單于款塞, 恥其雪乎!'".

적(徐世勣)의 투당(投唐)을 설득하였고, 두건덕(竇建德) 휘하에서 기거사인으로, 그리고 태자 이건성의 세마(洗馬)로 되었다가 마지막으로 당 태종에게 사환하였다.[115] 그는 태종에게 무엇보다 앞의 패망자, 특히 수의 전철[隋亡之鑑]을 밟지 않도록 하는 방도를 주로 조언하였다.[116] 즉 "수나라가 망한 전철은 은나라가 망한 것을 보는 것처럼 멀리 있지 않다[隋亡之轍 殷鑑不遠]"가 그 주된 내용이다. 뿐만 아니라 이른바 "아무 때나 요역을 강요하고 전쟁을 거두지 않는 것[徭役無時 干戈不戢]"[117]이야말로 국가적 재해를 가져다 준 것이라고 위징뿐 아니라 당시의 신하들이 한결같이 간언하였다.[118] 당 태종의 '정관의 치'는 바로 수 말의 농민전쟁의 교훈에서 얻어진 것이라고 보는 것이 요즈음 학계의 연구 경향이다.[119] 정관 4년 임읍국(林邑國)의 표소가 불순함을 이유로 유사가 '병을 일으켜 토벌 격파할[發兵討擊]' 것을 청하자 태종은,

옛부터 무력을 남용하는 자 망하지 않았던 자가 없었다. 부견이 병력이 강함을 스스로 믿고 진실(晉室)을 반드시 삼키려고 백만의 군대를 일으켰다가 한순간에 망하였다. 수주 또한 고려를 반드시 취하려고 하여 해를 거듭한 노역을 일삼게 되자, 사람들은 원한을 이기지 못하였다. 마침내 필부의 손에 죽게 되었다.[120]

---

115 『舊唐書』卷71; 『新唐書』卷97 魏徵傳.
116 韓國磐은 『貞觀政要』에서 君臣間의 對話 중에 隋의 滅亡之戒를 거울로 삼아야 한다는 지적이 45차례나 나온다고 하였다(「論唐太宗」, 『隋唐五代史論集』, 北京: 三聯書店, 1979, p.390).
117 『貞觀政要』卷1 君道, p.5.
118 『廿二史剳記』卷19 「貞觀中直諫者不止魏徵」條.
119 歷史研究編輯部編, 『唐太宗與貞觀之治論集』(西安: 陝西人民出版社, 1982)에 載錄된 대부분의 논문의 논조가 그러하다. 대체적으로 이러한 논점을 '讓步政策'이라 지칭한다. 한편 谷川道雄은 貞觀시대의 政風이 단순히 '讓步政策'이라기보다 隋의 滅亡의 原因에 대한 君臣 間의 공통된 인식에 바탕을 둔 統治階級이 전개한 일종의 整風運動이라고 하였다(「貞觀政風의 一研究」, 『日野開三郎博士頌壽記念 中國社會·制度·文化史의 諸問題』, 福岡: 中國書店, 1987, p.336).
120 『貞觀政要』卷9 征伐, p.261, "自古以來窮兵極武, 未有不亡者也. 苻堅自恃兵强, 欲必吞晉室, 興兵百萬, 一擧而亡. 隋主亦必欲取高麗, 頻年勞役, 人不勝怨, 遂死於匹夫之手".

라고 하여 전진 부견과 수 양제와 같은 '궁병극무(窮兵極武)'를 경계하고 있
다. 당시 조야 간에 가장 시급한 과제로 합의된 사항은 어떠한 방법으로 망국
의 화를 피해 갈 수 있는가라는 것이었다.[121] 태종의 말처럼 '초창(창업)과 수
성' 중 초창의 어려움은 이미 지나갔고, 이제는 수성의 어려움만 남은 것이
다.[122] 그런 면에서 대외전쟁은 가급적 삼가할 수밖에 없는 분위기가 되었다.

최근 이른바 '정관의 치'의 허상을 규명하는 데 열을 올리는 학자들이 많
아졌지만, 사실 '정관의 치'란 황제를 중심으로 하는 정치, 즉 용인과 구간
(求諫)·납간(納諫) 등에 상당한 미점(美點)이 있는 반면, 민력의 풍성과는 거
리가 멀었다.[123] 이 점은 수 양제 시기의 '그 부강함을 믿는[恃其富强]' 현실과
는 사뭇 다르다. 당 태종 자신도 "수나라가 부강함을 가지고도 패한 것은 움
직인 것 때문이고 우리가 빈궁하지만 안녕한 것은 조용한 덕분이다[隋氏以
富强而喪敗, 動之也. 我貧窮而安寧, 靜之也]"[124]라고 말한 것은 당시의 실상이다.
따라서 당 태종이 고구려와의 전쟁을 감행하지 못한 것은 그 당시 국내의 제
반 상황 때문이었지, 그 자신이 그것을 원하지 않아서가 아님을 알 수 있다.
사실 그에게는 수 양제와 같이 정통성의 시비를 거는 자가 표면적으로는 없
었다. 그리고 '탈종'의 후유증을 최소화하는 수완은 수 양제보다는 훨씬 현
명하였다. 그는 건성과 원길의 궁부집단의 불만도 적극적으로 그들을 등용
함으로써 안도시킴과 동시에 이른바 '정관의 명신'으로 변모시켰다. 위징,

---

121 王鑅, 「唐太宗'貞觀之治'與隋末農民戰爭之關係」, 『王鑅隋唐史論稿』, 北京: 中國社會科學出
版社, 1981, pp.17~18.
122 『貞觀政要』 卷1 君道, p.3, "貞觀十年, 太宗謂侍臣曰: '帝王之業, 初創與守成孰難?' … 太宗
曰: ' … 今初創之難, 旣已往矣, 守成之難者, 當思與公等愼之.'".
123 대부분의 학자들은 태종 정관 5년(631) 당시의 정황을 "大亂之後, 戶口單破, 一人就役, 擧
室損業"이라는 戴冑의 상주(『新唐書』 卷99 戴冑傳, p.3916)와, 정관 6년(632) 封禪을 행하
려는 태종에 대해 魏徵이 "承隋大亂之後, 戶口未復"(『資治通鑑』 卷194 唐紀10 太宗 貞觀
6年(632) 正月條, p.6094)을 이유로 반대한 것을 든다.
124 『貞觀政要』 卷7 刑罰, p.247; 『舊唐書』 卷71 魏徵傳, p.2554, "然隋氏以富强而喪敗, 動之也.
我以貧寡以安寧, 靜之".

왕규, 위정(韋挺) 등이 그들이다.

2. 정관 말 태자 폐립 문제와 고구려 침략

정관 8년(634) 태종은 다시 이정(李靖)을 파견하여 토욕혼의 주력부대에 타격을 주고 돌아왔다. 그리고 정관 12년(638)에는 후군집(侯君集)을 파견하여 토번(吐蕃)의 침임을 격퇴하기도 하였고, 13년(639)에는 다시 후군집을 파견하여 그 이듬해 고창을 정벌하고 이 지역을 서주(西州)라 명명하였다가 곧 안서도호부를 설치하였다. 이러한 군사적 성공에도 불구하고 당 태종은 쉽사리 대고구려전을 전개하지 못하였다.[125] 그것은 여타 지역과는 달리 바로 수의 패망을 가져다 준 상대였기 때문이었다. 사실 고조 이후 고구려와 당의 관계는 비교적 우호적으로 전개되었다. 고구려 사신이 조근하자, 고조는 무덕 5년 고구려 27대 영류왕에게 수-고구려 전쟁의 포로 교환을 제의하여 성공하였고, 무덕 7년 고구려왕을 '상주국(上柱國) 요동군왕(遼東郡王) 고려왕(高麗王)'으로 책봉하였다. 그리고 조신들의 반대로 그만두었으나, 한때 고구려에 대해 칭신을 고집하지 않으려고까지 하였다.[126] 그러한 관계는 정관 17년(643)까지 지속되었다. 대고구려 전쟁은 정관 19년(645)에 시작되지만, 전쟁의 발발 원인은 명쾌하지 않다. 당시 전쟁의 명분으로 삼았던 연개소문의 영류왕 시해와 보장왕의 옹립은 이미 정관 16년의 일이고, 이듬해 17년 보장왕을 요동군왕·고려왕으로 책봉하였다. 그런데 정작 전쟁의 발발 원인이 되었던 것은, 사농승(司農丞) 상리현장(相里玄奬)을 보내어 신라에 대한 공격을 그치도록 했는데도 고구려가 거절한 것과[127] 재차 당 태종이 파견한 장

---

125 『舊唐書』卷67 李靖傳, p. 2481, "太宗將伐遼東, 召靖入閣, 賜坐御前. 謂曰: '公南平吳會, 北淸沙漠, 西走慕容, 唯東有未服, 公意如何?'. 이처럼 고구려 정벌은 그들의 숙원 사업이었다.

126 『舊唐書』卷199上 東夷 高麗傳, p.5321, "何必令其稱臣, 以自尊大".

127 『舊唐書』卷220 東夷 高麗傳, p.5322, "十七年, 封其嗣王藏爲遼東郡王, 高麗王. 又遣司農丞相里玄奬齎璽書往說論高麗, 令勿攻新羅. 蓋蘇文謂玄奬曰: '高麗·新羅, 怨隙已久. 往者隋室相侵, 新羅乘釁奪高麗五百里之地, 城邑新羅皆據有之. 自非反地還城, 此兵恐未能已.'玄

엄(蔣儼)을 굴실(窟室)에 가둔 사건이었다.[128]

여기서 전쟁 개시의 명분인 "그 군주를 시해하고 대신들을 모두 살해한 것[弑其主 盡殺大臣]"[129]에 대해서 약간의 검토가 필요하다. 그것은 명분상 그다지 맞지 않는 사실이다. 그것이 문제였다면 연개소문이 세운 보장왕을 책봉하지 말았어야 한다. 그리고 수가 고구려를 침략했을 때 그 틈을 타서 신라가 차지한 땅 500리를 찾기 위해, 신라와 싸울 수밖에 없다는 막리지 연개소문에게 상리현장은 신라를 공격하지 말 것을 권유하면서 다음과 같은 논리를 편다.

기왕의 일을 어찌 다시 거슬러 따지려 하는가. 요동의 여러 성에 이르러서는 본래 모두 중국의 군현이었는데, 중국은 오히려 다시 거론하지 않는데 고려는 어찌 반드시 옛 땅을 요구한단 말인가.[130]

상리현장의 논리대로라면 당은, 한위시대 중국의 군현이었지만 현재 고구려 영토인 요동에 대해서 그것은 기왕지사이기 때문에 전혀 문제를 삼지 않겠다는 이야기가 된다. 그러나 후에 고구려를 멸망시키고 그 땅을 영역으로 편입한 것은 사리에 맞지 않는다. 결국 당 태종은 고구려에 대한 발병 시기를 심사숙고하면서 기다린 것뿐이다.[131] 따라서 이 같은 명분은 구실에 불과

獎曰: '既往之事, 焉可追論?' 蘇文竟不從".

128 『新唐書』 卷100 蔣儼傳, p.3943, "蔣儼, … 為右屯衛兵曹參軍. 太宗將伐高麗, 募為使者, 人皆憚行, 儼奮曰: '天子雄武, 四夷畏威, 蕞爾國敢圖王人? 有如不幸, 固吾死所也.' 遂請行. 為莫離支所囚, 以兵脅之, 不屈, 內窟室中. 高麗平, 乃得歸". 당 태종은 고구려를 치기에 앞서 偵探을 위해 蔣儼을 파견한 것이다.

129 『舊唐書』 卷199上 東夷 高麗傳, p.5322, "太宗顧謂侍臣曰: '莫離支賊弑其主, 盡殺大臣, 用刑有同坑穽, 百姓轉動輒死, 怨痛在心, 道路以目. 夫出師弔伐, 須有其名, 因其弑君虐下, 敗之甚易也.'".

130 『資治通鑑』 卷197 唐紀13 太宗 貞觀 18年(644) 正月條, pp.6206~6207, "玄獎曰: '既往之事, 焉可追論! 至於遼東諸城, 本皆中國郡縣, 中國尚且不言, 高麗豈得必求故地.'".

131 『資治通鑑』 卷197 唐紀13 太宗 貞觀 18年(644) 2月條, p.6207, "時羣臣多諫征高麗者, 上曰:

한 것이고, 당 태종의 발병 원인은 딴 데서 찾아야 한다. 필자는 이 해답을 당 태종의 태자 폐립 문제와 연계시켜야 한다고 생각한다.

태종의 문덕장손황후는 북위 칠족의 하나인 장손씨 출신이다. 부친은 수 대에 좌효위장군(左驍衛將軍)을 지낸 장손성(長孫晟)이며, 모친은 정관시대 고관을 지낸 고사렴(高士廉)의 여동생이다. 그리고 오빠는 태종의 죽마고우로 유명한 장손무기이다.[132] 그녀는 13세 때에 16세의 태종에게 시집갔는데 그 해가 수 양제 대업 9년(613)이다. 그녀는 정관 10년(636) 30대의 젊은 나이로 병사했지만, 태종과의 사이에 승건(承乾: 장자), 태(泰: 4子), 치(治: 9子) 등 세 아들을 두었다. 장남 승건은 태종이 즉위하자 바로 황태자가 되었다.[133] 승건은 걷기에 불편한 족질(足疾)이 있었으나 태종이 즉위한 직후 8세의 나이로 태자로 봉해졌다. 그는 어렸을 때 '총민'했으나 나이가 들어감에 따라 점차 비정상적인 행동을 보이기 시작하였다고 한다. 그는 특히 호인들의 생활을 좋아하여 일찍이 대동로(大銅爐)를 만들어 놓고 사람들로 하여금 백성의 우마를 훔쳐오게 하여 친히 도살을 하여 시위들과 함께 끓여 먹었다고 하며, 돌궐어를 사용하고, 돌궐복장을 입고, 돌궐인과 유사하게 생긴 사람을 뽑아서 좌우에 두고 스스로 돌궐가한처럼 행동하기도 하였다.[134] 공공

'… 夫天有其時 人有其功.'".

132 胡戟, 「關隴集團的形成及其矛盾的性格」, 『西北歷史研究』 1986年度號, p.115, 「關隴集團最上層聯姻圖」 참조.

133 그러나 위와 같은 서열은 『新唐書』나 『舊唐書』에 의거한 것이지만 岑仲勉은 다른 사료를 검토하면 李泰의 경우, 오히려 李承乾보다 연장자라는 계산이 나온다고 하였으며(『唐史餘瀋』(上海: 上海古籍出版社, 1960) 卷1 「承乾與魏王泰之年齡」條, pp.10~11), C. P. Fitzgerald는 李泰가 嬪妃의 아들일 것이라고 말한다(The Empress Wu, Vancouver: University of British Columbia, 1968, P.215, n.9). 그리고 Howard J. Wechsler 는, 이태가 618년생이고, 이승건은 619년생이어서 이태가 이승건보다 한 살 많다고 한다("Factionalism in Early T'ang Government", Perspectives on the T'ang, ed. by Arthur F. Wright and Dennis Twichett, New Heaven: Yale University Press, 1973, p.111).

134 『新唐書』 卷80 常山愍王 承乾傳, pp.3564~3565; 『資治通鑑』 卷196 唐紀 12 太宗 貞觀 17年(643) 3月條, pp.6189~6190.

연히 중국 예교를 멸시하고 간신들을 암살하려 하는 등 극히 호화된 인물이
었다. 정관 13년(639) 무렵 태자 승건의 추문이 공공연하게 되었다. 이와는
달리 위왕(魏王) 이태는 총명하고 학식도 풍부하여『괄지지(括地志)』550권
의 찬자이기도 하며, 부친인 태종이 가진 여러 장점을 두루 갖추고 있었다.
이에 따라 태종의 사랑과 신임을 받았고, 따라서 두 사람 간에는 경계와 야
심이 생기게 되었다. 그러나 승건의 기행은 고쳐지지 않았다. 태종은 최후책
으로 태자 주위의 영신들을 척결하였다. 이런 일련의 사건이 이태가 태종에
고자질하여 일어난 것으로 생각한 승건은 이태의 척살과 아울러 태종에게
서 탈위를 계획하게 된다. 그러나 승건의 이와 같은 계획은 정관 17년(643) 3
월 탄로나게 되었다. 이에 따라 그해 4월 승건은 폐태자되어 서인이 되었다
가,[135] 이듬해 말 죽었다.

 승건의 피폐 이후 태종은 총애하던 이태를 태자로 세우려고 하였다. 그러
나 당시 권세와 영향력이 가장 큰 국로인 장손무기(長孫無忌)가 극력 반대하
면서[136] 15세의 진왕(晉王) 이치(李治)를 태자로 할 것을 추천함으로써 좌절
되었다. 이렇게 계위 문제를 두고 태종은 별다른 선택권을 발휘하지 못한
채, 장손무기 · 저수량(褚遂良) · 방현령(房玄齡) 등 원로중신이 추대하는 이치
를 643년 4월 태자로 봉하였다.[137] 그 후 (643년 말) 태종은 이치가 나약하므
로 사직을 능히 지킬 수 없을 것을 염려하여 수 양제의 딸과 사이에 낳은 오
왕(吳王) 이각(李恪)을 태자로 새로 세우려고 했으나,[138] 장손무기가 재차 막

---

135 『資治通鑑』卷197 唐紀13 太宗 貞觀 17年(643) 夏4月條, p.6193, "乙酉, 詔廢太子承乾爲庶
  人, 幽於右領軍府".
136 『資治通鑑』卷197 唐紀13 太宗 貞觀 17年(643) 夏4月條, p.6195, "太子承乾旣獲罪, 魏王泰
  日入侍奉, 上面許立爲太子, 岑文本 · 劉洎亦勸之; 長孫無忌固請立晉王治".
137 『資治通鑑』卷197 唐紀13 太宗 貞觀 17年(643) 夏4月條, p.6196, "丙戌, 詔立晉王治爲皇太
  子, 於承天門樓, 赦天下, …".
138 『資治通鑑』卷197 唐紀13 太宗 貞觀 17年(643) 11月條, p.6206, "上疑太子仁弱, 密謂長孫
  無忌曰: '公勸我立雉奴. 雉奴懦, 恐不能守社稷, 奈何! 吳王恪英果類我, 我欲立之 何如?' 無
  忌固爭, 以爲不可".

음으로써 뜻을 이루지 못하였다. 649년 5월 태종이 50도 안 된 나이에 죽자 이치가 당나라 3대 황제로 오르니 바로 고종이다.

이상에서 정관 말에 나타난 폐태자사건의 전말을 간략하게 소개하였지만, 이와 같은 계위 분쟁이 "수나라가 망한 전철은 은나라가 망한 것을 보는 것처럼 멀리 있지 않다[隋亡之轍 殷鑑不遠]"는 것을 크게 경계한 태종 시기에도 왜 계속 반복되어 일어날 수밖에 없었을까. 사실 당 태종도 수 양제나 자신이 등극할 때와 마찬가지로 비정상적인 궁중정변이 일어나는 것을 크게 경계하고 있었다. 그러나 그 결과는 마찬가지였다. 필자는, 이런 황위 계승자, 즉 황태자의 위치의 불안정성은 당 왕실이 가지는 호족적 성격과 깊이 연관되어 있다고 생각한다. 즉 황태자라고 해서 황제로 곧바로 직행하는 것은 아니었다. 황태자를 정한다는 것은 물론 중국적 전통이다. 그러나 그 지위가 그렇게 다른 후보자, 즉 다른 황자들에게 넘을 수 없었던 벽으로 느껴지지 않았던 것이다. 그리고 황제인 태종 자신도 그렇게 생각했던 데 문제가 있다. 당 태종은 즉위 직후 황태자를 일찍 정함으로써 자기와 같은 전철을 밟는 일이 없도록 제도적 장치를 마련한 것처럼 보이지만, 사실 그는 자기와 빼닮은 이태를 너무 사랑했고, 그것은 황태자를 대단히 불안하게 만들어 결국 황제 자리의 '탈위'라는 비정상적인 방법으로 치닫게 만들었던 것이다.[139] 이런 점은 643년 말 오왕 이각을 태자로 세우려고 한 데서도 나타난다. 이각은 그의 부친과 마찬가지로 영용하고 과감하여 태종의 사랑을 받았다. 장손무기는 태종의 '다변'을 비평하면서[140] 이치를 끝까지 밀었지만, 필자는 당 태종이 '다변'한 것이 아니라 끊임없이 자기와 같은 영용하고 과감

---

139 『資治通鑑』卷197 唐紀12 太宗 貞觀 17年(643) 夏4月條, p.6197, "臣光曰: '唐太宗不以天下 大器私其所愛 以枉禍亂之原 可謂能遠謀矣!'".

140 『資治通鑑』卷197 唐紀13 太宗 貞觀 17年(643) 11月條, p.6206, "無忌曰: '太子仁厚, 眞守 文良主; 儲副至重, 豈可數易! 願陛下熟思之.'". 長孫無忌는 태종의 행동을 "儲副至重, 豈可 數易", 즉 多變함이라 꼬집고 있다.

한 자라야 한다는 군주상을 정하고 아들 가운데서 그런 자를 찾아서 후계자
로 삼으려 했던 것이라고 보고 싶다. 태종은 젊은 날 장생을 위해 영약을 구
해 먹은 전대의 제왕을 경멸해 마지않았는데[141] 이 점도 그의 성품을 짐작하
게 한다. 그가 추구하였던 이상적인 군주상은『제범(帝範)』이라는 유촉집에
상세히 기록되어 있다. 사실 폐태자 승건은 황태자가 되었을 초기에는 "성
격이 총민하여 태종이 매우 사랑하였다. 태종이 선제의 거상 중에 있을 때
서정은 모두 그로 하여금 듣고 결단하도록 하였는데 자못 대체를 파악했던
[性聰敏 太宗甚愛之. 太宗居諒闇 庶政皆令聽斷 頗識大體]"[142] 자였다. 따라서 이승
건은 현저(賢儲)라고는 볼 수 없지만, 사군(嗣君)으로서의 자질이 부족했던
것은 결코 아니었다.[143] 그러나 그에 대한 사랑이 위왕 태에게로 이동해 버리
자 그의 기행이 생긴 것이다.[144] 필자는 황태자 승건의 행동, 즉 돌궐가한을
흉내 낸 것은 단순히 당시 궁정 내의 호족풍의 침투라고만 볼 것이 아니라
태종이 추구했던,[145] 그리고 태자에게 요구하였던 계승자다운 모습을 보이
고자 했던 태자 나름의 몸부림이었을 것이라고 생각한다. 아니면 그런 것이

---

141 『貞觀政要』卷6「愼所好」, p.196. 그러나 『廿二史劄記』 卷19「唐諸帝多餌丹藥」條에 의하면
　　태종도 만년에 단약을 먹었다고 한다.
142 『舊唐書』 卷76 太宗諸子 恒山王 承乾傳, p.2648.
143 孫國棟,「唐貞觀永徽間黨爭試釋」,『唐宋史論叢』, 香港: 龍門書店, 1980, p.7.
144 『舊唐書』 卷76 太宗諸子 恒山王 承乾傳, p.2648에서는 그가 태종의 눈에 난 것을 "及長
　　性好色"에서 찾고 있으나, "承乾先患足 行甚艱難, 而魏王泰有當時美譽, 太宗漸愛之"라는
　　데서 보듯이 결정적 원인은 足疾의 결과일 것이다. 이로 인하여 태종은 그가 황제로 부적
　　합하다고 여기게 되었다, 따라서 승건의 이상한 행동은 여기서 연유한 것이라 생각된다.
　　『資治通鑑』 卷197 唐紀12 太宗 貞觀 17年(643) 3月條, p.6191에 "魏王泰多藝能, 有寵於上,
　　見太子有足疾, 潛有奪嫡之志, 折節下士以求聲譽"라 되어 있는 데서 알 수 있다. 후에 그가
　　반란을 일으켰을 때 태종이 그를 面責하자 "臣爲太子, 復何所求! 但爲泰所圖, 時與朝臣謀
　　自安之術, 不逞之人教臣爲不軌耳."(『資治通鑑』 卷197 唐紀13 太宗 貞觀 17年(643) 4月條,
　　p.6195)라 하면서, 그의 반란 기도도 태자 지위가 흔들리자 어쩔 수 없이 한 自安之術에
　　불과하다고 말하고 있다.
145 태종이 돌궐과 매우 밀착된 인물임은 李淵으로 하여금 突厥에 稱臣하도록 유도한 장본인
　　이며(陳寅恪,「論唐高祖稱臣於突厥事」, 1980, pp.107~108), 또한 돌궐의 내부 분열과 제부
　　의 반란을 원격조종한 데서도 나타난다(護雅夫,『古代トルコ民族史研究 I』, 1958, p.180).

콤플렉스가 되어 나타난 정신적 파탄일 가능성도 있어 보인다. 그러나 당 태종도 자기가 원하는 아들을 태자로 세우지 못하였다. 그는 자기 뜻대로 태자를 세우지 못하였을 뿐만 아니라 황자들이 반란까지 도모하자, 자포자기적인 심정에서 패도(佩刀)를 빼어서 자살을 시도하였다. 칼을 저수량이 빼앗음에 따라 그 촌극은 끝났지만[146] 후사 문제로 인한 그의 고뇌는 이 정도로 대단한 것이었다. 이런 자포자기 끝에 결정한 것이 이치, 곧 고종이니 그에 대한 신뢰의 정도는 가히 짐작할 수 있다.

그런데 승건이 폐태자 된 시기가 정관 17년(643) 4월 6일이고 이치가 황태자로 봉해진 것은 4월 병술일이다. 그리고 태종이 고구려 침략에 나선 것은 정관 19년(645) 2월의 일이다. 그렇다면 이 사건들은 거의 근접한 시기에 연속적으로 일어났고, 따라서 그 연계성은 충분히 상정해 볼 수 있다. 그러면 무엇이 그를 고구려 전쟁으로 내몰았을까. 필자는 이것은 태자 책립 문제와 깊이 연관되어 있다고 생각한다. 태종은 처음 이승건을 태자로 세웠을 때, 상당한 기대를 가지고 있었고, 또 승건도 그에 부응하였다. 그의 태자에 대한 애정과 기대는 태자 사부의 엄격한 선발과 그 교육에서도 잘 나타나고 있다.[147] 엄격한 교육과 함께 태자로 하여금 대소 쟁송사건에 대해 경청하도록 함으로써 다양한 능력을 배양하도록 하였다. 태종은 다음 황제가 될 황태자는 모든 면에서 가장 유능한 능력을 소지해야 한다고 생각했던 것 같다. 그러나 승건은 점차 태종의 뜻에 어긋나는 행동을 보이기 시작하였다. 이 당시 승건은 발에 난 병을 핑계로 태종에게 알현하는 것을 거르고 소인배와 함께 지내며 날로 타락해 가고 있었다. 이에 태종은 정관 7년(633) 조야에 명망이 높았던 두정륜(杜正倫)을 태자우서자(太子右庶子)로 임명하여 태자를 보필하게 하고 만약 효과가 없으면 자기에게 직간토록 하였다.[148] 적어도 정관 10

146 『資治通鑑』卷197 唐紀13 太宗 貞觀 17年(643) 4月條, p.6196.
147 『貞觀政要』卷4 「尊敬師傅」, pp.116~117.
148 『舊唐書』卷70 杜正倫傳, p.2543.

년까지 그가 태자를 폐립하려고 생각한 것은 아니었다. 정관 9년에도 태종은 태자에게 세무(細務)를 위임하고 태자도 능숙하게 일을 처리해 내고 있었다.[149] 그러나 10년이 되자, 태종은 이태를 태자로 삼으려는 의도를 점차 나타내기 시작한다. 그해 정월 자제 17명을 분봉하고, 2월에 나이 어린 5명을 제외한 12명을 각주의 도독으로 파견하면서 상주도독(相州都督)으로 임명된 이태 대신에 장량(張亮)을 행도독사(行都督事)로 삼아 파견하고,[150] 장안에 문학관을 설치하여 이태로 하여금 학사들을 만나도록 하였다.[151] 이렇게 되자 이태의 집에는 학사배들로 문전성시를 이루었다고 한다.[152] 정관 12년에는 태자가 죽는 만일의 사태에 대비한다는 명목으로 이태의 지위를 높였다.[153] 그리고 정관 14년 정월에는 태종이 이태의 집을 방문했을 때 장안의 범죄자들을 사면하고, 이태가 사는 연강리(延康里) 거민의 1년치 조부를 감면해 준다.[154] 이것은 정관 10년 장손황후가 중병을 앓자 승건이 그녀의 쾌유를 빌기 위해 죄수의 사면을 태종에게 건의했으나 불허한 것과는 대조적이다.[155] 더구나 정관 15년에 이르면 이태에게 매월 주는 요물(料物)이 황태자보다 많아졌다.[156]

그러나 이러한 이승건의 폐태자와 이태의 입태자에 대한 태종의 집요한 추

---

149 『資治通鑑』卷194 唐紀10 太宗 貞觀 9年(635) 6月條, p.6113, "其細務仍委太子, 太子頗能聽斷".
150 『舊唐書』卷69 張亮傳, p.2515에서는 "(貞觀)七年, 魏王泰爲相州都督而不之部, 進亮金紫光祿大夫, 行相州大都督長史"라 되어 있어 十年이 七年으로 되어 있으나 『舊唐書』卷3 太宗紀下 貞觀 10年 正月 癸丑條, pp.45~46에 이 사실이 기록되어 있으므로 10年이 맞다고 할 수 있다.
151 『資治通鑑』卷194 唐紀10 太宗 貞觀 10年(636) 2月條, p.6119.
152 『新唐書』卷80 太宗諸子 濮恭王李泰傳, p.3579.
153 『資治通鑑』卷195 唐紀11 太宗 貞觀 12年(638) 正月條, p.6135. 胡三省은 "此言, 固有李泰代承乾之心矣"라 注하고 있다.
154 『資治通鑑』卷195 唐紀11 太宗 貞觀 14年(640) 正月條, p.6152.
155 趙克堯 許道勛, 『唐太宗傳』, 北京人民出版社, 1984, p.362.
156 『舊唐書』卷76 太宗諸子 濮王泰傳, pp.2653~2654, "(貞觀)十五年, 泰撰括地志功畢, 表上之, 詔令付祕閣, 賜泰物萬段, 蕭德言等咸加給賜物. 俄又每月給泰料物,有踰於皇太子".

진에도 불구하고 앞서 보았듯이 결국 그의 뜻대로 성사시키지 못하였다. 그러면 그가 자살까지 시도하면서 그토록 강력한 태자, 즉 황제 후보자를 추구한 것은 어떤 이유에서이며, 그것을 반대한 위징·저수량·장손무기 등의 논리와 이유는 무엇인가. 이 점과 고구려 원정과는 어떤 연관을 갖는 것일까? 두말할 필요 없이 당 태종이 추구한 것은 강력한 황태자였다. 그가 이미 이치를 황태자로 결정했음에도 불구하고 다시 오왕 각을 태자로 세우려 할[157] 당시의 상황을 다룬『자치통감』의 기록을 보자.

> 임금이 '나는 자손으로 하여금 미천한 곳에서 태어나게 하기를 바라지 않을 따름이다. 이제 이미 말을 했으니 그 뜻을 몸소 따르라'라고 하였다. 임금은 태자가 인약(仁弱)한 것을 염려하여 몰래 장손무기에게 '공은 나에게 치노(雉奴: 고종: 이치)를 세우라고 했으나 치노는 나약하여 사직을 능히 지켜내지 못할까 두려우니 어찌하면 좋단 말인가! 오왕 각은 영단함이 나와 같으니 내가 그를 세우려 하니 어떻게 생각하느냐?'고 하였다. 무기는 굳게 그 불가함을 주장하였다. 임금이 '공은 각을 생질로 생각하지 않는단 말인가?'하고 말하였다. 무기는 '태자는 인후하여 진실로 문을 지키는 좋은 임금이 될 것입니다. 저부(儲副)는 지극히 무거운 자리인데 어찌하여 자주 바꾸려 하십니까? 원컨대 폐하께서 깊이 생각해 주십시오'라 하였다.[158]

이 기록에서 보듯이, 태종이 새로 책봉된 태자 이치에 대한 우려는 바로 '인약', '나약'한 그가 '사직을 지킬 수 없을[不能守社稷]'것이라는 점이었

157『舊唐書』卷65 長孫無忌傳, p.2453, "尋而太宗欲立吳王恪, 無忌密爭之, 其事遂輟".
158『資治通鑑』卷197 唐紀13 太宗 貞觀 17年(643) 11月條, p.6206, "上曰: '吾不欲使子孫生於微賤耳. 今旣致辭, 當從其意.' 上疑太子仁弱, 密謂長孫無忌: '公勸我立雉奴(治,小字雉奴) 雉奴懦, 恐不能守社稷, 奈何! 吳王恪英果類我, 我欲立之, 何如?' 無忌固爭, 以爲不可. 上曰: '公以恪非己之甥邪?' 無忌曰: '太子仁厚, 眞守文良主, 儲副至重, 豈可數易! 願陛下熟思之.'".

다. 수조가 성립한 이후, 황태자가 바로 책봉되지만 결국 황위는 황자 중에서 '영과(英果)'한 자가 탈취해 온 것이 사실이다. 이러한 당시 분위기 속에서 태종은 이치에게는 사직을 그대로 보전할 능력이 없다고 본 것이며, 오왕 각 등 영단한 황자들이 번복(藩服)에서 이치를 황제로 모시는 데 만족하지 않을 것으로 본 것이다.[159] 따라서 태종은 자력으로 사직을 보전할 수 있는 황태자를 일관성 있게 추구한 것이다.

그러면 장손무기 · 저수량 · 잠문본 등 대신들은 어떤 생각을 가지고 있었을까. 그들의 현실 인식은 태종과는 전혀 달랐다. 태종이 위왕 태를 총애하여 '예와 봉질이 적자와 같게[禮秩如嫡]'하자, 승건의 폐태자 후에 유계(劉洎)와 함께 위왕 태를 태자로 세울 것을 지지한[160] 중서시랑 잠문본마저도 현재 나라에 가장 시급한 것은 '예의'라고 주장하면서 위왕 태에 대한 그런 예우에 반대하였다.[161] 그리고 저수량은 그의 말에 이어서 태종에게 "태자와 여러 왕은 반드시 정해진 분수가 있으니 폐하는 마땅히 만대의 법을 만들어 자손이 지킬 수 있게 하여야 합니다[太子諸王 須有定分 陛下宜爲萬代法以有子孫]"라 하여, 당시의 문제 유발은 태자와 제왕 사이의 '정해진 분수[定分]'가 지켜지지 않는 현실에 있음을 말하고 있다.[162] 수왕조 이래 이른바 '정분(定分)' 혹은 '분정(分定)'의 원칙이 확고하게 자리 잡지 못한 것이 이 같은 계승 분쟁을 계속적으로 유발시킨 원인이었다. 물론 이 대화가 오고 갔을 때에는 태

159 이 점에 대한 王夫之의 견해가 참조가 된다. 즉 "丹朱不肖, 堯以天下與舜, 聖人創非常之擧, 非後世可學也. 舜立而丹朱安虞賓之位, 魏王泰不竄, 能帖然於高宗之世哉? 太宗能保高宗之 容承乾與泰, 而不能必泰安於藩服以承事高宗, 則抑情伸法以制泰事有弗獲已者"(『讀通鑑論』 卷20 唐太宗, pp. 707~708)라 하였다.

160 『資治通鑑』 卷197 唐紀13 太宗 貞觀 17年(643) 4月條, p.6195, "太子承乾旣獲罪, 魏王泰日 入侍奉, 上而許立爲太子, 岑文本 · 劉洎亦勸之".

161 『新唐書』 卷102 岑文本傳, p.3966, "是時, 魏王泰有寵, 侈第舍冠諸王. 文本上疏, 勸崇節儉, 陳嫡庶分, 宜有抑損".

162 『舊唐書』 卷80 褚遂良傳, p.2730, "時魏王爲太宗所愛, 禮秩如嫡. 其年, 太宗問侍臣曰: '當 今國家何事最急?' 中書侍郎岑文本曰: '傳稱 "導之以德, 齊之以禮", 由斯而言, 禮義爲急.' 遂 良進曰: '當今四方仰德, 誰敢爲非? 但太子 · 諸王, 須有定分, 陛下宜爲萬代法以遺子孫.'".

종도 대신의 의견에 따르기는 했지만, 이후 태종의 행동으로 볼 때, 태종과 대신들 사이의 견해차는 좁혀졌다고 볼 수는 없다. 그러면 장손무기 등이 이 치를 고집한 것은 일반적으로 설명되듯이 나약한 군주를 옹립함으로써 신권을 강화시키려는 의도에서 비롯된 것일까.[163] 필자는 반드시 그렇게만 볼 수 없다고 생각한다. 승건의 폐태자 문제는 그가 모반에 연루되었기 때문에 대신들도 막을 수 없는 것이었다. 그러나 다음의 태자 후보 문제에서 태종은 꾸준하게 위왕 태를 세우려고 하였으며, 대신들은 그것을 반대하였다. 그 이유는 간단하다. 바로 그가 『구당서』나 『신당서』의 기록과는 달리, 실제 장손황후에게서 난 적자가 아닌 서자였기 때문이다. 그렇다면 당연히 승건 다음의 적자가 그 자리를 이어야 한다. 그 자가 바로 이치이다.[164] 그렇게 하는 것이 '예의'를 세우는 것이며, 자손에 물려줄 수 있는 '만대지법'이라고 대신들은 생각한 것이다. 수 이후 나타난 황위 계승의 분쟁을 종식시키는 처방이 이렇게 태종과 대신 간에 큰 차이가 있었던 것이다. 실제 양용의 유폐, 이건성의 피살사건 등을 정관시대 제신들은 직접 목도하였다. 따라서 당시 제신 간 당파의 분열도 이러한 상황 속에서 나타난 것이다.[165] 적서를 구별하지 않고 강력한 황제 후보자를 세움으로써 계승전을 미연에 방지하고자 하는 태종과 '적자를 높이고 서자를 낮추는[尊嫡卑庶]' 원칙에 입각한 '정분'을 엄격히 함으로써 그것을 방지하려는[166] 대신들의 논리적 싸움에서 태종은 패

---

163 Howard J. Wechsler, "Factionalism in Early T'ang Government", 1973, p.119.
164 사실 魏徵같은 자는 "自周以來, 皆子孫相繼, 不立兄弟, 所以絶庶孼之窺窬, 塞禍亂之源本"(『資治通鑑』 卷195 唐紀11 太宗 貞觀 12年(638) 正月條, p.6135)이라는 입장이었다. 그러나 태자 승건이 반란사건에 연루되어 폐태자되었기 때문에 그의 아들을 황태손으로 삼기는 현실적으로 어려웠던 것 같다.
165 孫國棟, 「唐貞觀永徽間黨爭試釋」, 1980, p.7.
166 『舊唐書』 卷76 太宗諸子 濮王泰傳, pp.2653~2654, "泰撰括地志功畢, … 俄又每月給泰料物,有踰於皇太子. 諫議大夫褚遂良上疏諫曰:'昔聖人制禮, 尊嫡卑庶. 謂之儲君, 道亞睿極, 其爲崇重, 用物不計, 泉貨財帛, 與王者共之. 庶子體卑, 不得爲例. 所以塞嫌疑之漸, 除禍亂之源. …'".

배한 것이다.

결국 태종의 의지와는 달리 이치가 황태자가 되었다. 태종은 이런 가운데 고구려전쟁을 감행하게 된다. 그가 내세운 것은 바로 막리지 연개소문의 시군(弒君) 문제였다. 그는 이미 보장왕을 '요동군왕·고(구)려왕'으로 책봉까지 하면서 재차 '시군'을 문제 삼은 것은 논리적으로 자가당착이다.[167] 따라서 필자는 태종의 고구려전쟁의 결정은 자기가 처한 당시의 상황과 깊이 연관되어 있다고 생각한다. 그가 전쟁을 일으킨 목적은 양면적인 것이었다. 첫째, 연개소문에게 '시군'에 대한 책임을 묻는 것으로 앞으로 연약한 황제가 들어섰을 경우에 나타날 변을 미리 '응징'함으로써 '수사직(守社稷)'의 기반을 다져 놓으려는 계산이었고, 둘째, 수대 이후 숙원 사업이던 고구려를 정복하고 그 성망을 이용하여 다시 한번 새로운 황태자 책립을 시도하려는 것이었다. 그가 다른 전쟁과는 달리 직접 친정에 나선 것은 단순히 고구려전쟁의 중대성만이 아니라, 그런 목적이 복재해 있다고 생각한다.

먼저 첫 번째 문제에 대해서 약간의 지면을 할애해 보자. 정관 18년(644) 10월에 내린 태종의 조칙을 보면 다음과 같다.

고려의 막리지 개소문이 그 임금을 시역하고 그 신하를 혹독하게 해치고 변우에 할거하며 벌과 전갈처럼 방자하게 구니, 짐이 군신의 의리로써 감정상 어찌 참을 수 있겠는가. 만약 거친 잡초를 죽이고 베지 않으면 어찌 중화를 징벌하고 깨끗이 할 수 있단 말인가.[168]

167 사실 太宗은 전쟁의 명분을 억지로 찾은 것 같다. (宋)王溥撰, 『唐會要』(上海: 上海古籍出版社, 1991) 卷95 高句麗, p.2020에 "貞觀十八年二月, 太宗謂侍臣曰: '… 夫出師弔伐, 須有其名, 因其殺虐下人, 取之爲易.'"이라 하고 있는 데서도 알 수 있다.
168 (宋)宋敏求編, 『唐大詔令集』 卷130 蕃夷 討伐 「討高麗詔」, p.703, "高麗莫離支蓋蘇文, 殺逆其主, 酷害其臣, 竊據邊隅, 肆其蜂虿. 朕以君臣之義 情何可忍! 若不誅剪退穢, 何以懲肅中華".

이 조칙에서 보듯이 그의 고구려 토벌 목적은 바로 '살역기주(殺逆其主)'
한 연개소문을 침으로써 종국적으로 '이징숙중화(以懲肅中華)'하는 데 있다
는 것이다. 644년 9월 연개소문이 파견한 50명의 관원이 숙위할 것을 청하
자, 태종은 영류왕으로부터 관작을 얻었음에도 불구하고 왕(영류왕)을 위하
여 복수하기는커녕 시역자(연개소문)를 위하여 유세까지 한다며, 그 죄를 대
리시(大理寺)로 하여금 묻게 하였다.[169] 이와 같이 그는 뒤늦게 연개소문의 영
류왕 시해 자체를 문제 삼고 있다. 그는 고구려의 신자들이 시군한 연개소문
을 토벌하지 못하니 그들 대신 '설치(雪恥)'해 주겠다는 것을[170] 침략의 명분
으로 삼고 있다.

두 번째 문제는 그의 친정과 관련하여 살펴볼 수 있다. 643년 11월 태종
의 오왕 각의 태자 책봉 시도가 실패로 돌아가고, 644년 2월 고구려에 사
신으로 갔던 상리현장이 돌아오자 바로 고구려 침략을 결정함과 동시에 친
정을 계획한다. 그런 결정에 대해 저수량은 우선 고구려전쟁이 불필요함을
역설하였고, 이어 친정계획에 대하여는 심히 우려를 표명하는 상서를 올렸
다.[171] 사실 당시 원정에 찬성한 자는 이세적(李世勣)뿐이었고, 군신 대부분이
친정계획에 대해서 반대하는 입장이었다.[172] 그런데 태종은 그 스스로 고구
려 원정이 불상(不祥)한 것이라는 점을 알면서도[173] 그것을 감행한다. 나중에
그가 안시성 전투에서 패한 후 "만약 위징이 있었다면 내가 이런 행군을 하

169 金富軾, 『三國史記』(서울: 族文化推進會, 1973) 卷21 高句麗本紀 第9 寶藏王 3年 9月條,
   p.159-上.
170 『資治通鑑』 卷197 唐紀13 太宗 貞觀 19年(645) 3月條, p.6218, "雪君父之恥"; 同書 卷198
   唐紀14 太宗 貞觀 19年(645) 6月條, p.6225, "我以爾國强臣弑其主, 故來問罪, 至於交戰, 非
   吾本心"; 『三國史記』 卷21 高句麗本紀 第9 寶藏王 4年(645) 3月條, p.160-上.
171 『資治通鑑』 卷197 唐紀13 太宗 貞觀 18年(644) 2月條, p.6207.
172 『資治通鑑』 卷197 唐紀13 太宗 貞觀 18年(644) 2月條, p.6207, "時羣臣多諫征高麗者".
173 『三國史記』 卷21 高句麗本紀 第9 寶藏王 3年(644) 10月條, p.159-上, "帝曰: '吾知之矣, 去
   本而趣末, 捨高而取下, 釋近而之遠, 三者爲不祥, 伐高句麗是也'".

도록 두지는 않았을 것이다[魏徵若在 不使我有是行也]"[174]라며 후회한다. 이와
같이 친정 자체가 일반 장군의 정벌과는 다른 것임에도 불구하고 그가 친정
을 감행한 것은 그 나름대로 목적이 있었을 것이다. 태종이 진왕 이치를 태
자로 세우고 나서도 다시 오왕 각으로 바꾸려 하자 장손무기는 그것을 반대
하면서 "바둑돌을 들고도 놓지 않으면 지는 것이다. 항차 태자임에랴[擧棋不
定則敗 況儲位乎]"[175]라 했듯이 장손무기 등이 볼 때 태종의 마음은 바둑돌을
든 채로 놓지 않는 것처럼 여전히 유동적이었다. 즉 이와 같은 군신들의 반
대를 돌파할 국면을 대고구려전쟁의 승리를 통해서 찾으려 했던 것이라 보
인다. 그러나 그 점에 대한 사서의 명확한 기록은 없다. 필자는 이 같은 친정
이 그 나름의 중대한 이유가 있었던 것이고, 그것이 두 번째 필자가 제기한
내용과 연결될 것이라 본다.

당 태종은 친정에도 불구하고 결국 고구려의 안시성을 함락하는 데 실패
하고 9월 18일 철군 명령을 내릴 수밖에 없었다(그림 7-1). 그러나 그의 고
구려 정벌에 대한 집념은 꺾이지 않았다. 647년 2월 다시 당 태종은 고구려
공략계획을 중신들과 토론한다. 그 결과 647년과 648년에 걸쳐 소규모 정
예부대를 수륙 양로로 이동시켜 고구려의 변경 지역을 침략하여 교란작전
을 편 후, 649년 대군을 이끌고 대거 침략한다는 계획을 세웠다. 그러나 준
비 기간 동안 당 태종의 고구려 원정에 대한 반대 의견도 만만치 않았다. 특
히 중신 방현령은 병석에서 고구려에 침범할 명분이 없다는 점을 강조하였
다.[176] 그런 분위기 속에서 태종은 649년 5월 '요동 지역'과 여러 토목지공
을 파할 것을 유조로 남기고 사망한다. 이와 같이 당 태종의 고구려 침략은

---

174 『資治通鑑』卷198 唐紀14 太宗 貞觀 19年(645) 10月條, p.6230.
175 『新唐書』卷80 太宗諸子 鬱林王 恪傳, p.3566, "又欲立恪, 長孫无忌固爭, 帝曰: '公豈以非
己甥邪? 且兒英果類我, 若保護舅氏, 未可知.' 无忌曰: '晉王仁厚, 守文之良主, 且. 擧棋不定
則敗, 況儲位乎?'帝乃止".
176 『三國史記』卷22 高句麗本紀 第10 寶藏王 8年(648) 4月條, pp.160-下~161-上. "嚮使高句
麗違失臣節, 誅之可也. 侵擾百姓, 滅之可也. 他日能爲中國患, 除之可也. 今無此三條".

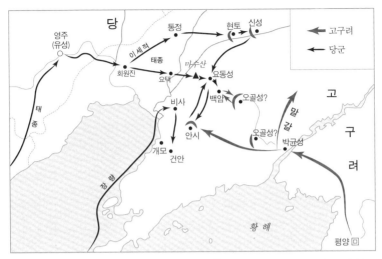

그림 7-1 당과 고구려 전쟁도(출처: 程光裕,『中國歷史地圖(下册)』, 臺北: 中國文化大學出版部, 1980, p.104, 圖31「唐征高麗圖」).

실패로 돌아갔다. 다음에 등장한 고종은 나약하다는 면모를 스스로 탈피하기 위해 다시 한 번 '친정'을 시도할 수밖에 없었다.[177]

Ⅳ. 수와 당 초 황제의 통치형태와 전쟁방식

수와 당 초 황제들의 통치방식은 다른 시대에 비해 어떤 특징을 가지고 있으며, 이것이 대고구려전쟁에 어떤 식으로 나타나고 있을까? 오호십육국 이래 북조의 황제들은 대부분 대외전쟁에서 친정을 수행한다는 특징이 있다.[178] 이와 같이 정치상 중요한 결정에 직접 자기가 주도하고, 모든 국가의

---

177 고종의 고구려에 대한 친정계획은 661년 3월에 계획되었으나(『資治通鑑』卷200 唐紀16 高宗 龍朔 元年(661) 3月條, p.6323), 蔚州刺史 李君球와 則天武后의 반대로 無爲로 돌아간다(同書, 同年 4月條, p.6324).

178 朴漢濟,「北魏王權과 胡漢體制─北魏社會의 變質과 관련하여─」,『震檀學報』64, 1987,

구성원에 앞서서 군주가 솔선수범하는, 이른바 호족적 군주의 행동 양태가 수와 당 초에도 분명하게 보인다. 그 점을 중심으로 논해 보자.

수와 당 초 황제에게서 가장 빈번하게 보이는 행위는 바로 '친성수도(親省 囚徒)'[179] 혹은 '친록수도(親錄囚徒)'[180] 혹은 '친사고사(親祠故社)'[181] 혹은 '친 사감제(親祀感帝)'[182] 혹은 '친문질고(親問疾苦)'[183]의 형태이다. 북주 말 주수 혁명 과정에서 정역(鄭譯)·유방(劉昉) 등이 황후의 아버지[皇后之父]인 양견 (楊堅)에게 '들어가 조정을 총람[入總朝政]'할 수 있게 선제의 조를 고치도록 한 것은 당시 정제가 '유충하여 정사를 친히 관리하지 못하는[幼沖 未能親理 政事]'[184] 데 있었다. 이와 같이 황제가 직접 정사를 수행하지 못할 때 혁명의 명분이 제공된다. 중국의 전통 황제들이 정사 외에 백성과 더불어 하는 행사 가 바로 '적전(籍田)'의 형식이다. 그러나 북조 이래 수당 황제의 행동양식은 이것과는 질적인 차이가 있다. 개황 6년 낙양인 고덕(高德)이라는 자가 수 문 제에게 상서를 올려, 문제가 태상황이 되고, 황위를 황태자에게 전위할 것을 청하였다. 그에 대한 수 문제의 답변은 다음과 같다.

짐은 천명을 받아 창생을 무육(撫育)함에 있어 해질 때까지 쉬지 않기를 누가 뒤 쫓아 오는 것을 두려워하듯 하였다. 어찌 근대의 제왕을 배우고 고왕의 사적을 배우지 않고서, 아들에게 황위를 물려주어 스스로 안일한 즐거움만을 구하겠는 가.[185]

---

p.12.
179 『隋書』卷1 高祖紀上 開皇 2年(582) 5月條, p.17.
180 『隋書』卷1 高祖紀上 開皇 2年(582) 12月條, p.18.
181 『隋書』卷1 高祖紀上 開皇 7年(587) 11月條, p.25.
182 『隋書』卷1 高祖紀上 開皇 13年(593) 正月條, p.38.
183 『隋書』卷1 高祖紀上 開皇 15年(595) 正月條, p.39.
184 『隋書』卷1 高祖紀上 (周)大象 2年(580) 5月條, p.3.
185 『隋書』卷1 高祖紀上 開皇 6年(586) 8月條, pp.23~24, "上曰: '朕承天命, 撫育蒼生, 日旰孜 孜, 猶恐不逮. 豈學近代帝王, 事不師古, 傳位於子, 自求逸樂者哉!'".

여기서 근대란 북위 이래의 북조 제왕조라 할 수 있다. 사실 북조시대에 황제가 상황이 되어 권력을 행사하는 사례는 드물지않게 볼 수 있는데, 이것 자체를 호족적인 왕권 행사 과정에서 나온 하나의 변형이라 생각할 수도 있지만, 수 문제는 이런 관행 자체를 옳지 않은 것이라고 주장하고 있다. 그렇다고 그의 행동이 '사고(師古)'에서 나온 것이라고 볼 수도 없다. 오히려 수 문제는 자기의 권력 창출 과정에서 잡음이 있었고, 그런 관계로 친정체제를 더욱 돋보이고자 하여 제주(諸州)에서 올린 죄상을 모두 열람하고,[186] 조당이 살인지소가 아니라는 조신들의 상주에도 불구하고 "궁정 마당에서 사람을 때리는 것이 하루에 네 차례나 되는 날도 간혹 있었다[殿廷打人 一日之中 或至 數四]"[187]라고 할 정도로 이른바 정장(廷杖)을 직접 행하였다. 물론 이와 같이 수 문제가 "작은 과실에 대해서도 함부로 죽이는[小過而濫殺]" 행위는 과도한 의심에서 나온 행동이지만, 이런 것이 수와 당 초 황제들에게 공통적으로 나타난다는 것은 단순히 그렇게만 볼 수 없는 점이 있다. 사실 엄형주의는 북위 이후 하나의 전통이었다.[188]

그러나 이 같은 '친록수도(親錄囚徒)'류의 기사는 양제에게서는 찾아볼 수 없다. 그 이유는 확실하게 추량할 수 없지만, 후술하는 바와 같이 그가 대소 규모의 전쟁에서 친정을 행한 것을 보면 그의 친정체제가 포기되었다고 볼 수는 없다. 그런데 당대에 들어가면 고조뿐만 아니라 태종, 고종의 '친록수도'[189] 혹은 '친록경성수도(親錄京城囚徒)',[190] '친록계수(親錄繫囚)'[191]의 기사

---

186 『隋書』 卷25 刑法志, p.712.
187 『隋書』 卷25 刑法志, p.713.
188 『卄二史劄記』 卷14 「後魏刑殺太過」條.
189 『舊唐書』 卷1 高祖紀 武德 元年(618) 9月條, p. 8에서 처음 나온 후 빈출한다. 그런데 『新唐書』에서는 '親錄囚徒'를 모두 '慮囚'라 쓰고 있다.
190 『舊唐書』 卷4 高宗紀上 永徽 元年(650) 7月條, p. 68.
191 『舊唐書』 卷4 高宗紀上 永徽 4年(653) 4月條, p. 72.

는 빈출한다. 그 외 '친람원굴(親覽寃屈)',[192] '친사화악(親祠華岳)',[193] '친림석전(親臨釋奠)',[194] '친경적전(親耕籍田)',[195] '친헌금어대안궁(親獻禽於大安宮)'[196] 등 다양한 '친(親) …'의 사례가 보인다. 이와 같이 수와 당 초의 황제들은 국가의 제반사를 친히 결재해야만 한다는, 이른바 '총괄적(總括的) 친정체제(親政體制)'를 가동시켰던 것이다.

여기서 잠시 '친림석전(親臨釋奠)'의 사례를 검토해 보자. 석전이란 유교의 이른바 '선성', '선사'에 대해 국학에서 춘·추에 제사를 지내는 것인데,[197] 공자가 선성·선사냐의 논란이 있지만[198] 석전은 극히 비유목적인 행위였다. 그런데 조위·서진·남조의 경우를 보면 학관이 주제(主祭)하였던 것이 상례였지, 황제들이 시학(視學) 혹은 '시유친행(時有親行)'의 사례는 있어도 석전을 주제하는 경우는 없었다. 그런데 당대의 경우를 보면 고조시기부터 '친림석전'의 사례가 보이고, 이어서 태종도 그러하였다. 그런데 정관 21년(647) 허경종 등이 상주하여 이 문제를 거론하면서 '황제가 삼가 (누구를) 보내는 것[皇帝謹遣]' 대신 학관이 주제하는 형태로 변경할 것을 청하였다.[199] 허경종 등의 이런 상주의 배경에는 황제의 '친림석전'의 행위가 중원

---

192 『舊唐書』卷2 太宗紀上 貞觀 2年(628) 8月條, p.35.
193 『舊唐書』卷1 高祖紀 武德 2年(619) 10月條, p.10.
194 『舊唐書』卷1 高祖紀 武德 7年(624) 2月條, p.14.
195 『舊唐書』卷2 太宗紀上 貞觀 3年(629) 正月條, p.36.
196 『舊唐書』卷2 太宗紀下 貞觀 5年(631) 正月條, p.41.
197 釋奠이 문헌상 확인된 것은 後漢 明帝시기로서 辟雍에서 행해진 것이었다. 그 후 曹魏시대도 辟雍에서 행해졌으며, 西晉 이후의 釋奠之地는 辟雍에서 太學으로 옮겨졌다. 劉宋-梁시기에는 國子學, 陳시기는 太學이었다. 北魏-北周도 太學 혹은 國子學이었다. 辟雍은 宗廟 系統인 데 비해 太學(國子學)은 崇聖之地로서 敎育의 意義를 중시한 것이다(高明士,『唐代東亞敎育圈的形成—東亞世界形成的一側面—』, 臺北: 國立編譯館中華叢書, 1984, pp.144~150).
198 『唐會要』卷35 褒崇先聖, pp.742~744.
199 『舊唐書』卷24 禮儀4 釋奠, pp.917~918, "(許)敬宗等又奏曰: '… 秦·漢釋奠, 無文可檢. 至於魏武, 則使太常行事. 自晉·宋已降, 時有親行, 而學官主祭, 全無典實. … 今請國學釋奠, 令國子祭酒爲初獻, 祝辭稱'皇帝謹遣', 仍令司業爲亞獻, 國子博士爲終獻. …".

왕조의 경우 유례가 없는 것이기 때문일 것이다. 그러나 태종이 허경종 등의 상주를 받아들였다는 기록이 없다. 다만 황제 대신 황태자가 주제하는 것으로 바뀌고 있는데, 황태자의 주제는 적어도 개원 7년까지 이어지고 있다.[200] 황태자가 주제하는 일은 허경종의 상주를 어느 정도 수용한 결과로 볼 수도 있지만, 그렇다고 중원 왕조의 경우처럼 학관으로 한 것도 아니기 때문에 다음 황제가 될 황태자로 한 것으로 이해해야 할 것이다. 이처럼 황제의 친정 행위와 관련이 적은 교육기관의 제사 부문까지 황제가 직접 챙기는 형식이었던 것이다.

다음으로 수와 당 초 황제들에게서 보이는 특징은 빈번한 행행이다. '행행(行幸) …'[201], '거가행(車駕幸) …', '가행(駕幸) …', '거가북순수(車駕北巡狩)' 등의 용어로 표현되는 행행의 목적은 '관가곡(觀稼穀)',[202] '관조거(觀漕渠)', '급복 … 년(給復 … 年)', '항수도(降囚徒)', '연부노(宴父老)', '진휼(賑恤)', '반사각유차(頒賜各有差)' 등 관풍문속류(觀風問俗類)의 사회경제적인 국정 수행에서부터 '친노선사(親勞旋師)'[203] 등 개선군의 환영, 혹은 '간열장사(簡閱將士)'[204] 등 출정 전의 군대를 독려하거나 '요동에 행행하여 여러 장수를 책망하는[幸遼東 責怒諸將]'[205] 것 등으로 다양하지만, 황제가 직접 세부적인 일에도 참여한다는 것을 나타낸다. 행행이 빈번하다는 것 외에 또 하나 특이한 점은 지역적으로 새북까지[206] 가고 있다는 점이다. 잘 알다시피 양제의 고구려 정벌의 시발점이 되기도 했던 돌궐 계민가한의 아장에 행행한 것[207]은 아마

---

200 『唐會要』卷35 釋奠, pp.748~749.
201 『隋書』卷1 高祖紀上 開皇 元年(581) 10月條, p.16. '行幸岐州'를 시작으로 빈번한 행행이 이루어졌다.
202 『隋書』卷1 高祖紀上 開皇 3年(583) 9月條, p.20.
203 『隋書』卷2 高祖紀下 開皇 9年(589) 4月條, p.32.
204 『舊唐書』卷1 高祖紀 武德 5年(622) 11月條, p.13.
205 『隋書』卷4 煬帝紀下 大業 8年(612) 6月條, p.82.
206 『隋書』卷3 煬帝紀上 大業 4年(608) 3月條, p.71, "車駕幸五原 因出塞巡長城".
207 『隋書』卷3 煬帝紀上 大業 3年(607) 8月條, p.70.

중국 역사상 황제가 변방에까지 행행한 극히 드문 사례 중 하나일 것이다. 양제는 대업 11년 8월 '북새를 순행(巡北塞)'하다 돌궐 시필가한(始畢可汗)의 10만 기병의 습격을 받아 안문성(雁門城)에 포위되기도 하였다.[208] 이와 같은 행행은 당대에도 빈도에서는 마찬가지였다. 이와 같이 국정 운영상 문제가 있는 곳이면 장소를 가리지 않고 행행하는 것은 북조시대 이래 황제들의 관행이다.[209]

또 하나 집고 넘어가야 할 사항은 수와 당 초 황제들의 전렵(畋獵)행위의 일상화이다. 이것은 물론 당시 황제들의 군사적 행동과 연관되는 것이다. 물론 수대의 황제들은 당대에 비해서 비교적 드물기는 하지만, 당대와는 달리 수렵대회를 열기도 하였다.[210] 당대에 들어서는 황족들은 책 읽기보다 이러한 전렵행위에 몰입하고 있었다.[211] 특히 당 태종은 그의 잦은 유렵을 지적하는 신하들의 간언을 듣기도 하였다.[212] 황제들의 전렵행위는 본기에 '엽우(獵于) …' 혹은 '교렵어(校獵於) …' 등의 용어로[213] 누차 보인다. 그런데 이 전렵은 행행과 밀접한 관련을 가지며, 또한 군사적 시위 혹은 열병과도 연결되고 있다.[214]

---

208 『隋書』 卷4 煬帝紀下 大業 11年(615) 8月條, p.89, '雁門之圍'의 意味에 대해서는 呂思勉, 『呂思勉讀史札記』(上海: 上海古籍出版社, 1982) 下冊, p. 991 「煬帝雁門之圍」條를 참조한다.

209 佐藤智水, 「北魏皇帝の行幸について」, 『岡山大學文學部紀要』 5 通卷45, 1984.

210 『隋書』 卷1 高祖紀上 開皇 4年(584) 正月條, p.21, "甲戌, 大射於北苑 十日而罷"; 『隋書』 卷3 煬帝紀上 大業 5年(609) 5月條, p.73, "乙亥, 上大獵於拔延山, 長圍周亘二千里. … 宴羣臣於金山之上". 이외 수렵 기사가 몇 개 더 보이나 생략한다.

211 『舊唐書』 卷64 高祖二十二子 巢王元吉傳, P.2420, "元吉性好畋獵, 載網罟三十餘兩, 嘗言: '我寧三日不食 不能一日不獵.'".

212 資治通鑑』 卷195 唐紀11 太宗 貞觀 11年(637) 8月條, p.6131.

213 『新唐書』에는 '獵于驪山'(卷1 高祖紀 武德 6年(623) 2月條, p.15)으로 『舊唐書』에는 '校獵於驪山'(同年 同月條, p.13)으로 기록되어 있다. 그런데 『舊唐書』는 이 전렵기사를 대부분 누락시키고 있다.

214 『新唐書』 卷1 高祖紀 武德 3年(620) 正月條, p.10, "己巳, 獵于渭濱. 戊寅, 王行本降"에서 보듯이 王行本의 降伏은 '獵'의 결과로 보이며, 武德 4年(621) 閏月條에 p.13, "乙卯, 如稷州. 己未, 幸舊墅. 壬戌, 獵于好畤. 乙丑, 獵于九嵕. 丁卯, 獵于仲山. 戊辰, 獵于淸水谷, 遂幸三原"에서 보듯이 '獵'과 '幸'이 연속되고 있다.

이러한 수와 당 초 황제들의 호족색 짙은 행동양식이 대고구려전쟁에서는 '친정'의 형태로 나타나는 것이고, 그들이 황위 자체를 획득하거나 유지하기 위해서는 바로 이러한 '친정'의 방식을 택하지 않을 수 없었던 것이 그 시대의 분위기였다. 특히 등극 과정에서 정통성을 확보하지 못한 황제일수록 그런 점은 더욱 부각될 수밖에 없다. 그들은 직접 정벌에 나서서 혁혁한 승리를 거두고 많은 약탈물을 획득하여 장사들에게 나누어줌으로써 그들의 지위를 더욱 굳게 할 수 있었다. 그러기 위해서 황제는 탁월한 전략가가 되어야 하고, 후덕한 군사지휘자로서 인민들에게 부각되어야 했던 것이다. 이런 제반 사항들이 이른바 '친정'이라는 말 속에 포함되어 있는 것이다. 수와 당 초 황제들의 전략가로서의 면모는 어느 누구 할 것 없이 거의 나타나지만, 특히 당 태종이 뛰어났다. 그의 말년 이정(李靖)과 군사 방면의 문제를 토론한 담화록인『당태종이위공문대(唐太宗李衛公問對)』에는 그의 전략가로서의 면모가 유감없이 표현되고 있다. 예컨대 고구려 토벌의 전략을 앞두고 벌어진 '정병(正兵)'과 '기병(奇兵)' 논쟁에서 결국 '기병'에만 집착하는 이정의 무릎을 꿇린 것은[215] 이 점을 말해준다. 그의 용병술은 '나타나고 숨음이 무궁[出奇無窮]'하여 고구려와의 전쟁에서 안시성에서 패할 때까지 '향하는 바에 적수가 없었다[所向無敵]'는 전과를 올렸다.[216] 뿐만 아니라 그는 후덕한 군사지휘자로서의 면모를 잘 보여주고 있다. 당 태종이 요동성에 이르니 사졸들이 짐을 지고 구덩이를 메우고 있었다. 태종은 가장 무겁게 보이는 짐을 친히 나르니 따르는 관원들이 모두 송구스러워 허둥대며 앞을 다투어 짐을 날라서 성 밑으로 보냈다고 한다.[217] 한편 백암성(白巖城: 白崖城) 공격 시 우위대장군(右衛大將軍) 이사마(李思摩)가 노시(弩矢)에 맞아 피를 흘리자 태

---

215 『唐太宗李衛公問對』(臺北: 臺灣商務印書館, 1975 今註今譯本) 第2章(卷上), p.74, "李靖再拜曰:'陛下神聖 逈出古人 非臣所及.'".

216 『三國史記』卷21 高句麗本紀 第9 寶藏王 4年(645)條 論曰.

217 『舊唐書』卷199上 東夷傳 高麗條, p.5323.

종이 친히 그 피를 빨아주었다[218]는 것은 유명한 이야기이다. 이와 같이 당 태종은 호족군주로서의 면모를 잘 보여주고 있다. 그러면 이러한 황제의 행동은 왜 나타나는가. 단순히 그들의 개인적인 성격과 연관시킬 수 없는 것이 수와 당 초라는 특수한 시대적 환경이다. 그것은 그들의 군대 자체가 전통중국왕조의 군대와는 다르기 때문이다. 그들은 전장에서의 약탈품을 노린다. 이 점은 수 문제의 사적에서도 잘 나타나고 있다.

(고조는) 비록 재물에 인색하였으나 공을 세운 자에게 상을 내릴 때에 이르러서는 곧 아끼는 바가 없었다. 장사가 전장에서 죽으면 반드시 특별한 상을 보내고, 또한 사자를 그 집에 보내어 그 수고함을 물었다.[219]

이와 같이 재물에 인색한 수 문제마저도 장사들에 대한 은사는 아끼지 않았고, 전몰자의 집에 사자를 보내어 '노문기가(勞問其家)'했던 것은 당시 군사들의 성격과 유관한 것이다. 이 점은 고구려 원정 과정에서도 잘 나타나고 있다. 고구려의 장수 벌음(伐音)이 처음에 항복을 청하였다가 후회하여 반복(反覆)하자, 태종은 '성중의 인물들을 전사에게 나누어 줄 것[城中人物分賜戰士]'을 허락하였으나, 그가 다시 항복하여 싸울 일이 없어지자 상사를 취소하였다. 이러자 이적(李勣)은 태종에게,

전사들이 시석(矢石)을 돌보지 않고 힘을 다해 앞을 다투어 싸우는 것은 노획물을 탐내서입니다. 이제 성이 막 함락되려 하는데 어찌하여 장사들의 뜻을 저버리려 합니까?[220]

---

218 『舊唐書』 卷199上 東夷傳 高麗條, p.5323.
219 『資治通鑑』 卷180 隋紀4 文帝 仁壽 4年(604) 7月條, pp.5601~5602, "高祖 … 雖嗇於財, 至於賞賜有功, 即無所愛, 將士戰沒, 必加優賞, 仍遣使者勞問其家".
220 『舊唐書』 卷199上 東夷傳 高麗條, p.5324, "李勣言於帝曰: '戰士奮厲爭先, 不顧矢石者, 貪

라 한 것에서도 당시 병사들의 약탈성이 잘 나타난다. 실제 태종은 요동을 함락할 때 잡혀 노비로 몰입된 1만 4천 명을 모두 유주(幽州)로 보내어 장차 장사들에게 상으로 나누어 주겠다고 하면서 그들을 독려하였다.[221] 이런 점에서 볼 때, 수와 당 초의 대고구려전쟁에서의 황제의 친정은 불가결한 것이라 하겠다.

친정 문제와 관련하여 황자들의 군사행위에 대해서 잠깐 살펴볼 필요가 있을 듯하다. 먼저 수대의 경우를 보면 수 문제 개황 8년(588) 10월에 남조 진을 공격하는 원정군을 파견할 때, 진왕(晉王) 광(廣), 진왕(秦王) 준(俊)을 양소와 더불어 행군원수로 삼았다. 특히 진왕 광은 그 총수로서 그 휘하에 둔 총관이 90이나 되었으며 병의 총수는 51만 8천이나 되었다.[222] 이와 같이 두 명의 황자가 정벌군의 최전면에 나서서 지휘하는 형식은 다른 시대에는 드문 현상이다. 개황 초기, 돌궐 사발략가한(沙鉢略可汗)이 달두(達頭)에게 공격을 받은 데다 동쪽으로 거란의 위협을 받아 곤경에 처하여 수에 구원을 요청했을 때, 진왕 광으로 하여금 군대를 이끌고 가 원조하게 하였다.[223] 개황 19년(599) 돌궐이 변경을 쳐들어오자 문제는 그의 막내아들인 한왕 양을 행군원수로 삼아 이에 대적하게 하였다.[224] 한왕 양은 바로 전 해(598)에 고구려 원정군의 총지휘를 맡았다. 그때 문제는 당시 조신 중 최고 실력자인 고경(高熲)에게 한왕 양의 원수장사(元帥長史)로서 연소한 양을 돕게 하였는데, 그가 작전 일체를 스스로 결정하고 양의 의견을 듣지 않았다.[225] 이것을 괘씸하게 여긴 양이 문제와 후에게 참언한 탓에 그가 나중에 실각하는 한 원인이

虜獲耳. 今城垂拔, 奈何更許其降, 無乃辜將士之心乎?".

221 『舊唐書』 卷199上 東夷傳 高麗條, p.5326.

222 『資治通鑑』 卷176 陳 長城公 禎明 2年(588) 10月條, pp.5497~5498.

223 『隋書』 卷84 突厥傳, p.1869.

224 『隋書』 卷45 文四子傳 庶人諒傳, p.1244.

225 『隋書』 卷41 高熲傳, p.1182, "熲以任寄隆重, 每懷至公, 無自疑之意, 諒所言, 多不用".

되었다고 한다.[226] 이와 같이 수나라에서는 황자를 행군원수라는 직책에 임명했을 뿐만 아니라, 한왕 양과 고경의 알력에서도 알 수 있듯이 황자는 명목적인 지위에 만족하지 않았다. 실제로 황자들은 '천하정병처'에 주둔하였다.[227] 사실 수 양제나 당 태종 등의 계위투쟁에서의 승리는 그들의 군사적 활약과 무관하지 않다. 수 양제에 관한 『수서』의 기록을 보자.

사신이 '양제는 젊은 나이였을 때는 일찍이 영특하다는 평을 들었을 뿐만 아니라 남으로 오회(吳會)를 평정하고, 북으로 흉노를 물리치니 곤제 가운데 성망과 공적이 홀로 드러났다. 이에 마음을 교만히 하고 모양을 꾸며 그 간사함을 늘어놓아 헌후(獻后)의 마음을 얻게 되었으며, 문황(문제)의 마음을 바꾸어서 천하가 마침 어지럽게 되자 마침내 저양(儲兩)에 올라 지극히 넓은 단을 밟고 크고 밝은 천명을 잇게 되었다. …'고 하였다.[228]

이 기록에서 보듯이 양제가 태자 용의 자리를 빼앗을 수 있었던 것은 바로 그의 탁월한 무훈이었음을 『수서』의 찬자는 말하고 있다. 양제 때 황태자는 정비인 소황후(蕭皇后)와의 사이에 태어난 원덕태자(元德太子) 소(昭)였다. 그 역시 '무력이 있고 강한 쇠뇌를 당길 수 있는[有武力 能引强弩]' 무인 기질이 뚜렷하였다. 그는 일찍이 좌위대장군을 역임했고, 양제가 즉위한 후 곧바로 낙양궁으로 행행했을 때 경사를 유수하기도 하였다. 다만 일찍 사망함으로써 대외전쟁에 참여한 기록은 없다.[229] 다음으로 제왕(齊王) 간(暕)인데 그

226 谷川道雄, 「周末·隋初の政界と新舊貴族」, 『隋唐帝國形成史論』, 東京: 筑摩書房, 1971, p.351.
227 『隋書』 卷45 文四子傳 庶人 諒傳, p.1245.
228 『隋書』 卷4 煬帝紀下, p.95, "史臣曰: '煬帝爰在弱齡, 早有令聞, 南平吳·會, 北却匈奴, 昆弟之中, 獨著聲績. 於是矯情飾貌, 肆厥姦回, 故得獻后鍾心, 文皇革慮, 天方肇亂, 遂登儲兩, 踐峻極之崇基, 承丕顯之休命. …'".
229 『隋書』 卷59 煬三子 元德太子 昭傳, p.1436.

도 '특히 기사에 재주가 있는[尤工騎射]' 자로 원덕태자가 갑자기 죽자 조야
가 모두 그가 태자를 승계해야 한다고 생각했을 정도의 인물이다.[230] 대체로
수 양제 시기는 거의 전력을 대고구려전쟁에 기울였고, 황제 자신이 친정에
나섰기 때문에 황자들의 활약이 두드러지게 보이지는 않는다. 그러나 그들
이 황태자로 책립될 때에는 역시 무인적인 능력이 고려되었다고 해도 무방
할 것이다.

당대에 들어가면 황자의 군사적 역할은 더욱 두드러지게 나타난다. 당 태
종 이세민의 활약에 대해서는 여기서 재론할 필요도 없으며, 태자 건성이나,
제왕 원길의 군사적 활약도 돋보인다는 것은 이미 학계에서 인정하는 바이
다. 특히 태자 건성은 태자로 봉해지고 나서도 자주 군사적 활약을 계속하고
있다. 예컨대 "황태자가 계호를 정벌하였다[皇太子伐稽胡]"[231]라든지, "황태
자가 북쪽 변경을 안무하였다[皇太子安撫北境]",[232] "황태자가 흑달을 토벌하
였다[皇太子討黑闥]"[233] 등의 기록이 그것이다. 일반적으로 황태자란 궁중에
서 황제 수업을 받는 것이 관행이고, 황제가 친정을 나섰을 때는 경사에 남
아서 감국하는 것이 관례인데도, 당 초에 태자 건성은 진왕 세민(태종)의 혁
혁한 무공에 뒤지지 않기 위해 이와 같은 정벌에 나서고 있는 것이다. 일종
의 황자들의 황권에 대한 경쟁시대가 연출된 것이다.

그러면 당 태종 시기 황자들의 행동은 어떠한가. 앞서 보았듯이 정관 10년
에 태종은 자제 17명을 분봉하고, 그중 나이 어린 5명을 제외한 12명을 각 주
의 도독으로 파견하였다. 그러나 앞선 시대처럼 황자들에게 행군원수의 직
을 주어 그들을 경쟁시키는 방식을 취하지는 않고 있다. 그것은 태종의 용심
과 관계된 것 같다. 당 태종은 현무문의 변 직후 이승건을 태자로 일찍 책봉

---

230 『隋書』 卷59 煬三子 齊王暕傳, p.1442, "俄而元德太子薨 朝野注望 咸以暕當嗣".
231 『新唐書』 卷1 高祖紀 武德 4年(621) 正月條, p.11.
232 『新唐書』 卷1 高祖紀 武德 4年(621) 8月條, p.12.
233 『新唐書』 卷1 高祖紀 武德 5年(622) 正月條, p.15.

하였다. 그것은 자기와 같은 골육상쟁을 막기 위한 조처였던 것 같다. 그리고 황자들을 전장에 내보내 무공을 경쟁시키지 않았다. 그것은 자신이 그랬던 것처럼 황태자 아닌 특출한 자가 나타날 가능성이 있기 때문이다. 따라서 그는 이전과 같은 경쟁체제를 가동시키지 않았다. 대신 승건에게 황태자로서 합당할 활동을 할 것을 기대하였고, 따라서 그의 사부를 선택하는 데도 신경을 썼다. 그러나 시일이 지나면서 승건의 행동은 그의 기대와는 반대로 나타나기 시작하였다. 폐태자는 최선이 아니라 차선책이었다. 그러나 차선책인 오왕 각의 책립마저도 좌절되자 영단한 군주였던 당 태종도 '칼을 뽑아 (스스로) 목을 베려고[抽刀欲刎]'하지 않을 수 없었던 것이다. 그러니 황태자의 무훈 경쟁은 원래 태종 자신이 바라는 바가 아니었던 것으로 생각된다.

그러면 수와 당 초 황제들의 친정 문제를 살펴보자. 이 문제와 관련하여 고구려 원정 문제에 대한 논의를 먼저 살펴보는 것이 순서인 것 같다. 문제의 대고구려 원정에 대해서는 조신 간에 큰 반대는 없었던 것 같다. 다만 그 성공에 대해서 회의를 표시하는 조신들은 간혹 있었다. 예컨대 문제 시기의 유현(劉炫)[234]과 양제 시기의 경순(耿詢)[235]이 그 대표적 인물들이다. 그들의 반대 근거가 무엇인지는 잘 알 수 없지만, 그들은 모두 그 결과를 비관적으로 본 것이다. 그러나 친정에 대해서 반대하는 논자들의 논리는 두 가지이다. 첫째, "전쟁을 하여 이기지 못하면 위령이 손상될 것이 두렵다[戰而未克 懼損威靈]"[236]는 것과 둘째, "친히 만승을 움직이면 소요되는 비용이 실로 많은[親動萬乘 糜費實多]"[237] 것이다. 즉 친정 실패 후에 나타날 후유증과 전비 과

---

234 『隋書』卷75 儒林 劉炫傳, p.1721, "開皇之末, 國家殷盛, 朝野皆以遼東爲意. 炫以爲遼東不可伐, 作撫夷論以諷焉, 當時莫有悟者. 及大業之季, 三征不克, 炫言方驗".

235 『隋書』卷78 藝術 耿詢傳, p.1770, "(大業)七年, 車駕東征, 詢上書曰: '遼東不可伐, 師必無功.' 帝大怒, 命左右斬之, 何稠苦諫得免. 及平壤之敗, 帝以詢言爲中, 以詢守太史丞".

236 『資治通鑑』卷181 隋紀5 煬帝 大業 8年(612) 正月條, p.5659. 그런데『隋書』卷78 藝術 庾質傳, p.1768에서는 '陛下若行, 慮損軍威'라 하여 약간 달리 표현하고 있다.

237 『隋書』卷78 藝術 庾質傳, p.1768.

다 지출이 그것인데, 그들은 표면상 전쟁에서 이길 수 있다고 양제에게 말하기는 했으나[238] '불극(不克)'을 전제하는 것 자체가 '불가벌(不可伐)'의 가능성을 어느 정도 점치고 있는 것이다. 사실 고구려와의 전쟁 횟수가 늘어남에 따라 반대 입장에 선 자가 늘어나게 되었다.[239] 그러나 친정을 나서는 양제의 논리는 앞선 전쟁에서의 실패는 당시 군사를 지휘했던 한왕 양과 고경의 어리석음에 기인하는 만큼,[240] 직접 자기가 나서야 하겠다는 것이고, 자신의 친정은 황제(黃帝)·성탕(成湯)·한고조(漢高祖)·광무제(光武帝)의 그것과 같은 것이라고 주장한다.[241] 이와 같이 앞선 전쟁의 실패를 남의 탓으로 돌리고, 그의 친정을 옛 선왕들의 친정의 논리로써 포장하고 있지만, 앞서의 실패에 대한 의식이 강하게 깔려 있는 것이다. 전장에서 보았듯이, 사실 그가 전쟁을 도발하지 않을 수 없었던 상황이었고, 그런 만큼 전쟁을 성공으로 이끌지 않으면 안 된다는 강박관념에 시달리고 있었던 것이다.

이 같은 양제의 강박관념은 자연히 다음 왕조인 당대로 계승될 수밖에 없었다. 그러나 당 고조 이연은 수 말 반란이 계속되는 가운데 개국한 초창기여서인지 고구려 대책에 대해서는 소극적이었다. 고구려로부터 조공사가 오자 반드시 고구려의 칭신을 고집하지 않으려 하였다.[242] 그러나 온언박의 의견은 달랐다. 고구려는 한·진 이전부터 중국의 봉역이고, 그런데도 그들의 항례(抗禮)를 그대로 허용하면 사이가 당을 어떻게 섬길 수 있겠는가 하는

---

238 『隋書』 卷78 藝術 庾質傳, p.1768, "帝謂(庾)質曰: '朕承先旨, 親事高麗, 度其土地人民, 纔當我一郡, 卿以爲尅不?'質對曰: '以臣管窺 伐之可尅. …'".

239 『隋書』 卷4 煬帝紀下 大業 10年(614) 2月條, p.86, "辛未, 詔百僚議伐高麗, 數日無敢言者".

240 『隋書』 卷4 煬帝紀下 大業 10年(614) 2月條, p.86, "往年出軍問罪 … 而諒悟凶, 罔識成敗, 高熲愞很, 本無智謀".

241 『隋書』 卷4 煬帝紀下 大業 10年(614) 2月條, p.86, "黃帝五十二戰, 成湯二十七征, 方乃德施諸侯, 令行天下. 盧芳小盜, 漢祖尙且親戎, 隗囂餘燼, 光武猶自登隴, 豈不欲除暴止戈, 勞而後逸者哉!".

242 『舊唐書』 卷61 溫彥博傳, p.2360, "高祖謂羣臣曰: '… 朕敬於萬物, 不欲驕貴, 但據土宇, 務共安人, 何必令其稱臣以自尊大? 可卽爲詔 述朕此懷也.'".

것이 그 이유였다.[243] 이와 같은 온언박의 반론으로 고조의 의견은 철회되었으나 고구려에 대한 적극적인 대책은 세우지 못하였다. 그러나 태종은 달랐다. 태종은 사방을 거의 평정하였다. 따라서 그는 고구려만이 '미복(未服)'한 상태임을 거론하고 있다.[244] 그러나 조신들은 양편으로 갈렸다. 친정을 찬성하는 이적 등의 논리는 설연타가 범변(犯邊)했을때, 위징의 반대를 물리치고 친정을 나섰다면 "오십 년간 국경선이 무사하였을[可五十年間疆場無事]" 것인데 기회를 잃었기 때문에 계속 변해를 입고 있다는 것이다.[245] 그러나 친정을 반대하는 논리는 대체로 두 가지이다. 저수량은 친정을 반대하면서 첫째, "만에 하나 차질이 생기면 원방에 위엄을 보일 수 없을 것[萬一差跌 無以威示遠方]"이라는 국제적인 문제와 둘째, 국가의 '수족'인 '사경(四境)'보다 '심복'인 '양경(兩京)'의 안정이라는 국내 문제를 들고 있다.[246] 다른 조신들의 논리도 대체로 이 범위를 벗어나지 않고 있는데, 그 점을 직접 논급한 위지경덕(尉遲敬德)의 논조를 들어보자.

임금의 수레가 만약 요좌로 간다면 황태자는 또한 정주(定州)에 있게 됩니다. 동·서 이경은 부고가 있는 곳이니 비록 진수병이 있다 하더라도 끝내 비게 될 것입니다. 요동은 길이 머니, (양)현감의 변란과 같은 것이 있을까 두렵습니다. 변우의 소국이 친히 만승을 괴롭힐 만한 것이 못되니, 양장에 맡겨 최멸토록 할 것을 엎드려 청합니다.[247]

---

243 『舊唐書』卷61 溫彦博傳, p.2360.
244 『舊唐書』卷67 李靖傳, p.2481, "太宗將伐遼東 … 謂(李靖)曰: '公南平吳會, 北清沙漠, 西定慕容, 唯東有高麗未服.'".
245 『舊唐書』卷80 褚遂亮傳, p.2734.
246 『舊唐書』卷80 褚遂亮傳, p.2734.
247 『舊唐書』卷68 尉遲敬德傳, p.2500, "及太宗將征高麗, 敬德奏言: '車駕若自往遼左, 皇太子又在定州, 東西二京, 府庫所在, 雖有鎭守, 終是空虛. 遼東路遙, 恐有玄感之變. 且邊隅小國, 不足親勞萬乘, 伏請委之良將, 自可應時摧滅.'".

위지경덕은 수 말의 양현감의 난을 연상하면서 반대하고 있다. 그러나 태종은 수의 양제와 비교하는 것을 퍽 달갑지 않게 생각하였다.[248] 또한 당시 군신들은, 친정을 했을 때 하남에 들어와 있는 돌궐의 동태를 염려하고 있는 점[249]도 이와 궤를 같이하는 주장이다. 특히 이대량(李大亮)은 임종 직전 요동 지역에 대한 관심을 중지하고 종묘소재의 경사와 그 근거지인 관중에 대해 관심을 쏟을 것을 상표하고 있다.[250] 그러나 평소 '납간'으로 유명한 태종이 었지만 그의 친정에 대한 의지는 워낙 굳었기 때문에 신하들은 국환의 임박을 예지하면서도 감히 상표 올리기를 꺼려 하였다.[251] 조신들의 고구려관은 수대의 "관대지경으로 하여금 그대로 만맥지향으로 둘 것인가[使冠帶之境 仍 爲蠻貊之鄕乎]"[252]에서 당대의 "저 고려는 변경의 오랑캐와 천한 부류로 인의로 대하기가 족하지 않고 상례로 책망할 수도 없다[彼高麗者 邊夷賤類 不足待以仁義 不可責以常禮]"[253]로 바뀌었다. 그런데도 불구하고 당 태종은 "중국을 위해 자제들의 원수를 갚는 것[欲爲中國報子弟之讎]"[254]만이 아니라 "옛 (고구려) 왕의 수치를 깨끗이 하는 것[爲舊(高句麗)王雪恥]"[255]까지 주장하고 있다. 이미 예의로써 대할 수 없는 땅에 '예의를 책하려는[責禮]' 시각이다. 이런 고구려가 고종 시기에 가면 조신들에게는 이제 멸망시키더라도 지키기에 귀찮은

---

248 『資治通鑑』卷197 唐紀13 太宗 貞觀 18年(644) 12月條, p.6216, "煬帝無道, 失人已久, 遼東之役, 人皆斷手足以避征役. … 朕今征高麗, 皆取願行者, 募十得百. … 豈比隋之行怨民哉!".

249 『資治通鑑』卷197 唐紀13 太宗 貞觀 18年(644) 12月條, p.6215, "羣臣皆以爲: '陛下方遠征遼左, 而突厥於河南, 距京師不遠, 豈得不爲後患! 願留鎭洛陽 遣諸將東征.'".

250 『舊唐書』卷62 李大亮傳, p.2390, "臨終上表, 請停遼東之役, 又言京師宗廟所在, 願深以關中爲意".

251 『舊唐書』卷66 房玄齡傳, p.2464, "唯東討高麗不止, 方爲國患. 主上含怒意決, 臣下莫敢犯顏".

252 『舊唐書』卷63 裴矩傳, p.2407.

253 『舊唐書』卷66 房玄齡傳, p.2466.

254 『資治通鑑』卷197 唐紀13 太宗 貞觀 19年(645) 3月條, p.6218.

255 『舊唐書』卷66 房玄齡傳, p.2466.

존재라는 인식으로 변한다.[256] 이와 같이 수당 황제들의 끈질긴 친정 의지는
앞에서 본대로 나름의 목적이 있었던 것이다. 그것은 모든 정사를 스스로 결
정해야 한다는 호족군주적 성격에서 연유된 것이며, 당시 황제들이 처한 옹
색한 국면을 대외친정의 승리로써 해결하려는 방식이라 할 것이다.

---

256 『新唐書』卷220 東夷 高麗傳, pp.6155~6196, "蔚州刺史李君球建言: '高麗小醜 何至傾中
國事之? 有如高麗旣滅, 必發兵以守, 少發則威不振, 多發人不安, 是天下疲於轉戍. 臣謂征之
未如勿征, 滅之未如勿滅.'". 그리고 『舊唐書』卷185上 良吏傳上 李君球傳에도 비슷한 구절
이 있다.

제 8 장

동진·남조사와 교민
— '교구체제(僑舊體制)'의 형성과 그 전개 —

I. 머리말

필자는 동진·남조사의 연구를 위한 작업 가설로 이른바 '교구체제'를 학계에 제시한 바 있다.[1] 이것은 필자가 오호십육국·북조·수당사 연구를 위한 작업 가설로써 이미 제시한 '호한체제'와 같은 시각에서 이 시대 역사를 이해해 보고자 하는 입장에서 출발한 것이다.

필자가 제시한 '호한체제론'은 오호십육국에서 수당시대까지가 후한시대 이래 전개된 민족 모순의 결과로 나타난 대규모의 민족 이동 시대였다는

---

1 朴漢濟,「'僑民體制'의 展開와 南朝史─南北朝史의 統一的 理解를 위한 하나의 提案─」,『東洋史學硏究』50, 1995.

관점에서 출발하였다. 후한왕조의 대이민족정책을 한마디로 규정하기는 힘들지만, 이민족을 새내로 이주시켜 강제로 한화시키려 한 것이 그 원칙이었다고 해도 큰 무리는 없을 것이다. 이 과정에서 이들 이민족은 원주민인 한족에 비해 많은 차별 대우를 받았다. 이들의 불만은 민족(종족) 문제를 야기하였다. 후한 말 이후 나타난 중국 역사상 미증유의 혼란은 바로 이와 같은 민족 문제를 제대로 해결하지 못한 데서 나타난 현상이었다. 한족국가를 붕괴시키고 화북 지역에 이민족국가가 등장하게 된 것은 이들의 차별 대우에 항거한 결과였다. 이민족이 새내, 특히 화북 내지에 그들의 국가를 세웠다고 해서 모든 문제가 해결된 것은 아니었다. 오히려 새로운 문제의 시작에 불과하였다. 북방에 등장한 이민족국가가 어지럽게 명멸했던 것은 바로 지배족인 이민족과 피지배족으로 전락한 한족 사이의 민족 문제가 순조롭게 해결되지 못한 데서 나타난 결과였다. 따라서 오호십육국·북조 국가의 초미의 현안 문제는 바로 호한 문제였다. 이것이 이 시대의 정치·경제·사회·문화의 모든 면을 규정하고 제약했다고 보는 것이 '호한체제론'이다. 즉 호족과 한족은 투쟁에서 타협으로, 다시 공존으로의 역사를 추구해 갔던 것이며, 그것이 바로 모든 민족을 포괄할 수 있는 수당세계제국의 형성 원동력이었다는 것이 필자의 생각이다.

화북 내지에서의 이민족국가 성립은 필연적으로 화북에 있던 한족의 남방으로의 이동을 야기하였다. 서진 말 영가의 난을 계기로 강남도 민족 이동의 소용돌이 속으로 휩쓸려 들어가게 되었다. 오호십육국의 성립으로 한족들이 그들의 땅을 이민족에 넘겨주고 찾아간 남방에도 이미 몇백 년 동안 살고 있던 '강남인'이 있었다. 강남인에는 한인도 있었지만 무릉만(武陵蠻), 판순만(板楯蠻), 이(俚), 요(獠), 계(溪) 등 여러 만족(蠻族)과 종부(宗部), 산월(山越) 등 각종 이민족들이 살고 있었다. 강남의 민족 구성의 복잡함은 북방 화북의 그것에 결코 뒤지지 않았다. 필자는 이들 강남한인 및 각종 이민족과 화북에서 옮겨 온 한인 사이의 갈등과 타협 과정이 동진·남조사의 전개에 있어 가장 큰 흐름을 좌우하고 있다고 본다. 물론 화북에서 이동해 간 인구는 강남 원주민에 비해 수적으로 적은 편이었다. 그러나 그들은 계속해서 새로운 왕조를 창출해 내는 주도세력이었고, 귀족제라는 폐쇄적인 신분사회를 형성시켜 동진·남조 역대 왕조에서 계속 지배층으로 자리 잡았다. 이는 화북에서 인구 면에서 소수였던 호족들이 그 역사를 주도적으로 움직여 간 것이나 다를 바 없다. 종래 학계에서는 이와 같이 화북한인들이 강남 사회를 주도적으로 이끌어 간 원인을 이들 한인들의 문화적 우월성에서 찾았다. 그러나 그러한 관점은 북조의 경우를 비추어 알 수 있듯이 반드시 옳은 것이라고 보기는 어렵다. 오히려 남북 공히 이주민만이 갖는 독특한 성격에 주목하고자 한다. 탈고향인들이 갖는 독특한 정서와 이해에서 우러난 단결의식과 역할이 그들로 하여금 남북조 사회를 주도해 나갈 수 있도록 한 가장 큰 원인이라고 생각한다. 따라서 동진·남조 사회에 나타난 정치·사회·경제·문화의 여러 측면을 이러한 점을 고려해서 보지 않으면 올바른 해석이 불가능하며, 동진·남조사 연구의 돌파구는 이런 관점에서 찾아야 한다. 이것은 아울러 수당제국의 형성사를 해명하는 데도 관건이 될 것이다.

특히 남조와 북조는 그 차별성에도 불구하고 같은 시대의 밀접한 교류를 갖는 왕조로서의 공통성을 더 중요한 이해의 관점으로 삼아야 할 것이다. 여기에 더하여 남북조를 통일적으로 이해하는 틀이 제시될 필요가 있다. 중국사 가운데 이 시대가 가지는 가장 현저한 특징은 바로 '이주민의 다량 발생'이다. 물론 이 당시 모든 사람들이 민족 이동의 파도를 타고 고향을 등진 것은 아니고 오히려 고향을 지킨 자들이 수적으로 더 많다. 그럼에도 불구하고 이들 이주민(이 장에서는 의미상 약간의 차이를 나타내기 위하여 '이민', '유민', 혹은 '교민'이라 구별하여 지칭하는 경우도 있다)이 이 시대의 특징을 주도적으로 생산해 낸 세력이라고 생각한다. 이 장은 가능한 한 특정사건이나 개별적인 사실에 대한 논증이나 검토보다 교민이 주도한 시대 흐름을 파악하는 데 주력하려 한다.

II. 유민의 남방 이동과 인민 구성의 재편

화북인구의 남방으로의 본격적인 이동은 오호족에 의해 발발된 서진 말 영가(永嘉)의 난으로부터 시작되었다. 영가의 난의 결과, 화북 내지(중원)에는 호족들의 이민족국가가 성립되었다. 이것은 필연적으로 기왕에 화북에 살고 있던 한인의 남방으로의 이동을 야기하였다. 강남은 민족 이동의 주요 귀착지가 되었다. 이미 담기양(譚其驤)도 "유사 이래 이민의 성함이 이보다 지나침이 있어 본 적이 없다[有史以來移民之盛 迨無有過於斯者矣]"[2]라고 지적했듯이 중국사 가운데 이 시대가 지니는 가장 현저한 특징은 바로 대량의 이주민이 발생한 것이라고 할 수 있다.[3] 중국 역사상 광범위한 이주민, 즉 이민이 발생한 것은 크게 세 차례 정도 꼽을 수 있다. 첫째가 서진 영가의 난 시기이고, 둘째가 당 안사의 난 시기이며, 세 번째가 북송 정강(靖康)의 난 시기였다. 그러나 영가의 난 직후에 전개된 이민은 최초의 광범위한 이민이라는 것 외에, 다른 시기와는 다른 몇 가지 특징을 가지고 있다. ① 지역 범위가 크다는 것이다. ② 이동 인구가 많다는 것이다. ③ 계층이 다양하다는 것이다. ④ 지속 기간이 길다는 것이다.[4] 이런 까닭으로 이 시대를 '중국 역사상 (대표적인) 민족 이동기'[5]라고 명명하는 것은 적절한 표현이라고 생각된다.

---

2 譚其驤, 「晉永嘉喪亂後之民族遷徙」, 『燕京學報』 15, 1934, p.72.

3 劉掞藜는 "這種十年之間(298~307)數百萬漢族人民的迅速流移遷徙, 不僅中國從古至今的歷史上絕無僅有, 就有世界史上也是很稀少的"이라 하였다(「晉惠帝時代漢族之大流徙」, 『禹貢半月刊』 4-11, 1936, p.11).

4 曹文柱, 「兩晉之際流民問題的綜合考察」, 『歷史研究』 1991-2.

5 田村實造, 『中國史上の民族移動期』, 東京: 創文社, 1985.

영가의 난 이후 전개된 이 시대의 인구 이동의 모습을 잠시 살펴보자. 앞에서 대강 지적하였듯이 이 시대의 인구 이동은 장기간 지속되었다. 그것은 그만큼 인구 이동을 초래한 사건들이 연속적으로 일어났다는 것을 의미한다. 그것을 크게 7개 시기로 나눈다. ① 서진 회제 영가 원년(307) 사마예(司馬睿)의 강동으로의 이진(移鎭), ② 동진 원제 태흥(太興) 4년(321) 조적(祖逖)의 병사 이후 황하 이남-회수 이북 지역의 상실, ③ 동진 목제 영화(永和) 5년(349) 석조(石趙)정권 붕괴와 환온(桓溫)의 관중 출병, ④ 동진 효무제 태원(太元) 8년(383) 비수지전(淝水之戰), ⑤ 동진 안제 의희(義熙) 12년(416) 유유의 북벌, ⑥ 송 문제 원가(元嘉) 27년(450) 북위의 남침, ⑦ 송 명제 태시(泰始) 2년(466) 회북 4주 및 예주(豫州) 회서(淮西) 지역의 상실[6]이 그것이다. 물론 이상의 시기에만 인구 이동이 있었던 것은 아니었다. 후한 말 이후 남북조 말까지 꾸준히 이른바 '유동'인구가 발생했고, 또 많았던 것은 이 시대의 특징이다.

이와 같이 화북인구의 남방으로의 이동은 오호족에 의해 발발된 서진 말 영가의 난으로 본격적으로 시작되었으며, 이후 100여 년에 걸쳐 지속되었다. 『진서』 권14~15 지리지, 『송서』 권35~37 주군지, 『남제서』 권14~15 주군지의 교주군현에 관한 기록과 이른바 '교민'의 열전 등의 자료를 근거로 당시 민족 이동의 면모를 살핀 담기양은 다음과 같은 연구결과를 학계에 내놓았는데, 그의 주장은 아직도 정설로 받아들여지고 있다. 그의 연구를 요약하면 다음과 같다. 영가의 난 후 유송 말까지의 남도(南渡) 인구는 약 90만으로 당시 남방 전체의 인구인 540만의 1/6을 차지한다. 『진서(晉書)』 지리지를 보면, 서진 무제 태강(太康: 280~289) 초 북방의 여러 주 및 서주(徐州) 등 회북 지역의 호수는 약 140만이었다. 1호 5구로 계산해 보면 모두 700여만 명이 되는데, 남도 인구가 90만 명이라면 북방 인구 총수의 1/8이 넘는

---

6 王仲犖, 『魏晋南北朝史(上)』, 上海: 上海人民出版社, 1979, p.345.

다. 동진·남조의 관할 구역 내에는 5/6가 본토 구민이고, 1/6이 북래 교민이다.[7] 담씨가 낸 이 통계는 국가가 파악한 숫자일 뿐이기 때문에 실제의 남도 인구는 이 수보다 훨씬 상회할 것으로 짐작된다. 이것을 다시 지역적으로 살펴보면, 당시 수도가 위치한 지금의 강소성 지역이 다른 지역에 비해 유입인구가 특히 많아서 약 26만 명이었고, 다음으로 산동성이 약 21만 명, 안휘성이 약 17만 명, 사천성이 약 10만 명, 호북성이 약 6만 명, 섬서성이 약 5만명, 하남성이 약 3만 명, 강서성이 약 1만 명, 호남성이 약 1만 명이었다.[8] 이통계로 볼 때, 담씨가 말하는 '남도'란 황하를 경계선으로 삼은 것이어서, 흔히 우리가 이해하는 장강을 건넜다는 것과는 차이가 난다. 따라서 담씨의통계에서 회수 이북 및 한중 사천의 수를 제외하면 약 50만 명이 되고, 여기에서 회남 지역의 숫자를 빼면 실제 장강을 도강한 자는 약 40만 명 정도라는 계산이 나온다. 이 수는 남북조시대 중 중요한 인구통계로 여겨지는[9] 유송 대명 8년(464) 전국 총인구의 1/10인 동시에, 장강 이남 총인구의 1/8에해당한다.[10] 그런 면에서 유민들의 수가 원주민에 비해 그렇게 큰 비율을 차지했다고 볼 수는 없다. 그러나 중요한 점은 앞서 보았듯이 100여 년이라는장기간에 걸쳐 지속되었고, 그 파장이 중국 어느 시대의 그것보다 크다는 것이다.

교민의 내원이 되는 유민은 앞서 보았듯이 광범위한 지역에 존재하였다. 서진이 오를 평정한 후 전국을 19주로 나누었다가 곧 21주로 하였다. 이 가운데 사(司)·연(兗)·예(豫)·기(冀)·유(幽)·병(幷)·평(平)·옹(雍)·양

---

7 譚其驤,「晉永嘉喪亂後之民族遷徙」, 1934, p.72.

8 譚其驤,「晉永嘉喪亂後之民族遷徙」, 1934, p.72.

9 Hans Bielensten, "The Census of China during the Period 2-742 A.D.", *Bulletin No 19—The Museum of Far Eastern Antiquities Stockholm*, 1947, p.145에서는 90만 호라는 수치는 지나치게 적고, 인구가 수도인 남경 근방에만 밀집되어 있음을 확인함으로써 사료의 신빙성에 대해 의문을 제기하고 있다.

10 童超,「東晉南朝時期的移民浪潮與土地開發」,『歷史研究』 1987-4, pp.74~75.

(涼)·진(秦)·청주(靑州) 및 서주(徐州)의 회북 지역 등 호족들에게 함몰된 곳
이 유민의 유출 지역이었다. 동진 초의 강역은 형(荊)·양(揚)·교(交)·광
(廣)·강(江)·상(湘)의 6주와 서주의 반, 예주의 일부(譙城)로 한정되었다가
후에 파저(巴氐) 이씨의 점령 지역인 양(梁)·익(益)·영(寧)주가 동진에 편
입됨으로써 늘어나게 되었다. 동진의 강역은 대체로 유민의 접수(유입) 지
역이라고 할 수 있는데, 그 가운데 장강 유역의 여러 주에 유민이 주로 모여
들었고, 영(寧)·교(交)·광(廣) 등의 주는 형(荊)·양(揚)·강(江)·상(湘)·양
(梁)·익(益) 주(州)의 남쪽에 위치해 있어서 직접적인 유민의 영향은 적었고,
따라서 교주군현도 설치되지 않았던 것으로 보인다. 유출과 유입 지역을 합
하면 당시 편원(偏遠)한 요동 지역의 평주(平州)를 제외하고 나머지 20개 주
가 모두 유민의 물결에 흔들렸던 것이다.

영가의 난 후 일어난 유민의 파도가 미친 지역을 살펴보면, 대략 동서 양
대구와 6개의 소구로 나눌 수 있다(그림 8-1). 먼저 동구는 장강 하류와 회
수 지역으로, 이곳은 황하 하류 외 현재의 산동성·하북성 및 하남성 동부 출
신이 유민의 주체가 된 지역이다. 동구의 유민은 다시 세 지역으로 나눌 수
가 있다. 첫째, 현재의 강소성을 장강으로 남북으로 나눈 지역으로, 이곳에
는 주로 산동성 및 강소성 북부의 유민들이 몰려들었다. 둘째, 안휘성 및 하
남성의 회수 이남 및 호북성의 동부 강서성의 북변 지역으로, 이곳에는 주로
하남 및 안휘성 북부의 유민들이 몰려들었다. 셋째, 산동의 황하 이남 지역
으로, 이곳에는 하북성 및 산동성의 황하 이북의 유민들이 모여들었다. 서구
는 장강 상류와 한수 유역으로, 이곳은 황하 상류 유역(감숙·섬서·산서 및 하
남의 서부) 출신이 유민의 주류를 이루었다. 서구의 유민은 다시 세 지역으로
나눌 수가 있다. 첫째, 호북성의 장강 중류 지역 및 호남성의 북변 지역으로,
이곳에는 산서 지역의 유민이 주체가 되었다. 둘째, 사천성 및 섬서성의 한
중 지역으로, 이곳에는 감숙성 및 섬서성 북부의 유민이 주체가 되었다. 셋

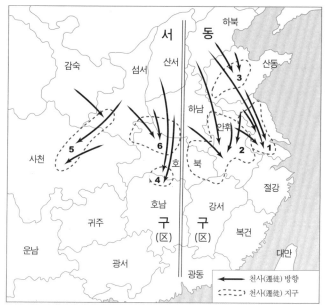

그림 8-1 영가의 난 이후 민족 이동도(출처: 譚其驤, 『長水集』上, 北京: 人民出版社, 1987, p.198).

째, 하남성과 호북성 두 성의 한수 유역으로, 이곳에는 섬서성 및 하남성의 서북부 유민이 주체가 되었다.[11]

그러면 이들 유민을 동진 · 남조정권이 제대로 파악하고 있었을까? 주지하다시피 동진정권은 남북 대사족이 연합하여 건립하였고, 남조의 여러 정권도 역시 비슷한 형태로 건립되었기 때문에 이들 사족의 사적인 각종 음객의 숫자가 많았다. 이른바 '훈구'들의 탐잔(貪殘)이 가혹하여 스스로 그들의 부곡이 되거나 타경으로 도망하는 자도 속출하였다. 이들 속에는 유민도 포함되지만 강남한인들도 상당수 있었다. 이것이 바로 또 다른 교호(僑戶)의 발생 원인이었다.[12] 교호의 증가는 바로 당시 정부의 과도한 부역 요구 때문이

---

11 譚其驤, 「晉永嘉喪亂後之民族遷徙」, 1934, p.71.

12 『南史』 卷70 循吏 郭祖深傳, p.1722, "朝廷擢用勳舊 … 唯以貪殘爲務. 迫脅良善, 害甚豺狼 … 及被任用, 皆募部曲. 而揚徐之人, 逼以衆役, 多投其募, 利其貨財. 皆虛名上簿, 止送出三

기도 하였다.[13] 따라서 이 시대가 중국 역사상 객가(客家)민 형성의 분기점이 되는 것이고[14] 바로 이 점이 바로 북조와의 경쟁에서 패배하게 된 원인으로 지적되기도 한다.[15] 이와 같이 착적(着籍)인구의 대량 감소가 이 시대의 특징이지만, 대체로 동진·남조시대 유망민들은 두 가지 형태로 나타나고 있다. ① 산호둔일(山湖遯逸)의 형태, ② 왕래 도읍의 형태이다.[16] 산호둔일의 중요 근거지가 바로 만리지지(蠻俚之地)였다.[17] 다시 말하자면, 이들 만민들의 거주지가 바로 당시 유망민들의 귀착지가 되기도 하였던 것이다. 그리고 건강 등 대도시에 부유하는 자들을 '부랑인(浮浪人)'[18]이라고 부르는 경우도 있었다. 이와 같이 북방유민의 남도로 강남은 완전히 '유동'의 상태로 빠져 들고 있었다. 특히 주목할 것은 유민들이 그동안 산지에 있던 이민족을 이른바 '출산(出山)'시키는 계기를 마련한 것이다. 뿐만 아니라 유민들이 주체가 된 남조의 통치자들은 만족을 병사로 혹은 노비로 만들기 위해 무력으로 핍박하거나 노략하고[19] 혹은 초무(招撫)하는 방식으로 이들을 출산시켰다. 이들 가운데 국가나 관료가 직접 부리는 자들을 '영호(營戶)'[20]라 하지만 이들 만족들이 이제 강남사회의 중요한 주민으로 등장하게 된 것이다.

이와 같이 동진·남조의 영역 안에는 이른바 '남인'과 '북인'(대부분이 교

津, 名在遠役, 身歸鄉里. 又懼本屬檢問, 於是逃亡他境, 僑戶之興, 良由此故".

13 『晉書』卷73 庾亮傳 附 庾翼傳, p.1932, "時東土多賦役, 百姓乃從海道入廣州".

14 羅香林, 『客家研究導論』, 廣州: 興寧希山書藏, 1933, p.40.

15 朱大渭, 「魏晉南北朝南北戶口的消長及其原因」, 『中國史研究』 1993-3, p.73.

16 『世說新語』(徐震堮著, 『世說新語校箋』, 香港: 中華書局, 1987) 政事篇, 謝安條 注引『續晉陽秋』, p.102, "其中時有山湖遁逸, 往來都邑者".

17 『宋書』卷97 夷蠻傳, p.2396, "而宋民賦役嚴苦, 貧者不復堪命, 多逃亡入蠻. 蠻無徭役, 强者又不供官稅. 結黨連羣, 動有數百千人, 州郡力弱, 則起爲盜賊".

18 『隋書』卷24 食貨志, p.674, "其無貫之人, 不樂州縣編戶者, 謂之浮浪人. 樂輸亦無定數, 任量, 准所輸, 終優於正課焉".

19 劉宋 元嘉·大明 年間 약 20년 동안 沈慶之가 노략한 蠻口는 20여만 명에 달하는데 당시 雍州의 인구가 158,000명 전후라는 점을 감안하면 대단한 숫자임을 알 수 있다(黎虎, 「六朝時期荊州地區的人口」, 『魏晉南北朝史論集』, 濟南: 齊魯書社, 1991, p.37).

20 『宋書』卷77 沈慶之傳, p.1998, "慶之前後所獲蠻, 並移京邑, 以爲營戶".

민)만 있었던 것이 아니고, 각종 한족과는 다른 이민족들이 잡거하게 되었다. 이 이민족 가운데 만(蠻)·이(俚)·요(獠)의 삼족 인구가 가장 많고 따라서 분포 지역도 넓었다. 사서에서는 남방 소수민족을 '남만(南蠻)'이라고 지칭하고 있지만, 실제로 만이란 이(俚)·요(獠)·단(蜑)·파(巴)·촉(蜀)·산월(山越) 등의 여러 종족과 더불어 오래전부터 거주해 왔던 하나의 종족에 불과하다. 특히 만족의 역사는 한족만큼이나 오래되었는데,『후한서』권86 남만서 남이전에는 당시 만족을 다음과 같이 세 종류로 분류하고 있다. ① 반호(槃瓠)를 조상으로 하며 개[犬]를 토템으로 숭배하는 장사 무릉만, ② 품군(稟君)을 조상으로 하며 백호(白虎)를 토템으로 하는 파군(巴郡) 남군(南郡)의 품군만(稟君蠻), ③ 파군(巴郡) 낭중(閬中) 지역을 근거로 하는 판순만(板楯蠻)이 바로 그것이다. 그러나『송서』권97 이만전에는 한대의 반호만(무릉만)에 기원을 두면서 형주(현재 강릉)와 옹주(현재 양양)에 분포하는 '형·옹만'과 품군만에 기원을 둔 예주(豫州) 영주(郢州)에 분포하는 '예주만(西陽蠻이 그 핵심이다)'의 두 종류로 구분하고 있다. 한대부터 남조까지 이들 만족의 이동경로와 분합관계는 복잡하여 정확히 파악하는 데에는 어려움이 있다.

한편 이(俚)·계(溪), 그리고 요(獠)와 산월의 경우는 사서에 많은 예가 보이지 않는다. 이는 한대에 이(里)라 지칭되어 구진(九眞)·일남(日南)·합포(合浦) 등지에 분포하다가 위진 이후 이(俚)로 지칭되어 상(湘)·광(廣) 지역(현재 호남, 광동)의 여러 산에 분포하고 있으면서 주변 지역을 침범 약탈하는 만족의 일종이었다. 한편 계는 어조(漁釣)를 업으로 하며 주로 수양(壽陽), 남창(南昌), 무릉(武陵) 근방에 거주하고 있었다. 요(獠)는 장강 상류의 익주(益州), 양주(梁州), 즉 현재의 사천성과 섬서성 서남부 지역에 "포재산곡(布在山谷), 십여만락(十餘萬落)"[21]의 형태로 생활하고 있었다고 한다. 사서에 따라서는

---

21 『晉書』卷121 李勢載記, p.3047, "初, 蜀土無獠, 至此, 始從山而出, 北至犍爲·梓潼, 布在山谷, 十餘萬落, 不可禁制, 大爲百姓之患".

'만료(蠻獠)', '이료(夷獠)' 혹은 '만단(蠻蜑)'으로도 기술되어 있다. 산월은 '산민(山民)' 또는 '종부(宗部)'·'종적(宗賊)' 등으로 정사에 기술되고 있는 데 삼국시대에 남방의 토착인으로 정착한 종족이다. 그중에는 고대 월인의 후예도 있지만, 많은 경우는 후한 말기 부역을 피하거나 죄를 피해서 입산한 자들로 한인과 큰 구별이 없는 자들도 있으며,[22] 양주(揚州) 지역의 산지에 웅거하고 있었다.

동진·남조시대 만족은 이처럼 상당히 넓은 지역에 분포하고 있었던 것으로 보인다.[23] 이 시대 각종 정사의 「만전」을 보면 종류도 많고 산에 의존하여 살면서 형(荊)·옹(雍)·상(湘)·영(郢)·사(司) 등의 5개 주에 걸쳐 있다고 되어 있다.[24] 그러나 혹자는 형(荊)·상(湘)·옹(雍)·영(郢)·사(司)·예(豫)·남예(南豫)·강(江) 등의 주에 걸쳐 있다고 보았고,[25] 또 혹자는 『남제서』 만전 5주의 기록에서는 적어도 양(梁)·남예(南豫)·예(豫)·강주(江州) 등 4주가 빠졌다고 보아, 당시 만족이 거주하는 주군은 10주, 82군으로 유송대에 설치된 22주 중 40% 정도가 해당된다고 주장하고[26] 있다. 따라서 남방소수민족의 분포 지역은 지금의 행정구역상으로 보면, 섬서성, 광동성, 사천성, 안휘성을 바깥 둘레로 하고 그 내부에 호북성, 호남성, 하남성, 강서성, 광서장족

---

22 唐長孺, 「孫吳建國及漢末江南的宗部與山越」, 『魏晉南北朝史論叢』, 北京: 三聯書店, 1955, p.10. 그러나 이들도 蠻族으로서 未開性과 漢民族과의 異質性을 유지하고 있다고 보기도 한다(川勝義雄, 「孫吳政權と江南の開發領主制」, 『六朝貴族制社會の硏究』, 東京: 岩波書店, 1982, pp.148~154).

23 그러나 각 州의 전체에 걸쳐 蠻族이 분포하고 있는 것은 아니며, 州에 예속된 몇몇 개의 郡縣 중 일부 지역에만 분포되어 있는 것이다. 각 州郡縣의 정확한 분포상황은 周偉洲, 「南朝蠻族的分布及其對長江中下遊地區的開發」, 『古代長江中下遊的經濟開發』, 西安: 三秦出版社, 1989, pp.37~43에 잘 나타나 있다.

24 『魏書』 卷101 蠻傳, p.2245, "在江淮之間, 依託險阻, 部落滋蔓, 布於數州, 東連壽春, 西通上洛, 北接汝潁, 往往有焉"; 『宋書』 卷97 夷蠻傳, p.2398, "北接淮·汝 南極江·漢 地方數千里"; 『南齊書』 卷58 蠻傳, p.1007, "種類繁多, 言語不一, 咸依山谷, 布莉·湘·雍·郢·司等五州界".

25 周一良, 「南朝境內之各種人及政府對待之政策」, 『魏晉南北朝史論集』, 北京: 中華書局, 1963, pp.42~46.

26 周偉洲, 「南朝蠻族的分布及其對長江中下遊地區的開發」, 1989, p.43.

자치구를 포함하는 지역이다. 이로 볼 때 당시의 동부 연안 몇 개 주와 서남
의 영주(寧州)를 제외한 남조의 대부분 지역을 포함하고 있다.

　남조 당시의 소수민족의 인구수는 사료에 기재된 것이나 종합된 통계치가
없어[27] 단지 사료상에 보이는 몇 가지 사실로 추측할 수밖에 없다. 북위 헌문
제 영흥 연간[延興年間; 471~476, 정확하게는 유송 명세 태예 원년(泰豫 元年, 472)]
에 북위의 침략으로 만추 환탄(桓誕)이 면수(沔水) 이북과 치섭(滍葉) 이남(以
南) 지역의 대양만(大陽蠻)을 이끌고 북위에 귀순한 수가 8만여 락(落)이라 하
였고,[28] 유송시대 심경지(沈慶之)가 수차례 만족을 토벌해서 얻은 부노(父老)
가 약 20여만 명이었다고 한다.[29] 그리고 남제시대 옹주(雍州) 영만부(寧蠻府)
가 단독으로 거느린 것이 44군 139현이었고 그 영호(領戶)가 약 40만 명 정
도[30]가 되었다고 한다. 이런 숫자들은 특정 지역의 일부분의 만인에 대한 기
록에 근거한 것이기 때문에 모든 만인을 합친 것은 아니다. 그러나 만인이
남조 소수민족 가운데 최다수를 차지하고 있고[31] 그래서 심약(沈約)은 이들
이 유송 전 시기에 걸쳐 진압되었던 수가 수백만이나[32] 되었다고 기술하고
있다.

　주대위(朱大渭)는 위의 만족의 인구를 140만 명 정도로 보고, 요족(僚族)
은 모두 30만 호 150만 명, 이인(俚人)은 10여만 구라고 계산하여 만(蠻)·요
(僚)·이(俚) 삼족의 일부 계산된 인구만으로도 300만 명 정도로 보고 있다.
한편 유송 효무제 대명(大明) 8년(464)의 인구통계인 94만여 호, 546만여 구
를 기준으로 한다면, 세 만족이 차지하는 비율은 남조국가가 장악하는 총인

---

27 『宋書』卷97 夷蠻傳, p.2396, "(蠻)種類稍多, 戶口不可知也".
28 『魏書』卷101 蠻傳, p.2246, "延興中, 大陽蠻酋桓誕擁沔水以北, 滍葉以南八萬餘落, 遣使內
　　屬".
29 『宋書』卷77 沈慶之傳, pp.1996~1998.
30 何玆全, 『魏晋南北朝史略』, 上海: 上海人民出版社, 1958, p.150.
31 朱大渭, 「南朝少數民族槪況及其與漢族的融合」, 『中國史硏究』 1980-1, p.59.
32 『宋書』卷97 夷蠻傳, p.2399, "史臣曰: 繫頸囚俘, 蓋以數百萬計".

구수의 반 이상을 차지한다.[33] 분포 지역이 40%에, 인구가 반이라고 한다면, 소수민족이 동진·남조정권의 정치·사회에 있어서 차지하는 위치는 결코 소홀히 될 수 없는 것이다. 중요한 것은 이전 시대에는 거의 국가가 이들을 치지도외(置之度外)의 대상으로 여기고 있었지만, 이제 편호화 내지 파악의 대상으로 여겨 그 인식이 변했다는 점이다. 이것은 유민의 대량 남도와 그와 연관되어 진행된 본격적인 강남 개발 과정에서 나타난 현상임은 말할 필요도 없다.

이제 동진·남조정권에게 만족에 대한 통치는 그 정권을 공고히 하는 데 필수적인 것이 되었다. 그래서 '남만(南蠻)'·'영만(寧蠻)'·'안만(安蠻)'등의 교위와 '진만(鎭蠻)'·'안원(安遠)'등의 호군제도를 설치하여 만족에 대한 통치를 강화해 갔고,[34] 이에 대한 만족들의 반항도 있었기 때문에 남조시대에 70~80차에 걸친 이른바 '벌만(伐蠻)'이 진행되었다.[35]

그러나 이러한 정책이 곧바로 남조의 여러 정권의 국력으로 연결된 것은 아니었다. 앞에서 보았듯이, 북방에서 수많은 유민이 내려왔고, 산지에 거주하던 만족이 출산하였음에도 불구하고 인구는 늘어나지 않았다. 오히려 시기가 지날수록 인구는 점차 감소되고 있다. 그러면 이런 현상은 어디에서 비롯된 것인가? 이러한 인구 감소의 원인을 앞서 보았듯이 사족정권이기 때문이라거나, 정권의 인민 장악력 부족이라는 국내적인 면에서 그 원인을 찾을 수는 없다. 인구 감소의 진정한 원인은 첫째, 당시 국제적으로 끊임없이 유민이 발생하는 상황이었다. 다시 말하면 동아시아 각국이 '유동'의 파고에

---

33 朱大渭,「南朝少數民族槪況及其與漢族的融合」, 1980, p.59.

34 江陵에 南蠻校尉, 襄陽에 寧蠻校尉, 豫州에 安蠻校尉, 白帝에 三巴校尉, 益州에 平蠻校尉를 각각 설치하고, 盧江·晉熙·西陽·武陵 등 諸郡의 太守에게 鎭蠻 安遠 등의 護軍職을 부가하여 蠻의 征討의 임무를 맡겼다. 南蠻府의 資備가 많을 때는 매년 三萬錢, 布萬疋, 綿千斤, 絹三百疋, 米千斛에 달하였다고 한다(周一良,「南朝境內之各種人及政府對待之政策」, 1963, p.89).

35 周僑洲,「南朝蠻族的分布及其對長江中下遊地區的開發」, 1989, p.47.

직면하고 있었던 것이다. 즉 '유동하는 시대'였던 것이다. 동진·남조 상황
만 보더라도 교호(僑戶)는 북방에서 도강한 자들로만 구성된 것이 아니었다.
이미 강남에 살고 있던 원주민들도 유동의 파도에 휩쓸려 새로운 유민이 되
었다. 따라서 연속적으로 교민을 재생산해 내었다. 물론 교민의 내원은 영가
의 난을 계기로 북방에서 내려온 유민들이 그 주된 부분을 차지하였지만, 이
이후에도 북방 호족정권과의 전쟁 등으로 인해 대소 규모의 이른바 '만도
(晩渡)'유민이 발생하게 되었다. 잘 알다시피 동진·남조시대 이러한 호구를
검괄(檢括)하여 착적(着籍)시키기 위해 '토단(土斷)'이라는 조치가 수차례 단
행되었다. 그러나 이것은 흔히 알고 있듯이 대규모 유민이 발생했던 동진 혹
은 유송시대에만 한정되지 않고, 이후 제·양시대는 물론, 진대에 이르기까
지도 계속 행해지고 있다.[36] 특히 양 무제 재위 40여 년 중에 "각기 본군으로
돌아가래[各還本郡]"를 요구하는 조서가 여섯 차례나 내려지고 있다. 이상의
여러 사실로 볼 때, 유민은 동진·남조 사회의 보편적 현상이었음을 알 수 있
다. 이와 같은 수많은 유민은 끊임없이 '교민'을 생산하였다. 이 점과 관련
하여 '유동하는 시대'라는 면에서는 수당대도 큰 차이가 없다는 것이 필자
의 생각이다.

　둘째, 이들 유민(교민)이 정권을 움직이는 주체였기 때문에 교민을 우대
하거나, 적어도 인정하는 체제를 유지해 갔던 것이다. 당시 교민에게는 '편
호제가'[37]와는 다른 부담체계를 가지고 있었다. 교민들은 일반 편호로 전환
되는 것을 원하지 않았다. 남조의 인민에 대해 오호·북조와 같이 사우수전
(賜牛授田)이나 균전제와 같은 전국적인 괄호정책을 펼 수 없었던 것은 동
진·남조에는 사족의 기득권을 보호하기 위해 사족들의 음호제(蔭戶制)가 인
정되었던 측면도 감안되지만, 교호 자체가 일반 편호와는 다른 특수 존재로

---

36 韓國磬, 『南北朝經濟史略』, 廈門: 廈門大學出版社, 1990, p.79.
37 『南齊書』卷34 虞玩之傳, p.608.

인정할 수밖에 없었던 동진·남조정권의 체질과 연관되어 있다고 할 것이다. 앞에서 본 바와 같이 동진·남조의 체제는 새로운 교민을 재생산해 내는 것이었고, 이것이 이 시대가 갖는 특수한 현실이었다. 유민의 남방 이동은 강남 땅에 기왕의 인민 구성 체제를 뒤흔들어 놓아, 그 재편이 불가피하게 되었다.

Ⅲ. 교·구의 갈등구조와 '교구체제'의 성립

동진·남조시대의 정사를 살펴보면 당시 인민들을 '교구(僑舊)'[38]라고 지칭하고 있다. 교구란 '교거(僑居)'인(人)[39]과 '구거(舊居)'인[40]의 약칭이다. 이렇게 동진·남조의 인민 구성을 교구로 병칭하고 있고, 이 둘 사이에 갈등관계가 성립되고 있다는 점에서 필자는 동진·남조사의 전개를 '교구체제'라는 시각에서 정리할 수 있다고 보는 것이다. 필자의 이런 주장이 어느 정도 합리성을 가지려면, 먼저 '교'와 '구'의 정확한 개념 규정과 당시 양자 사이의 명확한 구별의식이 존재한다는 사실이 전제되어야 한다. 즉 '교'와 '구' 사이의 독자적인 정체성이 확인될 수 있어야 한다. 그렇게 되어야만, 양자 사이의 갈등구조가 성립되고 그것이 당시 역사를 주도하는 요소로써 자리

---

38 흔히 東晉 南朝正史에서 '僑'와 '舊'는 連稱되고 있다. 『晉書』 卷37 宗室 司馬休之傳, p.1110, "彼土僑舊, 爲之驅逼, 一無所問"; 同書 卷51 桓宣傳, p.2117, "(桓)宣久在襄陽, 綏撫僑舊, 甚有稱績"; 『宋書』 卷50 劉康祖傳, p.1446, "東海人徐道期流寓廣州, 無士行爲僑舊陵侮"; 『南齊書』 卷6 明帝 建武 2年 3月條, p.87, "南徐州僑舊民丁"; 『陳書』 卷3 世祖紀 天嘉元年 秋7月條, p.51, "其亡鄕失土, 逐食流移者, 今年內隨其適樂, 來歲不問僑舊, 悉令著籍, 同土斷之例"; 『南史』 卷2 宋 太祖 文皇帝 諱義隆 元嘉 26年 3月條, p.51, "復丹徒縣僑舊今歲租布之半"; 『宋書』 卷45 劉粹傳 附 弟道濟傳, p.1081, "蜀土僑舊翕然並反"; 『南史』 卷17 劉粹傳 附 弟道濟傳, pp.480~481, "蜀土僑舊翕然並反".

39 『南齊書』 卷55 孝義 樂頤傳, p.964, "雁門解仲恭, 亦僑居南郡".

40 『隋書』 卷24 食貨志, p.676, "是時法網寬弛, 百姓多離舊居, 關於徭賦 … 於是僑居者,各勒還本屬".

매김할 수 있기 때문이다. 먼저 '교'란 어떻게 규정할 수 있는가? 북래의 유민 모두가 '교'라는 의식을 갖고 있는가? 그리고 '구'란 토착민을 뜻하는데 이 가운데 '출산'을 통하여 동진·남조 사회의 전면에 등장한 만족은 이 '교구체제' 속에 어떻게 위치하고 있는가 하는 점이 명확하게 설명되어야 할 것이다.

북방에서 내려온 유민은 어떤 형태로 동진·남조 사회에 존재하게 되었는가? 흔히 사료 속에서 '유인'·'유민', '교인'·'교민'이라거나 '□□객' 등 일반 편호제민과는 다른 명칭을 띤 부류가 존재하고 있음을 발견할 수 있다. 유민이란 "본거지에서 생활을 계속할 수 없어 향리로부터 흘러나와 계속해서 유랑하는 무리(군)"[41]라 정의할 수 있다. 다시 말하면 유민은 유동 그 자체를 가장 큰 특징으로 한다. 따라서 이런 의미를 가진 유민이란 어느 시대든 존재하기 마련이다. 그래서 유민은 중국 역사상 적어도 서주시대 이후 존재하였고, 그 이후 줄곧 유민 문제가 발생하였다. 예컨대 한대에도 유민 문제는 중요한 현안 문제로 부상하였다.[42] 그런데 교민은 대개 유민에서 유래하고 있지만, 유민과 교민은 존재 양태 면에서 다르다. '교민'이란 용어가 사료에 처음 등장하는 것은 위진남북조의 정사에서이다.[43] 따라서 중국 유민

41　穂積文雄,「流民考」,『經濟論叢』(京都大學經濟學會) 75-1, p.2. 그리고 流民과 같은 뜻으로 '流冗'(『漢書』卷10 成帝紀 顔師古注, pp.318~319, "冗, 散失其事業也.") 혹은 '流者'(『後漢書』卷15 來歙傳注, pp.588~589, "流謂流離以就食者也.")가 쓰이고 있다. 流民에 대해서는 "不務耕桑, 無有定業而爲流民."(『讀通鑑論』卷12 晉惠帝3,「可郡可縣之地宜經劃」)이라는 王夫之의 설명을 참조한다. 본거지를 떠난 사람을 보통 移民이라 지칭하지만, 그런 면에서 流民도 移民의 일종이다. 그러나 유민은 정부가 정치·군사·경제적 목적으로 강제로 조직한 移民인 徙民(徙戶·徙人)과 다르며, 自願에 의해 短期(流庸·庸民·庸夫) 혹은 長期(游食·游手·浮食·浮浪人)로 본거지를 떠난 사람들과도 구별된다. 流民이란 정부의 어떤 목적에 의해서 강제적으로 또는 어떤 목적을 위해 자의로 거주지를 떠난 것이 아니고, 중대한 사회적 변동에 의해 목숨을 구하기 위해 어쩔 수 없이 떠난 사람들이다(曹文柱,「兩晉之際流民問題的綜合考察」, 1991, pp.78~79).

42　漢代의 流民 문제에 대해서는 羅彤華,『漢代的流民問題』, 臺北: 臺灣學生書局, 1989 참조.

43　中國 歷代 正史 가운데 僑民을 의미하는 '僑' 자가 初出하는 것은 『三國志』(卷37 蜀書7 法正傳, p.957), "(法正)旣不任用, 又爲其州邑僑客者所謗無行, 志意不得"에서부터이다.

사에서 이 시대의 특징을 '교민'이라는 용어로 표현하고 있다는 점에 유의
할 필요가 있다. 그런 점에서 교민이란 이 시대의 특색을 표현하는 특수한
존재라 할 수 있다. 이 시대는 수많은 '교거', '교사(僑仕)'[44]하는 사람들을
발생시켰다. 동시에 이 시대는 대량의 '객거'[45]하는 인사들을 발생시켰다.
사료적으로 '교'와 '객'은 그 용례를 달리하는 것으로 보인다. 이 점에서 일
단 '객(민)'은 '교민'과 차이가 있다는 것이 전제된다. '객(민)'이란 우선 "유
민이 대부분 대성의 그늘에 들어가서 객이 된다[流民多庇大姓以爲客]"[46]라는
설명에서 보듯이 교민과 마찬가지로 유민에서 발원한 것이지만, 교민과 다
른 점은 대성에 의부(음부)한다는 사실이다. 또 "객은 거의 가적에 주기한다
[客皆注家籍]"라는 설명에서 보듯이 독립 호구로 존재하지 않고 주인의 가적
에 '객'으로서 주기되는 신분으로 해석된다.[47] 반면 교민은 독립 호구로 존
재하여 독자적인 교민적을 가지고 있다. 뒤에 상술할 이른바 '백적(白籍)'이
그것이다.[48] 교민이 일반민과 다른 점은 교거지의 여오지중(閭伍之中)에 편입
되지 않는다는 것이다.[49] '부오지좌(符伍之坐)'는 남조 호구 검괄에 상용하는
방법이었다.[50] 객은 일반적으로 과역에서 제외되었다.[51] 교민의 과역 문제는
조금 복잡하지만[52] 동진시대에는 그 부담이 없었던 것이 확실하다.[53] 객민이

---

44 『晉書』 卷45 劉毅傳, p.1271, "往日僑仕平陽".

45 『梁書』 卷47 孝行 韓懷明傳, p.653, "上黨人也, 客居荊州".

46 『南齊書』 卷14 州郡志上 南兗州條, p.255.

47 『隋書』 卷24 食貨志, p.674. 즉 국가에서 인정하는 合法的인 依附民도 '單獨立戶'가 불가능
하다. 단지 主人 戶下에 附記될 뿐이다. 이것을 隋唐시대에는 '附籍'이라 한다.

48 萬繩楠, 「江東僑郡縣的建立與經濟開發」, 『中國史硏究』 1992-3, p.110.

49 『宋書』 卷2 武帝紀中 (東晉 安帝) 義熙 9年條, p.30, "雜居流寓, 閭伍弗修, 王化所以未純, 民
瘼所以猶在"; 『隋書』 卷24 食貨志, p.673, "皆取舊壤之名, 僑立郡縣, 往往散居, 無有土着"; 許
輝·蔣福亞, 『六朝經濟史』, 南京: 江蘇古籍出版社, 1993, p.192.

50 韓國磐, 『南北朝經濟史略』, 1990, p.82.

51 唐長孺, 「魏晉南北朝時期的客和部曲」, 『魏晉南北朝史拾遺』, 北京: 中華書局, 1983, p.9.

52 安田二郎, 「僑州郡縣制と土斷」, 『中國貴族制社會の硏究』(川勝義雄·礪波 護編, 京都大學人文
科學硏究所, 1987, p.614)는 北來 僑民이 徵役을 실제로 부담하고 있다고 주장한다.

53 『宋書』 卷6 孝武帝紀 孝建 元年(454) 是歲條, p.116, "始課南徐州僑民租".

나 교민이나 그 내원은 유민에 있었고, 국가에서 볼 때 정상적인 민의 형태
는 아니었다. 국가는 이들 유민에서 유래된 자들을 이른바 '토단'이라는 형
식을 통하여 파악하려 하였다. 객의 경우, 서진의 음객제나 동진·남조의 급
객제 등을 통하여 그 파악이 시도되었다. 그러나 유민이 교민으로 전환되는
과정은 명확하지 않다. 교민은 토단이 단행된 이후에 비로소 일반민의 호적
인 황적(黃籍)과는 다른 특수한 호적인 백적(白籍)에 기재되는 것인지,[54] 아니
면 토단이란 백적의 교민을 황적화시켜 일반 편호화하는 것으로 볼 것인지
는[55] 아직 현안이지만, 유민을 어떤 형태로든 국가가 현재 거주하고 있는 토
지에 토착시켜 독립된 특수 호구로서 파악한 존재가 교민이라는 점은 확실
하다. 유민이 교민으로 불리는 경우, 분명 '교민적'에 등재되는 것이 확실하
다. 그러나 객민 혹은 객호의 존재는 이와는 분명 다르다. 우선 독립된 호구
로 파악되지 않고 있다. 당대에는 '객호적'이 존재하였다는 견해가 있지만
[56], 적어도 위진남북조시대에는 그런 것 같지는 않다. 이와 같이 '유민(인)',
'교인(민)', '교호'[57]와 '객', '객호' 등은 존재 양태상 약간의 차이가 있지만,

---

54 『資治通鑑』卷96 晉紀18 成帝 咸康 7年 夏4月條, p.3045, 胡三省의 注, "時王公庶人, 多自北
　來僑寓江左, 今皆以土著爲斷, 著之白籍也. 白籍者戶口版籍也. 宋齊以下存黃籍"; 胡三省, 『通
　鑑釋文辯誤』(臺北: 臺灣世界書局印行, 『新校資治通鑑注』16 附錄) 卷4 通鑑96 咸康 4年條,
　p.59, "余按江左之制, 諸土著實戶, 用黃籍, 僑戶土斷 白籍".
55 『晉書』卷7 成帝紀 咸康 7年 夏4月 丁卯條, p.183, "實編戶, 王公以下, 皆正土斷白籍".
56 唐長孺, 「唐代的客戶」, 『山居存稿』, 北京: 中華書局, 1989, pp.141~145.
57 萬繩楠은 '僑戶'란 南史에 나오는 사료(『南史』卷70 循吏 郭祖深傳, p.1722, "朝廷擢用勳舊
　… 唯以貪殘爲務. 迫脅良善, 害甚豺狼. … 及被任用, 皆募部曲. 而揚徐之人, 逼以衆役, 多投
　其募, 利其貨財. 皆虛名上簿, 止送出三津, 名在遠役, 身歸鄕里. 又懼本屬檢問, 於是逃亡他境,
　僑戶之興, 良由此故")를 이용하여 北方에서 내려온 僑人, 즉 北人이 아니라 南人으로 남방
　에서 賦役을 도피하기 위해 '違鄕寓壤'한 人戶라고 규정하였다(「論黃白籍·土斷及其有關問
　題」, 『魏晋南北朝史研究』, 成都: 四川省社會科學院出版社, 1986, p.283). 그러나 劉裕가 北
　伐 後 강남으로 귀환한 뒤의 洛陽 근방의 사정을 서술한 『宋書』의 기록에 의하면(卷45 王
　鎭惡傳 附弟康傳, p.1371) "尋値關陝不守, 康與長安徙民張旰醜·劉雲等唱集義徒, 得百許人,
　驅率邑郭僑戶七百餘家, 共保金墉城, 爲守戰之備"라는 용례도 있어서 '僑戶'를 반드시 그런
　식으로 규정할 수 있을지는 의문이다.

'구거인(자)' 혹은 '토인(土人)'[58]에 대비되는 존재인 점에서 유사점이 있다. 그리고 이들이 본거지(본관)를 떠났다는 점에서는 동일하다. 따라서 당시 백성은 크게 보아 '구거(인)'와 '교거(인)'로 나누어지고 있다는 전제에서 이들은 후자의 범주에 속한다. 그렇다면 이들 사이에 같은 범주의 존재로서 어떤 공통의 관계가 설정될 수 있는가?

교민은 사료에는 대개 '교인'[59] 혹은 '교민'[60]으로 표현되고 있다. 그런데 객민의 경우 주가에 부속되어 있으므로[61] 상호 간에 어떤 연계관계를 가지기는 힘들었을 것이다. 아무튼 객민의 호, 즉 객호가 공통의 이익을 주장하는 하나의 집단의 성격을 가진 것은 아니었던 것 같다. 물론 어떤 문제가 발생했을 때에 탈고향인이라는 공통된 입장에서 교민과 연계할 개연성은 있지만 사료상 확인하기는 어렵다. 그러나 교민은 이들 객민과는 달리 특수집단으로 독자적인 이익을 주장하고 있다는 점은 자주 확인된다. 따라서 강남 지역으로의 유민의 대량 유입은 결과적으로 인민 구성을 다양화시켰다. 교구는 분명히 사서라는 신분적 구별과는 다른 차원의 것이다. 물론 교민이라고 해서 똑같은 입장이나 처지에 있었던 것은 아니었다. 남도의 조만(早晩), 그들이 출발한 지역이나 정착한 지역의 차이 등에 따라 교민집단 사이에도 지

---

58 『晉書』卷100 王彌傳, p.2610, "(王)彌復以二千騎寇襄城諸縣, 河東·平陽·弘農·上黨諸流人之在潁川·襄城·汝南·南陽·河南者數萬家, 爲舊居人所不禮, 皆焚燒城邑, 殺二千石長吏應彌"에서 '流人'과 '舊居人'이 對稱되고 있으며, 양자간의 대립의 모습이 보인다. 그리고 『晉書』卷43 王戎傳附王澄傳, p.1240, "巴蜀流人散在荊湘者, 與土人忿爭, 遂殺縣令, 屯聚樂鄕"에서는 '流人'과 '土人'이 對稱되고 있으며, 양자 간 대립의 모습이 그려지고 있다. 한편 『隋書』卷24 食貨志, p.676, "是時法網寬弛, 百姓多離舊居, 關於徭賦 … 於是僑居者各勒還本屬"에서는 '舊居'와 '僑居'로 구별하고 있다.

59 『隋書』卷24 食貨志, p.673, "晉自中原喪亂 元帝寓居江左 百姓之自拔南奔者 並謂之僑人. 皆取舊壤之名 僑立郡縣 往往散居 無有土著".

60 『宋書』卷29 符瑞志下, p.856, "江寧縣建興里僑民留康". '僑民'이 당시 용어겠지만, 唐初期에 撰述된 『晉書』, 『南史』, 『隋書』 등에는 唐 太宗의 避諱로 '僑人'으로 쓰여진 것 같다. '流民'이 '流人'으로 쓰인 것도 같은 이유이다.

61 물론 「注家籍」의 客은 국가가 승인한 合法인 依附民이다. 그러나 이외에 非合法인 依附民이 있으니 이들은 版籍에서 逃漏한 자들이며, 국가의 括戶의 주대상이 된다.

향하는 바가 달랐다. 이 점을 해명하기 위해서는 유민의 분포와 동시에 특정 지역으로 집중된 문제를 검토하지 않으면 안 된다. 그러나 대국적으로 볼 때, 동진·남조 사회에서 교민은 탈고향인이라는 일체감을 가졌던 것으로 보이는데 이 점을 확인해 보자.

영가의 난 이후 동진·남조사에서 중요한 문제로 떠오른 것이 이른바 '남인'과 '북인'[62] 문제였다. 육조 관계의 사서에는 북인 및 그 자손들이 그 본관을 여전히 북에 두고 있음을 나타내는 기록들이 많이 있다.[63] 북인들이 북토의 구본관명을 그대로 표방하고 있는 사실과 관련하여 서로 다른 의견이 제시되었다. 즉 정치적 우월성을 보지하기 위하여 북인으로서의 군망을 주장 과시하는 것이라고 보는 견해[64]와 고향을 그리워하는 마음, 즉 회구의 마음에서 나온 단순한 사칭에 불과하다고 보는 관점[65]이 그것이다. 그러나 최근의 연구 경향은 전자가 우세하다.[66] 다시 말하자면, 구 본관명을 유지한 것은 북인들의 정치적 우월성을 보지하기 위한 것이라는 해석이다.

이상과 같이 교민이 갖는 의식과 여기에서 연유한 결속관계를 '지연성'이라 지칭하지만, 이 지연성은 다음과 같은 의미를 지닌다. 동진·남조의 지연성에는 이전의 위·서진(통일 전의)과 오와의 경계에 의한 남북의 구별이다. 일반적으로 호적의 존재지, 즉 본적지로서의 향리와 정신적인 향리는 일치

---

62 南人과 北人의 개념 규정에도 약간의 차이가 있다. 南北朝시대 사료에는 ① 南朝의 사람, 北朝의 사람이라는 의미, ② 단지 지리적으로 江南의 사람, 河北의 사람이라는 의미가 있다(矢野主稅,「南朝における南北人問題—南朝の成立—」,『長崎大學社會科學論叢』19, 1970, p.3). 한편 華北에서 내려간 漢人을 대개 '過江僑姓'이라 하고 江南에 살던 한인을 '東南吳姓'이라 지칭한다. 대체로 이 둘의 구분은 平吳前 魏와 吳의 境域에 本籍을 갖는 것을 기준으로 한다(越智重明,『魏晉南朝の政治と社會』, 東京: 吉川弘文館, 1963, p.193).

63 『宋書』卷3 武帝紀下 永初 元年(420) 8月 辛酉條, p.55, "先有資狀 黃籍猶存者 聽復本注. 諸舊郡縣以北爲名者 悉除, 新立於南者 聽以南爲號".

64 越智重明,「東晉の貴族制と南北の '地緣'性」,『史學雜誌』67-8, 1958.

65 矢野主稅,「東晉における南北人對立問題—その社會的考察—」,『史學雜誌』77-10, 1968, p.58.

66 中村圭爾,『六朝貴族制研究』, 東京: 風間書房, 1987, p.437.

하는 것이 원칙이다. 그러나 동진시대부터 북인의 남토에서의 호적(=白籍)
이 존재하는 곳과 정신적인 북의 향리와는 차이가 날 수밖에 없었다. 따라서
북인들은 남토에서나마 그것을 일치시키려 하였다. 그것이 백적과 교주군
현의 출현이다. 이것은 서진 통일 후 북인이 남인에 가졌던 정치적 우월성을
동진·남조정권에서도 그대로 유지하려는 의도에서 나온 것이다. 이런 우월
성을 유지하려면 북인은 북인으로서의 구별의식을 잃지 말아야 하고 그것을
보장하는 법적조처[白籍, 僑州郡縣]가 유지되어야 한다. 그러나 남조에 들어서
자 조정은 북인의 호적인 백적을 없애고, 남·북인 모두 황적으로 일체화시
키려 하였다. 남조정권은 호적의 존재지에다 정신적인 향리를 일치시키려
한 것이다. 다시 말하자면 남·북인의 구별을 해소하려 한 것이다.

　그러나 북인의 북토회귀라는 전제는 쉽게 소멸되지 않았고, 교주군현은
그대로 유지되고 사인들의 지연성을 유지·확보하는 제도적 장치의 하나인
주대중정제(州大中正制)는 존속되고 있었다. 특히 주대중정제가 존재하는 한
그 지연적 집단은 존속할 수 있었다. 북인 사인은 이 제도에 의해 그 존재의
의의를 인정받았다(남인 사인들도 그 점에서는 마찬가지였다). 중정제도란 주지
하다시피 본래의 주군(본주·본군)의 지연성을 근거로 하는 것이 특징이다.
따라서 북인은 정치적 우월성을 잃을 위험을 막기 위해서 향리(본주·본군)
를 남토로 전환하지 않으려 했던 것은 당연한 현상이었다. 물론 시간이 지
나면서 북인 서민의 경우 북인의식을 버리고 남토에 안주한 사람도 많아졌
다고 추측할 수 있는데, 북인 사인의 경우 여전히 지연성을 유지하는 경우가
많았다. 예컨대 남조에서 북인의 정점에 있는 낭야(琅邪) 왕씨(王氏)에게서는
남인화의 경향을 볼 수 없다.[67]

---

67 『宋書』卷67 謝靈運傳에서는 陳郡 陽夏人이었던 사령운은 조부인 謝玄과 부인 瑗의 墓가
　　會稽郡 始寧縣에 있으므로 籍을 옮겼다(p.1754, "靈運父祖, 並葬始寧縣, 幷有故宅及墅. 遂
　　移籍會稽")는 내용을 전하고 있는데 이것은 동진·남조의 대표적 귀족으로서 특별한 예이
　　다. 이 점에 대해서는 개별적인 고찰이 필요하다.

  그러나 종래 학자들 간에는 이러한 남인과 북인이라는 구별의식이 어느 정도까지 이 시대 역사에 작용하였는가 하는 점에 대해서는 상당한 견해차를 보이고 있다. 즉 영가의 난 이후 남하한 북인이 30년이 채 안 되어 남방에 동화되었으며 의식적인 면에서 남·북인의 구별이 점차 없어지고, 북인들 사이에서도 이러한 남북 대립을 넘어서 새로운 정착지에 대한 향당의식이 생겨나고 있다는 것을 지적하고 있다.[68] 이른바 '북인의 남인화'가 이미 동진시대에 상당히 진행되었다고 보는 것이다.[69] 그렇게 주장하는 근거로 당시 사람들의 분묘와 본거지와의 관계에서 찾는다. 당시 사람들은 그들이 현재 살고 있는 곳 혹은 사정에 상관없이 죽어서는 본거지로 돌아가 매장을 하는 귀장의 풍습이 있었다. 이처럼 죽어서는 고향으로 가야 한다는 생각은 역으로 묘지가 있는 곳이 바로 고향이라는 발상도 생겨나도록 하였다는 것이다. 결국 동진 초 남하한 북인들은 처음에는 강남을 일시적 거주지로 생각했으나 세대가 흐르면서 새로운 정착지에 분묘를 쓰지 않을 수 없게 되었고 그 과정을 통해 그곳을 사실상의 본관, 즉 새로운 고향으로 생각하게 되었다는 것이다.[70] 그러나 한편에서는 이 같은 견해와는 다른 주장이 제기되고 있다. 즉 '북인의 남인화'는 일부에 국한되었고 특히 당시 동진·남조 사회를 이끌어 갔던 중추세력인 사인의 경우는 그렇지 않았다는 주장이다.[71] 이 문제를 어떻게 해석해야 하느냐는 앞으로의 연구를 지켜보아야 할 것이지만, 이른바 북인들의 '지연성'은 불변하는 것이 아니고 세월이 지남에 따라 그 정도가 옅어지는 것은 분명하다. 그러나 그것이 정치적·사회적 의미로 작용

---

68 矢野主稅, 「東晉における南北人對立問題─その政治的考察」, 『東洋史硏究』 26-3, 1967, p.50.

69 守屋美都雄, 「南人と北人」, 『中國古代の家族と國家』, 京都: 東洋史硏究會, 1967.

70 周一良은 土斷 후에는 僑人들이 所居之地를 本州 本郡으로 하는 자가 많아졌으며, 따라서 東晉시대에 있던 北伐之念도 宋齊 이후에는 나타나지 않았다고 하였다[『魏晋南北朝史札記』(北京: 中華書局, 1985) 「梁書札記」, 土斷後所居之地卽稱本州條, p.281].

71 대표적으로 越智重明이 있다.

하고 있는 것은 적어도 양 말까지라고 보아도 좋을 것 같다. 그것은 향리에 기반을 둔 중정제도를 통한 귀족제의 존속이라는 사실이 증명하고 있기 때문이다.

그러나 남조 말에는 상황이 달라진 것을 발견하게 된다. 즉 북인으로서 향리를 남토로 하고 있는 사람이 나타난다. 진(陳)의 고조인 진패선(陳覇先)의 가문이 그 예이다. 북인이었던 진씨 가문은 남토를 향리로 하고 있었다. 이것은 호적뿐만 아니라 정신적·사회적으로도 남인화한 경우이다. 이는 간접적이지만, 북인 사인의 정점에 있었던 왕씨, 사씨의 북인으로서의 지위를 약화시키는 것일 뿐만 아니라 적어도 남조 후기에는 구래의 남북의 지연 문제가 크게 변하고 있음을 나타내고 있다.

다음은 '구(거)인'으로서의 남인의 문제이다. 이미 강남에는 손오시대부터 이른바 대성들이 있었다. 특히 이 대성들은 오군(吳郡)·회계군(會稽郡)·단양군(丹陽郡) 등에 압도적으로 분포하고 있었으며,[72] 특히 오인들은 강한 향토관념을 가지고 있는 것으로 알려져 있다.[73] 이들은 동진 성립 과정에 협조하여 일부는 일류귀족에 합류한 것도 사실이지만,[74] 동진 유우정권(流寓政權)이 점차 고착되어감에 따라 그들은 관위에서 멀어지고 있었다. 강남호족은 한문(寒門 또는 次門)귀족 이상의 대우를 받을 수가 없었다. 육기(陸機)가 회계 산음인(山陰人)인 무강령(武康令) 하순(賀循)을 상서랑으로, 전 증양령(蒸陽令)이던 곽눌(郭訥)을 태자세마사인(太子洗馬舍人)으로 추천하면서 올린 상소에 "형양 이주에 이르러서는 호(戶)가 각각 수십만이나 되는데도, 지금 양주에는 랑이 없고, 형주·강남에는 곧 1인도 경성의 직을 가진 자가 없다"[75]고 푸념할 정도로 남인들은 차별 대우를 받고 있었다. 남제 때에도

---

72 許倬雲, 「三國吳地的地方勢力」, 『中央研究院 歷史語言研究所集刊』 37本上, 1967.
73 麗聖偉, 「論三國時代之大姓」, 『新亞學報』 6-2, 1964, p.164.
74 矢野主稅, 「東晉における南北人對立問題―その政治的考察」, 1967.
75 『晉書』 卷68 賀循傳, pp.1824~1825, "著作郎陸機上疏薦循曰: '伏見武康令賀循德量邃茂,

상서우복야 및 비서승 등 특수한 청직 또는 요직에 대한 남인의 불용 전통이 계속되고 있었다.[76] 이런 상황에서 동진왕조에 대한 강남 토착세력가들의 반감이 쉽게 사그라들 수 없었다. 이런 남인의 정서 속에서 간혹은 남인 가운데 사환하는 자가 있으면 오히려 경모(敬慕)하는 기색을 감추지 않았던 것도 무리는 아니다.[77] 뿐만 아니라 왕도(王導)가 오군 명문인 육씨(陸氏)와 통혼하려고 하였으나 실패한 것도[78] 당시 오인들의 감정의 흐름을 쉽게 짐작할 수 있는 것이다. 이것은 동진 성립 초기의 사례에 국한된 것은 아니었다. 예컨대 동진을 지나서 유송대에 이르러서도 남인과 북인 사이의 통혼은 극히 제한된 범위의 사람들 사이에 행해졌을 뿐이었다. 물론 이것은 육씨의 사례처럼 오인이 거부한 것은 아니었다. 오히려 당시 사회를 중추적으로 이끌고 있던 북인의 최상층의 경우가 더욱 그러하였다. 그것은 북인들 가운데 사인들은 완전히 남인이 되는 것을 최후까지 거부하였던 것을 의미한다.[79] 따라서 남·북인 간의 갈등은 그 정도는 약하였지만, 양 말까지는 유지되고 있다고 할 수 있다.

여기서 감안해야 할 문제는 '구'로서의 만족의 문제이다. 손오(孫吳)가 산월의 잦은 반란으로 조위(曹魏)에 대해서 저자세를 취할 수밖에 없었다는 것을[80] 감안한다면 이들의 동향은 동진·남조정권으로서는 중요한 사안일 수

… 前蒸陽令郭訥風度簡曠, … 至于荊·揚二州, 戶各數十萬, 今揚州無郎, 而荊州江南乃無一人 爲京城職者. …'".

76 李成珪,「中國帝國의 分裂과 統一─後漢解體이후 隋·唐統一의 形成過程을 중심으로─」, 『歷史上의 分裂과 再統一(上)』, 서울: 一潮閣, 1992, p.148.

77 守屋美都雄,「南人と北人」, 1967, p.427.

78 『晉書』卷77 陸玩傳, p.2024, "時王導初至江左, 思結人情, 請婚於玩. 玩對曰: '培塿無松柏, 薰猶不同器. 玩雖不才, 義不能爲亂倫之始.' 導乃止. 玩嘗詣導食酪, 因而得疾. 與導牋曰: '僕雖吳人, 幾爲傖鬼.' 其輕易權貴如此".

79 越智重明,「東晉南朝の地緣性」, 『九州大學 東洋史論集』 13, 1984, p.1;「南朝の貴族と豪族」, 『史淵』(九州大學) 69, 1956 참조.

80 『三國志』卷60 吳書15, p.1395, "評曰: '山越好爲叛亂, 難安易動, 是以孫權不遑外禦, 卑辭魏 氏. …'".

밖에 없다. 유민의 남하와 그 지배에 의해서 강남의 원주민, 즉 만족은 그들이 유지해 왔던 기존의 질서(공동체)가 붕괴되는 결과를 맞이하게 되었다. 그에 따라 야기된 이들의 불안과 불만은 이들로 하여금 399년에 발발한 손은(孫恩)·노순(盧循)의 난에 참여하게 만들었다[81]. 이후 이들은 수많은 반란을 일으켜, 동진에서 진까지 만(俚·僚 포함)의 반란이 35건에 달하였다.[82] 한편 양 말 후경(侯景)의 난 이후 진조 건설에 주도세력으로 대두한 우수한 군사력을 소지한 오지 출신 토호·장수층의 원류를 만족에서 찾을 수 있는데[83] 이와 같이 동진 이후 남조 말까지 만·한(북인)관계는 갈등구조를 유지하였다.[84]

이런 점에서 북조사의 전개에서 빠뜨릴 수 없는 것이 '호한'문제라고 한다면, 동진·남조사에서는 교민과 구인(원주민), 즉 '교구'의 문제가 그것에 해당하는 것이다. 따라서 필자는 이러한 동진·남조의 교구가 엮어낸 정치·경제·사회·문화의 체제를 '교구체제'라 규정한 것이다.

Ⅳ. 남도의 방향과 조만(早晩)에 따른 교민 간 갈등

유민의 집중 지역은 역시 장강 하류와 한수 유역 지역이었다. 먼저 장강 하

---

81 唐長孺,「讀『桃花源記旁證』質疑」,『魏晉南北朝史論叢續編』, 北京: 三聯書店, 1959, p.173; 川勝義雄,「中國前期の異端運動─道敎系反體制運動を中心に」,『中國人の歷史意識』, 東京: 平凡社, 1986, pp.161~162.

82 張澤咸·朱大渭編,『魏晉南北朝農民戰爭史料彙編(上)』, 北京: 中華書局, 1980에는 東晉 4건, 宋 13건, 齊 6건, 梁 8건, 陳 4건이 게재되어 있다.

83 陳寅恪은 熊曇朗, 周迪 등을 江州一帶의 溪人으로, 陳寶應을 越人으로 보고 있다(「魏書司馬叡傳江東民族條釋證及推論」,『金明館叢稿』初編, 上海: 上海古籍出版社, 1980, pp.104~105).

84 陳寅恪은 北朝에서의 胡人과 漢人問題와 같은 角度에서 東晉·南朝의 蠻·漢關係를 보고 있다(「魏書司馬叡傳江東民族條釋證及推論」, 1980, p.106).

류 지역을 보자. 현재의 강소성으로 유입된 유민은 다른 지역에 비해서 그 수가 특히 많았다. 이 지역에 많이 몰려든 것은 동진의 권력 중심지였기 때문일 것이다. 『송서』 주군지에 의하면, 이 지역에 23교군, 75교현이 설치되어 있었다. 남서주(南徐州)의 경우, 22만 명이 몰렸는데, 강소성 전 성에 모여든 교민의 9/10를 차지하였고, 남서주 내의 인구 42만여 명 중 교민이 22만 명이라면 기존에 살고 있던 인구보다 2만여 명이 많다는 결론이 나온다.[85] 이 가운데 유민의 집결 지역은 강남의 경우, 현재의 강녕(江寧) · 진강(鎭江) · 무진(武進) 일대이고, 강북은 강도(江都) · 회음(淮陰) 등이었다. 그런데 강소성 전체로 볼 때, 산동인이 절대다수를 차지하여 15교군 39교현을 차지하였다.

다음으로 현재의 호북성 지역이 또 다른 유민의 집결지였다. 이 지역에 정착한 유민의 출신 지역과 정착 지역을 살펴보면 대개 다음 세 지역으로 나누어 볼 수 있다. ① 장강 중류의 강릉(江陵)과 송자(宋滋) 일대로 이곳에는 산서성 · 섬서성 · 하남성 출신 유민이 많고, 강소성 · 안휘성의 회수 유역 출신도 있었다. ② 장강 하류의 무창(武昌)과 황매(黃梅) 일대로 하남성 출신이 많고, 안휘성 회북 출신도 있었다. ③ 한수 유역의 운서(鄖西) · 죽계(竹谿)에서 선성(宣城) · 종상(鍾祥)에 이르는 양양(襄陽)을 그 중심으로 하는 지역이다. 이 지역은 ①과 ②의 지역보다 약 두 배에 달하는 유민이 유입되었는데, 섬서성 출신이 가장 많았고 하남성 · 감숙성이 그 다음을 차지하고, 하북성 · 산서성 · 안휘성 · 사천성이 그 뒤를 따른다. 그러나 이 세 지역은 모두 형주자사의 관할이었다. 형주는 후한 말 이후 북방 인구의 남사(南徙)의 주요 목표의 하나였다.[86] 서진 말 이곳으로 이주한 인구가 10여만 호라고 한다.[87] 이후

---

85 譚其驤, 「晉永嘉喪亂後之民族遷徙」, 1934, p.72.
86 後漢末 魏晉시대의 荊州는 "自(中興)〈中平〉以來 荊州獨全"(『三國志』 卷6 魏書 劉表傳 注引 『搜神記』, p.214), "于時天下雖亂 荊州安全"(『三國志』 卷15 魏書 劉馥傳 注引 『晉諸公贊』, p.465)이라 지칭되는 곳이었다.
87 『晉書』 卷66 劉弘傳, p.1766, "于時流人在荊州十餘萬戶, 羈旅貧乏, 多爲盜賊".

에도 북방의 정세 변화와 서방의 익주 등지의 사태 추이에 따라 이곳은 유민
들이 집중되었다.

남조 정치사의 전개를 흔히 '형양지쟁(荊揚之爭)'이라 부른다. 남도한 후
동진의 세력권은 크게 둘로 나누어졌는데 그 하나는 수도가 있는 양주였고
[88] 다른 하나가 바로 형주였다.[89] 특히 형주가 동진·남조사에서 갖는 위치
는 특별하였다.[90] 형주자사는 여러 주를 겸독하기 때문에 강남의 반을 거느
린다는 뜻으로 '분섬(分陝)'[91]이라고 지칭되었다. 북방 유민들은 호족들에게
북방의 영토를 거의 넘겨주고 그들이 살고 있던 주군의 이름만 가지고 내려
왔다. 그것이 바로 '무실토(無實土)'의 '교주', '교군', '교현'이다. 동진의
여러 자사는 대개 타주의 군사를 겸하였지만, 그 관할의 군은 거의가 교군
이었다. 그러나 형주가 겸한 것은 실토였다. 따라서 형주의 위세는 다른 주
를 훨씬 능가함으로써 동진 원제 시기부터 왕돈(王敦)과 환현(桓玄)의 난까지
100년간 건강정부에 대한 형주의 반독립적인 지위는[92] 바뀌지 않았다.[93] 형

88 (清) 顧祖禹撰, 賀次君·施和金點校,『讀史方輿紀要』(北京: 中華書局, 2005) 卷20 南直2 應
　　天府條, p.921, "府前據大江, 南連重嶺, 憑高據深, 形勢獨勝, 孫吳建都於此, 西引荊楚之固,
　　東集吳會之粟, 以曹氏之强, 而不能兼幷計也".
89『宋書』州郡志에 의하면 劉宋시대 揚州 인구가 145만, 南徐州(治所: 鎭江) 인구가 42만, 荊
　　州 인구가 30여 만으로 南朝의 三大 人口稠密地域이었다.
90 六朝時期 荊州는 南北矛盾, 蠻漢矛盾, 荊揚矛盾, 階級矛盾의 네 가지 矛盾의 集合點이었다고
　　한다(黎虎,「六朝時期荊州地區的人口」, 1991, p.42).
91『晉書』卷84 殷仲堪傳, p.2194;『宋書』卷66 何尙之傳, p.66, "荊·揚二州戶口半天下, 江左
　　以來, 揚州根本, 委荊以閫外"; 同書, p.1739, "史臣曰:江左以來, 樹根本於揚·越, 任推轂於
　　荊·楚. 揚土廬·鑫以北, 臨海而極大江, 荊部則包括湘·沅, 跨巫山而掩鄧塞. 民戶境域, 過半
　　於天下. 晉世幼主在位, 政歸輔臣, 荊·揚二牧, 事同二陝". 荊州牧이 된 王敦을 "王敦居分陝之
　　任"이라 하였다(『晉書』卷89 忠義 虞悝傳, p.2316).
92 이것을 東晉의 强枝弱幹의 '外重局面'이라 지칭하고 이런 국면을 謝玄이 北府兵을 장악
　　하여 中央軍을 강력하게 만들기까지 계속되었다고 한다(傅樂成,「荊州與六朝政局」,『漢唐
　　史論集』, 臺北: 聯經出版事業公司, 1977, pp.101~106). 그리고 東晉·南朝政治와 地理形
　　勢問題에 대해서는 周一良,『魏晉南北朝史札記』「晉書札記」, 東晉南朝地理形勢與政治條,
　　pp.75~77에 잘 정리되어 있다.
93『彊略』(臺北: 臺灣中華書局,『四部備要』本) 第3冊 表5 方鎭, p.2, "南渡以後, 豫·徐·江三州
　　皆爲重鎭, 紛紛兼督, 多是僑州, 或祇一郡, 或祇一縣. 唯荊兼梁·益·寧·交·廣, 乃是實土, 是

주가 이런 위치까지 부상할 수 있었던 이유는 무엇일까? 첫째, 형주(형초)가 교통이 편리하고 지세가 험고한 외에 '옥야만리 사민은부(沃野萬里 士民殷富)'하여 고래로 '제왕지자(帝王之資)'[94]로 여겨져 '취천하(取天下)'를 위해서는 반드시 선취해야 할 곳으로 생각되었던 것이다. 둘째, 형주는 북방 호족세력의 남하를 막는 주요 거점이다. 따라서 정부는 도독부를 설치하여 주력부대를 둘 수밖에 없는 지역이다. 셋째, 원제가 동진을 건국하면서 왕도(王導) 등 왕씨의 원조에 크게 의존하였으므로 왕돈(王敦)에게 서토의 군정의 전권을 위탁하는 체제를 만들어 준 당시의 정치적 이유와 유관하다. 특히 환온(桓溫)은 형주를 거점으로 서정하여 익주의 성한(成漢)정권을 멸망시켰고, 북벌하여 낙양을 수복하고 장안 동쪽까지 진군하기도 하였다. 그 공로로 조정의 전권을 잡고 구석(九錫)을 받는 영예도 누렸다.[95] 동진시대에는 형주를 장악하면 으레 '요집조정지권(遙執朝廷之權)'[96]할 수 있었던 것은 그곳이 '옹강병(擁强兵)'[97]의 초강의 중진이었기 때문이다.

이후 부견의 전진군의 남하는 형주와 양주의 대립을 잠시 정지시켰고, 사현(謝玄)의 북부병(北府兵) 건립은 형주세력을 통제할 수 있는 좋은 계기가 되었다. 유유가 북부병을 이용하여 환현의 군대를 멸함으로써 동진시대의 형양지쟁은 양주의 승리로 끝나게 되었다. 그러나 유송에 들어서도 형주를 누르기 위한 정책은 여전히 시행되었다. 형주의 장리(將吏)의 수를 제한함으

以上流偏重, 卒成王·桓之變".

94 『三國志』卷54 吳書9 魯肅傳, p.1269, "劉表死. (魯)肅進說曰: '夫荊楚與國隣接, 水流順北, 外帶江漢, 內阻山陵, 有金城之固, 沃野萬里, 士民殷富, 若據而有之, 此帝王之資也. …'".

95 『晉書』卷98 桓溫傳, p2577, "溫既負其才力, 久懷異志, 欲先立功河朔, 還受九錫".

96 東晉初 王導가 荊州를 장악한 庾亮을 두고 이렇게 이야기한 것이다(『晉書』卷65 王導傳, p.1753). 建康정부와 荊州와의 對立은 王導-陶侃·庾亮, 殷浩-桓溫, 謝安-桓沖, 司馬元顯-桓玄의 대립으로 이어지고 있다. 이것에 대해서는 吳慧蓮, 『東晉劉宋時期之北府』, 臺北: 國立臺灣大學文學院 文史叢刊 70, 1985, pp.155~156의 도표를 참조한다.

97 『晉書』卷65 王導傳, p.1753, "時(庾)亮雖居外鎮, 而執朝廷之權, 既據上流, 擁强兵, 趣向者多歸之".

로써 무력 확장을 제지하고, 형주의 일부를 나누어 새로운 주를 세움으로써 형주의 면적을 축소시켰다. 그리고 종실로 하여금 주진토록 하였다.[98] 이러한 유송의 대(對)형주 대책은 남제에도 답습되었다. 이런 과정에서 형주에서 분할된 옹주(雍州)가 형주의 자리를 물려받았다.

필자는 형주가 동진·남조에서 '분섬'으로 칭해질 정도로 천하를 반분할 수 있었던 원인을 유민세력과 연결시켜 검토해야 한다고 생각한다. 동진·남조시대 군사력의 주체는 북방유민이었다는 것은 논자들에 의해 증명되었다.[99] 형주는 영가의 난 후에, 북방의 양대 유민선의 하나인 서구(西區)의 중심이었고, 그 구성원은 모두 관동 지역(엄격하게는 산동)과 항상 대립관계에 있었던 진(秦)·옹(雍) 등 관서 출신 유민이 중심이었다. 그들은 장강 하류의 수도 건강을 중심으로 한 산동 지역의 유민들이 주도해 가는 정치에 대해 대립적일 수밖에 없었고, 이 점은 후에 형주에서 분리된 양양 지역, 즉 옹주의 경우를 보아도 알 수 있다.

이른바 교주·교군·교현을 설치한 목적은 영가의 난 이후 고향을 떠나 남방으로 이주했던 사람(유민)들의 망향의 상처를 치유하고 그들을 동진·남조 왕조에 애착을 갖도록 하기 위한 것이었다. 서진시대 옹주는 장안을 치소(治所)로 하는 주였다. 구 옹주를 호족정권에 빼앗긴 동진정부가 효무제 때에 형주의 양양(襄陽)의 지도 위에다 새로운 옹주를 교립했던 것도 이런 의미에서였다. 서진시대의 옹주와 진주(秦州)의 유민들은 대부분 번수(樊水), 면수(沔水) 유역으로 남하하여 정착하였다.[100] 그 가운데 양양 지방에는 삼보 지방의 호족들이 많이 이주하였다. '세세 삼보저성(世世 三輔著姓)'인 경조(京

---

98 傅樂成,「荊州與六朝政局」, 1977, p.109.

99 全相杰,「北方流民의 軍事集團化와 東晉(A.D. 317~420)의 對策―軍事力의 確保努力과 關聯하여―」, 서울大 東洋史學科 碩士論文, 1994. 2.

100 이 지역으로의 流民 流入은 ① 永嘉亂 後, ② 後趙政權의 解體 後, ③ 前秦 苻堅政權 解體 後, ④ 東晉末 劉裕의 關中平定時 등 4차로 나눌 수 있다(安田二郎,「晉宋革命と雍州(襄陽)の僑民―軍政支配から民政支配へ―」,『東洋史研究』42-1, 1983, pp.112~1130).

兆) 위씨(韋氏), '경조구성(京兆舊姓)'인 경조 두릉(杜陵)의 두씨(杜氏)를 비롯하여 경조 패성(灞城)의 왕씨(王氏), 부풍(扶風) 미(郿)의 노씨(魯氏), 풍익(馮翊) 연작(蓮勺)의 길씨(吉氏), 북지(北地) 이양(泥陽)의 부씨(傅氏) 등 한위 이래의 명족이나 대호족이 이곳으로 몰려들었다. 또 서진시대의 사주(司州)의 유민들도 이곳으로 이주하였는데 하동군 해(解)의 대호족(大豪族) 유씨(柳氏), 하동 문희(聞喜)의 배씨(裵氏), 하남의 종씨(宗氏) 등이 그들이다. 이들을 중심으로 화산(華山) 남전(藍田)의 강씨(康氏), 신야(新野)의 구 호족 조씨(曹氏)도 그 아래 위치하여 새로운 자율적인 향리의 세계를 구축해 가고 있었다.[101] 이들은 원래 관서 출신이 주류였지만, 옹주에 모여든 유민들은 구래의 문벌을 중심으로 스스로 '서토인'으로 그 결속을 다져가고 있었다.[102] 이들에게서 수도 양주를 중심으로 하는 산동유민과는 구별하려는 의식이 나타난다.

이런 가운데 형주·옹주 지역을 장악한 세력은 바로 '만도사족(晚渡士族)'이라 지칭되는 자들이다. 남조를 문벌정치의 시대라고 볼 때 양주, 즉 수도 건강 지역의 교성사족(僑姓士族)이 조도(早渡)의 중앙·고문사족이라고 한다면, 양양·강릉 지역으로 남하한 북인은 만도의 지방·차등사족(差等士族)이다.[103] 이들 만도사족은 주로 서진의 옹주와 사주로부터 왔는데, 예컨대 하동 문희의 배씨는 후한시대의 귀족집안이었고, 남조 최고의 문벌로 성장한 낭야 왕씨와 비견할 만한 명성을 지니고 있었다. 경조 두릉의 두씨도 후한의 귀족집안이었고, 위진시대에도 계속 고관을 배출한 문벌이었다. 경조 두릉 출신의 위씨(韋氏)는 대대로 '삼보관족(三輔冠族)'이었다. 하동 해현(解縣)의 유씨(柳氏)가 발흥한 것은 비교적 늦은 시기여서, 서진대에 이르러서야 가문이 점차 두각을 나타냈지만 위진시대의 낭야 왕씨에 전혀 손색이 없는 가문

---

101 安田二郎, 「南朝の皇帝と貴族と豪族·土豪層—梁武帝革命を手がかりに—」, 『中國中世史研究』(日本 中國中世史研究會編), 東京: 東海大學出版會, 1970, p.210.

102 『梁書』卷12 韋叡傳, p.221, "西土人謀之於叡, 叡曰: '… 天下眞人, 殆興於吾州矣.'".

103 荊·雍州 지역의 豪族들은 이른바 '門地二品'이라는 最高 門閥에 들어갈 수 없었다.

이었다. 이들 가문은 양주 지역에 일찍 정착한 왕씨·사씨와는 달리 영가의
난 이후 곤궁에 빠져 떠돌아다니며 거처가 일정하지 않았다. 어떤 사람은 서
쪽으로 가고, 어떤 사람은 북쪽으로 옮기고, 어떤 사람은 여전히 고향에 머
무르고, 또 소수의 사람들은 사마예(원제)를 따라 남하하였다. 이들 중 일찍
강을 건넌 사람들은 교성사족의 반열에 들기도 하였다. 늦게 내려온 사람들
중 적지 않은 사람이 북방의 호족 할거 정권에서 어쩔 수 없이 관직에 있던
사람들이었는데, 어떤 사람들은 호족과 혼인관계를 맺기도 하였다.

　이 가운데 몇 사례를 중점적으로 살펴보자. 두탄(杜坦), 두기(杜驥)가 동진
말년에 이르러 남하하기 시작하였다. 유송 원가 중(元嘉中), 만도사족인 두탄
은 대단히 비분강개하며 송 문제에게 다음과 같이 말하였다.

　신은 본래 중화의 고족으로 돌아가신 증조부께서 진의 상난을 만나 양주(凉州)
　지역으로 파천하신 이후 대대로 서로 이어 (가문의 전통을) 잃지 않았습니다. 그
　러나 남도가 이르지 않다는 이유로 곧 '황창(荒傖)'으로 차별 대우를 받고 있습
　니다.[104]

　여기서 '황창' 혹은 '창황'은 원래 남인이 북인을 낮추어 부르는 용어이
다.[105] 그런데 만도북인을 이렇게 부른 것은 이미 조도의 교성사족과 오성사
족, 다시 말하면 '교오(僑吳)'사족 간에 정치적·문화적 한계가 어느 정도 사
라지게 된 것을 뜻한다. 교오사족들은 만도사족들을 문화가 없는 자로 치부
하고 배척하였던 것이다. 이것은 이미 그들이 구축한 자신들의 이익과 특권

----

104 『宋書』卷65 杜驥傳, p.1721, "臣本中華高族, 亡曾祖晉氏喪亂, 播遷凉土, 世葉相承, 不殞其
　　舊. 直以南度不早, 便以荒傖賜隔"; 同書, p.1720~1721, "晚渡北人, 朝廷常以傖荒遇之. 雖復
　　人才可施, 每爲淸塗所隔".
105 『資治通鑑』卷124 宋紀6 文帝 元嘉 23年(446) 秋7月條, p.3927 胡注, "南人呼北人爲傖荒,
　　言其自荒外來也".

을 유지하기 위한 것임은 말할 것도 없다. 이런 형편에서 385년 남귀한 삼보의 저성 위화(韋華)가 4년 만에 다시 양양의 유민 1만을 거느리고 후진으로 망명한 것도[106] 만도북인의 차별 대우에서 비롯된 것으로 보인다.[107] 송 명제 즉위에 불만을 품은 황자 진안왕(晉安王) 자훈(子勛)의 반란에 참여한 자들역시 중앙 정계의 진출이 봉쇄된 만도북인이었다.[108] 만도북인이 받았던 차별 대우는 북인과 남인의 차별과 마찬가지로 "혼인과 벼슬에서 동류를 잃었다[婚宦失類]"는 것에 해당된다.[109]

양양(옹주)은 남조의 중요한 거점이었다. 양양의 흥기와 경구(京口)의 쇠락은 남조의 군사 중심의 일대 변화를 뜻한다. 양양의 지위 변화에는 지리적 환경을 제외하고도 당시의 정치적 조건이 개재되고 있었다. 첫째, 유송이 양양을 중시한 것이다. 동진 효무제 때에 처음으로 형주의 양양에 옹주를 교립하고[110] 그 위에 경조·시평(始平)·부풍(扶風)·하남(河南)·광평(廣平)·의성(義成)·북하남(北河南)의 7교군을 세웠지만 실토가 아닌 교주였다.[111] 그러나송 문제가 원가 26년(449)에 형주의 양양(襄陽)·남양(南陽)·신야(新野)·순양(順陽)·수(隨) 5군을 분할시켰는데, 처음으로 실토인 주로서 옹주가 나타나게 되었다.[112] 그 후 이곳을 북벌의 거점으로 삼아 이제까지 황자가 임명되

---

106 『晉書』 卷117 姚興載記上, p.2980; 同書 卷10 安帝紀, p.251, "隆安二年(339)十二月 己丑 … 京兆人韋華帥襄陽流人叛, 降于姚興".

107 安田二郎, 「晉宋革命と雍州(襄陽)の僑民―軍政支配から民政支配へ―」, 1983, p.120.

108 安田二郎, 「'晉安王子勛の叛亂'について―南朝門閥政治體制と豪族土豪―」, 『東洋史研究』 25-4, 1967, p.60.

109 『晉書』 卷84 揚佺期傳, p.2200, "弘農華陰人, 漢太尉震之後也. … 七世有名德. … 自云門戶承籍, 江表莫比, 有以其門地比王珣者, 猶恚恨, 而時人以其晚過江, 婚宦失類, 每排抑之, 恒慷慨切齒, 欲因事際以逞其志".

110 『宋書』 卷37 州郡志3 雍州刺史條, p.1135, "晉孝武始立於襄陽僑立雍州, 倂立僑郡縣".

111 『晉書』 卷14 地理志上 新平郡, p.432, "其後秦雍流人多南出樊沔, 孝武始於襄陽僑立雍州, 仍立京兆·始平·扶風·河南·廣平·義成·北河南七郡, 並屬襄陽. 襄陽故屬荊州".

112 『宋書』 卷37 州郡志3 雍州刺史條, p.1135, "宋文帝元嘉二十六年, 割荊州之襄陽·南陽·新野·順陽·隨五郡爲雍州".

지 않던 것과는 달리, 처음으로 무릉왕(武陵王) 준(駿: 후에 효무제)을 옹주자
사로 임명하였다.[113] 또 449년 강주의 군부가 철수하자 그 문무관을 모두 옹
주에 배치하였고, 상주(湘州)에서 수송하는 중앙의 조세, 공물 또한 모두 양
양에 모았다.[114] 이러한 조치들은 옹주 지역의 유민들을 안치하고, 옹주의 군
사력과 경제력을 증강시키는 데 도움이 되었다.

둘째, 양양은 유민들이 많이 정착한 곳이었다.[115] 양양 지역은 진·옹 유민
의 집결지였는데, 이 유민들은 전투에 능해 옹주군대의 전투력 증강에 크게
기여하였다.[116] 남조 양양과 동진의 경구는 꽤나 비슷한데, 경구가 주로 회남
유민을 가지고 북부병을 조직했다면, 양양은 번면(樊沔)의 유민을 위주로 중
진으로 발돋움하였던 것이다. 유송 이후 양양은 황자가 출진하는 중진이 되
었고[117] 양 무제는 이곳의 군사력을 이용하여 제위를 찬탈하였던 것이다.

양양의 만도사족은 곧 이곳에 뿌리를 내렸다. 그들은 기본적으로 일족이
모여 거주하며, 상부상조하는 전통을 유지하였다.[118] 남조의 교성·오성의

---

113 『宋書』 卷6 孝武帝紀, p.109, "自晉氏江左以來, 襄陽未有皇子重鎭, 時太祖(文帝)欲經略
　　關·河, 故有此授".
114 『宋書』 卷79 文五王 廣陵王 誕傳, p.2025, "上欲大擧北討, 以襄陽外接關·河, 欲廣其資力,
　　乃罷江州軍府, 文武悉配雍州, 湘州入臺稅租雜物, 悉給襄陽".
115 襄陽 지방은 永嘉의 亂시기에 流賊들에 의해 황폐화되었고, 그 후 後趙정권의 점령으로
　　많은 피해를 입었다. 이 지역은 주민들이 난을 피해서 江陵이나 四川 지역으로 流亡함에
　　따라 '空白化'되었다. 이 지역의 공백화는 蠻의 出山을 촉진시키기도 하였지만, 화북으로
　　부터 대량의 유민을 수용할 수 있었다(『南齊書』 卷15 州郡志下 雍州條, p.282, "郡恢爲雍
　　州, 于時舊民甚少, 新戶稍多").
116 襄陽은 南朝時代에 많은 우수한 武將을 배출했을 뿐만 아니라 강한 병사의 출신지로도
　　유명하였다. 그래서 특히 江陵人이 그들을 두려워할 정도로 尙武의 氣風이 있었다(『梁書』
　　卷10 蕭穎達傳, p.187, "江陵本畏襄陽人")고 한다. 이러한 기풍은 산에 웅거하고 있던 蠻族
　　과의 끊임없는 투쟁과 軍馬의 産地라는 특수성 때문이라고 보기도 하지만, 필자는 이곳
　　流民이 가지는 특수한 사정과 연관한 것이라고 본다.
117 『南齊書』 卷21 文惠太子傳, p.397, "昇明三年, 太祖將受禪, 世祖已還京師, 以襄陽兵馬重鎭,
　　不欲處他族, 出太子爲持節 … 雍州刺史"; 이 점에 대해서는 金裕哲, 「宋齊時代 親王의 政治
　　的 性格과 活動基盤」, 『歷史學報』 126, 1990 참조.
118 『梁書』 卷12 韋叡傳, p.225, "歷官所得祿賜, 皆散之親故, 家無餘財".

대가문들은 이미 해체되었는데, 예컨대 낭야 왕씨, 진군 사씨 등 대표적 북인귀족들은 일족이 모두 재산을 공유하지 못했고 따라서 동족의식도 약하였고,[119] 각 집안들의 부침도 같지 않았으며, 빈부도 달랐다.[120] 그러나 만도사족은 이와는 달랐다. 그들은 양양을 향리로 삼는 의식이 짙게 형성되었고, 비록 관리로 외지에 나가 있더라도 향리를 잊지 못했던 것이다.[121]

만도사족들은 기본적으로 대지주로 성장했지만, 그들 가운데 일부는 관직에 진출하기도 하였다. 이것은 가문을 보호하고 드높이는 데 꼭 필요했기 때문이다. 경제적으로 볼 때, 몇몇 교성사족이 완전히 또는 주로 조정의 봉록에 의지했던 것과는 달리, 만도사족은 양양에 토지, 전객을 가지고 있었다. 이 때문에 관로에서 순탄하지 못했던 일가 사람들도 고향으로 돌아와 곧바로 재기할 수 있었다. 그러나 건강 지역의 교성사족들은 대부분 강남에 뿌리를 내리지 못하였다. 오히려 그럴 의지가 없었으며 오로지 봉록생활에 만족하였다.[122] 동진정권 성립 당시 그들에 협력한 강남의 대호족도 북인 명문귀족의 주구가 되어 중소호족에 대한 억압자, 착취자의 역할을 했다는[123] 면에서 이들과 성격을 달리한다.

또한 만도사족은 사적인 무장집단을 가지고 있었다. 양양에 정착한 태원 왕씨나 신야 조씨(曹氏), 하동 해의 유씨(柳氏)등이 계속 '장가(將家)'[124]로 지목 받았던 것은 이런 이유에서였다. 원래 만도사족은 대개 군사적 능력을 발

---

119 朴漢濟,「南北朝末−隋初의 過渡期의 士大夫像—顔之推의 『顔氏家訓』을 中心으로—」,『東亞文化』16, 1979, p.146.

120 萬繩楠,『魏晋南北朝史論稿』, 合肥: 安徽教育出版社, 1983, pp.208~209.

121 이런 의식은 柳元景에게서 잘 보인다(『宋書』卷77 柳元景傳, p.1988, "上在巴口 問元景 '事平 何所欲?' 對曰: '若有過恩, 願還鄉里' 故有此(필자 주: 雍州刺史)授").

122 (北齊)顔之推撰,『顔氏家訓』(王利器,『顔氏家訓集解本』, 北京: 中華書局, 1983) 卷4 涉務篇, p.324, "江南朝士, 因中興渡江, 卒爲羈旅, 至今八九世, 未有力田, 悉資祿而食耳".

123 川勝義雄,「孫吳政權の崩壞から江南貴族制へ」,『六朝貴族制社會の研究』, 1982, pp.203~204.

124 『梁書』卷9 王茂·曹景宗·柳慶遠傳, p.184, "陳吏部尙書姚察曰: 王茂·曹景宗·柳慶遠雖世爲將家, 然未顯奇節".

휘하여[125] 중진에 거주했고, 사적인 부장세력인 부곡도 많이 거느리고 있었다.[126] 낭야 왕씨 등 최고 문벌이 '굴지융여(屈志戎旅)'하기를 꺼리거나[127] '불락무위(不樂武位)'[128]한 것과는 분명 다르다.[129] 이들은 또 다른 일종의 신분인 유민수(流民帥)의 성격을 가졌는데, 이로부터 유민으로 이루어진 무장세력을 가지게 되었다. 동진 이래로 변방의 주도독·자사는 만약 그들의 본래 출신이 유민수가 아니면 반드시 어느 정도는 그 지역의 유민수에게 의존했던 사람들이었고, 의존의 정도 여하에 따라 자신의 역량의 강약이 결정되었다.

이를 종합하면, 교성·오성사족은 만도사족을 무시하고 배척했으나 그들은 이미 부패하고 무능했으며, 만도사족이 남조의 정치무대에서 그들의 무력을 쓸 길을 찾는 것을 막을 수 없게 되었다. 진 말·송 초의 만도사족은 일반적으로 변방의 교군태수에 임명되었는데, 조정은 유민들을 안치하고 다스리기 위해 관직을 수여한 것일 뿐 실제로는 그다지 중시하지 않았다. 유원경(柳元景)은 만도사족 중 처음으로 두각을 나타낸 인물이었다. 그러나 유원경의 관로는 결코 순탄하지 않았다. 그는 무려 20년의 시간을 보낸 후에도 관직이 겨우 안북부참군(安北府參軍)[130]밖에 이르지 못하였다.[131] 유원경의 관로에 결정적인 전환점이 된 것은 내란이었다. 태자 유소(劉劭)가 아버지 문제를 죽이고 제위를 찬탈하자 유준(劉駿)은 유소를 토벌하기 위해 군대를 출동시켰고, 유원경으로 하여금 군사 만 명을 이끌어 선봉에 서게 한 것이 계기

---

125 『南齊書』卷51 裴叔業傳, p.869, "叔業父祖晚渡, 少便弓馬, 有武幹".

126 『陳書』卷31 魯廣達傳, p.418, "時江表將帥, 各領部曲, 動以千數".

127 『宋書』卷63 王曇首傳, p.1678, "高祖曰: '此君並膏粱盛德, 乃能屈志戎旅.'".

128 『南齊書』卷52 丘靈鞠傳, p.890, "永明二年, 領驍騎將軍. 靈鞠不樂武位, …".

129 鄭敬高(「南朝的將門」, 『華中師範大學學報(哲社版)』1987-6, p.140)는 早渡의 門閥인 王·謝는 流民과 분리되어 江南 內地에 거주했고, 晚渡의 將門은 僑民의 居點과 邊方戰場에서 생활하였다고 구별하고 있다.

130 『宋書』卷77 柳元景傳, p.1982, "除世祖安北府中兵參軍".

131 이것은 南朝高門名家子弟의 起家官이었다(宮崎市定, 『九品官人法의 研究―科擧前史―』, 京都: 同朋舍, 1956, p.229).

가 되었다.[132] 유준이 제위에 오른 후 유원경은 공신으로서 출세하게 되었는데, 그의 관직은 정점에 달해 상서령 및 개부의동삼사로 승진하였고 파동군공(巴東郡公)의 작위를 수여 받았다.[133]

송·제대에 더 많은 만도사족 출신 인물들이 정치무대에 등장했는데, 유씨(柳氏)말고도 두기(杜驥), 두탄(杜坦), 왕현모(王玄謨), 원호지(垣護之), 배숙업(裴叔業), 최혜경(崔慧景), 하후상(夏侯詳) 등이 있었다. 새로이 등장한 세력들은 대부분이 양양의 만도사족이었다. 제 말 소연이 옹주로부터 군사를 일으켜 권력을 찬탈했을 때, 양양의 만도사족의 역량이 가장 뚜렷하게 드러났다.[134] 양조 건립 후에 양양의 만도사족의 세력은 절정에 이르러 남조의 정치사회에서 중요한 지위를 차지하게 되었다. 양양의 만도사족은 군공으로 집안을 일으키는 동시에 남조의 상층 통치집단에 올랐다. 그러나 이것이 그들이 남조의 상층사회, 즉 문벌사회의 구성원이 되었다는 의미는 결코 아니다. 그들은 이전과 같이 변함없이 문벌사회에 끼지 못하였다.[135] 유원경이 이미 유송의 재상을 맡아 여러 귀족들의 위에 있었을 때조차도 그가 '노창(老傖)'이라는 표식은 여전히 남아 있었다.[136] 이와 같이 조도(早渡)의 건강 중심의 귀족은 강남 땅의 지착(地着)에 신경 쓰지 않았고 문인사대부로 자임한 반면, 형·옹의 만도의 호족들은 지착하고 주로 장가(將家)로서 활약하는 대조적인 모습을 보이고 있다고 정리할 수 있다.

이상에서 본 바와 같이 동진·남조 정치사를 '형양지쟁'으로 규정할 때 그런 현상이 나타난 것은 북방유민의 출신지와 도강의 조·만(早·晩)의 차이라는 것이 변수로 작용하고 있었기 때문이다.

---

132 『宋書』 卷77 柳元景傳, p.1988, "世祖入討元凶, 以爲諮議參軍, 領中兵, 加冠軍將軍, 太守如故. 配萬人爲前鋒, …".
133 『宋書』 卷77 柳元景傳, p.1989.
134 安田二郞, 「南朝の皇帝と貴族と豪族·土豪層—梁武帝革命を手がかりに—」, 1970, p.211.
135 陳琳國, 「論南朝襄陽の晩渡士族」, 『北京師範大學學報(社科版)』 1990-4, p.26.
136 『宋書』 卷76 王玄謨傳, p.1975, "柳元景·王護之並北人而玄謨獨受'老傖'之目".

V. 지방 편제의 다중화와 교민

위진남북조시대는 지방제도가 혼란했던 시기로 유명한데 특히 동진·남조는 더욱 그러하였다. 그것은 바로 대량의 유민 발생과 만족의 출산이 그 원인이었다.[137] 먼저 유민들을 각지에 정착시키기 위해 설치한 것이 이른바 교군현제도였다. 아니 유민들이 교군현을 세웠다고 표현하는 것이 옳다. '교군'이라는 새로운 형식의 군현을 설치한 것은 신대륙 아메리카로 이주했던 유럽인들이 새로운 땅에 고향 명을 붙인 것과 같다. 예컨대 New England라거나 New York, New Amsterdam이라 한 것이 그것이다. 동진 원제 태흥(太興) 3년(320) 회덕현(懷德縣)이 교립된 이후[138] 설치된 교군현의 수는 『송서』 주군지에 의하면, 교군 90개, 교현 335개로 동진·유송시대의 전체 238군, 1,179현[139]의 1/3 정도에 해당된다. 교주군현이 설치된 지역은 안휘성·호북성·강서성·호남성·사천성·섬서성·산동성 등이었다. 이들 지역은 강남이 아닌 곳도 있는데, 동진·남조 각 왕조의 강역의 변화와 관련이 있다.

---

137 徐文范, 『東晉南北朝輿地表』(臺北: 開明書局, 『二十五史補編』 第五册), 「齊高帝疆域」, p.6809, "史稱是時郡三百九十, 縣(當作'一千')四百八十三, 有寄治者, 有新置者, 有俚郡·獠郡·荒郡[王仲犖, 『魏晉南北朝史(上)』(上海: 上海人民出版社, 1979), p.350에서는 荒郡을 僑郡으로 봄]·左郡, 無屬縣者, 荒而無民者, 有後郡縣之建置, 愈多而名存實亡. …".

138 僑郡縣은 東晉 元帝가 琅邪郡과 臨沂縣을 설치한 것에서 시작된다(『宋書』 卷35 州郡志 南徐州 南琅邪太守條, p.1039, "晉亂, 琅邪國人隨元帝過江千餘戶, 太興三年, 立懷德縣, 丹陽雖有琅邪相, 而無土地. 成帝咸康元年, 桓溫領郡, 鎭江乗之蒲洲金城上, 求割丹陽之江乗縣境立郡. 又分江乗地立臨沂縣"이라 하였다). 한편 僑州가 정식으로 성립된 것은 東晉 成帝 咸和 4年이다(同書, 南徐州刺史條, p.1038에, "晉永嘉大亂, 幽·冀·青·幷·兗州及徐州之淮北流民, 相率過淮, 亦有過江在晉陵界者. 晉成帝咸和四年. … 並立僑郡縣以司牧之. 徐·兗二州或治江北, 江北又僑立幽·冀·青·幷四州").

139 (唐)杜佑撰, 『通典』(北京: 中華書局, 1988 點校本) 卷171 州郡一 序目上, p.4461, "(宋)孝武帝大明八年 … 凡二有二州, 州治建業 … 郡凡二百三十有八, 縣千一百七十有九"라 되어 있다. 이들 통계는 모두 정확하다고 볼 수는 없다.

동진·남조시대의 교주군현이 성립된 이후 그 수가 대단히 많고 그 변화
도 많기 때문에 당시 사람들도 제대로 파악할 수 없었다.[140] 따라서 "어떤 것
은 어제는 형주·예주(豫州)의 범위였다가 오늘은 사주·연주(兗州)의 관할
로 귀속되었다. 어떤 이는 아침에 영양(零陽)·계양(桂陽)의 인사였다가 저
녁에는 여강(廬江)·구강(九江)의 거민이 되었다[或昨荊·豫 今隷司·兗, 朝爲
零·桂之士, 夕爲廬·九之民]"고 하고 "위나라 영토 안에 한나라 사람의 읍이
있고, 제현 안에 조나라 백성이 사는[魏邦而有韓邑 齊縣而有趙民]"[141] 대혼란이
발생하였다. 이로 인해 교주군현의 종류도 여러 가지가 나타났으니, 실주군
현(實州郡縣: 주군현이 모두 실토를 가지는 것)·실주교군(實州僑郡: 실토의 주 아
래에 교군이 분할된 것)·교주실군(僑州實郡: 교치된 주 아래에 실토의 군이 분할된
것)·요립주군(遙立州郡: 실제 판도 내에 있는 않는 원지의 군을 공제하는 것)·교
주군현(僑州郡縣: 주군현이 모두 실토가 없이 다 같이 교치된 것)[142] 등의 차이가
발생하기에 이르렀다. 물론 교군현의 운용에 어느 정도 원칙은 있었다. 첫
째, 교군현을 일반적으로 원래의 주에 예속시키는 방법이다. 예를 들어, 의
성군(義成郡)은 회남민을 형주 양양에 교립하여 만든 것인데, 회남은 원래 양
주에 속하였기 때문에, 의성군은 그대로 양주에 속하게 하였다. 둘째, 교군
현을 현 소재의 실주에 소속시키는 방법이다. 예를 들어 서진시대 당읍(堂

---

140 沈約도 『宋書』 卷35 州郡志 序, p.1028에서 "地理參差, 其詳難擧, 實由名號驟易, 境土屢分,
　　或一郡一縣, 割成四五, 四五之中, 亦有離合, 千回百改, 巧曆不算, 尋校推求, 未易精悉"이라
　　하였다.

141 『宋書』 卷11 律曆志 志序, p.205, "地理參差, 事難該辨, 魏晉以來, 遷徙百計, 一郡分為四五,
　　一縣割成兩三, 或昨屬荊·豫, 今隷司·兗, 朝為零·桂之士, 夕為廬·九之民 … 自戎狄內侮,
　　有晉東遷 … 士蓄懷本之念, 莫不各樹邦邑, 思復舊井 … 故魏邦而有韓邑, 齊縣而有趙民 …
　　邦邑名號, 難或詳書".

142 張承宗 主編, 『六朝史』, 南京: 江蘇古籍出版社, 1990, p.67. 그러나 嚴耕望은 ① 實州-實郡
　　-實縣, ② 實州-實郡(혹은 僑郡)-實縣(혹은 僑縣), ③ 僑州-實郡(혹은 僑郡)-實縣(혹
　　은 僑縣), ④ 僑州-僑郡-僑縣의 네 가지로 분류하고 있다(『中國地方行政制度史』上卷 中, 「魏
　　晋南北朝地方行政制度史」上冊, 臺北: 臺灣中央研究院歷史語言研究所 專刊45, 1963, p.7).
　　그러나 그 조합이 어떻게 되느냐에 따라 그 종류는 크게 늘어날 수 있다.

邑)은 서주의 속군이었고, 고양(高陽)은 기주의 속군이었고, 위군(魏郡)은 사주의 속군이었는데, "(성제) 함강 4년에 위군의 광천·고양·당읍 등 여러 군과 아울러 통할하는 현을 모두 경읍에다 붙이도록 했다(成帝)咸康四年, 僑置魏郡廣川·高陽·堂邑諸郡, 并所統縣並寄居京邑]"[143]라 하여 모두 양주에 예속시켰다. 그러나 예외도 있다. 송자(宋滋)는 원래 예주(豫州)에 속하였는데, 동진의 강주(江州) 심양(尋陽) 땅에 교치되었다. 앞의 원칙대로라면 당연히 예주나 강주에 예속되어야 하는데 전혀 무관한 양주에 예속된 것이다. 이것이 바로 '요예(遙隷)'이다.[144] 이런 현상은 북방 유민집단의 혼란된 유사(流徙) 과정과 연관된 것인데, 어떤 주나 군의 유민이 몇 개의 주군으로 나누어지고, 한 주군에도 여러 주군의 유민이 섞이게 되었다. 예를 들어, 진릉(晉陵)에는 서·연·청·기·유·병주의 유민들이 있게 된 것이다. 결과적으로 양양에 교치된 의성군이 건강에 소재하는 양주자사의 통치와 관리를 받는 것(즉 '遙領')은 사실상 불가능하게 되었다. 이런 미비점을 보완하기 위해 실시된 것이 바로 군부(軍府)제도였다. 예를 들어, 경조·시평·부풍은 옹주에 속하고, 하남·광평·북하남은 사주에 속하고, 의성(義成)은 양주에 속하고 있지만, 치회(郗恢)가 주서(朱序)를 대신해서 태원(太元) 17년(392) 옹주자사로 양양에 출진하면서 '양진옹사형양병등주제군사(梁秦雍司荊揚并等州諸軍事)'라는 직함을 가지고 양양에서 이들 지역을 도독하고 있다.[145] 즉 동진 말에 이르면 각 교군현은 명의상 여전히 본주에 속하고 있지만 해당 지구의 도독부에 의해 관리되고 있는 것이다.[146] 이런 교주군현의 혼잡함은 다시 호적제도를 혼

---

143 『晉書』 卷15 地理志下 揚州後序, p.463.

144 『晉書』 卷15 地理志下 揚州後序, p.463, "又於尋陽僑置宋滋郡, 遙隷揚州".

145 『晉書』 卷13 地理志上 雍州後序, p.432, "其後秦·雍流人多南出樊·沔, 孝武始於襄陽僑立雍州, 仍立京兆·始平·扶風·河南·廣平·義成·北河南七郡, 並屬襄陽"; 同書, 卷67 郗鑒傳附孫郗恢傳, p.1805, "恢爲梁秦雍司荊揚并等州諸軍事, 建威將軍, 雍州刺史, 假節 鎭襄陽"; 『資治通鑑』 卷108 晉紀30, 孝武帝 太元 17年(392) 冬10月條, p.3407.

146 夏日新, 「關于東晉僑州郡縣的幾個問題」, 『魏晉南北朝隋唐史資料』 11, 武漢: 武漢大學出版社, 1991, p.42.

란하게 하였고, 지방통치에 관련된 정부기구의 명칭을 제대로 기술하기조차 어려울 정도로 만들었다.[147] 다만 『진서』 지리지와 『송서』 주군지, 『남제서』 주군지를 통하여 그 모습의 대강을 살필 수 있을 뿐이다.

교군현의 설치는 동진·남조 전 시대에 걸쳐서 행해졌고, 지역적으로도 광범위하였다. 가장 늦게 교주군현이 설치된 때는 진(陳) 선제 태건(太建) 11년(579)이었다.[148] 물론 북방유민이 남하하는 규모와 방향에 따라, 그 설치는 시기적으로 동진시대에 가장 많았고, 지역적으로는 양주와 형주 지역에 주로 분포하였다. 그러나 교민들은 교주군현이 설치된 곳에만 거주한 것은 아니었고 전국 각지에 거주하지 않은 곳이 없다 할 정도로 넓게 분포하고 있었다. 예컨대 교주군현이 설치되지 않았던 민(閩)의 진안군(晉安郡)[149]이나 광주(廣州)[150] 등지에도 거주하고 있었다. 교주군현을 설치했던 주된 목적은 북방유민을 위한 것이었고, 이 점은 교주군현의 명칭에서도 확인된다. 교주군현의 이름 앞에는 '남'이라는 말을 붙였다. 그것은 구토로 돌아가는 것을 전제로 했기 때문이다. 원래 같은 교주군현이어야 하는데, 지역적으로 나누어져 있는 경우는 '남'을 붙인 것 외에 새로이 '북'을 붙인 것도 생겨났지만, 같은 성격이다. 더욱이 같은 이름의 주가 얼마 동안 실토로 남아 있다가 또 얼마 뒤에는 교주로 교치되었던 경우도 있다. 이것은 군에 있어서도 마찬가지였다. 북인의 향리를 기록할 때 동일한 것에 관해 '남'과 '북'을 붙이거나, 붙이지 않기도 하였다. 그러나 송·제·양의 천자의 향리의 경우 그들이 남토에 있는 북인인 만큼 그 대상으로 하는 군이 '남'의 군을 주로 하고, 실토의 군을 부수적인 것으로 하였다. 이런 것들이 동진·남조의 지방제도를 복잡

---

147 『宋書』 卷11 律曆志 志序, p.205, "版籍爲之混淆, 職方所不能記".

148 『陳書』 卷5 宣帝紀, p.93, "(太建十一年)三月 丁未, 詔淮北義人率戶口歸國者, 建其本屬舊名, 置立郡縣, 卽隸近州, 賦給田宅, 喚訂一無所預".

149 陳振孫, 『直齋書錄解題』(臺北: 商務印書館, 1978 臺一版) 卷8 地理類 所引 『閩中記』十卷, p.250, "永嘉之亂, 中原仕族林黃陳鄭四姓先入閩".

150 『宋書』 卷50 劉康祖傳, p.1446, "東海人徐道期流寓廣州, 無士行爲僑舊陵侮".

하게 만드는 데에 일조하였다.

　교주군현의 설치 지역은 광범위하지만 크게 보아 동의 회남·강남과 서의 한수 유역·익주의 네 지역으로 나눌 수 있다. 먼저 회남에는 유(幽)·기(冀)·청(靑)·병(幷)·서(徐)·연(兗)·예(豫)·사(司)주(州) 등이 교치되었는데 이로 볼 때, 관동(특히 산동) 지역의 유민이 주종을 이룬다는 것을 알 수 있다. 이들 지역은 다시 강북과 강서 지역으로 나눌 수가 있다. 강북은 유·기·청·병·서의 5개 주와 연의 일부 군현이 교치되었는데(靑州와 雁門·平原·東平·南北沛·遼西 등의 군과 上黨·中山·常山郡의 몇 개의 현이 여기에 속한다.), 대부분이 광릉군 내에 설치되어 광릉성을 중심으로 부채꼴로 분포하고 있는 것이 특징이다. 이 가운데 송 초에 유·기·청·병 4주를 없애고 강북을 통틀어 남연주(南兗州)라 하고 (치소를 廣陵에 두고) 강북의 교군현을 모두 남연주에 귀속시켰다.

　강서는 회하 이남 장강 서부 지역으로 현재 안휘 지역에 해당되는데, 주로 예주(豫州)와 사주(司州)의 유민들로 동진에서는 예주남초(豫州南譙)·남여양(南汝陽)·남량(南梁) 등의 군과 몇 개의 현을 두었다. 예주의 치소는 강남의 무호(蕪湖)였다(후에 安帝 義熙 9년 州의 치소를 歷陽으로 옮겼다).

　강남은 유·기·청·병·서·연·예주의 유민들이 주류를 이루었다. 강남에 설치된 교군현의 위치를 보면 단양군(丹陽郡)과 진릉군(晉陵郡)이 양 중심이 되었다. 이 가운데 진릉군에 속하는(寄寓한) 교군현이 가장 많아, 예컨대 남동해(南東海)·남난릉(南蘭陵)·남동완(南東莞)·남팽성(南彭城) 등 20여 군이 기우하고 있다.[151] 송대에는 진릉교군(晉陵僑郡)을 위주로 하고 양주(揚州)의 진릉(晉陵)·의흥군(義興郡) 및 단양(丹陽)의 낭야군(琅邪郡)을 잘라내어 남서주(南徐州)를 설치하고 치소를 경구에 두었다. 남서주에 소속된 군은 17개였고 인구가 418,000명이었으며, 그 가운데 교군현이 15군을 점하고, 인구

---

151 『宋書』 卷35 州郡志上 南徐州刺史條, pp.1038; 南兗州刺史條, pp.1053~1059.

는 250,000명이었다.[152] 이 가운데 진릉 지역에 교립된 교군은 장기 기우지로 남아 있었던 것이 특징이다. 몇 차례의 토단에도 불구하고 동진부터 남제시대까지 교군들이 계속 '무실토'로 진릉군계 내에 존속하고 있었다.[153]

한수 유역 지역은 다시 두 지역으로 나눌 수 있으니 형주·양양과 양주(梁州)·한중(漢中)이 그것이다. 특히 양양은 원래 남북의 교통 요지라 관중·하남의 유민의 피난지였다. 동진 초 성한이 파촉과 한중을 점령했을 때에 그 지역의 유민을 위해 양주(梁州)를 교치했고, 환온이 촉을 멸망시킨 후 양주를 한중 본토에 교치하였다. 비수의 전쟁 후에는 진·옹의 유민을 위해 양양에 진주(秦州)와 옹주(雍州)를 교치하였고, 진주는 후에 한중으로 옮겨갔지만 옹주는 오랜 기간 양양에 기우하여 경조(京兆)·시평(始平)·부풍(扶風)·하남(河南)·의성(義成)·북상락(北上洛)·북하남(北河南) 등의 교군을 거느렸다. 양양 지역의 교군현도 오랜 기간 기우한 것이 특징이다. 옹주를 예로 보면, 동진 효무제 태원(太元) 연간(376~396)에 교치되어 송 효무제 대명(大明) 원년(454) 자사 왕현모(王玄謨)가 옹주를 토단하여[154] 실토를 얻을 때까지 70여 년간 "여러 군 경계에 덧붙여 있도록 하였다[寄寓在諸郡界]"고 한다.

익주의 경우에는 『송서』 주군지에 의하면, 익주 관할의 군이 29개인데 그 가운데 15개가 교군현이어서 1/2을 차지하였고, 총 호수 54,042호 중 교군현의 영호는 14,791호로 1/4이상을 차지하였다.[155] 익주에 설치된 교군현은

---

152 陳乾康, 「論東晉南朝的僑州郡縣」, 『四川大學學報(社科版)』 1995-2, p.102.

153 義熙 土斷 時에 "於是依界土斷, 唯徐兗靑三州居晉陵者, 不在斷例, 諸流寓郡縣, 多被倂省"[『宋書』 卷2 武帝紀中 (東晉)義熙 9年條, p.30]이라 하였고. 梁武帝 天監 元年에 "土斷南徐州諸僑郡縣"(『梁書』 卷2 武帝紀中 天監 元年條, p.37)이라는 것이 반포되었다. 이 조처 후 梁·陳시대에도 蘭陵 南海 등 소수가 僑郡縣으로 여전히 남아 있다.

154 『宋書』 卷6 孝武帝紀 大明 元年 秋7月 辛未條, p.120, "土斷雍州諸僑郡縣"; 同書, 卷76 王玄謨傳, p.1975, "遷寧蠻校尉, 雍州刺史, 加都督, 雍土多僑寓, 玄謨請土斷流民, 當時百姓不願屬籍, 罷之". 王玄謨傳에는 '罷之'라 '土斷'의 미시행을 거론하고 있으나 그렇게 보지 않는 것이 다수 학자들의 견해이다.

155 陳乾康, 「論東晉南朝的僑州郡縣」, 『四川大學學報(社科版)』 1995-2, p.103.

진(秦)·옹(雍)·양(梁)·양(涼)주의 유민을 위한 것이었다. 익주의 경우는 다른 지방과 다른 특징이 몇 가지 있다. 첫째, 교주가 없다는 사실이다. 둘째, 동진 효무제 태원(太元) 15년(390)에 교군현이 설치된 이후 증설 등 몇 차례 변동이 있었지만 토단의 조처가 보이지 않는 곳이다. 양 무제 천감(天監) 연간(502~519)에 토단할 때도 익주는 그대로였다. 적어도 익주가 서위-북주에 넘어갈 때까지 그대로 교군현의 상태로 있었다.

한편 만족들의 거주 지역에 좌군·좌현이 설치되었다는 것은 전술한 바이지만, 이들 특수 정구의 설치는 어떤 의미를 갖는가? '좌'라는 말의 의미를 두고 다양한 견해가 있지만 대체로 만인들이 스스로를 만이라고 부르는 것을 기피한다는 점에서[156] 만과 그 음이 통하는 '좌'로 그 거주 지역을 지칭했다고 한다면,[157] 이 제도의 출현이 동진시대를 지나 송의 건국이라는 시점과[158] 맞물려 있는 의미 있는 정책의 하나로 볼 수 있다. 특히 송의 개국주인 유유의 용심이 작용한 것으로 볼 수 있다. 특히 이것이 교주군현의 명칭에서 북을 빼고 대신 남을 붙여서 사용하도록 한 시기(永初 원년: 420)[159]와 일치한다는 점에서 더욱 그러하다. 따라서 좌군·좌현의 통치대상, 통치방법, 행정규모, 예속관계 등의 규명은 좌군·좌현이라는 특수한 정구가 정식으로 출현했다는 것이[160] 남조 지방제도사에서 어떤 의미를 지니는가를 해명하는

---

156 『隋書』 卷31 地理志下 後序, p.897, "其相呼以蠻, 則爲深忌".

157 胡阿祥, 「南朝宋齊時期的左郡左縣俚郡僚郡」, 『六朝史論集』, 合肥: 黃山書社, 1993, p.51. 吳永章은 "左郡·左縣之得名 當系來自'蠻左'"라 하여 南朝정부가 蠻人의 聚居 지역에 둔 특수정구를 左縣·左郡이라 한 것은 '蠻左'가 설치된 지역이라고 한 데서 시작되었다고 하였다(『中國土司制度淵源與發展史』, 成都: 四川民族出版社, 1988, p.58).

158 太湖左縣과 南陳左郡을 가장 먼저 설치했다고 한다(吳永章, 『中國土司制度淵源與發展史』, 1988, p.59). 『宋書』 卷36 州郡志2 南豫州, p.1096, "太湖左縣長, 文帝元嘉二十五年, 以豫部蠻民立太湖·呂亭二縣, …"; 『宋書』 卷36 州郡志2 南豫州, p.1080, "南陳左郡太守, … 孝建二年以蠻戶復立".

159 『宋書』 卷3 武帝紀下 永初 元年 8月 辛酉條, p.55, "先有資狀, 黃籍猶存者, 聽復本注. 諸郡縣以北爲名者悉除, 寓立於南者, 聽以南爲號".

160 『宋書』 卷37 州郡志3 荊州 武寧太守條, p.1123에 의하면 "晉安帝隆安五年, 桓玄以沮·漳

데 중요한 단서를 제공할 것이다. 좌군·좌현보다는 조금 늦게, 아마도 늦어도 남제시대가 되면 이군(俚郡)과 요군(獠郡)이 설치된 것으로 보인다. 『송서』주군지에는 좌군 3, 좌현 16이 기록되어 있지만(중간에 없어진 좌군 3과 좌현 20은 여기에 포함되지 않았다), 『남제서』주군지에는 좌군 65, 좌현 138이 기재되어 있으며, 탕거요군(宕渠獠郡) 등 5개의 요군과 오춘이군(吳春俚郡)도 기록되어 있다. 이들 특수정구의 설치는 정복되었거나 자발적으로 귀부한 자들에게 구래의 통치방식을 유지시켜 주는 이른바 '보락봉정(保落奉政)'[161] 의 형식을 취한 것이다. 즉 만(蠻)·이(俚)·요(獠)의 추수로 하여금 그들의 민을 다스리게 하는 통치방식이다. 좌(左)·이(俚)·요군(獠郡)은 물론 위로는 주에 통솔되고 있고, 아래로는 현을 거느리지만 그 규모가 일반 군보다 작기 때문에 영현의 수는 적을 것으로 짐작된다.[162] 특히 이·요군의 경우 '무속현(無屬縣)'의 경우가 많았던 것으로 짐작되는데 그것은 일반 군현처럼 호구의 다소에 의해 획분(劃分)되는 것이 아니라 원 부락조직을 그대로 살려서 획분한 결과로 나타난 것이다. 이들 군이 위치한 지역은 대단히 광범위하였다. 유송시대에는 남예(南豫)·강(江)·형(荊)·예(豫)·영(郢) 등 여러 주의 만인 거주지에 좌군·좌현이 설치되었던 것이니 이들 분포구는 남조 내지의 핵심구역에 해당된다.[163] 좌군·좌현에 비해 그 분포 범위가 적은 이·요군을 합치면 그 면적은 대단한 것이었다. 물론 모든 만인이 좌군·좌현조직에 포함

降蠻立"이라 되어 있고, 『晉書』卷99 桓玄傳 p.2590에는 "移沮·漳蠻二千戶於江南, 立武寧郡"이라 되어 있는데, 비록 蠻戶을 위해 郡을 세웠지만 아직 左郡이라 칭하지는 않았다.

161 『南齊書』卷58 蠻傳, p.1007.

162 대체로 1~4縣이 일반적이었다. 南豫州에 속하는 左郡인 南陳左郡은 領縣이 2개였고, 邊城左郡은 4개, 光城左郡은 3개였다. 문제는 領縣의 수가 아니라 소속민의 수였다(『宋書』卷36 州郡志2, 南豫州, 邊城左郡太守條, p.1080, "領縣四, 戶四百一十七, 口二千四百七十九八十三"에서 보듯이 1縣 평균 100여 호, 600여 구의 규모였다. 반면 같은 南豫州 하의 歷陽郡의 경우, "今領縣五, 戶三千一百五十六, 口一萬九千四百六十"(p.1072)으로 1縣 평균 630여 호에 3,890여 구이다).

163 南朝 전 시기 동안 左郡 左縣이 설치된 지역은 南豫州, 司州, 荊州, 郢州, 雍州, 湘州, 江州, 益州 등 8주에 걸쳐 있다.

되어 통치된 것은 아니었다. 좌군·좌현은 주로 예주만(豫州蠻)이 그 대상이었다. 그 외에는 만부(蠻府)에 의해 예속되어 있었다. 예컨대 옹주만(雍州蠻)은 영만교위(寧蠻校尉)에, 형주만은 남만교위(南蠻校尉)에, 무릉만은 안원호군(安遠護軍)에 의해 통치되었으니[164] 이들의 거주 지역에는 좌군·좌현을 두지 않았던 것이다. 옹주의 경우를 보면, 옹주자사 관할 아래 양양군 등 22군이 있고, 다시 특별하게 영만부(寧蠻府)를 두고 그 밑에 서신안군(西新安郡) 등 24개 군을 예속시키고 있다.[165] 그렇게 구별한 것은 후자의 경우가 한만이 잡거하고 있는 지역이었기 때문이라고 생각된다. 남조정권의 만족에 대한 계속적인 출산정책에 의해 만한 잡거 지역이 많이 생겨났다.[166] 사서에 보이는 '만송(蠻宋)'[167]이라거나 '만한(蠻漢)'[168]이라는 용어가 익숙하게 된 것은 점차 투쟁과 갈등에서 만한 교류의 빈도와 융합의 정도가 강화되었음을 말해주고, 또 만족이 당시 사회에 차지하는 비중을 이야기하고 있는 것이다. 이러한 좌·이·요군의 조직은 양대에 들어가서야 소멸되는 것은 그 나름으로 의미가 있는 것이지만 이러한 지방조직, 특수정구의 출현은 중국사상 중

---

164 이밖에 安蠻校尉 平蠻校尉 鎭蠻校尉 三巴校尉 등의 校尉가 있는데, 豫州의 여러 郡의 蠻人을 통치하기 위해 '鎭蠻護軍'을 두었고, 俚·僚를 위해 '平蠻校尉'가 설치되었다. 이밖에 '平越中郞將', '西江督護', '南江督護' 등을 두었다.

165 『南齊書』 卷15 州郡志下 雍州條, p.282, "領諸蠻左, 故別置蠻府焉". 그리고 同書, pp.284~287에는 寧蠻府領郡으로 西新安郡 등 24개를 열거하고 있다. 黎虎("六朝時期荊州地區的人口", p.39)는 24개 郡을 左郡으로 보고 있으나 그것은 잘못인 것 같다. 좌군의 경우에는 '齊開左郡'(p.302) 식으로 명기하고 있기 때문이다. 寧蠻校尉는 대체적으로 雍州刺史가 兼領하는 것이 상례였다(『宋書』 卷6 孝武帝紀, p.109에 그가 皇子였을 때, '徙都督雍·梁·南北秦四州·荊州之襄陽·竟陵·南陽·順陽·新野·隨六郡諸軍事·寧蠻校尉·雍州刺史·持節·將軍如故'라는 직함으로 雍州에 보임 되었다.).

166 『隋書』 卷31 地理志下 後序, p.897, "南郡·夷陵·竟陵·沔陽·沅陵·清江·襄陽·春陵·漢東·安陸·永安·義陽·九江·江夏諸郡, 多雜蠻左, 其與夏人雜居者, 則與諸華不別"; 『南齊書』 卷15 州郡志下 荊州條, p.273, "境域之內, 含帶蠻蜒".

167 『宋書』 卷84 鄧琬傳, p.2141, "柳元景之誅也 … (元景弟子)世隆乃合率蠻宋二千人, 起義於上庸, 來襲襄陽".

168 『南齊書』 卷27 劉懷珍傳, pp.502~503, "沈攸之圍郢城, (劉)懷珍遣 … 游擊將軍裴仲穆(統)蠻漢軍萬人出西陽, 破賊前鋒公孫方平軍數千人, 收其器甲".

요한 의미를 지니는 것이다.[169] 한편 이러한 특수정구를 설치, 운용하면서 □
□좌군, □□좌현이라고 붙인 것은 이들 만족 거주 지역을 일반 군현과 다른
것을 인정하면서도, 그렇다고 완전한 '화외(化外)' 지역으로 버려 둔 것은 아
니라는 점이다. 그런 면에서 그 통치방법은 '기미'에 있었던 것이다.

　따라서 이것은 당대의 기미주 통치의 원류로써 그 의미를 찾을 수 있을 것
이다. 이상에서 보았듯이, 동진·남조시대의 지방제도는 복잡하다. 필자는
이러한 특징을 '다중화'라 표현할 수 있다고 생각하지만, 이런 특징이 나타날
수밖에 없는 원인이 바로 교민의 출현에 의한 것임은 앞에서 밝힌 대로이다.

Ⅵ. 호적 편제의 이중화와 교민

　교민의 출현은 지방제도를 혼란하게 만들었을 뿐만 아니라 정부의 인민
파악 방법도 복잡하게 하였다. 동진시대의 호적에는 황적(黃籍)[170]과 백적(白
籍)이 있었다. 한 시대에 두 가지 호적이 병존하는 것은 이 시대의 특징이다.
이런 식의 호적제도는 이후 어느 시대에도 나타나지 않는다. 서진시대 말기
까지는 백적이라는 말이 출현하지 않다가 동진시대에 백적과 황적이 같이
등장하고 있다. 그렇다면 백적은 정확히 언제, 어떤 사정에서 출현한 것일
까? 이 문제와 관련하여 종래 학계에서 쟁론의 초점이 되었던 것은 백적과
토단과의 관련성 문제였다. 일찍이 이 문제에 대해 호삼성(胡三省)은 동진정

169　吳永章, 『中國土司制度淵源與發展史』, 1988, p.62에서는 "이것은 秦漢 시기의 道를 잇고,
　　아래로 唐宋 시기의 羈縻州(縣)을 열었으며, 최후로 明淸 시기의 土府 土州 土縣제도로 演
　　變되었다"고 설명하고 있다.
170　『南齊書』卷34 虞玩之傳, p.608, "黃籍, 民之大紀, 國之治端". 黃籍은 國家의 賦稅를 징
　　수하고 徭役을 徵發하는 근거가 되는 호적이다. 따라서 황적에는 姓名, 性別, 年齡, 가
　　족 중의 지위, 婚宦, 門第等級, 身體 및 健康, 病死, 叛逃, 服役 등의 내용이 등재된다(鄭
　　欣, 「魏晉南北朝時期的人口和戶籍制度」, 『魏晉南北朝史探索』, 濟南: 山東大學出版社, 1989,
　　pp.190~193).

부가 교민을 토단하면서 백적이 생겨났고, 이를 통해 황·백적의 구분이 나타나게 되었다고 주장한 바 있다. 그는 『자치통감』 권96 진기 성제 함강(咸康) 7년(341) 4월조의 "조를 내려 실로 왕공 이하 서인에 이르기까지 모두 토단과 백적을 바르게 하였다[詔實王公以下至庶人皆正土斷·白籍]"[171]라는 문장에 대한 주에서 백적이 토단의 결과로 생겨난 것이라고 보았다.[172] 이후 이 문제에 대해 많은 학자들은 별다른 이견을 달지 않고 호삼성의 의견을 따랐다. 즉 동진 성제 함강 7년의 토단으로 백적이 생겨났다는, '토단후백적'설이 정설이 되어 왔던 것이다.[173] 예를 들면 진 고조 진패선의 선조인 진달(陳達)이 영천(潁川)에 세거(世居)하다가 영가의 난으로 남천하였는데 그의 아들인 진강(陳康)이 "함화 중에 토단되어 고로 장성인이 되었다"라고 기술되고 있는 것도[174] 이 점을 확인시켜 주는 것이다. 토단이란 용어의 글자적 의미가 "본관을 정하고 토착시키는 것"[175]이라고 한다면, 교우자(僑寓者)였던 진씨는 함화 연간(326~334)에 실시된 토단의 조치를 통하여 당시 생활하고 있던 땅[長城]에 토착하여 그곳의 민이 되어 백적에 편입되었던 것이다. 이와 같이 국가는 토단된 민을 바로 백적이라는 호적에 편입시켜 파악하였다는 것이 호삼성 등의 주장이다. 그러나 이러한 의견에는 몇 가지 의문점이 내재되어

---

171 『晉書』의 표현은 약간 다르다(卷7 成帝紀 咸康 7年 夏4月 丁卯條, p.183, "實編戶 王公已下皆正土斷白籍"). 한편 (唐)許崇撰, 孟昭庚 等點校, 『建康實錄』(上海: 上海古籍出版社, 1987) 卷7 咸康 7年 4月條, p.147에는 "是月, 詔實編戶, 王公已下皆正土斷白籍. 分江乘縣, 西界置臨沂縣, 屬瑯琊郡"이라고 되어 있다.

172 『資治通鑑』 卷96 晉紀 成帝 咸康 7年 夏4月條의 胡三省 注, p.3045, "時王公庶人多自北來僑寓江左. 今皆以土著爲斷, 著之白籍也. 白籍者, 戶口版籍也. 宋·齊以下有黃籍".

173 '土斷後白籍'을 주장하는 연구자들은 胡三省 외에도 增村宏(「黃白籍の新研究」, 『東洋史研究』 2-4, 1937); 李劍農(『魏晉南北朝隋唐經濟史稿』, 北京: 中華書局, 1963); 王仲犖(『魏晉南北朝史(上)』, 上海: 上海人民出版社, 1979); 越智重明(『魏晉南朝の貴族制』, 東京: 研文出版, 1982); 大川富士夫(『六朝江南の豪族社會』, 東京: 雄山閣, 1987); 安田二郎(「僑州郡縣制と土斷」, 川勝義雄·礪波護編, 『中國貴族制社會の研究』) 등이다.

174 『陳書』 卷1 高祖紀上, p.1, "咸和中土斷, 故爲長城人".

175 矢野主稅, 「土斷と白籍―南朝の成立―」, 『史學雜誌』 79-8, 1970, p.52.

있다. 먼저 토단의 결과 백적이 생겨났다면 백적은 이후 황적과 병존해야 할
것인데, 송·제 이후에 기본적으로 황적만이 남게 되었고 백적은 급속히 사
라지는 역사적 사실과 모순된다. 다음으로 이 논리대로라면 토단 이전에는
교호들은 호적을 가지지 않았다는 것이 전제된다. 만약 그들이 호적을 가졌
다면, 서진 이래 관습으로 보아 황적을 가졌을 것이 분명하다. 그런데 이들
을 토단하면서 백적으로 특수화시켜야 할 필요가 있었을까? 그리고 호삼성
등의 주장대로라면 토단 실행의 목적이 어디에 있었는가를 설명할 수 없다.
당시 토단의 목적은 교민들을 그 거주지의 호적에 편입시켜 관에 납세 복역
하는 호구로 변화시키는 것이었다. 동진은 납세를 복역하는 호들을 황적에
기재하고 있었다. 그런데 교민들을 호적에 편입시키면서 토착의 황적호와
구분해서 백적에 기재하여 납세 복역하는 백성의 대열에서 벗어나게 했을
리가 있을까? 만약 토단된 후에 백적호가 되었는데 납세 복역이 황적호와 같
았다면 굳이 그들을 백적으로 구분시킬 필요가 있었을까 하는 의문이 생길
수밖에 없다.

　이런 문제점 때문에 백적민(호)이 토단의 대상이라고 하는 '토단전백적'
설이 제기되기에 이르렀다.[176] 이것의 주창자의 논리는 다음과 같다. 당시에
는 이미 유명무실한 것을 백(백은 허의 의미이다)이라 칭하는 습관이 있었는
데, 무정거·무실토·무세역의 교인호적을 백적이라 칭함은 당연하니,[177] 즉
유정거·유실토·납세 복역의 토착실호를 등록한 정규 호적인 황적에 대립
해서 나온 임시적인 특수 호적이 바로 백적이라는 것이다. 따라서 교우 호구
가 무세·무역의 유명무실한 호구라는 점에서 백적의 '백'은 '유명무실하

---

176 '土斷前白籍'을 따르는 연구자들은 矢野主稅(「土斷と白籍―南朝の成立」); 韓國磐(『魏晉南
　　北朝史綱』, 北京: 人民出版社, 1985); 高敏(『魏晉南北朝社會經濟史探討』, 北京: 人民出版社,
　　1987); 兼田信一郎(「東晉戶籍制度の一端」, 『粟原益男先生古稀記念論集·中國古代の法と社
　　會』, 東京: 波古書院, 1988); 中村圭爾(『六朝貴族制研究』) 등이다.
177 高敏, 「關于東晉時期黃·白籍的幾個問題」, 『魏晉南北朝社會經濟史探討』, 1987, p.178.

다'는 의미이고 이들을 납세 복역호로 변화시켜서 '실'호로 만드는 작업이
토단이고 함강 7년 조의 '실편호(實編戶)'의 '실(實)'은 이런 과정을 의미한
다[178]는 것이다. 실제 백적에 관한 사료는 그다지 많지 않아 더 이상 고찰할
방법이 없다. 그러나 최근의 연구 성과는 후자의 해석으로 기우는 느낌이다.
이상과 같은 학계의 흐름으로 볼 때, 토단은 백적호를 대상으로 한 것이었다
고 할 수 있다. 황적은 일반적으로 납세 복역하는 실호의 호적이고, 백적은
면세·면역하는 공허호의 호적이다. 백적과 황적의 명칭은 나름의 유래를
가지고 명명된 것이지, 단순히 백지나 황지 등 용지상의 형식적인 구분[179]만
은 아니었다.

  그러면 백적은 어떤 형식의 것이었으며, 그러한 형식이 나타난 의미는 무
엇이며, 왜 진한 이래 편호제민적 지배원칙에서 벗어난 이중적 호적제도
를 따로 둘 수밖에 없었던가? 백적 문제를 살피는 데 중요한 자료를 제공하
는 것은 태원(太元) 14년(389) 범령(范寧)이 올린 상주문이다.[180] 범령의 주장
을 최근 학자들의 해석을 종합하여 정리하면 다음과 같다. 강남정권하의 특
수한 호적인 백적은 원래 북귀를 전제로 하는 '북인의 적'이어서 일시적이
고 변칙적인 호적이다. 백적은 그 본군을 협주(挾注)하는 형식을 취한다. 그
런데 이미 강남의 땅은 제2의 고향이 되었기 때문에 북인들에게 변칙적으
로 주어진 특권을 보장한 백적과 교주군현은 마땅히 폐지해야 하는 것이 맞

---

178 高敏,「關于東晉時期黃·白籍的幾個問題」, 1987, p.178.
179 胡三省은 黃·白籍 명칭의 유래를 戶籍의 用紙 색깔에 따른 구분이라 하였다[『通鑑釋文辨
   誤』(臺北: 臺灣世界書局本,『新校資治通鑑注』, 全16冊, 1977) 卷4, p.59, "余按江左之制, 諸
   土著實戶, 用黃籍, 僑戶土斷, 白籍. 琅邪南渡, 凡中土故家, 以至士庶, 自北來者, 至此時各因
   其所居舊土, 僑置郡縣名, 倂置守令以統治之, 故曰正土斷, 不以黃籍籍之而以白籍, 謂以白紙
   爲籍, 以別於江左舊來土著者也."].
180 『晉書』 卷75 范寧傳, p.1986, "寧又陳時政曰: 古者, 分土割境, 以益百姓之心, 聖王作制, 籍
   無黃白之別. 昔, 中原喪亂 流寓江左, 庶有旋反之期, 故許其挾注本郡. 自爾漸久, 人安其業,
   丘壟墳柏, 皆已成行, 雖無本邦之名, 而有安土之實. 今宜正其封疆, 以土斷人戶, 明考課之科,
   修閭伍之法. 難者必曰: '人各有桑梓, 俗自有南北. 一朝屬戶, 長爲人隷, 君子則有土風之慨, 小
   人則懷下役之慮' 斯誠并兼者之所執, 而非通理者之篤論也".

는 것이었다. 그러면 백적에 등재된 북인에게 주어진 특권은 무엇인가? 먼저 사인에게는 구품중정제도가 본주군명을 기준으로 운영되고 있었다. 동진 성립 이후 북인사인은 남토의 유우자(流寓者)로서 남인사인에 대해 스스로의 우월성을 보장하기 위하여 오나라를 평정한 이후 그들이 가져왔던 정치적 우월성을 지속시킬 필요가 있었다. 북인사인들은 그들의 정치적 우월성을 확보하기 위해서 북의 지연관계를 폭넓게 설정할 필요가 있었고, 북인 전체의 일체화를 위해 백적이라는 제도가 필요했던 것이다.[181] 따라서 북인 서민도 남인과 같은 여오(閭伍)에 편입되지 않고 면세와 면역 등의 특권이 주어졌다는 것이다. 이러한 이중적 인민 편제는 비정상적인 것이기 때문에 언젠가는 고쳐야 하는 것은 당연하였다.

토단이 이런 비정상적인 인민 편제를 고치는 것이 목적이라면, 그것이 전국적으로 실시된 후에는 백적은 자연히 사라져야 마땅하다. 그러나 사실은 이와는 달랐다. 동진 성제 함화 연간(326~334) 제1차 토단 이후, 제2차 토단은 성제 함강 7년(341)에 실시되었다. 제3차는 애제 흥령(興寧) 2년(364)에 환온이 주도한 유명한 경술토단이다. 동진 말기 유유가 주도한 안제 의희 9년(413)의[182] 토단에 이르기까지, 계속되는 수차례의 토단에도 불구하고 백적은 여전히 남아 있었던 것으로 보인다. 이를 어떻게 설명할 수 있을까? 그 이유를 몇 가지로 나누어 살펴보도록 하자.[183] 첫 번째 이유는 토단의 불철저성이다. 토단 과정 중에 반대투쟁이 일어나 그것이 철저하게 실행되지 못했기 때문이라는 것이다. 앞서 언급하였다시피, 토단은 거민의 현거주지에 따라서 그 본관을 정하고 이를 호적에 기입함으로써 역과 조를 징수하려는 정부의 조처였다. 그러므로 동진의 토단 과정은 백적호의 황적화 과정이며 유우

---

181 越智重明,『魏晉南朝の政治と社會』第2編 第2章 兵制, 1963, p.197.
182 『宋書』卷44 謝晦傳, p.1347, "義熙八年, 土斷僑流郡縣, 謝晦分判揚・豫民戶, 以平允見稱." 이라는 기사를 보면 반드시 토단이 義熙 9년에 한정된 것은 아니었다.
183 이하 일단은 高敏의 「關于東晉時期黃・白籍的幾個問題」의 논지를 많이 차용하였다.

호(流寓戶)의 토착화 과정이고, 또한 교주군현의 병성화(併省化) 과정이기도
하였다. 이러한 의미를 가진 토단은 그것이 남하한 북인사인의 특권을 건드
리는 것이었으므로, 자연히 이들의 반대를 유발했던 것이다. 또 일반 서민의
경우도 토단이 납세 복역하는 황적의 실호가 되는 것을 의미하였으므로 이
에 반대하였다. 그러므로 정부에서는 토단 때마다 그 진행을 반대하고 방해
하는 자들을 처벌하기 위해서 '토단조격(土斷條格)'을 반포하고 엄한 금령를
내렸다.[184] 그러나 정부의 이러한 대처에도 법을 어기는 자들은 있었다. 예컨
대 애제 홍령 2년의 경술토단 때 팽성목왕(彭城穆王) 사마권(司馬權)의 현손
사마현(司馬玄)이 공공연히 법을 어기고 호구를 감춰 두고 등기를 하지 않아
잡혀갔다는 기록이 있다.[185] 또 안제 의희 9년 토단의 직전에는 회계 세족지
주인 우량(虞亮)이 망명(亡命) 1,000여 명을 은닉하였다가 처형되기기도 하
였다.[186] 이렇게 볼 때 동진정부의 토단이 상당한 반대를 겪으면서 진행되었
고 그 때문에 불철저할 수밖에 없었다는 것을 알 수 있다.

두 번째로 여러 번에 걸친 토단은 그 심도와 범위가 각각 상이하였고 대
부분 제한적인 범위에서 이루어졌는데, 이 또한 백적이 잔류하게 되는 원인
이 되었을 것이다. 가령 학자들이 비교적 규모가 컸다고 보는 몇 개의 토단
을 예로 들면 다음과 같다. 성제 함화(咸和) 연간의 토단의 경우 사서에 언급
되는 것은 전술한 『진서(陳書)』권1 고조기 상에 나오는 기사 단 하나뿐이다.
이로 보아 그 규모가 그다지 크지 않은 한정적인 것이었음을 짐작할 수 있
다. 또 애제 홍령 2년의 경술토단은 동진의 토단 중 엄격하고 신속한 것이었

<hr>

184 『南齊書』卷14 州郡志上 南兗州條, p.255, "(武帝) 永明元年, 刺史柳世隆奏; '尙書符下土斷
條格, 并省僑郡縣. …'".
185 『晋書』卷37 彭城穆王權 附玄孫玄傳, p.1093, "會庚戌制不得藏戶, 玄匿五戶, 桓溫表玄犯禁,
收付廷尉".
186 『宋書』卷2 武帝紀中 (東晉)安帝 義熙 7年 2月條, p.27, "至是會稽餘姚虞亮復藏匿亡命千餘
人. 公誅亮, 免會稽內史司馬休之". 王仲犖은 이 기사도 義熙 9년의 토단과 연결시키고 있
다(『魏晋南北朝史(上)』p.351).

다고[187] 할 수 있으나 이후 얼마 안 되어 범령이 그 미비성을 언급하면서 재차 토단의 단행을 주장하는 것으로 보아 이 경우도 한계가 있었음을 알 수 있다. 그리고 유유의 강력한 통치력에 의해 추진된 의희 토단도 예외 규정이 두어졌다.[188]

세 번째 원인은 토단을 실시하면서도, 한편으로는 새로운 교군현을 설치하여 새로 유입된 백적 교호를 안치하는 일이 병행되었기 때문이다. 영가의 난 이후 북인들의 남하는 여러 차례에 걸쳐 일어났고, 그에 따라 당연히 교군현[僑邦]의[189] 설치도 거듭되었던 것이다. 그러나 그 규모는 동진시대와는 달리 소규모였고 교민의 명목적인 소망에 부응하는 상징적인 의미를 띨 뿐이었다.[190]

이상에서 본 바와 같이 여러 차례의 토단에도 불구하고 백적이 계속해서 보이는 원인은 분명하다. 그렇다고 장기적인 백적의 잔류가 '백적의 황적화'라는 토단의 의미를 부정할 수는 없다. 송·제 이후로 백적호는 미미한 수로 줄어들어 이미 당시 호적제도에서 큰 문제가 되지 않을 정도였다. 송·제 이후에도 토단은 계속되었지만 그 대상과 목적이 동진과는 달랐다. 즉 송·제 이후의 토단은 백적호의 문제가 아닌, 황적호 중의 도망자 문제,

---

187 『資治通鑑』卷101 晉紀23 哀帝 興寧 2年(364) 3月條, p.3194, "庚戌朔大閱戶口, 今所在土斷, 嚴其法制, 謂之庚戌制".

188 『宋書』卷2 武帝紀中 東晉 安帝 義熙 9年條, p.30, "於是依界土斷, 唯徐·兗·靑三州居晉陵者, 不在斷例. 諸流寓郡縣, 多被倂省"; 山崎孝雄(「義熙土斷に於ける晉陵郡の除外について」, 『史海』7, 1960)은 그 제외 이유를 劉裕의 北伐을 위한 白籍者의 征役從事策(白直隊와 白丁隊의 編成을 포함한)을 위한 것이라는 견해를 제시하였다. 그러나 최근 연구는 이 주장을 수긍하는 것 같지는 않다.

189 『南齊書』卷14 州郡志上 南兗州條, pp.255~256, "永明元年(483). 刺史劉世隆奏: '… 今專罷僑邦, 不省荒邑, 雜居犲止, 與先不異 … 若鄉屯里聚, 二三百家, 井甸可脩, 區域易分者, 別詳立.'".

190 『南齊書』卷14 州郡志上 南兗州條, p.257, "永明七元年(489), 北兗州民戴尙伯六十人訴: '舊壤幽隔, 飄寓失所, 今雖創置淮陰, 而陽平一郡, 州無實土, 寄山陽境內. … 東平旣是望邦, 衣冠所係. 希於山陽·盱眙二界間, 割小戶置此郡, 始招集荒落. 使本壤族姓, 有所歸依.'".

혹은 은모(隱冒)의 문제를 해결하려는 것을 주목적으로 하고 있었던 것이다.

동진·남조시대의 토단은 모두 9차례 있었다. 전술한 동진시대의 4차에 걸친 토단 후, 5차례의 토단이 더 있었다. 송 효무제 대명 원년(457) 가을 7월의 제5차 토단,[191] 그리고 송 폐제 유욱(劉昱) 원휘 원년(473)의 제6차 토단,[192] 남제 고제 건원 3년(481)의 제7차 토단[193], 양 무제 천감 원년(502)의 제8차 토단[194], 진 문제 천가 원년(560)의 제9차 토단[195]이 그것이다. 이렇게 토단의 조처가 거듭됨에 따라[196] 황적화가 진행되어 유송 효무제 효건 원년에 교민에게 조를 시과(始課)하게 되었다.[197] 이런 일련의 조치들은 이른바 '국풍(國豊)'의 결과를 가져다 준 것도[198] 사실이다.

동진·남조 전 시기에 걸쳐 교구의 일원화 작업은 '백적의 황적화'와 '교주군현의 폐지'라는 양대 지주를 통하여 추진되었다. 유송대 이후 이와 같은 이중체제는 형식적으로는 부정되었다 하더라도 여전히 남조 사회를 제약하는 변수로 작용하고 있음은 부정할 수 없다.

이상에서 보았듯이, 동진·남조시대는 유동하는 사회였다. 유동의 원인은 새외에 살던 유목민족의 중원 진입이었는데 그것은 동방에 몰아친 거대한 민족 이동이었다. 동진·남조의 역사 전개는 바로 북방에서 남도한 북인에 의해 야기된 것이다. 이들이 언제 남도했느냐에 따라 사회계층, 신분의 차이가 생겨났고, 그것에 의해 통치구조의 다중화가 야기되었다. 아울러 북인

---

191 『宋書』卷6 孝武帝紀 大明 元年 秋7月 辛未條, p.120, "土斷雍州諸僑郡縣".

192 『宋書』卷9 後廢帝紀 元徽 元年 8月 辛亥條, p.180, "詔曰: '… 申土斷之制 …'".

193 『南齊書』卷24 柳世隆傳, p.451, "虜退, 上(高祖 蕭道成)欲土斷江北".

194 『梁書』卷2 武帝紀中 天監 元年 夏4月 辛未條, p.37, "土斷南徐州諸僑郡縣".

195 『陳書』卷3 世祖紀 天嘉 元年 秋7月 乙卯條, p.51, "詔曰: '… 來歲不問僑舊, 悉令著籍, 同土斷之例".

196 嚴耕望은 "土斷之關鍵在屬籍與納稅"라 간략하게 규정하였다(『中國地方行政制度史』上卷 中, 「魏晋南北朝地方行政制度史」上册, 1963, p.11).

197 『宋書』卷6 孝武帝紀 孝建 元年 是歲條, p.116, "始課南徐州僑民租".

198 『宋書』卷2 武帝紀中, p.30, "及至大司馬桓溫, 以民無定本, 傷治爲深, 庚戌土斷, 以一其業. 于時財阜國豊, 實由於此".

의 남도는 기존의 남인사회를 근본적으로 변화시켰다. 남·북인, 특히 교인과 구인의 갈등뿐만 아니라 만족을 출산시킴으로써 동진·남조 사회는 훨씬 복잡해졌다. 동진·남조 사회에서 일어난 다양한 문제는 교구의 갈등과 타협을 불러왔고 그에 따라 진행되었던 것이다. 남북조시대는 '남약북강(南弱北强)'의 시대라고 한다. 그 원인은 이 사회가 어떤 면에서 호한 문제보다 더 복잡하고 어려운 문제를 안고 있었기 때문이 아니었을까!

결론

　'호한체제'란 이미 잘 알려진 대로 후한 말 이후 중국 서북방 유목민족(호)이 중원 지역으로 진입함으로써 기존에 살고 있던 농경한족(한)과의 사이에 벌어진 상호관계를 말한다. 즉 호와 한이 당초 서로 모순관계로 투쟁하다가 종국에는 공존의 길을 찾아간 역정을 가리키는 것이다.

　제1장「위진-수당시대 호족군주의 중화제왕으로의 변신 과정과 그 논리 ―'다민족국가' 형성의 한 계기에 대한 탐색―」은 현재 중국이 갖는 특징, 즉 지대물박(地大物博)한 영토와 수많은 민족을 가진 다민족국가로 형성되는 계기를 마련하는 과정을 다루었다. 호족이 중원에 왕조를 세운 오호십육국시대부터 세계제국으로 부상한 대당제국시대까지의 민족적 통합 과정과 그 통합을 이끈 호족군주들의 '중화군주'로의 변신 과정을 살핀 것이다.

　현재 중국이 지니는 가장 큰 특징을 두 가지 꼽자면 첫째, 세계에서 인구가 가장 많은 나라이고, 둘째, 민족 구성이 다양함에도 불구하고 독특하게 하나로 뭉치는 일체성을 가지고 있다는 점이다. 필자는 현재 중국의 이른바 '다원적' 구조와 '일체성'이 위진남북조시대를 거쳐 수당대에 이르면서 그

시원적인 형태를 띠기 시작하였다고 생각한다.

기왕의 중화라는 개념은 호족이 중원을 차지하게 됨으로써 무너지기 시작했고, 한족의 강남 이동으로 인해 중화도 하나가 아니라 다원화되었다. 중원을 차지한 호족군주는 유구하고 우수한 중원문화를 획득하고 덕치를 행하는 군주가 됨으로써 명실공히 중화군주로 부각되고자 하였다. 아울러 북위의 효문제처럼 한족이 세운 중원의 정통왕조였던 서진을 멸망시킨 오호족의 왕조들과 달리 자신의 왕조가 서진의 계승왕조임을 강조함과 동시에 한화정책을 추진함으로써 중원왕조로의 과감한 변신을 시도한 경우도 있었다. 그러나 진정한 의미의 호한통합과 중화군주의 출현은 배타적인 화이사상을 물리치고 보편주의적인 중화사상을 내걸었던 당 태종에 의해 성취되었다고 본다. 당제국에서 편협한 종족주의를 초월한 '신중화주의'가 표방·정립되었던 것이다. 이와 관련하여 송대 이후 호한 문제가 소멸되고 반대로 화이 차별이 엄격화되었다는 점도 유의해야 한다.

제2장 「중화의 분열과 인근 각국의 대응— '다중적' 중화세계의 성립—」에서는 위진남북조시대 중국 본토에서 남북으로 각각 2개, 3개 등 다수의 국가로 분열되어 가는 과정과 그에 연동하여 인근 각국이 각자 독자적인 중화화로 나아가게 된 경위와 과정을 고찰하였다. 중화의 분열은 분열왕조의 출현이 중요한 요소이기는 하지만, 이 문제를 더욱 심각하게 만든 것은 오호 등 오랑캐 호족의 중원 진입이었다. 중화란 '중원'과 '화하(한)족'의 합성어이기 때문이다. 즉 화하족이 아닌 오랑캐가 중원을 차지하게 된 것이 문제의 시작이었다. 오호십육국시대 호족군주들은 중화를 자칭하면서 많은 저항을 받았을 뿐만 아니라 자칭에 대해 주저하기도 하였다. 그러나 호족 군주들이 중화군주로 변신함으로써 중국에서 중화의 분열이 이루어졌다. 그들은 서로를 오랑캐라 지칭하였다. 그러나 북위가 기존의 중원 지역인 화북을 통일하고 그 통치 기반을 공고히 하면서 군사적인 면에서나 경제적인 면에서 이

른바 '남약북강(南弱北强)'의 국면이 지속·강화됨에 따라 북위 초기에 서로를 도이(島夷)·삭로(索虜)라고 비하하던 관계가 서로의 존재를 인정하는 '피차(彼此)'로 지칭되는 관계로 변하게 된 것이다.

이런 변화에 따라 중국을 둘러싼 주변 각국도 그 변화에 각각 대응하기에 이르렀다. 북방 유연(柔然)은 중화로서의 북위의 실체를 부정함과 동시에 북위를 멸망시켜 '광복중화(光復中華)'를 이룩함으로써 남조왕조와 대등하게 '오막(吳漢)'이 양립하는 관계를 유지하겠다는 의지를 명확히 하였다. 한편 서방의 토욕혼(吐谷渾)도 황제호에 대응하는 칭호인 '가한(可汗)'을 자칭하였고, 동방의 고구려는 천손국(天孫國)으로서 자신의 위치를 확실하게 표방하고 독자적으로 그 속국들을 설정하는 등 '소세계'를 구축하였다. 왜(倭)도 수(隋)에 보낸 「일출처천자치서일몰처천자무양(日出處天子致書日沒處天子無恙)」이라는 국서에서 보듯이 스스로 독자적인 세계임을 명확하게 표시하였다. 그러나 고구려와 왜가 그 도성을 각각 장안성, 낙양성이라 한 것을 보면 중국적 중화세계를 완전히 부정한 것은 아니었다.

위진남북조시대 중화의 분열과 다양화는 당시뿐만 아니라 후세에까지도 많은 영향을 끼쳤다. 우선 이전까지 중국의 서북방에서 중국적 중화세계와는 다른 세계에 존재해 왔던 유연이나 토욕혼 등 유목세계가 넓은 의미의 '중국적인 세계'의 일원으로 등장하였다는 점이다. 이들의 세계관은 '중국적인 세계'의 일원으로 참여하기를 거부한 흉노의 그것과는 분명 달랐다. 후대의 이른바 '정복왕조'인 요·금·원·청의 중원 진입도 이런 과정의 연속선상에서 이해해야 할 것이다.

이런 점에서 중국적인 중화세계는 가입자가 늘어남과 동시에 지역적으로 확대되었다. 그렇다고 이들이 중원왕조의 일원적인 중화세계의 종속관계를 그대로 수용하였다는 것을 의미하는 것은 아니다. 주변 각국은 각국대로 중원왕조가 구축한 중화세계의 일원으로 참여하면서도 독자적인 중화세계를 상정하고 있었던 것이다. 즉 동아시아에는 다중적인 세계질서가 형성되어 운용되기도 하고, 때로는 독자적인 세계가 폐쇄적으로 운용되기도 했던 것이다. 이것은 당초 중국에서 중화의 분열 과정에서 나타난 필연적인 현상이었다. 중국에서 일원적인 중화체제로 복원된 이후에도 인근 각국은 각자의 세계를 여전히 지속시켜 갔던 것이다.

이러한 병렬적인 세계관은 10세기 월남이 독립하면서 남방에서도 나타났다. 월남 이조(李朝)에서 송나라로 보낸 국서에 "남국 산하에 황제가 있는 것은 분명히 나누어 정해진 것으로 하늘의 책에 기록되어 있다[南國山河 帝居 截然分定在天書]"[1]라고 한 것이나, 1427년 태조 여리(黎利)의 명으로 완천(阮廌)이 찬한 「오나라를 평정하는 훈계[平吳之誥]」에서도 "우리나라는 한·당·송·원과 더불어 각기 한 지역에서 황제 노릇을 해왔다"[2]라고 했듯이, 월남의 각 왕조는 중국왕조와 동등한 중화국임을 표방하였다. 고려가 건원칭제하였고, 근래 발견된 왕건 상에서 왕건이 천자의 관인 '통천관(通天冠)'을 쓰고 있고,[3] 『삼국사기』를 저술한 것은 독자적인 세계의 표방이었다. 월남에서 1479년 『대월사기전서(大越史記全書)』가 완성된 것도 이런 영향이라 할 수 있다.

제3장 「이적에서 중화로—'황제천가한'의 출현 과정과 그 의미—」에서는 당대에 들어 당실(唐室)의 황제가 자칭하는 '황제'호 외에 주변 유목국가의 수장들이 높여 부르는 '천가한'호를 겸칭하는, 즉 '황제천가한'이 출현하게 된 과정과 그 의미에 대해서 논술하였다. 한제국과 흉노제국은 장성을 경계로 별개의 두 세계를 나누고, 황제가 다스리는 '관을 쓰고 허리끈을 매는

---

1 『大越史記全書』(陳荊和 編校, 『(校合本)大越史記全書』, 東京大學 東洋文化硏究所附屬東洋文獻センター, 1985) 本紀3, 英武昭勝 元年 3月條.

2 『大越史記全書』 本紀10, 明宣德 2年 12月 17日條, "惟我大越之國, 實爲文獻之邦, 山川之封域旣殊, 南北之風俗亦異, 自趙丁李陳之肇造, 我國與漢唐宋元而各帝一方".

3 盧明鎬, 「고려 태조 왕건 동상의 황제관복과 조형상징」, 『북한의 문화유산』, 서울, 국립박물관, 2006.

사람들의 나라[冠帶之室]'와 선우가 통치하는 '활을 당기는 사람들의 나라[引弓之國]'로 구별하였다. 따라서 흉노와 한은 인대국의 관계로 '선우(흉노)'와 '황제(한)'의 통치 영역이 엄연히 양분되어 있었다. 그것은 양국 간에 교환된 '국서'에서도 반영되고 있을 뿐만 아니라 『한서』 지리지나 『후한서』 군국지에서도 그대로 반영되었다. 그러나 유목제국과의 관계에서 당제국은 한제국의 그것과는 분명 달랐다. 그래서 '황제천가한'을 칭한 당제국의 최고 통치자는 그 통치 영역이 황제가 관할하는 농경 지역뿐만 아니라 가한이 관할하는 유목 지역을 포괄하려고 했고, 실제로 포괄하고 있었다. 이런 한·당 간의 차이를 가장 잘 표현하는 조형물이 한 무제릉[茂陵]에 배장된 곽거병묘 앞의 '마답흉노(馬踏匈奴)'의 석상과 당 태종릉[昭陵]의 14국 군장상 및 고종릉[乾陵]의 61번신상이라고 생각한다. 전자는 한과 흉노가 하나의 영역에서 공존할 수 없다는 사실을 반영하지만, 당의 두 석상군은 당제국의 황제 조정에서는 유목민족도 공존할 수 있다는 것을 표현하고 있는 것이다.

'황제천가한'을 칭하는 당제국의 황제는 기존 유목 가한이 통치하던 영역의 사람들, 즉 사이(四夷)를 통어하였다. 이런 사실을 『통전』에서 "사이를 임통(臨統)하는 것은 이로부터 시작되었다"라고 표현했듯이 당제국에서 비로소 행해졌던 것이다. 즉 이런 형국은 중국 역사상 처음 있는 일이었다는 점에서 그 의미가 크다. 물론 이처럼 (천)가한을 칭하고 그것의 합당한 통어 행위를 한 기간은 그리 길지 않았다. 그러나 개방성과 국제성을 특징으로 하는 당제국이 여기에서 시작되었다고 해도 과언이 아니다.

한과 다른, 당의 이런 차이는 당제국기에 이르러 갑자기 형성된 것은 아니었다. 오호의 중원 진입 후에 점차 형성되어 갔던 것이었다. 흉노의 서진 이후 유목민족의 거센 중원 진출로 서진시대가 되면 '융적(戎狄: 호)'이 관중 인구의 반을 차지하게 되었다. 앞으로 다가올 심각한 위험을 감지한 위·서진의 조사(朝士)들이 제시한 해법은 바로 '사융론(徙戎論)'으로 대표되는 이적의 본거지로의 회귀정책이었다. 그러나 그것이 문제 해결의 완전한 방법이 될 수 없었다. 현실적으로 불가능한 일일뿐만 아니라 오히려 양자 간의 갈등만 증진시켰다. 결국 '오호난화(五胡亂華)'라 지칭되는 참극이 벌어졌고, 오호십육국이 성립하였다. 중국 내지에 거주하는 호한 민족 간의 갈등과 모순·대립은 더 이상 서로에게 아무런 이득이 없다는 것을 깨달은 양측은 결국 타협과 공존의 길로 나서게 되었다. 이 과정에서 북방 유목민과 서방의 오아시스 주민들이 대거 중국 내지로 진입하였다. 북위왕조의 초납책은 파격적이었으며, 특히 당제국의 정책은 이전 서진시대의 '사융론(徙戎論)'과는 판이하게 다른, "모두가 내 백성이 될 수 있다[悉爲吾民]"는 것이었다. 이리하여 당제국의 조정에는 이국인 고관이 즐비했으며, 돈황·광주·천주·양주 등 전국 각처에 외국인 거주지인 '번방(蕃坊)'이 세워졌다. 장안은 세계제국의 도성답게 외국인들로 넘쳐났다.

이런 당제국 출현의 후면에는 세계관의 변화도 개재되어 있었다. 오호의 중원 진입 이후 나온 개념이 '호월일가(胡越一家)'다. 호월일가는 중원을 중심으로 초원에서 활동하는 호(유목민족)와 남방 산간에서 활동하는 만족(월족)이 형제처럼 일가를 이루고 같이 살아가는 형세를 지칭하는 것이다. 이것은 북위 효문제가 제창하여 추진한 정책이었으며, 그 후 당 태종이 '황제천가한'을 칭하면서 그런 국면을 완성시켰다고 선언했던 것이다.

당제국의 황제가 '천가한'을 칭한 것은 그 이전 시기부터 전개되어 온 북방 유목민족의 중원 진입과 밀접한 관련이 있다. 유목민족의 진입은 곧 가한호를 사용하는 세력의 진입을 뜻하는데 북위의 전신인 대국시대부터 이미 가한호를 사용하였으며, 북위 황제는 북위왕조가 멸망할 때까지도 그 호칭을 포기하지 않았다. 아울러 새외의 유연이 중원의 영역까지 그들(가한)의 세력 범위로 여겨졌다. 가한의 통치 영역이 북위와 유연에 의해 중원 지역까지 확대되었다. 아울러 선비 계통의 유목세력이 세운 토욕혼도 가한호를 사용하였다. 그리고 수제국의 황제도 가한호를 칭하였다. 가한호의 중국 내지와 서남 지역으로의 확대는 당제국에서의 천가한 칭호 출현을 촉발시켰던 것이다.

중국인들은 당제국을 한제국과 더불어 역사상 가장 위대한 제국의 하나로 취급하며 한족이 세운 국가로 생각하지만 그 원류는 호족 계열이었다. 그 혈통이 어떠하든 대당제국의 출현은 오호의 중원 진입이 낳은 최후의 결과물임에 틀림이 없다. 오호 중의 한 유파가 당제국을 건립한 것이다. 이런 사실에도 불구하고 왜 당조는 한족국가로 여겨지는가? 이것은 오호족의 중화로의 자기 변신이 성공한 결과였다. 대외관계와 대외문물에 대해 개방적이고 절충적인 당제국기에 이르러 '당인(唐人)'이라는 새로운 유형의 호칭이 생겼다. 당인은 국제인을 의미하였다. 당인이 주체가 되는 당제국은 단순히 외국 문물을 수용하는 것이 아니라 대외적으로 역수출하는, 문자 그대로 세계 제국이 되었던 것이다. 종래에 오호의 중원 진입을 '오호난화(五胡亂華)'라는 말로 폄하하는 시각이 대종을 이루었다면 이제는 '오호흥화(五胡興華)'라는 말이 오히려 적당하다. 오호가 '중화민족'을 탄생시키는 계기를 만들었다는 의미인 것이다.

제4장 「동위-북제시대 호한체제의 전개—호한갈등과 이중구조—」는 동위-북제시대의 정치사의 전개를 호한 문제를 중심으로 다룬 것이다. 동위-북제는 당초 경쟁 상대국인 서위(西魏)-북주(北周)뿐만 아니라 남조의 양(梁)이나 진(陳)에 비해서 강역·인구·경제력 등 여러 방면에서 국가 역량상 우월한 위치에 있었다. 그럼에도 불구하고 결국 북주에게 병탄 당하게 된 것은 역시 종족 문제, 즉 호한 문제를 순조롭게 해결하지 못한 데에 있다고 볼 수 있다. 호한의 조화에 성공하지 못한 것은, 물론 통치자들의 능력에 기인하는 바도 있겠지만, 동위-북제에는 그럴 수밖에 없는 조건들이 내재되어 있었다고 볼 수 있다.

동위-북제를 건립한 중추적 세력은 북위 말 '육진(六鎭)의 난'을 일으킨 선비인(鮮卑人)들이었다. 따라서 한화에 대한 철저한 반감을 갖고 있었다. 반면 그들이 정권을 세운 지역은 산동을 주축으로 하는 하북 지역이었다. 이 지역에는 북위 효문제의 한화정책의 추진으로 이득을 본 산동귀족의 향리가 포함되어 있었다. 한화와 반한화의 양 세력이 하북이라는 지역을 무대로 갈등하게 된 것은 자연스런 결과였다. 그 결과 동위-북제의 국가체제는 자연히 이중체제를 띠지 않을 수 없었다. 진양(晉陽)과 업도(鄴都)의 양도제(兩都制)가 나타나게 된 것은 그 때문이었다. 결국 채택된 것이 호한을 문무(文武)로 분리하는 것이었다. 이에 호한갈등은 흡사 오호십육국시대로 회귀한 느낌을 준다. 황권을 안정시키기 위해서는 종실이나 선비훈귀(鮮卑勳貴)세력을 약화시키는 것이 불가피한 것이었고, 이를 위해 한인세력을 이용하는 것 외에는 다른 대안이 없었다. 이런 과정에서 호한의 대립상은 더욱 첨예해져 갔다. 고건(高乾) 등 하북 무장호족세력이 제거된 후, 무력을 잃은 한인들은 자연 황권에 의지하여 그 세력을 유지할 수밖에 없었다. 그것은 바로 은행화(恩倖化)의 길이었다. 선비족이 압도하는 조정 분위기 속에서 황권은 안정되지 못했고, 그 반면에 황제에 따라서는 황권의 독재화가 두드러졌다. 북제 황제들은 선비족의 전통인 유목군주의 탈을 벗을 수가 없었다. 정상적인 적장자 상속은 이루어지지 않았고, 진양에 무력의 기반을 둔 황제(皇弟)가 황권을 탈취해 갔다. 황제들은 아우들보다 더 나은 군사적 성공을 이루기 위해 친정에 나섰고 그런 노력에도 불구하고 정상적인 전위(傳位)는 이루어지지 않았다. 이에 비정상적인 황권의 독재화가 나타나게 되고, 더불어 은행의 역할이 증대되는 소지가 마련되었던 것이다. 또한 새로운 은행세력으로 서역상호(西域商胡)가 등장하였다. 북제의 멸망을 황실의 부패에 있다고 정리하기도 하지만, 그 근본을 찾아가면 역시 호한갈등 문제 해결의 실패에 있었다. 서위-북주가 호한융합의 일원체제(一元體制)를 이룬 반면, 동위-북제는 이중체제(二重體制)를 유지함으로써 국가 역량이 분산된 것이다. 이 이중체제는 수도뿐만 아니라, 관료의 분열과 종국적으로는 국가의 근본인 민(民)의 분열을 가져왔고 이런 체제를 극복하지 못한 동위-북제의 패배는 당연한 것이었다.

제5장 「서위-북주시대 호한체제의 전개─호성재행(胡姓再行)의 경과와 그 의미」는 서위-북주시대 우문씨정권에 의해 단행된 호성재행정책에 대한 분석이다. 이 장에서는 우선 호한 양족의 성씨관념의 차이가 매우 크다는 것을 염두에 두었다. 서위-북주시대 사성(賜姓) 문제는 유목민족의 일상에서 보이는 계보 조작(系譜造作)의 관행과 깊은 관련이 있었다. 이것은 "나가서는 이름을 고치지 않고 태어나서는 성을 고치지 않는다[行不更名 生不改姓]"라는 한족들의 성씨관념과는 큰 차이가 있다. 북위 효문제가 태화 19년 실시한 호성의 한성화 조처에서 보듯이 그렇게 쉽게 호족의 성을 거의 모두 바꾼 것은 이런 유목민족의 관행과 무관하지 않았다. 유목민족이 이렇게 쉽게 성을 바꾸는 데에는 그 나름의 이유가 있다. 유목민족은 자기들의 실제 혈통적 계보가 어떤가에 대해 별로 의식하지 않는 것이다. 오환선비나 현재의 감숙·청해 지역에 거주하는 몽구오르족(蒙古爾族)의 경우에서 나타나는 관행이지만 종자(從者)는 주인, 병사는 장군의 성을 따라 바꾼다. 이와 같이 자유로운 개성(改姓)을 통하여 새로이 구성된 집단 성원 모두를 하나의 공통된 조상으로 하는 계보로 조작되는 것이다. 그 목적은 유목민족이 공격이나 방어라는 전투행위를 수행하는 과정에서 보다 강고한 단결의식을 고취하기 위해서였다. 서위-북주시대의 호성재행도 이러한 유목민족의 성씨관행을 고려하여 채용한 것이었다.

우문태는 먼저 호족에 대한 사성[復姓]정책을 행한 후, 강고한 성씨관념을 가지고 있는 한족들에게도 필요에 따라 사성을 행하고 동시에 그 보상으로 진작(進爵)과 진위(進位) 조치를 행하였다. 우문태가 동위-북제나 남조의 양(梁)과 정치지국(鼎峙之局)을 형성하면서도 물질적·군사적·정신적인 면에서의 열세를 보완하기 위해서 관중(關中)에 모여든 호·한인민을 굳게 단결시켜 하나의 불가분의 집단으로 만들기 위한 목적에서 이 사성조처를 단행한 것이다. 이로써 동위-북제와 남조의 양 등 양쪽의 적대세력을 타파하고, 더 나아가 이른바 서위 이래 당 초까지 지배집단으로 그 지위를 굳게 유지한 '관롱집단(關隴集團)'을 탄생시킨 계기를 마련한 것도 이 사성 덕분이었다. 이것은 바로 호족의 사성이 갖는 효용성을 염두에 둔 결실이었다.

호성재행을 실시할 때는 명분과 근거가 있어야 한다. 그것이 바로 이른바 '삼십육국 구십구성'시대로의 회귀였다. '삼십육국 구십구성'시대란 선비 탁발족 등 어느 특정한 종족의 영광된 '선왕의 시대'가 아니라 북족민 공통의 영광된 시대라는 의미를 띠고 있는 것이었다. 이러한 성씨체제의 복원은 북족민 출신 모두에게 영광된 시대의 재건이라는 명분을 안겨 주는 것이었다. 즉 북족민에게 그 영광의 시대의 재건 작업을 위해서 동참할 것을 촉구한 것이었다. '삼십육국 구십구성'시대는 막북을 무대로 전개되었지만 새로운 그들의 근거지, 즉 '향리'를 관중 지역에 재창건해야만 하였다. 그리고 그때의 영광의 주역들의 후예는 이미 절멸된 경우가 많아 그들의 계보를 복원해 주는 것이 북족민의 단결을 위해서 불가결하였다. 아울러 한족도 '삼십육국 구십구성'에 참여시키기 위해 사성이 필요했던 것이다. '삼십육국 구십구성'은 모두 친족관계이다. 모든 북족민들을 친족화시키는 동시에, 유력한 한족들에게도 이러한 '친족'관계에 참여하도록 유도했던 것이다. 관중이라는 새로운 땅에 북족민들이 새로운 향리를 창건하였듯이 한족들에게도 이곳에 새로운 향리라는 관념을 갖게 하여 지역적인 애착심과 이기심을 갖게 하였다. 이것은 진정한 호한의 융합을 위한 조처였다.

이런 명분 뒤에는 먼저 당권자인 우문태를 비롯한 우문씨의 세력 기반 구축이라는 목적이 숨어 있었다. 호성재행은 관중에 모여든 여러 군벌과 '향병'을 이끌고 있는 유력 한족호족들을 우문씨 아래 정서화하는 작업의 일환이었다. 우문태는 당초 '무천진 군벌'을 세력 기반으로 하였기 때문에, 먼저 그들을 결속시키고 그 집단을 확장시켜야만 하였다. 원래 다른 군벌을 압도할 군사력을 가지지 못했던 우문태는 사성 조처를 통해 먼저 핵심 참모를 영입하고, 나아가 점차 이른바 '등이관계(等夷關係)'에 있던 타 군벌의 영수들을 결속시켜 갔다. 이 과정에 이용된 것이 그의 중앙군으로서 출발한 부병제였다.

서위-북주 이후 수·당 초까지의 군사력의 근간인 부병제는 호족만으로 유지될 수가 없었다. 서위 대통 9년 이른바 "널리 관롱 지역의 호우를 모집하여 군려를 증강하는[廣募關隴豪右, 以增軍旅]" 조처로 시작된 향병의 부병화 과정에서도 사성은 작용되었다. 잘 알다시피 부병제는 육주국대장군-십이대장군-이십사개부의동삼사-구십육의동삼사라는 계통조직으로 구성된다. 한편 당시 국가로부터 사성을 받는다는 것은 곧 '관족(官族)'이 되는 것이며, 그것은 곧 사성을 받은 주체에게 거기대장군·의동삼사 이상의 관직(여기서는 軍職)을 부여한다는 것이고, 그것은 또한 개부권(開府權)을 얻는다는 것을 의미한다. 따라서 사성자의 대부분은 독자적인 군사 단위인 의동부 이상의 군부를 열어서 원래 그들이 이끌던 향병들을 군부의 병사화하였다. 당초 향병을 이끌던 향수들은 대부분 각종 군부의 부료나 대도독·수도독·도독 등의 군직을 거쳐 독자적인 군부를 여는 거기대장군·의동삼사 이상의 군직으로 승진하면서 사성을 받은 것이다. 종래 부병제와 관련하여 난제로 여겨져 왔던 "소통군인, 역개종기성[所統軍人 亦改從其姓]"을 필자는 다음과 같이 해석하였다. '기(其)'는 독자적인 군부를 이끄는 거기대장군 이상의 사람을 가리키고, '군인'이란 그에 소속된 모든 군인이라는 뜻이 아니라 장군과 특수관계에 있던 부료 등 장군부의 핵심집단이라고 정리하였다. 물론 부병조직의 중요한 군직은 여전히 호족 출신들이 차지했지만, 사성을 통해서 한족을 그들과 합작시킴으로써 부병제를 더욱 강고한 군사체제로 발전시킬 수 있었다.

당시 사성을 포함한 호성이 실시된 목적은 이와 같이 분명하다. '호한체제'의 하나의 근거를 서위-북주시대의 사성제도에서 찾을 수 있는 것이다. 서위-북주시대의 사성은 중국 성씨사에서 새로운 장을 여는 조처로 주목되어야 한다. 북위 효문제의 태화 개성은 호족 거의 전부를 한성으로 바꾸도록 명령하였던 것으로, 이것은 호족 성씨에 대한 일종의 말살정책이었다. 효문제와 달리 우문태는 한족 모두에게 개성을 명령하여 한족 성씨를 말살하려는 정책을 편 것이 아니었다. 그의 정책은 일종의 호한 성씨의 양립을 인정한 것이며, 더 적극적으로 말하면 호한 양립의 지향이었다. 북주 말 양견은 우문씨에 의해 사성된 자들의 복성 조치를 취했지만, 그것은 549년 우문태에 의해 복성된 호족이 대상이 된 것은 아니고, 어디까지나 한족 중 호성으로 사성된 자에 국한된 것이었다. 따라서 북위 효문제의 태화 개성 이후의 성씨체제의 역사를 보면, 호족의 성과 한족의 성이 병존하는 사회로 점차 지향해 간 것으로 정리된다. 어느 일방이 어느 한쪽의 성씨체계로 강제로 변화시키려고 하던 정책에서 권장하는 방식으로, 다시 양쪽이 서로를 인정하는 사회체제로 전환한 것이다. 이러한 사회조직을 기본으로 하는 체제가 수당 세계제국으로, 북방이나 서방 민족의 요소를 억지로 중국화하려고 한 것이 아니라 그 요소를 그대로 두고 포용할 수 있는 자기 변화가 선행된 체제라고 할 수 있다. 이러한 것은 성씨체제에서도 찾아볼 수 있는데, 그런 면에서 서위-북주시대의 복성과 사성은 수당적 성씨체계로 정착해 가는 과정 중에 나타난 과도기적인 조치인 셈이다. 북족은 잃어버린 자신의 성을 찾았다. 그러나 수당과 다른 점은 일부지만 다른 민족에게 자기의 성으로 바꾸도록 유도한 것이다.

제6장 「서위-북주시대 『주례』 관제 채용의 경과와 그 의미」는 서위-북주시대 우문씨의 주도 아래 단행된 『주례』 관제 채용의 경과와 그 채용을 통해 얻어진 정치·사회적 효과를 분석하였다. 우문태가 『주례』 관제를 채용

하면서 내건 명분은 '한위지제(漢魏之制)'가 가진 번잡성의 탈피였다. 그러나『주례』관제 채용 후 실제적으로 관직 수는 이전보다 더 늘어났다는 점에서 그것은 명분에 불과하였다. 이 관제는 단순한 관제 자체만이 아니라 국가경영의 지도이념인 예(禮)의 하나였다. 그리고 채용된 관제의 내용도 단순히『주례』의 육관제를 복사한 것이 아니라 현실적인 수요에 따라서 상당한 유연성을 갖는 것이었다. 다른 왕조에서 복고적 개혁을 시도할 때처럼『주례』의 조문 하나하나에 집착한 것이 아니어서 현실과 모순되는 문제는 발생하지 않았다. 서위-북주는 당면 과제를 해결하는 데『주례』가 발휘할 수 있는 이념을 적절하게 이용하였다. 첫째, 적대세력인 동위-북제와 양의 체제를 당연히 폐기시켜야 할 한위지제의 계승물로 치부하고, 대신 중국인의 이상향인 삼대의 하나인 서주(西周)체제로 환원·복귀시킴으로써 서위-북주가 정신적인 면에서 적대국에 비해 상대적 우월감을 내세울 수 있는 도구로 사용하였다. 둘째,『주례』관제를 적절하게 운용하여 한·위진-남조로 발전해 온 원숙한 문벌체제와 북위 효문제의 한화정책의 결과를 유산으로 이어받은 동위-북제의 귀족주의체제를 부정함으로써 우문태를 중심으로 하는 북진 무장과 관롱 지역의 비문벌 토착호족들을 결합시켜 새로운 정치집단(이른바 관롱집단)을 형성하게 되었다. 셋째, 권력의 이원화, 즉 왕도(王都)와 패부(覇府)의 분리라는 현실을 이념적으로 정당화시킴으로써 선양혁명의 길을 닦고, 우문호 등 종실 권력자의 존재를 합리화했던 것이다.

현실적인 문제를 해결하는 데 효능을 발휘한『주례』도 시일이 지남에 따라 상황도 변하고, 그 제도가 갖는 원초적인 문제점 등이 합쳐져 그 한계를 드러내게 되었다. 먼저 위-주 선양혁명의 종료는 사실상 권력의 이원화의 정당성에 의문을 던질 수밖에 없었고, 북주 초를 풍미했던 권력자 우문호(宇文護)의 퇴장은 사실상『주례』체제의 종언을 재촉하였다. 그리고 '관롱집단'이 확고한 지위를 확보하고, 북제가 멸망하면서『주례』가 더 이상 효능을 발휘할 여지를 상실하였다. 그러나 우문씨 왕조의 실질적인 개창자인 우문태가 주도하여 만든 『주례』 체제는 하나의 조법(祖法)이 되어 있었기 때문에 쉽게 배척할 수 없었고 결국 수 문제 양견의 선양혁명을 계기로 그것과 짝을 이루던 호성과 함께 폐기되었다. 서위-북주의 『주례』 체제는 비록 권의성(權宜性)이 짙은 것이었지만, 북주의 '후삼국' 통일 역량의 육성에 크게 기여했을 뿐만 아니라, 후세의 관제 발달에 끼친 영향도 적지 않았다.

제7장 「7세기 수당 양 왕조의 한반도 침략 경위에 대한 하나의 검토—수와 당 초 황제의 정통성 확보 문제와 관련하여—」에서는 수 문제에서 시작된 이후 거의 1세기를 끌어 온 수당왕조의 고구려 침략 경위에 대하여 종래 자주 논의되던 국제관계사적인 측면을 배제하고, 내부적인 문제, 그중에서도 수와 당 초의 계위 분쟁과 거기에서 파생된 황제들의 정통성 미확보라는 문제를 중심으로 살펴보았다. 수·당 초에는 공히 확고한 제위 계승원칙이 정해져 있지 않고 당시 황위는 계승되는 것이 아니라 '쟁취'하는 것이라 여겨졌다. 이러한 황위의 불안정성은 쟁취한 황제의 정통성에 문제를 야기했고, 따라서 황제로 등극한 후에도 이런 취약한 정통성을 보충하기 위해서 지속적으로 노력하지 않으면 안 되었다. 수 문제, 수 양제, 당 태종이 공히 가지는 공통적인 문제는 약간의 차이는 있지만, 등극 과정에 문제가 있었다는 점이다. 당시 그들에 대한 일반적인 인식은 '사취천하(詐取天下)'했다는 것이었다. 그리고 자신들이 너무 쉽게 황위에 올랐던 관계로 자기처럼 황위를 쟁취하려는 존재가 나타날 것을 크게 염려하고 있었다. 이런 조야의 관심을 다른 곳으로 돌리고 상하가 화합하여 황권을 공고하게 하기 위해서는 대외 전쟁이라는 수단이 유효하다고 판단한 것이다. 따라서 그들은 곧 '평일사해(平一四海)'전을 전개하게 되었고, 대고구려전도 그 일환이었다.

수 양제는 그 자신이 형에게서 태자위를 탈취했을 뿐만 아니라 아버지인 수 문제의 시해 사건에 직접 관계했던 점에서 그 등극 과정에 많은 문제를 안고 있었다. 그는 신하들 중 자신의 황제 자격에 이의를 가진 자가 많아, '불부(不附)'하는 경향이 나타나고 있다는 사실을 감지하였고, 수 문제 이후 현안으로 떠오른 고구려 침공을 성공적으로 이끌어야만 그 옹색한 국면을 돌파할 수 있다고 판단했던 것이다.

당 태종의 경우도 역시 현무문의 변이라는 궁중정변을 통해 등극했기 때문에 등극 자체에 대한 의식은 수 문제나 양제와 다를 바가 없었다. 그는 당시 가장 큰 과제였던 돌궐 문제를 해결함으로써 그 국면을 돌파할 수 있었다. 그러나 대고구려전쟁에서 수나라가 망하는 것을 목도했기 때문에 돌궐전 승리 이후, 내치를 통해서 정통성을 확보해 나갔으며, 그것은 비교적 성공적이었다. 그러나 그의 황제관 역시 사직을 능히 보위할 수 있는 자라야 한다는 호족군주적인 것이었다. 그래서 처음 황태자로 책립된 이승건(李承乾)에게 문제가 발생하자, 진왕 치(晉王 治)를 태자로 세웠음에도 불구하고 다시 오왕 각(吳王 恪)을 세우려 하였다. 그러나 그것이 여의치 않자, 당시 최대의 현안이던 대고구려전을 승리로 장식하여 황제의 권위를 확고하게 함으로써, 조신의 반대 의견을 물리치고 자기의 의지를 성취하려 하였다. 그러나 그 전쟁의 실패로 그 뜻을 이루지 못하였다. 그런데 당 태종이 고구려전쟁의 명분으로 뒤늦게 연개소문의 영류왕 시해를 문제 삼은 것은 그의 뜻과는 달리 유약한 이치(李治)가 황태자가 됨으로써 앞으로 발생할지 모르는 사직의 위기를, 즉 먼저 고구려에서 일어난 같은 문제를 응징함으로써 예방하려는 양면적 목적이 있었던 것이다.

이상과 같이 수·당 초 황제들은 모두 대외전쟁을 통해서 내부적인 문제를 해결하려는 시도를 하고 있었다는 점이 공통적으로 보인다. 그와 같은 사고의 출발은 바로 그들이 호족 계통 황제의 성격이 농후했던 데 기인한다. 수·당 초 황제들은 모두 황위를 정상적으로 승계 받은 것이 아니라, 자기의 능력으로 직접 쟁취하였다. 그리고 모든 정사를 직접 처리하였다. 필자는 이러한 정치형태를 '총괄적(總括的) 친정체제(親政體制)'라 명명하였다. 이러한 분위기는 수·당 초의 조정뿐만 아니라 사회 분위기이기도 하였다. 황제의 등극 과정도 물론 그렇지만, 정국의 옹색한 국면을 자기가 직접 지휘하는 대외전쟁에서 승리함으로써 해결하려는 점이 두드러지게 나타난다. 수·당 초 고구려전쟁이 그토록 오랫동안 지속되었던 것은 당시 황제를 둘러싼 이러한 상황의 지속과 직접적으로 관계가 있다는 것이 필자의 결론이다.

제8장 「동진·남조사와 교민―'교구체제(僑舊體制)'의 형성과 그 전개―」는 그동안 필자가 오호십육국·북조사를 중심적으로 다루면서 '호한체제'라는 가설로써 분석한 것과 마찬가지로 동진·남조사도 같은 시각으로 분석해 볼 수 있다고 주장한 글이다. 후한 말 이후 유민 발생의 조류는 서진 말의 영가의 난을 계기로 크게 확대되어 이후 남북조 말까지 중국 대륙은 유민의 파도에 휩싸이는 이른바 "민족 이동의 시대"를 열게 되었다. 고향을 잃은 사람들은 대개 강남으로 내려와서 새로운 거주지를 건설하였는데 이들이 '교민(僑民)'이고, 그들이 거주하는 지역은 '교주군현(僑州郡縣)'이라 지칭되었다. 강남에서는 이들 교민의 출현으로 교민과 구(거)민[舊(居)民] 사이에 대립 관계가 설정될 수밖에 없었고, 이것을 '교구체제'라 지칭할 때 이들의 관계가 동진·남조사의 전개상 가장 중요한 요소라고 볼 수 있다고 생각되었다. 동진·남조사에서 북방교민의 역할을 오호·북조사에서 호족의 역할과 마찬가지였을 것이라는 가능성에 중점을 두고 입론을 전개해 볼 수 있다. 이 시대 교민에 의해 발생하였던 정치·사회적 변화는, "① 동진·남조사의 가장 두드러진 지역적 쟁투였던 이른바 '형양지쟁(荊揚之爭)'은 유민의 출신 지역과 남도(南渡)의 조만(早晩)의 차이에 따라 나타난 것이다, ② 이 시대의 지방제도가 중국사상 가장 복잡한 것은 바로 교민의 출현이 그 원인이 되었고, 그에 의해 야기된 만족의 '출산(出山)'이 또 다른 원인이 되었다, ③ 황(黃)·백적(白籍)의 출현은 바로 교민이라는 특수한 인민을 체제적으로 인정

함으로써 진한 이래 제민 지배 원리를 부분적으로 파괴시킨 것이다"라고 보았다.

'교민'이라는 용어는 이 시대의 사서에서 초출하는 점에서 '교구체제론'의 입론이 어느 정도 가능하다고 본다면, 위진남북조시대의 역사를 탈고향인, 즉 교민들이 주도적으로 이끌어 갔다는 점에서 남북조사를 통일적으로 이해하는 틀로써 그 가능성을 충분히 확보할 수 있을 것이라 믿는다. 따라서 오호·북조의 '호한체제'와 동진·남조의 '교구체제'를 합쳐서 이 시대를 '교민체제'라는 형식으로 재구성할 수 있을 것 같다. 그리고 다양한 민족들이 공존을 지향하고 민족 간의 자유로운 교류를 체제적으로 허용함으로써 '유동'을 시대 특징으로 하는 '수당세계제국'은 위진남북조시대의 이런 교구 간의 접촉 과정을 거쳐 성립되었다는 것이 필자의 생각이다.

이상에서 살펴본 것처럼 위진남북조-수당시대의 정치는 이전의 한족국가처럼 행해진 것이 아니고 호족적인 요소가 크게 가미된 형태로 진행되었음을 알 수 있다. 이러한 결과를 주도한 것은 물론 현실정치를 주도하는 지배군주와 통치 계층인 호족들이었다. 그러나 다수를 차지하는 농경한족과 그들이 가진 기존의 우수한 정치문화 때문에 외형적으로 보면 유목호족의 '한화'라는 결과를 낳은 것처럼 보이기도 한다. 그러나 장구한 기간 동안 서로 간의 밀접한 접촉이 호한 상호 간에 절충점을 찾는 형태로 변화해 갔으며, 종국적으로 '호한융합'이라는 결과를 낳게 되었던 것이다. 그것이 보다 큰 나라와 '중화민족'이라는 거대한 민족 집단을 형성해 낸 긴 과정의 시작이 되었다. 이런 계기를 마련한 사건을 가리켜 흔히 '오호난화(五胡亂華)'라고 하지만 사실은 '오호흥화(五胡興華)'의 결과를 낳았던 것이다.

中文 摘要

本书收集了笔者在学术生涯中大部分时间研究的"胡汉体制"中有关政治方面的论文。"胡汉体制"是指从东汉末年以来中国西北方的游牧民族（胡族）进入中原后，与农耕民族（汉族）在各个方面所发生的相互关系。换言之，它体现了胡、汉族间从相互矛盾、纷争，到最终趋于共存、融合之路的走向。笔者在本书的"胡汉体制"中特别关注了胡、汉族在政治上如何协调，同时为了共存以寻找怎样的措施等问题。

笔者通过《魏晋—隋唐时期胡族君主转向中华帝王的过程及其论理—探索"多民族国家"形成的一个契机》一文分析了当今中国在政治、经济等方面已拥有G2的能力，与美国抗衡是否与历史上的"中国式多民族国家"的形成有关联。换言之，笔者在这一文中探讨了从胡族在中原建立五胡王朝到大唐帝国其民族融合是如何进行，且胡族君主是如何转向"中华君主"的。"民族融合"是中华君主追求的最终目标，也是形成当今中华民族的最大动力。笔者认为，当今中国的"中华民族"形成过程中魏晋—隋唐时期本身就具有独到之处。56个不同民族在一个"中国"的"框架"之内没有"大"的纠纷能够共存下去，笔者特别要关注有关形成多民族国家中的种种问题。

如今中国具有两个最显著的特点：一是世界人口最多的国家；二是虽有民族间的多样性，但相互凝聚形成"一体化"。据悉，世界上一个国家虽能呈现出民族间的多元化，但很少国家的人民会呈现"一体化"。笔者在这一文中分析了当今中国的"多元化"、"一体化"的结构是从魏晋南北朝至隋唐朝后日益趋于成熟的。

为此，笔者首先提出了中华帝王究竟要具备怎样的条件，换言之，以胡族出身的皇帝为了符合其条件采取了怎样的措施? 过去"中华"的概念是在顽固的"华夷思想"下产生的。其"中华"不仅要继承从前的"正统",而且要确保以文明起源的中原之地。然而, 这种条件在胡族统治中原后逐步遭遇崩溃。除此之外, 汉族迁往江南后, 其"中华"向"多元化"转变。在这种过程中, 作为"中原之主"的胡族君主接受悠久又优秀的中原文化后, 开始强调实行德治, 以弥补他们在"正统"方面的不足之处。特别是, 五胡君主要证实他们已占有中原的事实, 就要努力学习中原的"礼教文化", 广泛招纳汉族官吏, 逐步转向"中华君主"。然而, 汉族在坚固的华夷意识下, 不肯接受他们是自己的中华君主。而且, 胡族君主本身也犹豫不定、不知所措。之所以如此, 是因为他们有意识地注意由汉族所建的江南政权。

北魏统治者统一北方后, 为了实现胡汉融合, 让步不少自己固有的文化, 同时推行广泛而深刻的汉化政策。其中, 最典型的事例莫过于对游牧部落采取解散之策, 新道教成为国教。他们进而彻底断绝与攻灭汉族王朝西晋的五胡王朝间的任何关系, 继承西晋的正统, 以"正统王朝"而自认。孝文帝进行汉化政策, 大胆地尝试向中原正统王朝转变。在这个过程中, 带来的结果本应有众多汉族人民的支持, 但反而遭遇其政权核心阶层的不满, 最终引起"六镇兵"的起义而趋于灭亡。

北魏灭亡以后, 到了西魏、北周时, 宇文氏统治者为了实现胡汉间更大的民族融合, 实行了更多的相关政策。在典章制度方面, 他们采用汉族的《周礼》官制, 与孝文帝的"胡姓汉化"不同, 允许胡族使用胡姓。这种重视胡汉双方的政策得以推行, 才能创建以胡汉合作为核心的府兵制。在这种政策的延续下, 新的统治集团才能诞生。这正是从地区而言以关中、陇右为基础的超越胡汉民族界限的所谓"关陇集团"。关陇集团紧接着拉拢胡、汉族, 迈出民族融合上更大的步伐。后来, 周武帝攻灭北齐, 实现统一北方。他日益超越胡汉民族界限, 实现对胡汉"百姓"的皇帝之象。周武帝的思想在隋朝时被王通所整理，已体现在《中说》之中。

笔者认为，从真正意义上看，胡汉融合的完成与中华君主的出现是在唐朝初由唐太宗所实现的。这意味着只有排斥对外的华夷思想逐步趋于褪色，更为普遍的中华思想全面崛起。唐太宗对超越狭隘的种族主义，为迈向"新中华主义"，作出了非常重要的影响。

笔者在《中华的分裂与邻近各国的对应——以"多重的"中华世界的成立为中心》一文中探讨了所谓"中华"经过魏晋南北朝时期可分为两个或三个，当时邻近各国对这种事情如何反应或应对，最终各自走上怎样的"中华化"过程。"中华"因分裂时期的到来而分裂。随着五胡民族进入中原，这种分裂局面更为严重。据悉，"中华"是中原与华夏的组合词。"中华"得以转变不是华夏族而是在异民族控制中原后开始的。笔者发现在五胡十六国时期胡族君主虽然自称"中华"，但他们同是感到有压力，因为受到来自中国对内、外的反对。然而，强盛于中国北方的北魏对这种意识的走势带来较大的改变。北魏统一北方后，逐步巩固统治，在军事方面和经济方面，更为加强所谓"南弱北强"的局面。至此，南北朝各自不得不承认这种局势。四世纪初，南北朝相互鄙视对方为"岛夷"或"索虏"，表示出强烈的敌意，但胡族出身的皇帝却日益走上"中华化"的道路。在这个过程中，南北朝开始承认对方的存在，认可对方的政治体制或文化优越。这种局势大体上处于北魏孝文帝时期。这种局势一直维持到南北朝末年由隋朝统一全国之时。

对于这种在中国内部观念的转变，邻近各国也表现出有效的应对。其中，位于中国以北的柔然对自称"中华"的北魏作出彻底地否定，不仅要攻灭它，以实现"光复中华"的目标，而且要维持与汉人南朝间的关系，建立"吴漠两立"。这正显示出与中国世界相互并立的另一个"中华世界"。除此之外，位于中国以西的吐谷浑虽在追求自主独立的方面逊色于柔然，但他们采用相当于皇帝的"可汗"之号，同时设置类似于中国王朝的官制，甚至不顾南北两朝的激烈反对, 维持遣使于北朝、南朝的所谓"两朝通使"。 与柔然、吐谷浑不同, 位于中国以东的高句丽具有怎样的"世界观念"? 高句丽自称"天孙国", 在对外关系上有自己的明确地位, 同时设定属于自己的属国范围, 最终拥有以高句丽为中心的"世界"。高句丽所设定的"中华"当然并非意味着它是唯一的中华。柔然等胡族政权不同于以中国皇帝为中心的世界, 是设定以可汗为中心的世界。高句丽像他们一样设定以自己为中心的世界。我们发现当时倭国送往隋朝的国书中有"日出处天子致书日没处天子无恙"。从中可见, 倭国也有自主独立的"世界观念"。那么, 高句丽和倭国为什么把其都城称为长安城或洛阳城? 这意味着它们并非否定中国的"中华世界", 而是属于模仿"中华世界"的一种表现。

从柔然、高句丽、吐谷浑和倭国的"中华观念"而言, 它们不是否定中国的"中华", 而是对此表示彻底的认可。之所以如此, 是因为高句丽、吐谷浑、倭国等王朝参与中国的"册封、朝贡体制", 但自称中华而居, 并拥有自己的"世界观念"。从这个角度来看, 当时邻近各国都坚持拥有"多重的世界观念"。那么, 当时中国的册封起到何种作用? 这应有重新思考的必要。

在魏晋南北朝时期, 中华的分裂对当时或后世造成了不少影响。我们发现向来位于中国西北方的游牧民族拥有不同于中国"中华世界"的"游牧世界", 但经过这时期作为一个新成员开始进入更大意义上的"中国之世界"。这些内容在柔然或吐谷浑的事例中更为突出。其世界观念完全不同于匈奴拒绝参与"中国之世界"的。笔者认为要通过如上的思路认识所谓"征服王朝"的辽、金、元、清朝进入中原的历史。由此可见, 中国的"中华世界"内因有更多的成员参与, 中国的版图随之扩大。他们虽然决定进入"中国之世界", 然而, 这并非意味着他们与中国"中华世界"有从属关系。邻近各国都按各自的情况临时参与中国"中华世界", 但独自设定各自的"世界", 以继续运行下去。换言之, "多重的世界秩序"在东亚地区得以出现、运行, 同时各国独自的"世界"同样存在。这种现象是在中国的中华分裂所带来的直接影响。中国结束分裂时期，进入统一时期后，开始恢复唯一的"中华体制"。当时邻近各国仍维持各自的"世界"，同时继续保持和中国间的关系。

《从夷狄到中华—以"皇帝天可汗"的出现过程及其意义为中心》一文主要叙述唐朝皇帝经过何种途径才能自称"皇帝天可汗"，同时这种称呼具有何种意义。"五胡"进入中原是东方史上"民族移动"的巨大历史事件。之后，他们从五胡十六国经北朝到隋唐时建立多数王朝，成为这个时期的历史主角。

据悉，汉帝国与唐帝国被连称"汉唐"，容易被误以为是具有相同性质的帝国。然而，我们发现两者在设定统治领域等方面有较大的不同。同时，"汉唐"在世界观念或国际关系的运用上也有较大的差异。汉帝国把其统治领域设在长城以内，就是说，承认以长城为界由皇帝所支配的"冠带之室"，区别于由单于所控制的"引弓之国"。这种局面正反映汉帝国与匈奴帝国处于"邻对之国"的关系，显示出"单于"和"皇帝"统治的领域有严格的区别。这种事情则反映在两国间所交换的"国书"之中。

据悉，汉、唐朝对国境概念上有明显的不同。秦汉帝国把国境分为外境、内境，同时把当时异民族分为三类：一是居住在外境之外的民族，如匈奴、鲜卑等；二是居住在内境之外的民族，如西南夷、南蛮等；三是骗入在帝国境内即郡县支配秩序下的民族，如内夷等。由此可见，外境之内、外有严格的区别。外境之外实际上不属于帝国的支配范围。我们根据《汉书、地理志》、《后汉书、郡国志》，可见西汉、东汉帝国的全部领域或疆域。比如，《汉书、地理志》记载着西汉末当时东西、南北间的疆域面积可分为 ① 可开垦之地；② 不可开垦之地；③ 虽可开垦但还未开垦之地。除此之外，在《汉书》相关纪传中有郡、国、县、邑、道、侯国等字眼，它们指在西汉帝国内所设置的地方行政组织。《后汉书、郡国志》中同样记载着郡、国、县、邑、道、侯国等内容。我们发现由西域都护府所护领的西域之地，或者由使匈奴中郎将、护羌校尉、护乌桓校尉所管理的南匈奴、西羌、乌桓之地都不属于郡国之内。这正好说明汉族将现实观念中的国境作为实际分界，其外境存在着独立的异民族及其所建立的国家，没有把他们本身与他们所居住的地区看成汉族的支配对象或支配领域。

与汉朝不同，唐朝征服周围边疆地区后，将其地区划入羁縻州，以编入唐朝的疆域。关于羁縻州的数量，根据《旧唐书》、《新唐书》，各有800个、856个。同时，根据《唐六典》，天下州、府有315个，其外羁縻府、州有800个。羁縻府、州一般设置在较为辽阔之地，同时从其数量上看得出比内地的府、州多2.6倍。这种大唐帝国的统治方式从贞观年间到开元年间似乎未有变化，而继续维持下去。笔者在这里，特别要强调的是，唐帝国的羁縻府、州不同于汉朝的西域都护府等机构，有掌握各个羁縻地区的人口。这正显示汉、唐朝对边疆地区所采取的统治方式存在着明显的差异。

尤其是，唐帝国在和游牧帝国的关系上完全不同于汉帝国。比如，唐帝国的最高统治者自称"皇帝天可汗"。"皇帝天可汗"意味着从其统治领域的概念而言将要或现实包括皇帝、可汗各自所控制的农耕、游牧之地。这种汉、唐朝的差异也体现在当时的雕刻物之中。比如，汉武帝陵墓作为茂陵的陪葬墓，霍去病墓前有"马踏匈奴"的石像；唐太宗陵墓即昭陵前有14国君长像与唐高宗陵墓即乾陵前有61蕃臣像。前者反映出汉、匈不可在同一个领域内共存，但后者却体现出在唐帝国朝廷内农、牧民共存共乐。

唐帝国皇帝对向来可汗所控制的人民即"四夷"进行支配。这种事实可从《通典》的"临统四夷，自此始也"中知晓。这是在中国历史上前所未有的大变化。当然，我们知道唐朝皇帝如此称（天）可汗对游牧民族进行统治，其时间不会太长。无论如何，唐帝国确实具有开放性、国际性的特点。这应是在这种背景下产生而且发展演变的。

这种汉、唐间的差异绝不是到了唐朝后才出现的。据悉，这种两者的不同是在五胡进入中原后日益形成。所谓"五胡"的游牧民族进入中原应在匈奴分为南、北两部后逐步出现，而后到西晋时，所谓"夷狄"的数量达到关中人口的一半。当时西晋朝士预感到因有众多"夷狄"而带来的潜在危机。他们为了解决这种危机，提出了把居住在中原的"夷狄"归还于其原地的"徙戎论"之策。可知，其措施根本解决不了"夷狄"问题。这是因为，它从现实而言难以实行，并且会使胡、汉族的矛盾更为严重。这种局面最终爆发所谓"五胡乱华"的惨剧，而后带来史无前例的"五胡十六国时期"。随着时间的流逝，胡、汉族逐步认识到相互间的矛盾、纠纷、对峙对双方而言没有任何好处，于是最终走上和谐、融合、共存之路。在双方融合的过程中，北方游牧民以及位于中国以西的绿洲民大举迁徙到中国内地。据悉，北魏都城即洛阳城内来自于葱岭以西的人民有超出"万余家"。除此之外，我们可看到在北齐朝廷内有不少西域人的踪迹。

据悉，唐帝国不同于西晋的"徙戎论"，采取"悉为吾民"的政策。由此，我们在唐帝国的朝廷内发现有不少以异国出身的高官，除此之外，外国人的居住地即"蕃坊"设置在敦煌、广州、泉州、扬州等全国各地。长安像世界帝国的都城一样容纳了不少外国人。

唐帝国的出现在其背后隐藏着当时人对世界观念的转变。古代中国的世界观念是可用"六合（四方、上下等于东、西、南、北、天下）"之词来形容。"混一六合"只是在秦始皇时具有综合农耕、游牧之地的概念而使用，但之后逐步以统一中国的意思而使用的。后来，五胡进入中原后，"混一六合"为"胡越一家"所取代。换言之，它意味着游牧民族（胡）离开草原后，控制中原与蛮族（越）活动在南方丘陵地带，两者像个兄弟一样，形成一家。这种局面经过北魏孝文帝的汉化政策，一直到唐太宗所称"皇帝天可汗"后，最终得以完成。

众所周知，"可汗"是游牧民族的最高首领。唐帝国的皇帝之所以自称为"天可汗"，与从前北方游牧民族进入中原，和汉族混居有密切关系。游牧民族的进入意味着使用"可汗号"的势力进入农耕地。一般而言，可汗号是在单于之权威下降后，柔然取代匈奴而称霸草原世界时才开始使用的。然而，笔者发现拓跋鲜卑早在代国时已经使用可汗号，同时根据有关考古资料，已证实北魏皇帝一直以来都没有抛弃其称呼。另外，柔然曾表示将自身的势力扩展到中原，与南齐联合攻灭北魏，以实现"光复中华"的目的。由此可知，可汗的统治范围通过北魏、柔然的努力，已扩张到中原之地。除了北魏、柔然外，以慕容鲜卑出身建国的吐谷浑也使用过可汗号。因此，笔者认为在魏晋南北朝时期，可汗号向中国内地或西南之地日益扩张，这种现象以后直接影响唐帝国的皇帝。在这种环境下，唐帝国的皇帝自称为"天可汗"的。

唐帝国和汉帝国一样，在当今中国人心目中被确定为历史上最伟大的帝国之一。与此同时，中国人普遍认为两者都由汉族所建立。然而，我们发现目前不少学者对于唐帝国的皇族李氏的统治集团有何来源提出较大的疑问。甚至在南宋时，理学家朱熹就判定唐朝皇族李氏来源于"夷狄"。无论他们出身如何，大唐帝国的出现是在五胡进入中原，与汉族杂居，以实行民族融合的结果。那么，我们可以肯定的是五胡中的一个种族最终建立了唐帝国。既然如此，我们为何把唐朝看成"汉族王朝"？这是因为，五胡自愿转变"中华"，且最终其变化得以成功。据悉，任何异国的因素流入中国，就像个熔矿炉一样被中国所容纳，而后不得已走上"中国化"之路。佛教正是如此，且在唐朝曾流行过的"三夷教"也走过相同之路。除此之外，景教作为基督教的一派，在中国得以传播一定程度上吸取其他宗教曾经历的教训。在其过程中，景教也不少变化，但仍属于基督教。这种变化与其说"汉化"不如说"中华化"。

五胡刚进入中原时自认"夷狄异类"。然而，我们发现他们日益走上"中国化"之路。"五胡"对中原王朝首次打出致命一击莫过于"永嘉之乱"的爆发及其延续。由此，北魏太武帝自愿断绝继承五胡的任何关系，以包容众多汉人。除了他外，北周武帝也宣布"吾非五胡"，对五胡表示不再连贯。据悉，当时西域人把唐帝国叫作意为拓跋的"Tabgač"。这意味着唐朝则是由拓跋鲜卑所建的另一个王朝。为了洗清"胡"的血统，唐太宗采取了许多措施。比如，他下令重新官撰《晋书》《隋书》等正史。他将伪造历史，以巩固唐帝国的统治基础。尤其是，他把西凉李暠作为祖先，以表示尊崇，而后不同于五胡历史记录在"载记"中，而记录在人物传内。甚至他下令撰述《南史》、《北史》，把隋朝放在北朝历史中，以实现减少隋朝统一大业的目的。以后的历史证实这种伪造历史是成功的。他最终说道："大矣哉，盖史籍之为用也。"

五胡进入中原后，随之种族问题更为突出。经过民族融合，中国人所说的以民族的"汉（人）"开始出现。从前汉人是指"汉朝人"。随着五胡族与先前"汉朝人"间的种族矛盾越来越深化，汉人逐步成为胡人的攻击对象。尤其是，在东魏—北齐时期胡汉间的纠纷更为突出。然而，到唐朝时"汉"只是成为"蕃"的对立概念而已。"蕃"具有藩篱之意，与从前的"胡"不同，"汉"也有了本质性的变化。

据悉，唐朝对于对外关系、对外文物确实非常开放。所谓"唐人"的新词汇正是在唐帝国这种国际观念下产生的。唐帝国不是单一地接受外国文物，而是发挥向外传播中国文化的作用。在这里，我们特别要关注"中华人"或"华人"的出现。"华人"直接关系到在魏晋时开始所见的"中华"之词。中华当初是指"中国"，然而就更为具体而言是指"内地郡县"或"郡县地区"，后来逐步具有"文化"和"种族"的双重含义。最后，中华意味着某个势力在中原保持传统文化。直到北朝末年，一些以鲜卑在内的乌桓、匈奴出身的人们确保传统文化、学术后，以"中华朝士"自认。在中国政治变革时期，"中华"以"胡虏"的反对概念而使用，但最终包括维护中国传统文化的种族而继续使用下去。

特别是在民国时期，章太炎把"华夷"看成区别文化高低的标准，梁启超则认为即使是不同民族，他们也会在头脑里想起"我们中国人"，那么，彼此都是中华民族。因此，笔者认为当今所谓"多民族一体格局"的初步构想早在唐朝时期已经形成的。

我们观望从三世纪以来的东方历史，可看到大约在400多年间出现一种超越中原之地，包括北方草原、南方丘陵之地作为统一地域的现象。有学者对此认为，这正指超越"华夷而进入新国家运动"。笔者则认为，异民族进入中原被称"五胡乱华"、"四夷乱华"或"夷狄乱华"。这对他们来说，确实是最不公正的看法。在这种情况下，一本题目为《五胡兴华》的书籍能够出版，觉得很有意思。这很可能有五胡对最终诞生中华民族起到关键性的作用的意思。

笔者在《东魏—北齐时期胡汉体制的展开—以胡汉纠纷与双重构造为主》一文中着重分析了东魏—北齐时期的胡汉问题。当初东魏—北齐在与西魏—北周、南梁—南陈的竞争中占有疆域、人口、经济等方面的优越地位。但这种优势未能发挥作用，最终被北周所灭亡，其原因何在？这应与他们未能顺利解决胡汉问题有关。胡、汉族间不能趋于融合，与统治者的能力有关，但也有东魏—北齐内部所存在的客观因素。

据悉，建立东魏—北齐的中枢势力莫过于发动"六镇之乱"的鲜卑人。他们自从孝文帝迁都洛阳而实行汉化政策以来一直在政治、社会上处于被忽视、被歧视的状态。由此可见，他们一直以来对汉化有很大的反感。另外，他们所控制的地方处于太行以东、黄河以北。这地区不仅包括因孝文帝的汉化而得到利益的众多山东贵族的家乡，同时包括实行汉化的根据地洛阳。因此，我们可以推想"汉化势力"与"反汉化势力"在太行以东、黄河以北展开斗争。最终，东魏—北齐在国家体制上自然而然呈现出"双重构造"。这种晋阳、邺都并立的"双都制"是在这种环境下出现的。高欢等初期统治者虽然采取胡汉间的和睦措施，以治理国家，但不得不承认以武力为主的鲜卑势力，最终实施胡汉用文武来分而治之的措施。这种胡汉纠纷使我们感到回归到五胡十六国时期。高氏皇帝为了加强皇权，唯一的办法就是利用汉人势力，打击高氏宗室、鲜卑勋贵。在这过程中，胡汉间的纠纷越来越深。高乾等武装豪族势力被铲除后，汉人更为投靠皇权，将以之维持既得利益。这意味着他们走上"恩倖化"之路。

在这种所谓"鲜卑具有压倒性优势"的朝廷氛围中，皇权会受到威胁。在这种氛围下，北齐皇帝不能从过去以鲜卑族游牧君主所具有的传统束缚中脱离出来。换言之，皇权无法为嫡长子所继承，始终被根据于晋阳，而具有武力的皇弟所夺走。我们发现一些皇帝为了树立比诸皇弟更多的军事功勋，会去参与各种亲征。无论这种努力是否会有成效，正常的继位最终无法实行下去。笔者认为在这种环境下，皇权以非正常的方式继位，同时趋于独裁，恩倖却在这过程中更加强其角色。另外，新的恩倖势力会出现，这就是所谓"西域商胡"。他们从事熟识的买卖活动把生产绢帛的北齐与西域诸国连接起来，以贸易为背景逐步接近皇权，在北齐官界内培植自己势力。我们看到恩倖势力是在皇权趋于独裁而出现，同时其独裁是在胡、汉族趋于纠纷而发生的。恩倖势力的抬头意味着北齐政治日益腐朽，无法实行正常的统治活动。北齐的灭亡归根于皇室的腐败，但寻找其根本原因当然是未能解决胡、汉族间的纠纷、矛盾。我们认为西魏—北周实现胡汉融合，进而走进"一元体制"，相反东魏—北齐始终维持"双重体制"，仍处于分散的状态，无法使国家力量集中起来。其双重体制既在首都的分裂，又在官僚的分散，最终造成以国家根本的"民"趋于分裂。因此，我们认为东魏—北齐的统治者无法克服这种体制，最终宣告灭亡。这在当时的历史局势而言应是很正常的历史现象。

《西魏—北周时期胡汉体制的展开—以"胡姓再行"的经过及其意义为主》一文着重叙述了宇文氏在西魏—北周时所实施的"胡姓再行"相关问题。笔者在这一文中试图通过"胡汉体制"的观点分析探讨"胡姓再行"。

据悉，这"胡姓再行"可分为"复姓"和"赐姓"。"复姓"指胡姓在北魏孝文帝的汉化政策后一律转变为汉姓，但现在要恢复到原旧的胡姓，"赐姓"

指国家政权把新姓氏赐予给特定人物。笔者在分析相关问题前，已注意到胡、汉族对姓氏观念上存在着很大的差异。从前学术界主要通过权力的轻重关系来理解"胡姓再行"，换言之，胡族通过其措施在权力的分配上比汉族占有绝对优势。然而，笔者却反对这种主张。我们为什么对西魏—北周的"赐姓"表示一定的关注，是因为游牧民族在日常生活中随时伪造宗谱。这种现象绝然不同于汉族在姓氏观念上的"行不更名，生不改姓"的特点。在太和19年，孝文帝采取胡姓转为汉姓，这当然和游牧民族对姓氏的观念不无关系。游牧民族容易改变姓氏有他们的合理理由。他们对血统、宗谱等观念尚未表示关注，有必要时随意改变姓氏。过去乌桓、鲜卑也是，现在居住在甘肃、青海的蒙古族也有同样的习惯。因此，从者或兵士跟随主人或将军的姓氏可改变自己的姓氏。通过这种改姓的方法，新的集团成员拥有一个有意伪造的宗谱，可成为一个共同祖先的子孙。之所以采取这种方式，主要是因为游牧民族在攻击或防御的战争过程中使他们拥有更为坚固的团体意识。那么，我们认为西魏—北周的"胡姓再行"彻底利用了游牧民族曾具有的姓氏观念。以南朝出身而特意关注"赐姓"的庾信写下名为《出蓟自北门行》的乐府，其中有"征战辛苦之意"，直接对"胡姓再行"表示"梅林能止渴，复姓可防兵"。笔者认为，"复姓可防兵"一句是比较准确描述当时时代局势的。宇文泰在内的一些将领积极利用游牧民族特有的那种不在乎宗谱的习惯，换言之，他们对宗谱患上"记忆丧失症"。那么，"丧失"是为了新创造而出现的一个前提。

然而，宇文泰不能像塞外时期那样伪造宗谱。汉族反而对从祖先传来的姓氏观念更为深厚。因此，这种用"赐姓"伪造宗谱对汉族来说超越了姓氏观念，使他们拥有比它更大、更多的褒赏。由此，宇文泰主要针对汉族采取褒赏办法，这指和"赐姓"一同实行的"进爵"、"进位"等措施。然而，我们发现对当时宇文泰的政权来说，政治、经济上没有那么多的力量褒赏所有士兵。实际上，褒赏有所不足或受到限制才能发挥其效果。过于褒赏反而减少其效果。由此可见，这种受到褒赏的阶层自然属于少一部分人。这些人肯定在政治、社会上占有重要地位的。和"复姓"不同，"赐姓"主要针对汉族，更是在乡村有名望的豪族阶层。为了拉拢这一乡村势力，"赐姓"确实在当时发挥了积极作用。

西魏当权者宇文泰采取"胡姓再行"，是考虑到当时与东魏—北齐、南梁相互对峙，要挽救自己在物质、军事、精神方面的劣势，最终使拥挤在关中的胡、汉人民，加以团结，以实现不可分割的统一力量。由此，"胡姓再行"不仅突破当时西魏—北周所面临的危机，同时为从西魏到唐初的支配阶层即"关陇集团"的诞生提供了重要的契机。

为了实施"胡姓再行"，提出要回归到所谓"三十六国，九十九姓"的时代。其时代与其说是拓跋族等某个特定民族荣耀的"先王时期"，不如说是北族民众共同拥有的荣耀时期。这种"姓氏体制"的恢复使所有北族民众回到有名分的荣耀时期。由此可见，这种做法是要号召北族民众积极参与到重建过去荣耀的事业上来。虽然过去"三十六国，九十九姓"的时代出现在漠北，但当时宇文氏已有明确目标，其荣耀再次创建在他们居住的关中之地。在这里，我们发现当年实现荣耀的主角及其后裔早已去世。为了让北族民众团结在一起，宇文氏恢复他们原来的宗谱。要完成这一事件，有必要对汉族实施"赐姓"。"三十六国，九十九姓"意味着所有人保持亲属关系。北族民众具有亲属关系的同时，有意地引导汉族豪强加入到"亲族"。北族民众在关中这个新的地方创建新的家乡，使汉族在关中拥有新的乡里观念，加以发扬他们对乡里的"爱乡心"和对自己的"利己心"。

这种"胡姓再行"的名分背后隐藏着当权者宇文泰在内的宇文氏阶层要加强统治基础的目的。"胡姓再行"最终成为宇文氏拉拢聚居在关中的各个北族军阀以及率领"乡兵"的汉族豪强到其麾下的一种措施。据悉，宇文泰当初以"武川镇军阀"作为势力基础，因此有必要先使他们团结在一起，之后其势力集团加以扩大。宇文泰原来不拥有压倒其他军阀势力的武力，因此首先要通过"赐姓"，以招纳核心参谋阶层，而后逐步招引其他北族军阀势力。在这个过程中，中央军性质的"府兵制"逐步形成。

从西魏—北周到隋唐初，府兵制作为当时军事力量的核心只征发胡族，是不可维持下去的。西魏大统9年，在"广募关陇豪右，以增军旅"后，乡兵逐步转变为"府兵"的过程中，"赐姓"起到相应的作用。众所周知，府兵制是以六柱国大将军－十二大将军－二十四开府仪同三司－九十六仪同三司来组织形成的。另外，我们发现某个人物从国家政权中得到"赐姓"意味着立即成为"官族"。它意味着那个"官族"担任车骑大将军、仪同三司以上的军职，最后有权力确保"开府权"。因此，当大多"赐姓者"开始设立独自军事单位的仪同府以上的军府时，就把原来自己的乡兵安置在军府。当初大多率领乡兵的"乡首"担任府僚，或大都督、帅都督、都督等军职，后来会晋升到能设立军府的车骑大将军、仪同三司以上的军职。当然，他们在这个过程中得到"赐姓"。

学术界曾把在府兵制中的"所统军人，亦改从其姓"作为难以解释的内容，笔者则对此作出如下的解释。"其"指率领独自军府的车骑大将军以上的将领；"军人"不是指属于某个将军府的所有士兵，而是和那个将领维持特殊关系的府僚等将军府内的核心阶层。当然，我们看到在这种"府兵体制"中以胡族出身的人物掌握较为重要的军职，同时汉族通过"赐姓"和他们联合在一起，最终府兵制得以发展为更坚固的军事体制。

当时"赐姓"在内的"胡姓再行"能够实施应有如上的明确目的。笔者通过本论文证实所谓"胡汉体制"的另一个根据是在西魏—北周的"赐姓制度"中找到的。笔者再次强调西魏—北周的"赐姓"是在中国姓氏史上开创性的措施。北魏孝文帝在太和改姓时似乎将所有胡族改为汉姓，这等于抹杀了胡族的姓氏。然而，宇文泰不同于孝文帝，没有命令所有汉族改姓，实行抹杀汉族姓氏的政策。这种政策认可胡汉姓氏的并立、并存，甚至为胡、汉族确保各自势力。到了北周末年，杨坚对被宇文氏所"赐姓"的人物采取"复姓"措施，然而这绝对不是549年以被宇文泰所"复姓"的胡族作为对象，而是只限制于在汉族中被"赐姓"为胡姓的人物。因此，北魏孝文帝实行太和改姓后的姓氏体制逐步进入胡族姓氏与汉族姓氏相互并立、并存的社会。换言之，某一方强制另一方，以拉入自己的姓氏体制，而后经过相互鼓励使用各自姓氏的阶段，最后进入两者互相承认的社会体制。这种社会组织作为基本体制，可实现在隋唐世界帝国内。隋唐世界帝国具有何种体制，笔者不可用一两句话来概括，但拙见认为它是北方或西方民族不用强制转变成"中国"，首先以自身变化为前提，以包容其他民族因素的体制。这种体制可出现在姓氏体制中。从这个角度来看，西魏—北周的"复姓"和"赐姓"是转变成隋唐姓氏体制过程中的一种过渡性的措施。在其过程中，北族民众再次找到自己的姓氏。虽然如此，西魏—北周不同于隋唐，在"赐姓"中或多或少还是引导其他民族的姓氏转变为自己的姓氏。

《西魏—北周时期采用<周礼>官制的经过及其意义》一文着重论述了宇文氏在西魏—北周时期采用《周礼》官制的经过及其所产生的效果等问题。笔者认为，为了正确认识西魏—北周的政治、社会问题，一定要把握作为改革政策之一的"胡姓再行"以及和《周礼》官制相关的问题。笔者已在另一文中叙述了"胡姓再行"问题，因此在这一文中主要论述《周礼》官制相关的问题。其实，过去不少学者已对宇文氏为何采用《周礼》官制等问题进行了较多的研究。然而，我们发现大多学者强调个别或特别的某一面，而从综合角度去分析其相关意义的研究甚少。

笔者认为宇文泰是从综合角度去分析当时局面后，按照《周礼》制定西魏—北周官制的。据悉，他原来为了采用《周礼》官制而提出的名分是要脱离"汉魏之制"本身所具备的"冗杂"状态。然而，我们发现采用《周礼》官制后官职数量有了明显的增加，因此，它只是一种名分而已。笔者首先注意西魏—北周的官制是经过何种途径逐步进入完成阶段，同时它本身具有什么特点？笔者经过研究后发现，官制不仅指官职、官爵本身，而且指治理国家的指导理念即"礼"。另外，宇文泰所采用的官制从其内容来看不完全是直接复制《周礼》的六官制，而是根据西魏初当时的现实需要更体现出较多的变通、权宜。像其他王朝的统治者一样，宇文泰实施这种复古性的改革不执着于《周礼》的每条铭文，因此没有出现和现实相互矛盾、摩擦的现象。

另外，笔者分析了西魏—北周为何采用《周礼》官制。宇文泰较好地利用《周礼》所包含的理念和作用，以解决当时西魏—北周所面临的困境。第一，他把敌对势力即东魏—北齐、南梁的政治体制看成要废止的"汉魏之制"之遗产，代之恢复或回归所谓中国人心目中的理想世界之一西周的政治体制。这样一来，西魏—北周能在精神、思想方面占有相对优势。由此，这种采用《周礼》的官制最终能把聚居在关陇之地的杂多民族融合在一起。第二，随着《周礼》的官制顺利地实行下去，不仅要否定从秦汉、魏晋、南朝以来发展而成熟的门阀体制，而且要反对北魏孝文帝的汉化政策所产生的东魏—北齐的贵族体制，进而使以宇文泰为首的北镇武将与关陇之地的非门阀土著豪族相互结合，以建立一个所谓"关陇集团"的新的政治集团。第三，西魏初已出现权力的二元化现象，换言之，王都与霸府的存在及其功能被众多阶层所承认，由此为以后的禅让革命作了理念上的铺垫，同时宇文护等宗室权力的存在为大家所公认。

最后，笔者在这一文中分析了《周礼》体制的效果及其带来的局限等问题。为了解决当时西魏—北周所面临的现实问题，《周礼》确实起到相应的效果，但随着时间的推移，其局面有所改变，同时制度本身原先所包含的问题逐步显露，最终《周礼》的局限开始暴露出来了。首先，西魏被北周所取代，对曾被公认的权力的二元化提出较大的质疑。笔者发现北周初掌握国权的宇文护被杀，其事情更促使《周礼》体制的终结。除此之外，"关陇集团"确立更牢固的地位，北齐宣告灭亡等事件使《周礼》不能继续发挥其重要的功能。然而，我们看到宇文泰作为宇文氏王朝的创始人，他主导而确立的《周礼》体制实际上成为"祖法"，不容易被铲除或废除。后来，杨坚改朝换代，建立隋朝。那时，他毫无犹豫地废止"胡姓"在内的《周礼》体制。在西魏—北周时期，虽然《周礼》体制以权宜之计实行下去，然而，我们不可否认它不仅加强统一"后三国"的力量，而且对以后官制的发展，都产生了不少影响。

笔者在《七世纪隋、唐朝侵略韩半岛的事件始末的考察—以隋唐初皇帝确保正统性为中心》一文中分析了隋、唐朝从隋文帝以来用一个多世纪侵略高句丽的大致经过。换言之，过去学术界多从国际关系的角度去分析隋、唐朝侵略高句丽的。笔者却不同于此，看到隋唐初皇子间的继位纷争，同时以篡位而登上皇位的唐太宗等人却未能确保正统性，笔者就是通过这种隋、唐朝内部的问题来分析相关问题的。

隋唐初在皇位继承上还没有确定任何原则。皇子们都认为皇位不是继承下去，而是"争取"下来的。这种对皇位的不确定因素立刻引起了该皇帝重视确保正统性的问题。由此，该皇帝登基后为了强化自己虚弱的正统性，加倍努力，最终摆脱其束缚。隋文帝、隋炀帝、唐太宗各自在中国史上扮演了不同的角色，但在即皇帝位的过程中都暴露了相同的问题。隋文帝以皇室外戚的身份夺取国权，继而破坏关陇集团内部的团结，遭受到不少批评。因此，他即皇帝位给当时人的观念中留下"诈取天下"的印象。他因为很容易篡夺皇位，始终担忧某个势力会争夺他的皇位。在这种情况下，他试图将国内问题转向国外，上下合一加强皇权，最终确保正统性。其中，最有效的办法是发动对外战争。由此，他立即宣布"平一四海"，为了完成其理念，就发动了侵略高句丽的战争。

另外，隋炀帝杀死其兄杨勇和其父隋文帝后继位。可见，他在登基过程中暴露出不少问题。当时诸臣对他的皇帝资格表示质疑，开始"不附"于他。隋炀帝察觉到这种氛围。因此，他试图通过完成隋文帝以来未能完成的侵略高句丽的战争的胜利来突破国内不利的局面，并强化虚弱的正统性。

唐太宗是同样发动所谓"玄武门之变"的宫廷政变后即皇帝位的。那么，我们发现就他即皇帝位的方式而言和隋文帝、隋炀帝无不一样。在这种环境下，他顺利解决当时最大的对外问题之一突厥问题，以突破对自己不利的局面。然而，他认识到隋朝在侵略高句丽的战争中遭到灭亡，不轻易发动这场战争。因此，唐太宗在打败突厥后，专心治理国内之事，以确保正统性。这种构想大为成功。我们从唐太宗的"皇帝观"中看到他始终拥有"胡族君主"式的观念，换言之，他认为皇帝是有能力保卫社稷、治理国家的。皇太子李承乾因谋反而处死，唐太宗在这时要立吴王李恪为皇太子。然而，这种想法因长孙无忌的反对而无法实现。我们发现唐太宗将在侵略高句丽的战争中获胜，用皇帝之威，不顾朝臣的反对，立吴王李恪为皇太子。最终他没有获胜，无法实现自己的想法。另外，笔者认为渊盖苏文弑杀荣留王只是唐太宗侵略高句丽的表面原因，真正的原因在于通过征服高句丽来防止柔弱的皇太子李治在将来处于危机。

如上可知，在隋唐初，那些皇帝都是通过对外战争来试图解决国内问题的。他们正好有那种想法，是因为他们已具备较为浓厚的"胡族君主"的性质。他们都不是按照正常的方式，而是依靠自己的能力夺取皇位的。在这里，我们发现所有政事都由皇帝本人直接处理。笔者不妨把这种政治模式称为"汇总性的亲政体制"。这种政治氛围不仅在隋唐初的朝廷内部，而且在整个社会内部中蔓延下去。皇帝本人无论是在登基过程中还是在对外战争中都扮演绝对角色，以亲征的方式获胜，来摆脱国内不利的局面。笔者认为，隋、唐朝之所以用这么长时间继续侵略高句丽，是因为与皇帝本人展开的国内局势息息相关。

笔者多年通过以"胡汉体制"的假设理论来分析探讨了五胡十六国—北朝史，那么，能否用另一种"侨旧体制"的假设理论来认识整体东晋—南朝史呢？笔者按照这种思路最终完成了《东晋—南朝史与侨民—以"侨旧体制"的形成及其展开为中心》一文。笔者在五胡十六国—北朝胡、汉族间的关系中特意强调和重视了胡族的角色及其作用，那么，同一时期东晋—南朝史中侨民和旧民间的关系是如何呢？笔者分析相关问题时，特别强调了侨民的角色及其作用。

东汉末年以来中国社会趋于混乱，流民现象随着永嘉之乱的爆发更为频繁，而后到南北朝末年整个中国大陆掀起了一大波流民迁徙—"民族移动的时代"。这样，一大批失去家乡的北方汉族迁徙于江南，开始重建新的家园。这里的他们指"侨民"，而所居住的地方指"侨州郡县"。这些侨民涌入江南，日益与旧民发生矛盾、对峙。这是理解东晋—南朝史的重要因素。笔者不妨称它为"侨旧体制"。笔者曾在分析五胡—北朝史中提出"胡汉体制"作为假设理论，在其历史发展演变中更加强调和重视胡族的角色及其作用。当然，笔者在这一文中强调像在五胡—北朝史中有胡族的角色和作用一样，北方侨民在东晋—南朝史的发展演变中也起到积极作用和影响。正是因为这样，笔者不是要论证某种具体的历史事实，而是要在整体的东晋—南朝史中查明侨民的作用。笔者研究后所得出的结论大致如下：一，在东晋—南朝史上之所以始终存在"荆扬之争"，是因为流民间不仅有出身的不同，也有南迁时间早晚的差别。二，在中国历史上东晋—南朝的地方制度最为复杂，之所以如此，是因为侨民涌入江南，据此蛮族开始"出山"。三，黄、白籍的设定意味着从支配体制上认可侨民的特殊身份，那么，从秦、汉朝以来维持齐民支配的原理在一定程度上遭到破坏。"侨民"其词在东晋—南朝的史书中才出现，由此得以证实如上现象。笔者认为，"侨旧体制"可以成立的话，脱离家乡之人即侨民在整个魏晋南北朝历史中扮演了主导角色，同时，它具有整体认识南北朝历史发展脉络的重要理论基础。据此，如果分别用"胡汉体制"和"侨旧体制"来解释五胡—北朝史和东晋—南朝史的话，那么，笔者认为现在将两者结合在一起，再次可用"侨民体制"来解释整个魏晋南北朝史。由此,"侨民体制"是一种正确认识整个魏晋南北朝史的假设理论。"隋唐世界帝国"在社会体制上使得各个不同民族得以共存、交流,具有"流动"的时代特点。这种特点是经过魏晋南北朝"侨、旧人"间的交流后出现的。笔者认为,这篇论文是围绕这种"侨旧体制"最终能否成立来完成的。

참고문헌

참고문헌은 각 장마다 정리하였다. 사료, 사론, 유서(類書), 문집, 논문, 단행본 순서로 배열하되 국문, 중문, 일문, 영문 순서로 배열하였다. 같은 부류는 출판된 연대순으로 배열하였다.

제1장

『後漢書』, 『晉書』, 『宋書』, 「南齊書」, 『魏書』, 『北齊書』, 『周書』, 『隋書』, 『北史』, 『舊唐書』, 『新唐書』(이상 中國 正史는 北京의 中華書局에서 간행한 『標點校勘』本을 이용하였다).

(唐)道宣撰, 『續高僧傳』(東京: 大正一切經刊行會, 1927年刊 『新修大藏經』本).

(北齊)楊衒之撰, 『洛陽伽藍記』(范祥雍校注, 『洛陽伽藍記校注』本, 上海: 上海古籍出版社, 1958·1978).

(宋)鄭樵, 『通志』(臺北: 新興書局, 1963).

『文中子中說』(臺北: 臺灣 中華書局, 1966. 四部備要本).

(唐)釋道宣撰, 『廣弘明集(一·二冊)』(臺北: 中華書局, 1970, 四部備要 子部).

(宋)司馬光撰, 宋遺民胡三省注, 『資治通鑑』(臺北: 世界書局, 『新校資治通鑑注』本, 1977, 第7版).

(唐)劉餗撰, 『隋唐嘉話』(北京: 中華書局, 1979).

(後漢)應劭撰, 『風俗通義』(天津: 天津古籍出版社, 1980, 『校釋』本).

『全唐文』(北京: 中華書局, 1983).

(淸)趙翼撰, 王樹民校證, 『廿二史箚記』(北京: 中華書局, 1984).

『文選』(上海: 上海古籍出版社, 1986).

(唐)杜佑撰, 『通典』(北京: 中華書局, 1988 點校本).

(宋)王溥撰, 『唐會要』(上海: 上海古籍出版社, 1991).

(宋)宋敏求編, 『唐大詔令集』(上海: 學林出版社, 1992).

(宋)黎靖德編·王星賢點校, 『朱子語類』(北京: 中華書局, 1994).

朴漢濟, 『中國中世胡漢體制研究』(서울: 一潮閣, 1988).

李成珪, 「北朝前期門閥貴族의 性格」, 『東洋史學研究』 11, 1977.

朴漢濟, 「西魏·北周時代 胡漢體制의 展開─胡姓再行의 經過와 그 意味」, 『魏晉隋唐史研究』 1, 1994.

馮征, 「弘揚民族優秀文化貴在開拓創新」, 『炎黃文化與中華民族』(北京: 中國人民大學出版社, 1996).

傅斯年, 「中國歷史分期研究」, 『北京大學日刊』 1928. 4. 17-25, 『傅斯年全集』 4권.

雷海宗, 「斷代問題與中國歷史的分期」, 『社會科學』 2-1, 1936.

周一良, 「論宇文氏之種族」, 『魏晉南北朝史論集』(北京: 中華書局, 1963).

逯耀東,「北魏孝文帝遷都與其家庭悲劇」,『從平城到洛陽』(臺北: 聯經出版事業公司, 1979).

徐揚杰,「淝水之戰的性質和前秦失敗的原因」,『華中師院學報』1980-1.

王樹民,「中華名號溯源」,『中國歷史地理論叢』(西安) 第2輯, 1985.

朴漢濟,「西魏北周時代的賜姓與鄕兵的府兵化」,『歷史研究』(歷史研究編輯部) 1993-4(總第 224期), 1993.

鄧小南,「五代·宋初 華北地域'胡化'問題 解消」,『魏晉隋唐史研究』10, 2003.

顧頡剛,『中國疆域沿革史』(長沙: 商務印書館, 1938/1999).

趙令揚,『關於歷代正統問題之爭論』(香港: 學津出版社, 1976).

饒宗頤,『中國史學上之正統論』(香港: 龍門書店, 1977).

陳運棟,『客家人』(臺北: 東門出版社, 1978).

陳寅恪,「李唐氏族之推測」,『金明館叢稿』二編(上海: 上海古籍出版社, 1980).

羅香林,『客家硏究導論』(臺北: 衆文圖書, 1981).

陳寅恪,『唐代政治史述論稿』(上海: 上海古籍出版社, 1982).

周一良,『魏晋南北朝史札記』(北京: 中華書局, 1985).

周一良,『魏晋南北朝史札記』(北京: 中華書局, 1985).

魏明·尹協理,『王通論』(北京: 中國社會科學出版社, 1984).

徐杰舜,『漢民族歷史和文化新探』(南寧: 廣西人民出版社, 1985).

費孝通,『中華民族多元一體格局論』(北京: 中央民族學院出版社, 1989).

袁少芬·徐杰舜編,『漢民族研究』(南寧: 廣西人民出版社, 1989).

陳戍國,『魏晋南北朝禮制研究』(長沙: 湖南教育出版社, 1995).

『全上古三代秦漢三國六朝文』)(石家莊: 河北教育出版社, 1997).

酒寄雅志,『古代東アジア諸國の國際意識―"中華思想"を中心として』, 歷史學研究 別册特集, 東京: 1983.

川合安,「沈約『宋書』の華夷意識」,『中國における歷史意識と歷史意識の展開についての總合 的研究』,平成4·5年度科學研究費補助金總合研究(A)報告書, 1994).

妹尾達彦,「都市の文化と生活」,『魏晋南北朝隋唐時代史の基本問題』(東京: 汲古書院, 1997).

川本芳昭,「五胡における中華意識の形成と『部』の制の傳播」,『古代文化』50-9, 1998.

川本芳昭,「漢唐間における'新'中華意識の形成―古代日本·朝鮮と中國との關聯をめぐつ て」,『九州大學東洋史論集』30, 2002.

宮崎市定『九品官人法の研究―科擧前史―』(京都: 同朋舍, 1956).

瀨川昌久,『客家‐華南漢族のエスニシチイー境界』(東京: 風響社, 1993).

川本芳昭,『魏晋南北朝時代の民族問題』(東京: 汲古書院, 1998).

谷川道雄,『府兵制國家論』,『增補 隋唐帝國形成史論』(東京: 筑摩書房, 1998).

W. J. F. Jenner, "Northern Wei Loyang An Unnecessary Capital?", *Paper on Far Eastern History* 23, 1981,.

Henry Yule & Henri Cordier, *Cathay and the Way Thither: being a Collection of Medieval Notices of China*, vols 4. vol.1, London, Hakluyt Society, 1914.

제2장

『史記』,『漢書』,『晉書』,『宋書』,『南齊書』,『陳書』,『魏書』,『北齊書』,『『隋書』,『北史』.

梁啓超,『飮冰室文集(下)』(上海: 廣智書局, 1907).

『禮記』(臺北: 藝文印書館刊行, 1976,『十三經註疏』本).

(北齊)楊衒之撰,『洛陽伽藍記』(范祥雍校注,『洛陽伽藍記校注』本, 上海: 上海古籍出版社,
    1958·1978).

(宋)司馬光撰, 宋遺民胡三省注,『資治通鑑』(臺北: 世界書局,『新校資治通鑑注』本 1977 第7
    版).

(高麗)金富軾撰·李丙燾譯注,『三國史記』(서울: 乙酉文化社, 1983).

(清)趙翼撰, 王樹民校證,『廿二史劄記』(北京: 中華書局, 1984).

『大越史記全書』(陳荊和 編校,『(校合本)大越史記全書』, 東京: 東京大學 東洋文化研究所附屬
    東洋文獻センター, 1985).

(清)王夫之,『讀通鑑論』(船山全書 10)(長沙: 岳麓書社, 1988).

(清)顧炎武,「日知錄集釋」(石家莊: 花山文藝出版社, 1990).

(宋)黎靖德編·王星賢點校,『朱子語類』(北京: 中華書局, 1994).

(唐)徐堅,『初學記』(北京: 京華出版社, 2000).

(唐)許敬宗編, 羅國成整理,『日藏弘仁本文館詞林校證』(北京: 中華書局, 2001).

韓國古代史研究所 편,『譯註 韓國古代金石文』(서울: 財團法人 駕洛國事蹟開發研究院, 1992).

최희림,『고구려 평양성』(평양: 과학·백과사전출판사, 1978).

朴漢濟,「南北朝時代의 南北關係—交易과 交聘을 中心으로—」,『韓國學論叢(國民大)』4,
    1982.

池培善,「吐谷渾과 北朝와의 交涉에 대하여」,『歷史學報』98, 1983.

朴漢濟,「北魏의 對外政策과 胡漢體制」,『中國中世胡漢體制研究』, 서울: 一潮閣, 1988.

朱甫暾,「文館詞林에 보이는 韓國古代史 관련 外交文書」,『慶北史學』15, 1992.

노태돈,「금석문에 보이는 고구려인의 천하관」,『고구려사 연구』(서울: 사계절출판사, 1999).

朴漢濟,「魏晉—隋唐時代 胡族君主의 中華帝王으로의 變身過程과 그 論理 —'多民族國家'形
    成의 一 契機에 대한 探索」,『中央아시아研究』9, 2004.

金昌錫,「長安城의 축성배경과 공간구성」,『고고자료에서 찾은 고구려인의 삶과 문화』, 고구
    려재단, 연구총서 14, 2006.

盧明鎬,「고려 태조 왕건 동상의 황제관복과 조형상징」,『북한의 문화유산』(서울: 국립박물
    관, 2006).

逯耀東,「北魏孝文帝遷都與家庭悲劇」,『從平城到洛陽—拓跋魏文化轉變的歷程—』(臺北: 聯
    經出版事業公司, 1979).

竺可楨,「中國近五千年來氣候變遷的初步研究」,『考古學報』1972-1(『竺可楨文集』, 北京: 科
    學出版社, 1979).

王樹民,「中華名號溯源」,『中國歷史地理論叢』(西安) 第2輯, 1985.

陳連開,「中國·華夷·蕃漢·中華·中華民族——一個內在聯系發展被認識的過程」,『中華民族多元一體格局』(北京: 中央民族學院出版社, 1989).

何德章,「北魏國號與正統問題」,『歷史研究』1992-3.

付永聚,「華夏族形成發展新論」,『齊魯學刊』1995-3.

秦永洲,「東晉南北朝時期中華正統之爭與正統再造」,『文史哲』1998-1.

林惠祥,『中國民族史』(臺北: 臺灣商務印書館, 1978, 臺五版).

周偉洲,『吐谷渾資料輯錄』(西寧, 靑海人民出版社, 1992).

松田壽男,「吐谷渾遺使考」(上),『史學雜誌』48-11, 1937.

安部健夫,「淸朝と華夷思想」,『京都大學人文科學硏究所報』1-3, 1951.

越智重明,「東晉の貴族制と南北の‘地緣’性」,『史學雜誌』67-8, 1958.

安部健夫,「中國人の天下觀念」,『元代史の硏究』(東京: 創文社, 1972).

中村圭爾,「南朝貴族の地緣性に關する一考察—いわゆる僑郡縣の檢討を中心に」,『東洋學報』64-1·2, 1983.

越智重明,「東晉南朝の地緣性」,『九州大學東洋史論集』13, 1984.

武田幸男,「牟頭婁一族と高句麗王權」,『高句麗と東アジア』(東京: 岩波書店, 1989).

李成市,「高句麗と日隋外交—いわゆる國書問題に關する一試論」,『古代東アジア民族と國家』(東京: 岩波書店, 1998).

妹尾達彦,「中華の分裂と再生」,『岩波講座世界歷史9—中華の分裂と再生』(東京: 岩波書店, 1999).

酒寄雅志,「華夷思想の諸相」,『渤海と古代の日本』(東京: 校倉書房, 2001).

川本芳昭,「中華世界の擴大と‘新’世界秩序」,『中華の崩壞と擴大—魏晋南北朝(中國の歷史05) 魏晋南北朝』(東京: 講談社, 2005).

酒寄雅志,『渤海と古代の日本』(東京: 校倉書房, 2001).

제3장

『史記』,『漢書』,『三國志』,『晉書』,『南齊書』,陳書』,『魏書』,『北齊書』,『周書』,『隋書』,『北史』,『舊唐書』,『新唐書』.

(北齊)楊衒之撰,『洛陽伽藍記』(范祥雍校注,『洛陽伽藍記校注』本, 上海: 上海古籍出版社, 1958·1978).

『全唐詩』(北京: 中華書局, 1960).

(宋)鄭樵,『通志』(臺北: 新興書局, 1963).

『陝西通志』(淸)沈靑崖 編輯, 1975).

(宋)司馬光撰, 宋遺民胡三省注,『資治通鑑』(臺北: 世界書局,『新校資治通鑑注』本 1977 第7版).

『貞觀政要』(上海: 上海古籍出版社, 1978).

(唐)劉餗撰,『隋唐嘉話』(北京: 中華書局, 1979).

葉奕苞, 『金石錄補』(서울: 法仁文化社, 1987 影印, 『石刻史料新編』12).

『全唐文』(北京: 中華書局, 1983).

(唐)長孫無忌等撰·劉俊文點校, 『唐律疏議』(北京: 中華書局, 1983).

(唐)劉肅撰·許德楠/李鼎霞點校, 『大唐新語』(北京: 中華書局, 1984).

(淸)趙翼撰·王樹民校證, 『廿二史箚記』(北京: 中華書局, 1984).

(宋)洪皓, 『松漠紀聞』(『叢書集成初編』, 北京: 中華書局, 1985).

(唐)杜佑撰, 『通典』(北京: 中華書局, 1988 點校本).

『長安志圖』(〈宋〉宋敏求, 『長安志』卷上, 『宋元方志叢刊』1, 北京: 中華書局, 1990).

(宋)王溥撰, 『唐會要』(上海: 上海古籍出版社, 1991).

(宋)宋敏求編, 『唐大詔令集』(上海: 學林出版社, 1992).

(唐)李林甫等撰·陳仲夫點校, 『唐六典』(北京: 中華書局, 1992).

『春秋繁露校釋』(濟南: 山東友誼出版社, 1994).

(宋)黎靖德編·王星賢點校, 『朱子語類』(北京: 中華書局, 1994).

(明)王夫之撰, 『讀統鑑論』(北京: 中華書局, 1998).

趙萬里撰, 『漢魏南北朝墓誌集釋』(臺北: 鼎文書局, 1972).

『莊子集釋』(北京: 中華書局, 2000).

(五代)孫光憲撰·賈二强點校, 『北夢瑣言』(北京: 中華書局, 2002).

『大越史記全書』(陳荊和 編校, 『(校合本)大越史記全書』中, 東京: 東京大學 東洋文化硏究所附屬東洋文獻センター, 1985).

(北魏)酈道元撰, 『水經注』(臺北: 臺灣世界書局, 1970).

(晉)常璩撰·任乃强校注, 『華陽國志校補圖注』(上海: 上海古籍出版社, 1987).

朴漢濟, 「木蘭詩의 時代―北魏 孝文帝時期 對柔然戰爭과 關聯하여―」, 『五松李公範先生停年紀念東洋史論叢』, 서울: 知識産業社, 1993.

朴漢濟, 「前秦 苻堅政權의 性格」, 『東亞文化』23, 1985.

朴漢濟, 「北魏 對外政策과 胡漢體制」, 『歷史學報』116, 1987.

朴漢濟, 「西魏·北周時代 胡漢體制의 展開―胡姓再行의 經過와 그 意味」, 『魏晉隋唐史硏究』1, 1994.

鄧小楠, 「五代·宋初 華北지역 '胡化'문제의 해소」, 『魏晉隋唐史硏究』10, 2003.

朴漢濟, 「魏晉-隋唐時代 胡族君主의 中華帝王으로의 變身過程과 그 論理」, 『중앙아시아연구』9, 2004.

李成珪, 「中華帝國의 팽창과 축소: 그 이념과 실제」, 『歷史學報』186, 2005.

朴漢濟, 「中華의 分裂과 隣近 各國의 對應―'多重的'中華世界의 成立―」, 『中國學報』54, 2006.

홍승현, 「苻堅의 '六合'개념과 귀속민통치」, 『漢城史學』24, 2009.

金翰奎, 『古代中國的世界秩序硏究』(서울: 一潮閣, 1982).

朴漢濟, 『中國中世胡漢體制硏究』(서울: 一潮閣, 1988).

김한규, 『天下國家』(서울: 소나무, 2005).

杉山正明(이진복 역),『유목민이 본 세계사—민족과 국경을 넘어(『遊牧民から見た世界史—民族も國境もこえて』, 東京: 日本經濟新聞社, 1997)(서울: 학민사, 1999).

李慈銘,「桃華聖解庵日記」辛集第二集光緒四年二月二十日條,『越縵堂日記』第29册.

周一良,「論宇文氏之種族」,『魏晋南北朝史論集』(北京: 中華書局, 1963).

李求是,「談章懷·懿德兩墓的形制等問題」,『文物』1972-7.

羅香林,「唐代天可汗制度考」,『唐代文化史』(臺北: 臺灣商務印書館, 臺四版, 1974).

逯耀東,「北魏孝文帝遷都與其家庭悲劇」,『從平城到洛陽』(臺北: 聯經出版事業公司, 1979).

陳寅恪,「李唐氏族之推測」,『金明館叢稿二編』(上海: 上海古籍出版社, 1980).

米文平,「鮮卑石室的發現與初步研究」,『文物』1981-2.

王樹民,「中華名號溯源」,『中國歷史地理論叢』2, 1985.

章太炎,「中華民國解」,『太炎文錄初編』(『章氏叢書』下, 臺北: 世界書局, 1985).

章羣,「評天可汗制度說」,『唐代蕃將研究』(臺北: 聯經出版事業公司, 1986).

徐杰舜,「漢民族形成三部曲」,『漢民族研究』(南寧: 廣西人民出版社, 1989).

陳連開,「中國·華夷·蕃漢·中華·中華民族——一個內在聯系發展被認識的過程—」(『中華民族多元一體格局』, 北京: 中央民族學院出版社, 1989).

徐杰舜,「漢民族形成三部曲」,『漢民族研究』1(袁少芬·徐杰舜編,『漢民族研究』(南寧: 廣西人民出版社, 1989).

付永聚,「論唐代胡漢民族之間的混融互補」,『山東大學學報』1992-3.

朴漢濟,「西魏北周時代的賜姓與鄕兵的府兵化」,『歷史研究』1993-4, 1993.

杜玉亭,「中華民族凝聚力論略」,『中國民族學會第四次學術討論會論文集』(北京: 中央民族學院出版社, 1993).

劉義棠,「天可汗探原」,『中國西域研究』(臺北: 正中書局, 1997).

梁啓超,「中國歷史上民族之研究」,『飮冰室文集』(昆明: 雲南敎育出版社, 2001).

鄧小楠,「論五代宋初"胡·漢"語境的消解」,『文史哲』2005-5.

王雙懷·樊英峰,「唐乾陵研究」,『乾陵文化研究(一)』(西安: 三秦出版社, 2005).

戴建國,「宋代籍帳制度探析」,『歷史研究』2007-3.

呂振羽,『中華民族簡史』(北京: 三聯書店, 1950).

林旅芝,『鮮卑史』(香港: 波文書局, 1973).

陳寅恪,「李唐氏族之推測」,『金明館叢稿』二編(上海: 上海古籍出版社, 1980).

陳寅恪,『唐代政治史述論稿』(上海: 上海古籍出版社, 1982).

呂思勉,『先秦史』(上海: 上海古籍出版社, 1983).

程志·韓濱娜,『唐代的州和道』(西安: 三秦出版社, 1987).

費孝通,「中華民族的多元一體格局」(北京: 中央民族學院出版社, 1989).

周一良,『魏晋南北朝史札記』(『周一良集』, 瀋陽: 遼寧敎育出版社, 1998).

劉向陽,『唐代帝王陵墓』(西安: 三秦出版社, 2003).

劉學銚,『五胡興華—形塑中國歷史的異族』(臺北: 知書房出版社, 2004).

白鳥庫吉,「可汗及可敦稱號考」,『東洋學報』11-3, 1921.

桑原驚藏,「歷史上より觀た南北支那」,『東洋文明史論叢』(東京: 弘文堂, 1934).

布目潮渢,「隋唐帝國の成立」,『岩波講座世界歷史』5(東京: 岩波書店, 1970).

村松一彌,「唐人考」,『(東京都立大學)人文學報』98, 1974.

栗原朋信,「漢帝國と周邊民族」,『上代日本對外關係の研究』(東京: 吉川弘文館 1978).

栗原朋信,「東アジア史からみた'天皇'號の成立」,『上代日本對外關係の研究』(東京: 吉川弘文館 1978).

吉岡眞,「隋・唐前期における支配階層」,『史學研究』155, 1982.

岩本篤志,「'齊俗'と'恩倖'—北齊社會の分析」,『史滴〈早稻田大學〉』18, 1996.

石見淸裕,「唐の建國と匈奴の費也頭」,『唐の北方問題と國際秩序』(東京: 汲古書院, 1997).

吉本道雅,「中國古代における華夷思想の成立」,『中國東アジア外交交流史の研究』(京都: 京都大, 2007).

足立喜六,『長安史蹟の研究』(東京: 東洋文庫, 1933).

宮崎市定,『九品官人法の研究—科擧前史—』(京都: 同朋舍, 1956).

岡田英弘,『世界史の誕生』(東京: 筑摩書房, 1992).

谷川道雄,『增補隋唐帝國形成史論』(東京: 筑摩書房, 1998).

Henry Yule & Henri Cordier, *Cathay and the Way Thither: being a Collection of Medieval Notices of China*, vols 4. vol.1, London, Hakluyt Society, 1914.

W. J. F. Jenner, "Northern Wei Loyang An Unnecessary Capital?", *Paper on Far Eastern History* 23, 1981.

제4장

『漢書』,『晉書』,『魏書』,『北齊書』,『周書』,『隋書』,『北史』.

(北齊)楊衒之撰,『洛陽伽藍記』(范祥雍校注,『洛陽伽藍記校注』本, 上海: 上海古籍出版社, 1958・1978).

(北魏)酈道元撰,『水經注』(臺北: 世界書局, 1970).

(宋)司馬光撰, 宋遺民胡三省注,『資治通鑑』(臺北: 世界書局,『新校資治通鑑注』本 1977 第7版).

(宋)李昉 등,『太平御覽』(臺北: 商務印書館, 1974).

趙萬里,『漢魏南北朝墓誌集釋』(臺北: 鼎文書局, 1975).

『貞觀政要』(上海: 上海古籍出版社, 1978).

(淸)錢大昕,『廿二史考異』(臺北: 中文出版社, 1980).

(北齊)顏之推撰,『顏氏家訓』(王利器,『顏氏家訓集解本』, 北京: 中華書局, 1983).

(唐)李吉甫撰,『元和郡縣圖志』(北京: 中華書局, 1983).

(淸)王鳴盛,『十七史商榷』(臺灣: 大化書局, 1984).

(淸)趙翼撰, 王樹民校證,『廿二史箚記』(北京: 中華書局, 1984).

(唐)杜佑撰,『通典』(北京: 中華書局, 1988 點校本).

(淸)顧祖禹撰, 賀次君・施和金點校,『讀史方輿紀要』(北京: 中華書局, 2005).

(淸)顧炎武,『日知錄集釋』(石家莊: 花山文藝出版社, 1990).

金浩東,「古代遊牧國家의 構造」,『講座中國史』II, 서울大學校東洋史學科硏究室編, 1989.

李成珪,「中國帝國의 分裂과 統一—後漢解體이후 隋・唐統一의 形成過程을 중심으로—」,『歷史上의 分裂과 再統一(上)』(서울: 一潮閣, 1992).

朴漢濟,「西魏・北周時代 胡漢體制의 展開—胡姓再行의 意味」,『魏晉隋唐史硏究』創刊號, 1994.

朴漢濟,「中國歷代 首都의 類型과 社會變化」,『歷史와 都市』(第40回 全國 歷史學大會 發表要旨), 1997).

金翰奎,「東魏 高氏의 覇府와 晉陽」,『古代東亞細亞幕府體制硏究』(서울: 一潮閣, 1997).

르네 그루쎄 저, 김호동 등 역,『유라시아유목제국사』(서울: 사계절, 1998).

方壯猷,「鮮卑語言考」,『燕京學報』8, 1930.

周一良,「北朝的民族問題與民族政策」,『魏晉南北朝史論集』(北京: 中華書局, 1963).

繆鉞,「北朝的鮮卑語」,『讀史存稿』(香港: 三聯書店, 1963).

繆鉞,「東魏北齊政治上漢人與鮮卑之衝突」,『讀史存稿』(香港: 三聯書店, 1963).

簫璠,「東魏・北齊內部的胡・漢問題及其背景」,『食貨(復)月刊』6-3, 1976.

傅樂成,「唐型文化與宋型文化」,『漢唐史論集』(臺北: 聯經出版事業公司, 1977).

傅樂成,「突厥的文化和它對鄰國的關係」,『漢唐史論集』(『漢唐史論集』(臺北: 聯經出版事業公司, 1977).

王仲犖,「東西魏北齊北周僑置六州考略」,『文史』5(北京: 中華書局, 1978).

唐長孺,「北朝的兵」,『魏晋南北朝史論拾遺』(北京: 中華書局, 1983).

吳少珉,「試論北魏'河陰之變'」,『史學月刊』1983-1.

山西省考古硏究所・太原市文物管理委員會,「太原市北齊婁叡墓發掘簡報」,『文物』1983-10.

漆澤邦,「論東魏-北齊的倒退」,『魏晉南北朝史硏究』(成都: 四川省社會科學出版社, 1986).

劉琳,「北朝士族的興衰」, 中國魏晋南北朝史學會編,『魏晋南北朝史硏究』(成都: 四川省社會科學出版社, 1986).

譚其驤,「山西在歷史上的地位」,『長水集』下(北京: 人民出版社, 1987).

呂春盛,『北齊政治史硏究—北齊衰亡原因之考察』(臺北: 國立臺灣大學文學院 文史叢刊, 1987).

毛漢光,「北魏東魏北齊之核心集團與核心區」,『中國中古政治史論』(臺北: 聯經出版公司, 1990).

嚴耀中,「北齊政治與尙書幷省」,『上海師範大學學報(哲社版)』1990-4.

陳琳國,「北魏北齊監察制度的變遷」,『北朝硏究』1990-下(總3).

郭黎安,「魏晉北朝鄴都興廢的地理原因」,『鄴城暨北朝史硏究』(石家莊: 河北人民出版社, 1991).

鄧奕琦,「崔暹與北齊監察」,『北朝硏究』1991-上(總4).

孔毅,「六鎭鮮卑的社會心理—兼論'六鎭起義'的原因和性質」,『北朝硏究』1991-下(總5期).

劉馳,「山東士族入關房支與關隴集團的合流及其復歸」,『北朝研究』1991-下(總5期).

錢伯泉,「西域樂舞在北朝文化中的地位」,『北朝研究』1991-下(總5期).

楊耀坤,「東魏北齊兵制槪論」,『魏晉南北朝史論文集』(濟南: 齊魯書社, 1991).

周一良,「讀『鄴中記』」,『魏晉南北朝史論集 續編』(北京: 北京大學出版社, 1991).

楊德炳,「北齊衰亡原因之再探討」,『鄴城暨北朝史研究』(石家莊: 河北人民出版社, 1991).

朴漢濟,「西魏北周時代胡姓的重行與胡漢體制—向"三十六國九十九姓"姓氏體制回歸的目的
和邏輯」,『北朝研究』1993-2(總11期).

許福謙,「從文化與民族關係看東魏北齊的胡漢之爭—學習寅恪先生民族文化學說研究中之偶
得—」, 王永興編,『紀念陳寅恪先生百年誕辰學術論文集』(南昌: 江西敎育出版社, 1994).

鄭欽仁,「譯人與官僚機構」,『北魏官僚機構研究續編』(臺北: 稻禾出版社, 1995).

朱雷,「『北齊書』斛律羨傳中所見北齊'私兵制'」,『武漢大學學報』哲社版, 1995-5.

王怡辰,「北魏末的河北塢堡與高歡信都建義」,『(臺灣)中國歷史學會史學集刊』28, 1996.

李培棟,「高歡族屬家世辨疑」,『魏晉南北朝史緣』(上海: 學林出版社, 1996).

陳群,「渤海高氏與東魏政治」,『中國史硏究』1997-2.

何德章,「高乾兄弟的命運—東魏解散豪族私家武裝的過程」,『魏晉南北朝隋唐史資料』16(武漢:
武漢大學出版社, 1998).

何德章,「高澄之死臆說」,『魏晉南北朝隋唐史資料』16(武漢: 武漢大學出版社, 1998).

費海璣,「北齊文林館」,『大陸雜誌』28-12.

向達,『唐代長安與西域文明』(北京: 三聯書店, 1957).

馬長壽,『烏桓與鮮卑』(上海: 上海人民出版社, 1962).

陳寅恪,『唐代政治史述論稿』(上海: 上海古籍出版社, 1982).

陳寅恪,『隋唐制度淵源略論稿』(上海: 上海古籍出版社, 1982).

周一良,『魏晉南北朝史札記』(北京: 中華書局, 1985).

萬繩南整理,『陳寅恪魏晉南北朝史講演錄』(合肥: 黃山書社, 1987).

呂一飛,『北朝鮮卑文化之歷史作用』(合肥: 黃山書社, 1992).

楊純淵,『山西歷史經濟地理』(太原: 山西人民出版社, 1993).

劉精誠,『兩晉南北朝史話』(北京: 中國靑年出版社, 1993).

楊純淵,『山西歷史經濟地理述要』(太原: 山西人民出版社, 1993).

余太山,『兩漢魏晉南北朝與西域關係史研究』(北京: 中國社會科學出版社, 1995).

羽田亨,「漠北の地と康國人」,『羽田博士史學論文集・歷史篇』(京都: 京都大學東洋史研究會,
1957).

濱口重國,「高齊出自考—高歡の制覇と河北豪族高乾兄弟の活躍—」,『秦漢隋唐史の研究(下
卷)』(東京: 東京大學出版會, 1966).

濱口重國,「東魏の兵制」,『秦漢隋唐史の研究(上卷)』(東京: 東京大學出版會, 1966).

護雅夫,「東突厥內部におけるソグド人」,『古代トルコ民族史研究Ⅰ』(東京: 山川出版社,
1967).

宇都宮淸吉,「中國古代中世史把握のための一視角」,『中國中世史研究—六朝隋唐の社會と文

化』(東京: 東海大學出版會, 1970).

谷川道雄,「拓跋國家の展開と貴族制再編」,『岩波講座世界歷史』5(東京: 岩波書店, 1970).

羽田 明,「ソグド人の東方活動」,『岩波講座 世界歷史6—古代6』(東京: 岩波書店, 1971).

山崎宏,「北周の麟趾殿と北齊文林館」,『鈴木博士古稀記念東洋學論叢』, 1973.

宮崎市定,「漢末風俗」,『アジア史研究』2(京都: 同朋舍, 1974).

內田吟風,「南匈奴に關する研究」,『北アジア史研究—匈奴篇』(京都: 同朋舍, 1975).

宮崎市定,「東洋における素朴主義の民族と文明主義の社會」,『宮崎市定アジア史論考(上卷)
　　概論編』(東京: 朝日新聞社, 1976).

長田夏壽,「北齊鄴都を支えた人人—北齊胡漢複合文化說導論—」,『神戶外大論叢』31-1, 1980.

中田篤郎,「北齊の京畿大都督について」,『東洋史苑』17, 1980.

窪添慶文,「河陰の變小考」,『榎博士頌壽記念東洋史論叢』(東京: 汲古書院, 1988).

後藤 勝,「東魏・北齊朝の西域人」,『聖德學園岐阜教育大學紀要』19, 1990.

榎本あゆち,「北魏後期・ 東魏の中書舍人について」,『中國中世史研究・續編』,(中國中世史研
　　究會, 京都: 京都大學學術出版會, 1995).

岩本篤志,「唐の小說に見られる北朝の婚姻習俗と'可賀敦皇后'をめぐつて」,『史滴』18,
　　1996.

岩本篤志,「'齊俗'と'恩倖'—北齊社會の分析」,『史滴(早稻田大學)』18, 1996.

谷川道雄,「兩魏齊周時代の覇府と王都」,『增補隋唐帝國形成史論』(東京: 筑摩書房, 1998).

岡崎文夫,『魏晉南北朝通史』(東京: 弘文館, 1932).

宮崎市定,『九品官人法の研究』(京都: 同朋舍, 1956).

福島繁次郎,『增補中國南北朝史研究』(東京: 名著出版, 1979).

宮崎市定,『大唐帝國—中國の中世』(東京: 中央公論社, 1988).

諏訪義純,『中國中世佛教史研究』(東京: 大東出版社, 1988).

谷川道雄,『增補隋唐帝國形成史論』(東京: 筑摩書房, 1998).

Edwin G. Pulleyblank, A Sogdian Colony in Inner Mongolia, T'oung Pao XLI 4-5,
　　1952.

Wolfram Eberhard, Conquerors and Rulers—Social Forces in Medieval China,
　　Leiden: E. J. Brill, 1965.

Jennifer Holmgren, "Politics of the Inner Court under the Hou-Chu(Last Lord) of the
　　Northern Ch'i(ca.565-73)", ed. Albert E. Dien, State and Society in Early Medieval
　　China, Stanford: Stanford University Press, 1990.

제5장

『史記』,『漢書』,『後漢書』,『三國志』,『晉書』,『魏書』,『北齊書』,『周書』,『隋書』,『北史』,『新
　　唐書』.

『左傳』(『(左氏會箋』本 上, 漢文大系 10, 東京: 富山房, 1911).

(北齊)楊衒之 撰, 『洛陽伽藍記』(范祥雍校注, 『洛陽伽藍記校注』本, 上海: 上海古籍出版社, 1958 · 1978).

(淸)謝啓昆 撰『西魏書』(臺北: 世界書局, 1962).

(宋)鄭樵, 『通志』(臺北: 新興書局, 1963).

(唐)釋道宣撰, 『廣弘明集(一 · 二册)』(臺北: 中華書局, 1970, 四部備要 子部).

趙萬里撰, 『漢魏南北朝墓誌集釋』(臺北: 鼎文書局, 1972).

岑仲勉撰, 『元和姓纂』(『元和姓纂四校記』本, 臺北: 臺聯國風出版社印行, 1975).

(宋)司馬光撰, 宋遺民胡三省注, 『資治通鑑』(臺北: 世界書局, 『新校資治通鑑注』本 1977 第7版).

(宋)王應麟, 『玉海』(臺北: 大化書局, 1977).

『金石萃編』(『石刻史料新編』, 서울: 法仁文化社, 1987 影印) 第1輯 第1册.

『八瓊室金石補正』(『石刻史料新編』, 서울: 法仁文化社, 1987 影印) 第1輯 6册.

『八瓊室金石補正』(『石刻史料新編』, 서울: 法仁文化社, 1987 影印) 第1輯 6册.

趙佺墓誌, 『隴右金石錄』1(『石刻史料新編』, 서울: 法仁文化社, 1987 影印) 第1輯 21册.

(北周)庾信撰 · 倪璠注 許逸民校點, 『庾子山集注』(北京: 中華書局, 1980).

(淸)趙翼撰, 王樹民校證, 『廿二史箚記』(北京: 中華書局, 1984).

(後漢)王符撰, 『潛夫論』(北京: 中華書局, 『潛夫論箋校正』本, 1985).

(東晉)袁宏撰 周天游校注 『後漢紀校注』(天津: 天津古籍出版社, 1987).

(唐)杜佑撰, 『通典』(北京: 中華書局, 1988 點校本).

(淸)趙翼, 『陔餘叢考』(石家莊: 河北人民出版社, 1990).

周紹良主編『唐代墓誌彙編(上 · 下册)』(上海: 古籍出版社, 1992).

(宋)洪邁撰 · 孔凡禮點校 『容齋隨筆』(北京: 中華書局, 2005).

『全後周文』(『全上古三代秦漢六朝文』9册, 石家莊: 河北敎育出版社, 1997).

(宋)鄧名世撰, 『古今姓氏書辯證』(臺北: 臺灣商務印書館 發行 文淵閣 四庫全書』本 子部 228 類書類).

李啓命, 「西魏=北周의 勳貴集團」『歷史學硏究』(全南大學校 史學會) 9, 1979.

金翰奎, 「東魏 高氏의 覇府와 晋陽」『古代東亞細亞幕府體制硏究』, 서울: 一潮閣, 1997.

朴漢濟, 『中國中世胡漢體制硏究』(서울: 一潮閣, 1988).

朴漢濟, 「東晉 · 南朝史와 僑民―'僑舊體制'의 形成과 그 展開―」(『東洋史學硏究』53, 1996).

唐長孺, 「九品中正制度試釋」, 『魏晋南北朝史論叢』(北京: 三聯書店, 1955).

唐長孺, 「魏周府兵制度辨疑」, 『魏晋南北朝史論叢』(北京: 三聯書店, 1955).

張郁, 「內蒙古大青山後東漢北魏古城遺址調査記」, 『考古通訊』1958-3.

周一良, 「論宇文周之種族」, 『魏晋南北朝史論集』(北京: 中華書局, 1963).

周一良, 「北朝的民族問題與民族政策」, 『魏晋南北朝史論集』(北京: 中華書局, 1963).

徐復觀, 「中國姓氏的演變與社會形式的形成」, 『周秦政治社會的結構之硏究』(香港: 新亞硏究所, 1972).

宿白, 「盛樂 · 平城一帶的拓跋鮮卑―北魏遺迹―鮮卑遺迹輯錄之二」, 『文物』1977-11.

朱希祖,「西魏賜姓源流考」(『張菊先生七十生日記念論文集』1936 原載),『朱希祖先生文集』第3册(臺北: 九思出版社, 1979).

朱大渭 劉精誠,「論葛榮」,『中國農民戰爭史論叢』2(鄭州: 河南人民出版社, 1980).

王吉林,「西魏北周統治階級的形成」,『民族與華僑研究所報5』(臺北: 文化大學, 1981).

吳少珉,「試論北魏'河陰之變'」,『史學月刊』1983-1.

胡戟,「關隴集團的形成及其矛盾的性格」,『西北歷史研究』(西北大學), 1986.

王仲犖,「鮮卑姓氏考(上)」,『文史』30(北京: 中華書局, 1988).

李燕捷,「魏周府兵組織系統與賜姓之關係」,『河北學刊』1988-5.

氣賀澤保規,「丁兵制度與敦煌出土的《西魏大統十三年文書》中的負擔體系」,『敦煌吐魯番學研究論文集』(上海: 漢語大詞典出版社, 1991).

毛漢光,「西魏府兵史論」,『中國中古政治史論』(臺北: 聯經出版公司, 1990).

孫同勛,『拓跋氏的漢化』(臺北: 國立臺灣大學文史叢刊, 1962).

馬長壽,『烏桓與鮮卑』(上海: 人民出版社, 1962).

姚薇元,『北朝胡姓考』(北京: 中華書局, 1962).

谷霽光,『府兵制度考釋』(上海: 人民出版社, 1962).

王仲犖,『北周六典(上・下册)』(北京: 中華書局, 1979).

陳寅恪,『唐代政治史述論稿』(上海: 上海古籍出版社, 1982).

陳寅恪,『隋唐制度淵源略論稿』(上海: 古籍出版社, 1982).

史蘇苑,『歷代人物評價論稿』(鄭州: 河南人民出版社, 1986).

萬繩楠整理,『陳寅恪先生魏晉南北朝史講演錄』(合肥: 黃書社, 1987).

黃烈,『中國古代民族史研究』(北京: 人民出版社, 1987).

陳垣,『史諱擧例』(臺北: 臺灣文史哲出版社, 1987).

趙瑞民,『姓與中國文化』(海口, 海南人民出版社, 1988).

令狐筆如等編,『神州姓氏新考』(北京: 農村讀物出版社, 1989).

金良年,『姓名與社會生活』(臺北: 文津出版社, 1990).

毛漢光,『中國中古政治史論』(臺北: 聯經出版事業公司, 1990).

布目潮渢,「隋唐史研究の步み」,『東洋史苑』10.

大川富士夫,「西魏における宇文泰の漢化政策について」,『立正大學文學部論叢』7, 1957.

菊池英夫,「北朝軍制に於ける所謂鄉兵ついて」,『重松先生古稀記念 九州大學東洋史論叢』1957.

松田壽男,「前漢書の天山諸國を論ず」,『古代天山の歷史地理學的研究』(東京: 早稻田大學出版部, 1960).

濱口重國,「西魏に於ける虜姓再行の事情」『秦漢隋唐史の研究(下卷)』(東京: 東京大學出版會, 1966).

濱口重國,「西魏の二十四軍と儀同府」,『秦漢隋唐史の研究(上卷)』(東京: 東京大學出版會, 1966).

濱口重國,「高齊出自考―高歡の制覇と河北の豪族高乾兄弟の活躍」,『秦漢隋唐史の研究(下卷)』(東京: 東京大學出版會, 1966).

谷川道雄,「北魏末の內亂と城民」,『隋唐帝國形成史論』(東京: 筑摩書房, 1971).

谷川道雄,「北朝後期の鄕兵集團」,『隋唐帝國形成史論』(東京: 筑摩書房, 1971).

內田吟風,「北朝政局に於ける鮮卑・匈奴等諸北族系貴族の位置」,『北アジア史硏究―匈奴篇』(京都: 同朋舍, 1975).

谷川道雄,「西魏『六條詔書』における士大夫倫理」,『中國中世社會と共同體』(東京: 國書刊行會, 1976).

直江直子,「北朝後期政權爲政者グループの出身について」,『名古屋大學東洋史硏究報告』5, 1978.

片山章雄,「Toquz Orusと'九姓'の諸問題について」,『史學雜誌』90-12, 1981.

谷川道雄,「武川鎭軍閥の形成」,『名古屋大學東洋史硏究報告』8, 1982.

藤堂光順,「西魏北周期における'等夷'關係について」,『名古屋大學東洋史硏究報告』8, 1982.

直江直子,「北魏の鎭人」,『史學雜誌』92-2, 1983.

尾形勇,「'吹律定姓'初探―中國古代姓氏制に關する一考察―」(『西嶋定生博士還曆記念東アジア史におげる國家農民』(東京: 山川出版社, 1984).

谷川道雄,「府兵制國家と府兵制」,『律令制―中國朝鮮の法と國家―』(日本唐代史硏究會編, 東京: 汲古書院 1986).

菊池英夫,「西魏二十四軍の'團'をめぐる從來の諸說とその檢討」,『史朋』20, 1986.

窪添慶文,「河陰の變小考」,『榎博士頌壽記念東洋史論叢』(東京: 汲古書院, 1988).

宮崎市定,「中國の制度史硏究」,『學術月報』4-3, 1990.

澤田勳,「匈奴における'氏'の成立とその構造」,『駿台史學』79(東京: 明治大學, 1990).

加藤常賢,『支那古代家族制度硏究』(東京: 岩波書店, 1940).

宮崎市定,『九品官人法硏究』(京都: 同朋舍, 1957).

宮崎市定,『大唐帝國(世界の歷史)7』(東京: 河出書房, 1968).

谷川道雄,『世界帝國の形成』(東京: 講談社 現代新書, 1977).

日中民族科學硏究所編,『中國姓氏事典』(東京: 國書刊行會, 1978).

尾形勇,『中國古代の'家'と國家』(東京: 岩波書店, 1979).

小澤重男,『元朝秘史全釋』上(東京: 風間書店, 1984).

Louis M. J. Schram, *The Monguors of the Kansu-Tibetan Frontier: Their Origin, History, and Social Organization*(Transations of the American Philosophical Society, n. s., vol. 44 part 1, 1954, Philadelphia).

Albert E. Dien(Translated and Annotated), *Biogrophy of Yü-Wen Hu*, Berkeley: University of California Press, 1962.

E. G. Pulleyblank, The Consonantal System of old Chinese, *Asia, Major* IX. 1962.

Lawrence Krader, *Social Organization of the Mongol-Turkic Pastoral Nomads*(Indiana University Publications. Uralic and Altaic Series, vol. 20, 1963 The Hague).

Albert E. Dien, The Bestowal of Surnames Under the Western Wei-Northern Chou, *T'oung Pao* LXIII 2-3, 1977.

Peter A. Boodberg, "The Language of T'o-pa Wei", *Selected Works of Peter A. Boodberg*, Berkeley: University of California Press, 1979.

A. M. Khazanov, *Nomads and the Outside World*, tr. by J. Crookenden, Cambridge University Press, 1984(金浩東 譯, 『遊牧社會의 構造』, 서울: 知識産業社, 1990).

제6장

『漢書』, 『晉書』, 『周書』, 『隋書』, 『北史』, 『舊唐書』, 『新唐書』.

(清)萬斯同, 「西魏將相大臣年表」, 『二十五史補編(第四册)』(臺北: 開明書店, 1959).

(清)謝啓昆, 『西魏書』(臺北: 世界書局, 1962).

(唐)劉知幾, 『史通』(臺北: 世界書局, 1969年刊 『史通通釋』本).

(宋)王應麟, 『困學紀聞』(臺北: 世界書局, 1974, 『翁注困學紀聞』本).

『周禮』(臺北: 臺灣藝文印書館, 1976, 『十三經注疏』本).

(宋)司馬光撰, 宋遺民胡三省注, 『資治通鑑』(臺北: 世界書局, 『新校資治通鑑注』本 1977 第7版).

(南宋)洪邁, 『容齋續筆』(上海: 上海古籍出版社, 1978).

王仲犖, 『北周六典』(上·下册)(北京: 中華書局, 1979).

(唐)溫大雅, 『大唐創業起居注』(上海: 上海古籍出版社, 1983).

(清)趙翼撰·王樹民校證, 『廿二史箚記』(北京: 中華書局, 1984).

(元)馬端臨撰, 『文獻通考』(北京: 中華書局, 1986).

(唐)杜佑撰, 『通典』(北京: 中華書局, 1988, 點校本).

(清)顧炎武, 『日知錄集釋』(石家莊: 花山文藝出版社, 1990).

(唐)李林甫等撰·陳仲夫點校, 『唐六典』(北京: 中華書局, 1992).

李成珪, 「中國帝國의 分裂과 統一—後漢解體이후 隋·唐統一의 形成過程을 중심으로—」, 『歷史上의 分裂과 再統一(上)』(서울: 一潮閣, 1992).

朴漢濟, 「西魏·北周時代 胡漢體制의 展開—胡姓再行의 經過와 그 意味—」, 『魏晉隋唐史研究』 1, 1994.

朴漢濟, 「東魏-北齊時代의 胡漢體制의 전개—胡漢 葛藤과 二重構造—」, 『分裂과 統合』(서울: 지식산업사, 1998).

辛聖坤, 「北周 武帝의 集權的 體制改革과 그 性格」, 『中國學報』 39, 1999.

周一良, 「論宇文氏之種族」, 『魏晉南北朝史論集』(北京: 中華書局, 1963).

丁巧林, 「蘇綽政治思想探源與評述」, 『北朝研究』, 1990-下(總3期).

呂春盛, 『西魏北周政治史研究—以權力結構演變爲中心之考察—』(國立臺灣大學歷史研究所博士論文, 1993).

袁剛, 「漫談西魏北周依『周禮』六官改革官制」, 『北朝研究』 97-2(總26期).

朱大渭, 「代北豪强酋帥崛起述論」, 『六朝史論』(北京: 中華書局, 1998).

梁啓超, 『古書眞僞及其年代』, 『飮氷室全集』第九册(臺北: 臺灣中華書局, 1972).

程樹德, 『九朝律考』(臺北: 商務印書館, 1973).

徐復觀, 『周官成立之時代及其思想性格』(臺北: 學生書局, 1980).

陳寅恪, 『隋唐制度淵源略論稿』(上海: 上海古籍出版社, 1982).

陳寅恪, 『唐代政治史述論稿』(上海: 上海古籍出版社, 1982).

侯家駒, 『周禮研究』(臺北: 聯經出版事業公司, 1987).

宋昌斌, 『中國古代戶籍制度史稿』(西安: 三秦出版社, 1991).

張偉國, 『關隴武將與周隋政權』(廣州: 中山大學出版社, 1993).

郝鐵川, 『經國治民之典―〈周禮〉與中國文化』(開封: 河南大學出版社, 1995).

(淸)陳澧, 『東塾讀書記』(北京: 三聯書店, 1998).

雷依群, 『北周史稿』(西安: 陝西人民敎育出版社, 1999).

宇野精一, 「周禮の實施について」, 『東方學報(東京)』13-1, 1942.

山崎宏, 「隋朝官僚の性格」, 『東京敎育大學 文學部紀要(史學硏究)』6, 1956.

大川富士夫, 「西魏における宇文泰の漢化政策について」, 『立正大學文學部論叢』7, 1957.

吉川幸次郞, 「北周の大誥について」, 『石濱先生古稀記念東洋學論叢』(大版, 關西大學出版會, 1958).

津田左右吉, 『儒敎の硏究』二, 「周官の硏究」, 『津田左右吉全集』(東京: 岩波書店, 1965).

濱口重國, 「西魏に於ける虜姓再行の事情」, 『秦漢隋唐史の硏究(下冊)』(東京: 東京大學出版會, 1966).

谷川道雄, 「五胡十六國北周における天王の號」, 『隋唐帝國形成史論』(東京: 筑摩書房, 1971).

谷川道雄, 「兩魏齊周時代の霸府と王都」, 『增補隋唐帝國形成史論』(東京: 筑摩書房, 1998).

內田吟風, 「北周の律令格式について」, 『北アジア史硏究― 鮮卑柔然編』(京都: 同朋舍, 1975).

谷川道雄, 「西魏『六條詔書』における士大夫倫理」, 『中國中世社會と共同體』(東京: 國書刊行會, 1976).

福島繁次郞, 「北魏の停年格と吏部權の發展」, 『增補中國南北朝史硏究』(東京: 名著出版, 1979).

富田健市, 「西魏-北周の制度に關する一考察―特に『周禮』との關係をめぐつて」, 『史朋』(北海道大學史學會) 12, 1980.

川本芳昭, 「五胡十六國 北朝期における周禮の收容をめぐつて」, 『佐賀大學敎養部硏究紀要』23, 1991.

宮崎市定, 『九品官人法の硏究―科擧前史―』(京都: 同朋舍, 1956).

曾我部靜雄, 『日中律令論』(東京: 吉川弘文館, 1963).

川勝義雄, 『中國の歷史 3 魏晋南北朝』(東京: 講談社, 1974).

Patricia Buckley Ebrey, *The Aristocratic Families of Early Imperial China-A Case Study of the Po-Ling Ts'ui Family*, Cambridge University Press, 1978.

제7장

『隋書』, 『舊唐書』, 『新唐書』.

(宋)司馬光撰, 宋遺民胡三省注, 『資治通鑑』(臺北: 世界書局, 『新校資治通鑑注』本 1977 第7版).

(淸)王夫之, 『讀通鑑論』(船山全書 10)(長沙: 岳麓書社, 1988).

(淸)趙翼撰·王樹民校證, 『廿二史箚記』(北京: 中華書局, 1984).

(宋)王欽若, 『冊府元龜』(臺北: 臺灣中華書局 影印本, 1981 臺三版).

(宋)宋敏求編, 『唐大詔令集』(上海: 學林出版社, 1992).

『貞觀政要』(上海: 上海古籍出版社, 1978).

(唐)劉知幾, 『史通』(臺北: 世界書局, 1969年刊 『史通通釋』本).

(唐)杜佑撰, 『通典』(北京: 中華書局, 1988, 點校本).

(宋)王溥撰, 『唐會要』(上海: 上海古籍出版社, 1991).

(高麗)金富軾 『三國史記』(서울: 民族文化推進會, 1973).

『唐太宗李衛公問對』(臺北: 臺灣商務印書館, 1975, 今註今譯本).

(宋)陳振孫, 『直齋書錄解題』(臺北: 臺灣商務印書館, 1978).

(宋)范祖禹, 『唐鑑』(臺北: 臺灣商務印書館, 1976, 臺一版).

(宋)孫甫, 『唐史論斷』(臺北: 臺灣商務印書館 景印, 文淵閣四庫全書本 第685冊所收).

朴漢濟, 「北魏王權과 胡漢體制—北魏社會의 變質과 관련하여—」, 『震檀學報』 64, 1987.

吳澤 袁英光, 「唐初政權與政爭性質的幾個問題」, 『歷史硏究』 1964- 2.

李樹桐, 「唐高祖稱臣於突厥考辨」, 『唐史考辨』(臺北: 臺灣中華書局, 1972).

李樹桐, 「唐隱太子建成軍功考」, 『唐史考辨』(臺北: 臺灣中華書局, 1972).

李樹桐, 「李唐太原起義考實」, 『唐史考辨』(臺北: 臺灣中華書局, 1972).

羅香林, 「大唐創業起居注考證」, 『唐代文化史』(臺北: 臺灣商務印書館 1974 臺4版).

陳寅恪, 「論唐高祖稱臣於突厥事」, 『寒柳堂集』(上海: 上海古籍出版社, 1980).

孫國棟, 「唐貞觀永徽間黨爭試釋」, 『唐宋史論叢』(香港: 龍門書店, 1980).

陳寅恪, 「李唐氏族之推測」, 『金明館叢稿』二編(上海: 上海古籍出版社, 1980).

王籛, 「唐太宗'貞觀之治'與隋末農民戰爭之關係」, 『王籛隋唐史論稿』(北京: 中國社會科學出版社, 1981).

高明士, 「從天下秩序看古代的中韓關係」, 『中韓關係史論文集』(臺北: 1983).

胡戟, 「關隴集團的形成及其矛盾的性格」, 『西北歷史硏究』, 1986.

韓昇, 「論隋朝統治集團內部鬪爭對隋亡的影響」, 『廈門大學學報』 1987-2.

牛致功, 「關于范祖禹對玄武門變的評論」, 『唐史論叢(第三輯)』(西安: 陝西人民出版社, 1987).

王受寬, 「〈隋書〉曲筆論」, 『蘭州大學學報 社會科學版』 1988-1.

王桐齡, 「楊隋李唐先世系統考」, 『女師大學術季刊』 2-2.

劉淑芬, 「隋煬帝的南方政策」, 『史原』 8(國立臺灣大學 歷史硏究所).

岑仲勉, 『突厥集史』(北京: 中華書局, 1958).

韓國磐, 「論唐太宗」, 『隋唐五代史論集』(北京: 三聯書店, 1979).

岑仲勉, 『唐史餘瀋』(上海: 上海古籍出版社, 1979).

呂思勉, 『呂思勉讀史札記』(上海: 古籍出版社, 1982).

歷史硏究編輯部編, 『唐太宗與貞觀之治論集』(西安: 陝西人民出版社, 1982).

陳寅恪,『唐代政治史述論稿』(上海: 上海古籍出版社, 1982).

呂思勉,『隋唐五代史』(上海: 上海古籍出版社, 1984).

高明士,『唐代東亞教育圈的形成－東亞世界形成的一側面－』(臺北: 國立編譯館中華叢書, 1984).

宮川尙志,「禪讓による王朝革命の研究」,『六朝史研究－政治・社會篇』(東京: 日本學術振興會, 1956).

西嶋定生,「六-八世紀の東アジア」,『岩波講座 日本歷史－古代 3』(東京: 岩波書店, 1962).

福井重雅,「大唐創業起居注考」,『史觀』63・64合冊, 1962.

山崎宏,「隋朝官僚性格」,『東京敎育大學文學部紀要(史學研究)』6, 1956.

谷川道雄,「周末,隋初の政界と新舊貴族」,『隋唐帝國形成史論』(東京: 筑摩書房, 1971).

宮崎市定,「隋代史雜考」,『史學研究』72, 1959,『アジア史研究』第五(京都: 同朋舍, 1978).

堀敏一,「隋代東アジアの國際關係」,『隋唐帝國と東アジア世界』(東京: 汲古書院, 1979).

石見淸裕,「玄武門の變前夜の突厥問題」,『史觀』108, 1983.

佐藤智水,「北魏皇帝の行幸について」,『岡山大學文學部紀要』5, 通卷 45, 1984.

谷川道雄,「貞觀政風の一研究」,『日野開三郎博士頌壽記念 中國社會·制度·文化史の諸問題』(福岡, 中國書店, 1987).

菊池英夫,「隋朝の對高句麗戰爭の發端ついて」,『中央大學アジア史研究』16, 1992.

布目潮渢,『隋唐史研究－唐朝政權の形成』(京都: 同朋舍, 1968).

護雅夫,『古代トルコ民族史研究 I』(東京: 山川出版社, 1967).

布目潮渢,『隋の煬帝と唐の太宗－暴君と明君, その虛實を探る』(東京: 淸水書院, 1975).

宮崎市定,『隋の煬帝』(東京: 中央公論社, 1987).

宮崎市定,『世界の歷史7－大唐帝國』(東京: 中央公論社, 1988).

Woodbridge Bingham, "Wen ta-ya: the first Recorder of T'ang History", *Journal of the American Oriental Society*, vol. 61, 1937.

C. P. Fitzgerald, *The Empress Wu*, Vancouver: University of British Columbia, 1968.

Arthur F. Wright, "The Formation of Sui Ideology, 581-604", *Chinese Thought and Institutions*, ed. by John K. Fairbank(Chicago: University of Chicago Press, 1957).

Arthur F. Wright, "Sui Yang-Ti: Personality and Stereotype", *The Confucian Persuasion*, ed. by Arthur F. Wright(Stanford: Stanford University Press, 1960).

Howard J. Wechsler, "Factionalism in Early T'ang Government", *Perspectives on the T'ang*, ed. by Arthur F. Wright and Dennis Twichett, New Heaven: Yale University Press, 1973.

Howard J. Wechsler, *Mirror to the Son of Heaven: Wei cheng at the Court of T'ang T'ai-tsung*(New Heaven: Yale University Press, 1974).

Arthur F. Wright, "T'ang T'ai-tsung: The Man and the Persona",(J. C. Perry and B. L. Smith ed., *Essays on T'ang Society: The Interplay of Social, Political and Economic Forces*, Leiden: E. J. Brill, 1976).

Arthur F. Wright, *The Sui Dynasty: The Unification of China, A.D. 581-617*(New York:

Alfred A. Knof, 1978).

H. J. Wechsler, 'T'ai-tsung (reign 626-49) the consolidater'(D. Twitchett and J. Fairbank ed. by *Cambridge History of China Volume 3, Sui T'ang China, 589-906, part I*, Cambridge: Cambridge University Press, 1979).

Peter A. Boodberg, "Marginalia to the Histories of Northern Dynasties", *Selected Works of Peter A. Boodberg*(Berkeley: University of California Press, 1979).

제8장

『漢書』『三國志』『晉書』,『宋書』,『南齊書』,『梁書』,『陳書』,『南史』,『魏書』,『隋書』.

(宋)司馬光撰, 宋遺民胡三省注,『資治通鑑』(臺北: 世界書局,『新校資治通鑑注』本 1977 第7版).

(劉宋)劉義慶,『世說新語』(徐震堮著,『世說新語校箋』)(香港: 中華書局, 1987).

(淸)王夫之,『讀通鑑論』(船山全書 10)(長沙: 岳麓書社, 1988).

(唐)杜佑撰,『通典』(北京: 中華書局, 1988, 點校本).

(淸)顧祖禹撰, 賀次君·施和金點校,『讀史方輿紀要』(北京: 中華書局, 2005).

『晉略』(臺北: 臺灣中華書局『四部備要』本).

(北齊)顏之推撰,『顏氏家訓』(王利器『顏氏家訓集解本』(北京: 中華書局, 1983).

(唐)許崇撰, 孟昭庚 等點校,『建康實錄』(上海: 上海古籍出版社, 1987).

胡三省,『通鑑釋文辨誤』(臺北: 臺灣世界書局本,『新校資治通鑑注』本 1977, 제16冊).

朴漢濟,「南北朝末-隋初의 過渡期的 士大夫像―顏之推의『顏氏家訓』을 中心으로―」,『東亞文化』16, 1979.

李成珪,「中國帝國의 分裂과 統一―後漢解體이후 隋·唐統一의 形成過程을 중심으로―」,『歷史上의 分裂과 再統一(上)』(서울: 一潮閣, 1992).

全相杰,「北方流民의 軍事集團化와 東晉(A. D. 317―420)의 對策―軍事力의 確保努力과 關聯하여―」, 서울大 東洋史學科 碩士論文, 1994.

朴漢濟,「'僑民體制'의 展開와 南朝史―南北朝史의 統一的 理解를 위한 하나의 提案―」,『東洋史學硏究』50, 1995.

譚其驤,「晉永嘉喪亂後之民族遷徙」,『燕京學報』15, 1934.

劉掞藜,「晉惠帝時代漢族之大流徙」,『禹貢半月刊』4-11, 1936.

唐長孺,「孫吳建國及漢末江南의宗部與山越」,『魏晋南北朝史論叢』(北京: 三聯書店, 1955).

唐長孺,「讀『桃花源記旁證』質疑」,『魏晋南北朝史論叢續編』(北京: 三聯書店, 1959).

龐聖偉,「論三國時代之大姓」,『新亞學報』6-2, 1964.

許倬雲,「三國吳地의地方勢力」,『中央硏究院 歷史語言硏究所集刊』37本上, 1967.

周一良,「南朝境內之各種人及政府對待之政策」,『魏晋南北朝史論集』(北京: 中華書局, 1963).

傅樂成,「荊州與六朝政局」,『漢唐史論集』(臺北: 聯經出版事業公司, 1977).

陳寅恪,「魏書司馬叡傳江東民族條釋證及推論」,『金明館叢稿初編』(上海: 上海古籍出版社,

1980).

朱大渭,「南朝少數民族槪況及其與漢族的融合」,『中國史硏究』1980-1.

唐長孺,「魏晉南北朝時期的客和部曲」,『魏晉南北朝史拾遺』(北京: 中華書局, 1983).

萬繩楠,「論黃白籍·土斷及其有關問題」,『魏晉南北朝史硏究』(成都: 四川省社會科學院出版社, 1986).

高敏,「關于東晉時期黃·白籍的幾個問題」,『魏晉南北朝社會經濟史探討』(北京: 人民出版社, 1987).

童超,「東晉南朝時期的移民浪潮與土地開發」,『歷史硏究』1987-4.

鄭敬高,「南朝的將門」,『華中師範大學學報(哲社版)』1987-6.

唐長孺,「唐代的客戶」,『山居存稿』(北京: 中華書局, 1989).

鄭欣,「魏晉南北朝時期的人口和戶籍制度」,『魏晉南北朝史探索』(濟南: 山東大學出版社, 1989).

周偉洲,「南朝蠻族的分布及其對長江中下游地區的開發」,『古代長江中下游的經濟開發』(西安: 三秦出版社, 1989).

陳琳國,「論南朝襄陽的晩渡士族」,『北京師範大學學報(社科版)』1990-4.

黎虎,「六朝時期荊州地區的人口」,『魏晉南北朝史論集』(濟南: 齊魯書社, 1991).

夏日新,「關于東晉僑州郡縣的幾個問題」,『魏晉南北朝隋唐史資料』11(武漢: 武漢大學出版社, 1991).

曹文柱,「兩晉之際流民問題的綜合考察」,『歷史硏究』1991-2.

萬繩楠,「江東僑郡縣的建立與經濟開發」,『中國史硏究』1992-3.

胡阿祥,「南朝宋齊時期的左郡左縣俚郡僚郡」,『六朝史論集』(合肥: 黃山書社, 1993).

朱大渭,「魏晉南北朝南北戶口的消長及其原因」,『中國史硏究』1993-3.

陳乾康,「論東晉南朝的僑州郡縣」,『四川大學學報(社科版)』1995-2.

羅香林,『客家硏究導論』(廣州: 興寧希山書藏, 1933).

何玆全,『魏晉南北朝史略』(上海: 上海人民出版社, 1958).

嚴耕望,『中國地方行政制度史』上卷 中,「魏晉南北朝地方行政制度史」上册, 臺灣中央硏究院歷史語言硏究所 專刊45, 1963.

李劍農,『魏晉南北朝隋唐經濟史稿』(北京: 中華書局, 1963).

陳振孫,『直齋書錄解題』(臺北: 商務印書館, 1978 臺一版).

王仲犖,『魏晉南北朝史(上)』(上海: 上海人民出版社, 1979).

張澤咸·朱大渭編,『魏晉南北朝農民戰爭史料彙編(上)』(北京: 中華書局, 1980).

萬繩楠,『魏晉南北朝史論稿』(合肥: 安徽教育出版社, 1983).

吳慧蓮, 東晉劉宋時期之北府』(臺北: 國立臺灣大學文學院 文史叢刊70, 1985).

韓國磐,『魏晉南北朝史綱』(北京: 人民出版社, 1985).

周一良,『魏晉南北朝史札記』(北京: 中華書局, 1985).

高敏,『魏晉南北朝社會經濟史探討』(北京: 人民出版社, 1987).

吳永章,『中國土司制度淵源與發展史』(成都: 四川民族出版社, 1988).

羅彤華, 『漢代的流民問題』(臺北: 臺灣學生書局, 1989).

韓國磐, 『南北朝經濟史略』(厦門: 厦門大學出版社, 1990).

張承宗 主編, 『六朝史』(南京: 江蘇古籍出版社, 1990).

許輝·蔣福亞, 『六朝經濟史』(南京: 江蘇古籍出版社, 1993).

徐文范, 『東晉南北朝輿地表』(臺北: 開明書局刊 『二十五史補編』 第五册).

穗積文雄, 「流民考」, 『經濟論叢』(京都大學經濟學會) 75-1.

增村宏(「黃白籍の新研究」, 『東洋史研究』 2-4, 1937.

越智重明, 「東晉の貴族制と南北の'地緣'性」, 『史學雜誌』 67-8, 1958.

山崎孝雄, 「義熙土斷に於ける晉陵郡の除外について」, 『史海』 7, 1960.

矢野主稅, 「東晉における南北人對立問題—その政治的考察」, 『東洋史研究』 26-3, 1967.

守屋美都雄, 「南人と北人」, 『中國古代の家族と國家』(京都: 東洋史研究會, 1967).

安田二郎, 「'晉安王子勛の叛亂'について—南朝門閥政治體制と豪族土豪—」, 『東洋史研究』 25-4 1967.

矢野主稅, 「東晉における南北人對立問題—その社會的考察—」, 『史學雜誌』 77-10, 1968.

矢野主稅, 「南朝における南北人問題—南朝の成立—」, 『長崎大學社會科學論叢』 19, 1970.

矢野主稅, 「土斷と白籍—南朝の成立—」, 『史學雜誌』 79-8, 1970.

安田二郎, 「南朝の皇帝と貴族と豪族·土豪層—梁武帝革命を手がかりに—」, 『中國中世史研究』(日本 中國中世史研究會編, 東京: 東海大學出版會, 1970).

川勝義雄, 「孫吳政權と江南の開發領主制」, 『六朝貴族制社會の研究』(東京: 岩波書店, 1982).

川勝義雄, 「孫吳政權の崩壞から江南貴族制へ」, 『六朝貴族制社會の研究』(東京: 岩波書店, 1982).

安田二郎, 「晉宋革命と雍州(襄陽)の僑民—軍政支配から民政支配へ—」, 『東洋史研究』 42-1, 1983.

越智重明, 「南朝の貴族と豪族」, 『史淵』(九州大學) 69.

越智重明, 「東晉南朝の地緣性」, 『九州大學 東洋史論集』 13, 1984.

川勝義雄, 「中國前期の異端運動—道敎系反體制運動を中心に」, 『中國人の歷史意識』(東京: 平凡社, 1986).

安田二郎, 「僑州郡縣制と土斷」, 『中國貴族制社會の研究』(川勝義雄·礪波 護編, 京都大學人文科學研究所, 1987).

兼田信一郎, 「東晉戶籍制度の一端」, 『粟原益男先生古稀記念論集·中國古代の法と社會』(東京: 波古書院, 1988).

宮崎市定, 『九品官人法の研究』(京都: 同朋舍, 1956).

越智重明, 『魏晉南朝の政治と社會』(東京: 吉川弘文館, 1963).

越智重明, 『魏晉南朝の貴族制』(東京: 研文出版, 1982).

田村實造, 『中國史上の民族移動期』(東京: 創文社, 1985).

中村圭爾, 『六朝貴族制研究』(東京: 風間書房, 1987).

大川富士夫, 『六朝江南の豪族社會』(東京: 雄山閣, 1987).

Bielensten, Hans, "The Census of China during the Period 2-742 A.D.", Bulletin No 19-The Museum of Far Eastern Antiquities Stockholm, 1947.

찾아보기

박한제 (朴漢濟)

서울대학교 동양사학과를 졸업하고 같은 대학원에서 석사 및 박사학위를
받았다. 1985~2012년 서울대학교 동양사학과 교수로 재직하였으며, 현재
명예교수로 있다. 2000~2002년에 한국중국학회 회장, 2005~2007년에
한국동양사학회 회장을 지냈다. 저서로『중국중세호한체제연구』(1988),
『유라시아 천년을 가다』(공저, 2002),『아틀라스 중국사』(주편, 2007),『대
당제국과 그 유산─호한통합과 다민족국가의 형성』(2015),『중국 도성 건
설과 입지─수당 장안성의 출현전야』(2019),『중국 중세도성과 호한체제』
(2019),『중국중세 호한체제의 사회적 전개』(2019)가 있다. 역서로『진인
각, 최후의 20년』(공역, 2008), 역주서로『이십이사차기』(전 5권, 2009),
답사기행기로『박한제 교수의 중국 역사기행』(전 3권, 2003)이 있으며, 중
국 중세 민족 관계 논문이 다수 있다. 제49회 한국출판문화상(번역 부문,
2008), 제3회 서울대학교 학술연구상(2010), 우호동양사학저작상(2017)을
수상하였다.

중국중세 호한체제의
정치적 전개

1판 1쇄 펴낸날 2019년 12월 23일

지은이 | 박한제
펴낸이 | 김시연

펴낸곳 | (주)일조각
등록 | 1953년 9월 3일 제300-1953-1호(구 : 제1-298호)
주소 | 03176 서울시 종로구 경희궁길 39
전화 | 02-734-3545 / 02-733-8811(편집부)
        02-733-5430 / 02-733-5431(영업부)
팩스 | 02-735-9994(편집부) / 02-738-5857(영업부)
이메일 | ilchokak@hanmail.net
홈페이지 | www.ilchokak.co.kr

ISBN 978-89-337-0765-4   93910

값 48,000원

• 지은이와 협의하여 인지를 생략합니다.

• 이 도서의 국립중앙도서관 출판예정도서목록(CIP)은 서지정보유통지원시스템 홈페이지(http://seoji.nl.go.kr)와
  국가자료종합목록 구축시스템(http://kolis-net.nl.go.kr)에서 이용하실 수 있습니다.
  (CIP제어번호: CIP2019048382)